國家社會科學基金重點項目『中朝筆談資料的整理與研究』（14AZD078）成果
國家社會科學基金重點項目『韓國漢籍中的清人佚詩遺文的收集、整理與研究』（18BTQ038）階段性成果
國家古籍整理出版專項經費資助項目

朝鮮時代文獻所見筆談資料彙編

上

張伯偉
徐　毅
陳　俐
編校

鳳凰出版社

南京大學域外漢籍研究所專刊

圖書在版編目（CIP）數據

朝鮮時代文獻所見筆談資料彙編 / 張伯偉，徐毅，陳俐編校. -- 南京 : 鳳凰出版社，2022.12
ISBN 978-7-5506-3724-5

Ⅰ. ①朝… Ⅱ. ①張… ②徐… ③陳… Ⅲ. ①文人－筆記－資料－彙編－中國－古代②文人－筆記－資料－彙編－朝鮮－古代 Ⅳ. ①Z429②Z431.2

中國版本圖書館CIP數據核字(2022)第209753號

書　　名	朝鮮時代文獻所見筆談資料彙編
編　　校	張伯偉　徐　毅　陳　俐
責任編輯	樊　昕
裝幀設計	徐　慧
出版發行	鳳凰出版社(原江蘇古籍出版社)
	發行部電話025-83223462
出版社地址	江蘇省南京市中央路165號，郵編：210009
照　　排	南京凱建文化發展有限公司
印　　刷	南京新洲印刷有限公司
	江蘇省南京市六合區雨花路2號，郵編：211500
開　　本	652毫米×960毫米　1/16
印　　張	89.5
字　　數	1123千字
版　　次	2022年12月第1版
印　　次	2022年12月第1次印刷
標準書號	ISBN 978-7-5506-3724-5
定　　價	588.00圓(全三册)
	(本書凡印裝錯誤可向承印廠調換，電話：025-57500228)

目　次

東亞文人筆談研究的回顧與展望
（代前言）

張伯偉

十九世紀中葉以前的東亞地區，是一個漢文化圈的所在。其中的一項重要標誌是，在這個文化圈中的知識人，都能够運用漢字進行著述和交流，并且以此爲榮。儘管在歷史上，東亞各國也曾先後有其自身的文字，但或稱“諺文”，或稱“假名”，在知識人看來，是鄉野之文，是女流之文，有的人甚至公然宣稱對本國文字“未習”或“不識”。新西蘭學者費希爾（S. R. Fischer）说：“漢語成了東亞的‘拉丁語’，對所有的文化産生了啓迪，其程度遠遠超過了拉丁語在西方的影響。”①此處用到的“漢語”其實并不準確，嚴格地説應該是“漢字”，因爲同樣的漢字，在東亞各國都有其自身的發音，彼此之間不能直接進行語言交流。因此，當東亞各國的文人面對面交流的時候，就産生了一種特别的方式——筆談②。这是“以筆代舌”，書寫下來的是漢字。透過對漢字的書寫和理解，彼此之間達成了思想和情感的交流。甚至在有翻譯在場的情況下，爲了能够曲盡人意，也仍然采用筆談的方式③。這種方式也引起了歐洲人的觀察和注意。比如有

---

① 李瑞林等譯《閱讀的歷史》，商務印書館，2009 年，頁 93。

② 朝鮮李永《日槎集略》人卷《問答録》載與日本中村正直筆談云：“（中村）：‘二十年前，就長崎譯官二三名就支那語，然與北京音夐别。……至今不能與清人談笑。特作寒暄數語耳，非筆談則不能。’我曰：‘音讀果與清國有异，然文字則既同，故我國無未解之嘆矣。’”

③ 朝鮮曹命采《奉使日本時聞見録》七月初一日載：“聞馬州守入來，三使會坐于中火廳，與之相見。正使以譯舌之傳語謂有遺漏，而以筆談代之。”

着"傳教聖徒"之稱的葡萄牙方濟各·沙勿略(Francisco Xavier)神父,他在1548年寫給印度總督加爾西亞·德·薩(Garcia de Sá)的報告中,曾援引一位商人描述日本的話説,他們"擁有關於這一切知識的巨著,都用漢語撰寫。除了漢語以外,他不知道還有用其他文字寫作閱讀的";"從占婆到日本陸地的京都,人們都讀漢字書籍"①。還是這位沙勿略神父,曾記録了另一位葡萄牙商人阿爾瓦雷斯(Jorge Al'varez)的觀察,日本的僧侶"都能够閲讀和書寫中國語,但却不能説,所以都和中國人筆談,因爲中國人也不會説日本話"②。而沙勿略本人後來也有同様的觀察:"雖然是相同的字,日本人讀時用日語,中國人讀時用中文。雖然説話時互不能通,但書寫時僅憑文字便能相互理解。他們的口語不同,但字意相通,所以彼此能够理解。"③他們所觀察到的中國人和日本人之間用書寫漢字的方式溝通,就是所謂的"筆談"。

"筆談"一詞,顧名思義就是用筆而不用舌、用文字而不用語言的交談。廣義的筆談,包括所有用文字交流、溝通思想感情的方式,文人之間的詩文唱和,無論是處於同一場合,還是時空相隔,只要是使用文字往返,都可以説是"筆談"。但狹義的"筆談",特指同文不同語的兩國或兩國以上人士會面之時,用書寫文字代替語言来進行溝通交流的一種方式。所以,本國人之間的文字交往、异國人之間不在同一場合下的文字交往,都不在狹義"筆談"的範圍内。本文所要討論的,就屬於狹義的"筆談"。

---

① 費爾南·門德斯·平托等著,王鎖英譯《葡萄牙人在華見聞録——十六世紀手稿》,澳門文化司署、東方葡萄牙學會、海南出版社、三環出版社,1998年,頁4。

② 這一資料的日譯本見岸野久著《西歐人の日本発見—ザビエル来日前日本情報の研究—》第四章附,吉川弘文館,1989年,頁70。

③ 河野純德譯《沙勿略全書簡》,平凡社,1985年,頁555。

東亞筆談主要集中在中朝、中日、中越、中琉以及朝日、朝越、朝琉之間①,根據身份的不同,也可以大而别之爲外交筆談、文人筆談和漂流民筆談。但古代的外交官也多由文官擔當,他們本來就是由文人出身,所以,寬泛地看,外交筆談也可以歸入文人筆談的範圍。筆談的歷史儘管到二十世紀中葉仍有延續②,但整體上看已經式微,所以,本文討論的時段下限是二十世紀初以前。

一、筆談文獻的整理

以下略分中朝、中日、中越、朝日筆談,綜述其整理狀況:

1. 中朝筆談

中朝筆談主要見於學術界通稱的"燕行録"中。朝鮮王朝建立以後,以"事大交鄰"爲基本國策,所以每年都要多次向中國派遣使臣,這些使臣在往來途中或歸國之後,往往都有其使行記録,在明代,這一類記録多以"朝天録"命名,到清代,則改爲"燕行録"。現在中外學者往往以"燕行録"作爲此類文獻的通稱,我認爲是不合適的,較爲妥當的名稱可以是"中國行紀"③。本文涉及許多既有的研究整理工作,姑且隨此通稱。

---

① 現在也保存了少量其他國家人員之間的筆談,如越南人與琉球、日本、東南亞及歐洲人的筆談,朝鮮人與西洋人的筆談等。也有中國人與西洋人的筆談,如张德彝於同治五年(1866)隨斌椿出使歐洲,著《航海述奇》,其中《法國日記》曾記載拜訪"姓茹名良者","并不交談,以筆書之,可通其意"(鍾叔河編《走向世界叢書》第一册,岳麓書社,2008 年第二版,頁 496)。所謂"茹良",當指 Stanislas Julien,今通譯作"儒蓮",是當時歐洲最優秀的漢學家。但此類文獻數量極爲有限,故暫不涉及。

② 鄭子瑜《詩論與詩紀·東游詩紀》記載二十世紀六十年代鈴木虎雄的贈詩,有"東京相見始交歡,以筆代言意自寬"之句。中華書局香港分局,1978 年,頁 155。

③ 參見張伯偉《名稱·文獻·方法——"燕行録"研究中存在的問題》,原載《南國學術》2015 年第 1 期。

最早的整理可以追溯至 1930 年，日本中村榮孝編纂了《事大紀行目録》(載《青丘學叢》第一號)。二十世紀六十年代初，成均館大學出版了《燕行録選集》上下册，收録文獻 30 種；1976 年，韓國民族文化推進會(今韓國古典翻譯院)選擇 20 種燕行録譯爲韓文，并加索引，出版了《國譯燕行録選集》10 册；2001 年，林基中編選了《燕行録全集》100 册，收録約 380 種文獻；同年與日本夫馬進合作出版《燕行録全集日本所藏編》3 册，收録文獻 34 種；2008 年，林基中又出版《燕行録續集》50 册，收録文獻約 170 種；同年成均館大學也出版了《燕行録選集補遺》3 册，收録文獻 20 種。以上共計 570 餘種。2013 年，林基中出版光碟版《燕行録叢刊》，2014 年又出版《增補燕行録叢刊》，收録文獻 556 種。這個數字就是目前已經公佈的相關文獻的大致數量。在海峽兩岸，台灣珪庭出版社在 1978 年出版《朝天録》4 册，收録 34 種；復旦大學出版社從《燕行録全集》《燕行録選集》和《燕行録選集補遺》中選出了 37 種，在 2011 年出版《韓國漢文燕行文獻選編》；廣西師範大學出版社從 2010 年起，也陸續出版《燕行録全編》。目前的大型出版都是以影印方式進行，少數有點校整理者，都屬於單行本。以中國出版者而言，如《漂海録》《熱河日記》《乾净衕筆談》《王朝間的對話：朝鮮領選使天津來往日記導讀》《朝鮮文人李海應"薊山紀程"細讀》《韓國史料三種與盛京滿族研究》等爲數不多的幾種，韓國的情况也類似。

在中國出版的一些外交史料彙編中，也收入了一些中朝之間的筆談，如《近代朝鮮的開港》《近代中韓關係史料選編》等。

2. 中日筆談

中日筆談文獻的整理始於 1943 年實藤惠秀對《大河内文書》的抄録整理。《大河内文書》是大河内輝聲(1848—1882)等日本人與中國駐日公使和文人之間的筆談，是現存中日筆談中卷帙最富的資料集。儘管他能够講漢語，却自稱"不喜口談，惟以一枝筆换千萬無量語言”[①];又有詩云:“不假辯官三寸舌,只揮名士一枝毫。莫言東海幾蠻語,叙談通情何可勞。”[②]甚至形容與中國人筆談的感覺云:“弟之快樂却勝於與嬋娟同房。”[③]因此,不僅筆談的數量多,而且還妥善保管,流傳至今。

在二十世紀六十年代中,實藤惠秀將筆談遺稿的部分内容翻譯成日語,以《大河内文書》的名稱出版[④],其後在鄭子瑜的協助下,共同出版了《黄遵憲與日本友人筆談遺稿》[⑤],鄭子瑜後又修訂,收入陳錚編《黄遵憲全集》[⑥]。八十年代中期,汪向榮曾向時任中國社會科學院院長的胡喬木提出,應設法複印全部“筆談遺稿”的資料,雖然撥出專款複印回來,但長期束之高閣,無人問津。直到 2016 年王寶平主編的《日本藏晚清中日朝筆談資料・大河内文書》由浙江古籍出版社影印出版,其整體面貌始爲學術界廣泛了解。

1980 年,日本東洋文庫出版了《明治以降日本人の中國旅行記解題》,開始了目録類的工作。1997 年,小島晉治監修之《幕末明治中國見聞録集成》出版,收書 44 種,其中有不少含有筆談資料的内容。1999 年,李慶編注《東瀛遺墨》,收録了近現代中日筆談書信資料 29 件。1999 年以後,小川恒男、信廣友江對於《宫島家文書・駐日公使等筆談》作了一系列譯注工作。而自九十年代後期以來,陳捷發表了一系列整理和研究論著。劉玉才、印曉峰也整理了部分文人筆談資料。劉雨珍在前人工作基礎上,編成《清代首届駐日公使

---

① 《大河内文書・戊寅筆話》第十五卷第一〇一話,劉雨珍編校《清代首届駐日公使館員筆談資料彙編》上册,天津人民出版社,2010 年,頁 120。

② 《大河内文書・戊寅筆話》第三卷第二十五話,劉雨珍編校《清代首届駐日公使館員筆談資料彙編》上册,頁 14。

③ 《大河内文書・戊寅筆話》第六卷第四十二話,劉雨珍編校《清代首届駐日公使館員筆談資料彙編》上册,頁 54。

④ 平凡社,1964 年。

⑤ 早稻田大學東洋文學研究會,1968 年。

⑥ 中華書局,2005 年。

館員筆談資料彙編》[①],是迄今爲止收録此類文獻最多的一種資料集。

中日筆談文獻的高潮雖然出現在十九世紀後期,但在此之前也有不少。比如朱舜水的筆談,以台灣大學徐興慶的收集整理工作最爲完備。江户時代漂流民的筆談資料,以日本關西大學大庭修、松浦章的收集整理爲善。魏麗莎在 2011 年發表《日本藏晚清中日筆談史料述略》[②],可供按圖索驥之用。

3. 中越筆談

二十世紀的整理本僅一種,即陳荆和編注的阮述《往津日記》[③]。較具規模的影印是復旦大學文史研究院與越南漢喃研究院的合作成果《越南漢文燕行文獻集成》[④],其中保存了不少中越人士的筆談資料。近年又有陳益源整理了李文馥《閩行詩話》中的筆談資料[⑤]。

4. 朝日筆談

朝日間的筆談文獻收集整理從《海行總載》開始,即始於十八世紀中葉,當時只是彙聚此類文獻,這項工作始於洪啓禧之收集,徐命膺謄録,趙曮、成大中編纂。日據朝鮮時期,朝鮮古書刊行會排印了《海行總載》4 册(1914 年),作爲"朝鮮群書大系"之一。内容是使行日本的日記,也含有不少朝日文人的筆談唱和。1974 到 1981 年之間,韓國民族文化推進會(今韓國古典翻譯院)出版了《國譯海行總載》12 册,收録的資料多於朝鮮古書刊行會的印本,將這些文獻翻譯成韓語,并加索引。河宇鳳的《重新發現的日本使行録——與〈海行總載〉的補充相關》介紹了《海行總載》裏没有收録的通信使筆談資

① 天津人民出版社,2010 年。

② 載《文獻》2011 年第 3 期。

③ 香港中文大學出版社,1980 年。

④ 復旦大學出版社,2010 年。

⑤ 收入其《越南漢籍文獻述論》,中華書局,2011 年。

料①。韓國李元植《朝鮮通信使》第四部"通信使資料"第五章"筆談唱和集",列舉了相關資料 217 種②。韓國史學會於 1991 年出版《朝鮮後期通信使和韓日交流史料:對馬島宗家資料》。

朝鮮通信使與日本文人的筆談資料,也引起日本學者的高度關注。1993 年開始,辛基秀、仲尾宏陸續出版了《善鄰と友好の記録・大系朝鮮通信使》八卷③,收録相關文獻 29 種。高橋昌彦在 2007 年和 2009 年分兩次發表的《朝鮮通信使唱和集目録稿》④,爲學者提供了按圖索驥的便利。

收集此類資料最多的,是韓國許敬震主持的《朝鮮後期通信使筆談唱和集翻譯叢書》,到 2017 年爲止,已出版 40 册,收録并整理相關文獻 54 種⑤。只是該項工作進行得較爲粗糙,僅可大致參考。

朝日筆談文獻在韓國和日本也有少數單行本形式的整理出版者,如金文京等人校注的《萍遇録》⑥,是以日本京都建仁寺兩足院所藏善本爲底本整理的精品,值得關注。復旦大學文史研究院編《朝鮮通信使文獻選編》共 5 册,由復旦大學出版社 2015 年出版,以《海行總載》爲基礎整理了相關資料 18 種,也包含若干筆談文字。部分吸納了日、韓學者的相關研究成果,故其整理工作達到較高的水準。

這類文獻以"朝鮮通信使相關記録"爲名於 2017 年列入聯合國

① 載《歷史學報》112 期,1986 年。

② 民音社,1991 年。案:該書日文版又有所增補,吉川弘文館,1998 年,頁 563—665。

③ 明石書店,1993—1996 年。

④ 分別刊載於《福岡大學研究部論集》A 六(八),2007;《福岡大學研究部論集》A 九(一),2009 年。其後又經修訂增補爲《朝鮮通信使唱和集目録稿》,收入松原孝俊編《グローバル時代の朝鮮通信し研究:海峡あれど國境なし》,花書院,2010 年,頁 211—291。

⑤ 寶庫社,2013—2017 年。

⑥ 成均館大學出版部,2013 年。

科教文組織“世界記憶名録”,日益受到各國學界的重視。

二、整理中存在的問題

以上对東亞筆談文獻的整理工作略加綜述,其中的成績是有目共睹的,整理者們爲這一領域的研究奠定了基礎。爲了百尺竿頭更進一步,我想着重談談其中存在的問題,以利於這項工作的發展。

1. 中朝筆談

中朝之間的筆談(特别是大量的文人筆談)主要收録在學術界通稱的“燕行”文獻中,迄今爲止,對這一類文獻的整理,凡稍具規模者無一不是采用影印的方式出版。經過標點、校勘整理後的文獻,無論在韓國還是中國,都只有少數幾種,收書較多的是《國譯燕行録選集》20 種。原書影印的好處是保存原貌,而且在短時間内就可以向學術界公佈大量相關文獻。但從學術立場上看,這只能屬於收集保存而非研究。絶大部分的文獻未經解題,年代錯誤、作者錯誤、非燕行文獻的混入等等不一而足。在簡單整理的過程中也出現了新的問題,比如識讀不確、繫年有誤、作者歸屬不當等,也都有待於今後的更正和提高。

此外,“燕行録”以外,還有大量筆談資料需要挖掘和整理。大致區分,略有四類。其一,單行本筆談集。如《清國問答》《照會談草》《皖友譚草》《北洋衙門談草》《北洋大臣衙門筆談》《大清欽使筆談録》《北槎譚草》《大陣譚草》《燕槎譚草》等。其二,文集中的筆談。朝鮮方面如《燕臺瓊瓜録》載金永爵與葉名澧、楊汀鷺、張丙炎等筆談(與《韓客詩存》所録“金永爵筆談録”完全不同);申錫愚《海藏集》收録他與程恭壽、李心傳等筆談;徐贊奎《臨齋先生文集》收録他與漂海清人筆談;徐瀅修《明皋全集》收録他與紀昀、劉松嵐等筆談;朴升東《渼江集》中有《瀛海筆談》;《大溪集》中有《北京筆話》;姜瑋《古懽堂未定草》收録他與黄鈺談草等。此外,清人文集中也有少量筆談資料,如魏元樞《與我周旋集》收録了他與尹顯東的筆談。其三,韓國史籍載録的筆談,大量爲中國漂流民與朝鮮人的筆談記録,如《同文彙考·漂民》《備邊司謄録》等;朝鮮漂流民與清人的筆談記録見載於崔斗燦《乘槎録》、朴思浩《心田稿·耽羅漂海録》等。此外,如《朝鮮王朝實録·正祖實録》載李鼎運與阿肅筆談,《承政院日記》載朝鮮使者與林本裕筆談,《朝鮮外交關係書翰録》載《筱帥談草謄本》,《劄移電存案》載《會坐談草》等,都屬於尚未整理的筆談文獻。其四,中朝文人交流詩牘集中的筆談。這主要指朝鮮文人在中國期間,與中國文人的唱和書信等,如《燕杭詩牘》《中朝學士書翰》《尺牘藏弆集》《金魯敬手札》《玉河簡帖》《海鄰尺素》等。此外,尚有一批珍貴圖録,多爲中朝文人的詩歌唱酬帖、尺牘、筆談等。以金正喜爲例,如《金正喜與韓中墨緣》《秋史資料的歸鄉》《秋史書畫歸鄉展·藤塚鄰捐贈秋史資料展》《藤塚鄰捐贈秋史資料展Ⅱ·秋史與韓中交流》《藤塚鄰捐贈秋史資料展Ⅲ·藤塚鄰的秋史研究資料》《觀看秋史的多種視角》等。

2. 中日筆談

目前已經整理的資料主要集中在漂流民筆談和外交筆談,前者主要由日本關西大學東西學術研究所的大庭修、松浦章等人整理,采用影印加解題的方式,提供了可資依賴的基礎;外交筆談和文人筆談,從二十世紀六十年代開始到現在,經過實藤惠秀、鄭子瑜、李慶、陳捷、徐興慶、劉玉才、劉雨珍等人的努力,也整理出一批資料。其中外交筆談以劉雨珍《清代首届駐日公使館員筆談資料彙編》規模較大,約占三分之二的内容是《大河内文書》。即便如此,中日筆談規模最大的《大河内文書》的全貌仍然没有呈現出來,劉書第一編只是截取了其中"戊寅筆話"二十五卷、"己卯筆話"二卷和"庚辰筆話"十卷的内容,是在鄭子瑜基礎上的擴大,此外"羅源帖"十六卷、"丁丑筆話"七卷、"桼園筆話"十七卷、"韓人筆話"一卷、"書畫筆話"一卷皆未整理。另如楊守敬的《惺吾談屑》規模約五萬字,尚未公開發表。小島晉治監修的《幕末明治中國見聞録集成》、中華書局版"近代日本人中國游記"中所收諸書，也含有不少筆談資料。因此，中日筆談文獻的全貌尚未有一個整體呈現，有待繼續努力。

3. 中越筆談

這一方面的文獻基礎更爲薄弱，已有的大型成果惟復旦大學出版社影印的《越南漢文燕行文獻集成》，收書 79 種。這是在世界範圍内首次公佈如此規模的越南北使文獻，意義重大。但限於種種主客觀條件，此書尚存在一些不足，比如版本的選擇不精（如《奉使燕臺總歌》以漢喃研究院抄本爲底本，未使用越南國家圖書館所藏善本）、作者的歸屬有誤（如將《旅行吟集》作者之一馮克寬定爲惟一作者）、解題的説明不確等。除此以外，尚有一些重要的遺漏，比如收藏在越南其他圖書館、法國、日本的圖書機構中的文獻，皆有必要作充實修訂，近年陳益源教授、劉玉珺教授都在從事補苴罅漏的工作。而經過整理的含中越筆談的資料僅有陳荆和校點之《往津日記》以及陳益源整理之李文馥《閩行詩話》中的部分内容，所以還存在不少文獻整理工作有待進行。

4. 朝日筆談

這一方面的文獻總量與已經公佈的相比，同樣顯得薄弱。朝日筆談文獻以單獨成書者統計，約有 250 種（統計方式不同或有出入），而目前已經公佈的約 40 種，無論是在日本還是韓國，數量大體相差不大。日本方面規模最大的屬辛基秀、仲尾宏編《大系朝鮮通信使》（1994 年），韓國方面早年有《海行總載》（1914 年），近年有許敬震主持的《朝鮮後期通信使筆談唱和集翻譯叢書》（2013—2017 年）。其書含國譯、解題、點校、影印。已出版四輯約 54 種，并計劃在近年内完成 178 種（按照我們的統計方式約 120 種）的出版工作。雖然起步較晚，但已顯示了其學術規模。但令人遺憾的是，本書在標點方面缺陷較多，有時不可卒讀。在影印方面也有不少錯亂和遺漏，比如《雞林唱和集》十六卷，僅整理影印了三卷；《桑韓壎篪集》十一卷,僅整理影印了七卷;《桑韓鏘鏗録》兩卷,只完成了下卷,難以完全信賴。此外,散見於朝鮮人的各種《海槎録》《東遊録》中的筆談文獻,尚未得到統計和整理。已經整理的120種之外,至少還有100多種專書尚未收集整理。無論是其全貌還是整理的數量,都遠遠不够。而能够做到類似金文京等人整理的《萍遇録》水平的工作,更屬鳳毛麟角。

從整體上看,現有的東亞筆談文獻整理之不足表現在兩方面:一是文獻的不完整,無論是中朝、中日、中越、朝日筆談資料,儘管其呈現的完整度不一,但總的來説,都不能以整體面貌呈現,更不要説是系統的東亞筆談文獻全貌;二是整理工作的不理想,以影印居多,校點、校注者少。整理過程中也存在一些問題,比如影印本的解題在諸書年代、作者、版本陳述上的種種失誤①。如何采用嚴格的文獻學方法,利用解題、標點、校勘、索引等一系列手段,將東亞筆談文獻作一個完整系統之呈現,正是今後應該努力的目標。在此基礎上,如果能够繼續建設網絡平臺,讓更多學者能够從中受益,必將大大促進這一領域的研究。

三、筆談文獻的研究

這裏也分國别逐一綜述。

1. 中朝筆談

在中朝筆談的研究方面,具有代表性的較早成果是日本學者藤塚鄰《清朝文化東傳の研究》②,雖然遲至1975年出版,實際上是以

---

① 以林基中編纂的《燕行録全集》爲例,就有一些學者對其中的問題予以更正,如夫馬進《日本現存朝鮮燕行録解題》(載《京都大學文學部研究紀要》第42號,2003年)、左江《燕行録全集考證》(載《域外漢籍研究集刊》第四輯,中華書局2008年)、漆永祥《燕行録全集考誤》(載韓國高麗大學中國學研究所編《中國學論叢》第二十四輯,2008年)。

② 藤塚明直編,國書刊行會,1975年;漢譯版爲劉婧譯注《清代文化東傳研究——嘉慶、道光學壇與朝鮮金阮堂》,鳳凰出版社,2020年。

作者1936年完成的博士論文改題刊行。該書利用了大量第一手朝鮮燕行文獻(包括筆談文獻),將嘉慶、道光以下清朝學風對朝鮮學壇的影響作了細緻勾勒,初次展示了這一資料實藏的魅力。韓國學者的相關研究始於二十世紀八十年代,較系統的研究有金泰俊的《洪大容和他的時代:燕行的比較文學》①以及蘇在英的《旅行和體驗的文學:中國篇》②。二十一世紀以來,還出現了30多篇相關的博士論文,如朴香蘭《燕行録所載筆談的研究:以洪大容、朴趾源爲中心》(仁荷大學校,2010年),千金梅《18—19世紀朝、清文人交流尺牘研究》(延世大學校,2011年),對燕行録所載筆談及與清朝文人間往來信函作了深入具體的分析和研究。但多數研究還是圍繞某書或某次筆談展開,如정훈식《〈乾凈衕筆談〉和使行文學的轉换》③、權政媛《朝鮮後期韓中文化交流之一樣態:以筆談爲中心》④、李學堂《燕巖〈熱河日記〉筆談内容的考察》⑤、朴香蘭《〈熱河日記〉筆談中捕捉到的清朝文人的形象和意義》⑥、김철《通過〈筆談〉看申翠微和清代文人交流的樣態及學術傾向》⑦、마츠우라아키라《近世東亞海域中國船的漂着筆談記録》⑧、송원찬《清代韓中文人交流和文字獄——以〈乾凈衕會友録〉爲中心》⑨、오인택《崔溥〈漂海録〉中出現的筆談》⑩等。很明顯,進入二十一世紀後,相關論著的數量激增,形成了研究熱點。

① 一志社,1982年。
② 民族文化文庫刊行會,1985年。
③《배달말》第31期,2002年。
④《漢字漢文教育》第11期,2003年。
⑤《亞細亞文化研究》第15期,2008年。
⑥《東方漢文學》第39期,2009年。
⑦《亞細亞文化研究》第16期,2009年。
⑧《東亞細亞文化研究》第45期,2009年。
⑨《東亞細亞文化研究》第46期,2010年。
⑩《역사와 세계》第44期,2013年。

中國學者較早利用燕行筆談資料進行研究的是張存武,1992年他發表《推展韓國的華行録研究》①,在更早出版的《清韓宗藩貿易(1637—1894)》②和《清代中韓關係論文集》③中,他已經大量利用這些資料進行研究。二十一世紀以來,相關的專書和博士論文大量出現,形成了一個研究高潮,如杜慧月《明代文臣出使朝鮮與〈皇華集〉》④、楊雨蕾《燕行與中朝文化關係》⑤等。而一些綜合研究也很值得注意,如葛兆光《宅兹中國——重建有關"中國"的歷史論述》⑥、《想象异域——讀李朝朝鮮漢文燕行文獻札記》⑦。對文獻的考訂也是值得重視的成果,如左江《〈燕行録全集〉考訂》、漆永祥《〈燕行録全集〉考誤》等。日本學者的研究,最值得表彰的是夫馬進,他對於閔鼎重、申在植、洪大容與清朝文士筆談的分析,提出了很多值得注意的問題。此外,松浦章對於漂流民的筆談研究也同樣值得注意,如《朝鮮國漂着中國船の筆談記録にみる諸相》(2014年)。

2. 中日筆談

實藤惠秀於1964年出版的《大河内文書——明治日中文化人的交遊》標誌着中日筆談研究的開端。此後沉寂了三十多年,至二十世紀九十年代後期又重新開始,如張偉雄《文人外交官の明治日本:中國初代駐日公使團の异文化體驗》⑧、陳捷《明治前期日中学術交流の研究》⑨,期刊論文也集中在外交官和文人的筆談研究。中文

① 收入《韓國史學論叢》,探求堂,1992年。
② 台灣"中研院"近代史研究所,1978年。
③ 台灣商務印書館,1987年。
④ 人民出版社,2010年。
⑤ 上海辭書出版社,2011年。
⑥ 中華書局,2011年。
⑦ 中華書局,2014年。
⑧ 柏書房,1999年。
⑨ 汲古書院,2003年。

研究論著特别要舉出伊原澤周將他自九十年代以來發表的23篇論文集結出版，題名《從"筆談外交"到"以史爲鑒"——中日近代關係史探研》①；陳捷的《人物往來與書籍流轉》②，收入了6篇專門研究中日筆談的論文；王曉秋《近代中日文化交流史》③、張升餘《明清時期中日文化交流》④也辟專章討論各種不同階層的筆談。中國學者的研究，除了上述外交人員的筆談外，另一個重點是關於岡千仞，如易惠莉《中日知識界交流實録——岡千仞與上海書院士子的〈筆話〉》⑤，又有兩篇碩士論文專門研討，如朱寒《日本漢學家岡千仞的中國之旅》（華東師範大學，2008年）、葉楊曦《近代域外人中國行紀裏的晚清鏡像》（南京大學，2012年）。晚清以前的筆談也有學者涉及，如劉玉才《清初渡海移民與中日文化認知——以〈張斐筆語〉〈霞池省庵手簡〉爲中心》⑥。

3. 中越筆談

目前只有少量的研究關注到中越筆談，研究者主要是陳益源《越南漢籍文獻述論》⑦、劉玉珺《越南漢喃古籍的文獻學研究》⑧，這兩年則開始出現一些學術新人，如張京華《三"夷"相會——以越南漢文燕行文獻爲中心》⑨、周亮《清代越南燕行文獻研究》（暨南大學碩士論文，2012年）等，顯示了值得注意的學術活力。

4. 朝日筆談

利用朝日筆談從事研究，早自二十世紀二十年代就由日本學者

---

① 中華書局，2003年。
② 中華書局，2012年。
③ 中華書局，2000年。
④ 陝西人民出版社，2008年。
⑤ 載《檔案與史學》2002年第6期。
⑥ 載《北京大學學報》第47卷第4期，2010年7月。
⑦ 中華書局，2011年
⑧ 中華書局，2007年。
⑨ 載《外國文學評論》2012年第1期。

開始,如松田甲《日鮮史話》①、田保橋潔《近代日鮮關係之研究》②、中村榮孝《日鮮關係史之研究》③、田中健夫《中世海外交涉史之研究》④、三宅英利《近世日朝關係史之研究》⑤。九十年代開始,以辛基秀、仲尾宏爲代表,開展了對朝鮮通信使資料的收集與研究,出版了一系列研究論著。二十一世紀以來,夫馬進將朝鮮燕行使和朝鮮通信使結合起來研究,出版了《朝鮮燕行使與朝鮮通信使》⑥,引人矚目。韓國方面,自 1991 年李元植出版《朝鮮通信使》以來,研究勢頭發展迅猛,韓國文學會 1996 年編纂了《朝鮮後期通信使的日本文學認識》《癸未通信使行記録的主題選擇》;此外,如李慧淳《朝鮮通信使的文學》⑦、韓泰文《李彦瑱的文學觀和通信使的世界認識》⑧、姜在彦《朝鮮通信使的日本見聞録》⑨,具智賢的《癸未通信使使行文學研究》⑩等專門研究著作中,使用了大量新發掘的朝日筆談資料,使這一研究有了進一步的突破。2011 年,寶庫社推出了一套研究叢書,收録有具智賢《通信使筆談唱和集的世界》、金亨泰《通信使醫學關係筆談唱和集研究》、허경진 외 엮음《通信使筆談唱和集文化研究》、조가남《通信使筆談唱和集文学研究》。相對來説,日本的研究偏重歷史,而韓國偏重文學。其後,趙奎翼等爲了方便研究者的使用,收集了與通信使相關的研究論文,編輯出版了《朝鮮通信使使行

① 朝鮮總督府,1926 年。
② 朝鮮總督府,1940 年。
③ 吉川弘文館,1965—1969 年。
④ 東京大學出版會,1959 年。
⑤ 文獻出版,1986 年。
⑥ 上海古籍出版社,2010 年。
⑦ 梨花女子大學校出版部,1996 年。
⑧ 釜山大學校國語國文科,1997 年。
⑨ 한길사,2005 年。
⑩ 寶庫社,2006 年。

録研究叢書》全13卷[①],區分爲文學(1—3卷);外交(4—6卷);歷史(7—8卷);文化、繪畫(9—10卷);思想、意識、經濟、貿易、民俗(11卷);食品、船舶、技藝、其他(12卷);最末一卷爲路程踏查、記録寫真篇,全面地集中展示了韓國學者的相關研究成果,成爲今後研究的新起點。

四、研究中存在的問題

研究論著可以分爲兩類:一類是對筆談文獻的專門研究,另一類是綜合運用各類文獻(包括筆談文獻)的研究,後者的研究業績高於前者。

1. 專門研究

其中又可分爲兩類:一是對某種或某家筆談文獻的研究,中朝筆談往往集中在對"北學派"(如洪大容、朴趾源、李尚迪等)的研究,如한길사《乾净衕筆談和使行文學的轉换》、朴香蘭《燕行録所載筆談之研究:以洪大容、朴趾源爲中心》;中日筆談則集中在晚清的公使文人(如黄遵憲、楊守敬、黎庶昌、岡千仞等),如滝沢誠《権藤成卿と章炳麟の交遊—筆談録をめぐって》、陳捷《楊守敬と宮島誠一郎の筆談録》、野元竜太《盛宣懷と岡千仞の筆談について》、王曉秋《近代中日筆談的形態研究:以〈大河内文書〉爲中心》;朝日筆談如金泰俊的《18世紀韓日文化交流的樣態:以〈江關筆談〉爲中心》、金聖鎮的《南玉的生涯和日本筆談唱和》,金仙熙《十七世紀初期至中期日朝知識人の他者像:林羅山と朝鮮通信使の筆談によせて》、小川和也《天和度朝鮮通信使と大老、堀田正俊の「筆談唱和」》等;中越筆談研究較少,如陳益源《越南李文馥與台灣蔡廷蘭的詩緣交錯》、王志强《從越南漢籍〈往津日記〉看晚清中越文化交流》等。單一研究的長處是對於某種筆談文獻有較爲全面的探討和細緻的説明,少數

① 學古房,2008年。

文章也能够以小見大,但較多的論文往往受限於“見樹不見林”的狹隘視野中。二是概論性的研究,这方面在近年以王勇撰寫較多,如《明代東亞筆談文獻研究》《燕行使筆談文獻概述》《東亞漢文筆談研究》等論著,其好處是能够描繪出筆談文獻的總體框架,較爲全面。但總體看來,偏重以平面描述和綜合他人意見爲主。

2. 綜合研究

這一類研究儘管數量不多,但在學術上的意義頗大。在思想史研究方面,有葛兆光《宅兹中國——重建有關“中國”的歷史論述》(2011年)、《想象异域——讀李朝朝鮮漢文燕行文獻札記》(2014年);在歷史研究方面,有李元植《朝鮮通信使》、夫馬進《朝鮮燕行使與朝鮮通信使》(2012年);在文學研究方面,有張伯偉《清代詩話東傳略論稿》(2007年)、《作爲方法的漢文化圈》(2011年)。無論研究視域、資料采擷,還是問題意識、思想方法,這些著作都展示了迷人的魅力,也代表了今後研究的方向。

五、研究展望

所謂“東亞筆談”,主要指的是二十世紀以前東亞漢文化圈内,各個不同國家和地區的人士相見,雖然語言不通,却擁有共同的對漢字的理解和使用能力,便以漢字作爲溝通彼此的媒介,以筆代舌,相互交談。高麗末期權近《送日本釋大有還國》云:“情懷每向詩篇寫,言語須憑象譯通。”①江户時期石川貞《呈朝鮮國副使書記元玄川》云:“不愁相值方言异,清興熟時揮彩毫。”②越南黎朝使臣馮克寬《答朝鮮國使李睟光》云:“彼此雖殊山海域,淵源同一聖賢書。”③所以日本學者中村榮孝在《日鮮關係史研究》中指出:“在外交

① 《陽村集》卷二,《韓國文集叢刊》第7册,景仁文化社,1996年,頁28。

② 《問槎餘響》卷上,韓國國立中央圖書館藏。

③ 《皇越詩選》卷五,越南漢喃研究院藏。

場合以漢文唱酬筆談,乃中國文化圈的同文諸國間習慣化的國際禮儀。"①從十九世紀末開始,隨着西方列强的侵入,漢文化地位在東亞地區迅速墜落,但在中國周邊的各國各地區,至今仍存留着大量的筆談文獻,包括中朝、中日、中越、朝日之間。二十一世紀初以來,這些文獻越來越受到東亞各國學者的重視,但也還存在很大的探索空間。

"筆談"首先是"談","筆"是"談"得以進行的媒介和手段,二十世紀前的東亞人,可以在没有翻譯的情况下,用漢語筆談進行順暢交流。對當時的知識人來説,漢字不僅是作爲交際工具,更是作爲知識人身份得以建立的文化標準而存在,所以,在東亞各國,漢字可以有不同讀法,但其書寫、語意的表達則基本一致,這是東亞筆談可以開展的原因,是域外人可以創作漢籍的原因,是東亞漢文化圈得以建立的前提,也是現在"作爲方法的漢文化圈"的研究得以展開和應該如此開展的原因。但强調漢文化圈的存在,并不否定東亞國家、族群因政治、經濟、軍事、文化等目標不同而出現衝突,也不否認東亞各國、各族群感受方式、思考方式上的不盡相同,對漢籍文獻的選擇和理解不盡相同,利用漢籍文獻的時間、種類、在國家和社會建構中的作用不盡相同,而是將漢文化圈作爲一個大的思考框架,以之觀照東亞各國政治、經濟、思想、文化的交流互動,從東亞飽滿的文化普遍性中看各國豐富的文化特别性,也從他人的觀照中把握自我。

自二十世紀八十年代以來,學術界有識之士已呼籲關注域外漢籍,如今大量域外漢籍作爲歷史資料進入研究者的視野,同時對思想史有興趣的研究者也投身其中,使這一研究成爲有思想的學術領域,其重要特點是力圖擺脱以國别文學和中韓、中日、中越交流史爲

---

①《朝鮮の日本通信使と大阪》,《日鮮関係史の研究》下,吉川弘文館,1969年,頁344。

中心的研究視野,擺脱以歷史史料爲中心的研究模式,提出了更宏觀、更全局性的問題。

文學活動是人的活動,東亞筆談文獻的特徵是能够將文人交往的歷史實況重現眼前,將紙上的文字化作人際交往的展開,使今人獲得一幕幕生動的文學場景。但人與人的交往常常是個别的活動,其資料也可以説屬一枝一葉,當我們將研究領地擴展到這些前人未多注意之處,一方面固然會使我們對於過去獲得更爲豐富的知識和理解,然而其代價很可能就是"碎片化"。爲了防止這一情況的出現,就必須將問題置於漢文化圈的整體背景,探索其間或隱或顯的關係。這就有必要將"漢文化圈"當作方法,這是將研究對象與思維方式的契合,使不同領域和學科能够得到貫通和整合。

"筆談"是東亞漢文化圈一種特殊的交流方式,"筆談"文獻是對筆談的記録,其中很多筆談記録散佈在筆談者的遊記之中,爲筆談提供了可確定的時間、地點、場景、情境,甚至筆談者對筆談對方和筆談内容的看法,所以"筆談"文獻具有田野調查報告的意味,可對之進行知識考古學式的研究。而且每次筆談必有發起者,發起者對筆談對象會有所選擇,發起人的提問方式、期待視野,對談時的情境走向,筆談結束後筆談記録的歸屬者,都有深刻的文化内涵,可對之進行社會學的研究。"筆談"文獻是一種特殊的文獻,其作者一定是跨國界的,他們圍繞一件事情展開交談,實際提供了從周邊看中國、東亞其他各國理解中國的方式,也提供了中國古代人看東亞其他各國的方式,可借此落實"作爲方法的漢文化圈"的研究思路和研究視角。具體到筆談文獻内容,可謂進寶山、入武庫,舉凡政治、經濟、法律、思想、倫理、教育、文學、藝術、歷史、地理、博物、農業、醫學、環境、風俗等都有豐富的材料,可據此展開各種專題研究。

以下略舉例以明之。

例一:《雞林唱和集》①載朝鮮肅宗三十七年(日本正德元年,1711)通信使正使書記洪舜衍(號鏡湖)妾安媛作《春思》:

寶篆香銷欲曙天,忽聞啼鳥到窗前。沙頭夜過何山雨,柳外朝生極浦烟。别恨自憐花影亂,春愁暗與佩伎邊。瑶琴彈罷江南曲,曲曲離鸞又采蓮。

又《閨恨》:

十五嫁游子,二十猶未歸。縱欲道心事,與須相見稀。

日本瀨尾維賢(號用拙齋)跋曰:"右洪鏡湖妾安氏之詩,事雖不關唱酬,而清思妍語,可與李易安、朱淑真相伯仲矣。一友人得之鏡湖席上,愛玩示予。嗚呼! 三韓婦人能言詩,亦可見其文華之盛,故録。用拙齋誌。"

《兩東唱和後録·别録》爲他人所編,此二詩亦見録其中。

從文獻學角度看,這兩首朝鮮女性作品不見於其他資料,可作補遺。但從用拙齋的跋文中可見,此詩是在唱和席上由洪鏡湖披露出來的。日本自古不限制女子寫作,從平安時代開始,就有很多女性擅長爲文,不僅包括日語文學,如《源氏物語》,也包括漢文學,如《經國集》卷十四録公主有智子内親王的《雜言奉和漁家二首》,就是摹仿張志和的《漁歌子》而作,《本朝一人一首》評之爲"本朝女中無雙秀才"。到江户時代,能詩女性更多。朝鮮通信使赴日,本來就含有"文戰"的因素在,所以,洪鏡湖展示其愛妾律絶兩首,無非是要表現朝鮮在這一方面也不落後。事實上,他這樣做也收到了預期的效

① 瀨尾維賢編,書坊玉芝堂刊本,正德辛卯(1711),韓國國立中央圖書館藏。

果,用拙齋評爲“可與李易安、朱淑真相伯仲”,并且從中生發出“三韓婦人能言詩,亦可見其文華之盛”的感嘆。

我們如果把這個例子與洪大容在中國談論的話題比較一下,就會發現饒有趣味。洪大容於英祖四十一年(1765)赴中國,在北京與潘庭筠(蘭公)、嚴誠等人見面筆談云:

> 蘭公曰:“東方婦人有能詩乎?”余曰:“我國婦人惟以諺文通訊,未嘗使之讀書。况詩非婦人之所宜,雖或有之,内而不出。”蘭公曰:“中國亦少,而或有之,仰之若慶星景雲。”……余曰:“君子好逑,琴瑟和鳴,樂則樂矣,比之慶星景雲則過矣。”蘭公曰:“貴國景樊堂,許篈之妹,以能詩入於中國詩選。”余曰:“女紅之餘,傍通書史,服習《女誡》,行修《閨範》,是乃婦女事。若修飾文藻,以詩得名,終非正道耳。”①

這裹提到了許蘭雪軒,是朝鮮時代最有名的女詩人,在中國影響也很大。爲何洪大容不引以爲榮呢?因爲蘭雪軒的詩曾遭柳如是的揭露,認爲存在大量抄襲之作,有些朝鮮士大夫頗以爲羞。這就是場合不同,類似的話題就引出了不同的結果。

例二,《問槎餘響》載日本金谷雄江《稟秋月龍淵玄川》云:

> 吾邦文物日聞,俊杰日起,且太平日久,海内富溢也。唐山賈人貿易肥長崎者無虚歲矣,以故珍奇之書往往傳播吾邦,是以吾邦之人亦學識大逾越乎前代云。②

這則資料,涉及書籍傳播以及日本的文化進步。這是甲申年(1764)

① 《湛軒書》外集卷二,《韓國文集叢刊》第248册,頁136。

② 伊藤維典編,日本平安書林,明和元年(1764)九月,韓國國立中央圖書館藏。

朝鮮通信使團在日本的筆談記録，秋月爲南玉號，龍淵爲成大中號，玄川爲元重舉號，三人皆掌文事者。此行之年在漢文學史上是非常關鍵的一年①，總體來説，是朝鮮文人對日本的文化進步刮目相看，并且獲悉其進步之原因乃在於大量而不間斷地將清代書籍傳入長崎。而朝鮮則自明清鼎革以後，蔑視清朝文化，使臣入清，所購者多宋明之書。《鷄林唱和集》卷七記載 1711 年藤原子績（號菊叢）與朝鮮製述官李礥（號東郭）的筆談如下：

（菊叢）問：康熙年中，中華連陽廖文英所輯《正字通》，商舶載來，流傳本邦。辯論詳悉，舉字靡遺，甚便檢閲，省載酒之勞。貴邦亦有之乎？

（東郭）答：皇明革正之後，中國文華掃地盡矣，我國使价之往來，元無購買文籍之事，故廖文英所撰之書，不曾見之。而即今中國亦多有如此等書，不足貴也。

但是在 1764 年之後，朝鮮文人從日本的文化進步中受到刺激，紛紛認識到其進步與清朝文化輸入的關係，并且成爲一代人的通識。元重舉《和國志》"詩文之人"條云：

其後混竅日鑿，而長崎之書遂通見。②

李德懋《蜻蛉國志》"藝文"云：

近者江南書籍，輻湊於長碕，家家讀書，人人操觚，夷風漸變。③

---

① 參見張伯偉《漢文學史上的 1764 年》，原載《文學遺産》2008 年第 1 期。
② 《和國志》地卷，頁 326。
③ 《青莊館全書》卷六十四，《韓國文集叢刊》第 259 册，頁 162。

又《天涯知交書·筆談》云:

> 日本人通江南,故明末古器及書畫、書籍、藥材,輻湊於長碕,日本蒹葭堂主人木世肅,藏秘書三萬卷,且多交中國名士,文雅方盛,非我國之可比。①

柳得恭《古芸堂筆記》卷五"我書傳於倭"條云:

> 倭子慧竅日開,非復舊時之倭。蓋緣長碕海舶委輸江南書籍故也。②

稍後的金正喜《雜識》云:

> 今見東都人篠四本廉文字三篇,一洗弇陋僻謬之習,詞采焕發,又不用滄溟文格,雖中國作手,無以加之。噫! 長崎之舶,日與中國呼吸相注,絲銅貿遷尚屬第二,天下書籍無不海輸山運。③

又李尚迪《讀〈蔫録〉》云:

> 近來中國書籍,一脱梓手,雲輸商舶。東都西京之間,人文蔚然,愈往而愈興者,賴有此一路耳。④

把這些内容結合起來,就可以發現其中的一连串内在關係。

---

① 《青莊館全書》卷六十三,《韓國文集叢刊》第259册,頁131。
② 《雪岫外史》外二種,亞細亞文化社,1986年,頁125。
③ 《阮堂全集》卷八,《韓國文集叢刊》第301册,頁147。
④ 《恩誦堂集》續集"文"卷二,《韓國文集叢刊》第312册,頁242。

例三,《問槎餘響》卷上又記載金谷雄江與成大中(龍淵)的筆談:

金谷問:"嘗聞貴國之人讀書有回還之讀,願以貴國之讀法讀之。"

龍淵答:"民間有此讀,士林不貴之。"

金谷稟:"聞貴國之諺文,自世宗莊憲王始,今記諺文者,字樣扁畫,恐當有誤寫,敢請改正之。"

龍淵問:"何人書之?"

金谷答:"大湫所書,即僕師也。"

遂不卒業。

又記載田勝山與成大中筆談:

勝山稟:"貴邦諺文,未審字體,幸見示。"

龍淵答:"諺文未暇書示,字多故耳。僕輩今當發行,不得穩討,可恨。"

在朝日筆談中,日方多次要求朝鮮人把諺文寫給他們看,但朝鮮人總是百般推託。在《桑韓筆語》中,我們看到,最終日本人是從朝鮮使團的下人處見得諺文。山田正珍(號圖南)"與學士之僕筆語"條記載道:

稟(圖南):"爲余書諺文。"

復:"諾。"①

① 山田正珍編,日本東都書肆,寶曆十四年甲申(1764)四月,韓國國立中央圖書館藏。

以下就寫了152個諺文。又有用諺文所寫日語五十音。又有“戲聞漢字之韓音”條,大概可以滿足其好奇心。

這是一個和語言學相關的問題,朝鮮文士何以推託不書寫諺文?這是因爲漢文在當時是一種高貴的、正統的、文雅的身份的象徵,而諺文則不免是粗鄙的、鄉野的、女性的象徵。當時的朝鮮知識人,很多是拒絶學習諺文或推託不懂諺文的。理學家宋浚吉發現《家禮諺解》一書中有很多錯誤,想求教於父親,但他的父親“未習諺字,不能一一看過”①。朴世采説自己“不識諺字”②,他也是一個理學家。再如漢文學造詣極高的文人朴趾源,他公然宣稱:“吾之平生,不識一個諺字。”③少數知識女性學會了漢字,能够使用兩種文字,但仍然分别高下。安東張氏1668年給其子李徽逸一封信,末云:“諺書不見信,書此以送。”④意思是“用諺文寫給你恐怕不會受到重視,所以用漢字寫了這封信送給你”。其玄孫李象靖在《跋》中説:“夫人以諺書不見信,故手書此以與之,其憂疾之慮、勉學之意,爛然於一紙。”⑤談論嚴肅、重大的問題就使用漢字。在日本人面前,朝鮮知識人要保持其自尊和體面,所以絶不肯輕易書寫諺文。至於下層僕役則没有這種身份感,所以想寫就寫了。

當然,我們在使用筆談類文獻時也需要注意,因爲出於倉促應對,有時説話是門面語、應酬語或一時興到語,不可作死於句下的理解。有的時候,筆談内容還不免有誤。比如《桑韓唱酬集》卷一記載日僧圓賛與張弼文(菊溪)的筆談,張回答日僧有關崔致遠之問時説:“崔致遠字孤雲,崔冲之子,新羅末葉人。”⑥崔冲是高麗時代首創

---

① 《同春堂集》别集卷四《上慎獨齋先生》,《韓國文集叢刊》第107册,頁362。

② 《南溪集》外集《答尹子仁》,《韓國文集叢刊》第141册,頁317。

③ 《答族孫弘壽書》,《燕巖集》卷三,《韓國文集叢刊》第252册,頁78。

④⑤ 《貞夫人安東張氏實記》,見張伯偉主編《朝鮮時代女性詩文集全編》上册,鳳凰出版社,2011年,頁273。

⑥ 河間正胤編,享保五年庚子(1720)九月,韓國國立中央圖書館藏。

私學的人，晚於崔致遠約一百三十年，就是一個明顯的錯誤。至於在筆談中爲争面子而誇大其辭的言論，更是不能坐實理解。

東亞筆談文獻是域外漢籍中的一個分支，而且與東亞文人間的詩文唱和、信劄尺牘、序跋評點有着密切關係，如果作單獨研究，往往陷於“見樹不見林”甚至“一葉障目”的泥沼。而將筆談文獻置於東亞漢文化圈的語境中，就能全面觀照東亞知識人之間的交流與互動。二十世紀以前的東亞社會，除了中朝、中越、中琉之間存在着官方的朝貢關係之外，從官方到民間，東亞知識人之間還存着一個巨大的、多元的、交錯的交流渠道，即筆談。儘管筆談的主角有外交人員、文人學士以及漂流民，但主要還是在當時東亞的知識人之間完成的。由於漢字是東亞諸國的“共同語”，這就類似古典時代以後的近代早期，歐洲廣大地區的學者使用拉丁語相互通信，從而使他們產生了一種“歸屬感”，認爲自己屬於一個被他們稱作“文人共和國”或“知識共和國”的國際共同體，以漢字爲媒介和工具，在東亞長期存在着一個知識和文化的“共同體”，有人遂將它稱作“文藝共和國”①。筆談文獻就是這樣一個“知識共同體”的產物。如果説，研究方法（思維和路徑）是研究對象的“對應物”，那麽，“作爲方法的漢文化圈”的提出與實踐，與這一研究對象是契合無間的。另一方面，筆談文獻雖然產生於一個“文人共和國”，但其中的聲音并不單一，而是“複調的”“衆聲喧嘩”的甚至含有文化上的較量。因此，不能僅僅將筆談文獻放在單一的國别外交史領域中考察，必須放在整個東亞社群的視域中，放在漢文化圈整體的内在關聯下考察。只有從東亞文化的整體性出發，才能在朝貢體制之外，思考另一個更加多元與開放的東亞社會，在關注“統一性”的同時，不至於忽略其“多樣性”。

百年來的中國人文學術研究，除去文獻、人物和史實的考辨，佔

① 參見高橋博巳《東亞の文芸共和國》，新典社，2009 年。

據主流的都是“西方式”的或曰“外來”的,因此,當代學術面臨的最大問題,就是如何反省西方學術(主要是“漢學”)對中國學術的影響和改造,中國學人應努力提出并實踐一種有别於但又不孤立於西方的理論和方法,發現一個東方的、亞洲的、中國的知識生産方式。

凡　例

一、本書收録朝鮮時代文獻所載朝鮮人與中國人筆談資料，其中有口談與筆談間進行者，不予剔除。

二、本書收録文獻範圍，始於十五世紀，終於大韓民國和朝鮮民主主義人民共和國建國之前。

三、本書以文獻所見筆談發生時間爲序編排，故有一人之書而分置前後者。少數具有筆談彙編性質者，則以筆談記録首次出現的時間爲據編排。同一事件有見於不同文獻者，則兩存之。

四、本書共分四卷，明代一卷，清代三卷，時段劃分寓有編者對筆談内容、性質演變的判斷。

五、收録文獻，皆作校點。版本無异者，偶作理校。有不同版本者，則予以對校，并説明底本和校對本。一般性誤字、异體字、俗寫字徑改爲規範正字，不另出校。但地名、人名之誤及據他本增補者，則予更改并出校。

六、少數字體在朝鮮時代文獻中多見，一般不會引起歧義者，如“牧丹”之於“牡丹”，“壯元”之於“狀元”，“卓子”之於“桌子”，“大學”之於“太學”等，則一仍其舊。個別地名如“楊州”之於“揚州”，“楊子江”之於“揚子江”，“泗川”之於“四川”，人名如“紀匀”之於“紀昀”，也極爲常見，且一望而知，亦不予更改。

七、各種資料均冠以解題，其中對作者亦有考訂，凡前人（包括當代韓國學者）記録有誤者，皆予以糾正，但一般不作辯駁。

八、朝鮮時代文獻中筆談資料的大型整理始於此書，不少資料收集不易，其中得到國外各藏書機構和個人的大力協助，統此鳴謝不一一。

九、不少文獻爲手寫本，大量行書、草書、俗寫字等充斥其間，辨認不易，雖然反覆推敲，恐仍有謬誤，請讀者惠予指正。

十、筆談文獻散在各處，編者雖盡力收集，當仍有闕漏。盼海内外博學廣聞者，繼續賜以新知，俾他日續作補正，漸臻完善。

明代卷

一、崔溥《漂海録》

【解題】

《漂海録》三卷，崔溥撰。

崔溥(1454—1504)，字淵淵，號錦南。全羅道羅州人，二十四中進士，二十七中文科試，三十三中文科重試，歷官校書館著作，成均館典籍，弘文館修撰、校理等職。弘治元年(1488)，崔溥奔父喪過海遇風，漂至中國台州，明廷驛送其至北京，并幫助其回國。途中多有記録，留下翔實資料，并於渡江還國至青坡驛以後，奉旨於八日之間撰進一行日録，成《漂海録》，其中保留了若干與中國官民的筆談。

兹以韓國藏書閣本爲底本輯録資料。

(弘治元年閏正月)十二日，遇賊於寧波府界。是日乍陰乍雨，海色還白。晡，至巨島，連綿如屏。望有中船二艘，皆帶懸居舠，直指臣船而來。程保等羅跪臣前，曰:“凡事有經有權，請解喪服，權着紗帽團領，以示官人之儀。不然則彼必哄我爲劫賊，加以僇辱矣。”臣曰:“漂流海上，天也;屢經死地而復生，天也;到此島而遇此船，亦天也。天理本直，安可違天以行詐乎?”俄頃，二船漸近相值。一船可十餘人，人皆穿黑襴褲、芒鞋，有以手帕裹頭者，有着竹葉笠、棕皮簑者，喧豗叫噪，渾是漢語。臣度其乃是中國人，令程保書紙以遺曰:“朝鮮國臣崔溥奉王命往海島，奔父喪過海，遇風漂到，不知是何國邑地也?”其人復曰:“此乃大唐國浙江寧波府地方。”又曰:“要到本國去，須到大唐好。”程保以手指其口，其人以陸水二桶來遺，棹舟東去。臣令舟人櫓入一島以依。又有一艘亦帶懸居舠，有軍人可七八人，其衣服、語音亦與前所見同，來逆臣船，曰："你是何國人？"臣又使程保答如前，因問曰："此何國地？"其人指其島，曰："此即大唐寧波府地下山也。風水好，二日可回去。"臣又復曰："他國人遭風萬死之餘，幸到大國之境，喜得復生之地。"又問渠姓名謂誰。其人答曰："我是大唐林大。你若大唐去，帶你進去。你有寶貨，可遺我。"臣答曰："僕奉使臣，非商賈者流，且漂流浮沉之後，安有寶貨乎？"即減米粮以饋之。其人受而復曰："此山繫船，不怕西北風，但南風不好，隨我繫船。"引臣船指一泊舟島，曰："此可泊可泊。"臣如其言，即往泊之，果無風，環島中可藏船處也。其西岸有二草屋，如鮑作干家者，其人等泊舟於屋下。臣之同舟人，久飢久渴久勞久不寢寐之極，得食以食，得風定處以泊，困憊支羸，相與枕藉乎舟中。夜二更，所謂自稱林大者，率其黨二十餘人，或執槍，或帶斫刀，而無弓箭，秉炬擁至，闌入臣船。賊魁書曰："我是觀音佛，洞見你心。你有金銀，便覓看。"臣答曰："金銀非本國所産，初無有賫。"賊魁曰："你若官人，豈不賫來？我當看看。"初，臣及程保、李楨、金重、孝子等以濟州海外地，往來無期，具四節衣服數套而往。至是賊魁即叫其黨，窮搜臣及陪吏等包中衣裝、舟人糧物，輪載其船。其所遺者，若衣之濃沾鹹水者及諸般書册而已。賊中眇一目者，惡之尤甚。程保謂臣曰："賊之始至，示若從容，見我勢弱，馴成大賊。請一奮擊，以決死生。"臣曰："我舟人皆以飢渴垂死之後，奪氣於賊，故賊乘勢肆暴。若與相搏，則我輩皆死於賊手。莫如盡付行李，以乞生活耳。"賊魁又奪臣所賫印信、馬牌，納之懷袖。程保尾其後請還，不得。臣曰："船中有物，可盡取去。印與馬牌，乃國之信，私無可用，可還我。"賊魁以印、牌還。纔出篷窗，與其黨列立船舷，喧囂良久，旋入舟中。先脱程保衣褲，捆而杖之。次以斫刀截臣衣紐，赤身剥脱，背手曲脚以綁之，以杖杖臣左臂七八下，曰："你若愛生，便出金銀。"臣大號曰："身可臠，骨可碎，何所得金銀乎？"賊不曉臣言，解臣縛，許以寫意。臣即寫之。賊魁怒，瞋目張喙，指程保而叫，指臣而叫，即曳臣頭髪，還縛倒懸，荷斫刀指臣頸斫之，刀適誤下右肩隅，刃翻在上。賊又荷刀將斬臣，有一賊來把荷刀之臂以沮之。賊黨齊聲大叫，莫知所謂。是時，舟人惴惧失常，奔竄無地。唯金重、巨伊山等攢手拜跪，冀活臣命。俄而賊魁蹂躪臣身，喝嚇舟人，引其黨而出，截去臣船矴櫓諸緣，投諸海。遂以其船導繂臣船，指放大洋，然後乘其船遁去。夜已闌矣。

十六日，到泊於牛頭外洋。是日陰，海色赤黑中全濁。西望連峰叠障，撑天包海，意有人烟。駕東風而至，則見山上多有烽燧臺列峙，喜復到中國地界。午後，風浪尤緊，雨下濛昧。舟從風所驅，瞥然間忽漂至兩島間，傍岸而過，則望見有中船六隻列泊。程保等請於臣曰："前至下山，不示以官人之儀，以招賊人，幾不免死。今宜從權具冠帶，以示彼船。"臣曰："爾何以害義之事導我歟？"保等曰："當此之時，與死爲鄰，何暇治禮義哉？姑當行權，便取生道，然後以禮治喪，不害於義。"臣拒之曰："釋喪即吉，非孝也；以詐欺人，非信也。寧至於死，不忍處非孝非信之地，吾當順受以正。"安義來請曰："我姑着此冠帶，示若官人然。"臣曰："非也。彼船若或如前所遇賊，猶之可也。若是好船，必驅我曹詣官府取供辭，汝將何辭以對？少或不直，彼必生疑，莫如守正之爲愈也。"俄而所謂六船棹圍臣船，一船有人可八九，其衣服、語音亦與下山所遇海賊一般，寫示臣等曰："看你异類，來從那裏？"臣令程保亦寫以答曰："我是朝鮮國朝臣，奉王事巡海島。奔喪過海，被風而來。不識此海何國地界？"其人答曰："此海乃牛頭外洋，今隸大唐國台州府臨海縣界也。"程保以手指其口。其人以水桶來遺，又指北有山，曰："此山有泉，你可取汲，做飯以吃。你有胡椒，可送我二三兩。"臣答曰："本國不産胡椒，初不賫來。"其人等遂棹船稍却，圍包臣船，列立下矴。臣船亦依岸而泊。令安義、巨伊山、尚理等下舟登山，通望人烟，則果是連陸處。

十七日，捨舟登陸。是日雨。遲明，所謂六船擁來，語臣等曰："看你也是好人，隨我可行。你有奇物，送些與我。"臣答曰："漂流已久，所賫之物盡撒海中。若指我生路，所乘船楫，皆恁的所有。”因問人居遠近，其一人曰：“此地也近官府，你要去不妨。”一人曰：“過前一里，便有人家。”一人曰：“此處人家便遠，不可止此。”臣又問官路遠近。其一人曰：“台州府距此一百八十里。”一人曰：“一百五十里。”一人曰：“二百四十里。”其語端彼此有違，不可信也。其人等相率鬧擾，争入臣船，目所寓，雖些小物，無不攘敚。謂臣等曰：“不同我去，我當作怒。”安義請捨船，乘其人船，隨其所去。李楨欲擊殺一人以却之。臣曰：“爾等之計皆非也。觀彼人，其言不實，劫奪又甚，情僞淺深，未可知也。彼若昔者下山海賊之類，則從安義之計而從歸，則彼必棹至絶島，沉殺我等，以滅其迹。彼若或漁船，若防禦之船，則從李楨之計而擊殺，則彼必掩其所爲，反以我爲异國人來劫殺人云爾，則大國之邊境騷然，誣我爲賊，語且不通，難以辨明，必皆爲邊將所戮。爾等之計，皆自取死途也，莫若權辭，以觀其勢。”臣謂其人曰：“我浮海日多，飢渴困憊之極，危命僅一綫耳，請做飯療飢，然後同行。”其人等復曰：“你少留緩行。”即棹舟少却，可二三里許，復環臣船而泊，以雨故皆入船倉中，無觀望者。臣謂同舟人曰：“看彼人言語動止，也甚荒唐。看此山已連陸路，必通人居，不於此時善處，則我等之命懸其掌握，終必爲海曲之鬼。”遂率陪吏等先下船，諸軍人接踵而下，冒雨穿林，逃遁奔匿。過二嶺，嶺皆枕海，有石如甬道，行六七里，得一里社。臣謂陪吏、軍人等曰：“同此生死之苦，無异骨肉之親，自此相保，則可以全身而還。汝等若遇患難，則同救之；得一飯，則分吃之；有疾病，則相扶持之，無一人亡失可也。”皆曰：“唯命。”又曰：“我國本禮義之國，雖漂奔窘遽之間，亦當示以威儀，使此地人知我國禮節如是。凡所到處，陪吏等拜跪於我，軍人等拜跪於陪吏，無有過差。且或於里前，或於城中，有群聚來觀者，必作揖禮，無敢肆突。”皆曰：“唯命。”至其里，則里中人老少男女争怪臣等，觀者如墻。臣與從者趨而揖，皆合袖鞠躬以答之。臣即告以來自朝鮮之故。有二人，其容貌諒非庸人，謂臣等曰：“你是朝鮮國人,緣何入我國界?你若是賊人,若是進貢之人,若是被風無定之人,逐一寫來,遞送還國。”臣曰:“我本朝鮮國臣,奉王命往海島,奔父喪過海,遭風見漂,得到海岸,捨舟緣陸,望尋人烟而來。乞諸大人聞於官府,以活垂死之命。”即以所賫印信、冠帶、文書示之。其二人覽畢,指臣前鎮撫、陪吏等以次羅跪,末端軍人等亦以次俯伏,謂臣曰:“聞貴國禮義邦久矣,果協所聞。”即叫家僮將米漿、茶、酒以饋,遍及軍人,任其所飲。指里前佛堂曰:“你可住此堂安歇。”臣至佛堂,解濕衣以風。未幾,其二人又做飯來饋,果皆忠厚人也,而亡其職姓名。俄而其二人來言:“你可起身,送你好處。”臣問曰:“好處幾里?”其二人謊辭曰:“還有二里。”曰:“其地名何?”曰:“西里堂也。”曰:“雨甚路濘,時又向晚,奈何?”曰:“去處不遠,不須憂矣。”臣從其言,率從者登途而行,則里中人或帶杖劍,或擊錚鼓。前途有聞錚鼓之聲者,群聚如雲,叫號隳突,夾左右、擁前後而驅,次次遞送。前里如是,後里又如是。行過五十餘里,夜已央矣。

十八日,遇千户許清於路上。是日大雨。子半,臣等因爲里人所驅,路經一高阜,松竹成藪,遇有自稱隱儒姓王名乙源者,憐臣冒夜衝雨,艱楚被驅,止里人少住。問臣所從來,臣亦告以漂風之故。乙源惻然,即呼酒勸臣。臣曰:“我朝鮮人守親喪,不飲酒食肉茹葷及甘旨之味,以終三年。蒙饋酒,感恩則已深矣。然我今當喪,敢辭。”乙源遂饋臣以茶,饋從者以酒,因問曰:“你國亦有佛否?”答曰:“我國不崇佛法,專尚儒術,家家皆以孝悌忠信爲業。”乙源握臣手眷顧相别。其里人驅臣等至一大嶺,臣足如繭,不能前進,里人擁挽臣臂,前引後推而過。又遞至二十餘里,其里中有大橋,里人皆揮棱杖亂擊臣等,肆虣劫奪太甚。吴山者負臣馬鞍,有一人毆擊攘去。臣等被杖前驅,顛仆哭泣。過二嶺,見遞他里,向曙,問其有大橋之里,則人曰:“仙岩里也。”自登陸以來,道傍觀者皆揮臂指頸,作斬頭之狀以示。臣等莫知其意。行至蒲峰里,雨少止。有官人率軍吏而來,問臣曰:“你是何國人,怎麽到此?”臣曰:“我乃朝鮮國人,再登文科，爲國王近臣，奉國事巡海島，奔喪出陸，遭風漂到於此。飢渴萬死之餘，僅續殘命，復爲里人所驅，辛苦萬端之極，得遇官人於此，是我得生之時也。”其官人即先饋臣以粥，隨以飯具，又令臣從者做飯以吃。臣問官人姓名職事，有王适者曰：“此乃海門衛千户許清也，守塘頭寨，聞倭犯界，專爲捕獲而來。汝其慎之。”臣困卧路周，四肢莫舉。許清謂臣曰：“我大唐法度嚴切，你别處人，不可久在此亂爲，攪擾良民。”令軍吏等疾驅臣等。行五里許有官廨，乃塘頭寨也。過一長堤，可十餘里。雨復大作，臣跛行蹣跚，全未動脚，中途僵仆，曰：“我之筋力竭矣，將及於死，早知若此，莫如死於海上之爲便。”程保以下亦對臣痛哭，被軍吏甚督，莫能少留。李楨、孝枝、尚理、玄山等身完者，相遞負臣以行。過二嶺，幾至三十餘里，有人居甚繁盛，前有佛宇。天將暮，雨不止，故許清欲留臣等於佛宇以經夜。其里人皆以謂不可。許清謂臣曰：“此方人皆疑你爲劫賊，故不許留。你雖艱步，不可不行。”令軍吏驅臣等過一大嶺。夜二更，至一川邊，李楨等亦力盡，身且不保，不克負臣，從者等亦皆疲羸不能行。許清親執臣手以起，臣之兩足尰蹇，不運一步。高以福大怒，指臣曰：“此漢此漢，無乃病狂歟？汝若艱苦，宜委四肢，莫之能起可也。”臣辱其言，自以謂我寧至死，宜死於此地，復卧不起。從者率皆顛卧狼藉。許清令軍吏或督或毆，而不得驅焉。良久，又有一官人領兵擁炬而至，甲胄、槍劍、彭排之盛，嗩吶、哱囉、喇叭、錚鼓、銃熥之聲，卒然重匝，拔劍使槍，以試擊刺之狀。臣等驚駭耳目，喪魂褫魄，罔知所爲。官人與許清整軍威驅臣等，可三四里，有大屋舍，繚以城郭，如關防然。問之，則乃於瀆場見桃渚所，或云批驗所也。城中又有安性寺，止臣等於寺，許留宿焉。臣問其官人爲誰，則有僧云：“此乃桃渚所千户也，聞倭人犯境，領器械以備於此。因許千户之報，率兵往驅你輩以來。然未知你心真詐，明日到桃渚所，將訊汝。”

十九日，到桃渚所。是日大雨。兩千户并馬驅臣等冒雨以行。臣令程保告許清曰：“我等漂海，浮沉飢渴，臨死復蘇，僅保餘喘，得到貴境，得遇官人，得飽昨朝之飯，以爲得再生之地。乃於霖霪之雨，濘潦之途，顛坑仆谷，撥石衝泥，體涷脚微，心焦力盡，昨夕不得食，今早又不得食，又驅出冒大雨而行，我其殆將半塗而斃矣。”許清復曰：“昨因你走不到官司，自取飢。今若便到，則官自供給。速去速去！”臣運步不得，仆路隈，四體委地不收。孝子、程保、金重、莫金、萬山、巨伊山等環坐痛哭。適有牽牛而過者，程保告諸千户曰：“請解衣買此牛，以騎我員。”許清曰：“我亦豈不憐你輩受此苦乎？緣拘國法，未得護汝耳。”李楨、孝枝、尚理等又相代負臣過一嶺，可二十餘里，至一城，乃海門衛之桃渚所。行將近城七八里間，軍卒帶甲束戟，銃熥、彭排夾道填街。至其城，則城有重門，門有鐵扃，城上列建警戍之樓，城中市店聯絡，人物繁富。引臣等至一公館，許留焉。臣之形容槁枯，冠服塗泥，觀者絶倒。有姓名王碧者寫謂臣曰：“昨日已報上司，倭船十四隻犯邊劫人，你果是倭乎？”臣曰：“我非倭，乃朝鮮國文士也。”又有姓名盧夫容者自稱措大，謂臣曰：“車同軌，書同文。獨你語音不同中國，何也？”臣答曰：“千里不同風，百里不同俗。足下怪聽我言，我亦怪聽足下之言，習俗然也。然同得天所賦之性，則我之性亦堯舜孔顔之性，豈嫌於語音之有异哉？”其人撫掌曰：“你奔喪，可行朱文公《家禮》乎？”臣答曰：“我國人守喪，皆一遵《家禮》。我當從之，但爲風所逆，迨今不得哭於柩前，所以痛哭。”其人又問曰：“你作詩否？”臣答曰：“詩詞乃輕薄子嘲弄風月之資，非學道篤實君子所爲也。我以格致誠正爲學，不用意學夫詩詞也。若或有人先倡，不得不和耳。”又有一人寫臣掌上曰：“看你也不是歹人，衹以言語不同，實同盲啞，誠可憐也。我告你一言，你其記之，善自處，慎勿輕與人言。自古倭賊屢劫我邊境，故國家設備倭都指揮、備倭把總官以備之。若獲倭，則皆先斬後聞。今你初繫舟處，幯獅子寨之地，守寨官誣汝爲倭，欲獻馘圖功，故先報云‘倭船十四隻犯邊劫人’。將領兵往捕汝、斬汝之時，你輩先自捨舟，投入人多之里，故不得逞其謀矣。明日把總官來訊你輩，你其詳辨之。少有違誤,事在不測云云。"臣問其姓名,則曰:"我所以言之者,愛汝也,危之也。"掉頭而去。臣聞其言,毛髮竪立,即語程保等。保等曰:"路人指我等爲斬伐之狀者,皆惑此謀故耳。"日夕,千户等官員七八人置一大卓,環立卓邊,引程保於前,問曰:"你一起一十四隻船,實否?"保對曰:"否。但一隻而已。"揮程保以出。又引臣問曰:"你衆所駕原船幾隻?"臣曰:"衹一隻耳。"問曰:"我邊上瞭見倭船一十四隻,同泊昨處海洋,我因守寨官之報,已報於上司大人。你船十三隻置之何地?"臣曰:"我之到海岸時,有貴地人等乘船六隻,同泊一海。若要究六船人,則我船數可知矣。"問曰:"你以倭人登劫此處,何也?"臣曰:"我乃朝鮮人也,與倭語音有异,衣冠殊制,以此可辨。"問曰:"倭之神於爲盜者,或有變服,似若朝鮮人者,安知你非其倭乎?"臣曰:"觀我行止舉動,證我印、牌、冠帶、文書,則可辨情僞。"千户等即令臣拿印信等物來以質之。因問曰:"你無乃以倭劫朝鮮人,得此物乎?"臣曰:"若少有疑我之心,姑令送我北京,與朝鮮通事員一話,情實立見。"問曰:"你姓何名誰?何州縣人?何職官?因何事幹到我邊境?開寫情狀,毋敢謊虚。我其申報上司。"臣曰:"姓崔名溥,住朝鮮國全羅道羅州城中。再登文科,筮仕朝著者有年。去丁未秋九月,奉國王命往濟州等處海島,今閏正月初三日奔父喪,顛倒還家,遭風漂海,得到於此。"曰:"你父名何?職何?死在何地?"臣曰:"父名澤,格進士試,以養親不仕。闋孝服僅四載,又死於羅州。"供畢後,館臣於别館,以供臣及從者。

二十日,在桃渚所。是日乍陰乍晴。臣問桃渚所千户姓名,則乃陳華也。華與一官人來看臣,指臣笠,曰:"此何帽子?"臣曰:"此喪笠也。國俗皆廬墓三年。不幸如我漂流,或不得已有遠行者,則不敢仰見天日,以堅泣血之心,所以有此深笠也。"及至飯時,許清引臣同卓。座有一人以箸畫卓上,曰:"你吃猪肉否?"臣曰:"我國人守喪三年,不食魚肉醢葷。"其人以别器盛素饌以饋臣。許清又見臣之衣服沾濕未乾,謂臣曰:"今日有陽,可脱衣以晒之。"臣答曰:"我衣皆濕，脱此則無可穿者，不能晒也。”許清引臣坐諸面陽之地，以令晒乾。有一官人來問曰：“你國王稱皇帝否？”臣答曰：“天無二日，安有一天之下有二皇帝乎？我王心誠事大而已。”又問曰：“你國官人，果皆犀帶乎？”曰：“一二品着金，三四品着銀，五六品以下皆着烏角，而無犀帶。”又問曰：“你國有金銀否？”曰：“金銀非本國所產。”曰：“然則何以有金銀帶？”曰：“皆來貿上國，所以貴也。”臣問其官人爲何人，其人即出公文以示，則乃把總官先差此官人，給牌星馳前去桃渚所護住臣等，按臨重解，毋得違誤者。姓名即薛旻也。又有一人來曰：“我寧波府定海衛人，因此處都司公差到此。”臣即問曰：“寧波府有下山否？”曰：“有之。”臣因言前日到泊下山，逢海賊復漂之故。其人曰：“我當持此文字，告知府往問之。”臣問其姓名，則王海也。又有外人群聚而至，争持紙筆以問，不可勝對。有官人密書以示曰：“此處人輕薄，休與閑講。”

二十一日，在桃渚所。是日晴。外人麇至觀臣。王海指壁上一真像，曰：“你知此畫乎否？”曰：“不曉得。”海曰：“此乃唐朝進士鍾馗也。”臣曰：“鍾馗平生不得進士，何以謂之進士？”海等喧噪大笑。又有白髮老翁來，臣問曰：“天台、雁蕩等山，距此地幾里？”翁答曰：“天台山在天台縣北，距此二日程。天台山之南一日程，有雁蕩山。”臣又問：“此城主山何？”曰：“石柱山也。”引臣出門，指點石柱山，則果石壁作山，當山頂有大石如柱形。臣曰：“自此距北京幾里？”翁曰：“五千八百有餘里。”問：“距楊子大江幾里？”翁曰：“在北二千有餘里。”臣又舉李暹所泊楊州府以問，曰：“距此幾里？”翁曰：“在楊子江之北。你去過江，則便是楊州之境也。”又問：“距南京幾里？”翁曰：“在西北二千餘里。然皆臆料耳，未敢的知云云。”有大官人前呵後擁，軍儀整肅而至，坐於皇華館。問之，則乃把總松門等處備倭指揮劉澤也。招臣等來前，曰：“以汝類私越邊境，本當處以軍法，恐其中情有可矜，姑未盡戮。有無侵犯上國情狀，從實供寫施行。”臣供曰：“姓崔名溥，居朝鮮國全羅道羅州城中。再登文科，爲國王近臣。去丁未九月十七日，奉王命爲濟州等處敬差官。濟州在南海中，距羅州水路千餘里。同年十一月十二日，渡海推刷人丁，事未竣，今戊申正月三十日，聞父喪，閏正月初三日，不候風便，顛倒過海，爲風所逆，驚濤掀浪，載沉載傾，飢食渴水，十生九死，以今月十二日到泊名不知海島。有漁船來問曰：‘你是何國人？’答以朝鮮國人漂流之故，因問：‘此何國地面？’其人答曰‘此大唐國寧波府下山’云云。其夜有賊船二十餘人來，以斫刀恐嚇欲斬，攘奪衣粮行裝等物，遂截去櫓、矴而去，復漂流大洋。十七日，又到泊地名不知海岸，又有漁船六隻列立，恐其如前所遇海賊之類，捨舟緣陸，過二嶺六七里許有人居，相次遞送。夜至仙岩里，其里人争以隅杖亂擊劫奪。遞至一處，遇有官人，驅至於此城。”又問曰：“你登第何年？歷仕幾官？所帶人住何州縣地？行李有何器械？原有船幾隻？”臣曰：“我於成化丁酉格進士試第三人；壬寅中文科乙科第一人，爲校書館著作，爲博士，爲軍資監主簿，爲成均館典籍，爲司憲府監察，爲弘文館副修撰，爲修撰；丙午中文科重試乙科第一人，爲弘文館副校理，爲龍驤衛司果，爲副司直。所帶人陪吏四人，光州牧吏程保、和順縣吏金重、羅州牧吏孫孝子、濟州牧吏李孝枝；伴率一人，李楨，京都人；鎮撫一人，安義，濟州人；驛吏一人，崔臣伊山，羅州青岩驛人；奴子莫金等二人，濟州官奴權松等四人，護送軍金粟等九人，船格軍許尚理等二十人，皆濟州人。所乘船只一大隻，檣帆桅楫，遭風而失，矴、櫓遇賊而失。所賫之物，印信一顆、馬牌一隻、紗帽、角帶、所治文書、重試榜録、書册、弓一張、刀一把及各人所穿衣裳外，無他器械。”把總官即點印信等物。又問曰：“汝國地方遠近幾何？府州幾何？兵糧約有幾何？本地所産，何物爲貴？所讀詩書，尊崇何典？衣冠、禮樂，從何代之制？一一寫述，以憑查考。”臣曰：“本國地方則無慮數千餘里；有八道，所屬州府郡縣總三百有餘；所産則人材、五穀、馬牛鷄犬；所讀而尊崇者四書五經；衣冠、禮樂則一遵華制；兵粮則我以儒臣，未曾經諳，未詳其數。”又問曰：“汝國與日本、琉球、高麗相通乎?”臣曰:“日本、琉球俱在東南大海中,相距隔遠未相通信。高麗革爲今我朝鮮。”又問曰:“汝國亦朝貢我朝廷否?”臣曰:“我國每歲如聖節、正朝,貢獻愈謹。”又問曰:“汝國用何法度? 别有年號乎?”臣曰:“年號、法度一遵大明。”把總官問畢,因曰:“汝邦屢歲朝貢,義有君臣之好。既無侵逆之情,當遇以禮,各宜安心,勿生他慮。轉送赴京,遣還本土,急促行裝,不許稽緩。”即饋以茶果。臣即做謝詩以拜。把總官曰:“不要拜。”臣不知所言,敢拜之。把總官亦起,相對答禮。

二十二日,在桃渚所。是日陰。把總官又引臣於前,將昨日招辭,删削下山遇賊、仙岩毆擊等事及文繁處,令臣更寫一幅。薛旻立卓邊謂臣曰:“此文字報上司,以達於皇帝,文宜簡略。故我老爹删繁就簡,令你改寫,你勿疑也。”臣不肯寫,曰:“供辭當以直,文雖繁何害也? 且所删者乃遇賊之事,却添一言曰‘軍人衣服俱有’云云,没我遇賊情實,抑何意歟?”薛旻密寫示曰:“今皇帝新即位,法令嚴肅,若見你前所供辭,帝意必謂盜賊盛行,歸罪邊將,非細事也。爲你計,當以生返本國爲心,不宜好爲生事也。”臣聞其言,以爲然,即舉筆隨所删寫之。薛旻又謂臣曰:“你既爲軍資監主簿,何以曰不知兵粮之數?”臣曰:“我爲軍資監,未滿月見遞,故未詳其數。”又問曰:“你浮海上,不食幾日?”臣曰:“自初三日至十一日。”曰:“然則何不至於餓死?”臣曰:“間或嚼乾米,飲尿溲,尿又盡,待天雨漬衣汁飲,以續一髮之命,不死幸耳。”又問曰:“你年齒幾何?”臣曰:“三十有五歲。”又問:“你辭家幾日?”臣曰:“月已六度圓矣。”曰:“你思家山否?”臣曰:“父已云亡,慈母在堂,哭之已變國俗,又以我爲溺死,益篤傷痛之心。我今生到异邦,念及至此,無日不痛哭。”曰:“爲人臣者,國耳忘家。你因王事漂到於此,當移孝爲忠,何憶家爲?”臣曰:“求忠臣於孝子之門,未有不盡孝於親而忠於君者。况風樹不止,日迫西山,安得而不思吾亡父與慈母乎?”又問曰:“你國王姓諱何?”臣曰:“孝子不忍舉父母之名,故聞人過失,如聞父母之名。况爲臣子,其可以國君之諱,輕與人説乎?”曰:“越界無妨。”臣曰:“我不是朝鮮之臣乎?爲人臣者,其可以越界而負其國,异其行,變其言乎?我則不如是也。”薛旻即將與臣問答之辭呈於把總官,把總官或讀或點頭,顧謂臣曰:“明日差官送你起程。凡有隨身行李,依件寫來,免致前路失所。”臣退舍館,有王匡者,許清之鷹犬也,或嚇或誘,誅求無厭。臣之行李無物,無以應之,至是又來言曰:“我每大人之恩,不可不報。”臣解所着襪帖裹,以與許清之子隆。

(二十四日,至健跳所)城臨海岸。所千户李昂軀幹壯大,容儀丰美,具甲胄兵戎,導臣等入城門。門皆重城,鼓角銃熗,聲震海岳,其嗩吶等大小角末端皆上曲鈎,向吹者眉目間。城中人物第宅,視桃渚所尤豐盛。李昂引臣至一客館,與翟勇、許清、王匡、王海等,及所之有姓莊也、尹也,亡其名,俱是厚重老官人,皆環立卓之左右,問臣以漂流之故。臣略陳首末云云。李昂請升堂行賓主之禮。昂由西階,臣由東階而上,相對再拜後,昂饋臣茶果,又饋臣之從者以酒肉,頗示忠款之意。姓尹老官人引程保等詣私第飲食之,因見其妻妾子女以展禮,其人心淳厖如此。有一人以丙午年登科小録來示臣,曰:“此吾的登科第榜録也。”又指點録中“張輔”二字,曰:“此吾的姓名也。”因問曰:“你國亦貴其登科者乎?”曰:“然。”曰:“我國制,草茅士登第者,皆官給俸禄,旌表門閭,刺銜亦書賜進士及第某科某等人云云。”引臣至其家,則其家前街果以雕龍石柱作二層三間之門,金碧眩曜,其上大書“丙午科張輔之家”之標。輔蓋以己之登第誇示臣。臣亦以浮誕之言誇之,曰:“我再中科第,歲受米二百石,旌門三層,足下其不及於我矣。”輔曰:“何以知之?”臣曰:“我之旌門,遠莫致之。我有文科重試小録在此。”即撥示之。輔於録中見臣職姓名,下跪曰:“我殆不及矣。”

二十五日,到越溪巡檢司。是日陰霾。李昂、許清、王匡及莊也、尹也,俱送臣於海上。昂握臣手,曰:“我與足下,千載一時,萬里一見,一别兩地,無復再見。”臣於船上叙别曰:“僕之來也,將軍以百千兵甲，環城擁闤，旌旗凌亂，錚鼓轟馳，則將軍之示遠人嚴矣；僕之寓館也，升堂禮莫愆，饋食意益彌，闕心見誠，一見如舊，則將軍之待遠人寛矣；及僕之去也，步出城西，遠送海曲，扶僕登船，叙辭以别，則將軍之送遠人厚矣。僕一遠人也，相逢未一日也，而嚴以示之，寛以待之，厚以别之，其意固有在也。蓋我朝鮮，地雖海外，衣冠文物，悉同中國，則不可以外國視也。况今大明一統，胡越爲家，則一天之下，皆吾兄弟，豈以地之遠近分内外哉？况又我國恪事天朝，貢獻不怠，故天子亦禮以待之，仁以撫之，懷綏之化，至矣盡矣。而僕朝鮮之臣也，將軍亦天子分閫之臣也，則其體天子字小之心，而待遠人至於此極，斯不亦忠矣乎哉？其間情意之篤，則僕既感之深矣，然不得一日之暇，與將軍及莊、尹兩官人從容談話，展布所懷，百歲之間，萬里之外，雲樹之望，曷有其已。"又别許清曰："將軍與王足下匡，遇我於蒲峰之里，飽我於飢渴之極，生我於萬死之餘，以至杜瀆場，以至桃渚所，以至於此城，崎嶇數百里之地，扶護七八日之間，其恩情之篤，不勝枚悉。一别之後，會面難期，祇增黯然。"遂告别，與翟勇同舟過大海。勇謂臣曰"浮此海而去，西可望天台山，今適雲霧四塞，不得觀望"云云。夕，至寧海縣之越溪巡檢司。城在山巔，軍卒皆帶甲列立海傍。勇與其徒下舟入城，留臣等於海岸，莫知所爲。

二十八日，到連山驛。是日大雨。翟勇謂臣曰："我大唐法令嚴整，少有遲緩，必致罪責。今雖大雨，不可復留。"勇之軍吏及臣之從者俱不欲，曰："今日雨大，至水溢洞壑，不可行。"勇曰："洞壑潦水，滿而復除。且此驛支給亦有限量，昨日之留，已爲不可。"遂與臣等冒雨過堋墟鋪、拆開嶺、山隍鋪，又過大嶺、方門鋪，至雙溪鋪。鋪北有雙溪，溪水漲溢，人皆以衣而涉。經尚田鋪，止宿奉化縣之連山驛，縣距驛東二里，知縣姓名杜安也。驛丞見臣等雨透沾衣，肌寒帶栗，遂煨榾柮於堂前。臣及從者環坐親炙使自温。有一人自外至，横怒肆毒，蹴踏榾柮之火。臣等惴惧奔匿，勇及驛丞，俱被辱焉。勇謂臣曰："外有一人説你是劫賊之人，阻當驛官，不要供給。我與他説汝是讀書君子,他復肆暴。你可寫狀告他搶去衣包云云,呈於知縣。”臣曰:“彼人之惡,誠欲可懲,但以不見奪之物,誣爲强奪,伏人非罪,甚悖於理。今足下護我等而來,治他以喝衆侵暴之罪,亦不爲無辭。”勇即寫狀,送於縣官。

(二月初四日,到紹興府)翟勇等引臣等下岸,其闤闠之繁,人物之盛,三倍於寧波府矣。總督備倭署都指揮僉事黄宗、巡視海道副使吴文元、布政司分守右參議陳潭,連坐於澂清堂北壁,兵甲笞杖森列於前。置一卓,引臣至卓邊,西向而立,問以臣之姓名、所住之鄉、所筮仕之官、所漂風之故、所無登劫之情狀、所賫器械之有無。臣答以答把總官之辭,却添載下山逢賊、仙巖遇杖之事,所賫行李又添馬鞍一部。三使相即下把總官所報狀以示臣,曰:“是何供辭前後詳略不同乎?”臣曰:“把總官初問,祇答以漂流到泊之情,今日布政三司更問,詳舉遇賊等事耳。”三使相徐謂臣曰“供辭有違,汝實有罪。汝宜誊寫前辭,無一字加減”云云。臣便寫之。三使相又謂臣曰:“他日你到杭州,鎮守太監、綉衣、三司大人,到北京,兵部、禮部亦更問汝情,其亦以是答之,少有相違,大不可也。”又問曰:“初以汝類爲倭船劫掠,將加捕戮。汝若是朝鮮人,汝國歷代沿革、都邑、山川、人物、俗尚、祀典、喪制、户口、兵制、田賦、冠裳之制,仔細寫來,質之諸史,以考是非。”臣曰:“沿革、都邑,則初檀君與唐堯并立,國號朝鮮,都平壤,歷世千有餘年。周武王封箕子於朝鮮,都平壤,以八條教民,今國人以禮義成俗始此。厥後燕人衛滿亡命入朝鮮,逐箕子之後箕準,準奔馬韓以都焉。其間或爲九韓,或爲二府,或爲四郡,或爲三韓,年代久遠,不能盡述。至西漢宣帝時,新羅朴氏初立國,高句麗高氏、百濟扶餘氏相繼而起,三分舊朝鮮之地。新羅據東南界,都慶州。高句麗據西北界,都遼東,都平壤,又屢遷厥邦,忘其地。百濟據中西南界,都稷山,都廣州,都漢陽,都公州,都扶餘。當唐高宗朝,新羅文武王與唐兵滅高句麗,又滅百濟,合三國爲一。後甄萱叛據全州,弓裔叛據鐵原,高麗王氏功高德盛,國人推戴,弓裔自竄,甄萱自投，新羅王封府庫，籍郡縣來降，再合三國，都開城，傳世幾五百年。今革爲我朝鮮，都漢陽，蓋將百年於兹矣。山川則長白山在東北，一名白頭山，横亘千餘里，高二百餘里，其巔有潭，周八十餘里。東流爲豆滿江，南流爲鴨緑江，東北流爲速平江，西北流爲松花江，松花下流即混同江也。妙香山在北，金剛山在東，有一萬二千餘峰，智异山在南，九月山在西，右四山極高峻，多奇迹。三角山即國都鎮山。大同江、薩水、臨津渡、漢江、洛東江、熊津、豆耻津、榮山津，已上川之大者。人物則新羅金庾信、金陽、崔致遠、薛聰；百濟階伯；高句麗乙支文德；高麗崔冲、姜邯贊、趙冲、金就礪、禹倬、鄭夢周；我朝鮮不可歷數。俗尚則尚禮義，明五倫，重儒術。每春秋行養老宴、鄉射禮、鄉飲酒禮。祀典則社稷、宗廟、釋奠、諸山川。刑制則從《大明律》。喪制從朱子《家禮》。冠裳遵華制。户口、兵制、田賦，我以儒臣，未知其詳。”又問曰：“所謂推刷人丁，何事?”臣曰：“濟州在大海中，水路甚險甚遠。凡有犯罪者，皆逃入以避，久爲逋逃之藪，故往刷之。”又問曰：“濟州距我中國幾里?”臣虚張水路之遠，曰：“不可知其詳也。大抵船遇便風於大海，則日可行千里，今我自濟州浮海，折晝夜則凡二十九日，爲大風所驅，疾行如飛，到泊於中國海岸。則自中國距濟州路，大概數萬餘里矣。”又問曰：“汝國與我朝廷相距遠近幾何?”臣曰：“傳聞自我國都過鴨緑江，經遼東城抵皇都，三千九百有餘里。”總兵官、三使相即饋臣以茶果，仍書單字以賜。單字中：“送崔官禮物，猪肉一盤、鵝二隻、鷄四翼、魚二尾、酒一樽、米一盤、胡桃一盤、菜一盤、笋一盤、麵筋一盤、棗一盤、豆腐一盤。”又賜饌粮等物於陪吏、軍人有差。臣即做謝詩再拜。三使相亦起，答禮致恭，又謂臣曰：“看汝謝詩，此地方山川，汝何知之詳？必此地人所説。”臣曰：“四顧無親，語音不通，誰與話言？我嘗閲中國地圖，到此臆記耳。”對畢，臣與三四官人拱立卓邊。有翟勇之軍吏一人在外頭毆打臣之從者金都終有傷。臣寫以示諸官人，一官人奔告於總兵官，總兵官拿其毆打人，治罪杖之，又杖勇以不能馭下之罪。臣等退,復沿湖棹出城外,過迎恩橋,至蓬萊驛前留泊。夕,知府姓周及會稽、山陰兩縣官,皆優送糧饌。

初七日,在杭州。是日陰。詰朝,太監使官人來問曰:"鄭麟趾、申叔舟、成三問、金浣之、趙惠、李思哲、李邊、李堅,已上俱係朝鮮人物,是何官職? 一一開報來知。"臣答曰:"鄭麟趾、申叔舟、李思哲俱位至一品,成三問位至三品,李邊、金浣之、趙惠、李堅,則我以後進之士,不知其人之職品。"有姓名顧壁,掌驛中事者,來謂臣等曰:"你所食之物,係是朝廷與的,作數支銷,待一年有文簿到部。本驛丞,貴州夷人,專不曉得人事,就如孩童一般,不會禀上司,以致你等食不敷也。"又曰"來此看人都是閑人,不可與他説話,有傷神氣"云云。夕,按察提調學校副使鄭大人與一大人偕到於驛,招臣至前,問曰:"你國科目之制如何?"臣曰:"有進士試、生員試、文科、武科試,又有文、武科重試。"又問曰:"其試士如何?"臣曰:"每於寅、申、巳、亥年秋,聚儒生精業者試以三場:初場疑、義、論中二篇,中場賦、表、記中二篇,終場對策一道,取若干人。翌年春,又聚入格者試以三場:初場背講四書五經,取通四書三經者;中場賦、表、記中二篇,終場策文一道,取三十三人。又聚三十三人,試以策文一道,分次第,謂之登文科第,許放榜,賜紅牌,給花蓋,游街三日後,又賜恩榮宴、榮親宴、榮墳宴,許通出仕之路。"又問曰:"文章體格如何?"臣曰:"表仿宋、元《播芳》,記、論仿唐、宋,義拈出五經文,疑拈出四書文爲題,并遵華格,對策仿《文選》對策。"又問曰:"你治何經?"臣曰:"四書五經,雖未精研,粗嘗涉獵。"又問曰:"經書你可歷數其名。"臣曰:"《庸》《學》《論》《孟》爲四書,《易》《詩》《書》《春秋》《禮記》爲五經。"又問曰:"易字何義?"臣曰:"以易字形言之,則合日月字也;以易字義言之,則有交易、變易之義。"又問曰:"易之位數寓於何物?"臣曰:"河出圖,洛出書,聖人則之。"又問曰:"非圖書則不能作易乎?"臣曰:"天下萬物皆有數,雖見賣兔者,亦可以推測易中之位數也。"兩大人相顧目擊,謂臣曰:"你實讀書士,此地人固不識也。"鄭大人忘其名,號東園子，齋名即復齋。

初八日，在杭州。是日陰。顧壁來謂臣曰："今聽説將你等事差人晝夜馳奏北京，直待回報，方放回。自此城至北京，水路幾五千餘里，你留此必多日矣。"臣曰："我到此，言語有异，實同盲聾，望足下如此聞見，隨即開説，以恤遠人。"壁曰："國法甚嚴，律條甚重，漏泄夷情，新例充軍。凡我所言，不可與人見，衹可自知。"點頭而去。有二官人來，云"都總太監欲討看總兵官所驗點你弓一張、刀一把"云云，遂收去。有一人來問曰："景泰年間，我國給事中官張寧，奉使你國，做《却金亭詩》《皇華集》，你曉得否？"臣對曰："張給事到我國，著《皇華集》，其中《題漢江樓詩》'光摇青雀舫，影落白鷗洲。望遠天疑盡，凌虚地欲浮'之句，尤稱藉。"其人喜形於色，又云："張給事致仕在家，家在嘉興府之海鹽縣，距此百里。張公到此杭城，聞朝鮮文士漂海來，欲問朝鮮事，留待累日，前一日回去。"問其人姓名，則乃王玠，係給事甥也。有自稱陳梁者來言曰："區區曾與張寧靖之大人往你國回還。"臣曰："張公位至何官？緣何不仕在家？"陳曰："張公官至都給事，後任都御史，因無子不仕，四十二歲回家養病。"

初九日，在杭州。是日晴。昨來取弓、刀官人又來，曰："你弓、刀，鎮守老爹留下看。"臣曰："唯命。"顧壁又來言曰："海上軍官行來文書，開説你還有船一十四隻在海逞功。今巡按御史説：'既有船十四隻，原何不捉拿來？以此罪他。'鎮守及三司議論不一，緣你供辭明辨，審知非倭。今已議定，差了指揮楊旺送你赴京，轉送你回，并無他話。還有三四日在此，你宜可寬心。"又布政司大人徐圭、按察司副使魏福同坐驛客館，引臣等曰："送你還國，你可放心好還。"臣即做詩以謝。還退舍，北京人李節來，見臣之衣服繿縷，面目蒙垢，謂臣曰："此地人以冶容是尚，故凡看你等皆驚笑，以謂朝鮮人類皆若是，可於面陽地洗濯你身。"臣即令從者各自浣澣，遂與程保等面陽環坐，洗去塵垢。李節又來指點臣之皮膚盡换，足爪脱落，曰："此是困於患難、不恤身膚之驗也。"臣曰："我在海時，喉嘔血數匊，口無津三日，今又認膚爲鹹水所砭而換，足爲徒跣險阻而傷。嘗聞身體髮膚不敢毁傷，孝之始也。我之體膚之傷若此，其真不孝之子爾。”節曰：“無傷也。非你欲傷，天實傷你，雖傷何傷？不須傷心。”李節之友人，失其姓名，袖《小學》一部，因節以遺臣，欲求詩。臣曰：“無功而受人之賜，是傷廉之地，敢辭。”節曰：“此人欲求一咏以爲記爾。”臣曰：“做得詩不好，舉得筆亦不好，以不好易人之好，非所欲也。”其人還袖去。李節謂臣曰：“交以道，接以禮，則孔子亦受，是何却之之甚？”臣曰：“彼人非是肯捨册也，意在得詩。則交不以道，接不以禮，我若一受，則是賣詩取直，故却之。”節唯唯而退。夕，李節與其友金太等三人來饋臣及從者。

初十日，在杭州。是日晴。顧壁來言曰：“你去京師，前路不可不知。我國蘇、杭及福建、廣東等地販海私船至占城國、回回國地，收買紅木、胡椒、番香船不絶，十去五回，其路絶不好。唯赴京一水河路，十分好也，故琉球、日本、暹羅、滿剌加等國進貢，俱從福建布政司泊船到此府，過嘉興，至蘇州。天下紗羅段匹及諸寶貨皆出於蘇。自蘇州過了常州，至鎮江府，過楊子江，江距此府千餘里，其江汹惡，如無風浪，方可渡。過此江直至京河，路幾至四十日程。你衆人喜得春天，若是夏天炎熱，蒸燻患病，何以得去？且山東、山西、陝西三布政司連年旱荒，人食人肉，民各失所。過楊子江，行千有餘里，便到山東地面，你衆深自計較可也。”因贈以笋，曰：“此素食也，你便可吃。貴國亦有此笋否？”臣曰：“我國南方有笋，五月乃生。”顧壁曰：“此地冬春交生，正月方盛，大者十餘斤。貴國與此地風土有异。”

十一日，在杭州。是日陰。楊秀禄、顧壁共來見臣。壁曰：“我杭城西山八盤嶺有古刹，名‘高麗寺’，寺前有二碑記古迹，距此十五里，即趙宋時高麗使來貢而建也。你國人越境尚且造寺，則其崇佛之意可知矣。”臣曰：“此則高麗人所建也。今我朝鮮，闢异端，尊儒道，人皆以入孝出恭、忠君信友爲職分事耳。若有髡首者，則并令充軍。”壁曰：“凡人不事佛，則必祀神，然則你國事鬼神否？”臣曰：“國人皆建祠堂，以祭祖禰，事其當事之鬼神，不尚淫祀。”

十二日，在杭州。是日晴。臣謂程保等曰：“顧壁誠心待我，凡所聞所見悉告無隱，俾我不迷，恩情甚重，欲表信物，顧我行李一無些子之儲，所有者止此衣耳，我欲解以與之。”保等曰：“前日解一衣贈許千户，今日又解贈顧公，則所穿之衣祇一件耳。迢遞萬里之路，敝誰改爲？”臣曰：“古人以一衣三十年者有之。我之作客他鄉，祇在一年之間，今時日漸燠，一布衣足以當之。且蛇魚感恩，亦欲報之，而況於人乎？”即解衣與壁，壁揮手以却。臣曰：“朋友之賜，雖車馬不拜，况此矮小之衣乎？昔韓退之留衣以别大顛，則臨别留衣即古人之意也。”壁曰：“本欲却之，恐阻盛意。”受而去之。

十四日，過崇德縣。是日陰。溯謝村河而東，則其南岸石築新堤，長三十餘里。問之，則都、布、按三司所新築也。過十二里洋、堅濟橋、普安橋、大尹廟，水即鴻麗河，河上官廨乃塘西鎮也。有官人韓紳謂臣曰：“你母奶奶知你到此否？”臣曰：“海天茫茫，雁杳魚沉。母必以我爲已葬魚腹中。傷母心，不孝於親，莫我若也。今蒙大國厚恩，生還故鄉，則母子相見，有勝隧下之融融矣。”因過跨塘橋、萬壽橋、福禄壽橋、福德橋、普濟橋、彭和橋，問其水名，則丞沉河也。又過恩榮門、大德新橋、三里橋、山川壇、浯溪橋，到崇德縣，知縣趙希賢，字堯卿，饋以糧饌甚優。水夫謂臣曰：“所過有長安驛，大人知否？”臣曰：“我不知也。”水夫曰：“此則楊指揮從者陳萱私討支供糧饌，不使大人知也。”

十五日，過嘉興府。是日晴。溯三塔灣，過三塔鋪，至龍淵勝境之前，有三大塔臨河岸，地之得名以此。又過龍王廟、嘉禾遞運所、趙氏貞節門、社稷壇、香珠橋，至西水驛。驛前建石柱，作屋廊於河中百餘步，纜舟於廊下。驛丞何榮以詩三絶見遺，臣亦和之。榮另將菜饌、乾鷄、八帶魚等物以贈，曰：“我朝郎中祁順、行人張瑾曾使朝鮮，著《皇華集》。國人賡和，徐居正居首列也，其詩有曰：‘明皇若問三韓事,文物衣冠上國同。'今見足下,誠千載一遇,蒙不弃,復承和詩。謹奉薄禮,少助舟中一膳,希目入,幸甚。"臣曰:"祁郎中文章清德,人所欽慕。今爲甚麽官職?張行人亦任甚麽職事?"榮曰:"祁郎中見貶爲貴州石阡府知府,今已卒矣。張行人被罪,今充錦衣衛之軍。"因問曰:"徐居正今爲寧馨官職?"臣曰:"爲議政府左贊成。"榮曰:"居正文章亦海東人物也。"

十七日,留泊姑蘇驛前。是日晴。蘇州即古吴王闔閭使伍子胥城而都之。城周又與杭州同,府治及吴縣、長洲縣之治皆在城中。城之胥門,舊有姑蘇臺,今廢爲驛。植木水中爲涀柱,作石堤三面,皇華樓據其前,昭陽樓建於後。臣問諸傳榮曰:"此驛若是姑蘇臺之址,則即古吴王所築臺之處乎?"榮曰"非也。古所謂姑蘇臺在姑蘇山,吴王闔閭因山起臺,夫差侈大之,遺址猶存。紹興間又築臺於此,名姑蘇以存故事。今又廢而爲驛,又於城中築臺,扁以'姑蘇'之名"云云。東有遞運所,又有山海鎮,而太湖之水,由石塘注運河,由城東而西,以達於驛。因伍子胥所居,又名胥湖,湖廣可百餘步,北抱市衢,縈回映射,闌楯之間,光景浮動。而城西諸山,天平一峰號爲郡鎮。其郡山之勝,曰靈岩、王塢、仰天、秦臺,秩秩有序,而驛適臨之,真景致也。當午,有按察御史二大人姓王若宋者來驛中,待我禮賓館,問:"你官何品?"臣對曰:"五品官。"又曰:"你能詩否?"臣曰:"我國士子皆以經學窮理爲業,嘲弄風月爲賤,故我亦不學詩詞。"又問曰:"箕子封朝鮮,今有後否?且有廟墓祀事不廢否?"臣對曰:"箕子之後箕準爲衛滿所逐,奔馬韓以立都,後爲百濟所滅,今無嗣。箕子廟在平壤,國家每歲春秋,降香祝牲幣以致祭。"又問曰:"你國有何長技能却隋唐之兵乎?"臣曰:"謀臣猛將用兵有道,爲兵卒者率皆親上死長,故以高句麗一偏小之國,猶足以再却天下百萬之兵。今則合新羅、百濟、高句麗爲一國,物衆地大,財富兵强,忠智之士,車載斗量,不可勝數。"二大人問畢,命外郎奉米一盤、豆腐一盤、麵筋一盤以饋。臣作詩以謝。又有官人姓鄭者求和約軒詩韻,臣即次之。其官人又以米六斗、鵝一隻、菜一盤、胡桃一盤來贈。又有羅太監家僮姓柳者，年纔十五六，言詞清雅，自城中來饋，以及從者。李節、金大亦買饌來饋。夜三更，又乘月棹舟而北，過閶門。閶門之外，有通波亭臨湖，舊名高麗亭，宋元豐間所築，以待高麗朝貢之使，亭前接屋連墻，舳艫如櫛。棹至接官亭以泊，亭之西望有大塔，即寒山禪寺，所謂“姑蘇城外寒山寺”者也。問其地名，則曰楓橋，問其水名，則曰射瀆河也。

十八日，至錫山驛。是日晴。遲明，有官人姓吴名邈者，與楊旺同舟，遺臣書曰：“聞公佳士，欲識韓荆。楊同僚亦在小舟，希移玉一會，可無辭焉。”陳萱者導臣而往。臣與程保至其船，吴、楊共一卓，環置交椅，揖臣同坐，饋以茶飯，展禮甚謹。臣等自楓橋遇便風，懸帆而北，東有虎丘寺，有塔，西有方山，亦有塔，皆望如柱天。過射瀆鋪、趙王涇橋，至滸墅鎮。鎮前有鈔關，南北往來船到此灣泊，點檢然後乃行。有太監姓羅者，原在浙江管織染等事，今亦過蘇州向北京，先來泊於此。有御史三大人來餞於船上，邀臣至前，遇以禮，語臣曰：“你是禮義國好人，我諸大人相敬你。”因問曰：“天順、成化年間，有太監奉敕使你國，你可歷指姓名。”臣答曰：“天順年間，我未免襁褓之中，國家所干事，皆不曉得。成化年間，鄭太監同、姜太監玉、金太監興相繼來使。”又書示曰：“鄭、姜、金太監皆已作古，惟金太監在北京。”臣曰：“‘作古’二字不曉得。”答曰：“中國人謂死者爲‘作古’，謂已作古人矣。”因問曰：“你國謂何？”臣曰：“謂之‘物故’。”問曰：“‘物故’何義？”臣曰：“物，事也，故，無也，謂死者無復所能於事。”又問曰：“你國尊何經？”臣對曰：“儒士皆治四書五經，不學他伎。”又曰：“你國亦有學校否？”臣對曰：“國都有成均館，又有宗學、中學、東學、西學、南學。州府郡縣皆有鄉校，又有鄉學堂，又家家皆有扃堂。”又問曰：“崇尊古昔何聖賢？”臣曰：“崇尊大成至聖文宣王。”又問曰：“你國喪禮行幾年？”臣曰：“一從朱文公《家禮》，斬衰、齊衰皆三年，大功以下皆有等殺。”又曰：“你國禮有幾條？刑有幾條?”臣曰:“禮有吉、凶、軍、賓、嘉;刑有斬、絞、流、徒、杖、笞,一從《大明律》制。”又曰:“你國用何正朔? 用何年號?”臣曰:“一遵大明正朔、年號。”又曰:“今年是何年號?”臣曰:“弘治元年。”又曰:“日月不久,何以知之。”臣曰:“大明初出海上,萬邦所照。况我國與大國爲一家,貢獻不絶,何以不知?”又曰:“你國冠服與中國同否?”臣曰:“凡朝服、公服,深衣、圓領一遵華服,唯帖裹襞積少异。”因令臣招陪吏以下來,行上下酒禮。臣令程保以下揖讓行禮。太監與三大人擊目談笑,因以米二十斗、猪肉一盤、菜一盤、藥果一盤、酒五器饋之。臣等謝退。

二十一日,至楊子江。是日陰。臣等自南水關溯專城河,傍府城而南而西,過新壩,至京口驛留泊。夕,步過京口閘,至通津遞運所。通津水淺,必待潮至,乃可通大江,故改乘船,留待潮候,以爲渡江之備。李節、金太等别臣曰:“隨路重蒙看顧,今日相别,君向楊州,我向儀真。我於春暮,又向北京,尋到會同館來看你。”

(二十二日,至廣陵驛)楊旺使傅榮謂臣曰:“你國有韓老老人在我國,知否?”臣曰:“聞有韓氏者入大國耳。”旺曰:“正是。此韓氏即你國婦人,入我國爲大行皇帝乳母。今已作古,起墳於天壽寺。”榮曰:“此指揮即監葬韓氏者,故問云耳。”

(二十三日,過楊州府)有楊州衛百户趙鑑者謂臣曰:“前六年間,你國人李暹亦漂來到此還國,你曉得否?”曰:“然。”因問暹之漂還始末。鑑曰:“暹起初被風打到楊州掘港寨,守寨官張昇差百户桑愷領軍捉獲,拘囚獄中。有一巡檢言説‘放在西方寺安歇’,推所乘舡所去處,留在幾一個月。沿海備禦都指揮郭大人見暹有‘布帆十幅不遮風’之句,知其爲好人,以賓朋相待。”又問臣曰:“你所到泊海岸至此凡幾里?”臣曰:“自牛頭外洋至桃渚所,至杭州,又至楊州,所過路無慮二千五百有餘里。”鑑曰:“暹到此,猶以遠於家山爲憂。今你所憂,倍於暹矣。”臣曰:“暹則徒以路遠爲憂,我所痛者,父新死未殮,母垂老在堂,子職已虧,客路愈遠,悲痛之心,天蒼地黑。”

（二十五日，過高郵州）陳萱以軍吏隨楊旺而來，稍解文字，故旺任以書手。萱貪婪無比，奸詐莫甚，至是怒我軍人金粟，訴諸旺，旺拿粟决杖十餘。臣令程保告於旺曰："指揮當護送我等而已，擅自决杖我异國人，亦有法文乎？我有軍衆，實同盲啞，雖或違誤，便當開説，在所矜恤，反爲傷打，非上國護送遠人之道也。"旺不能答。傅榮密告於臣曰"楊公元是北京人，調來杭州衛，他不讀書不諳事。我屢次諫他，他不聽我們説，敢行悖理之事，不足責他"云云。

（二十七日，過淮安府）臣問諸傅榮曰："以《禹貢》觀之，黄河過積石、龍門、華陰、底柱、大伾諸山，又過洚水、大陸，爲九河爲逆河，東北入於海；淮水過桐柏山，會泗、沂，東入於海。林之奇以謂河下流，兖受之，淮下流，徐受之。然則淮與河，源出不同，流派不同，入海之地亦不同，今合爲淮河，何也?"榮曰"在我大明朝，鑿河路，注之淮，合流入海，河失故道，與《禹貢》有异"云云。淮河實衆水所滙，黄河與淮水合流爲西河，濟、漯、汶水與洙、泗水合流，又會汴水，又東會於沂水爲東河。西河水色黄，故謂之黄河，東河水色青，故謂之清河。二河合流於此，總謂之淮河。河廣可十餘里，深無底，水流暴急。河邊有耿七公神祠，又有龜山臨河。趙鑑語臣曰："此山足有神物，狀如獼猴，縮鼻高額，青軀白首，目光若電。諺傳大禹治水時，以大索鎖此物，命住於此，俾淮水安流。今人有圖此物之形者，免淮濤風水之難。"臣曰："此真怪誕不經之説，不足信也。"鑑默然。

（三月初二日，過房村驛）陳萱謂臣曰"此吕梁洪也。大禹疏鑿以後，有秦叔寶者管修此洪"云云。臣曰："《禹貢》'治梁及岐'，注云梁，吕梁山也。酈道元云吕梁之石崇竦，河流激蕩，震動天地。此洪無乃是乎?"萱曰："果若然也。但《禹貢》吕梁載在冀州，此洪轄徐州，爲可疑耳。"

（初三日，過徐州）臣與傅榮等上岸，由捧路步行，見鋪石堅整，問於榮曰："治此路者其有功於後世乎！"榮曰："在昔此路湫隘，稍遇水漲，無路可尋，水退則土去石出，艱於步履。近年郭昇、尹庭用相繼修補，用石板甃砌，扣以鐵錠，灌以石灰，故若此堅且固矣。”

（初六日，過沛縣）傅榮謂臣曰：“足下觀我大國制度，以謂何如？自江南抵北都，舊無河路，自至正年間以來，始爲通路之計。至我太宗朝，置平江侯以治之，疏清源，浚濟、沛，鑿淮陰，以達於大江，一帶脉絡，萬里通津，舟楫攸濟，功保萬全，民受其賜，萬歲永賴。”臣曰：“嚮非此河路，則我等於崎嶇萬里之路，有百枝跋行之苦，今乃安卧舟中，以達遠路，不知顛仆之虞，其受賜亦大矣。”

（初七日，乍陰乍雨。曉過廟道口、湖陵城閘，至兖州府地方。兖州即舊魯國也）傅榮指其山，曰：“彼即尼丘山，孔子所生處也。山之下有孔里，洙、泗、沂水。”又東北望，若有高山連亘數百里，如雲氣然。榮指其山，曰：“彼乃泰山，即古岱宗山，虞舜及周天子東巡狩之處也。此行若緣陸路，經兖州曲阜縣，則尼丘可經，洙、泗可涉，孔里可觀，泰山可近望矣。”

（初八日，過魯橋驛）有太監姓劉者封王赴京，其旌旗、甲胄、鐘鼓、管弦之盛，震蕩江河。及是閘，劉以彈丸亂射舟人，其狂悖如此。陳萱曰：“此舟中内官，如此歪爲。”傅榮問諸臣曰：“貴處亦有此太監否？”臣曰：“我國内官，祗任宫中灑掃、傳命之役，不任以官事。”榮曰：“太上皇帝信任宦官，故若此刑餘人持重權爲近侍，文武官皆趨付之。”萱曰：“醫、道、佛三法，貴國何重？”臣曰：“我國重儒術，醫方次之，有佛而不好，無道法。”萱曰：“成化皇帝最重道、佛二法，今新皇帝一切禁之。”臣問曰：“貴地今當大明之時，皆稱大唐，何也？”榮曰：“此無他，因大唐時傳習之舊而云，習俗然也。”臣又問曰：“自我到此，貴地人皆指我等曰‘大大的鳥也機’。此何等語也？”榮曰：“此日本人呼我處大人之訓。此方人恐你等從日本來，故有此言。”臣等自魯橋閘過通利王廟、魯津橋，至五樓橋，東魯諸水交流於此。又過師家莊下、上鋪、仲家鋪、仲家淺閘，至新閘。傅榮謂臣曰“此閘即都水監丞也先不華所建也。會通河至此地，沙土瀆沱，水勢散涣，不能負舟。前後置閘，自新店至師氏莊，猶淺澀有難處，每漕船過此，上下畢力,終日叫號,進寸退尺,必資車於陸而運。自立此新閘以後,舟行得其安且順也”云云。

(初十日,至開河驛)楊旺與其徒入廟中,焚香禮神以祭,令臣等亦拜。臣曰:“祭山川,諸侯事。爲士庶人者,特祭祖考耳。少逾其分,非禮也。非禮之祭,人爲諂,神不享。故我在本國不敢拜山川之神,況可拜异國之祠乎?”陳萱曰:“此祠乃龍王祠也,有靈迹,故過此者皆致恭拜祭然後行,不然則必有風濤之險。”臣曰:“觀於海者難爲水,我已經數萬里大海暴濤之險,若此中土中江河之水,不足畏也。”語未畢,萱告於旺曰“此人不要拜,亦不可屈其志”云云。

(十二日,至東昌府)至金綫閘遞運所。所前有經魁門,門右人家挂雕籠,畜有鳥,其形如鳩,其咮赤而長,其吻微黄而鈎,其尾長八九寸,眼黄背青,頭與胸水墨色。其性曉解人意,其語音清和圓轉,曲節分明,人或有言,皆應之。臣與傅榮往觀之,謂榮曰:“此鳥能言,其無乃鸚鵡乎?”榮曰:“然。”臣曰:“此即隴西鳥也,我即海東人也。隴西、海東相距數萬餘里,今日得相見於此,得非幸乎?但我與此鳥客他鄉同也,思故國同也,形容之憔悴亦同也。觀此鳥,彌增悲嘆之情。”榮曰:“此鳥長在籠中,終死他國;今足下好還貴國,盡職君親,胡可謂之同也?”鸚鵡亦有言,似若有知然。

十五日,朝,大雷電以雨,午後陰。有遼東人陳玘、王鑽、張景、張昇、王用、何玉、劉杰等以商販事先到於此,聞臣等之至,以清酒三壺、糖餳一盤、豆腐一盤、大餅一盤來饋臣及從者,且曰:“我遼東城地鄰貴國,義同一家。今日幸得相見於客旅之中,敢將薄物以爲禮耳。”臣曰:“貴地即古高句麗故都。高句麗,今爲我朝鮮之地,地之沿革,雖因時有异,其實同一國也。今我喘息九死之餘,漂泊萬里之外,四顧無相識之人,得遇諸足下,又受厚惠,如見一家骨肉之親。”玘曰“我於正月起程,二月初吉到此,四月初旬間回還,恐不得再相見也。若先過賤地安定門内,問有儒學陳瀛者,吾兒也,好傳吾消息”云云。相别而去。

十七日，晴。朝過鄭家口、河口鋪、陳家口鋪，至恩縣地方。過白馬河口鋪，又過下方遷無谷寺、河口鋪，至梁家莊驛。移棹過鍾閣。夕，至故城縣前留泊，臣謂傅榮曰："今夜月白風便，何以不去？"榮曰："你見此河中有漂尸三個乎？"臣曰："見之。"榮曰："此皆盜殺之也。此方連遭凶歉，相率而爲盜者多。又不知你等爲漂流，行李掃地，反以爲异邦人必賫貴物，皆有欲利之心。又前路人烟鮮少，盜多肆行，故不去也。"臣曰："我之此行，已遇寧波府之盜。平生不願相逢者，盜也。"榮曰："大抵中國人心，北方則强悍，南方則柔順。寧波之盜，江南人也，故雖或爲盜，類皆劫而不殺人，你所以保其身也。此北方人，劫則必殺人，或置之溝壑，或漂之河海，今日所見漂尸，可知矣。"

十八日，過德州。是日晴，大風揚沙。平明，過孟家口、兵河口、馬家等鋪、四女樹、文英門、劉皮口鋪、得意門、大浮橋，至安德驛。陳萱問臣曰："貴國人對客酬酢，用茶否？"臣曰："用酒不用茶。"萱曰："我地人對客，皆用茶。若有情厚遠來人，則或有用酒者。"臣問傅榮以上國傘、蓋、冠、帶、帶牌之制。榮曰："傘與紗帽無等級。蓋則一品、二品茶褐羅表，紅綃裏，三檐銀浮屠；三品、四品與前同，而浮屠則紅；五品青羅表，紅綃裏，二檐紅浮屠；七、八、九品青油綃表，紅綃裏，單檐紅浮屠。帶則一品玉，二品犀，三品花金，四品光金，五品花銀，六品光銀，七、八、九品角。牌則文職自一品至九品皆有錫牌，一面楷書所任衛門，一面篆書'常川懸帶'四字，皂隸背之，武職有皂隸、衙門，皆佩之。"臣又問："韃靼或有入寇否？"榮曰："彼時有之。今各邊有分方鎮守，總兵軍馬，常樣守禦，故不得來犯。"夜過德州城，河抱城西而北，城即古平原郡也，土廣人稠，商旅所會。至泊名不知河岸，傅榮謂臣曰："大上皇帝同母弟有賢德，封魯地，號魯王，在此德州境三百餘里之地，故時人稱爲'德王'。"臣曰："德王何以不在京師，在外方乎？"榮曰："親王在内，恐有他意，故待年十六歲以上者，皆封爲王，出之於外。"臣曰："德王在山東所轄腹裏之地，亦自擅號令政事乎?”榮曰:“王府各司之官掌諸政,有教授之官,有護衛之官。王與之講詩書、閲射御而已。號令政事,王不得有爲,一出於朝廷。”

二十一日,過滄州。是日晴。早過三鎮道、馮家口、楊橋口、磚河南、磚河南口等鋪,至磚河驛。又過王家圈口、羅家圈口、紅披口、南關等鋪、長蘆巡檢司、鹽運司、遞運所、踵武科門,到滄州撥夫廠。州城臨河之東岸,即漢之渤海郡也。河邊有望竿,上懸人頭以示衆。傅榮謂臣曰:“彼乃强盜首也。漢之龔遂以單車入此地平群盜,有賣劍買牛之説,此地盜多劫殺人,自昔猶然。”又過聯芳、應奎、司諫等門,至泊長蘆遞運所前。臣謂諸傅榮曰:“自過淮河以後,若兵部、刑部、吏部等各司之官之舡絡繹不絶,何也?”榮曰:“今天子聖明,朝臣以舊日所爲或致小過者,皆降貶之。河路中帶錫牌而歸者,皆見貶下鄉朝士也。前日在紹興府,問你所從來之總兵官黄宗亦貶罷歸。”臣曰:“朝臣貶秩者多,何以不斥宦寺之徒,使得意以行?”榮曰:“宦官見殺降貶者亦不可勝計。今在河進京者皆先帝所差,回則亦難保。前日相見太監羅公、聶公皆因回避,貶作奉御之職。”臣曰:“當今天下再得堯舜之君,舉元凱、黜四凶,朝廷肅清,四海妥帖,不亦賀乎?”榮曰:“正是正是。我皇帝遠之者,小人與宦官也。日親經筵,與閣老學士講詩書,論政事,亹亹不已。以今三月初九日,躬幸國子監釋奠先聖,崇儒重道之意亦至矣。”臣戲之曰:“天子亦拜於列國之臣乎?”榮曰:“孔子,萬世之師,豈以人臣之禮待之乎?但天子當釋奠時,贊禮官曰:‘鞠躬,拜。’天子欲拜,傍又有一贊禮官曰:‘孔子曾爲魯司寇。’贊禮官又唱曰:‘平身。’禮當拜而實不拜,此尊先師、尊天子之禮,兩不悖也。”臣曰:“孔子之道,大於天地,明於日月,信於四時,達之天下萬代而無窮。卿、大夫、士、庶人學其道以修其身,諸侯學其道以治其國,天子學其道以平治天下,則自天子以至於庶人,皆當事以先聖先師之禮,雙何舉魯司寇之稱,當拜而不拜乎?若舉司寇以稱孔子,則孔子是一小國陪臣,又安可屈天子之尊以祀之乎?”榮嘿然。夜間,榮又來語陪臣曰:“方纔京中來者言:‘有一尚書與一學士對立,不知所言,校尉拿告於天子,命下錦衣衛監,問所言何事。’學士身居内閣,至尊有大小事,皆與議。今與尚書相對言,尤恐有私囑,故問之。”

二十二日,過興濟縣。是日陰。曉過安都塞口鋪、清水王家口鋪,至乾寧驛。興濟縣之治在驛之後。驛前有巨家,陳萱曰“此新皇后張氏之私第也。初,新皇帝爲皇太子時,欽天監奏‘后星照河之東南’。先帝命選河東南良家女子三百餘人,皆聚京師。先帝與皇太后更選,張氏中選,封爲正后。后之祖知鳳陽府,父無職,舊爲國子監生,今特拜爲都督”云。

二十三日,過静海縣。是日晴。丑時開船,過釣臺鋪、南家口鋪、雙塘鋪,至奉新驛,驛在静海縣治之前。臣語傅榮曰:“願學水車之制。”榮曰:“你於何地見所謂水車乎?”臣曰:“曩者過紹興府時,有人在湖岸運水車以灌水田,用力小而上水多,可爲當旱農稼之助。”榮曰:“其制,木工所知,我未之詳。”臣曰:“昔嘉祐中,高麗臣屬乇羅島人檣摧梔折,風漂抵岸,至蘇州崑山縣。知縣事韓正彦犒以酒食,見其舊梔植舟木上不可動,使工人爲治梔,造轉軸,教其起倒之法,其人喜,捧手而驩。乇羅即今我濟州也。我往濟州,見漂來此,亦與其人一般,足下亦以韓公之心爲心,教我以水車之制,則我亦捧手而喜。”榮曰:“水車衹用汲水而已,不足學也。”臣曰:“我國多水田,屢值旱乾。若學此制,以教東民,以益農務,則足下一唇舌之勞,可爲東人千萬世無窮之利也。望深究其制,有未盡,則問諸水夫,明以教我。”榮曰:“此北方地,多沙土,無水田,故水車無所用,此水夫安知其制? 我姑思之。”食頃間,榮略語機形之制,運用之方。臣曰:“我所見,轉之以足,此則運之以手。且其形制小异,何也?”榮曰:“你所見必是蹈車者,然不若此制最便,止用一人,可以運之。”臣曰:“可造以松木否?”榮曰:“松木輕,不可造。其機通上下用杉木,其腸骨用榆木,其板用樟木,其車腸用竹片約之,前後四柱要大,中柱差小,其車輪、腹板長短廣狹如之。如不得杉、榆、樟等木，須用木理堅韌者方可。”

二十五日，陰。早經上老米店、白河里、南蔡村、北蔡村、王家務、杜口雙淺、蒙村、白廟兒、河西巡檢司，至河西驛，驛與遞運所相距七八步。傅榮謂臣曰：“浙江三司奏你等漂風之事，表本限在四月初一日。我奉表而來，恐未及限，自此驛乘馹先到京師。他日於兵部前相遇，莫敢揖禮以示相知之意。新天子法度嚴肅故云。”

二十九日，詣兵部。是日晴。楊旺引臣等出玉河館門。顧見東衢有橋，橋兩傍建門，扁曰“玉河橋”，步由西衢，過上林院監、南薰坊鋪、太醫院、欽天監、鴻臚寺、工部，至兵部。有尚書余子俊坐一廳，左侍郎姓何、右侍郎姓阮對坐一廳，郎中二員、主事官四員連坐一廳。臣等先謁侍郎，次謁尚書，然後詣郎中、主事官廳。郎中等不復問臣以漂來事，指庭中槐陰爲題，令做絶句，又以《渡海》爲題，令做唐律。又有職方清吏司郎中戴豪引臣至廳上，廳壁挂天下地圖，臣所經之地，一見瞭然。郎中等指謂臣曰：“你發自何地？泊於何地？”臣以手指其漂海之地、所歷之海、所泊之渚。海路正經於大琉球國之北，戴郎中曰：“你見琉球地乎？”臣曰：“我漂入白海之中，遇西北風南下，望見山様在有無中，且有人烟之氣，恐是琉球界也，然未可的知。”又問曰：“你所帶來人有死亡者乎？”臣曰：“我四十三人賴皇恩如海，皆得保性命而來。”又問曰：“你國治喪，用文公《家禮》否？”臣曰：“我國人生子，先教以《小學》《家禮》，科舉亦取精通者，及其治喪居家，一皆遵之。”又問：“你國王好書否？”臣曰：“我王一日四接儒臣，好學不厭，樂取諸人。”問畢，饋臣餅茶。唐敬引臣等還玉河館。夕，有姓名何旺者頗解我國言，來謂臣曰“你國賀册封使安宰相處良等二十四人來此館，留四十餘日，今三月二十二日還程”云云。臣嘆其不得相見。何旺曰：“你亦還國，何嘆之甚？”臣曰：“憔悴他鄉，四顧無親，若見本國人，則如見父兄。且父新死，母當喪，弟又少不更事，家又貧窶，不保朝夕之際，我適漂海，其存其没，家莫聞知，徒以爲鯨濤鼓天，滄海無涯，必見臭載，葬身魚腹。以貧窶之家，治重疊之喪，其老母、弱弟之痛爲如何也？我若得遇安令公之行，一時還鄉，則得免道路之虞，若不得同歸，他先歸國，好傳吾消息，則可以少舒母、弟之痛。天不恤我，祇隔七日間，不得相見本國之使，胡可不自痛恨也？”

四月初一日，晴。詰朝，鴻臚寺主簿李翔來謂臣曰“今日兵部將你事入奏，你可寬心。漂流事當報禮部，浙江三司直報兵部，不報於禮部，故禮部入奏罪他。兵部亦杖指揮楊旺二十”云云。且曰：“汝國謝恩使十日間必到於此，汝可留待同歸可也。”臣曰：“我初奔喪，一日作客，如過三秋。請足下圖我速還。”李翔點頭。自浙江以來，不見通事之人，至此方見此人。

初二日，陰。會同館副使李恕來謂臣等曰“你四十三人不係本國差來進貢人，一日一人支給，止是陳老米一升而已，無鹽饌”云云。臣步出館門，適遇傅榮，相話於玉河橋邊。臣問曰：“我所經處，浙江有通州，北京亦有通州；徐州府有清河縣，廣平府亦有清河縣。一海内州縣有同名者，何耶？”榮曰：“名雖偶同，所管布政司有异，實無害也。”

初三日，夕，雷電，雨雹。李翔來曰：“我實你朝鮮通事也。前一二日，兵部及内庭有事，故不入奏你等事，今日若又不奏，則明日必入奏之。”臣答曰：“天下之窮人莫如我也。父已死，母又老，弟幼弱，家貧窶，治喪所需皆闕如也。我又漂流，未報存亡，母與弟豈知我得蒙聖天子鴻恩，生到大國乎？必并治我喪，悲慟極天。請足下告於禮部，使我毋久留於此。”翔曰：“你之生來事，你國安宰相處良已詳回還。”臣曰：“安宰相何以知之？”翔曰：“浙江鎮守差指揮楊輅將你事緣陸路晝夜馳報，於三月十二日來到。安公謄寫奏本而去。你家當於四五月之交，必知你不死於海，不足憂也。但你之情理甚切，誠可憐恤，我當告於兵部、禮部。”

（初七日，灑雨。禮部吏鄭春、李從周等賫兵部所移禮部咨來示臣）臣令孝子將米粮换酒以饋鄭春等。春謂臣曰："我二人來討些人情面皮，或銅錢，或土布，或諸般産物以去用耳，意不在一醉也。"臣曰："我當漂海，四體不保，僅能得生，豈有身外之物乎？你看吾行李，若有一物，便將去之。"徐觀其意，意在臣之所穿衣。臣令李楨減粮，换錢十文以贈之。李從周不受，撒之臣前，與鄭春盛怒而去。夜，臣偶謂安義、李孝枝等曰："當在宋時，爾濟州人漂至蘇州界。其船有麻子，如蓮仁大，蘇人得而種之，後年差小，與尋常麻子一般。今爾土有所謂麻子乎？"義曰："此古代事也。今則尋常麻子，亦且稀貴，故凡公賤收貢，皆納葛粗布，無用於國，有害於民。若貢以隨土所産如海物，則庶可便矣。"

初八日，陰。國子監生員楊汝霖、王演、陳道等戴黑頭巾，穿青衿團領來曰："你國學徒亦服此乎？"臣曰："幼學雖在窮村僻巷者，皆服之。"又曰："你國亦有專經否？"臣曰："我國科舉取精通經書者，故學徒精研四書五經，其專治一經者，不得齒儒者之列。"

十一日，在玉河館。是日陰。李翔來謂臣曰："你國謝恩使，何至今不來乎？"臣曰："道路遼遠，他行止遲速，我不能料念。惟僕之到此，不係國家事，特蒙大國深恩，生還本國，祇自仰天祝手而已。但瑣尾逗遛，遷延日月，不得全吾哭柩廬墓之心，所以痛哭耳。"翔曰："我已詳説你言於禮部，禮部已入奏。近當回還，勿憂也。"又有姓名王能者，善曉解我國語言，謂臣曰："我祖父世居遼東東八站之地，來往義州，我亦是高麗人也。我年十三，父没，隨母而居，退計三十一年間，我與母俱爲兀良哈所掠，轉往韃靼之國，竟得生還，仍居於此。若有你國使來，未嘗不來相看也。"即以所將錢换酒，慰臣及從者，又語臣曰："聞你從者無有亡失，然乎？"臣曰："然。"能曰："得非幸乎？蓋人口衆而爲日多，則雖平居無事，間有患死者，况遭被惡風，過盡大海，一無亡失，千古所稀。想必你於平昔積善所致也。"臣曰："此是皇恩覆冒，使萬物各得其所，故我等亦幸得保此生也。"

十二日，在玉河館。是日朝雨，午陰。有姓名李海，亦解我國語音，來語臣曰："我從使臣往還你國已六度矣。徐宰相居正尚亡恙乎？"

十三日，在玉河館。是日陰。張夔者，張元之季也，聰慧勝兄，謂臣曰："寂寥旅館，何以消過日月？"以醋、醬來遺。

十四日，在玉河館。是日晴。有姓名孫錦者謂臣曰："若此夏日之長，難以經過，我甚憐之。"即饋臣以米一斗、菜一盤，鹽、醬、醋各一器。臣令程保往謝之，錦曰："你等在陳之嘆，專是會同館官員不取稟之過也。皇帝豈知若此乎？"

十六日，在玉河館。是日晴。有錦衣衛後所班劍司校尉孫雄者來，臣曰："寓空館無所事，淹留已過旬望，不知何日還國？"雄曰："禮部奏聞討賞，然後可回去。"臣曰："我等來此，不因國家事，九死之後，祗求生還耳。今則殘喘已壯，焦腸已沃，傷足已完，瘦骨已實，都是皇上懷撫遠人之恩重且大也。我無一絲毫之補於大國，得蒙此重大之恩，固已措躬之無地矣，又何有賞賜之爲哉？我所願：早還家山，覲老母，葬死父，以終吾孝。此人子之切情，禮部豈能知道？"雄曰："禮部近有事，故致令汝事稽緩。我當詳告汝情於尚書後又來看你。"

十七日，在玉河館。是日灑雨。琉球人陳善、蔡賽、王忠等來告回國，遂以矮扇兩把、蹋席二葉贈臣，曰："物雖至薄，情實有在。"臣曰："我所以遇知於足下者，在情不在物也。"陳善曰："我國王曾在二十年前，差我父送貴國回還，大爲人人見愛，常想恩情。我又得與大人相善，得非幸乎？"

十八日，詣禮部。是日陰。辦事吏王玦持牌子來叫臣。其牌書"仰喚朝鮮漂海夷官崔溥，火速赴司，毋違"云云。臣從王玦過南薰鋪，至文德坊。城之正陽門内，建大明門，門之左爲文德坊，右爲武功坊，正陽三層，大明二層也。行至禮部，主客司郎中李魁、主事金福、王雲鳳等承尚書周洪謨、左侍郎倪、右侍郎張之命，謂臣曰："明早引入朝，給賞衣服，可易吉服。事畢便打發回去。"臣對曰："我漂海時，不勝風浪，盡撤行李，僅守此喪服來，無他吉服。且我當喪即吉，恐不合於禮，且以喪服入朝，義又不可。請大人斟酌禮制，更示何如？”李郎中將臣言歷議良久，使吏鄭春謂臣曰“明早受賞時，無展禮節次，可令你從吏代受。明後日謝恩時，你親拜皇帝，不可不參”云云。臣還玉河館。

（十九日，受賞賜）李翔討錢，與市傍寫書求錢者寫狀，報鴻臚寺云“朝鮮國人崔溥等爲賞賜事。爲因漂海到於浙江，解送到京。今蒙欽賞衣服、胖襖、靴鞋等件，合赴鴻臚寺報名，四月二十日早謝恩”云云。翔謂程保曰：“告你官，明早以吉服來謝皇帝之恩。”有徐序班者，忘其名，來點程保等具冠帶，教以肅拜節次之儀。徐雖號爲通事，不善解我國之語。臣令程保同把門者一人往尋李翔之家，告臣意曰：“親喪固所自盡也，若服華盛之衣，謂之非孝。我亦人子，其可輕釋喪服，處身於非孝之名乎？”翔曰：“今日我與禮部尚書大人已議之，當是時，親喪輕，天恩重，拜謝之禮，不可廢也。夜四更時分，東長安門外，都要賞賜衣服來，莫誤。”

二十日，謝恩於大内。是日陰。丑時，李翔自其家來，謂臣曰：“你今具冠服，入朝謝恩，不可緩也。”臣指頭上喪冠曰：“當此喪，衣夫錦戴紗帽，於心安乎？”翔曰：“你在殯側，則爾父爲重，今在於此，知有皇帝而已。皇帝有恩，若不往謝，大失人臣之禮。故我中國禮制，宰相遇喪，皇帝遣人致賻，則雖在初喪，必具吉服，馳入闕拜謝。然後反喪服。蓋以皇恩不可不謝，謝之則必於闕内，闕内不可以衰麻入，此嫂溺援手之權也。你今從吉，事勢然也。”臣曰：“昨日受賞之時，我不親受，今謝恩之時，亦令從吏以下往拜若何？”翔曰：“受之之時，無拜禮節次，雖代受可也。今則禮部、鴻臚寺俱議你謝恩事，已入奏云‘朝鮮夷官崔溥等’云云。你爲爾等之班首，其可安然退坐乎？”臣不得已，率程保等從李翔步至長安門，猶不忍穿吉服。李翔親脱臣喪冠，加以紗帽，曰：“若國家有事，則有起復之制。汝今自此門吉服而入，行謝禮畢，復出此門時，還服喪衣，衹在頃刻間耳，不可執一無權也。”

又東出長安左門，復穿喪服，過長安街，還於玉河館。李孝枝、許尚理、權山等皆帶賞賜衣褲來謁於臣曰："前此旌義人從李縣監暹亦漂到於此，皇帝無賞賜之恩。今我等從行次來，特蒙此不意之賞，展拜於皇帝之前，得非幸歟？"臣曰："夫豈偶然哉？賞者，賞有功也。汝等有何功於大國乎？漂死復蘇，生還本國，皇帝之恩，亦已極矣。況又以汝賤陋，得入彤闈，受此賞賜，汝等其知之乎？帝之撫我賞我，都是我王畏天事大之德，非汝等所自致。汝其勿忘我王之德，勿輕帝賜，勿壞，勿失，勿賣，以爲他人所有，使汝子孫世守，永爲寶藏也。"

二十一日，在玉河館。是日陰。有百户張述祖來言曰："我是左軍都督府總兵老爹所差送你遼東者也，兵部及會同館關文皆已出了。二三日間，你們都起程了。"袖出差劄付以示之，其文曰："左軍都督府爲海洋聲息事。該經歷司案呈，准兵部職方清吏司手本，奉本部連送。該本部題。該本司案呈。奉本部送。於内府抄出鎮守浙江司設監太監張慶題前事。轉行該府差官一員伴送，沿途軍衛，量撥軍夫防護至遼東。聽鎮、巡等官另差通事人員，送至朝鮮地界，令其自行回還。緣係處置遭風外夷歸國，及奉欽依該部知道事理，未敢擅便。弘治元年四月初一日太子太保本部尚書余子俊等具題。次日奉聖旨'是'，欽此。欽遵。擬合通行。除外，仰行該府經歷司呈府，照依本部奏奉欽依内事理，欽遵。差委的當官一員伴送。仍行鎮守遼東太監韋朗、總兵官緱謙，并沿途軍衛衙門，一體欽遵施行。連送到司。合用手本。前去左軍都督府經歷司呈府，依文施行。手本案呈到府。擬合通行。除備由連人移咨外，合劄仰本職即將夷人崔溥等用心防護，伴送前去遼東鎮守總兵官緱謙處交割。另差通事人員伴去人，毋致疏延不便。須至劄付者。"

（二十二日，在玉河館）有一人不知姓名，頗知醫病，見臣危殆，以大針針臣十指端，黑血迸湧。其人曰："殆哉殆哉。"金重、程保奔告於禮部主客司，會同館之報又至禮部，即差太醫院士朱旻來救臣病，旻胗臣脉曰："此證本緣七情所傷，重之以感寒，因得此疾，用心調理。”程保問曰：“治以何藥?”旻曰：“用香火大氣湯治之。”旻疾走太醫院，賫藥來，乃加減七氣湯也。手自調煎以飲臣。旻告去。夜二更，臣嘔所飲之藥。

二十三日，在玉河館。天陰而雷。詰朝，朱旻又來點臣脉，曰：“昨日看得三遲二敗之脉，今日脉氣有回生之理，專要調治。”又煎人參養胃湯以飲之。臣服藥以後，體漸平和。向夕，李恕、張述祖偕來，謂臣曰：“明早你輩還國，今你病不好，可於二十六日起程，何如?”臣曰：“我奔初喪，漂寄他國，情理甚切，一日之過，實同三秋。昨者病，今日少愈，車上卧在，可以去矣。請行。”述祖曰：“然則我詣順天府遞運所，討車輛驢馬來。”

（二十九日，過玉田縣，遇天使於道上）臣問張述祖曰：“傳聞此地乃漢右北平之地，李廣射虎没羽之石在何方?”述祖曰：“距此東北三十里有無終山，山下有無終國舊基及北平城遺址。城即李廣出獵遇石之處。山上又有燕昭王之冢。”臣等又過孝子李茂旌門，出城東門，門即興州左屯衛之門也。行過韓家莊二里許，遇有二官人乘轎而至，有節鉞、鑞牌，前導者呵曰：“下馬。”臣即下馬。二官人呼臣來前，曰：“你是何許人?”臣未及對，上官人令臣寫其手掌。有張仲英奄至，備陳臣之姓名及遭風漂還之事。上官人顧謂臣曰“你國人已知你生到中國”云云。臣謝揖而退，問其官人爲誰。仲英曰：“前去者乃翰林學士董越，後者乃給事中王敞。前月間奉皇帝敕，往頒你國。今是回還之時也。”

（五月）十八日，在廣寧驛。是日陰。張述祖告别向北京，謂臣曰：“隨路千有餘里，情志有甚戀慕。我年已耳順，脚力且衰，豈復與足下相再見乎？第念足下若得志於本國，則他日必有進貢朝天之時，我家在順城門内石駙馬家前對門，其記今日之情，可賜一問否?”因解襯衣贈吴山，蓋述祖在途嘗以吴山爲手足故也。參將崔勝令金玉邀臣等，玉，遼東人也，頗解我國語。臣令程保等從玉以往，勝大設酒饌甚盛以饋。

二、蘇巡《葆真堂燕行日記》

【解題】

《葆真堂燕行日記》，蘇巡撰。

蘇巡，字警夫，號葆真堂，系出晉州。正德己卯(1519)進士。嘉靖癸巳(1533)冬，叔父陽谷先生朝明，時陪行，《葆真堂燕行日記》記録此行來往原隰、流連京師之所遇所見。《葆真堂燕行日記》經蘇巡之族孫鎮德修訂，與《陽谷先生集》於 1935 年一併整理刊行。在京之日，與琉球使者及中國官民筆談。

林基中《燕行録全集》收入此書，兹以此本爲據輯録相關資料。

(嘉靖十二年癸巳閏二月)十八日，晴。在玉河館。良醖署送遺下程酒食等物，即分賜下人。夕，琉球兩使臣來見，即引入，許坐，飲之以酒。問其國節序寒暖，則冬不重衣，夏不去扇，春秋皆着單衣。問百穀，則一年種麥一度，稻及諸種正月始耕，五月收食，是月又耕，九月獲取。問風俗，則習尚淳朴，又好僧。問其地産，則沈香、象牙、玳瑁、胡椒、白檀等物皆出地方，餘物不可盡説。問境界遠近，則國在海中，四面不甚遠大。問經過勝地，則一路雖多可觀，祇如南京、蘇杭之勝甲於天下，觸眼壯觀，難以殫録。問四境何最近，曰日本祇隔大海，可與相通，而但以人心俗尚不同，故不喜相往。問以何物來獻，則曰不過前所陳之物而已。問畢辭去。

二十一日，陰。在玉河館。邀兩序班及副使來儒等饋以酒食，問今日喜聞皇帝視朝，然耶？曰然。玉體未寧，彌延數月，今始見朝，故舉朝進賀云。又問呈文所準非我朝本意，而一次出入亦非舊規。即以弘治年舊規出以視之，則曰始也，何不以此示我乎？然從此事漸歸順矣。又問更無奏事，家有老親，懷不能禁，欲速還，覬凡賞賜及上馬等事欲蒙大人之力，可得圖否？曰吾於此無所用力，亦不可不盡其心也，當如所請云。乃以漆扇及笠帽與之，書狀、質正亦以筆柄饋之，從容話罷。

二十三日，晴。在玉河館。朝食後，琉球使臣麻布度、梁椿馬，吾剌陳賦等及其伴送賈英、洪世賓等來見，使與兩君即出對，叙寒暄，各進茶而罷。當午，辛巳年陪陳、金兩天使去來，本朝頭目鄭纘來謁，即引入，許坐，以叙舊日同行之事。問年今幾何，曰壬辰。問一時同行之人存亡，則曰俱存焉。問胡不速來相見，曰畏宰相，不敢。問有息否，曰有三。何不來見我，曰亦畏，不敢。良久對話，饋以秋露一大碗，則一滴下胸，政如劍芒，難以盡酌云。欲辭去，給魚物以送。

三、丁煥《朝天録》

【解題】

《朝天録》一卷，丁煥撰。

丁煥(1497—1540)，字用晦，號檜山，事中宗朝，有《檜山集》。《朝天録》載《檜山集》卷二，此録作於嘉靖十六年(1537)丁煥以書狀官與謝恩使姜顯赴京時，據《朝鮮中宗實録》，使臣六月十日發程，十二月八日與聖節使趙賢範同時復命。此録記事始於七月一日越鴨緑江，迄於十一月十四日還至義州，末略附回還行程。

兹以《韓國文集叢刊》本《檜山集》卷二爲底本輯録。

(丁酉七月初七日)鎮撫高崇坐罪家屈百户，宋臣其代也。又問崇坐罪之由，答曰："龔學士使東時，取巡按御使院外郎王泮等帶行，西還後，御使憑泮等迹，聞頭目之在東，崇偷銀盞，指揮馬倫之伴人林明奪取遠接使紙筒入紙，指揮田禄竊洪謙衣服，門子張越、胡欽、馬朝宗又偷取臘燭等事。拿囚崇十餘日，杖二十五度，遂黜之。杖田禄二十五度，林明三十度，張越、胡欽、馬朝宗各十度。皆用棍杖，棍拿治重罪杖也。"御史史包善其姓名也。

(八月二十八日)又有一總角過其前，甚爽秀，心异之，思招見未及焉。迹之則浙東紹興府人也，七歲，通經史，善綴文，才識絶群，知府以神童薦進於朝廷，因命留翰林院，以廣學問。年□□丁亥也，余等之到京師五日，李承華來語車允成、洪謙等曰："岑郎中所索咨文紙已賫不?"答曰："已賫矣，但老爹今在何地，地勢嚴密，奈無語得通何?"承華曰："岑公今移他司，且陰求之物，豈可公呈? 俺暗傳也。"

余不直所爲，即考秋等縉紳日覽，不見岑萬所在，今者又問諸部外郎，去春丁憂還鄉云。

(九月初二日)吴給事中家人吴天定、金恩等來，語車允成、洪謙等曰："老爹聞你等來到，遣俺等問慰。"又曰："《皇華集》何不持來？夏閣老要見大切。且老爹還京師，即奏題本二度，皆是深獎貴國之事，你等知否？"允成等答以"近日到京師，求見通報，知老爹奏意，使臣以下不勝感激，祇恨無路致謝"。天定又曰："朝鮮禮義之邦，與㺚子渾處一館，殊非美意，將更有奏本，請設一館，以致甄别之意。且宗系事，曾與夏閣老言、李閣老時分釋説也。"謙等稱謝，且曰："《皇華集》與《翠屏山》《清流壁》等記，本國方鳩工鐫，時未訖功。近者冬至使來，當奉進無疑也。"

(初三日)午，李承華又來言咨文紙事，欲持去，令車允成答曰："聞岑郎中已丁憂還鄉，所賫紙不知所處。"承華曰"岑果丁憂，但此非岑自求，實張侍郎壁曩於前侍郎謝丕家見咨紙，愛其皓潔，因圖請於岑，岑即令我轉求之，今我持與張，即來報"云。承華貪詐難信，然事或恐然，而其勢亦難窮詰，即授遣之。

(初六日)臣等隨尚書，復行向闕禮，又就大監、尚書前再拜，退階下，祇送太監。既出門，序班以尚書命促召通事來進，崔世瀛、車允成等四人趨進而跪。尚書曰："汝國素守禮義，至誠事大，國王之表與咨文俱極美善。昨見龔壯元、吴黄門，皆言國王敬朝廷純一無二，至小大臣民莫不誠心向慕云，稱道不置，事甚可嘉。"因顧提督主事易寬曰："朝鮮禮義之邦，何以待遇耶？"寬僞答曰："五日一次任他出入也。"通事等仍告曰："小國之事朝廷，自先世盡敬不懈，故使臣之來朝，朝廷特垂禮遇，不設防禁，任便出入。五日一放，亦非朝廷舊典。去嘉靖元年間，主客司孫郎中緣一朝細微之故，擅變舊規，始加拘禁，實乖累朝優禮之意。去甲午，陪臣鄭士龍以門禁事呈咨文申訴於禮部，禮部據咨題奉聖旨：'朝鮮素守禮義，敬事朝廷，比與他夷不同，朝貢使臣，許他自行，欽此欽遵。'今則門禁比前尤嚴，無异獐子肆我。陪臣將欲呈文於老爹,申理其事。且本國人皆知讀古書,知大義,而況使臣? 逐日發放下人,固不得恣横,今雖解禁,豈至瀆亂乎? 望須老爹明正照舊施行。"尚書又顧易寬曰"朝鮮之人須厚待,如有遊觀處,任他自行"云。寬雖朝選,實與牙子分甘之人,聞其言,面有赧色,唯唯而已。尚書又以朝廷待之優厚如是,我國亦當加勉之意,説與通事,傳諸我等,余等趨就致謝訖,退階下衹送。

(二十六日)未明,入大門内,坐俟於午門外。有役夫百餘名或數百名五六十名,作隊擔荷而奔趨,聯絡不絶。問於人,方起乾清、仁壽、清靈等宫於闕内,此其大者,臺亭土木之細微者,不知其數云。又問新創與重修,答曰:"三宫古有之,嫌其窄小,盡毁而改其制矣。"因問:"凡役夫有元定人耶?"曰"本無發徒之例,若有興作,工部給銀兩雇用民力"云。有二漢共荷一竹籠來,置於前,問之,乃諸閣老詣内,李閣老舍人具食物候於外云。閣老之尊,自裹食物,蒼頭肩荷而至,百司之簡於口腹,下人不受膏血之患,推此可知矣。當卯,禮部員外郎馬從謙入來,臣等進揖而退於他處,即以次招給賜物。臣之所受,青段子三匹,藍羅一匹,紅羅一匹,生黄絹二匹,青段了團領一件,草緑段了褶子一件,綿布一匹,靴一雙,毡襪一對。使之所受,衣服、靴、襪如其數,段子、羅、絹、布加一倍。其餘正官所受,如臣之所受之數。打角衹受羅、衣三件,靴、襪各一對。受畢,還玉河館,呈謝恩報單於鴻臚寺。午後,車允成、洪謙、朴長連等告提督主事曰:"龔、吴兩學士欽使本國時,俺等終始陪侍,送至於江上。兩老爹臨别曰:'你等早晚來京師,須即尋訪。'俺等對曰:'尊嚴之地,外人其何以得謁乎?'龔老爹曰'天下一家,彼此何嫌,勿疑來見'云。到此數月,防禁嚴緊,尚未往拜,諸老爹必以俺等無誠信,外人心行常然也。今日公幹□□[1],斯迫歸期,得半晝寬放,用伸卑懇於門閤,未知老爹意如何?"主事曰:"任汝往見。但次早有緊事,理子無閑,二十八日爲當也。"

---

① 此處原闕二字。

（二十八日）車允成等將往龔、吴家，告行於主事，序班李承華奪標帖陰沮之。易寬不知承華中間舞詐立威行私之由，惑其言，謂通事等曰："不許外夷私自出入，至如因公幹出入，伴送牌子等領率，載在《大明會典》。況學士俱是侍史從事臣，若著露，罪應至我。今朝廷法禁太嚴，前者之語，悔其不察也。"承華貪詐無狀，徵索三行次，殆無虚日，至於欽賜食物及五日下程，恣肆徵刦，太半拿去。自顧所爲，通事等往他，或宣漏所犯，必陷重罪，其奔走撓沮使不得行以此也。

（十月初二日）早朝，遣李龜等往兵部請驗包，車駕司主事黄訓與提督主事來坐於西照，余等與二使、二書狀遞入拜禮而退。主事驗包先於二行，遂來余等之所寓，解驗一包，餘衹量數畢。語洪謙欲見余等路中所製，謙答曰："萬里間關，無暇製。"二公然之，黄主事謂提督曰："朝鮮禮義之邦，相與推獎也。"

（初五日）是日，隨三使待啓鑰，入大内辭朝。退就光禄寺前，吃酒飯。還詣午門外，三叩頭。仍出至禮部，告辭於堂上，退就下廊，俟郎官之出，將告辭。通事來言曰"堂上以本國咨文三道，出給序班李承華，使賫去"云。余等望見承華果跪受而去也。令洪謙探問《大明會典》刊畢與否於諸外郎，皆曰："十三布政使撰報諸使事，時未畢到，未知何時畢刊也。"在館亦問於序班等，皆答以未知也。日晚，郎官皆下司，余等詣儀制司行拜。又詣主事客司，郎中李義壯出迎，令衹揖不受拜，頗加敬禮。禮訖，余等齊跪，使臣令通事車允成傳告曰："堂上以本國咨文三道，不付俺等，而授押行序班。俺等在此，咨文意未知而歸，誠爲未便。且序班衹往遼東，咨文終置何處？"郎中曰："咨文三道：其一門禁；其一弓面子違禁買賣事也；其一藥材事，而時未成牒。序班持去遼東，當授你等也。"李時貞在傍言曰："序班往付遼東都司，都司差舍人往朝鮮國，直傳國王也。"使臣復曰："朝廷舊例，詔書外雖敕書，陪臣順便賫回，況咨文乎？今者俺等三人俱在京師，不得受去，不唯甚違前例，俺等之回還，將有譴責。且鴨緑江去王京甚遠，差人移咨，從古所無。”郎中曰：“序班若歸，則慮其貽弊而云然耶？”車允成曰：“非謂貽弊，有違前例故云也。”承華曰：“然則不必强辯，我當授你也。”余等出外，車允成就前告辭，郎中曰：“今此咨文，你用心賫去，若不幸剋落，了不得事。藥材咨文待成牒，明明日你來受去。”車允成曰：“不小咨文，本國即當照數回復，豈有中間剋落之理乎？”余料之，此承華欲往義州，勢難越境，必以咨文中有申珦等違禁買賣之言若陪臣受去當剋落中止之意誣弄禮部，禮部因不察也。前者傳聞承華護行余等，因欲送至江上，極力圖請於禮部，且謂通事等曰“俺今當防護三宰相送義州，國王將何以待我”云。使臣預教通事輩，後若更發此言，當答曰“大人防護使臣，衹往遼東，例也，不當往我國。雖往，自義州去京甚遠，我殿下何得知之？州牧使必從宜接待。前日孫序班過江時，使臣預爲馳啓者，亦護衛敕書及欽賜之物，使臣不得不馳啓，我殿下亦不得不厚禮慰待也。今大人衹防護我等，使臣不當馳啓大人之歸，殿下亦不知之，大人雖往，恐徒勞耳。以此因復開説”云。今顧此事果然也。

十一日丁巳，晴，在通州。吴希孟追寄紙裹小封二、大封一於車允成，使傳於鄭士龍。是日賃房主孟鐸字朝振請見，余等出接，設小酌，因給人情物，鐸出四障挂於壁。其一幅：《赦歸次潞河贈孟朝振詩》，詩曰：“富貴時易趨，貧賤寡所因。摇手不敢顧，患難堪酸辛。曰余自東往，三毒猶在身。當時豪遊者，轉眼成路人。孟君敦古義，逆我於城闉。通宵坐相笑，慰此顛危身。揮泪送我行，朔風吹黄塵。及瓜得生還，旅食依毗鄰。開樽設華宴，洗泱何情親。執此一杯酒，往事傷心神。”右乃蜀人東岩徐文華作也。其二幅：“昔我檻送過遼東，眼中親識誰能同。反唇背面還相攻，縉紳構禍無終窮。潞河晚次氛祲濛，繞街邏卒氣若虹。傍人失色心忡忡，孟君仗義真豪雄。今之朱虔漢孔融，殷勤館轂禮數隆。十年問遺頻相通，幸承寬法成老翁。嗟哉萬事回頭空，兔葵燕麥摇春風，共君爛醉彈絲桐。”右乃蜀人初亭程啓充作也。其三幅曰：“人生富貴堪栖依，親疏不問親相知。積威一刼遭阽危，平時握手皆支離。海風卷地黄沙彌，道路不雨驚群疑。孟君高義邁等夷，見我三木囊胥靡。掃室以俟食之糜，衛卒相顧嗔且嗤。利害不恤真瓌奇，絶勝風塵負虎皮。十年戍籍還瓜期，延我途中淚交垂。廉門客去誠堪悲，椱壁匿趙誰能爲。世事回首夢一炊，幸今曳尾臨青池。青天有月浮雲墮，與之飲酒贈之詩。讀此真是勵風移，非我喔喔懷所私。”右乃方山子盧瓊《新交篇贈孟朝振詩》也。其四幅曰：“南渡過通州，星霜已十秋。人情冷暖别，天道始終周。昔去逢青眼，今來共白頭。看君多義氣，須向古人求。”右乃洛川劉琦詩也。因問所以，鐸曰“此皆曩日御史給事中諸學士也。去丁亥，盧學士於會坐中，責張閣老孚敬曰：‘公以大臣，定國大禮，若是其顛悖，爾骸骨安能得歸故鄉乎？’遂大肆詈罵。上聞之，詔來午門外，詰其凌辱狀，對曰：‘亂天下大禮，故臣果詆之。’上大怒，即命杖三十棍。其餘三人，皆以瓊之執友，亦杖之，并竄遼東。去春赦三人，放歸田里，獨劉琦不蒙恩命，武定侯郭鄖固請并得放。右劉往者論郭鄖事涉叛逆，有梟首之言，鄖不懷嫌怨，盡力營救，時論大之。諸學士往歸，過河，皆留寓此賃房，有相好意，故贈詩而去”云。鐸又曰：“宰相在京師聞見，士大夫清賢者爲誰耶？”令車允成答曰：“外人在牢鎖中，不出門棫，安知上國卿大夫之賢否乎？”允成私語曰：“工部温尚書仁和之清，自在都中。”鐸曰：“温尚書果然。然户部尚書梁材之清簡，朝廷一人矣。又有郭韜剛毅峻潔，不畏强禦，人皆畏嫉，故不得志於朝，出爲南京禮部尚書也。”又曰：“龔、吴兩天使東行時，荒醉流連，程、盧諸公謂二人無行檢，出使外國，必虧朝廷之體貌而歸云。”使臣曰：“二學士在本國不受一物，殿下力挽一日不得，至今爲恨。二公之簡潔，我國人皆思慕也。”鐸又曰：“往時臺杠祇四五回還之日數，過三四十，不知所賫者何物乎？唐壯元真清白人也，身死之日，家無一兩銀，殯殮皆賴師友，此人不可再得也。”夕，鐸大備酒肉來饋而去。

四、任權《燕行日記》

【解題】

《燕行日記》一卷，任權撰。

任權(1486—1557)，字士經，豐川人。中丁卯(1507)進士，登癸酉(1513)乙科。初補權知承文院副正字，歷藝文館檢閲選入弘文館爲正字，官至禮曹參判、工曹判書，謚曰貞憲。《燕行日記》乃任權以冬至使身份與奏請使權橃等人一起爲宗系辯誣等事件出使明朝之中國行紀。嘉靖十八年(1539)七月二日封爲冬至使，二十四日慕華館餞别，十月十九日至皇城玉河館，十二月十六日辭朝回程，至次年二月朔日回到慕華館，前後歷時八個月之久。

茲以林基中《燕行録續集》本輯録相關資料。

(嘉靖十八年十月二十四日)遣李應星見龔明使(名用卿，中宗三十二年以翰林院修撰來朝鮮，文章酷汗。其時蘇世讓爲接遠使，鄭士龍爲迎接使)。明使出見，欣然因問主上及世子起居，答曰："康寧。"次問蘇世讓，答曰："好在。"又問鄭士龍何職，答曰："爲刑曹判書。"歷問金謹思、金安老、許洽、許沆好在，答曰："三人已死，許洽則竄外矣。"曰："何罪?"答曰："丁憂在外，未得詳聞，以不謹獲罪。"又問："汝是御前通事，何以來此?"答曰："我殿下爲緣宗系奏辨重大，故特差陪臣來耳。"因告曰："國王以大人不忘小國，陪臣之來，每賜臨問，曲加款恤，不勝遥謝，祇把扇帽，聊表遠敬。"答曰："多謝。"因語曰："陪臣之到館輒往訪問者，亦以不忘殿下盛德，恒存敬慕，如見殿下耳目。"且曰："自余奉使之還，將汝國禮樂文物與中華無二之意，已奏朝廷；每與士大夫語及朝鮮，則吾未嘗不稱嘆，傳播士林，使中華之人皆知汝國之美耳。”答曰：“大人不遺小國之意，國王常感激不已；大人之褒獎小邦，至於此極，實東方之大幸，一國之民莫不感戴。”又將宗系奏誣首尾詳告，因請曰：“前日大人之奉使小邦，殿下已將此意面語之矣；伏望大人照顧，以副我國王之望。”答曰：“已詳知矣，但朝廷多事，會典纂修，停住已久，然奏本已達，必好爲之；吾亦見禮部堂上言之，其奏本眷寫送來。”因設酒饌，令子弟對酌云。

又詣華明使（名察，中宗三十四年己亥春，以翰林院侍讀承肅宗皇帝詔來朝鮮，時奉孔子遺像來。遠接使蘇世讓）家，亦出見，欣然引入後庭，不許跪拜，但令相揖。應星固辭，强拜。明使問殿下世子起居，答曰：“康寧。”次問蘇世讓好在，答曰：“安好。”因告曰：“我殿下於前日陪臣洪慎之還，既承川扇與華箋，李芑之回，又承惠絹，不勝遥感，無以爲報，袛將扇帽，聊謝微誠。”答曰：“多謝。”又設酒饌對酌。應星又告奏請事。答曰：“我已知之。”且云：“《皇華集》未見舊集，後可并付來云。”

又詣薛明使（名廷寵，官左給事，正學之人。領册立皇太子詔來朝鮮。遠接使蘇世讓）家，明使適出，其子一舉出見，相揖，引入内廳，設饌饋酒。一舉形容端正，年甫弱冠，文名藉甚。是日，薛明使自公所直來主司廳邀見，即冠帶往拜。禮訖，亦問殿下及世子起居，答曰：“康寧。”又問蘇世讓、崔演、林亨秀、嚴昕等安否，答曰：“好在。”仍告宗系奏請事。曰：“奏本已下乎？”答曰：“未下。禮部必善爲之，但會典之設，停止已久，然見禮部堂上，當爲懇説。”

二十八日，晴。免朝。奏請使因病不出。吾與李應星將賫來物件送於龔明使，適不在家。又往薛明使家。明使迎入後廳書堂對坐，受物件。又將蘇世讓所送物件以送明使。曰：“蘇贊成遠在遐邦，不忘舊交，連致土宜，益謝益謝。”摩挲硯面，玩之不已。令其子一舉設饌對酌。後將川扇二、手帕二件、唐梨四個與之，叩頭而還。是日，翰林院檢討黄廷用，因提督主事求見使臣，直來房外。即出見,相揖而立。因語曰:“欲見宰相等寓館儀表而來耳。”且問科舉歲年及歷仕近久,皆以實對。仍問科舉程式。良久談話而出。

是日,龔明使來主事廳求見三使。奏請使病不出,千秋、冬至兩使進拜行禮。後,吾使李應星將奏請事語之。答曰:“吾前往貴國時,國王書給宗系事,吾嘗置几案,爲賢王何忘焉?向日習儀時,見尚書,已悉言之。朝廷禮重貴國,必有天恩,終當辨白,勿疑。”吾又問:“宗系事累蒙聖旨,迄未見成書,一國憂悶。今修會典時,列聖明旨載録與否,憑考磨勘何如?此雖曰史局,而會典曾已刊行天下,今之纂修非秘密事,憑考磨勘恐無妨。”明使答曰:“其他纂録事多,故會典纂修,以聖旨封緘已久,今難考索。然當次次纂修,其時貴國纂修項下事,可以分明載録矣,勿疑焉。”又語千秋使曰:“宗系事終當辨白矣,先往貴國轉達國王。”是日,遣通事崔世瀛於禮部探問覆本與否。

二十九日,免朝。奏請使病不出。遣李應星於禮部,告郎中曰:“宗系覆本未見發落,而進獻貢馬與方物久在空館,竊所未安。”郎中曰:“我看奏本,已詳知之。但先聖祖訓,在後世子孫不可容易輕改。雖有累朝聖旨,不過忝録而已。”答曰:“祖訓聖旨,安有輕重?既有累朝聖旨,是亦祖訓。”郎中曰:“此事不可容易爲之,當與尚書共議。”

(十一月)二日,晴。免朝。吾與李應星偕往華明使家,傳御送扇帽及蘇世讓所送等物。明使出見,饋以酒。因問:“奏請事,禮部何以處之?”吾答曰:“近因部中多事,尚未覆本云。伏望大人轉告尚書,以副我殿下之懸望。”明使答曰:“我亦近日多事,未得往見尚書。今明間當委見尚書,懇曲説之。”

(三日)令李應星送華明使家致下程回禮。明使喜謝,仍出《周易大全》六卷,具匣與之,曰:“此册付與先還陪臣,轉達殿下云。”是夕,龔明使令家人來致下程,給人情而送。又令通事許聃呈開市通狀於通政寺焉。禮部主客寺外郎王相、馬澄、李學夔等來此,乃禮部執筆吏也。索人情,各給白布等物矣。外郎等不肯,曰:“宗系改正,爾國之大事,人情何若是略小耶?”又加給硯面。

五日,晴。免朝。送李應星於禮部探問覆本事。仍見郎中,郎中曰:“汝國奏本,今始禀堂上耳。”應星又告曰:“此係一國莫大之事,國王晝夜未忘,特差陪臣來乞聖恩。伏望通査前後奏本及累朝聖旨,備載首末,斯速覆奏,以副我國王之望。”郎中曰:“我已悉汝意,前後奏本亦已查考詳知之。”因出我國付《大明會典》一册指示之曰:“汝國之所願改者,此一條也。此本祖訓條章之言而移録於《會典》者也。祖訓則在後子孫,雖千萬年,不可加減,當叙入於會典事例可也。前日雖奉有送史館采擇聖旨,祖訓不可擅改,非史官所自擅書。其時該官不能詳察而矇矓至此。我當與尚書詳議爲之。”應星又告:“累朝改正聖旨及今皇帝明旨,亦合改正。且重修會典已經十餘年,史官想必改正。望大人考諸史館,則可以知之。今此奏請,固知煩瀆;此係辨誣重事,今若未蒙准請,則我殿下必期於得請而後已。”郎中曰:“朝廷新設之事多矣,有一事則添一録,其本草尚未就正云。”又令崔世瀛往致回禮於龔明使家。

(六日,晴。免朝。奏請使病不出。凌晨,我獨詣闕下)太監先出,尚書繼出。即進跪於階上,令通事李應星告曰:“宗系奏本已下,而未知發落,伏望通查累朝聖旨,以副我一國臣民之望。”尚書曰:“我已悉知,不須更説,我當爲汝覆本。”又令應星告曰:“若題本發落,則陪臣欲速還。”答曰:“知道,我當速圖云。”

十一日,晴。免朝。遣李應星於禮部眷出宗系覆本而來。應星摘題本内“緣係夷人”之語,請許郎中,謂曰:“我國用夏變夷,有自來矣。今見題本有‘夷人’之語,竊所未安,望大人酌量如何?”郎中笑而答之。即禀於尚書,改“夷人”二字爲“外國”云。

(十三日)使李應星往於龔明使家,明使即迎入中堂,問曰:“宗系覆本下否?”應星對曰:“時未下耳。”明使曰:“覆本若下史館,則吾爲其任,當爲殿下盡力詳録。汝歸達汝國王。”且曰:“吾自奉使爾國而還,景仰國王之心,須臾不置忘域。況國王親囑宗系之語,丁寧在耳。雖不有此,吾何忘焉?況今奏請,適值機會,成事必矣。”應星告曰:“重修會典十有餘年,迄未見成書,望大人速考秘閣之書附録幸甚。”答曰:“自朝廷整理别項書籍,會典之修,敕封已久,非下人所敢擅開。然吾爲史官,後當方便圖之。且陪臣之還,吾欲修書達汝國王。”應星拜辭而出。是夕,邀序斑任景和設酌,叙同姓之情,良久而罷。

(十五日)令世瀛賫覆本及聖旨草往龔明使家。明使出見,入中堂,跪進覆本聖旨。明使喜曰:“今見聖旨,比前尤加鄭重,可見聖上向汝國王之意非常矣。纂修之事,雖寸刻何忘?非徒我耳,當囑同僚,僉力爲之。”令其子弟饋酌。

(二十一日)尚書將出,吾與奏請使、書狀官跪於階上,令通事李應星告於尚書曰:“本國宗系事,已蒙准請,鴻恩罔極。但會典成書,我國王何日得見乎?且國王日夜懸望聖恩,陪臣欲速還報。今日已行上馬宴,若受敕與賞賜等物,即發伕料。”尚書曰:“今此奏請之事,非如前日之泛然,聖旨甚盛,是亦成書,況已送於史館,史官必當附録矣。爾等勿疑。”即招主客司都吏教曰:“汝往内閣告諸閣老,速寫敕書以付之。賞賜等物,汝亦催促。”仍言於應星曰:“如此天寒,吾豈久留於此耶?汝等歸待於館。”一行人拜辭而退。

二十三日,晴。免朝。遣李應星、魚叔均於禮部將宗系覆本及聖旨草本錯誤處磨勘事。應星告於許郎中曰:“使事已畢,向日上馬宴時,將受敕事告於尚書,已蒙允許,望大人速了賞賜,亦望催促。”答曰:“敕書事下帖序斑,送内閣,賞賜亦當催之。”又告曰:“俺等行期已迫,鴻臚寺伴送序班,尚未差定,亦望移文。”郎中即招外郎,責之即行移云。序班任景和謁郎中,郎中責之曰:“汝是序班,敕書等事,何致遲緩如是?”景和惶恐而退,即往内閣。

二十四日,晴。免朝。禮部外郎王相、李學夔來館言曰“今日内閣招郎中問曰:朝鮮國王宗系辨誣覆本有‘叙入朝鮮國項下’之語,所謂'項下'者,果在何等處耶?郎中即將《會典》一卷指示之。制敕官張大人答曰:知道。郎中即留其册而還去"云。

二十五日,晴。免朝。序班胡蕩自鴻臚寺來言曰:"禮部移文於本寺,差我爲伴送,是以來見。"呈名緘於兩使。令應星接待而送。

二十七日,晴,免朝。龔明使遣家人通書曰:"《會典》數年前纂修將完,後因整理别項書籍,因此將此書且停住。今賜敕於貴國王,褒之忠孝二字,以傳示天下萬世,是聖上再造恩也。歸可對國王語之。但其書俱在秘閣,未曾經朝廷御覽,誰得見之?直待有旨意開修,方敢誊出,待其時始可纂入也。貴國王既累次奉朝廷明旨,自當編入,絶不至遺漏缺略。若有編纂之期,我當奉告不誤不誤。"

三十日,晴。免朝。龔明使送家人傳言曰:"敕書事,吾今日入内閣,言於張小卿。還期定在何日?若得暇隙,當更就見之。"

十二月一日,晴。免朝。遣通事朴叔男於禮部探問敕書及賞賜。郎中答曰"今日爲題本,三日若下,則四五日間,必受之。敕書未得詳知,亦不久而下"云。

(九日)又遣李應星於應天府呈轎軍手本。序班任景和來言曰"敕書已畢,可於辭朝之日受去"云。於景和給人情,致謝屢次煩勞。

十四日,晴。免朝。遣李應星於三明使家告辭。龔明使引入内廳,問曰:"汝等何日發程耶?"答曰:"若明日辭朝,其後日當發。"又曰:"宗系事已抄奏本,置諸内閣,但俟刊行耳。此吾親自抄書者,汝還本國,啓達國王爲可。"應星告曰:"鴻恩罔極,實是一國之慶。今又承抄書之教。但未知將禮部奏本無遺附録乎?但略抄而録乎?""聖旨既曰'該國奏本并奉列聖朝明旨,此後纂修宜附録之',奏詞及聖旨固當無遺,詳録於朝鮮項下事例耳。奏詞之中如有不緊之語,自可略之。大抵纂修《會典》,今當未畢,朝廷若有一事,可即添追録。汝國宗系何獨异此?"且曰:"吾奉使後,《皇華集》切欲觀之。汝語陪臣轉達國王,可寄數部。汝國中如有可觀書籍,亦須付之。"又問:"金安老何故而死?"答曰:"病死。""以何症而死?"答曰:"應星適丁憂在外,但聞以病死耳。”明使曰:“吾奉使而還,聞不久而死云。”答曰:“果在其年。”又問沈彦光,答曰:“罷官閑住耳。”因饋酒以送。又詣薛明使家。明使不在家,不得告辭。又造華明使家。明使出見曰:“吾欲往見兩使,多事未果。”且曰:“宗系聖旨甚好,可賀。近欲省親,吾雖不在家,《皇華集》送薛都諫傳之。”饋茶而送。

十六日,晴。免朝。遣李應星於薛明使家告辭。明使以疾不出,令其子一舉傳言曰:“適有疾,不得見,多恨。”應星問曰:“前日所惠絲燈,陪臣將賫去,達於殿下,第未知妝修之制,敢禀。”答曰:“用木機而挾之,置燈火於後,則光照前面云。”遣崔世瀛於鴻臚寺呈辭單。皇帝敕曰:“爾國數以宗系明非李仁任之後來奏,我成宗及武宗朝俱有明旨,朕亦具悉矣。但我國高皇帝祖訓,萬歲不改刊。《會典》他日續纂,宜詳録爾辭。爾其恪供藩職。朕方嘉爾忠孝,可無慮也。其欽承之,故諭。”

五、許震童《朝天録》

【解題】

《朝天録》一卷，許震童撰。

許震童（1525—1610），字伯起，號東湘，祖籍泰仁。隆慶六年壬申（1572），朴淳以登極賀使出使明朝，震童以白衣從行，有《朝天録》一卷。記録了許震童往返北京的經過，八月初六日離家，九月十八日渡鴨緑江，十一月初二日抵達北京。在北京逗留時間僅二十五天，同月二十七日離京，十二月二十六日渡鴨緑江，癸酉正月十三到達開城。此後一路訪親拜友，至二月十一日方還家，此行共歷時半年。

兹以《燕行録全集》本爲據輯録資料。

臘月初一日，癸丑，晴。朝承舅氏之命，與上通事李汝謹往成翰林憲之兄成恩之家。家在薊州城中，恩待以賓禮，行茶三巡，問曰："貴國禮樂文物與中國何如？"余令通事答曰："陋邦，胡能與中華侔也？"成公知其謙而笑。遂贈所送文房之具。辭出，成公隨出大門外，請余上馬，行數步，顧視相揖後入矣。

（初七日）成卒十餘人來見，贈以扇子，問以守城之條，答曰："大概長城二十餘蝶作一弓家，家有守人五名，皆率妻子，每一名一朔給糧一石，賞銀七錢，朔小則減二錢半，以是足爲衣食云。"余問："爾等及期遞去否？"答曰："皆永定不得還家。我等皆是北京人云。"又問曰："爾無懷土之心乎？"答曰："豈無思親念鄉之心，但國法嚴重，且待以厚恩，以此忘其懷土之思云。"

六、許篈《朝天記》

【解題】

《朝天記》一卷，許篈撰。

許篈(1551—1588)，字美叔，號荷谷，陽川人。許曄之子，許蘭雪軒、許筠之兄，柳希春門人。1572年文科及第，歷任應教等職。萬曆二年(1574)以書狀官身份赴京，有《朝天記》，記録此行見聞，也表現其擁護朱子學立場。

兹以《燕行録全集》所采抄本爲底本，校以《荷谷集》本。

(萬曆二年甲戌六月二十四日)宋大春、李廷敏呈解送咨文於巡按御史，御史曰："朝鮮國王赤心敬上，解送走回人口，好妙好妙。"仍令挂紅於二人。挂紅者，中原之俗，凡遇喜慶必挂段肩上，插花帽頂以榮之。今舉此例者，以其解送之多也。廷敏又持咨文，歷見副總兵官楊登、布政司馮顗、濟南府通判李可愛處。顗即開元兵備按察司僉事[①]也，以布政參議李鶚新卒，而代者未至，故來權署司事云。二大人家及三大人各遣舍人三名送下程，使出待設酌，分贈禮物。午，余患暑熱，與安廷蘭將欲納凉於教場，遇鎮撫金國臣於道。國臣怒余等之不告於己，謊言副總兵官之子來飲於場，不可以輒入。廷蘭開論甚懇，遂率余等以往。教場即閲武之地，築臺建屋，每試於農隙，可容三十萬軍馬云。東偏有義勇武安王廟，即關羽也，塑土爲像，貌極生獰，曾謂雲長而有如是耶？九原而有知，夫孰歆其祀乎？

① "事"，《荷谷集》作"使"。

此乃太祖高皇帝託言陰兵以神之，令天下莫不敬祭，故余等所過路傍處處立廟，人家皆懸畫像，可見其崇奉之至也。但雲長之精神氣魄死後不能扶漢之亡，而乃云佐佑太祖於數千載之下者，寧有是理哉？午後，掌印大人陳言亦遣舍人三名來致下程，使與余及質正共接待焉。三人者又於常贈之外别求白米三袋以去，其無廉耻如此。余等又召鎮撫杜春、文瑀、金國臣、高進等相見，坐定，瑀袖出陳言小帖，書曰"《皇華集》要緊，陪臣專委官啓送"云云。且語曰："大人切欲速觀是集，須於團練使之還善啓爲望。"又請曰："大人要得厚紙十張以裹衣裳，切望給與。"且命其下持一小櫃來，櫃中有扇七把，其一把則上有題詩七言長律一篇，以草法書，鎮撫等傳言意曰："大人願求一言，兹將扇六把以呈宰相，兼送所携之扇，願依此樣以製。"余等辭曰："本國之人但治經書，其於嘲弄風月則未遑也。大人求詩之意極懇，若少知所作則安可違拒尊命乎？第以實未能爲。如此事，余等决不敢，徒污貴扇。"鎮撫等曰："大人委送求詩，終不可辭。"余等曰："吾等之言出自中心，非爲外假，望以是意善達於大人。"鎮撫等曰："然則當禀於老爹。"余等又言曰："厚紙不曾賫來，而衹有大白紙，請將此三卷以準十張。"答曰："唯唯。"將别，文瑀告曰："既受厚禮，又承盛宴，未知將何以報恩乎？"余等答曰："薄禮不須爲謝。"遂揖而出。既去，余等暫開小飲。夕，唐人輩見通事等查出别求請物件，人參多至四十斤，皆曰："若此貪墨，近古所無，不獨貽害於你國，我等亦不勝其侵割，汝何不赴訴於禮部乎？"洪純彦答曰："吾等安敢以外國人輒行告訴於禮部乎？你等抑何不告於巡按衙門耶？"唐人等笑答曰："御史亦愛錢，大人曾已相熟矣。"純彦曰："御史亦如是乎？"答曰："孰不要錢。"純彦説：嘉靖乙卯年間，有巡按御史陳瓚，持身清苦，凡朝夕飲食之資皆取於其家，税課司例供支費而一不受焉，時人爲之語曰："點水幾凍。"喻其嚴威之重也。以斯人而方之於今，則賢愚相去不亦遠乎？宋大春賫别人情人參四十斤、花硯十方、白米十袋、白布四匹、黄布二匹、油芚六部、弓二張、片箭三十根、筒兒

二、凉席二葉、白貼扇二十柄、油扇五十柄、筆二十管、墨十丁等物，并將前送段匹詣陳言家。言在小廳，進大春而告曰："此物何名耶?"大春曰："小的無以奉老爹，謹將薄物以表下誠。"言曰："汝受我段匹，則我固當留汝物，而但汝不肯受我所送，則我何敢取此?"大春扣頭曰："不腆之物皆是土宜，衹依舊規來獻左右，所送段匹斷不敢受。且回還時則猶可，而今向北京，處置無便，尤不可持此以去。"言曰："我當封置别處待汝之還。"其實喜其不受而故爲是辭也。言招下人，引出大春於迎賓堂，庭宇靚密，酒肉豐潔。大春飲罷拜謝，因就告曰："我等在本國地方被雨水阻滯，今纔到此，恐未及節日，望老爹明日排宴，明明日着令發去。"言曰："明日與明明日則察院考秀才，我亦就彼伺候，不暇他事。二十七日吃宴，其翌日方可啓行。"大春扣頭更告曰："沙嶺以西泥水方濘，車行未快，若不達於節日之前，則非唯有責於陪臣，亦豈無事於地方乎? 明明日考罷不可排宴否?"言默計良久曰："當依汝言。"大春請車輛之數，言曰："當許十八輛。"大春曰："三所方物及各人往還盤纏，官家藥材等貿易倍於前日，必得三十輛而後乃可以載，小的不勝悶迫。"言曰："然則給二十輛。"大春懇告其不敷，言曰："給二十二輛。"大春更告曰："老爹之教如此，小的不敢再瀆，若但撥給二十五輛則小的亦當退去。"言曰："多則多矣，然姑依汝言。今日昏暮，明當寫出票帖，并定催車舍人。"大春曰："小的以二十六日受宴，二十七日發行，而車數則二十五輛等情回報陪臣。"言曰："諾。"大春初入城，鎮撫等藏其物件於南倉中，不令人知，衹將禮單及段匹而進。回時，言預令留門而出。大春臨還，言抽給二扇曰："我欲覽陪臣詩筆甚切，而終不見從，殊用缺然。想六扇似多，故更以二扇付汝，汝當告於陪臣，明可受來云。"

(二十五日)大春詣陳言討車輛票帖，則言曰："已成票帖，差舍人去，汝可回館以待。"大春獻一刀子，言受之，又曰："更欲得漆扇數三柄，汝可覓來。"大春又以昨日袖來二扇還於言，仍致"余不敢承命"之意，言曰："我求詩至此，而汝宰相猶不肯下筆，我顔厚有忸怩。

汝須備告我意，使我得見之，幸甚。”因還付大春。大春求長甸子等處築城題本於兵房，則答曰：“都在察院衙門，而今日察院考秀才，無從訪問矣。”鎮撫文瑀曰：“我將人情之物往請該吏眷書而來。”乃以别人情白布一匹、正布二匹、白貼扇五柄、油扇二十柄替給瑀。大春歸，使聞其實，命給扇帽等物。遣申璨催車於八里站。夕，使設酒饌招余，以余之生日也。夜歸，呼餘酒畢酌。主嫗之子爲陳言門子，余問言殺子之故，答曰：“未能詳知。但聞在廣寧時，絞殺其妾之子。其妾在此，若思想則時時放一頓哭云。”

二十六日，己巳，或晴或陰。朝，舍人周世元持車輛票帖來曰：“昨日未及進受此文，被打十棍，今向八里站云。”宋大春詣都司，陳言謂大春曰：“東寧衛管事者因昨日雨雨，未及備設宴具，吾已罰十五棍矣，明早可以行宴。”大春曰：“雨候若此，而節日又迫，决難遲留，然則請老爹權免宴禮。”言曰：“一日之留亦未爲久，朝廷恩宴斷不可免也。”大春又還二扇，言甚怫然。

生員四人來見，乃賀盛時、盛壽兄弟、魏自强、吕冲和也。賀即知自在州國定之子；冲和，東萊先生之裔也。余等相揖後坐定，先書余等名號於紙以示焉，四人亦如之。余書示曰：“僕僻在海隅，索居獨處，不得聞大道之全。今蒙朝天之命，道途餘暇得以覽觀山河之壯麗、城池之崇深，又與諸君子周旋一堂之上，可謂幸矣。僕竊聞近日王守仁之邪説盛行，孔孟程朱之道鬱而不明云，豈道之將亡而然耶？願核其同异，明示可否。”四人者答曰：“生輩居南，諸公居東，今日之遇皆夙緣也。本朝陽明老先生，學宗孔孟，非邪説害道者比，且文章功業俱有可觀，爲近世所宗，已從祀孔廟矣。公之所聞，意昔者僞學之説惑之也。”余又書曰：“恭惟朱考亭先生纂孔孟周程之緒，集聖賢之大成。自時厥後，有如真西山、許魯齋、薛文清、賀醫閭諸公，莫不敬之如神明，信之如父母，未嘗有异議。獨王守仁者，掇拾陸氏之餘，公肆謗詆，更定《大學章句》，其言至曰：‘苟不合於吾，則雖其言之出於孔子，吾不敢以爲信然也。’推得此心，何所不至？守仁若生於三代之前，則必服造言亂民之誅矣。孔子曰：‘小人者，侮大人之言。’其守仁之謂歟？夫守仁之學本出於釋，改頭换面以文其詐，明者見之當自敗露，諸君子特未深考之耳。守仁之所論著，僕皆一一精察而細核，非泛然傳聞之比也。公所謂文章事業，僕亦未之聞也。其事業，指破滅宸濠一事乎？此戰之捷，亦守仁仗皇靈而能勝耳。原守仁之弟子劉養正者，爲宸濠腹心。宸濠就擒，人於舟中得養正手簡，其中有曰：‘贛老之事漸不如前。’贛老，指守仁而言也。此果純臣乎？是以嘉靖聖天子革其爵禄，明其僞學，以榜天下。大哉！帝之卓見也。豈意從祀之典乃起於末流。若使夫子有靈，必羞與之同食矣。且吕先生乃東萊賢孫，東萊平日與朱子共排子静無遺力，而爲子孫者乃不能仰體祖先之意，其可謂無忝乎哉？噫！守仁之從祀，與王安石、王雱之配享何以异乎？行當毁撤，必不能久於天地間也。語直傷交，切望亮之。”四人又答曰：“從祀孔廟乃在朝諸君子興議，非山林僻見也。且學以良知良能爲説，非有心得者其孰能知之？所聞不若所見之爲真，諸君特未之察耳。”余因與往復甚苦，彼終不服。余又曰：“頃於赴京友朋之還，得見御史石君櫃、給事中趙公思誠等題本，可謂正論。”四人曰：“此人皆僞學者之後，故其言如是其乖戾也。”余曰：“僞學者指何人乎？”答曰：“如王安石是也。”此蓋指朱子爲僞學，而不敢誦言，姑托之於他人也。余度其痼滯鄙賤不可與辨，乃書曰：“承教，不勝缺然。古云‘道不同不相爲謀’，我宗朱門，君耽王學，爾月斯邁，吾日斯征，終無可望於必同也，奈何奈何？今日已昏暮，不得穩討，明若臨陋，則可以從容。”將還，贈筆墨扇等物，四人書示曰：“君遠來，乃以扇筆墨相資，禮不敢受，請辭。”余答曰：“士相見贈遺以物，禮也。薄物不足以充君下价之用，特表中心而已，望領情勿却，千萬之祝。”四人皆受之。相與揖别，四人送至中門，期以明日相話。

(二十七日)夕，書院生員賀盛時、姚繼孝來見，余與汝式對話。余書示曰：“聞賀先生居於衛輝府云，與許魯齋想必同鄉，有傳其學者否？其後今有幾人？且貴居與洛陽相距幾里？二程子孫今居其地否？幸詳示。"答曰："衛輝府距洛陽密邇。魯齋先生亦元文人，但事元，爲人所短，雖有所宗亦寡矣。程氏後子孫亦多，賢者亦寡矣。"余曰："嘗觀薛文清公《讀書録》，其推尊魯齋至矣，未知短魯齋者是何人？乞指示。且遼陽城中亦有爲心學者否？義州賀給事欽亦何如人耶？"答曰："魯齋先生，當時賢士夫亦亟稱者，但以中國事夷，其視劉誠意識真主於群凶鼎沸之中何如也？故後世不無議之者，其人可指而述之乎？賀醫閭非特爲遼之心學者，白沙之後迥無雙也。"余曰："魯齋之時，天地易位，人類將滅，苟無魯齋扶持之力，則民其魚肉矣，豈有今日乎？故文清公以其出處比於古聖賢，諸公其未之見耶！且劉誠意登元朝科第，而事我聖祖，功業雖可稱，而其行已無足述也。況晚年未能勇退，爲奸臣所毒，亦與魯齋之超然遠去者异矣。諸公乃欲以比於魯齋，不亦謬乎？賀給事，篈所尊仰者有年，諸公之教極是。"答曰："魯齋扶天常於既倒，後世述之亦多，人有議之，特白玉之微瑕，豈予之所正？短誠意伯雖第於元，而後隱不事元主而事聖主，是識見甚高，出身甚正，非斯人則終惟夷有，萬世正統孰接之乎？且爲本朝開國元勛，足下何短之深哉？"余深言魯齋之不可不敬學，二人者默然。余又辨劉基之出處非正，繼孝曰："古云：'居是邦，不非其大夫。'此事非余之所敢知也。"余各贈賮物，二人辭曰："生得睹台範，兼領教益，不勝幸甚，況生無贄儀，豈敢受惠？謹辭。"余曰："海外鄙生得睹君子之光，平生之幸孰大焉？敢將薄物以爲贄禮，而諸公不領下情，無任悶鬱。幸乞俯取勿却，以充下厨之用，朋友通財古之義也，故敢瀆。"二人答曰："謹領厚情，謝謝。"遂揖别。賀生居於河内而不知魯齋，未可以專責沉諸梁也。且姚生始焉推尊劉基，終則聞余之論而屈服，有捨己從人之意，不易得也。

（七月初七日）遣安廷蘭致同禮於都御史，御史衹受禮單，仍賞紅布兩端。廷蘭辭，御史曰："自是舊規，不須辭也。"廷蘭遂請另加護送，如告總兵官之言，御史即招夜不收面命之。宋大春再催車輛於備禦及右衛掌印官。江西南昌府人俞良杰以興販來税主人家，余召問："魏黄門時亮今在何處?"答曰："給事是我表親，曾與之相往還。今則以太僕少卿革職回家，與二三門人往白鹿洞讀書矣。"余曰："給事有子女乎?"曰："有二子一女。長曰汝弼，甲子舉人；次曰汝賢，國子監生。"余細問滕王閣形勝，皆能言之。余曰："汝府中儒學者有幾人?"曰："秀才甚盛，今年捷進士者十七人，府中可中選者不止於此，而同鄉王侍郎希烈掌會試，以謂若多舉南昌士，則嫌外人議其有私，故略取之。"余曰："寧府今尚在乎?"曰："以宸濠反逆之故，曾已革去。宸濠有子，今年五十八，乞食於人以糊口云。"古今清風孤節如敬吾子者幾人，使之鶚立朝端，則必有虎豹在山之勢，而一因高拱弄權挾私之爲斥不復用，天下事亦可卜也。

二十日，壬辰，陰，夕夜微雨。朝遣宋大春致禮物於主事，主事命受單來，覽訖曰："此禮何爲耶?"大春曰："此是陪臣恒年舊規。"主事曰："雖是舊規，但余何敢受遠人重禮?"大春扣頭更請，主事曰："决不敢受。"大春又出别單告曰："陪臣到此，老爹即送下程；昨往觀海亭時，亦另差答應官設酒飯，不勝感激。無以奉敬老爹，玆將土物略表下情。"主事取單見之，多有喜色，謂大春曰："畫硯是文房物，故余受之，餘不敢領。"大春曰："此是陪臣誠心奉敬之物，望老爹留以賞人。"主事曰："余爲陪臣誠心，不敢違，謹受。"大春曰："前單所載乃恒年舊規，更望俯留。"主事曰："然則當點受。"乃祇留笠帽、貼扇、油扇、理中元、筆等物，又留白米二袋曰："當以奉老母云。"贈大春銀二錢，謂曰："多拜上陪臣，回來時當再送禮。"安廷蘭送禮物於參將林岐，岐以修築長城往邊上，其家人來致下程。又送禮物於何邦彦。午，空車至，歷西關頭，巡更冷鋪，左通遼海，右護京畿門，欽賜勸義祠。祠前建門，扁曰"左都督忠愍張公之塋"。涉石河、二帶兩水間，有接官亭，亭有蟠松。又歷紅花店、半山鋪、范家店、海洋城，涉湯河，至深河驛，宿於元鐸家。城外有鄉約所，余問於鐸曰："鄉約所始自何日乎?"鐸曰："去年秋，巡按御史命此地方人遵行《吕氏鄉約》，令其孝順父母，敬事長上，設約正、公直等員。公直即直月也，如此驛則每以朔朝詣所隸撫寧縣，署名於卯簿，違者有罰云。”卯簿，如我國公座簿然也。凡欲爲事者，在於先定其志，不爲衆議之所摇奪可也。天下豈有不可爲之事，而或不能然，其可爲長太息也。

七、趙憲《朝天日記》

【解題】

《朝天日記》三卷，趙憲撰。

趙憲(1544—1592)，字汝式，自號後栗、陶原，晚號重峰。先世居白川，至祖移居金浦縣。丁卯(1567)明經及第，歷仕工曹佐郎、全羅道都事、宗廟署令、報恩縣監、公州牧教授兼提督屬校官等職。四十九歲戰死於錦山，賜謚文烈。《朝天日記》載録趙憲於萬曆二年(1574)以質正官身份隨聖節使朴希立出使京師見聞，此行書狀官爲許篈，二人記録可互參。五月十一日辭别漢城，六月十六日過朝鮮界入遼東，八月四日抵北京，在京月餘，九月六日離京東行，十月十日過鴨緑江，十一月三日返回漢城。

此書收入《重峰集》卷十、十一、十二，兹以此爲據輯録資料。

(六月二十日癸亥)宿於甓洞彭文珠家。問彭曰:"爾田幾何?"曰:"有一月耕之地。"曰:"這田有税乎?"曰:"這是滚挂之地，自來無税。"曰:"何謂滚挂之地?"曰:"山上傾險之地難分畎畝，滚淪墾起，土挂查上，故謂之滚挂。"曰:"你有許多田，怎麽有窮象乎?"曰:"這地方都司歲徵人銀一兩，若有十男之家則歲納十餘兩銀，如之何不窮也?"曰:"這地方御史爲誰?"曰:"姓郭，名不知。"(後聞則思極也)曰:"那裏人耶?"曰:"南人也，初來衹是瘦蠻子，今作胖蠻子。"(胖，肥也。蠻子者，北人辱南人之辭)郭是山西人，而謂之蠻子者，以其受天子命爲御史，不能彈罷貪殘守令，以貽民害，故辱以蠻子。譏其瘠民而自肥如此，可知其尸位也。

(二十五日戊辰)遼人見(陳)言之所爲,謂純彦曰:"都司不獨侵剥我輩,而侵索遠人如此,汝等何不往告禮部以杜其弊乎。"純彦曰:"我等居於禮義之邦,安敢爲此等事乎?"遼人曰:"此方之人,將不可支矣。"純彦曰:"這地亦有巡按,何不往愬乎?"遼人曰:"名爲御史而實則愛錢,公然受賂,略無所忌,同是一條籐(一條籐,言無异也),往愬何益。"蠻子之譏,可謂驗矣。

(二十六日己巳)歷觀正學書院,院有鄉賢祠碑,漢三人:流寓北海管寧、平原王烈襄平、河南太守李敏。國朝三人:遼陽萬全儒學訓導張升、河南監察御史胡深、義州户科給事中賀欽也。賀是白沙陳先生之門人,爲先祖以軍北戍,仍居義州。周覽已畢,邀居院學生與話。魏自强、賀盛時、盛壽兄弟,河南人,其父來仕近邑,故來此。吕冲和,東萊之後,余謂吕曰:"尊先祖東萊先生與朱子一時講道,甚見稱重,平生仰想,今見後賢,不勝欣幸。今其子孫及正獻滎陽子孫,有幾個人乎?"吕曰:"不多有。"曰:"有繼先業者乎?"曰:"無有。"美叔問曰:"生在海隅,中原文獻之傳無由得聞。近日如王陽明者多罪聖門,而爲甚事有從祀之議乎?"魏、賀曰:"陽明學尊孔孟,非邪説亂道者比,且文章功業俱有可觀,爲近世所宗,已從祀孔廟矣。公之所聞,意爲僞學之説所誤也。"美叔曰:"陽明敢肆己意謗辱朱子,實斯文之罪人也,孰唱斯議以亂後學乎!"答曰:"從祀事乃在朝諸君子輿議,非山林僻見也。且學以良知良能立説,非有心得者孰能知之,且所聞不若所見之真,諸君未之察耳。"言畢,致扇而别,三揖大門内,上馬又揖。

(二十七日)夕,書院生衛輝府人賀盛時、遼人姚繼孝順之、巽宇以香茶來謝。美叔問:"薛文清推尊魯齋至矣,未知短之者誰?且遼陽先正亦有爲心學者否?賀給事欽是何如人耶?"賀曰:"魯齋先生,當時賢士夫亦亟稱者,但以中國事夷,其視劉誠意(指基也)識真主於群凶鼎沸之中何如也?故不無議之者。賀醫閭非特爲遼之心學者,白沙之後迥無雙也。"美叔曰:"魯齋之時,天地易位,人類將滅,苟無魯齋扶持之力，則民其魚肉，故文清以其出處比古聖賢，諸君其未見乎？劉誠意登元朝科，事我聖祖，功烈雖可稱，而行已無足述也。况晚年未能勇退，爲奸臣所毒，亦與魯齋之超然遠去者异矣，而以比魯齋，豈不謬乎？醫閭心學，箚所尊仰者有年，公説極是。”賀曰：“魯齋扶五常於既倒，後世述之亦多，人有議之者，特白玉之微瑕耳。誠意伯雖第於元，後隱不仕而事聖主，是識見甚高，出身甚正，非斯人，中國終惟夷有，萬世正統誰接之乎？且爲開國元勛，何短之深哉？”美叔再詰以明哲保身之語，則以“居是邦，不非大夫之言”笑而答之。初辭扇筆，强之乃受，三揖而别，後期期秋。

（七月初二日）守堡林□以下程求藥，書云：“吾夫人有某疾，願得某藥。”無禮如此。備禦裴永勛亦以下程求藥，又求方物甚多，不與。

（十六日戊子）余夜於月庭，問夜不收曰：“這裏何樣人爲百户乎？”曰：“得賊首一即爲百户，余於達變之後與一人同謀，追尋要得斬敵立功。野有一達腹上置柴，止有一矢一弓，發而不中之後，以劍斬之，血上於面，眩暈而仆。既而得蘇，一人將欲懷其首以還，余謂之曰：‘懷去之際若有人見，定被奪去，不若納於褲下而塗血於衣，俯吟於馬上，佯若中創然，則他不敢侵。’遂歸以獻主帥，以二人同斬一首，以銀四十兩分與之。這裏人多欲要功，例斬中國人以謂達人而獲賞者。”純彦曰：“乙卯南征之變，有一官員之子憩於川邊，有一京軍斬作倭首而獻之元帥，與此無异也。”余嘆曰：“尚首功之弊一至於反戕同類，嗚呼痛哉！嗚呼痛哉！”

（二十一日癸巳）使見袁家皆是平房，自寓於外門，美叔與余不得已寓内。朝來鐸來見余，余勸以勤勤讀書，以孝慈親，而且與之筆以奬之，鐸曰：“大人所爲皆禮義之風，而吾中國還有夷狄之風，何以報德？”即取西瓜以侑之。鐸字聖化。

（二十九日辛丑）午與美叔讀書於别室，夕出門外見達子之狀，自海西進貢而還者也。或編頭髮而左右垂之，或半剃其頭，編垂於後。問地方事於主人。問:“田頃産税幾何?”答曰:“好收之年一頃可出二百擔,擔當東方之小石云,收税幾至七六兩。又有丁徭、馬牛騾役、車徭、官司酒錢,民不能支,至於僨兒賣女云。”問:“知府之來已久乎?”曰:“纔及一個月矣。”曰:“有善政乎?”曰:“他甚要錢,怎麽有善政乎?”曰:“其來未久,何以知其要不要乎?”曰:“這樣人一動手便知其爲要錢的矣。”曰:“怎麽便知?”曰:“要錢的官,外施慈祥底聲色,而内有割剥底意思,雖欲巧藏,烏可得乎?”曰:“前有好官乎?”曰:“前知府亦是好吃酒人,故日事沈醉,如或吏有所白,民有所訴,則閉目摇首,曾不知爲何事,果爲巡按之所彈而罷歸焉。惟曩日遞往的同知,清勤愛民之實孚於天聽,蒙擢還朝之時,民咸思慕,相聚而號哭於馬首,或有扶老携病而遠送於百里之外者,仍請留靴。初則讓而不許,攀追不已,不能前行,乃脱一隻以與之,歸懸於城門樓楝,共與瞻想云。他是承差人(若我國書吏然)而賢若是也。”曰:“前來亦有如此官員乎?”曰:“曾來知府王名桂,河南懷慶府人,而性甚勁直,不爲非義。汪洪,徽州人,而深曉民事,決斷如流。馬貌,大同府人,生近胡地而性甚聰敏,勤於莅事,夜分不寐。三倅之去,皆如同知之蒙擢,而民不能忘也。”曰:“今通判是甚麽人?”曰:“是公子。”曰:“有善政乎?”曰:“公子那裏有善政乎?”曰:“何謂公子?”曰:“吾地人謂卿相之子不曉民事者曰公子。”曰:“既是公子,自爲孩兒慣見其父臨民處事之規,以長知識矣,何謂不曉民事?”曰:“貴家子弟生長豪侈,不事問學,習成愚騃。幸以父兄之蔭便得臨民之官,則唯知自奉之當厚,不念民窮之可哀,故民咸怨之,謂之公子。今玆通判之父位至尚書,没有家法,不率以勤儉之業而但事乎禽犢之養,所以其子一向頑懶,長無知識,乍到官守,便貽民笑者也。”嗚呼! 世禄之家不可無養,而愚無知者則反貽民害如此。民牧之選,可不謹哉!

(八月初一日)莫違忠有子,年頗十餘而頑戲不已,余謂違忠曰:“爾有富家,如欲終保,何不勤教乃子,以望成立乎?”答曰:“吾兄弟止有一子,愛不能教。”余曰:“古人有言:‘愛而不教,謂之不慈。’吾觀俗人，少而不教，長無恒心，放僻邪侈，終陷於罪戾，以敗其家，是謂能愛者乎？”將出，違忠以書特蒙賜教，謝感不已，謝之。

（初二日）路遇浙江仁和縣人葉本，本字子立。與話，他以看親事，春到三河，行往北京。余等與之話，覺非常流，遂遇路傍柳陰下坐而話，葉即令買西瓜以餉之，因記姓字於一紙。分割之際，余以刀端授他，而他執刀端以柄授余，甚合禮意，還有愧心。美叔問：“王陽明何如人，而近有從祀之議云，是乎？”葉曰：“陽明，紹興府餘姚縣人也。天賦挺秀，學識深純，闡明良知聖學，又有攘内安外之功，穆宗嘉其績，封其裔爲新建伯。今年浙江巡按論其學，真足以得往古不傳之秘，宜從祀孔廟，聖旨諭禮部，尚未覆，此其大較也。若欲備知，有《陽明文録》《年譜》，可買查之，謹覆。”美叔曰：“某竊見其書多有禪底意思，而又自信太過，雖至聖賢之言，亦或不取，烏在其爲真儒乎？”葉曰：“承教論陽明之學爲近於禪者，以其獨言良知而不及於良能故也。良知即體，良能即用，豈不以體立而用自行乎？若禪則外身心事物而流於空寂矣。陽明亦建有許多事功，可見要識陽明，須於其似禪而非禪者求之，若《中庸》所謂：‘誠則明矣。’此言何謂也？唯其高出於人一步，就以禪擬之耳！至若謂：‘不合吾意者，雖以孔子之言不信。’此亦自信以理之意而極言之，非自外於孔子也。若孟子所謂：‘聖人復起，必從吾言。’則孟子之心亦未始平矣。故以意逆志，不可以文害辭也。本亦淺陋，習於章句之末，聖學淵源，毫末之有得也，敬以管見陳覆，幸老先生折衷以教之。幸幸！本不敢不虚心受教也。”約於通州再話，故止而不講，卒不遇焉。余問其不帶，曰：“土俗然也。”

（初三日）朝，王之符送致禮，遺《杜律》二卷、皮金三張，具單紙以遺之，以扇、帽、筆、墨爲謝。余令白元凱質正數語，王衹解三物之名，書於末端曰：“能解此名者世不多有，必是方術之士也。若欲盡解無用之物，則在聖門爲玩物喪志，於吾儒爲博學小人以示戒。”午後，與美叔就見於其寓。三揖之後，平安坐倚，客西主東，飲茶畢，美叔問:“王陽明以何事有從祀文廟之議乎?”曰:“陽明是效象山之禪學而僞者也。當其在家教授生徒之時,其妻出外,口罵門徒曰:‘此是僞學,效他甚麽?’門徒即日散去,天下皆知其學之僞。而頃有南人爲其弟子者多中進士,得擅朝議,敢進邪説,請以從祀。公論即發,事未施行。”又問:“近世名賢中孰有能傳聖學者乎?”曰“羅一峰倫、吕真儒柟得與從祀,吕是咸寧人,而博極群書,卒以成德,門徒至萬”云云。○問:“其年幾何?”曰:“丁酉生也。”曰:“那年得選乎?”曰:“選於甲寅而不得進士也。”蓋中原得選人皆出仕,而藏器不仕,不欲速成者也。余問曰:“入於中土久未見自朝廷出來者,迄未聞朝廷之奇。今皇上勤御經筵,君子充滿朝班而百姓寧謐,四夷俱服而天下有太平之象乎?”曰:“上年幼冲,勤於書字,又勤經筵矣,但不能親政。張閣老居正雖欲秉公處事,而馮太監保專制弄權,科道官或有封章,皆未能遂其志,此爲可憂耳。百姓幸得粗安,四夷别無梗化者矣。”曰:“中原人好用文莊《家禮》乎?”曰:“參用文公、文莊《家禮》矣。”余仍以禮之疑處質之,約曰:“吾往密雲尋訪同年之後,當以仲秋望後還京,當再尋於玉河館也。”余等喜之曰:“如此,則豈偶然也。”將出,求遮雨油紙,許二丈付。○ 問王云:“方今天下退藏自修之士,有幾個人乎?”王曰:“陝西咸寧縣有王用賓,曾爲南京吏部尚書,呈病不赴,在家講學,是亦間世行高人也。”○ 又聞王國瑞云:陝西高寧縣人韓朝江以兵部侍郎致仕,在家講學。二使移寓中堂,設數爵。得《皇明通紀》,歸時期許一硯也。孟守約者,隱其客商之犯罪於官者,并見拿囚。余以爲方主其家不可不問,使人致問於其妻。

(初五日丙午)序班高雲程至而怒去,爲無休息處,言於通事曰:“以客奪主,使無着身處,誰謂禮義之邦乎?”使不得已移寓東上房,美叔移西上房,余移中東房。飲秋露白於中廊,夜聞墻外軍聲。軍聲連呼不絶,朝問之,則曰:“都城元留廿五萬軍,分二番,參將遊擊各三千、備禦一千五百、掌印指揮五百、提調指揮三百名。一年内六月立番,夜則連坐於每街相望之地,或嘯或呼,以察盜賊,故城中盜賊不能行云。”聞順天府尹要錢之奇，問館夫曰：“這裏府尹要錢乎？”對曰：“今之爲官者寧有不要錢者乎？”

十五日丙辰，晴。與鄭應始午話。應始言：“每日除饌以送之，公何以吃飯乎？”余曰：“朝廷令光禄寺計日計人送糧與饌者，非爲吾等之豐饌適口而已也。必欲均使遠來之人上下俱被皇恩，而君等專不知味，吾獨甘此滿盤之奉，獨不内愧於心乎？是故，吾欲賴君以免饕餮之惡。”又曰：“序班館夫等討人情不已，伴送等曾在遼東既侵了許多通事，又於中路設食以要錢，又以輕價買毛帽而來，以分於通事們，使各出一兩銀，又以鷄酒投於各房，使出三兩銀。其意如何？”余曰：“吾聞之通事云：‘不惟伴送之侵通事，而遼東都事之侵責於伴送者爲尤甚。每於致辭之日，三大人俱以冠帶圓領褡𧞤靴子樣授之曰：‘儞往北京各求新好樣以來云。’故侵之曰：‘儞不與我。我那得備此物乎？’不得已如是。仍嘆曰：‘彼賊亦見車兩之多，故要討人情。’此地馹路俱有行三坐五（行去者惟點心而已，故許糧三升。宿者二時例許五升，二人并許鷄一首之規），若討此糧而食而越江之日，除了許多人糧數，止以豫備百囊載來，則車兩不多矣，彼安忍來侵乎。”曰：“使、書狀能食此糧乎？”曰：“使亦人口也，其味豈有不同者乎？若不得已則止持使、書狀之糧饌，而以其馹路之糧與伴送吃，軍官、通事則各食其皇朝所定之糧，則於我國各官既無轉糧之弊，而於中、朝馹路亦無賣兒雇車之患矣。嘗聞前使之行，有一車家難備車價，賣女以償其直。後行通事，又催車於其家，則曰：‘曾由高麗之過賣兒雇車，今將甚麽物以雇之哉？’”皇上下致下程。羊七、鵝九、鷄九、米八石斛、酒九十七瓶、炭五十五包子、柴二百斤、茶食二斗、菜油、茶葉、鹽醬。○大春以禮當冠帶拜受之意告之。使曰：“孰開前無之例乎？”曰：“李參判後白也。”使盛怒，俾議於書狀，書狀不敢違其意，使又罵曰：“儞何每舉新禮以動我乎？”竟卧而受之，即賤而散之。

十七日戊午，晴。皇上朝坐皇極殿受聖節賀禮。早赴長安門，入通政門,坐於門内以待曙。有宦者數人來欲交話,余答以不通話。又有儒生數四人來言曰:“這是高麗人乎?”余曰:“怎麽每道高麗?高麗是吾地前代之名,今則名喚朝鮮,這也是皇朝所定國名。”儒生曰:“你國士人亦治一經乎?”曰:“治三經。”曰:“亦有六經乎?”曰:“有,《詩》《書》則人無不學,《易》《春秋》《禮記》《周禮》則自心揀了一經讀之。”有一宦者怪余堅坐,紿之曰:“你的紗帽怎無軟脚乎?”余未免爲其所欺,以手撫之,彼乃大笑而去,性巧於欺人,而不自知其欺已也。竊意趙高之習,長此不已,以至於指鹿爲馬,馭宦可不慎歟!

(二十日辛酉)往國子監。有儒生楊守中,順天高純縣人,問王陽明事,則曰:“偏主良知,決是僞學。”有一生問曰:“你國有年號乎?”余曰:“天無二日,民無二王,小邦如何有年號乎?”又有一儒問曰:“爾國有顔子《中庸》乎?”曰:“這地有之乎?若俾永年則定有其書矣,後學之幸,爲如何哉!”有一儒將换秉扇,旁有老儒徑奪而换之,乃强題吾名字者也。門外有長廊,廊中立各年進士刻名碑石,入彝倫堂大門,門上扁“太學”二字,門内有東西號,房間置床卓而無炕,儒亦不寓也。東□西□,問諸生曰:“堂之四壁怎麽没有先賢訓戒乎?”曰:“在後頭。”引入後門,門座後以大字書“君父師”三字,下書三才之道、四德之用、五常之倫、六經之文,至敬一亭則果有刻四勿箴、心箴,及各朝御製(熹微難見)、嘉靖所製《敬一箴》之碑而已。惟置屏處,而不在師生觀瞻之地,將何教學以警心目乎?果知中朝之人不尚斯學也。入觀啓聖廟,啓聖公孔氏在北,先賢顔無繇、曾晳、孔鯉、孟孫氏以次配列,東廡有程珦、蔡元定,西有朱松,俱書先儒也。又有明道堂,力不及往。大抵齋舍荒凉,間有頽落處,庭草芊綿,極可嘆傷也。出坐彝倫東夾,與監生十餘人同坐,問:“祭酒初到,諸生用何禮以見之乎?”曰:“分立於庭中,行四拜禮。”曰:“朔望用何禮乎?”曰:“朔望則一跪兩揖。”曰:“常時用何禮乎?”曰:“分立於月臺上,一揖而退。”曰:“幾日一坐乎?”曰:“日日來坐,司業於祭酒初到時,當前四拜,祭酒答拜□止揖,助教以下拜於檐外,祭酒答揖。”問以禮之疑處，曰：“非天子不議禮。”謙避愈至，而與以筆墨，則群聚而角之，如恐不及，所謂日日勸講，而所教者何事？中有二三老生羞憫其爭奪而不能禁止，彼既奪去之後，猶致謝揖也。

（九月初五日）高雲程謂余曰：“昨見受賞之時，貴國下人行列不整，甚不美於朝廷之瞻視，豈可謂禮義邦人乎？”余曰：“俑知如此久矣，而何不屢教習禮，俾其無愆乎！”雲程曰：“宰相不好吾，不敢言，深有愧汗之心。”余以是言言於美叔，美叔曰：“在宋之時，鴻臚官之被譴者有三，士人、夷人、橐駝，最難整列故也，人而比於橐駝，豈不痛心哉。”

初十日辛巳，晴。以白扇二貿得紀學韓之《參同契》，以硯一貿得紀生之《孤樹裒談》。生是成天使憲之族也。問：“知州是甚麽人？”曰：“進士。”曰：“既是進士，則安有吃酒殺人之事乎？”紀曰：“苟非其人，雖是進士，民被其殃。”

八、柳思瑗《控于録》

【解題】

《控于録》一卷,柳思瑗撰。

柳思瑗(1541—1608),初名應龍,字景悟,文化人,封文興君。萬曆十三年(1585)明經及第,隨後選補槐院,升典籍兵曹佐郎,佐鏡城幕。歷任翊衛司翊衛、户曹正郎、司憲府持平。柳思瑗於萬曆二十四年(1596)以書狀官身份赴京,十二月六日啓行,於次年三月十三回到朝鮮。使團除柳思瑗、鄭期遠外,尚有翻譯官李海龍。思瑗於西行途中,逐日開寫日記。凡經過地名、驛站、館舍皆在録。及至官府,會見官員,有所晤談,亦皆録入,成《控于録》一卷。"控于"一詞,義取《詩經·鄘風·載馳》"控于大邦,誰因誰極",此行乃向中國控訴日本侵略行爲,并求中方派兵援助。

兹以《燕行録續集》所收刻本爲底本輯録資料。

(丙申十二月二十四日丙戌)巡撫御史欲知奏聞事意,令譯官李海龍往陳所由,則曰:"與宋業男賫咨事同也。且爾國黄陪臣已到京城,行長等到釜山,册使阻風未到,然想今已得來矣。且賊若動兵,則爾國備禦之策,幾何措置耶?"對曰:"小邦雖盡力措備,殘破之餘,難能支吾。袛仰皇朝拯救之恩而已。"御使曰:"天朝調兵運糧,剿滅海賊,以安爾國,固是上策也。道里遥遠,事勢不便,天朝豈肯每爲動兵陟遠哉?本國上下,同心戮力,倚仗天威,以逐門庭之寇,以保宗社,是爲二策。不然則講好,姑爲羈縻,以待兵力稍强,然後圖復前讎,是爲三策。其四棄城奔竄,以避賊鋒,然豈有每每奔避而可能恢復者乎？終亦必亡而已矣。衹宜自强，勉守京城也。孫軍門請調發三千兵馬出守朝鮮事已爲題本，而時無聖旨，爾等雖往，難必天朝之聽，設使請得諸路調發之際，已至秋天，賊若先動，其能及救乎？爾邦自隋唐時固嘗謂之强國，今何不競如是耶？爾宜歸告國王，勉爲自强，以保邦國，幸甚。"海龍對曰："小邦亦豈不慮，雖遣使，驕傲不見，天朝恩使慢不敬接，小邦之力萬無可爲。"御史曰："天朝以沈爲副使，固已失矣。爾國以在倭營之黄慎爲使，豈得計？雖以國中之微者，假銜而遣之，彼惡知之云。"

（丁酉年正月初四日）辰時入闕，見堂於主司，主司張顯招通事，問："今所奏何事耶？"臣等令李海龍進對曰："奏達倭情矣。"曰："天使已完封事回到釜山，復何奏達耶？"曰："跟隨陪臣馳啓内，關白雖受封，不爲順服。且有厮殺小邦之言，故有此奏達矣。"

（十五日丙午）主客司郎中劉廣業以駙馬加冠之事在部裏，招通事，臣等令李海龍進見。則問曰："陪臣因何事來耶？"答曰："奏達倭情。"又問曰："册使已完封事，回到釜山，又何來奏也？"對曰："跟隨陪臣黄慎回到郎古耶，備將探聽倭情馳報内，關白尚不順服。令四將先守釜山，要爲厮殺。賊將清正亦云：'我往朝鮮，當虜致兩個王子。'又關白奏達天朝别幅内數罪小邦，將爲動兵，故小邦不勝憫迫，差陪臣奏請兵糧，願蒙天恩矣。"劉曰："别幅我已看了，此等事情亦已知之。王子不可送，更遣陪臣與沈惟敬相議，再講通好，使之撤兵。楊册使與倭使并回來事行文差送，今十餘日矣，若日本終不撤兵，則爾國將何爲計？"對曰："小邦兵少糧乏，計無奈何。衹仰天朝如父母。"劉云："爾國兵馬糧儲幾何？"對曰："兵燹之後，又遭饑饉，死亡殆盡。孑遺餘存，亦皆饑羸。擇其稍强，操練成兵，僅萬餘名矣。行路人户，比前十喪八九，田野之墾，不能十分之一。倉庫之入，宜亦不敷，大軍經過各處，一日之供，則僅能措備，若於坐支，則萬分不給，故兵糧并爲奏請矣。"劉曰："調兵易而運糧難，且此處本無海船。前者天津置船艘，今經數年，既已朽爛不可用，運糧之勢，極爲不易。待本下議處云。”

（十七日戊申）臣等見朝於午門外。禮畢，糾儀科道官招通事，臣等令李海龍進見。科道官問曰：“陪臣因何事來耶?”告以奏達倭情。又問：“倭子又叛耶?”告以册使跟隨陪臣黄慎回到郎古耶，備將探聽倭情馳報内，關白尚不順服，令四將先守釜山，要以大兵更爲斯殺。故奏請兵糧。又問：“釜山倭子盡燒房室軍器，全軍渡海云，是耶?”告以此必謊説。倭子將舉大衆，有斯殺小邦之計，萬無撤回之理也。回到館中，提督主司李杜坐堂，招通事，臣等令李海龍進見。提督問陪臣所來之由，答之如右。又問：“關白受封的實耶?”答曰：“秀吉之接册使也，我國之通事等毋令帶來，故不得參見，其間曲折，未能詳知，但因下人聞知，則雖曰受封，秀吉言無喜意，沈副使言及撤兵，即發怒逼迫逐送。以此觀之，受封事似不分明。”又問：“關白既受册封，猶不撤兵，其意安在?”答曰：“賊本叵測，欲吞小邦，但忌天威耳。今册使當還，彼必更肆凶鋒，故小邦不勝悶迫，特遣陪臣奏達矣。”提督嗟嘆不已。

（二月初二日癸亥）臣等以具寫奏聞一本、呈文六通送示提督，具由拜帖請出門票帖，則提督曰：“爾等之事，誠爲悶迫，不忍不許出入。”即送票帖言於館人曰：“陪臣欲以告急事出入來出票，勿爲拘禁云。”

（初四日乙丑）臣等進往通政司呈奏本，通政司使田蕙坐堂開見，奏本還給曰：“外國之事，乃鴻臚所管，此司則未有前例，爾宜往呈鴻臚寺。”臣等即往鴻臚寺，鴻臚寺卿張棟坐堂，亦開見，奏本還給曰：“爾等之情則急矣，但無印信，外國陪臣奏本何可奏達云。”

（初五日丙寅）臣等更以悶迫之情往告於通政司，則右通政耿定力坐堂，又開見，不接，令下吏言於臣等曰：“即到寬奠副總兵馬棟馳報，清正於正月十四日領兵騎、船二百餘隻到機張云。朝廷必發兵救援爾邦矣。”臣等聞之，益爲悶迫，即寫呈文，將往石尚書私第，一邊通告於提督，提督言曰：“石尚書始雖堅執，今則清正兵已到爾國境上，今何辭拒之？朝議雖多，時在主兵之地，爾等之欲往訴於其家，不妨因令副使程惟美同往。”臣等即日到石尚書家，副使先入告尚書，使其家丁給兩倚子以坐而饋之茶曰：“我患病注門籍，不能穿禮衣，聞陪臣冠帶而來，相見非便，可令通事傳語。”臣等令李海龍入見，仍呈文，尚書覽畢，言於海龍曰：“我這幾年爲爾國無一日不費心，但請兵一事，已行文書與遼東督撫，議兵議餉，停安啓奏，奉旨準發兵，我方好行。昨日接督撫孫老爺書，已議增兵一切防禦事宜。又於初三日覆科中劉爺本，亦爲爾國令遼東督撫選司道官一員，專理倭情，見機便宜行事。焉有輕棄爾國之理？”又將當日上本草稿示於臣等，臣等見了，令海龍又入告曰：“賊勢甚急，雖火速發兵，猶恐不及，若行文往來料理應援，則此正遠水無及於近火也。賊將已率大衆來據機張，小邦之事，未知今作何如，望老爺趁急發兵，以救燃眉之急。”尚書曰：“爾等不知天朝文體，我當初題覆之意，亦非全棄爾國而不救，文體不得不如是也。今則已行文與督撫作速議定具奏矣。前主封是我，今主戰是孫老爺。我之主封者，是保全爾國，羈縻日本，三年中使爾國便於修守練兵積餉，以待不虞。”又問：“爾國有水兵幾何？”海龍答曰：“小邦水兵不敷，不足打聽海上消息，船隻又少，勢難抵敵。若天兵與戰船守住海口，使倭奴不得登岸方好，雖已登岸，有夾擊之勢，亦可易制。”“積餉幾何？”海龍答曰：“小邦於二年間，天時雖小稔，但生民曾被倭子屠戮，餘存無幾，調發絡繹，聽候支應，無暇耕種，故糧儲不廣，衹可備天兵經過行糧，而坐支則不能矣。”尚書云：“我議大兵，聽督移住鴨緑，以便應援，兵行糧隨。爾國先敵，天朝應援，豈有一聞聲息便起大兵之理？且彼清正之來，不爲厮殺，爾國通使官卑，禮物又薄，故來講禮節，今宜隨便修好。”海龍答曰：“賊情叵測，不吞噬小邦則不止其凶狡反覆之狀，大概陳於呈文中，老爺終始鑑亮，從速發兵，恊同小邦征剿，然後始畏威遁去，不爾則終不撤回，爲患無窮。”尚書曰：“伊賊若不撤歸，發兵剿滅，有何難乎？”仍令曰：“我當回咨爾國，又發給火牌矣。爾等可先差通事偕送速報國王，此後如有告急之事，衹宜馳告於孫軍門，軍門自當專處，不必遠來以延時日云。"即於眼前出給火牌，臣等以謂回咨必有發兵之意，告辭而還。

（初七日戊辰）石尚書在兵部招通事，臣等使李海龍進去。石尚書出給咨文一封，且言曰："明日當令差人與俱，爾宜先送通事，急急回報本國。"臣等發封視之，衹眷寫當初覆本而已，亦不及與遼東督撫議行之事，臣等不勝怪恨。

（初九日庚午）臣等早往午門外，俟都察院入朝房。臣等立於户外，使下人入送呈文，則披見還給曰："呈於諸會處。"尋已。科道諸官一時來到，臣等進前，跪伏泣訴。科道等官曰："起來。"臣等不起，愈叩頭。使李海龍畢陳情理。科道等官曰"今日會議，正爲此事"云。臣等起立，科道等官過，向兵部朝房而去。有頃，石尚書自其朝房變服出，向闕外去。問其故，則人皆曰："科道對面切責。"且曰："今日所議尚書事也，尚書何敢得與云，故去也。"九卿以下齊會於五鳳樓下，左右序立，將入門，臣等進前，手持呈文，叩頭號泣。令李海龍畢陳悶迫之狀。九卿以下互相論議，使下吏受呈文，答曰："今日會議，正爲此事。爾等伺候於兵部。"臣等叩頭而退，禮部頒給賞物，領受後還館。

（十二日癸酉）是日禮部郎中洪啓睿在其家招通事，臣等令李海龍進見。郎中問曰："陪臣何不去乎？"答曰："欲爲速行，未領回咨，故留待耳。"又曰："天朝業已與兵爾國，有如是糧餉乎？"答曰："小邦殘破之後，公私匱竭，不能支供大軍，故兵糧具請矣。"又曰："中國非無糧，但轉輸極難，故以折色給銀，可於爾國給銀子容易糴留乎？"答曰："小邦人民死亡殆盡，餘存者亦不免衣食之艱，雖貿必不敷矣。然若花絨布子，則民間切於蓋體，皆争趨貿，以銀貿穀則勢似不易也。"

（二十四日乙酉）見堂於山海主事，令勿拜，作揖。臣等各行再揖。行茶間，令李海龍進前問："陪臣入來後，聞賊將領兵來到本國地方云。厥後作何狀？事末由聞知，日夜憫泣。”主事答曰：“爾國金總兵破倭七十名，爾等聞之耶？既爲講和，則何用破殺乎？倭衆則别無動兵矣。”“且聞遼東兵調發當在何時？”主事答曰：“楊總兵元領三千兵馬，今方發兵，大兵陸續調發，想前四月間，齊會舟師則方使登萊造船，似難速進。”臣等令李海龍致謝曰：“天兵將至，小邦之人當爲再生矣。何不叩頭？”臣等須作再揖而退。

（三月初九日己亥）使上通使黄允恭進都司衙門見堂，臣等求見。楊總兵元則總兵在武學衙門方點兵馬。臣進往通名，則總兵令待候外。觀其點軍，一一呼名，具甲胄戎器，乘馬馳突。又令彎弓試其膂力，不能者退之。臣等久待於外，總兵傳言曰：“此處似不從容，可於俺家相見。”總兵還家，臣等隨後進往。則總兵出接，臣等令李海龍、黄允恭傳語曰：“小邦保有今日，都是老爺之功。今聞老爺領兵又往，小邦之幸也。”總兵曰：“我往爾國，攻取平壤，我功不細。風霜雨水，多受渴飢，親冒矢石，十生九死。畢竟爲人所忌，客落職在家，衣食饒足，度日安穩。今朝廷教我再往，十分煩惱。”臣等令李海龍答曰：“老爺之盛功，小邦至今感戴。今逢老爺再救小邦，邦人民再生之日也。”總兵曰：“爾國知有李提督，不知有我。”臣等答曰：“豈有此理。老爺之功，刻骨難忘，至設生祠於平壤矣。”臣等又令李海龍告曰：“倭賊壓境，小邦之危亡迫在朝夕，不審老爺何時發行，不勝悶迫。”總兵：“方調選兵馬，四月初五、六日間，當過平壤。”臣等又請曰：“老爺之行，若緩一日則小邦之危亡恐未及救也。必須速行，聲勢可張。小邦殘兵亦可激勵。”總兵曰：“軍馬調畢，即當發行，不須憂慮。我先發行，吴遊擊惟忠亦當繼往。”臣等又聞所領軍馬多少。總兵曰：“我所領遼兵三千三百餘名。吴遊擊所領浙兵，當至三千八百餘名。爾國地方多有渡江處，船隻浮橋，宜令預備。楊布政亦當往，此行想與吴遊擊同時云。”臣等拜謝而退。

九、權悏《石塘公燕行録》

【解題】

《石塘公燕行録》一卷，權悏撰。

權悏（1542—1618），字思省，號石塘公，安東人。悏聰慧穎卓，庭試，闈謁聖科第四名，官至禮曹判書。壬辰倭亂，悏極力反對退出王京，義不辟死。丁酉，日倭再次威脅朝鮮，群臣專對，計無所出，悏受命前往明廷請求救兵。《石塘公燕行録》即此行輯録，於萬曆二十五年（1597）二月十日出發，三月初二日到達北京，在京購置了硝黄、弓面、牛筋等軍用物資，權悏與明政府派遣的押卸官一并押送所貿之物於五月二十日越過鴨緑江，返回朝鮮。

玆以《燕行録全集》本爲據輯録資料。

（二月）十五日，晴。留遼東。早朝，臣率一行詣都司見官大人劉孔胤，對茶訖。問曰："告急是甚麽事?"臣令表憲告曰："日前，專差譯官禹治平金得鎰等所呈咨内事是也，賊酋凶悖，不遵天朝約束，册使才旋，清正踵至，帶兵船六十餘隻，裝載一萬餘衆，分據機張、西生等處。又豐茂守帶兵船六十餘艘，續到竹島，其他别起賊船，逐日絡繹出來。小邦危亡之勢迫在朝夕，爲此星馳告急，望老爺憐見，作速打發，陪臣不帶車輛，祇要騎座馬匹，即刻要行。"大人曰："天朝於備倭一事不敢少緩，必將發兵防守，但你國審知，賊必發動，然後來告，亦未晚也。"表憲答曰："伊賊即彌漫於我國邊上，聲言衝突勢甚鴟張，或稱打圍横行於咸安、昆陽等地；或進入於晉州、豆耻津等處，踏看迤西路途。其情叵測，若待發動深入，然後來告，則天朝雖欲救援，必無及矣。"大人曰："你説是當即打發。"臣即辭退，少選大人令鎮撫四人送銀子四兩，書示所求物件於別紙，使之貿以納，曰"你行雖急，必須納盡此數，然後可得前去，不然則去不得"云云。觀其意，以臣行急之故，要爲刀蹬之計，第以數目極其煩多，雖傾盡一行盤纏，不足以充其數。臣不得已，就其所求中艱備三分之一，具單子且給鎮撫各人面皮若干，并還所送銀子，欲令李檣偕鎮撫往納，備陳行忙，無物賫來之情。且説憲牌，不敢少遲，願速打發之意，則鎮撫等發怒，將單子及憲牌投擲於地。曰："你敢以憲牌哄我耶，所求之物都不要納，但你飛去、走去任你所爲。"即上馬揚鞭而去，挽之不得，無可奈何，因致昏暮。

(三月)初七日，晴，大風。早往禮部，尚書左右侍郎皆至，而是日大風亦如昨，以此不坐堂，衹於火房受咨文，因説今日不得見，明早再來云。即詣兵部尚書石星，方被論杜門云。左侍郎李楨坐火房，受咨置案上。招臣入，臣即入行，再拜訖。問曰："你來時倭情如何?"臣令表憲告曰："賊將行長、正成已於册使回還時，跟同過海，屯據東萊、釜山舊營、清正。又於正月十四日領兵船二百餘隻來據機張舊壘，豊茂守又領兵船六十餘隻來據竹島舊壘，其他別起賊船絡繹不絶，逐(缺兩字)海出來，與原留賊衆合勢駐劄，聲言衝突勢甚鴟張。或托稱打圍四散，行走於咸安、昆陽、固城、泗川河東之境，略無忌憚。或進入晉州梯釋山等處，踏看豆耻津路途，其情叵測。陪臣來時，小邦民心震懼，將有土崩之勢。想今又經多日，賊勢更加熾肆，恐小邦必已潰裂，即未知君父飄迫於何處，陪臣不勝悶泣之至，仍相與垂泣於庭。"侍郎摇手曰："不要，不要，比日塘報，別無緊急，你們可放心。"仍問曰："你國無兵馬可以抵擋乎?"臣令表憲告曰："小邦被賊酷殘破已極，雖收拾餘燼，刻意隄備，而生聚訓煉，勢所未及，軍兵十分單弱，兵食十分匱乏，更有何力可以抵擋大賊? 今若天兵少緩來救，則人心更無所恃。醜賊益肆鴟突，小邦滅亡之禍立至矣！且小邦山川險阻，稻池遍地，遼兵雖往，不便於馳騁。伏望老爺矜憐，另發原調見在近地南兵，并運該支糧餉，須於數日内打發，則猶可及救也。”侍郎長吁數聲曰：“你是一家，你是一家，你所願兵糧兩件事俱系緊急，當即打發。”又令表憲曰：“小邦亦有些少訓煉之兵，而弓材、火具方爲缺乏，并皆空手待賊，國王不勝憂悶，另爲咨請，并乞老爺照前例，題請給與。”侍郎曰：“知道。”仍以右手拳擊左手掌，再三度曰：“奴才極詐，可惡！”副使程惟美不解所指何人，即跪仰視。侍郎曰：“倭賊極詐，極詐！”言於臣曰：“前者，我軍到你國，擾害你民，十分可惡，你國民生豈不可憐乎？欲除倭賊，來請天兵，而天兵之侵害又不下於倭賊，民生將何以支乎？此後如有擾害者須啓知國王，一一咨會，則當究治不饒。”臣即拜謝辭退，仍往職方司，郎中申用懋招臣入，相揖訖，問曰：“陪臣於路上不見回還鄭陪臣乎？必知已爲發兵，而又何來耶？”臣令表憲告曰：“鄭陪臣於上季十一月祇聞清正之先聲，賫奏前來，今此陪臣，則清正、豐茂守諸賊已領大衆來據機張、竹島舊壘，與原住賊倭合勢屯據，衝突之勢迫在朝夕，故於正月二十五日起程，不分星夜，馳來告急矣。鄭陪臣果於關外相遇，得聞發兵消息矣。第念小邦事機十分危迫，如在水火之中，矯首望救，一日爲急。伏見上國徒言發兵，尚爾稽遲。鄭陪臣前月初在此已蒙發兵之旨，而迄今一個月，不見一兵前進。陪臣來時，聞楊總兵領遼兵三千當於三月裏起身云。此亦得於途，敢未知其真的。此陪臣日夜可渴悶者也。且小邦多峻山，少曠野，且皆稻池。前日遼兵之來，每以不便馳騖爲言，今者遼兵雖往，實難於用武。願老爺先發南兵三四千名，并用該支糧餉，及時拯救。”郎中曰：“你國兵馬幾何？”憲曰“小邦殘破已極，軍民幾盡死亡，兵馬從何調出？僅得收拾殘卒防守要害。即今慶尚道諸將所領兵共計才萬餘，全羅道亦僅數萬，而率皆怯弱恇怖，賊若舉衆侵突，則必將駭散，决無抵擋之勢矣。”郎中曰：“你言是矣，傷弓之鳥本如此，你國之爭誠可憐閔，憐閔！本部已於軍門相議，發遼兵三千，宣大兵各三千，南兵三千，水兵三千，凡一萬五千兵。而南、水兵則道里寫遠，其來必遲，勢不能容易赴救矣。且發兵非難,運糧甚難,聞你國豐稔云,可能接濟乎?”憲曰:“小邦自兵禍,田野荒廢,滿目蒿萊,此天朝人所目睹。往年雖得少稔,垂死之人,僅得連命,軍餉可能積儲乎?然國王刻意措畫,賣官鬻獄,靡所不爲,僅備一路經過之糧,天朝若不繼運,則决難接濟,且陪臣來時見永平府見存南兵幾數千餘,願以此兵刻期打發,題奉聖旨,限日赴救,則將官不得遲延,可得及救矣。天朝雖發兵而若不及救,則與不發兵奚异哉?小邦宗社之存亡,君父之安危,百萬蒼生之生死都繫於發兵之遲速,伏望老爺曲賜矜憐,終始救濟,獲免滅亡,則小邦君臣生死而肉骨其於保衛藩籬,固將結草而圖報矣!”郎中曰:“今聞你言,你國方極倉黄,我當限日奉聖旨打發,你們亦可速回,以慰軍民之心,可也?”臣又令表憲告以弓角、焇黄貿給之意。則郎中曰:“我當提請給與軍門所儲,你可往彼領去也。”憲曰:“小邦劇賊方臨,而戰具蕩然,軍門所儲,恐必不敷,切願自此給與。”郎中曰:“然,我替你轉。”臣即辭退,兵部吏數十輩在中門外,言曰“此郎中乃前閣老申時行之子,名望恭然,無出其右,雖尚書侍郎,皆用此言。今聞郎中之言,你等所請皆可得諧,可喜可喜”云。

十五日,晴而風。早朝,李侍郎即使程惟美傳言“聖旨昨暮已下,今送你看”云云。聖旨有云:“朝鮮告急,目下遣將調兵,未見前進日期,你部裹還馬上行文,立限催發,着遼東御使的查出關日期奏報。若再遲延誤事,并以逗留論罪,兵行糧從,事勢尤不可緩,今期迫道遠,輸運艱難,令督撫轉行該國,遵議備辦。本色預待境上,兵到應用中國,宜從便發。糧由山東海運往彼接濟,毋得臨期推諉,致誤大事。其餘依擬行臣。”伏见旨意嚴密,一節深於一節,皇恩罔極,不勝感激。且程惟美言兵部,據孫總督咨稱,且准閣臣建議,具題請設經理朝鮮巡撫及司道官前往本國料理備禦事宜,此亦聖旨,今明當下云云。

十六日,晴。朝晡時,副使程惟美言兵部邢老爺,招朝鮮通事甚急。臣令表憲李檣往,且使討出先來所持去火牌而來。少選,表憲等還言曰:邢侍郎問曰:"孫總督云:四月以後,必有雨水,途路泥濘不便於行,師須待八月方可出戰,但恐其前賊勢衝突,先發遼薊兵六七千戍守你國,今欲使駐紮於王京,則距賊所似遠,欲使進駐,恐被掩襲。屯駐之地,何處爲便耶?必有城池險固,方可據守。你可酌中指說。"憲曰:"小的不敢擅達,願招問陪臣。"仍告曰:"蒙老爺之賜,兵糧、弓材、火具皆得准許,皇恩罔極,陪臣欲先遣一通官啓知國王,訖賜火牌。"侍郎曰:"是火牌當給我,亦欲咨爾國王,可以等候賫去。且說於陪臣,草畫你國地圖,即今倭賊所據之地,所經由向王京之路,所横行打獵之地,你國將士即今留防府州縣,某處有城可守,某處不可守,某處有糧若干,某處有兵若干,且天險要害之處,可逐一書示,俾我明知。"憲告辭。侍郎曰"明與陪臣早來"云云。表憲且言"在兵部聞得經理朝鮮都御使楊鎬,司道官蕭應宫已奉聖旨差除云。楊鎬即今遼東布政使,蕭應宫即今防海禦倭專管寬奠金州右參政"云云。憲又言"邢侍郎下人言:'吾老爺入京翌日即往拜石尚書,石爺多有憤恨之色,言於吾老爺曰:朝鮮捉我,安有如此之事乎?即今馳使告急,清正復來,張皇辭説,皆捉我之言也,安有倭來之理乎?'"云云。臣聞此言,不勝驚訝,初,石尚書爲我國周旋,不遺餘力,我國人之感戴極矣。而今乃致疑如此,無路自解,誠可悶也。

十七日,晴。提督李杜坐館,臣進見行,再拜提督,答拜訖,臣令李檣告曰:"蒙老爷周旋,所干之事皆准蒙許,不勝感激,願再行謝拜。"即再拜,提督又答拜訖,又令李檣告曰:"弓材、火具願速領銀貿去。"提督答曰:"今此奏請之事,覆題皆准,吾亦爲喜。火藥當速貿給,你等可星夜走去,報知你王可也。"臣即辭退,即持草畫地圖,且具稟帖,與表憲秦禮男往兵部,邢侍郎傳言"今日多事,不得相見,明早更來"云。李侍郎在火房,臣進詣告以來謝,則即招入。臣入,行再拜訖,使表憲告曰:"陪臣伏見覆題,兵糧、火具皆蒙准許,此皆老爺之賜也,且開心見誠,待遠人極其款悃,陪臣等不勝感德,敢更再拜。"叩頭以謝。侍郎曰:"你是一家同室之人,有急難,何不竭力救之,無用謝爲。”且曰:“你等若有所欲言,可言之。”臣令表憲告曰:“所請皆遂,别無所告,但願從速領銀,貿得弓材、火具。”侍郎曰:“是招職方司,當該吏使之快快施行。”

十八日,晴。臣與表憲秦禮男早詣兵部,邢侍郎在火房招入,臣即入行,再拜訖,進呈地圖稟帖,帖曰“伏承老爺命畫小邦地圖,謹成草圖以進,即今倭賊所屯據之地,則釜山、東萊、機張、西生浦、豆毛浦、加德、安骨、竹島、梁山、蔚山也;所横行之地,則熊川、金海、昌原、咸安、晉州、固城、泗川、昆陽、河東也;小邦所防守之地,則邑命旁各書‘定將防守’四個字照覽可知。至於軍兵若干,糧餉若干,卑職職守有异,不能詳知數目,不敢書呈,但念小邦被禍之酷,慘不忍言,昔日櫛比之居,今盡爲丘墟。昔日耕鋤之地,今盡爲荒廢,千里蕭然,蓁莽連天,軍兵從何調出?糧餉從何蓄儲?惟有全羅一道得免蹂躪,而慶尚道六年對壘,凡器械之措備,軍餉之轉輸,一皆取辦於全羅,故全羅之凋弊,視慶尚少無間矣,即今如竹嶺、鳥嶺、秋風嶺、八良峙、豆耻津、間山島、宜甯、慶州、大邱、星州等地定將防守。而所領軍兵單少殘弱,賊若聚衆侵軼,則必將鳥驚魚駭,决無抵擋之勢矣。糧餉蕩竭已極,絶無積儲,唯王京所儲米料并六萬餘石,水原有萬餘石,南原有二萬餘石耳,其餘率皆零瑣,餉我軍且屢乏,况能支大兵之餉乎?此小邦之日夜悶慮者也。卑職伏聞上國山東登、萊州及金、復、海、益等州距我國黄海、平安等道不遠,故聖旨已許山東海運矣。今宜十分催并,須使兵未至而糧先到,然後可無乏食、狼狽之患矣。且在壬辰年,軍餉之運多由遼左旱路,蓋慮大兵卒至,而小邦西路儲乏,不能以接濟也。即因平安一帶比壬辰殘弊尤甚,伏望老爺曲諒此項情意。一面水運,一面陸運,終始拯濟,不勝祈懇之至”云云。侍郎看帖訖,使之進前,曰:“我於你國事事全然無所聞知,今欲經理發兵救援事宜而茫然不知下手。你可隨聞詳説,知之爲知,不知爲不知,可也。”仍置床於前,展圖其上,逐一考問,極其詳細,隨其所答,而一一劄記,至日昃乃罷,使入坐椽房,曰“復有所問之事，姑留待。即送茶飯，薄暮傳説，適患腹痛，明早更來”云。

十九日，晴。早朝，邢侍郎送人催臣來，臣與表憲秦禮男進往，侍郎即招見，曰：“宋經略往你國時畫地圖而來，今將你國參看，大概略同矣。”仍使入坐椽房，屏去左右堂吏、使令之人，然後使一椽吏出視題本稿，蓋將昨日所問答之言具題，以爲救我國籌策也。臣觀題草極其詳細，説盡我國備禦之策，如目睹而足履，始知此爺腦中藏得多少奇畫也。侍郎仍説：“未上本前不可經示，而所以示你者，恐其有誤，若或有誤，不嫌釐改，我欲得實上本，故叫你來看。你往復問難，又至日昃，臣且改數段誤處而進。”復呼進前，曰：“你曾欲送人你國，可少遲，待我上本，奉聖旨然後賫咨發送可也。”且給宋經略地圖曰“此圖似多誤處，你須校送”云云。臣即叩頭辭退。

二十三日，晴。欽賜下程來求者如麻，分給殆盡，提督來仕，坐館招臣，臣與秦禮男、李檣往行，揖訖。提督問曰：“你國請銀，天朝貿去硝黄等物，在前二次，今又一次，共計三次，今則時未貿矣。前二行何行善爲？貿買多數賫去乎？”禮男等曰：“小的前二行皆不來，不能知矣。”提督曰“你雖不來，豈無所聞乎？你無諱言之。”禮男曰：“小的所聞前一行通官等領銀私自貿買，故上國商人勒掯高價，以此所貿之物頗少。其後一行則其時提督洪爺親自開市看當，貿給商人不得掩取高價，一如市中價值，不敢抑勒，故所貿比前甚多。小的所聞如此。”提督曰：“初次給銀三千兩，後次二千兩，二千兩之所貿及多於三千兩之貿，豈無其故乎？且初次來，通官等到你國不被罪譴乎？”禮男曰：“别無被罪。”提督曰“然則你國不知數目，且無刑法矣。初次來，通官等領受銀子三千兩，自以爲己物，用之如水，任其所欲，故其時所貿去弓材、火藥僅三分之一矣。其時洪郎中爲提督，隨後聞其如此，不勝痛憤，即欲移咨你國，不果。其翌年，你國又請發銀貿給，故洪郎中眼看開市，一一貿給，而其時亦有不美之事矣。蓋此銀子，皇上所賜，一毫一分，不容你浪用。今我親看開市，當面買以給，不許你等干與，你其知悉，説與陪臣”云云。

二十四日，晴，大風。邢侍郎送人問曰："孫軍門有報云賊船來泊右道，云右道是何地方?"臣即答曰"慶尚道中，分東一邊爲左道，西一邊爲右道，全羅、忠清亦然"云云。仍説與其人，願詳聞報奇，則邢爺即送軍門，原帖有云"兵曹參判柳永慶傳報：三月十一日，都元帥權慄狀啓，梁山郡守金克裕馳報，軍官金魚甲進告，據本月初三日，倭船二百餘隻對馬島發，船百餘隻，指向西生浦，百餘隻來泊右道"云云。邢爺仍問"來泊右道之賊，當向何處相犯緊要處? 明日示來"云。臣即答云"右道之賊由陸路，則金海、熊川、昌原等一帶地方；由水路，則巨濟、閑山島等一帶地方，大概皆向全羅之路也"云云。

二十五日，晴，大風。邢侍郎招臣來，臣即與秦禮男等往，侍郎招見於火房，曰"我將前日示你草稿已爲上本，奉聖旨，故今備咨你王矣。且見撥報你國守邊將官斬殺五倭云。夫斬五倭不足以威敵，而適足以構怨速禍，此甚無益，而有害也。此意吾已略及於咨中矣。陪臣亦須備啓國王，申敕各處防守將官慎勿輕動斬殺，天朝爲必救之計，無毫髪爽，天兵未到之前，則你國但當竭力堅守而已。假使倭動，你國王切勿輕棄國都，以死守之，以待天兵之至。脱若輕棄，致使倭賊陷入腹裏，則天兵雖至，亦難爲力矣。亦此意陪臣反復明啓，俾無此患可也"云云。臣對曰："謹依命。"且使秦禮男告曰："山東糧餉海運事，聖旨丁寧，不勝感激，但水路轉運，遲速未可知。今者，楊總兵、吴總兵已領兵啓行，不久當到小邦之境，大兵亦當次第進到，恐此時小邦乏糧不能接濟，則豈不誤了大事乎! 願先發遼左之穀，及時運到，俾無臨時缺食之患。"侍郎曰："我亦知此意，但你國賊報似急，先進之兵當先食你國之糧，中國今當督運山東之糧，遼穀亦欲發運，以爲後繼也。"仍給咨文二道，火牌一面，曰"你國若有急報，持此火牌馳送可也"云。

二十六日，晴。邢侍郎招臣來，臣與秦禮男往招見於火房。曰："倭賊亦言聽天朝處分云，你國不可輕犯，以致生釁。若浪戰挑怨，如斬五倭之爲，而彼乃執此爲辭，以爲朝鮮仇我，我不得不動云。則誤事必矣，悔何及乎！宜以和言禮辭緩其心，俾勿進犯，及大兵齊到，然後聽分付進止。"此意更加詳啓。臣對曰："老爺丁寧，教戒知此，當依命具啓。"侍郎曰："兵事貴密，凡系發兵之事，十分秘之可也，況倭奴狡詐百出，善爲間諜，且中國及你國細作之徒亦豈無乎？若此中事機透漏於賊中，則害事必矣！此意你國必須知而處之可也。"臣入歸時，軍機秘密之意，或呈文，或面呈，善爲周旋，事既承有旨，而每欲開陳之際，侍郎先及之，不勝感喜。臣即跪告曰："此事小邦每欲陳達者也，小邦凡有悶急，每必赴愬於天朝，而告急請兵之言或不無流入賊中，因此含憤肆毒益甚，凡軍機之事小邦固已十分秘之矣，切願上國亦須秘密，毋致洩漏。"侍郎笑曰："我恐你國不能密處，在這裏安有漏泄之患乎？你國更須審處可也。"臣又告曰："糧餉事每每煩瀆，極知惶恐，但念請兵於天朝，而除賊於小邦，皇恩之罔極，爲如何哉！其在小邦，唯當餉士必飽，喂馬必肥，使之勇於赴敵，而經禍甚酷，舉國皆空，財殫力竭，備辦無路，安有如此悶迫之事乎？伏乞老爺洞燭情曲，另使催運，無任懇惻之至。"侍郎曰："我已悉你國之情，今將運糧事更爲上本。"另欲措處，仍給臣所畫進地圖。曰"須更畫，務加十分詳備已送"云。臣即叩謝而退。

二十七日，晴，大風。提督坐館，臣使李檣領受銀，貿去硝黄之意。提督曰"已行文催督，明日你可往受太僕寺"云云。臣更畫地圖，且具揭帖，使秦禮男往呈於邢爺。揭曰："伏承老爺使更畫地圖，凡有城無城，可守不可守，險要之所在，道路之所通，以至外面門户，裏面堂奥，務要一一書呈。此無非爲小邦區畫措處，算無遺策之至計，卑職不甚感激之至。慶尚一道既已粗陳梗概，台鑒亦略明燭矣。但慶州、星州、大邱、善山、尚州、宜寧、三嘉等地各有山城險峻可守，邇年小邦增修高築，且略備糧餉器械以爲據守之計，此所未及陳達者也。以全羅道言之，雲峰之八良峙，光陽之豆耻津爲外門户。八良峙高峻可居，豆耻津隔江爲守，皆可恃以爲固者也。是以小邦見有將防守，自八良峙而内進，則南原爲第二門。自豆耻而内進，則順天爲第二門。皆有城可守。自南原、順天而又進，則如全州、潭陽、光州、羅州等中央之地爲堂奥也。全州、光州、羅州皆有城可守，潭陽無邑城而有山城，南原邑城外又有山城，長城縣亦有山城，皆險固可守，小邦亦已增築設備爲計矣；以忠清道言之，竹嶺、鳥嶺、秋風嶺爲外門户，而其内中州、清州、公州、洪州等中央之地爲堂奥也。中州、清州舊有城，壬辰殘破，未及改築，洪州有城可守，公州本無邑城，州北數里許有錦江横帶，往年於沿江山上擇險設城頗高，築此亦可守之處也；以京畿言之，利川、竹山、水原爲外門户，而王京爲堂奥也。利川、竹山無城，水原亦無邑城，而邑東五里許有山城，當大路，極高峻。比年小邦之專力設備，無逾此城，畿民之所恃，以爲固者亦有此城耳。利川雖無城，廣州有山城，乃百濟温祚王之舊都也，險隘無比，而舊城盡頹，小邦自今年正月起役修築，想今必已成就矣。吕州又有山城增修設備，不下於水原之城。蓋水原、廣州、吕州三城鼎峙設險，高堅可守，而前有漢江天塹之固，若此三城保守，則賊雖欲進逼王京，其勢必不能矣。但我國民心不固，見賊善潰，若得天兵之協力，則王京可保，必守矣。至於黄海本一殘小之道，郡邑不多，且無城，祇沿海一帶延安、海州、豐州等邑有城可守，而海州之城最爲高堅，且有山城極險，小邦亦已增築設備爲守計耳。平安道則中和爲外門户，而平壤以西爲堂奥，其有城州府，已書之圖上矣。若江原、咸鏡兩道則卑職不曾足履而目睹，但以所聞言之。崇山峻嶺，高可插天，道路險絶，通行甚艱。自慶尚之寧海，由江原之平海三陟江陵、襄陽、通川以至淮陽，皆有通行之路，而我若設備而禦之，則賊不得闖入也。曾在壬辰倭入此道，畏其險隘之設伏，大肆焚蕩，以張威虐，故我民百奔竄山谷，不敢窺視，而渠亦旋即退去，不得久據矣。且江原之伊川可通黄海之穀山，咸鏡之德原、文川可通平安之陽德、孟山。而此間嶺路重複，尤極艱險，决非行師之地矣。卑職所聞知，殫陳如此。第來此萬里之外，無所商議，敢以臆意想像其形似而圖之,其間必多誤處,唯望老爺因此而領其大略耳,伏惟垂覽焉。”

二十八日,曉灑雨,旋晴,大風。李希仁義州奴一人以先來發送於本國,李檣以受銀事往太僕寺還言,曰“今日給事中有故不來不得受來云,蓋銀庫科官同參封閉,如本國倉庫鑒察開閉之例”云。

(四月)初二日,晴。提督又來開市。硝黄等物連二日賣盡,是日,絶不納,提督空坐而罷購發,招通事言曰:“你等領此物欲一時回去耶?”李檣曰:“前日兩度貿去時,兵部皆差官押送,而陪臣等亦一時領去,今亦欲依前例。”提督曰“知道,似聞清正早已動兵云,此物必趕不上矣,你陪臣可於明日辭朝,快速回去可也”云。是日,李檣往太僕寺受銀子而來。

初三日,晴。送李檣呈辭朝報單於鴻臚寺而還,提督坐館,臣即使秦禮男告曰:“昨日老爺言清正已動云,陪臣不勝驚悶,願聞的報。”提督答曰“此前日,邢老爺言倭船二百隻自對馬島出來,一百隻來泊右道,一百隻向西生浦之言也,别無急報”云云。是日,硝黄尤不納,提督早罷歸。

初四日,晴。鷄鳴,諸闕辭朝而還,硝角等物絶乏,提督不坐,送表憲李檣於兵部,告以回還之意,且請出差官,李侍郎招見於火房,曰:“你來有何幹?”憲曰:“陪臣已辭朝,近將起身回去,要討回咨且火藥等物,請依前差官押去。”侍郎曰:“回咨當即完給,但差官到你國必多貽弊之事,不欲差送也。我當另發文書,申勒各驛,遞保無偷竊之。事如有犯者,當以軍法究治。”憲曰:“差官有何貽弊之事乎?況押至鴨緑而還,乞依舊規差送。”侍郎即曰:“然則當差給。”憲曰:“陪臣今將回還,凡系發兵之事,願得詳聞,回啓國王。未知大兵何時當發?發兵數幾萬?”侍郎曰:“兵則隨調隨發,難以預定,其數亦難定期也。”憲曰:“糧餉何以爲之?”侍郎曰:“山東之糧今方節續催運,遼東之穀亦當陸運矣。”憲曰:“新總督邢爺何時起身?當向遼東乎?當向密雲乎?”侍郎曰:“邢爺欲於十三日起身,先往密雲、上官矣。你看邢老爺爲何如人耶!你國得此爺爲總督,是再造之秋也。

其措處戰守,繅運糧餉之事必善區劃,牢不可破,你們試看設施如何而已,不須過爲之慮也。”且别爲分付曰“我兵到你國擾害者一一以軍法究處,已捧聖旨你其知悉,回啓國王,一一咨會可也”云云。

初六日,晴,大風。提督不坐,蓋因無賣者故也,是日欲辭堂於禮部,提督不許,曰:“范尚書以李貴人葬山擇兆事出去,正堂不在,不可辭云。”李貴人乃皇上後宫,生子後得病身死,特命厚葬。

初七日,晴,大風。提督坐館,早晌後禮部辭堂,是日有唐人一名,持小筒入庭呈之,乃是日本表文,來自沈惟敬所云。堂上祇接受而已,不即開見,郎中、員外等取見,即將禮部印迹合看,曰“今次日封王印信與禮部印少無差异,而表文印迹較大,必是假的,恐是沈惟敬假作”云云。還館欲辭於提督,則免見。薄暮,西南間昏黑,晦暝大風。

初九日,晴,大風。提督坐館,是日所納硝角頗粗惡,臣使李檣告以一一精擇貿給,則提督有怒色,曰“你欲故餘銀子任意浪用,如前行之爲乎?我當貿給而已,毋爲雜言”云。前行所爲臣不敢知,而提督每言之,如此殊可愧嘆,但提督所爲亦不滿人意,納買硝黄之人皆其族屬,相好者祇六七人而已,不許廣開市門,故商人願賣者雲集館門之外,而不得入,謗言盈路,臣亦因此遷延多日,未即畢貿,可嘆可嘆!

十七日,灑雨。早發,午飯於雁橋鋪,夕投宿三河縣。昏,李檣追來,言兵部李侍郎曰“回咨你陪臣,送先來通官時,已爲之祇硝黄等開數咨我,當自此送軍門,轉行你國,你可放心回去”云云。檣即以其意告於禮部,禮部主客司即制硝黄開數小單給付云。

廿日,晴,大風。早發,午飯於沙流河鋪,夕投宿於豐潤縣郭姓人家,郭言:“你國宰相一人通官,二人伴倘,二人今月初以告急事往密雲。”則孫軍門見咨,答曰“吾已革職不管事,祇成執照給送而已回還”云云。未知誰人來,不得相值,可恨翌朝聞之,乃鄭曄云。

二十六日,晴,大風。與兵部委官等相議,分爲二起,先一起臣與委官锺堯臣先行,後一起使李檣同委官樊鎮隨後行,以便發車輸運。臣當午發行,路遇楊鎬家少之行,問之,則答云"丁母憂回家,行到山海關,聞起復之奇,先送家少楊爺,即上辭本後還,出館到前屯衛候旨"云云。夕投宿撫寧縣人家。

(五月)初二日,晴。早發,到前屯衛,楊御史果駐在,欲見謁,則中軍言"老爺閉門不開,難以進見,但聖旨不准辭,明當發行向遼東,可於中路參見"云。午飯後發行,夕投宿沙河驛。

十三日,晴。早發,到宿海州衛,主人吾從周者,乃監生聽選者也,向臣言"朝廷發銀一萬五千兩,散給金、汶、海、蓋四衛,今方廣買米豆,爲你國軍餉"云。臣問:"其一兩當貿米豆幾斛?"答云"米豆皆可貿二斛,遼東亦如此發銀收買,你等可前往探問"云。臣問:"何時當發運乎? 由陸路乎,由海路乎?"答云"買訖,發運當在七月間,此地海路甚近,當船運"云云。

一〇、黄汝一《銀槎日録》

【解題】

《银槎日録》三卷，黄汝一撰。

黄汝一(1556—1622)，字會元，海平縣人。汝一少年時即有雋才，宣祖九年(明萬曆四年，1576)中司馬，十八年擢别試乙科，選入翰苑，由檢閲轉待教奉教。官至功曹參議。三十一年(1603)冬充書狀官赴京，申丁應泰誣國之冤。此行於宣祖三十一年十月二十一日離漢城，十二月初六渡鴨水，正月二十三抵北京。留京五十二日，三月十八日離京，四月二十四日還渡鴨水。

《銀槎日録》收録於其《海月集》卷十至十二，兹以此爲據輯録相關資料。

(十二月初九日庚申)行到土門子，逢小紅旗差官驅馬四百五十匹東去。又令李彦華問之，則答曰“邢軍門令，自密雲買來，將向王京，以備戰用”云。宿鎮夷堡，守堡官姓劉，日暮自山村馳還。令李彦華問其家丁，則答曰“邢軍門戰用火藥一百五十輛車，自遼東遞送，昨到本堡。而環堡民力已殫，非親調發夫車則決不能及時速運。劉爺爲督此，遍行點閲”云云。彦華曰：“堡官自有使令前足，何必躬勞?”答曰：“你不見昨去密雲馬乎？驅馬者皆此堡卒。前未來，又此踵至，日日撑遣，如何周遍？用力括出餘丁，在所不已，此非官人所親爲者乎?”

(初十日辛酉)路逢邢軍門軍人曰“老爺東下時帶來海防巡撫汪應蛟兵五千前去矣。今以張總兵榜軍六千充帶，而汪兵則近當入送。若東事速完,則張兵亦不須出來矣"云云。

(十一日壬戌)將發,見軍門差官急馳西去。令通事李民省迎問之,答曰"斬倭三百,生擒亦多,又獲得一倭將。其餘賊自前月十七日爲始,廿二三日間,已盡次第渡海,俺帶吉報去矣"云。

(十五日丙寅)早朝,臣等令李彦華入都司衙門,先謝昨日免見。且照近例措辭免宴,仍告速發之意,則答曰:"車騾伴送,照常速討。但勘合則陳御史在爾國,新巡按未來,必須經由廣寧都御使完給,其間往來,日子必多。"彦華曰:"今此陳奏,事意緊急。望老爺作急處置,無使遲淹晷刻。"答曰"知道。免宴一款,已爲出票準許"云。彦華又聽得萬經理軍夜自稱本月初七日自王京離發,仍問倭賊有渡海聲息然乎。答曰"釜倭已盡撤去。我三大將領軍馬前進釜營"云。又令上通事南胤咸見官於分守布政司張登雲,則布政覽過咨文知道云。又令見張總兵榜營下軍丁,問曰:"老爺領兵留此何意也?"答曰"邢老爺送牌文,倭賊方渡海遁去,姑留聽調"云。故留此矣。

(十六日丁卯)早朝,令李民省詣副總兵孫衙門,見官後仍告曰:"陪臣離發王京已久,另差小的稟聞東邊消息來。"答曰"倭賊盡渡,傳報已來"云。因聞城中人公然説稱副總松蓋孫之聲名頓減於馬揀矣。鎮撫等三人,持都司計開,數目甚夥,來言曰:"老爺所索之物,一依此數充給,則當速打發。"臣等即隨盤纏所有,填書禮單給之,則心甚薄小之。一向刁蹬點討,至於打破花硯,以示饕凶之意,而實欲濟己之溪壑。渠所得人情爲先收去,乃曰"老爺前物件則明當更稟後輸納"云。〇邢軍門供給官金國胤,請見使臣等,曰:"俺向者委往王京,頗貽擾害。今聞使臣適到,不無情意來見耳。"其實要换大米來,上使接遇之。

(己亥正月初一日壬午)本堡與錦州地方相接,故臣等因問曰:"日昨㺚虜聲息幾何?"堡人曰"㺚賊四百餘騎,來搶本州三十里錦場堡地,擄去人口三四十而去。又大凌河北邊西清河地面,賊騎時方出没,而不知多少"云。

（初五日丙戌）遼東有一我國男丁，自言作傭於遼人董姓人家。來曰："我國名不知武士一人亦來於遼，遼之守官令置於北境，聚年少控弦者，開閱武廳，教我國射法。時方訓煉，以此，其人貴用於遼。"羅紘得於管鋪張守云。紘又見一女人，自言我國社稷洞居生，迎問使臣姓名，潸然垂涕曰"雖欲往見一行人，夫性極惡，不令出入，恐或爲我國人所見，奈何奈何"云。

（初六日丁亥）投呈文牌後，胤咸將退，按察即令答應官招問曰："爾國王今甚在？"對曰："時在漢京。"又問曰："屬者倭賊犯近王京，在何時月？"對曰："上年八月。賊兵逼近畿縣，適楊經理入京節制，諸將逆擊敗走矣。"答曰"正是正是"云，而不問奏内事意。

（初九日庚寅）主事吴種英，陝西人。關内居趙大鞘家人，自以我國使臣常往來過宿其家，故心親我國人，來言於李彦華曰"今番過去冬至使，拜揖失儀，以致主事嗔怒。爾將此意説與陪臣，不令蹈循前失"云云。主事之先令下人通諭見禮之意，恐亦以此然也。

（二十二日癸卯）㺚子一名適來臣等寓處，能解我國言語。即令隨行軍官羅紘就盤問得，自言會寧城底藩胡阿乙非世子，名三朶里，時年二十一。去丁酉年間，甫乙下越邊豆連部落有查頓家會飲事，相距一日程。將赴之際，同行十一名，中路被掠。背綁項鎖，押行三十日，始到小兒哈赤住坐處。小兒哈赤乃老乙阿赤之弟也，仍爲役使居生云。問："小兒哈赤手下軍兵幾何？牛馬幾何？"曰："軍數比諸北兵吏巡行時則十倍，馬則有場甚多，牛羊亦不知其數。"問："老乙阿赤向我國謂何？"曰："渠常説稱高麗曰强國，如得高麗人則心極貴之。"問："如今部裏有幾個高麗人口否？"曰："麗人二十名，時在手下，解文能射，訓誨騎射之法。小兒哈赤極愛之，每人給使唤二十名。十名力農治活，十名跟護出入。少有搶掠處，則必帶二十名俱去。"問："二十名何地何姓人？"曰"居住姓名我不知"云。問："小兒哈赤與渠北地諸胡相通往來否？"曰："城底藩胡，一心來貢。黑龍江以南諸屯諸部亦時時通貢。小兒哈赤等必館留一月，逐日讌接，酬賞優洽,諸胡皆心附之矣。"問:"諸胡所貢何物?"曰:"貂皮馬子等物。"問:"渠等中朝所貢何物?"曰"貢馬。今巡五十人貢五十匹馬,中朝每人賞銀二十六兩,段子五匹,衣三領,靴一部,月乙吾祇二件"云。問:"老兒哈赤作賊唐地方殆無虚月,今生意何處?"曰:"常時每欲搶掠十山里稱名地,而我亦不知此地何在也。"問:"高麗强國必不敢生意否?"曰:"渠謀頗密,我没聞知。儻早晚作計,則北道藩胡多所擄來,且與同心,必從北道作耗。凡事必與二十名麗人秘議之矣。"問:"小兒哈赤今年幾何?"曰"二十五"云。觀此所言,不可的信,而亦有關於軍機者,故録其大概。

(二十六日丁未)辰時令上通事南胤咸賫奏本及報單,投呈於鴻臚寺,則正卿張捒曰:"這奏内怎麼事理?"對曰:"國王辨明奏也。"曰:"前日你國陪臣李元翼亦將此樣奏本呈通政司,你等何乃呈於此?"咸再三援例禀稱,終不受,仍令序班韓承勛更禀禮部來。臣等即令李彦華告禀於黄大節,則大節曰:"你國呈文書,自有舊規。你何不明申禀於張爺前?"仍語承勛曰:"你帶此通官,就本寺更禀可也。"彦華走往鴻臚跪告曰:"小邦服事朝廷,自古在昔,凡干奏貢,皆有規例,恪謹遵依,安敢少有違誤?"捒曰:"今此奏意與李元翼奏略同,彼呈於通政司,爾呈於此衙門。豈一樣奏本而呈有彼此之异耶?"對曰:"小邦表文則呈禮部儀制司,方物咨文則呈主客司,國王别樣奏文則呈鴻臚寺。蓋以老爺衙門該管外國文書譯語故然耳。"捒曰:"若爾,元翼何不呈此寺而呈彼司耶?"對曰:"國王在外國,奏本係是外國文書,故呈貴衙門。元翼既已見朝,朝廷視同内服之臣,依天朝文武官布政司奏事例,故呈通政司,有何疑异於其間耶?"捒於是與左右少卿商議良久而受之。鴻臚凡受文書,必先抄節頭辭,眷録册子,該官署押訖轉奏,例也。書子臨書頭辭之際,問曰:"席稿待命,稿字何無草頭?"彦華對曰:"我國書字一從《洪武正韻》,想《正韻》如是書之矣。"官員不問云云。〇是日主事爲刑部主事張令,聞以天津抽分分司將出去,故與袁同餞之。餞罷與袁修撰、張主事入來臣等寓館，徘徊良久，招李彦華問曰："爾行李帶來好品白紙與黄筆、真墨否？"對曰："小邦經亂，百物蕩敗。雖有些少纏帶，例皆粗薄難用。"主事曰："不妨，我當酬價，不可白要。爲修撰爺欲覓故云耳。"彦華下階叩頭曰："今日蒙老爺恩典，呈完奏本，不勝多謝。"又告曰："陪臣等爲因國王横被冤枉，欲將痛迫情事呈文於禮部、兵部及閣老、科道、都察院諸老爺前。望老爺一一出票，許令往來。不勝惶懇之至。"主事曰："知道。"

（二十七日戊申）是日日出後，沈閣老果入來。臣等將呈文奏稿，跪於路側，令李彦華告曰："上年丁贊畫應泰上本言本國事，事極冤枉。國王上奏辨明，昨已呈奏於鴻臚寺，想老爺奏下必見。今日陪臣等爲見朝來此，而老爺衙門嚴截。既無呈堂之例，雖有冤痛，無路號訴。敢此路次冒呈，死罪死罪。"沈一邊連稱"起來"，一邊接受文書。彦華又告曰："國王横被惡名，席稿待命，無地自容。伏望老爺一賜覽觀，則可知這間情理冤痛也。"沈先看過呈文，又披奏稿。看到年號大書、分書措語處，臣等先時將《海東諸國紀》年號等處及可證文字上盡付紅籤以候，至是彦華告曰："陪臣等持來本紀，望老爺見之，則贊畫虚捏自然可知。"上使便開卷一一披出，令彦華手指之曰："此嘉吉元年。大書者，其國本紀也。其下即正統六年分書者，叔舟添注也。下一'即'字義不甚明乎？"答曰："知道。"又於序末指成化七年處曰："此不是天朝紀元乎？"答曰："是了。"又於卷末指弘治十四年處曰："此果不用天朝正朔乎？"曰："知道了。"又摘示册衣裏面所書正德七年曰："小邦雖些少，行用必奉天朝年號。此乃其時國王頒賜近臣年月，亦可以證其一端。"曰："是了。"仍告曰："贊畫疏内有招倭復地、交通倭賊、朋欺移禍等語。小邦於天朝，素以禮義忠順見稱。天地間豈有自請倭賊，故覆其國者乎？兵興八年，朝夕危亡，又豈有自取全完而移禍天朝之理乎？三都八道、二墓五廟蕩覆燒灰，有何所利，與倭交通乎？小邦今日保有一綫命脉。皆天朝洪賜是賴。而特以兵粮脆竭，力綿勢弱，自不能殄滅仇讎，尚軫聖天子東顧之憂,寡君之日夜腐心者此而已。豈料千萬意外,贊畫捏造不測至於此極耶? 小邦君臣上下,痛塞填胸,皆欲即死無聞而不可得耳。”答曰“盡曉得了。爾等雖不煩説,天朝豈不知爾國忠順乎? 奏稿呈文我將去矣,你等情事自可見矣”云。時朝寒正緊,許多稟話間,沈久立廣庭,言語移時,似爲未安。臣等辭退,彦華因隨其後,且行且陳。則沈連稱起來,輒少住以聽,彦華叩頭以謝。詹事府官員與禮部侍郎等隨沈後詣内,見閣老住立,亦爲次次住立,招彦華問曰:“你等稟稱何事於閣老前?”對曰:“國王被誣於丁贊畫,陪臣等爲因見朝。適值沈爺之入,而陳其冤痛之情耳。”答曰:“知道。”臣等始退來。最後翰林學士等亦令下人來問何事,彦華又對如前。

日晚主事來館,行相見禮,再拜退。俄而小甲紀大材來言前日所求紙、筆、墨,臣等即以紙十束、墨二十笏、筆五十柄付李彦華送之。主事又以白銀八錢酬之,彦華辭之曰:“土物不關,而老爺給價,陪臣必不受,小的安敢持去!”主事曰:“俺欲送於袁翰林,故爲此給之。你若不受,則恐不諧與袁之約。”仍曰“後日使行,絶品好紙好墨,倘不可得來否”云。又見奏稿訖,招彦華問曰:“《海東紀略》可得見耶?”對曰:“陪臣欲證諸衙門老爺,秖帶來一册子。今日朝裏沈爺前,亦以此册指示卞明。諸衙門見堂未完,無此則贊畫虚捏,何以證之?”曰:“然則,事完了送我看過當還。”又問:“申叔舟是何人? 因何事而往倭國? 又因何事而作此册?”對曰:“叔舟文科出身人也。正統年間,倭國求使於我,即差遣叔舟,欲以驗察彼中情形而報聞於天朝計也。叔舟其時偶得其國所記風俗世系地圖一卷,書其下添付小邦待倭事例而已。”答曰:“知道。”彦華仍告曰“禮兵兩部,國王皆有咨文。而今日禮部不坐,故不得呈咨。請出票帖,欲於明日先呈兵部”云。答曰:“近日各衙門上本未畢,連日不坐,明日兵部亦不坐矣。開月初頭當坐,你等與牌子等打聽來告,則俺當出票給之矣。”又問曰:“趙閣老前亦欲呈文,而告病不出云,是不是?”答曰:“告病是矣。”

(二月初一日辛亥)副使張宦來館,交揖相見後,茶禮畢,問"邢老爺安否?是俺同鄉人"云云。臣等答曰:"平安。"仍令南胤咸問曰:"俺等在道時,竊聞丁贊畫再度上本云。未知本内事意如何,敢稟。"答曰"聖旨時未下,但聞本意,伊賊自欲退去而去耳,非諸將能擊而走之,實軍門陰賂而送之。以此,邢爺及諸將舉被抨彈,你國亦有波及之語,至於趙閣老皆被參"云。臣等又稟:"所賫咨文至今未呈。日復一日,極爲惶悶。"答曰"各司衙門拘於上本辭職,仍有照舊謝恩之例,事故連綿。計初四五間當坐"云云。

(初五日乙卯)臣等又就兵部朝房,則適尚書蕭大亨、本部左侍郎王世楊、户部尚書楊俊民、右侍郎陳渠、刑部左侍郎謝杰、都察院左都御史温純、左副都御史郭維賢、左僉都御史陳薦、大理寺左小卿甘士价同在一處。令李彦華隨下人入内,逐位呈文,仍告曰:"陪臣等欲陳小邦被誣冤痛事情,方伺候外頭矣。"諸官覽呈文訖,因言"朝房非便,陪臣可免見"云。蕭尚書看到呈文内序末揭成化紀元處,楊俊民問:"所謂序,何序?"答曰:"此《海東紀略》序文也。"彦華即告曰:"陪臣等今方帶來《海東諸國紀》,老爺若取見其書大明年號處,則可知贊畫之誣捏。"蕭曰:"諾。"彦華取册納之,蕭手示楊尚書曰:"序末有大書成化處,卷末又有大書弘治處矣。"彦華因指正德、成化、弘治而告之略如前日閣老前所陳。且曰:"老爺若查此款,他誣自著。贊畫謂小邦招倭誘倭,交倭黨倭,此果近理語乎?小邦自箕子受封以後,至今千有餘年。以禮義稱之,以忠順稱之。寧爲亡國,豈爲情外受枉,抱窮天極地之冤痛耶!"蕭顧左右哂之。温純曰:"爾們揭帖情事,件件都老實,我們也不信丁贊畫之言也。"楊尚書曰:"這《海東諸國紀》不是丁贊畫之所指,他别有《海東紀略》矣。"又曰:"你國人與倭同心,反射天兵云,是否?"對曰:"豈有此理?當倭賊焚蕩時,小邦無知小民,不無一二被掠者脅於虐焰,或有放箭者,則有之。今若執此而稱朝鮮舉國與倭同心云,則豈有其理?小的看過山海關外或有遼東人被擄於㺚賊者,反妝㺚賊貌樣,來搶沿邊地方,乍臣乍叛。以此爲遼東人盡與之同心於㺚賊則可乎?”楊笑之。左僉御史陳薦問曰:“你國於倭奴有館待賜米之例,可乎?”對曰:“對馬島最近我釜山,故我國因其關市往來,或賜米穀,不過欲探聽賊情,報聞於天朝計耳。此事亦載國王奏本内矣。”曰:“雖在奏本,亦甚不可。”對曰:“堂堂天朝,以天下兵馬其掃渺然㺚賊,有何難也? 而廣寧之於三衛,或開馬市;遼東之於開元等賊,或給鐵鍋,恐此亦不過爲生靈計。今若以此謂廣寧遼東等鎮交通結黨云,則果近於理乎? 小邦情事,何以异此? 兵興八年,如有招倭入犯形迹,則前後諸將及十萬軍兵胡没没不知,而獨一丁贊畫能知之耶?”諸官皆笑之曰:“知道了。”蕭尚書曰:“你等他處亦有呈文耶?”對曰:“五府六部六科十三道皆有這樣呈文矣。”又曰:“呈禮部耶?”對曰:“時未呈矣。”曰:“火速呈之。這《海東國紀》姑容我披覽後取去。”温純又指序文内稱先王處曰:“此政好矣,至於稱列聖,稱某祖何也?”對曰:“自前代新羅高麗,相傳謬誤,猥加尊稱,非今代創起。其無知妄作之罪,固無所辭。此意亦在國王奏内。”純曰“你將此言傳語陪臣,啓知國王,自今以後,改之甚好”云云。臣等又就工部朝房,則尚書楊一魁、左侍郎趙可懷受呈文覽之。尚書曰:“自有公道,陪臣免見。”又就禮部朝房,則吏部尚書李戴、禮部左侍郎余繼登、右侍郎朱國祚同坐。受呈看過曰:“曉得了,陪臣免見。”又就十三道朝房呈文,則御史趙士登、何熊祥等二十員會坐,答與六科同。又就通政司朝房,則通政使范崙、右參議章尚學看了曰:“你等雖不呈文,昨日兵部抄送爾國奏本於我衙門,事情已知之矣,陪臣免見。”又就五府朝房呈文,則都督掌府事徐文璧等答與吏禮部同。各衙門呈文呈訖,臣等還就兵部朝房門外伺候。俄而,諸尚書侍郎察院等將詣東闕出門外,臣等即進跪於前,令李彦華告曰:“陪臣等欲將冤痛事情,面訴下明,望老爺可憐見。”楊俊民曰:“陪臣等且勿跪。”我們方作揖,揖後禀之。揖畢,蕭尚書曰:“陪臣勿爲拜禮,衹行兩揖可也。”臣等即起兩揖,還跪,令李彦華告曰:“自古國家滅亡,代或有之。而君臣倫紀,不容一日泯滅。

苟得罪於此，則將何以立於天地間乎？千萬古以來，未有如這們寃痛底事。適聞今日將會議，望老爺曲加憐察，特許昭雪，以慰舉國君臣上下寃痛之情。”蕭尚書於衆中顯有喜聞之色，臣等每一開話，尚書輒顧左右諸老爺。諸官曰：“陪臣起來。你國事情，盡知得了。”蕭尚書又曰：“我們已見呈文，陪臣可即去吏禮部面禀。”臣等再往禮部朝房門外，則吏禮部官與蕭尚書以下諸官於門外交揖，分左右列立。臣等趨進階下，欲有所陳。余侍郎繼登，色甚不平，麾使退去，臣等不敢開説而退，仍往禮部伺候。俄而余、朱兩侍郎自會議所來坐堂，臣等行見堂禮，再拜訖，仍跪呈咨文，又呈免宴呈文，令李彦華告曰：“今日陪臣等於闕内朝房呈文，固知事體非便，而爲緣情理切，冒昧瀆擾，惶恐惶恐。”余侍郎曰：“知道，起來。”臣等即退來。

（初六日丙辰）日晚序班韓承勛來館曰：“俺從人有與闕内朝房吏相連之路，聞昨日在闕會議時，諸老爺同會，相視未語前，蕭尚書先開口曰‘此事該部當宜專掌領議，而俺方在贊畫中參，不敢有所’云云。第袖中有朝鮮陪臣呈帖，即出之。左右諸老爺俱曰：‘我們亦見此文。’皆出之而會議云。議本其日即入，或云各衙門呈文同封俱入云。”出於傳聞，未可盡信。

（初七日丁巳）日晚黄主事大節坐行臺，臣等令李彦華告曰：“陪臣等鎖在館裏，未知前日會議何樣處置。闇禁甚嚴，不得打聽。惶恐敢禀。”答曰：“我亦不知如何。你們候候，朝廷自有處置，自然知道。”又告曰：“國王咨文一道，迄未呈堂，極爲悶迫。聞明日兵部當坐云，請出票帖。”即出給之。又送銀箋，求買紙筆，稱袁翰林欲得之。以紙五束、筆十柄送之。

（初八日戊午）令上通事南胤咸、押物通事李承尹、李元龍等賫方物進呈。主客司郎中臧爾勸無弊監受，臣等則詣兵部。時尚書田平、左侍郎許孚遠俱在外未來，祇右侍郎王世楊、兼署尚書蕭大亨進堂，各在火房，許令進見。臣等先令李彦華告曰：“頃日闕内，陪臣等極知事體非便，而爲緣小邦情事寃痛，冒昧略陳。其餘零碎之言，不敢更冒清嚴，惘嘿退來。今又有未盡事情，另作堂呈，敢此投進。外又有口禀之事。”尚書即下椅子，進立門限。臣等將行再拜禮，尚書曰：“祗行揖禮。”臣等先行一拜，而因尚書分付又行兩揖禮訖，因跪呈咨文。尚書曰：“本部連日不坐，故你等呈咨延至此日耳。”臣等又呈呈文，尚書受了，曰：“知道。儞等口禀何事？”臣等齊跪，合李彦華禀曰：“今日老爺適在火房，不比闕内大會之嚴。海外遠人，受寡君之命，跋涉千里，祗爲欲下萬古無前之痛，不得不盡陳所懷。此外又别有最所寃痛者，丁贊畫目寡君以‘沉湎’等八字，此則天朝大官邢軍門、海防道監軍御史、科道、提督以下文武諸將官與十萬軍兵方在小邦，首尾七八年。小邦臣民，歡然親接，與天朝人混處一家。地方杳然狹小，又天朝人無處不在，其大小動静，凡百云爲，天朝之人洞然，毫髮皆知。寡君若萬分有一，則軍門以下何獨不知，而獨贊畫能知之耶？此等事情，陪臣不須力辨，以恃有天朝大小，人所共知。豈贊畫獨是天朝官，而其餘軍門以下不是天朝官耶？今日所禀，老爺若或不信，試使在小邦軍門以下大小將領仔細打聽，則贊畫虚妄，自然昭著。蒼天在上，十目難掩，天地間有此寃痛而莫之卞釋，則爲其臣民者，在此天地，生亦何爲？”尚書答曰：“丁家胡突。科道與閣下及俺都條賴的極纏，而况你國王身上，何言不説乎？你等但當做臣子的職分，不須多卞，不卞亦自明矣。前日闕内各衙門諸老爺會議時，無一人説道你國有不是處。或言恭順天朝，或言忠勤朝廷，别無過失云。祗以稱列聖稱祖一事爲不可，自今以後你國再不僭稱極可也，以此等事，小人喜於構捏，若不改之，則怕日後復有小人執此爲辭也。至於沉湎等語，前日已有此説，曾有封使從你國回來者言之。又你國請封世子時，亦有此説，今不須更卞，不卞却是能卞之實矣。且你國雖稱屬國，天朝以一家視之，不以外國待之。若待之以外國，則豈可七八年來發兵發銀，拯濟你國，若是其眷厚哉？今則倭賊渡海，而或者以銀買送云，彼倭賊果可以銀買送乎？倭賊豈肯爲人所賣者乎？此言可笑！”邢爺的意思好，因問：“你等來時，倭賊已渡海否?”對曰:“小的十月下旬起程,十一月,渡海之説中路聞之矣。”“然則你等怎麽遲來?”對曰:“緣奏本有差誤,改書以致少許遲延。又關外各站,車馬不齊,寸寸淹來,比不得天朝塘馬撥馬之快走,故遲耳。”尚書曰:“你國自今以後屯田煉兵,防守海上可也。國中豈無好漢子? 人人自强,則倭亦人也,你亦人也,何患倭賊? 天朝運粮給兵甚難,你宜二三年耕種抄煉,使國勢鞏固,則天朝自可留幾兵,撤幾兵。天朝亦豈可常常防守你國? 今此東路有折了兵馬之説,天朝自有無數兵馬,雖折了些小,豈終未蕩平倭賊乎? 彼無長存久據之理,困也困殺他。”臣等因將《輿地勝覽》付釜山卷指示倭户處曰:“贊畫言與恒居倭户,起兵同犯。釜山倭户,古果有之。而自叛亂之後,我國發兵剿滅,本處無一倭户,今已八十九年。老爺見此則可知事狀矣。”尚書曰:“古雖有倭户,其前則别無搶掠犯順之事,雖有關市亦不妨。今倭奴作亂之後,何乃提起未亂前事也,此不須卞也。”臣等又告曰:“贊畫以小邦誘倭入犯,小邦將倭聲息,即於辛卯聖節使陪臣金應南、冬至使李裕仁節次奏聞,其年又另差韓應寅等,連三次陳奏,想其文書猶在禮部。老爺取而考之,則小邦先告賊情之由,昭然可知。此果小邦交通倭賊情狀耶?”臣等又將《五禮儀》告曰:“此書小邦所行禮文,老爺前不可呈覽。而緣陪臣等情事悶迫,敢此投進。老爺試取而見之,則小邦平日敬事天朝之義亦可以知。”因指示聖節冬至,皇太子千秋迎敕望闕拜表等儀注。尚書覽而喜之曰:“審有此册,則前日闕庭大會你何不呈覽於諸位耶? 此册與《諸國紀》,你須留我,我當證示於諸老爺。”對曰:“俺等非不知有此册,恐大會至嚴,諸老爺見煩,不敢持瀆。今聞老爺盛意,極爲仰感。”尚書曰:“這等册子,你國何不印送於上國耶?”臣等又稟:“前日贊畫所進《海東紀略》與此《諸國紀》兩件書耶? 陪臣等祇知有《諸國紀》,未聞有《紀略》,望老爺許一看見。”尚書曰:“《紀略》已進帝前,部裏無有。大概與此册一樣,其序文亦一樣也。”臣等又稟:“昨日闕内會議一款,陪臣等鎖在館裏,無從得聞,可得討示耶?”尚書曰:“會議之本,已爲上進，今猶未下，當有皇帝處置。大概諸老爺本中有敕諭等語，你們與國王安心。”臣等又告曰：“老爺所言，衹二三陪臣得聞。今若以此衹行回咨，則不過國王與該管陪臣知之。若明降敕書，則一國遠近，大小臣民，皆得快睹。伏望老爺善爲稟覆賜敕，使小邦君臣，上下八道，府、州、縣釋然，皆知昭雪冤痛之意。”尚書曰：“閣下前亦以此意呈文耶？”答曰：“小的等見朝日適遇沈閣老，已爲呈文矣。”尚書曰：“知道，我當與閣下議之。你等亦何不上本於通政司乎？”答曰：“前來陪臣李元翼爲此冤痛事情，上本於通政司，本司以無國王印信不受。小的等今雖欲上本，本司亦必不受矣。”尚書又曰：“你等今日見王侍郎否？”答曰：“未見。”尚書即分付長班曰：“你可將帶《諸國紀》《五禮儀》二册及陪臣等往見於侍郎。”臣等因言：“小的等緣情理痛迫，不覺言語猥煩，致老爺久立，不勝未安。敢叩頭以謝。”叩訖，因行兩揖辭退。與堂所送長班，齊到右侍郎王世楊火房。侍郎亦曰：“陪臣等免拜。”即行兩揖訖，因爲跪稟，如前所陳。則侍郎曰：“知道。會議上本至今未下，前見各衙門諸老爺本中皆有敕諭等語。你等雖不説，稱滿朝大小官皆知你國之情，行當自釋矣。”臣等辭退，又將呈文一道，令李彦華進呈於職方司郎中楊應聘。應聘曰：“此呈文亦呈於大堂老爺耶？”答曰：“蕭老爺前已呈之，蕭爺將《諸國紀》及《五禮儀》轉送於王爺矣。”應聘曰：“你等雖不呈文，滿朝多官皆知贊畫胡突，都不信他。”彦華又稟曰：“會議本上了，老爺衙門再不覆題乎？”應聘曰：“凡賜敕書，禮部及閣老所管，該部不相干也。”呈文之事則知道云。

（十二日壬戌）主事黄大節來坐廳，臣等令南胤咸往稟曰：“日者老爺所求覽《海東紀》，爲因兵部見堂日，蕭尚書要見，因留，久未呈上，極爲惶恐。”主事曰：“自蕭尚書處送來於本部余侍郎矣。堂上官見後，俺等自當次第覽訖，當還云。”其後蕭尚書又送人問《海東紀》，胤咸等曰：“聞在禮部，時未推還云。”其人即向禮部裏去。前於會議東闕日呈文時，蕭亟問臣等禮部呈否，又指揮臣等面訴禮部，今又以

《海東紀》先送禮部，蕭意以禮部非但該掌外國，又余侍郎方擬閣老重望，恐主張廷論故然耳。

（二十三日癸酉）提督來館，令南胤咸委禀曰："前日老爺欲見《海東紀》，願出票帖，委往蕭尚書前訪來呈上，因爲探聽聖旨。陪臣等久在鎖館，無由得聞。敢此冒陳。"提督曰"聖旨已爲準下"云。即出票帖。

（二十四日甲戌）令李彦華詣兵部打聽，蕭尚書適在火房。告曰："小邦奏本上進，時日已多。而至今未聞如何，極爲憫鬱，敢此專禀。"尚書曰："你國奏本入後，聖旨久未下，故頃日會議之時，以聖旨未下之意并爲申禀。到今聖旨并爲論下，當馬上差人送文書，慰諭國王矣。"彦華曰："所謂文書，敕書耶，咨文耶？"答曰："聖旨内移咨國王矣。本部當一面馬上差人專諭，一面你們歸時付送咨文矣。"彦華曰："然則查勘何以爲之？"答曰："你國免了勘矣，衹教徐給事會勘。天兵叙功訖，於你國亦必有詔敕矣。"彦華又告曰："小的前日堂呈之意，則願捧敕書去矣。"答曰："聖旨内已爲移咨矣，誰敢更題？"尚書因辟左右謂曰："倭賊過海已久，你國謝恩何至今不來耶？天朝七八年勞費，皇帝東顧之恩爲如何，而你國不爲大謝恩耶？謝恩之時，必須方物、馬匹等優數上進。先行此大謝恩，次將今次卞誣之事又爲謝恩可也。皇帝明見爾國事情，滿朝諸老爺亦以忠勤恭順稱之。國王席槁待罪，今得昭釋，此不該謝恩句當乎？你將此意説與陪臣，火速爲之。"彦華又告曰："國王席槁待命，日急一日。今得蒙恩昭釋，不勝感激。陪臣欲得火牌，先報國王。敢請討給。"尚書即許之，"《海東紀》《五禮儀》二册則置在刑部裏，明明日你宜受去"云。

（二十六日丙子）令李彦華復詣兵部，受來《海東紀》，因禀移咨遲速，則尚書出給答咨一道曰："昨昨爾請火牌，不知已爲差人先送乎？"對曰："昨已發行矣。"尚書曰："你們幾時回還耶？"對曰："前日聖旨未下，因此久留。今則老爺已給答咨，豈不欲即日趲程？而禮部有多少未完之事。若蒙老爺一言，令禮部速爲處置，則回行應在不日,而不敢望焉耳。”尚書曰“我當送人於禮部”云云。彦華謝以退。

(二十七日丁丑)主事黄大節來館,令南胤咸委稟曰:“陪臣等今此留館,已閲月餘日矣。而昨者蕭尚書又招通事李彦華,出給回咨一道。使事已完,别無他可延之事,望老爺衙門速爲處置,使循例應施節目趁即施行,毋使久滯也。”主事曰:“知道。”

(二十八日戊寅)是日别具稟帖,早食後伺候於兵部。俄而蕭尚書入來火房,令李彦華告曰:“陪臣等承受移咨,欲行叩謝,來此專候矣。”尚書曰:“入來。”因下椅子如前,進立門限。臣等進跪階上,令彦華稟曰:“小邦君臣,横被惡名。一朝蒙老爺善爲敷奏,快雪窮天極地之痛,陪臣等不勝感激,爲此來謝。”即行再拜三叩頭,尚書舉手答揖,仍稱“起來”。又令彦華稟曰:“大部移咨,天朝事體,固知非微末陪臣所敢預知,而至於小邦,所係非輕。竊爲仰稟,嚴莫敢焉。”尚書笑曰:“有何事耶,雖稟何傷?”對曰:“前例,陪臣受得回咨則必先開見,即眷一本,先差人趕報知國王,而正本則陪臣隨後賫還納進,自是常規。故昨者老爺回咨,小的等竊伏開見,則咨内祇載總督、經理、贊畫三本會議,而初五日專爲小邦被誣卞明會議,元本則不之及焉。千里之外,一國君臣上下,何從而知朝廷大會委曲卞釋如許耶?望老爺即將前項論議,添入填書,則前後詳盡,首尾明白。回國之日,國王必應刊入刷板,曉諭一國臣民,以爲後世之昭典。所係重大,故陪臣等將此意欲别具堂呈,而深恐事體有妨,欲令通官口稟,而又恐造次難詳。趑趄惶懼,不敢他計,略具稟帖而來。”尚書曰:“稟帖何害?須出來。”上使即自袖中出而投進,尚書覽訖曰:“初五日會議則果是你國卞誣事情,而此議本上了,聖旨未下。後三本會議則不是卞誣,祇因你們奏本聖旨久未批下之意,本部於後議中帶上,而聖旨亦於此議中帶下,故文書之體,自然如此矣。”對曰:“陪臣等豈不知文書事體如此,大部諭意如此?但陪臣之來,專爲卞誣,而卞誣之議則咨内不載,异時國王祇知聖旨與大部咨意,未知滿朝諸老爺公同會議之盛。前後首末,何以遥度?今此移咨,名爲卞釋,而會議元本不得帶去,則似未詳盡。”尚書曰:“陪臣之稟事,果爲極好。但移咨之内,則行文之體,不可填入。然滿朝諸老爺既知你國忠順朝廷,禮義藩邦。國王奏事,件件老老實實;天朝卞釋,件件明明白白。聖天子既已明見萬里,洞燭無蕴,前項會議之添不添不打緊,多官之論議如此,皇上之特許如此,何必咨内添入此一款後方爲明白耶?然爾意如此,我當另寫别紙以給之。後日勘合之時,爾當討去,回報國王。但當爾國仰體聖天子字小德意,曉諭臣民,自今以後,務盡臣子職分可也。”彦華對曰:“老爺再三分付,諄諄鄭重。陪臣等尤不勝感激,叩頭以謝。”叩訖,尚書即稱“起來”。仍曰:“倭退已久,謝恩陪臣何至今不來耶?爲因爾國被賊,征東兵馬七八年之苦,聖天子勞心七八年之久,多多少少,緣何不快快來謝耶?”對曰:“國王想已立等差送。邢爺且在王京,安敢使有少遲?祇慮道途之間,人馬不齊,以致如此遲久耳。”尚書曰:“你們常時何不少帶人快來快去,而乃至緩緩遲了三四月?此咨文亦如此遲去否?”對曰:“陪臣等辭朝回到通州則抄出此咨,另差通官二人晝夜馳報國王,而原咨則陪臣持去矣。”尚書又曰:“天兵久在你國。天朝亦有西賊北㺚之患,欲撤此兵而用之。你國勿靠天朝,須自强自立。天朝亦豈可長替你國永遠防守也哉?且你等來此不省看乎?内外城垣,烟臺瞭望,防備抄煉等事,係皆安不忘危。你國亦宜效法天朝,煉兵屯田,防海設險,以備不虞可也。若後又有倭變,何以當之?而今而後,自家勉强。天朝大官將官,於征東一事,被壞了多少,你們亦不見乎?功未成,人言洶洶;功既成,又有胡説許多。大官都耐不得也。”又曰:“你們幾時起身耶?”對曰今日將速發之意,“令通官委稟於禮部矣,第未知何日準許發程也。”又告曰:“老爺爲小的稟事久立,極爲未安。而小的等亦蒙昧,屢將憫迫,干冒崇嚴,死罪死罪。”又叩頭以謝。尚書舉手答之曰:“知道了。”臣等辭退。其稟帖曰:陪臣某等,跪稟於大司馬老爺台座。伏以小邦蒙被惡名,莫能湔滌,幸蒙老爺敷奏之恩,聖旨特許移咨慰諭。小邦窮天極地之痛，已得昭雪。卑職等感激歡抃，不知所言。今次咨文，是實小邦卞誣之成案，當頒示國内，傳之永久，以爲後世之昭典。第有一事不得不仰禀：總督、經理、贊畫三本會議與國王所奏卞誣會議自是别件事。今以聖旨帶下之故，不舉卞誣原議，祗舉後議以爲咨弁。竊念初五日原議則專爲國王所奏，其於卞誣之事，必有多少論議，而不得并揭昭示，今若於咨文之首添入此議，則前後首末，備盡明白。小邦臣民，聚首快睹，皆知天朝諸老爺論議如此如此，皇上旨意如此如此，大部咨意如此如此。群疑頓釋，無復有一毫餘藴。則當刊行廣布，曉諭通國，以宣揚我皇上字恤之仁，豈不幸甚？此在老爺一言分付，而於小邦觀瞻所係極重。兹敢仰恃鈞慈，干冒叩禀。伏乞即將咨文添入原議，俾職等榮於歸報，不勝惶恐懇祝之至。是日一面差南胤咸詣禮部，隨投文牌。欲有所陳之際，郎中臧爾勸先問曰："朝鮮通事何以來耶?"胤咸對曰："爲因今日點名於司務廳，而老爺前切有禀事。小的等來此已是月餘日矣，而又已領得兵部回咨，所未完者，本衙門題賞等事。兹憫敢禀，伏乞老爺作速處置，劃即回去。"郎中曰："你雖不言，我亦知之。但你國序班盡爲差出未還，現在者，又皆未升實差。不得已他外國序班中試才擇定，快速打發矣。"胤咸叩頭而退，竊聽於該部下人，則"時存朝鮮序班等，前者護送你國陪臣時，所經各府州縣及察院等衙門，多有失禮之事，貽累於本部。故今次郎中必欲擇得諳煉者許送，如是試之"云云。

(三月初八日丁亥)副使宣文元以主事意通于譯官曰"《海東諸國紀》，知你無别件持來者，令下人誊書一册，你須爲我查準見許"云。規其册子，自頭至尾，我國諺文翻譯，皆爲誊出矣。令南胤咸、李彦華詣告曰："陪臣留此，不日不月，受了移咨，又將一旬。望老爺於臧郎中處或移帖或面議，夬速處置出送，不然俺等願得票帖，面懇於諸爺。"大節曰"你雖不言，我已料。你有此苦留之憫，不獨臧郎中，已與余侍郎言之矣。天朝於你國，視同内服。凡干接遇，務從優厚。至如賞賜等物，必須各衙門題準，然後該部當爲俵給，故以至此也。我且再言於余爺、臧爺，何必煩你等出入"云云。

（十三日壬辰）一行詣闕領賞。提督主事黄大節入來，朝房門外俵給之，行兩揖退來。是日主事以朱筆適批告示一張，委屬可問。令李彦華禀曰："老爺告示之意，泛舉各館序班及本館副使約束等事，未知緣何事而有此曉諭也。"大節初若有未解聽之色，彦華再禀之，則大節曰："這示乃爲三衛㺚子而爲之，於你們本不相干。"彦華曰："小的等常時來館，則凡係於天朝所以接遇遠人之事，無大無小，陪臣必一一歸啓國王，故兹敢反復詳禀。"大節出告示示之曰："你可持示於陪臣，則可知於你實不相干之意矣。"

（十四日癸巳）詣闕謝欽賞。令李彦華往兵部禀蕭尚書曰："前日陪臣所禀會議，老爺有另單分付之教，今欲討去回報國王。"尚書曰："知道。"即請職方司郎中楊應聘，論議良久後，招謂彦華曰："我與同僚相議，則朝廷文書，私自抄出，傳送外國，體面非輕。既有咨文，又寫另單，似涉非便。你將此言，傳説陪臣，則陪臣自然知事體如此也。"尚書又曰"爾國謝恩奏本，何至今不來耶？你等若於路上相值其使，須以星夜快來事言之"云云。彦華退來，時本部中門外有一聽差官把總楊應春者謂彦華曰："你國祇保楊經理，不救石尚書，是何道理耶？石爺功勞不及於楊鎬耶？天朝自當處置，你國救不救，都不相管。但你國道理則恐不宜如此没了人情耳。爾須傳説宰相，轉啓國王可也。"彦華問曰："目今朝廷論石爺當如何？"差官答曰"爾國謝恩奏本來後，當爲處置，今未知如何"云云。

（十五日甲午）主事黄大節以抽查㺚子開市事來館，令李彦華、南胤咸委告曰："小的等既已領賞，又已謝恩，事已完了。而聞今日則以大朝會，不敢辭朝。望老爺速處，俾明日呈單，明明日詣辭，仍爲發行，如何？"大節即依所告分付館夫，又招李彦華問曰："《海東諸國紀》稱天皇者何人？稱國王者何人？"彦華答曰（缺）

（十七日丙申）日晚，兵部聽差官楊應春直來館裏，見謂臣等曰：

“俺昨日往刑部見石尚書,言適值朝鮮通官李彦華,傳説陪臣,轉啓國王救護之意云。則石爺一聞其言,眼淚另下。仍言我專爲朝鮮,既不妄費朝廷錢糧,又不妄殺官軍。以征倭之事,妻子遠配廣西,父母妻子不相見者累年矣。祇有一子,年至十二歲矣。”又云:“朝廷亦知石爺的有功,萬一你國王上本辭一辭,引進一綫路如何?要須宰相傳報國王,秋來又有(缺)使此時行次上本如何。”臣等以歸當轉啓之意答之。

(十八日丁酉)早食後再往禮部,則余、朱兩郎日晚始坐。辭堂行禮後,余侍郎招通事李彦華謂曰“你陪臣歸啓國王,天兵久留爾國,徒吃酒肉,不中用决矣。自今以後,爾國自當修築城池,操煉軍兵,以爲自强之計。毋使天兵久疲爾國可也”云云。辭後,即出館裏,治行發程。

一一、李恒福《朝天録》

【解題】

《朝天録》二卷，李恒福撰。

李恒福(1556—1618)，字子常，少號弼雲，或稱清化真人，晚號白沙，又號東岡。籍貫慶州。二十五歲，擢庚辰文科，權知承文院副正字。三十七歲，壬辰倭亂起，與李德馨請奏明朝援兵。四十三歲，爲陳奏正使赴北京。《朝天録》是李恒福於宣祖三十一年戊戌(1598)因明朝兵部贊晝主事丁應泰誣陷朝鮮事爲陳奏使往返北京之記録。十月二十一日辭朝，十一月初十日到義州，留義州，待改奏本。十二月初六日渡鴨緑江，十二月十二日入遼陽，己亥(1599)正月二十三日始達北京。留京四十七日，三月十八日離京，四月二十四日越鴨緑江，閏四月十三日抵漢城復命。其中"記聞"多有與中國官民筆談記録。

兹以《白沙集》爲底本輯録資料。

余到鳳山宿。時姜兵使德輝解官居閑在本郡村舍，聞余過，乘夜來訪。談間，姜言："往在己丑八九月間，鄭教授碏一日乘醉來訪，勸姜乞郡居外，曰：'不過數月，朝廷大禍作。縱不及汝，鄉鄰之門，亦不須親見。不如遠避，仍言及於余。'鄭云當作黑頭相，不遠大升。其人入相時，國家當大亂。作相於國事既去之後，其將奈何，必將搔首過日矣。"余怪問："鄭頗知卜乎?"姜言："相知甚熟，未聞能解也。"余問："不然，何若是神耶?"姜言："我亦當時怪詰其由。鄭但笑云：'君焉知我之所以知也，我自然知之。'"

有賣紙人姓姜者，出入親家，頗有分，亂後不知流寓何處。余住龍灣，姜市人來謁。自言納粟升堂，帶緋頂玉，儼然一大夫也。臨別泣言：“未死得重逢，天幸也。老漢今年六十九歲，此後又遲八年而死。國事寧息，倘得再謁。”余怪問：“爾何能的斷來期？”姜言卜者云。余笑曰：“固哉！何能準信。”姜言：“老漢年十七時，新得妻，甚愛。一日，妻父之弟携從侄，往卜於姓金人。老漢亦請往，仍與同往。金於囊中出一書，翻閲數次，指妻父弟曰：‘七十六不死，當到八十三。’次指從侄曰：‘七十三而逝。’老漢仍以妻命請卦，金云：‘六十而逝。’仍問：‘時月亦可言歟？’金言：‘十月死。’仍問：‘我壽幾何？’金言：‘七十七。’其後妻父之弟果八十三，從侄七十三而逝，獨醜妻遭亂得活。癸巳年，適丁六十一之期，而到十月猶康健無疾，自念金卜爽矣。其年十月念後，因小恙果不起。金凡卜三命，一一符合，於老漢何獨不然？是以知之。”

燕京有賣書人王姓者，每朝鮮使臣到館，必出入賣書。一日，余散步外廊，王抱書數十卷來賣不售，則因來要余曰：“宰相可買此書。”余紿曰：“我不識字，買書何用？”王曰：“文進士何故不識字？”余曰：“我實非文官，本武官。蔚山之戰得了三十個首級，升一品假銜閣老而來。”王頷之。自後每遇余，敬之差减於前。

吾等一行留會同館五十餘日，朝貢㺚子六百餘名亦留北館，與吾等一行下人顔情稔熟。一日因事館門大開。㺚子數十餘人紛然來觀，如是者數次。余令譯官問之。遼人居十分之八九，其中真㺚，僅一二而已。回問：“頗戀本土否？”答云：“父母妻子皆在中原，豈無思戀之心？但胡地風俗比中國十分醇好，無賦役，無盗賊，外户不閉，朝出暮還，自事而已。其與居遼役役不暇者，苦樂懸殊。苟活目前，不思逃歸耳。”後數日，到通州，有賣書人來過。仍言近來㺚子朝貢過此者，極求書册，尤好醫卜等書云。

一二、魯認《錦溪日記》

【解題】

《錦溪日記》，魯認撰。

魯認(1566—1622)，字公識，號錦溪、錦里，咸平人。朝鮮宣祖三十六年(1603)武科及第。歷任水原府使、黄海道水軍節度使等職。丁酉年(1597)再亂時，在南原城之戰中被虜至日本，三年後逃至中國，在武夷書院講習，己亥年(1599)返回。《錦溪日記》記録此行見聞。

《錦溪日記》爲筆寫本，羅州牧鄉土文化研究會1999年5月在太陽社影印出版，兹以此爲據輯録相關資料。

三月初七日，晴。旬三日，乃發船之吉。一舟行李，盡載船上。日暮，屏山書示曰“上年唐船回棹時，潛引朝鮮人，帶向大明。倭奴知機，搜覓船中，果得朝鮮人三名，而一名則□村，倭家所養人，故即斬之。二名則他□自來人，故不斬。□奴而唐人帶去者，則倭奴困辱”云云。□□嗟嘆，我臨履之怯者，自此倍切。

十二日，晴。早起，書示陳、李曰：“倭雖搜船，我思得一奇策，未知僉君其肯相應否？”陳、李曰：“有何奇策？”余曰：“夜潛乘小艇，先出十里許小島，以待倭奴搜船。入□□□，我挂風檣。入海之際，我迎出中路，追乘貴船，□□□□，若然可謂奇謀。”“然爾何以謀得小艇，又何以得篙子乎？”余曰：“此村中偶□□□□□□□工數三人，我曾與之潛結，牢定秘計。僉君終始□□□，上小艇不難矣。”陳、李曰：“爾誠貫日月，更得生還而□，吾等當與柯公密約以决之。”我即起欲謝拜，陳、李以手□，使不得拜焉。

十五日，晴。陳、李盛備酒肴，月夕邀客，酬酢以禮。俄而，陳、李與客稟問曰："有一朝鮮六品官者，姓魯名某。丁酉之亂，父母兄弟妻子并二十餘骨肉，皆陷賊鋒，而渠獨瓦全，俘入此土而未能生還。日夜血泣，行人所見，極可矜憐。況爲人能詩文，善字畫，又多義氣，蓋渠之至願，則必與吾輩同舟渡中華，所探倭情，上達天朝。俘民之在日本者，盡數刷還，然後以回船。"曰："復讎之機云云，寃懷通天，其誠壯矣！未可與斯人同舟乎？"客曰："其人今在那裏耶？"陳、李曰："在這店中。"客曰："叫他來，叫他來。"我整衣冠出揖而坐，客曰："儞本何邦人，所業何事，而緣何而入此土也？"我即以當初與陳、李問答之辭答示。客曰："相儞之氣像，果不莽蠻夷者。將與吾輩同舟渡海，則福建軍門必夫馬護送北京。"我即起拜而謝曰："不佞之至願者，衹在此耳。"客勸酒□□曰："更勿疑慮，吾當帶回。"陳、李亦欣喜謝客，而因言潛出浦外，以避搜船之患。則客撫掌嘆曰："奇哉是計，但願諧矣。"因唱歌彈瑟，大醉忘形。我即綴一絶，客吟咏嘆之，再請，大杯而罷。我與陳、李共出門外而送之。月已中天，風色順矣。"數曲清歌和寶瑟，遠客良宵宜可樂。如聞仙樂白玉京，海天風順月分明。"

十六日，晴。早起，問於陳、李曰："昨夜客如何客？"陳、李曰："是福建軍門差官也。姓林名震虩。"又問曰："幹何事而來耶？"答曰："所幹何必問也，儞則衹感帶去之德而已。"我曰："雖然既無足下洞照方寸，忘形百年，則有何忌諱事乎？"陳屏山示之曰"吾福建軍門都爺（都爺乃都御史），鴻圖偉略，明見萬里，故竊爲朝鮮以濟其危難爲己任。"賫付白金八百兩於林震虩，使之漁子行商，潛入薩摩，厚賂許義厚（義厚乃福建漳州人，今入薩摩，爲石蔓子醫師者，此所謂壬辰初，賊情□□天朝者）。因反間於倭將石蔓子曰'日本無故起兵，非徒殘敗朝鮮，不有天子之威，逭不胥逋，故聖皇帝赫然加怒，特命兵部尚書，差征倭元帥，統合秦、楚、燕、韓、魏、趙及西戎、北狄等國，具甲精兵百萬，出山海關，渡鴨緑，蕩復釜山。然後，因直擣對馬、日歧、西海大島。又命都察院都御史，差水軍都統使，以閩浙、湖廣、雲南，沿至吴越舟師爲一萬艘。又徵琉球、暹羅、安南、交趾、佛狼機西域等國水兵萬餘艘，直入薩摩州，必蕩滅日本，窮問討罪，嚴示以天下爲家之義。使日本諸倭畏服天子之鴻威，然後已’”云云。林公果以此分付，通於許公，且以厚賂甘説。許公即親到朝鮮泗川地，反間於石蔓子，如此如此。石蔓子信聽驚惧曰：“蓋吾州曾於元朝舟師渡海時，獨被大禍。當此空虚時，大明舟師倘或直渡，則勢如壓卵。”疑惑大驚，即撥兵回來。“蓋林公智慮深遠，大成天下奇功，風骨軒昂，氣宇倜儻者，是以見爾之容貌，勇决同舟，爾可隕絶否？”答曰：“從此可得生還，則必當爲二足下建立生祠，限百年香祝，而林公亦與之同祀也。”陳、李笑曰：“吾等之帶爾，豈有他意？祗愛君之忠孝而已，何念他哉？”我曰：“吾亦已知無他念，以我之情言之，豈無是心哉？”屏山曰：“落地皆兄弟，何必骨肉親，夢見父親兄弟也。”

二十八日，晴。早朝，舟人大喜，各整衣冠，指點相望曰：“那邊山乃吾家山。日未午，當到泊矣。”林差官教舟人曰：“往來船人，如或相問，則以軍門差官答之。”瞥許，已到港口。村村老少争出呼問曰：“此何樣船耶？”答曰：“軍門差官自東海回矣。”村人顛倒歡喜，或登屋上而望，或來船頭而問曰：“吾父吾兄亦來此船否？”舟人亦曰：“吾家吾屬皆好在否？”招招答問，到泊浦港，佩壺來慰者，連絡不絶。俄而，有一將官，戴帽腰金，乘六人轎，捧□□一雙，多率健步（健步，使令）十五餘雙，及趨從百餘人，盛備威儀，疾行來問曰：“此船自何方來耶？”林差官亦整衣冠下去，與將官相揖，對椅而坐，答其所幹，細陳曲折。則將官曰：“雖軍門差船，然自日本往來，則船中人物及物色等，一一查點，然後轉報各衙，乃訊防將官之規例也。船中一一查點。”林公曰：“我專以間牒往來，萬無可疑之人。但朝鮮六品官，一人俘入賊土，見我號訴曰：‘依爾渡海，所探倭情，上達天朝，而因由故國，欲圖預備復讎之策。’日夜血泣，其志壯矣，真誠忠矣！故此人所率俘人三名及天將董提督在朝鮮戰敗時，被擄敵軍三名并七人帶回船中，此外更無疑端。"將官曰："叫他來。"我即出，下去再拜。將官書示曰："爾是何國人耶？若朝鮮人，何不直渡本國，而枉來萬萬里他國乎？"我答示曰："弊邦雖鶍鵜草木皆被倭禍，況我則丁酉秋，父母、兄弟、子侄、妻孥并二十餘，皆陷賊鋒，而認獨幸免，未得共死。於一時擄入賊土，探察情勢，則秀吉雖死，餘賊憤耻，狼心不悛，不可以姑退，永謂之廓清。擬哭秦庭，詔彼吴宫，故潛托愷悌君子林先生之船，苦渡萬萬里鯨波矣。"將官曰："果是朝鮮人。"又招孝淳等三人。我曰："一人全羅道興陽縣人，一人慶尚道密陽縣人，一人乃王京人矣。"俄而，董提督俘兵三人自進將官前，以漢語細陳來歷根本。將官曰："林君之言信矣。"次問日本事情，我以筆略陳大概。將官帶吾等七人及林與陳、李回去衙門。茶禮後，因命杯酒，求我以詩，我即綴二絶。將官吟嘆之。

其　一

一葦遠放扶桑下，便到中華日未旬。鼓角轅門聞號令，俘人亦迎太平春。

其　二

雨過汀洲景物新，楊花如雪覆青蘋。樓船泛泛閑無事，士卒都稱李牧仁。

二十九日，晴。把總早堂（早堂，早衙）後，招林差官茶禮後，又招我。林公曰："此人非但能詩文，又善相人。"把總大喜，因命設酌。水陸之味，滿盤盛備，勸我用權。我起辭之曰："我國凡人一遵朱晦庵家禮，而況喪制三年，自天子至於庶民，無貴賤一也。我雖流離顛沛之際，何敢自毁於一刻？"把總曰："爾未知處身之道也。爾有身，然後可盡忠孝。萬死之人，真一病生，儞命可畏。"我未及答，林公揮手曰："此人雖在賊土，以喪禮自律，況渡海之後，更加守禮，不須强辨。"把總曰："朝鮮文獻之稱，信非虛矣。"亦命蔬果，以陳我前，又命下即製白衣白冠，許之。我起拜謝之。把總亦起拜曰："不敢不敢。"我書曰："鄙人渡海，都是林先生及陳、李之德，願將一杯分送於陳、李也。"把總即招陳、李許坐，命酒曰："儞等帶魯回來，必享陰德。"陳、李曰："小的等本非放外貿賣者，自少志學，四十無聞，不得已，欲游海外。偶逢知愛，遂得渡海。然倘非林大人之德，安得到此哉？"日晚，把總回衙時，命門子曰："朝鮮官不可獨宿空館，當命一門子陪宿。"我回舍館，厨子是夕飯我，醉不能食，與陳、李共分食。夢見雙親兄弟也。

三十日，晴。早朝，衙門書字、門子輩皆會我館，或要字，或要詩，看像①，持壺果、紙墨者多矣，納拜帖者亦多矣。早衙後，把總又招林君及陳、李而問曰："朝鮮官看像妙得否？"陳、李曰："妙，妙。"又招我許坐椅曰："明當入送軍門，儞當安心□以□□□□。"俄而，命門子挂一畫幛於壁上，顧我曰："儞國不尚畫耶？"答曰："騷人墨客皆喜畫。"又曰："然則儞亦喜畫耶？"答曰："我則未熟畫格，但喜看畫。"把總曰："此畫如何？"答曰："妙哉，妙哉！"曰："此畫果是吾八歲童子之畫。"遂招其兒，使我看像。年甫八歲，英妙奇兒，隨像而相之。把總大喜，又要相自家之像曰："功名得失，不須相之，而衹相産子幾介，終孝耶？"我曰："衹有二子云爾？"則又曰："儞亦知命深否？"以"不知"答之，則把總命一小櫃開示，推命書曰："卜者曾以二子推定，今儞之言，亦與卜書暗合矣。"又請題詩於畫幛之頂。我辭之曰："公子寶幛，豈可污之以偏邦拙吟？"把總固勸，而陳、李亦勸，不得已，題五言絶。把總曰："此兒之畫更加貴矣。"

① 即"看相"。

少少丹青手，奇奇妙入神。龍種如噴血，騰踏緑楊春。（畫以□□□□龍馬，故云）

（四月）初四日，晴。早食後，與林、李、陳進於海防官衙門。先呈浯嶼寨把總文牒，次呈吾等來歷及日本賊情，則海防曰："儞不死賊中，而得達中華，儞命貴矣。"呈文即送知府衙，則知府即送人招我。我即進知府前。知府問曰："平秀吉丁寧死之，而屯高麗諸賊果皆退去耶？"我以筆答曰："秀吉積惡盈貫。"去戊戌七月十七日，以天殃不意暴死，諸賊秘不發喪。同年十月，在朝鮮之賊怯於天將之威，一時宵遁，而新關伯則家康，稱號倭。因秀吉臨死之言，自襲爲關伯，然諸倭憤耻，衆議紛紜。前頭之事，未知如何矣。知府曰："天將幾度接戰，幾度決勝耶？"答曰："李如松大捷平壤後，朝鮮都元帥權慄連次大捷。癸巳春恢復三都，天威大震，諸賊一時退屯釜山。丁酉秋，秀吉更欲肆毒，添送精兵六十萬，而先鋒直到全羅道南原，陷楊總兵陣。又直向京畿境，天將麻貴以鐵騎七千，軍於天安縣廣墅，電擊鷹拍，大破先鋒。諸賊退遁釜山沿海列邑。戊戌秋，水兵都提督舟師直進南海等處，多破倭賊退歸遁之船云云，而麻提督又進蔚山縣倭陣，環而攻之十餘日，倭賊亦多見敗，故同年十月盡數撤還。蓋天將勝捷不一而足。噫我天威，豈可以口舌形容哉？"知府曰："若然，倭賊更無再動之勢耶？"答曰："虎慾狼心，何必信也？"知府曰："儞言近理。"即命門子磨墨張紙，使余製詩。我曰："偏邦拙吟，何足觀哉？"知府曰："已因林差官備聞其能。"我不得已，題四韻一律。知府吟咏佳嘆，賞銀十兩。我謝拜而出。陳、李大喜，携手傳寫，而詠之曰："儞之所作，到處皆佳嘆，吾等亦生顔色。"

春晚皇州白日明，繁華文物供昇平。威儀珍重衙常静，風俗雍熙政自清。

桃李開時遍錦綉，貝樓隨處盡簪纓。武城雲獨弦歌地，今日家家誦德聲。

初五日,晴。我以五錢銀子盛備美酒佳肴,與陳、李叙别曰:"倘非僉君弘仁高義之德,何敢到此中華父母之國哉?再生之恩,粉骨難報。"詣所親酌,起敬三酌,則陳、李亦各起詣所。請答三酌,曰:"一見异域,萬里同舟。情孚意熟,有同骨肉。今將欲别,可不消魂!"君須贈我以别詩,更留别後之思。我立吟一絶,以題其扇曰:"相逢异域窮陰日,丘山恩德將何報?相别中華春暮時,滄海深情一首詩。"陳、李吟咏,曰:"一首詩中萬重情思,脉脉相看,黯然倍切。"我以四兩銀子謝慰别懷曰:"二君當歸家之日,别謀新釀,盛會親舊,相咏伐木,痛飲消遣,以爲一場歡樂。"二君固辭不受,曰:"吾等當贐行者,禮也。衹緣遠遊不利,囊槖俱空,未遂情義,深以爲愧。豈可反受足下之賜也?"我又固勸曰:"今已登程,萬里可凌,况男兒到處,何患口腹?"又以自東帶回寶劍二柄各贈二君,以示古人方寸一古劍之義。二君揮手極辭。林差官曰:"魯君之言,皆激忠義,二君何必固辭哉?"二君曰:"感情而不感物。"欲起謝拜,我執手出之曰:"朋友之賜,雖千金車馬,不辭不謝,况如是微細之物乎?"臨歧將别,二君亦皆悲灑。各以菱羅段一匹贐之,我苦辭揮手,則二君大怒,進贈於奇孝淳行李。林君曰:"却之亦不恭,君亦不必却之,我亦不得已受之。"林君曰:"今日叙别,古人高義。此别之後,豈望更見而然哉?令人不覺觀感。"携我手催向海防衙門,受來水驛牌文。陳、李亦催歸家,街上相别,而我使奇孝淳等羅伏於道,再三叩頭。陳、李并去,執手起之,使不得叩之,曰:"不敢不敢。"殷殷相别,再再摻□而分。

初六日,晴。早起,馳向興化府。行至北門之内,道傍有嵬然,仰視題額,乃朱文公生祠堂。即駐馬問於市人,答曰:"晦庵莅此堂時,所建生祀堂。"我又問曰:"此何縣耶?"曰:"此乃東安縣也。"□□弘仁,愈久不忘。永慕敬祭,迨今如昨。又問曰:"祭於何時?"答曰:"蟄驚霜降矣。"我即下馬入庭,四拜而出。左右曰:"儞那裏人耶?"

答曰:“我本朝鮮人也。我國凡禮,一遵朱晦庵家禮。”左右嘆之曰:“爾幹何事而來耶?”林差官略陳我來歷,左右尤嘆,萬死餘生。出城揮鞭,日暮而宿於驛店,所經三百餘里云。

初九日,雨。左右水田處禾穗將半秀出,怪而問之。差官曰“地雖南盡,風氣早熱。四月念間落種,五月收穫,而五月再種苗,十月又收穫,一年之收,禾實倍出”云。日未午,約入福州省軍門街前,則滿城繁華衣冠文物之盛,口不能形容矣。林差官帶吾等館於渠之舊主人家。主人歡迎大喜曰:“何日自日本到泊?”差官曰:“如此如此。”又曰:“吾們孩子無恙否?”主人曰:“好在好在。”差官急以主人小僮招其子。俄而,其子顛倒走來,執其父手,驚喜墮淚,其父亦悲墮。我以筆納問,則主人亦以筆答曰:“林君本以漳州海澄縣儒生,而與其縣卿官(卿官乃前朝官)有隙,羅織禍網,以疑獄久囚四年。軍門都爺(都爺乃軍門以都御史,故云)明斷曰:‘爾獄疑訝,不可空放。’質其子於軍門坐營(坐營,從事官)司,而賚白金八百兩,許送於日本,使之反間於石蔓子。故今已回來,與其子相歡喜如此矣。況好涉萬里鯨海,遂成奇功者乎。”林君謂我曰:“明明日乃軍門開門而早衙坐堂之日,爾之來歷根本,精書正字可也。”答曰:“曾已書矣。”差官曰:“軍門都爺乃一省中都御史而兼軍務萬事。大司馬,極高之位,凡□□□□□□□□□雙親妻子也。”

初十日,晴。我卧樓上,獨吟困倒,左右鄰里欲聞我國及日本事情,多會樓下。先見孝淳等,曰:“誰是能文人耶?”主人曰:“他則獨卧樓上。”主人上樓曰:“鄰有秀才輩,欲見朝鮮官,聚到樓下。”我整衣冠,下樓而迎接,皆英妙端士。相讓上樓,以筆相話曰:“足下自日本來,果是何邦人耶?”我示曰:“我本三韓客,今看中國士。生還萬死餘,胸次即寬舒。”秀才輩見之曰:“果是朝鮮人,願聞朝鮮風教及日本倭情。”我略陳大概。差官自外上樓,又陳吾慘惻全家之禍、俘入萬死之狀。秀才等皆不覺悲憐,即令主人謀得一壺酒,勸之□□。蓋中國秀才之義氣,如此忠厚矣。

十一日,晴。早食後,林差官帶吾等四人進去軍門,時未開門,而一省(一省乃一道。蓋中國大明太祖統合寰海之内,分爲十三省,此道福建省,古之閩邦也)各衙諸相皆會於改服廳,而千總、把總、百户哨官等,亦皆聚於其廳。俄而錚鼓簫管,一時并奏之,問則曰:“軍門掌三號也。”門即洞開,差官引吾等進去門内,則門有五重,大厦高閣翼然崢嶸而威風。號令及庭下左右,列立牢子健步(健步,使令)等五十餘雙。各色戈干旗幟,森列輝耀,肅肅嚴嚴,如見九重。而第五門外,有一將官穿(穿,乃衣也)綉龍衣,獨立階上,先招我見之。然後差官又引我入謁於軍門大司馬前。我三叩頭後,即呈倭情及萬里來歷根本,則大司馬細見後,以林差官用倭語傳(□□□□□,自今達天朝事情):“極嘉極嘉,而爾且苦渡鯨波,欲叫天閽,忠貫日月,即奏天朝護送之。”我叩頭再三,流下感淚。軍門曰:“爾命貴矣,不須悲也。”林公以目瞬之,我即叩頭退來,則林公又引我進於一公廨,乃布政司、按察司、巡海道、兵備道、分守道、文提督、屯鹽道、都指揮都司、海防參將、游擊諸將相改服廳也。林公先入拜,誇張□間牒之功,次伐帶吾之功。布政司曰:“叫他來。”我升階上再拜,則諸相曰:“起來。”俄而,軍門以其門子送我之所呈文帖於諸相處,諸相皆見而嘆之。林公又引我移去軍門。坐營司(坐營司乃從事官,曾見五門外穿綉龍服將官者也)楊洪震及總兵坐營司呼鶴來二從事改服廳也。二坐營見我,起立相揖,分椅東西,請我以東椅,我極辭之,彼固勸之以客禮。我三讓後入坐,則坐營曰:“聞足下能詩善筆字云,未可贈我以一首詩乎?”答曰:“雖綴荒詞,豈云詩乎?”坐營曰:“吾等聞之已詳,何其固辭也?”我不得已,吟贈五言四韻曰:“落落兼文武,英聲早歲同。蓮花腰下劍,明月掌中弓。持重長城策,軒昂大將風。牙門李郭子,時未效奇功。”坐營皆嘆服,即持入大司馬前,大司馬見而嘉獎,即分付曰:“朝鮮官魯某,留養坐營,而奇孝淳等三人,則分養於各營,以待夫馬起送之日。”楊坐營持分付而出,曰“大司馬分付,如此如此”。喜而帶回其衙,呼坐營鶴來(鶴來,呼坐營名也),亦分手回衙時，書示曰：“足下揮鞭不出數日，願足下肯臨弊衙如何？”答曰：“將軍若招，敢不承教。”楊坐營曰：“我當勸送矣。”二坐營各相揖而歸。我隨楊坐營，與林公同去其衙。衙客掃堂，請我以上客之位，掃椅相讓，我極辭之再三，彼亦三讓客之椅，我不得坐。俄而，門子請盡懇，先以蔬果别陳於我前，而又以魚肉列於諸客之前也。日暮别掃一房，定我宿所。我來安寢，夢見雙親兄弟也。

十一日，晴。呼坐營以厚使招我，我買二人轎，進去其衙，則將軍下堂迎來，以禮相接。三茶後，即命酒酬酢，傍有衙客三人書示曰：“願聞貴國風教婚喪之禮也。”答曰：“我國凡風教，一依箕聖八政之教，而冠婚喪制，則祇遵朱晦庵家禮。”左右嘆之，更加敬待。又衙客等皆欲以其像相之。我略以所見答之曰：“凡相人，祇辨富貴貧賤夭壽而已，不知其神妙如合符節耳。”彼客曰：“此言可謂神矣。”階上盆中，有一條春柏盛開。呼將軍曰：“此花貴國亦有否？”答曰：“我國多有，而其種有二焉：一種則嚴寒雪中盛開，故名曰冬柏花；而又一種則春風始開，故名曰春柏矣。”將軍曰：“此花果是柏種，然中華則通稱曰蜀茶花。蓋蜀人摘以嫩葉爲茶，故名之也。願足下即題佳句。”更以大杯勸酒，我即題七言四韻，左右吟嘆之。“序屬江南芳草節，矜姿浥露添香靨。櫻桃飄盡蜀茶新，絶艶臨風啓絳唇。好事何年盆上種，故國花柳誰能管。貪看今日眼中珍，含怨東風戀主人。”呼坐營即出華箋，勸我精書，付於壁上，勸酒慇慇。以白金五錢及金箋紅扇二十柄贐行，我固辭不肯受，則坐營使其門子隨送楊坐營衙，我再三拜别回來，醉□□。

十二日，晴。早整衣冠，進拜楊坐營，□□□坐營曰：“昨見呼坐營，則待之如何？”我答之以實，又書蜀茶四韻，則楊坐營曰：“此律尤妙矣。”衙客陳楠乃泉州秀才也。能文知禮，一衙尊客，故楊坐營即命門子送吾四韻於陳秀才房。俄而，陳秀才來見我曰：“足下詩律，煉盡其妙。”我辭之以荒雜云，則秀才曰：“不佞雖不才，他人之才則可知矣。”

十三日，晴。朝飯後獨坐房中，門子來，許拜帖曰：“門外有客二人來到，欲見朝鮮官投拜帖。”我即展帖看之，則帖中進士二王，秀才洪汝訥、洪汝讓。我即出見之，皆年少端士，戴生巾，穿青襟，濟濟而來，徐徐而揖。我亦三讓三揖，引入中門内請坐，而以筆示之曰：“鄙是一俘餘頑物，無足觀者，未知僉賢何所聞而來耶？”秀才亦以筆示曰：“聞足下執義不屈，完璧脱身，擬叫天閽，將圖治吴之舉云。是孤忠壯節，雖古之包胥、子卿、王道濟、李廣、袁盎、華元之忠，豈加於足下哉？令人不覺奇慕，今欲請屈陋舍，細聞异國奇迹，而且要足下新詩健筆。”我答曰：“捨一葦之捷徑，冒萬里之風濤者，果非偶然，但詩與字非吾之所敢，僉賢之聞得無誤乎？”秀才曰：“足下雖讓以自虚，不佞等已見足下之詩，秀麗豪健，括人耳目，雖欲自虚，其可得乎？此刻必要與足下共，寵臨陋止如何？且何日發程耶？”答曰：“祇待軍門分付而起身，明當回謝。”“芝軒平生願見，明日可期，不亦樂乎？”臨别，我問曰：“芝軒在何處？”答曰：“芝軒今在開元寺街邊第三家高樓門是也。”明當送家僮也。

十六日，晴。前約洪秀才二雅送使价請邀。我即與來价共去其家，則二雅迎我欣然，三揖三讓，而入坐中堂。左右圖書，清香滿榻。我以筆先示曰：“昨以呈文於軍門，事未副佳約，不立之罪多矣。今則即赴盛招，以贖前咎。”二雅曰：“已知呈文受賞之奇，願見其文。”我搜出囊中示之，則二雅看畢曰：“足下之文忠誠貫日，不徒文詞。軍門之賞銀，心實感矣。”呼僮薦茶，又命杯酌。一庭花草，香風灑襟。相酬數杯，日已午矣。”門外有客三人戾至，扣秀才，即出迎上，皆年妙秀才。我亦相揖，則三客曰：“此是朝鮮官否？”洪秀才曰：“政是。”三客歡喜而坐，又以我詣上客之位。三客見我素冠素衣，又見蔬菜，曰：“足下之素冠素衣何服耶？”洪秀才曰“他丁酉之亂，一家父母兄弟妻子皆陷凶鋒”如此如此。三客聞罷，皆爲之墮淚曰：“足下萬死一生，豈徒然哉？天必以足下生還，以繼絶祀，然今尚守禮，區區蔬食，是甚於子莫之執，願足下從權保身，以全生還，忠孝之誠如何?”我答曰:“三年之喪,自天子至於庶人,無貴賤一也。我國之風,一遵朱晦庵家禮,故雖庶人,自初喪至於禫祭,不用肉,況仕大夫,雖顛沛流離之際,豈可毁禮以遵夷狄之風哉?”左右嘆息無言曰:“貴哉貴哉!誰謂朝鮮藩夷耶?守法知禮如是夫。”我答示曰:“昔小連、大連善居喪,乃是東夷之人,惟足下莫謂秦無人也。武王封箕子於朝鮮,而教民以八政之時,則貴邦七閩未蒙王化,莫知五倫。自唐以後,始聞常衮布政之化。惟願僉賢細思歷代,勿以我國比之於蠢蠢也。”左右相顧笑曰:“足下之言有理矣,終日細酌。”又薦夕飯而罷。洪秀才用一分銀子買二人轎,使我乘回,而又以皺紗道服衣我而送之。回來坐營司,衙客欣賀。夢見雙親妻子也。

十九日,晴。千把哨以下將官皆來謁於坐營。坐營衙罷後,入坐後堂,而諸將官隨後亦入,許坐茶禮而送。俄而,門子持拜帖贈我曰:“門外秀才三人來納矣。”開門視之,則乃□□者王繼皋、王繼武、袁敬烈,各納拜帖。我即出揖拜,許入門内,□坐東西椅,則王秀才示之曰:“聞足下高義,願得拜接,欲聞貴國事迹,敢來納名。未知何日起身發程耶?”我答曰:“軍門奏本□□,不開門坐堂,鄙亦未知歸日,悶泣。”秀才曰:“若然。今欲請足下於陋止,從容穩做話,未可此刻榮枉耶?”答曰:“近以呈文御史事,遑遑無暇。”出示啓單,則秀才等吟咏曰:“全篇皆激忠孝,御史想必夫馬護送。”我曰:“情勢切迫,語辭如是,豈足忠孝云哉?”秀才曰:“明明日當掃榻跂待,未可榮枉否?”答曰:“雖不更請,必回謝矣。祇送貴价而已。”秀才伏喜而歸,我出門外,再三揖送,聯袂徐行,相顧眷眷。

二十日,晴。早食後,即以二分銀子買二人轎,乘去御史衙門,則三重正門皆鎖堅封。怪而問諸左右,則曰監察御史雖以七品欽差,然必以有清望、將有學士之薦者選出。自軍門布政至於閭巷,如有不美之事,即奏聞天朝,故一省(一省乃一道也)上下莫不惶恐,使内外不得相通,以防奸人私謁讒訴之弊,所以出入皆封之嚴謹,此乃我皇明不易之法也。且門外立五牌,各大書其面。一曰投文牒牌,一曰訴土豪牌，一曰訴虐民牌，一曰訴誤訟牌，一曰訴横斂牌。問之，曰："凡民若有冤悶事，則各以訴冤，抱此牌而進訴御史開門坐堂之時，則左右健步雖列立十五雙，一未開口，使不得禁止矣。"俄而，戴烏帽守門將割封開門。我抱投文牌，進入堂前，立呈啓，則御史覽閲，嘆示曰："不死倭窟，爾命貴矣。欲叫天朝，爾志壯矣。"當與布政相議送之也。且曰："今館何處耶？"我答曰："軍門坐營司矣。"御史曰："善待。爾自有歸日，不須焦悶。"我又示曰："祇脱虎口。雖死，不葬蠻，而當爲中國之鬼。此則多幸，但日夜泉泣者。倭賊雖退遁，前頭亦多應變事。兹以賊情，欲達天朝，而速回故國，預備復讎之策也。况丁酉秋，父母、兄弟、妻子并二十餘骨肉皆死賊鋒，而某獨俘去，號天叩地，魂喪如狂，呼呼嘔血，絶而復蘇。祇願未死之前，欲回故國，尋見亡親白骨於草伏處，收掩餘骸於先塋之下也。伏願以堂堂鐵面之威，特命差官，速速回送。"御史答示曰："爾之冤慘，既已領了，凡有仁心者，孰不矜憐？况天朝柔遠，自有規例。姑退爾館，以待護送之令。"我再三辭拜而退。奇孝淳等跟來門外，聞綉衣之言，惟喜雀躍。歸來坐營，則坐營亦喜焉。夢見雙親兄弟，宛如平日。

二十一日，雨。有一人，籠孔雀來獻坐營司，坐營喜而賞銀一兩。即開籠，放於庭中。翠羽丹頂，飲啄如鷄，最喜白飯。我問之衙客曰："此鳥何國之鳥也？"客曰："産自西域，入於中國，而孔子家養，故曰孔雀。自此之後，家家喜養。"

二十一日，坐營招我書示曰："監察御史論奏軍門都爺於天朝云，爾之歸期未决矣。"我又書示曰："論奏則何以未决乎？"答示曰："以軍門錢粮費用事論奏矣。"想必軍門亦奏而不行公矣。若然，則凡干奏本（奏本，啓本）請受兵部火牌，發送差官事，軍門不肯擅爲，而他衙門不敢自斷矣。"我落心千仞，不覺悲墮。坐營曰："不須憔心苦泣，監察御史若細知孤俘血泣之狀，則必憐而轉送北京。爾須以詩文賦表中，取其所長之才，善做吐懷可矣。"我拭淚潛思，精神稍定，入來房中，披閱書卷，吟咏移時，意思欲動矣。

二十二日，晴。……南門外別開關王廟，廟前又開大將臺。臺下廣開教場，周回四方。各五百餘步。四邊列置八大營，部至勾連，正正堂堂。戰馬數百餘匹。嘶雲追風。一何壯矣！場外四邊黑角牛數百，成群齕草。我問："此牛乃海中所産水牛云，然耶？"同行衙客曰："豈是海中之産也？本是村家耕田之牛，但南方至炎，五六月間，則喜卧水中避暑，故名之曰水牛矣。"

二十三日，晴。我見坐營問曰："御史分付曰'當與布政司，相議轉送'云。未知近來有何所聞耶？"坐營曰："我更思之，則御史與軍門不相善，若細聞爾與軍門差官同舟渡海，而留館於弊司之奇，則想必御史不肯護送也。爾更呈文布政司，則可知矣。"

二十七日，晴。早起做文，衙客中有一能文者陳楠者，來見曰："爾文言順，今日之呈，可知起身之遲速矣。"我食後進軍門，則布政以下各衙諸相，皆會於改服廳。我進呈文，則諸相皆轉見相議後，布政司書示曰："情勢可矜，雖欲即送，但軍門不坐堂，而監察御史將遞去，當以初秋水落之時，必起送。爾不須急叫苦煩了。"我亦以筆答曰："御史以堂堂鐵面之威，豈紿某哉？僉相國更與綉衣相議，則轉送隻影，易於反掌。"布政又示曰："軍門所管之事，御史豈肯照察哉？"我流涕曰："然則擁滯未易歸，終爲此域鬼耶？更祝僉相仁恕曲察，早決轉送也。"僉相相顧哀之曰："近日雖欲起送，雨水長程，未能馳馬，而且初秋不遠，爾須寬抑自珍。祇要無天朝柔遠，自有歸日，不須催急如此矣。"日午，歸來坐營司，則梁坐營呼我中堂，勸酒大杯曰："以足下高義，何慽慽近於婦人？"我答曰："南人歌舞，北人愁者，政謂此也。惟願將軍潛思俘賤，萬萬死周還父母之國，而催歸故山，欲襲亡親白骨之情也。"困墮悲淚，將軍亦掩面墮淚。

五月初吉，晴。衙客曰："今日乃端陽盛節。大江以南（大江乃黄河水）吴楚、閩廣、泗川、雲南等俗，皆爲屈原，處處江湖濠池，自五月初一日，皆乘競渡船，投角飯，唱竹枝曲，并晝夜遊宴。其爲佳節奇觀,莫此爲盛,故各衙大小貴賤,列營諸壯士,渾城老少及學宫諸生,或登城上,或登高陵,争相喜觀。左右前後,磨肩接迹,蓋天下奇觀。未知貴國,亦有是事否?"我答曰:"千里不同風,百里不同俗。我國無竹枝冤曲,但爲田横五百義士,或作歌詞,或作佳句長篇。轅門大將犒餉士卒時,使壯士吟詠,以激士卒之氣,而端陽則千村萬落祇作鞦韆之戲。"衙客曰:"鞦韆乃三月踏青日爲之矣。"

初三日,晴。有一老僧,自外入來司中。楊坐營即出揖罷,分椅東西,待之極尊。言必稱和尚,而請茶三椀。我怪而問之,乃烏石山正覺庵老僧。又問曰:"休粮道師耶?"衙客曰:"豈能休粮?但巧鑄佛像者也。"蓋中國待僧之俗如是矣。夢見□□□□□□□□□□。

初四日,雨。楊坐營出坐中堂,與衙客話。我持筆硯進拜而書示曰:"昨日老僧。如何道僧耶?"坐營亦以筆示之曰:"雖非道僧,乃吾素善。爾何以問耶?"我示曰:"雖素相善,若非道僧,不過惑誣之輩,堂堂大丈夫,必困辱而奴之者也,何必待之以禮乎?"坐營曰:"貴國亦無此輩乎?"答曰:"蓋此輩,足下之所同有,然我國則不敢恣行城市,况著足衙門,對椅相坐乎?深山窮谷,或創大寺,或開斗室居之,而自稱道僧者,則長服松葉,不出洞口,祇事面壁觀心。自稱教宗法主者,則能誦佛經,説法教誨,僧徒雲集,遍遊名山。其餘俗僧,則本無定居。正月下山,丐乞於窮村僻巷。四月初一日,諸會本刹,三夏講經。而七月初一日,又下山丐乞郊野。十月初一日,僉會某寺,又講經三冬。然若遇豪健武士、遊冶騷人,則僧徒恐惧伏地,而暫或不恭,則使奴僕結縛,捆打終日。或讀書士子要做工夫於蕭寺,則僧徒敬畏,朝夕之供,蔬菜滿盤。而郡縣士子臨場試聚居,接製述於學校,則太守使山僧輩供進山菜,朝夕饋餉。是以吾道堂堂,异端寥寥矣。中古有一道僧,挺出京山。其名寳祐,能文章,通佛經,畿民多惑焉。儒林抗章九重,明其罪狀,充軍於濟州絶島。知府日日酷杖,旬日之内即死,故自此异端之徒摧挫自戢,而億萬蒼生,祇遊於名教五倫中矣。夫何中國以聖人之淵藪,禮義之根本,异端之盛至此，而寺塔峥嶸於城市，而緇衣横行於各衙耶?”坐營曰：“自梁武而後，弊痼已久，宋賢諸儒及我朝碩儒，雖極嚴治排斥，但風俗忠厚，衹以虚文應接而已。豈可尊信那輩耶？且那輩雖有，何傷吾道哉？貴國之風若然，儒釋懸殊嚴明，文獻之稱，果有所自來矣。”我答曰：“士君子豈喜孟浪之説哉？”

初十日，晴。早去軍門，以待各衙諸相之會。進呈做文，則布政以下，皆見而嘆之。右布政徐即登(此相乃見羅先生李村門人，而當代第一道學)批之曰：“觀此文，情甚憐惻，即就軍門，以定報送遲速，姑退待令。”我叩頭退來。俄而，諸相俱進軍門前，良久而出來，我再進敢禀曰：“軍門有何分付耶?”徐布政輒傳示分付曰：“夏節雖欲護送，長程雨水方漲，决未可起送，以待清秋日氣清凉，霖雨快霽，然後起送云。軍門分付尤實，爾當善保軀命，更遲數月，則一騎飛驕，萬里數旬。”我答“唯唯”，再拜退來。奇孝等曰：“雨水如此，而清秋亦不遠，不須嘆也。”

十一日，晴。早起獨坐，披閲玉册，門子來告曰：“門外徐布政司家丁，持分付而來，欲見朝鮮官。”我即出見之，果是徐布政家丁，持分付贈我。我即展視之。分付内，《閩中答問》八卷，銀子二兩，賫送於朝鮮官魯某舍館，以紅點批之。我持分付入見楊坐營，則坐營見之，以筆示之曰：“此爺賜書惠金，爾之榮寵極矣，且曰‘此銀數錢，斫許賫來家丁，乃是規也’。”我即斫謝許，則家丁喜歸矣。日午又斫二錢，沽美酒，買荔枝，與衙客共罷之。衙客曰：“徐爺今日之賜，衹是足下之文感他徐爺具眼，故垂惠至此。願足下明當晉他衙門，致謝爲可。”答曰：“此惠之謝，不可以叩頭徒謝而已，必别做一章文以謝矣。”即回房中，獨坐做之。

十二日，晴。早起吟咏，正書做文，則楊坐營來見曰：“爾之做文中，此文更妙矣。”早食後，率奇孝淳等三人進去布政衙門，則左右布政欲拜監察御史。而門已洞開，健步三十餘雙鱗次出門，行次威儀，已啓正路，而秀才二人戴生巾，穿青衿(生巾，乃生員監巾，乃大明太祖所製),立於大門外路傍,欲呈手本(手本,各衙呈文,通稱曰手本云云,而各省各衙狀啓,則通稱曰奏本)。我亦欲呈做文,進肩於秀才邊,則秀才輩厭吾之肩,移立於五六步許。我知他避吾之狀,又隨而進,則他又避再移。想彼秀才輩,非是以我謂他國人而避之。蓋自負青衿之异於凡人,故必避再移矣。俄而,兩布政乘八人轎,比接二轎,徐徐出門。秀才輩先呈手本,我亦隨後呈文,則徐爺曰:"欲拜監察御史,進去那衙門,儞當待吾之回再來,則可得從容。"我即"唯唯"而退,仍隨其後,擁門子之肩視之,則徐爺開帖視咏曰:"做得妙麽!"再詠後,送於左布政朱爺(姓朱名運昌,乃浙江人也),則朱爺看畢亦曰:"做得妙麽!"徐爺再看,而叫門子分付曰"朝鮮官儞即帶去兩賢祠書院(兩賢乃朱松、朱子并兩賢),使諸秀才接待,留館參講"云云。門子承分付而退,叫我曰:"朝鮮官,朝鮮官。"我答曰:"怎麽。"門子曰:"老爺分付矣。"又曰:"怎麽樣分付耶?"門子曰:"儞命貴矣。吾老爺見儞之文,嘉嘆而使我帶去兩賢祠,參講留館,儞命得不貴乎? 此城中,雖秀才多矣,參講亦難矣。"引我帶去兩賢祠,則有祠巍然,門墻嚴邃,而大門之頂題額三字曰"兩賢祠"。入門,則誦聲洋洋。門子先入,以徐爺分付傳於主講秀才曰"如是如是"。既而,年少秀才出來揖我而相讓引入,則中有講堂大開,而題其額曰"明道堂"(乃李先生見羅之手筆也)。堂之軒東挂鐘,而刻其背曰"杏壇遺鐘",軒西挂罄(罄,狀廣如丹匣而以銅鐵鑄成)而刻其面曰 "泗濱浮罄",皆以朱紅潤色字畫。蓋堂之前後左右,各有文房,而穿青衿,戴生巾秀才各自房中而出,讓我於東壁,而秀才輩列立於西壁相揖,然後置卓子於中堂,而列椅於卓子四邊,請我於北壁尊客之坐。我極辭曰:"東西,賓主之正位,南北,君臣之極分。僉賢游聖門下,居首善地,何末俗之曲禮也?"秀才曰:"遠客遠客,自然當坐。"舉袖固讓,我不得已坐,則秀才中長者,坐於南椅之正中,而其餘各以年齒環坐四邊。茶禮畢,徐宗師門子曰:"朝鮮官不曾朝飯。"秀才急叫厨子曰:"快快做飯來。"又以筆示之曰:"頃聞足下高義,每欲相見,願聞貴國風俗及日本倭賊情狀。今幸奉宗師(宗師,乃徐布政門人輩通稱徐布政曰“宗師”云)分付而來,是實莫大奇遇。願聞足下姓名及來歷根本。”我示之以實,而我問曰:“鄙亦願聞僉賢姓名字號。”秀才各自書示之,一曰“倪士和,字德美,延平府人”;一曰“謝兆申,字伯元,建寧府人”;一曰“陳儀,福州府人”。此外諸秀才:黄應陽、朱天球、陳萬言、馬歘、韋孚敬、王家村、洪汝訥、洪汝讓、袁敬烈、陳濂、謝國禎、孫繼芳、曾光魯、孫昌裔、孫昌基、王繼武、王繼皋、王毓德、黄正誼、陳薦夫、吴志在、徐㶿、康彦登、李開泰、楊棟并二十九人矣。既而,童僕薦飯進酒,每次必先請於我矣。飯掇,我書示曰:“余以偏邦末品,自日本渡中華,又升明道堂,猥襲蘭薰,竊亨之數,豈翅登龍?”倪秀才曰:“孔門三千,登杏壇,親炙聖德,然若未透止修之學,則是徒登杏壇而已,願足下勿徒登此堂也。宗師之薦送此堂,豈偶然哉?”我示曰:“叨升此堂,果登杏壇。願聞初學緊切下工夫處,則先入小學乎,大學乎?”倪先生曰:“學問之要,未易倉卒道,徐當自有可聞之日矣。”謝秀才曰:“倪先生是講學大宗師,要著實參請。”日暮夕飯,亦請上客位北坐。又命僮僕,掃定一榻,使我安寢。

十三日,晴。早起整衣冠,進拜秀才房,則秀才曰:“每朝諸會,參謁徐宗師影像,而分東西壁參揖。然後各退房中,以做課業。魯先生已留院中,隨吾儕事業,一從院中會規否?”我答示曰:“萬死之餘,到此中國,聞此禮樂幸甚,於自楚之滕,况叨承宗師之薦。已聞諸賢之教,唯恐不敏,敢不承教,惟先生益篤不倦之仁也。”俄而,諸會講堂參謁,鄙亦參謁,則諸秀才因坐堂中,書示曰:“願聞貴國風教及婚喪祭等禮。”我示之曰:“風教祇依箕聖八政之教,而婚喪一遵晦庵家禮。”有一秀才微笑入房中,持來《大明一統志》,搜展《四夷風土記》中《朝鮮記》,使我視之。我即詳視之,《記》曰:“朝鮮人,父母死,則壑葬、水葬、瓦葬,而崇佛喜巫,户外脱屨常坐地上。白晝市井,男女携手并行,善淫使酒。”覽畢,答示曰:“此所謂盡信書不如無書。此《一統志》,則太古之古史泛修,外國之筆也。我國雖曰番邦,檀君與堯并立，而與中國肩比內附，故武王特封箕聖。衣冠文物、禮樂法度，一遵華制。而吾道東者久矣，秦屬遼東，漢封郡縣。自晉時各分疆域，自爲聲教，然恭修職分，事大以誠，與諸夏無异。故自高麗時，世子十歲則入於中國大學館參講，而陪臣十人，亦皆參講。有時乎通婚帝室，而魯國大靖公主，亦出嫁於高麗。蓋明君聖主，繼世而作，崇儒重道，相尚以文治，名儒碩士，無代無之。若崔致遠、薛聰、鄭可信、李穡、崔冲、鄭夢周類，繼入中華，或中科第壯元，或官至翰林學士，或賜紫金魚袋。大概我國文獻，則文武科外，又別舉孝廉科，故家序黨塾，國學弦誦，洋洋達於四境。凡子生八歲，先教《孝經》《心經》，然後次學四書六經，皆以明經科爲業矣。况三年之喪，無貴賤一也。雖奴賤之人，父母之喪非獨不用酒肉，至於居廬哭泣，啜粥三年，柴毁自盡者亦有之。或嘗糞斷指，流血入口，復蘇父母，而旌表門閭者比比有之。家夫死，則終身守節齊衰，矢死不他。三綱五倫、禮儀廉耻，可軼於三代之上，故得稱'小中華'之名素矣。"秀才輩似信而不信。我更示以"自初喪斂襲入棺成殯成服，而朝夕奠哭無時，而國葬則五月而葬，士大夫則三月而葬。棺槨灰炭，題主反魂。初、二、三虞卒哭。大小祥、禫服之制，一依晦庵家禮"而書示。又示曰："其則不遠，鄙雖以流離顛沛之際，尚不失喪禮，况平居無事之人乎？今此一統之筆，豈非疏漏而冤枉哉？不佞當回國之日，特達朝廷，然後因轉報天朝，必欲改正《一統》之誌也。"諸秀才相顧，始曰："信貴國文獻天下素知。然守法知禮，豈意此極？晦庵家禮，中國雖不盡用，而大江之南（大江，乃黄河也），則用之者頗多。貴國則至於奴賤皆用云，蓋箕子之遺教也。"

十四日，晴。早朝，進拜倪秀才房，書示曰："不佞叨陪僉賢已數日，願聞匡嶽徐宗師倡明道學之的。"倪秀才曰："吾儒祇宗孔聖，而孔聖之學，祇在《大學》經一章。蓋《大學》之道，論主意則祇是止於至善；論工夫則却是教以修身爲本。止於至善者，修身爲本之命脉也。修身爲本者，止於至善之竅門也。要將此數語反覆參商出來復我，不要當做話頭逗住。”謝秀才（秀才乃兆申也）來見，書示曰：“倪先生乃武夷紫陽書院講學大宗師，今者追隨我徐宗師住參此堂有年矣，要著實參請。”

十五日，晴。早朝參謁，齊揖禮後，各歸房。我隨去倪先生房，書示曰：“昨承不倦之仁，達夜反覆參究。蓋至善者即吾之性，在天爲命。《大學》之道，衹是一個止於至善，但止於至善，在何處著落，全在修身爲本上見。”謝秀才曰：“足下可謂聞一知十，若留數月參講，則吾儕未能或之先也。吾宗師一見足下，既賞以白金及《閩中答問》《明宗録》《心性制策》，又薦送於此，宗師垂寵極矣。不佞等當追禀謝於宗師矣。”食後，倪秀才、謝秀才數三出門，曰：“足下姑榻上休歇。”我亦出門揖送而入來，定榻思之，則秀才輩亦謝於宗師前，我豈亦不謝哉？即做一章，其文曰：

伏以弊邦雖僻在東藩，一自箕聖之治，吾道東者久矣。明君聖主，繼世而作。崇儒重道，相尚以文治，故時中夫子無代無之，而芝蘭之室在處巍然。禮樂法度，衣冠文物，一遵華制，僭得‘小中華’之名，亦素矣。以某之斗筲樗櫟之才，區區乎舉子業。記誦詞章之習，亦與師友講磨偲切。收斂紛華波動之念，粗知乎向方之趣。不幸而某之師困齋鄭先生以一國斯文，短命早死，常痛樑摧，每切泣歧。雖奔走乎兵亂之中，或游乎洙泗之濱，或緬想乎濂洛之境，那知今日萬死之餘，親到乎此哉？非徒千古一奇會，似值古人窮亨之數，此所謂出幽遷喬者。謹慎起居，省察應接，思欲納拜乎某衙某相之門，親炙道德之儀，質問管見之疑，孤蹤踽踽，憲臺森嚴，不敢妄揚眉吐氣於尊威之下，徒增仰望慨嘆而已。雖見市井之輩謂之禮義中人物，待之如賢。况相國不鄙夷無似，容待知愛，特賜以金與書。又薦入明道堂，猥與諸君子連日倚玉，參講受益，已聞止修之學。恍然如親見孔夫子之門墻，身雖夕死，少無餘憾，不覺感激，衹此以謝。

十六日，晴。早進徐匡嶽衙門，則門已開矣。我進稽首謝拜，而因呈做文，則匡嶽開視後，送於左右布政前，而使門子傳之曰“衙罷後要打話從容，姑退歇所”云云。門子因引我出來，使之坐於中軍歇所，以待衙罷。俄而，匡嶽入衙内叫我，我與門子隨入拜謁，則匡嶽戴烏巾，穿深衣，立於椅下曰：“起來。”我即起立，則使門子許椅而命之坐。我極辭之曰：“不敢不敢。”匡嶽曰：“自然是當坐。”我不得已坐之。匡嶽曰：“𠑊通官話否?”我答曰：“不分明。”匡嶽曰：“𠑊之來歷及流離之狀，我已領得矣。箕子治化之績，𠑊可能記否?”我答曰：“武王臣封於朝鮮事及八政之教載在《洪範》，不須煩達，但箕聖都於平壤，教民五倫。喪禮最嚴，三年之喪，無貴賤一也，而且以井田之法，先試於畿甸，故壟畝縱横，今尚傳説矣。箕聖影子堂則在於城内，而陵墓則在城西門外五里許。守陵官二員，至今守護祭祀。倘非箕聖之化，則朝鮮豈免夷俗而與諸夏無异哉? 婚喪之禮，一遵三代遺風。箕廟血祀，雖千百世不變。”匡嶽書示曰：“貴國文獻，果是所自來漸矣，而箕聖之德，豈特一朝鮮而已哉?”匡嶽又示曰：“朝鮮此時，雖幸安集，然兵戰之後，土無餘毛，人無餘蓄，如病者方蘇，元氣未復。若非招練訓煉，安集數年，謹守以待，决不能枵腹而荷甲也。未知公意所以爲朝鮮計者安出。昔越之復吴也，十年生聚，十年教訓，一舉而沼吴。今度日本之兵，孰與他道强? 即薩摩之兵，又孰與日本强? 倘朝鮮不出沼吴之策，雖仗天威羽翼，裹粮不能長繼，荷戈不能長待，未知公意如何?”我即答示曰：“弊邦之沼日本，不與越同也。夫吴越則不過相争於半千里之外，此賊之窟則鯨波杳杳於萬里之外，而以舟爲家，出没無常，輕生强毒，以戰死爲榮。雖欲窮天下之力，萬無沼彼之理。然凡讎之復，豈可執一而論之哉? 法曰：‘苟有重賞，敵人反爲我用。’若以金帛，厚中其慾。常以對馬賊，爲我之間牒，而生聚教訓於十有餘年，多造戰艦千餘艘。然後，復讎之舉上達天朝，數罪之檄嚴飭日本，而直擣對馬、日歧等島，而據險自固，待以數月，則衆賊必憤耻，駕海萬艘而來。以我國水戰之長才，攻彼所短之戰，使扁舟隻卒不復再還，則此所謂復讎，此所謂雪耻，故曰凡讎之復，不可執一論也。”匡嶽曰：“固知不同，但殘破之餘，以此負矢把弓，卧薪嘗膽，生聚教訓，來則可禦，去則可追，而間牒及戰艦，果如公言，雪耻之舉，豈其難哉？不知日本有主謀者否？據平秀之舉，許多失着，斷非大奸雄。”我答示曰：“自關白以下，諸將皆有謀主僧一人。然諸賊中，智勇倭將，則最稱家康、輝元、石蔓子、清正等四五倭矣。”日將午，欲辭退，曰：“小的以軍門分付，當初留在坐營司。自今蒙盛恩，遷入兩賢祠。此意老爺通於軍門，如何？”匡嶽曰：“昨日已通，而又通坐營司。爾須安心參講，祗待初秋回送之期。”我即謝拜再三而退。奇孝淳等跟來門外，我率還兩賢祠。謝秀才兆申等數三迎之，曰：“匡嶽宗師，有何問答耶？”我答之以匡嶽問答之旨及分付之命。秀才輩皆曰：“多幸與足下久連芳榻矣。”

十七日，雨。倪秀才曰：“且聞足下能詩，而未曾見，願足下寫懷以示如何？”我即示之二絶曰：“亂日流離未死臣，瓦全但揖蘇卿志。生還恐得罪人倫，戀國丹誠照鬼神。”又，“呑聲無日不悲啼，未知骨肉誰存歿。歸夢長勞錦里溪，哀恨常增落照西。”

十八日，雨。早朝，楊坐營送門子致書，曰：“自聞足下入學宫參講，欣賀自切，但足下行李、書册等物，鎖門以待，幸足下寵臨打話如何？”我即與謝秀才，示坐營簡子，而與坐營門子往拜坐營，則坐營衙客輩欣然曰：“多賀參講。”坐營亦多賀多賀曰：“此省（省乃道也）秀才雖多，得參徐宗師講會者無幾。今足下藐以藩邦一俘餘，特薦參講，不其幸乎？果是徐宗師當今第一道學，直頂孔孟，天下歸宗，巍然落落，太山岩岩。不佞昨進早衙於大司馬時，司馬曰：‘朝鮮官今亦催歸否？不佞即對曰：‘徐爺薦入於兩賢祠。’大司馬亦以爲嘉喜。”我答曰：“鄙人心事，倘非將軍，誰能知愛？今日薦入學宫，皆將軍之賜也。”將軍掉頭曰：“各衙呈文，諸相嘆之。此時做文，皆足下做之。不佞之薦，何預於其間哉？”我示曰：“自初見我，知愛者誰？待我者誰？安撫者誰？指揮呈文者誰歟？將軍恩德泰山輕矣。願我將軍，終始一德。"將軍曰："不佞之愛待，皆由爾實抱之才。爾之所抱，豈干於我哉？"我示曰："斗筲之中，所抱者少，河海之量，所容者多，然則包容之不擇微細，微細之得游於包容，理之常也。願我將軍益恢包容之大，更加納污之量也。"將軍曰："足下詞鋒，已模我華士真影。如我武人，詞屈語盡，罔知所答。"命門子，秋露及荔枝、櫻桃多進來薦。明珠滿盤，瑚珀壺樽，一杯一杯，大道通焉。我綴一絶曰：

明珠燦爛滿盤堆，珍品分明玄圃來。清液爽齒消肺熱，新香洽骨制齡頹。

三千里外未歸魂，家在錦城城北村。子午山頭人寂寞，墳前片碣吊青猿。

將軍及左右吟咏，曰："足下句法與文瀾，日漸汪汪。參講學宫之效，何其速哉？"我答曰："一自遷喬以後，心神榮感而已。素魯才華，何變之速哉？"將軍曰："足下性則魯而才則不魯。何謙讓之太過耶？"將軍曰："非我過也，子實過也。"酒將盡，我欲辭去，則將軍命一健步，我之行李使之帶去，而將軍及左右衙客皆出門外，再三殷殷拜别，各有黯然顔色。

二十日，雨。食後，諸秀才聚坐明道堂，書示曰："貴國强兵素聞天下。隋唐之際，何其壯也！平秀之亂，何其怯之甚也？且倭奴雖能逾釜山而破王京，然有多少失著處，如閑山、慶尚、全羅之勝，實非平秀能之也。彼蓋内掣薩摩之兵誘之，以先驅深入他境，勢其然也。今公在彼得還，其虛實强弱必如指掌，不徒孟浪，幸舉一當以示也。"我示曰："我國之兵非徒隋唐之際，何其壯也。原州拒契丹，龜州之禦蒙龜，雲峰之討倭賊，素表表著稱者也。而自古及今，未嘗有外侮之侵犯王京，遂至此平秀之亂，我國累百載太平之餘。大賊三十萬乘其不虞，速戰深入，疾如風雨。旬月之内，盡陷三都。然二百年休養之恩遍在草野，故隱逸大夫金千鎰、郭再佑、高敬命、趙憲、睦瞻、禹成甸、崔景會之流，挺身憤義，執鋭先登，糾合士卒，倡起義旅，扶植元氣，處處討賊。三綱大振，萬姓賈勇，官軍義師，雲集霧起，日攻月討，處處大捷。彼賊自戢，進退狼狽之際，癸巳正月，天將李如松率三萬搗平壤，多方誘之，電擊鷹揚，蕩復箕都。越數日，松京之賊一時宵遁，皆會於王京。是時，我國都元帥權慄率數萬衆軍於都城外幸州山城，耀武横行。諸賊憤耻，二月初八日夜半，全軍大舉欲陷元帥陣。元帥身先士卒，殊死督戰，終日十餘合。倭賊大敗，捲甲垂翅，斬級萬餘，箭傷者不知其數，而天兵又從而雲下，勢如千鈞之垂。諸賊震惧驚怯，四月二十八日，遁下嶺南。我國諸將及天兵追逐電擊，則餘賊退屯釜山一隅，未得進退者數載。丁酉春，秀吉憤耻，更舉傾國之兵，親自領來，於西海島長岐城留駐，而大兵則督送釜山，而更加分付曰‘必陷閑山、慶尚、全羅等處，反爲報復，然後可以掇兵’云。故丁酉七月，諸賊再舉大熾，自閑山，由全羅，更向王京。是時，天將麻都督軍於畿甸稷山縣，以鐵騎數萬雷擊先鋒，則諸賊恐怯，還退釜山。時全羅乃義兵根本之地，尤甚殺戮，窮山深谷，盡爲搜覔，以殺戮多少，分功輕重，故□亦此際家在全羅，未得逃脱虎口。大概我國之敗，乃魯鷄之不期，蜀鷄之不支。若使我國之兵深入日本，便作窮寇，則强弓毒矢，慓悍精鋭，彼焉能當之哉？但彼賊所長，非但鳥銃槍劍。雖行師野營，蒼黄臨戰之時，必築土壘於瞬息，然後接戰，故倭陣未易攻破。蓋彼賊長才，獨得壘法之妙矣。”秀才曰：“天下强兵，浙江當倭兵矣？”我答曰：“我在本國時，細看南北之兵，平原廣野，則北方鐵騎爲上，山逕溪磵，則南方步兵爲上。”秀才曰：“足下之言近矣。”

二十一日，晴。倪秀才以下皆正衣冠出門去。我問曰：“那裏去耶？”倪秀才立於庭中，呼小僮拿紙筆來，書示曰：“聖天子平關伯黄麻詔令四月始爲頒布天下，而此省賫來行人司行人李如珪，乃吾宗師同門生也。月初到省中，即趨向漳州，會謁於見羅李先生於紫芝精舍，而昨日還到於宗師衙門，是以吾儕要拜他就去矣。”日暮歸來，夕飯後，皆會明道堂。吟咏歌詞，節奏鍾磬，願習講學節次，而又開《大學》及《心經》上下卷論確，良久而罷。

二十三日，晴。早去謝秀才房中，請學《心經》，則答曰：“《心經》衹究人心道心之分，而經之主意，則衹是一個敬字。蓋敬者，主一無適而常惺惺，法無一物不得容其中，故聖賢徹上徹下之功，都在敬而已。若不以敬操之爲心上之功，則紛華波動，發如奔霆，莫知其鄉矣。足下曾在本國，既與師友講明有素，則《心經》不須再講而明矣。且吾道一以貫之，則蓋一者，乃精一之一字，衹分人與道之間，以敬操之而已矣。”我答曰：“以工夫論之，精一乃誠正，修而厥中，乃止至善乎。性之全體，渾然至善，本無過不及之差，未知如斯否？”秀才曰：“足下已明心學之體，折衷比喻，大都則然矣。”

二十四日，晴。食後，諸秀才四十餘雲集聚會。我問之曰：“何樣秀才如是聚會也？”倪秀才書示曰：“明日，宗師爲行人司李汝奎大會講學。故芝峰、謹江、三山諸書院秀才皆會。足下得見天下盛禮矣，不亦樂乎？”俄而，徐宗師到祠云。諸秀才皆出門外祇迎，我亦隨秀才而迎來，則徐宗師舒禮於兩賢祠宇，後次升明道堂，高拱端立於堂邊。諸生列立階上，皆三揖。以後，宗師坐椅於中堂，諸生亦以年齒列坐左右。而秀才一人詣樽所奉茶，親獻三次。以後，歌詞鍾磬諸等節次，一一習儀而罷。宗師將出，諸生亦以次皆先出門外祇送。蓋祇迎祇送之禮，中外皆同矣。

二十六日，雨。早起問於倪秀才：“昨日所講經一章，則庶幾會聽，但未詳藴奥，願聞精微。”秀才曰：“修身爲本者，止至善之竅門也。止於至善者，修身爲本之命脉也。魯先生熟讀《全閩答問》，付之梓人，傳頒聯朋講學，則朝鮮人人向學，民皆孝悌忠信，尊其君，親其長。此所謂好謀而成者，故天時地利不如人和。”

二十七日，晴。明道堂後別間新德齋黄秀才大晉、王秀才繼皋二人正榻開卷。左右圖書，牙籤滿架。而《家語》共三十五卷，置於案上。我問曰:“我國則衹見《家語》上下卷。今日之見,則如是其多數。無乃後世之衍義耶?”秀才笑曰:“上下卷則衹是節要,而今此全秩,則夫子平生日記書在於此矣。”

二十八日,晴。黄秀才房外有小池,墻外有石榴花。秀才曰:“貴國亦有是花否?”答曰:“有之。”秀才曰:“此花之名亦知所自來乎?”答曰:“不知。”秀才曰:“此種初自安石國薦入,故因名曰石榴。蓋此花最晚,獨開於五月無花之節。其中則明珠滿腹,清液酸甘,治養脾胃。江北則無之,江南則有之。若達江北,則其直倍於黄橘,故南人善種。”我答曰:“蓋此花我國亦多有之,而艷花美實,且助騷人吟咏之興,故古人曾有‘五月榴花照眼明’之句。”謝秀才即命酒對酌曰:“君須吟咏一首詩,以記别後之思。”乃分得“詩”字,即綴四韻,秀才亦次之。其詩曰:“一縷香風五月吹,芳姿如畫映方池。紅添鏡面新妝耀,光動文房絶艷奇。誰使此花移近學,更教騷客助工詩。繁英似向尊前笑,吟興元來造物知。”黄秀才次之曰:“鄰家榴葉曉風吹,點點猩紅入硯池。天意却教增富貴,花神頒欲吐新奇。豪懷對酌千觴酒,遠客頻叩百首詩。若問此花何處種,傳來安石有誰知。”

(六月)初一日,晴。謝秀才兆申、倪秀才士和以下諸秀才皆會於明道堂,招我書示曰:“願聞貴國科制。”我答曰:“式年初試則鄉舉,會試則咸聚京師,而生進各取一百,文科及第則取三十三名,武科則取二十八名矣。”秀才曰:“場中取才,則論策四六乎,專治經術乎?”答曰:“生員則專以四書出題,進士詩賦,俱篇入格者取之。而會試則先講小學、《家禮》,能通,然後次入場中,又中,謂之進士。而文科及第,初試則論、策、賦、表、頌,俱入格者取之,會試則先講四書三經,能誦背講,然後又入闕庭。論策賦表頌,亦高中入格者,以次出榜,謂之文科及第。而武科初試,則先試以三百斤勁弓,能彎遠射六兩鐵箭於[illegible]百步;然後次試騎射,五發五中,次試八錢木箭遠射於五百步;然後次試騎槍,三發三中,次試馬上擊毬,能制能中;然後次講四書中一書及《武經七書》,能通者取之。而會試亦如初試,入格之規同也。秀才等皆嘆曰:“貴國文武科更難於中國矣。”倪秀才曰:“四書三經,果能誦講乎?”答曰:“士君子安能孟浪哉?”謝秀才又示曰:“背講節次,何以爲之?”答曰:“吏部尚書精擇明經,忠直宰列十餘員備望入闕,則主上落點,差出七員。而禮曹命卜擇日,然後試官坐於公廨,令寫字官,四書三經大文,皆書於三寸竹簡,分其秩數,各納於大筒中,置於上試官案上,而以鹿皮爲帳,遮隔内外,然後烏臺御史二員,戴獬豸冠,分坐帳外左右,以察循私之弊,而招入舉人,使坐兩御史間,上試官以手拈出筒中簡書大文,移寫於講紙,以帳下出許舉人,則舉人奉展讀盡音釋,然後章頭章下篇題大注及雲峰雙峰大宋諸家輯注,盡數背講純通,然後謂之明經科,而武舉講經之規,亦如是。”左右大驚曰:“中國雖專治經術,衹入場中,能製文章七篇(文章乃四書三經中出題之作稱曰文章)而已。本無七書背講之規,貴國背講之規,更難於能製七篇,貴國文獻之稱,信非誣也。”

初二日食後,委拜倪秀才房,願聞天朝鄉貢文武制,則秀才曰:“式年則各其知縣以四書并出四題,試之於白日場,入格者入送於知府,知府又以四書出題,俱入格者謂之童生。知府并會屬縣童生,以四書一經,各出五題,俱入格者謂之生員(生員謂之秀才)。軍門又大會生員,試之三場,初場則文章七篇,中場則策文五度,終場則論、賦、啓、頌、判五度,通三場并十七篇,皆限白日,俱入格者謂之舉人。各省出榜,轉送於京師,會試三場,亦如初試三場之規,俱入格者謂之進士,其數二百。而武科則各其省衹以武材取之,謂之武科。武進士則與舉人并會京師,安邊策三章,能製於燭刻,俱入格者謂武進士,其數一百。蓋武進士非徒燭刻,其數倍減,更貴於文進士矣。”我問曰:“講經則何不爲之?”秀才曰:“文章七篇能做入格,已謂之明經,何更講爲此規?此制乃王安石作俑之制,至今科士苦而怨之。”又問曰:“入場時書册持入乎?”秀才曰:“衹持筆硯,何敢持册?若現露則不得入場矣,朝鮮則何以爲之?”答曰:“入門時録名官、搜挾官,坐於兩邊,使禁亂軍士列入左右,搜得舉子身上,如現出册子,則即挂榜停舉，而册子則即付丙丁，故細書至密，或入靴中，或入於衣襟矣。未知天朝亦無此等事乎?”秀才曰:“我國亦或有之，其爲重科之情，天下同然。”左右拍手大笑，我又問曰:“場屋之規爲之如何?”秀才曰:“場屋間數一依舉子多少，而各區别一間。場中軍士數亦如舉子數，每一間又舉子一名，使軍士一名各守之，使不得相通借述。如有現露借述，則雖軍門、布政子弟，即繫三百斤枷而露立場中，棍打一百板，則立死而曳出。蓋科法之嚴，甚於闕庭。未知貴國亦如是乎?”答曰:“我國一從大明律，故現露則决杖一百，流三千里矣。”秀才曰:“貴國文獻果如是夫。”夢見雙親妻子矣。

初三日，晴。早起請益於倪先生，則先生曰:“足下識見高明，景慕晦庵，庶免泣歧之嘆，然止修之學，今始醫聾，必沈潛細究，惺惺於戒謹操捨，然後八條之功，自有歸宿之所，而腔子常活活於人性之綱，施之萬事，無處不活，此所謂所操者約，而所及者廣。吾儒經濟之功，亦在於此，惟足下自省焉。”我起拜謝曰:“三代之下雖天縱之聖，非但未能經濟，尚蒙盜蹠之垢。而自秦、唐、漢以來，寥寥無聞，逮及大宋濂洛關閩之際，紹千載之未傳，發前古之未發。可見經濟之業、雍熙之樂，或徜徉乎南康，或編管乎涪溪，或躬爨乎洛陽，或講禮乎關内，或祇祀乎閩中。噫！懷道抱德之士，未遇其時，而一未試經綸大手何也。世降俗末，聖君不作而然耶。雖遇明時，其爲才行道德，有所未及於有莘、傅岩、渭川，而未敢輕進而然耶。諸葛亮、狄仁杰、司馬光之流，可謂魚水相際，然區區乎討賊，汲汲乎反正，眷眷乎革弊，未能大有爲於當日。以此言之，則王風委草，世道日卑，自今以後，雖或懷不世之才，藴經濟之具者，祇可囂囂樂道，藴櫝自珍，更未可待價而展布耶。若然，吾儒經濟之志施於何時，而天下之民更未被至治之澤耶。懷正居貞者，填笮於泥濘之下;狡猾巧僞者，軒翥乎虹蜺之際。無乃福善禍淫之道，倒置而然耶? 抑亦天道悠遠而然耶? 惟願先生拈出適中之論，以破愚惑。”秀才著畢濡筆即示曰:“大哉！足下之問也。倘或無心於吾道者，何能及此? 反復條問，皆出於吾儕之所常憤慨者。鄙雖不佞，敢不叩盡。足下之問大都則然矣，但未知天縱二字之味也。孔夫子之未遇棲棲，豈偶然哉？天必以夫子爲木鐸於天下，使天下萬世以免長夜被左之辱也。然則夫子之經濟實天下萬世之經濟，豈若一時之經濟也？此冥冥天縱之本意也。宋室群賢之未遇遑遑，亦豈不易曉哉？若非其時，而代大匠斫，則鮮不傷手，是以進退行藏之際，素處而行之，綽綽然有餘裕，何區區慽慽悒悒然哉？爲天地立心，爲生民立命，爲萬世開太平，爲往聖繼絶學，使堂堂吾道，如白日中天，則是亦皇天綿綿再縱於千載之下，與吾夫子互相經緯於先後者也。吾儒功業，豈可以一時之窮達論之哉？足下之問，徒知其一，未詳其二。”我即答之曰：“先生之答，以堂堂常道言之，不佞之問，以反常變道言之耳。”秀才曰：“吾亦隨叩而隨答，此亦格致之功也，惟足下更加一層。”

初四日，晴。自夜氣甚不平，兩脚刺痛。早起視之，膝下大浮，怯心倍苦，噫嘘太息。謝秀才來見曰：“儞何顔色之慽慽？”答之以病勢。秀才曰：“宗師衙門名醫多在，何患治療？”答曰：“凡浮氣自下漸上腹部，則萬無生全者，况萬死餘生，元氣大敗之人乎？”秀才曰：“我當傳達宗師前，使醫命藥。”即送簡牒於宗師，則俄而醫官一人穿衣冠，奉青蓋入來明道堂曰：“朝鮮官卧在那裏耶？”謝秀才出見，相揖曰：“承宗師之命，欲救朝鮮官耶？”醫官唯唯。秀才引醫來我房中，醫官診脉，次看兩足曰：“不多緊，不多緊。”即命渠帶來人，使之煎湯水一筒，即出囊中藥物和於湯水，然後使我露身赤立於筒上，以手巾濕湯，洗之兩脚曰：“今夜安寢，明朝視之，則浮自消矣。若未見差，則明當再來治之，明朝更通果否。”即出門辭去。夢見父母兄弟。

初五日，雨。早起視之，浮氣如前，怯心倍劇，淚自漣漣。即進謝秀才房曰：“浮氣不下，未可更邀醫官耶？”秀才曰：“倪先生如今當進拜宗師前，此時更達宗師，醫必再來矣。”我見倪先生悉陳，則倪先生即診脉曰：“左部脉心脉浮弦太邊，其神不守舍，又中風温傷，肝肺不寧矣。此調神養脾去温最關緊也。右部肺脉清利可喜，祇去病便愈，我且當進宗師前一醫，更請服藥爲妙。”我起敬謝之，先生促飯而去，我回房中，閉窗獨卧。日未午，醫官再來，即煎藥勸我飲之，俄而流汗如泉。醫官曰：“不須怯也，明當就差矣。”我即以一錢銀子謀得荔枝，又謀秋露一壺以謝之。醫官笑之曰：“萬里孤蹤，何必謝禮爲？”與秀才共罷而歸，夜來氣似少差焉。

初六日，晴。早起視之，浮氣大差，精神自若，藥之神效，果若醫言，私喜如狂，歸心倍切。俄而倪秀才來問，答之以快差。秀才亦喜曰：“厥醫老神，目無全牛。如此疫癢，何足介哉？”

初七日，雨。徐宗師命醫治病，不可無謝，即做文一篇。吟咏正書，王秀才、曾秀才來見曰：“做何文而吟咏乎？”我答所由則曰：“爾言然矣，但恐加於少愈。徐當進謝，不要今日進謝也。”

初八日，晴。早起呈書，進去徐宗師衙門，則已開早堂門，許多手本文帖已收。我進揖階上，則宗師起立椅下，答揖而坐曰：“爾之證候如何？”我答以少愈，即呈謝文。宗師覽畢曰：“爾之顔色憔枯，想必元氣大敗。當更賜藥。”即招醫官，補元氣益湯十服題給。我拜謝退回，則諸秀才迎我曰：“宗師有怎麽樣分付也？”我俱答分付，則左右欣賀。

初九日，晴。我問倪秀才，曰：“鄉校則自有學田規例，而祠宇則吾宗師一自入閩，三轉而至布政、參政。積八年間，芝峰、□江、三山、武夷、清源等處處，書院祠宇之興廢復設者八處，而巡軒到處隨講，自遠方來者雲集，依歸八處。書院諸生供銀日費百金，或開古田之荒，亦因各衙捐捧之餘，存本取利而供之，皆仰賴宗師辦備之力矣。濟濟洋洋之盛，不讓於鄒魯矣。

初十日，晴。諸秀才曰：“暑熱比劇，時候不佳。”今日則早上烏石山蕭寺，極目開襟，聯袂就登。蓋兹山不高不卑，仿佛我國社稷洞西嶺，皆露出山骨，其石色似黑，故名之曰烏石，此山乃《翦燈新話》烏石山、八角井之山也。第二峰有一蘭惹題額，沙門曰正覺庵。佛殿崔巍，金碧照耀，而佛顶之上以鍮絲造作蓮葉之狀，以芙蓉香縷縷回環,炷其下端,香烟藹藹,晝夜自燒,而卓子上金爐中則又炷一品沉香。主管道僧輩下榻列立。待他拜佛畢,□□向他相揖,恰似平交而分坐於椅上。敘寒暄畢,年少童僧即獻茶三次。俄而又進荔枝、蓮根,秀才皆舉手曰:“不敢不敢。”道僧曰:“自然自然。登此山上,煩苦了煩苦了。”倪秀才曰:“登臨割目,入殿頤神,飲建溪茶,啖玉井蓮,如飲丹霞,爽若飛仙,何煩苦了?”道僧命厨僧曰:“日將晚矣,從容做飯。”謝秀才曰:“正是吾輩當夕還,半日偷閑,不亦樂乎?”僧輩曰:“多謝多謝。”我又要登第一峰。秀才曰:“吾亦要登。”就起登臨,則小庵高懸,絶人聲迹,題其門曰“一斗庵”。入其庵中,有一道僧,高坐榻上,見秀才輩,視而不見,默無一言,碧眼如燈,緑髮滿面,神彩如仙,少無枯槁之色。我怪而問曰:“入定幾年,而所服何物?”榻下有一僧答曰:“入定將三十有六年,所服松葉而已。”我以筆示曰:“道師衹服松葉,則近於吞霞服氣。以入定觀之,則分明面壁,未知道師已觀心體乎?但定榻直,惟市井繁華滿目,鼓角盈耳,恐非雪山少林之静也。我則非大明人,乃朝鮮士子也。自少讀書,暫通經史且知經文,願道師無吝金玉之音,以筆破惑。”道師始開顏,向秀才問曰:“他幹何事這邊來乎?”秀才略陳大概,則道師曰:“他是貴命人也。”以筆書示曰:“百川東流,必盈科而後進,故長流不息,必達於海。我之入定,將至四十年,則豈無斷覺之興也。若一大觀,則雖萬物交前,豈累我心哉?”我答曰:“然則今者僉秀才來訪,可視而不見耶?昔遠師入定白蓮社時,五柳先生來叩門外,延入□□,連旬痛飲,開心見性,及其臨别,遠於將之行過虎溪而餞。以此論之,老師之堅座不動,視而不見何耶?果若大觀,則雖日應千萬人,豈累方寸?”道師曰:“今世復有五柳先生乎?”我答曰:“今世復有遠師耶?白蓮生何處?天花舞何處?”道師曰:“蓮社中淵明一行有所未入者,今之一行皆入我族相照水月,何視而不見耶?白蓮天花,妙應在天,何必强下?”我問曰:“老師入定將之四十年,人間萬事邈未聞知,甲子亦未知耶?”笑而答示曰:“天下萬事,了了胸中。”我曰:“然則可知百年萬年終天之事乎？”答曰："知者知，不知則未知矣。"我曰："昔王陽明先生閉門五十年，已做人間萬世功業。此人精靈，今則何處住著。"老師曰："那人俗緣未盡，未免輪回，何足挂論？"倪秀才曰："老師之門何時閉而何時開乎？"道師曰："昔世尊千百億化身，則祇在六窗之開閉，一念之動静而已。守仁開閉，不過聰慧之士，例出於道家之餘派，何足□貴哉？我門開閉，與他不同。雖閉不閉，雖開不開，開閉無常，自有定向，豈可與言哉？閉目默然，有同沈塑。"謝秀才曰："此師雖見軍門、布政以下各衙諸相，視而不動，如接兒輩，巍然萬古，必至正覺矣。"我披見壁藏，則祇有冰糖一器，松葉數斗而已。又問榻下僧曰："爾則所服何物？"答曰："祇賴游觀，或一飯於數日，非松葉則何以休粮乎？"我即綴一絶曰：

一斗庵中坐，少林何處是。休粮三十春，今日始逢真。

道師開目視之，指點板上所題，蓋渠之曾做見性歌矣。一行秀才，皆見而嘆服。俄而，正覺庵厨伯來請吃飯，吾輩向道師辭歸，則道士默然點頭而已。吾儕出門更登庵後危岩，則滿城繁華，山川風景之勝，不可以紙筆形容矣。謝秀才等遂下岩，以銀五分叫許榻下僧，僧也苦辭不受，亦苦勸而許之。下來正覺庵。則白飯青蔬，滿盤清楚，遂贈一絶曰：

悟道年來萬念空，逢人每供白飯蔬。心如秋水照明月，生理自饒衣與鉢。

日將夕，就欲下歸，各出銀一分，以謝厨僧，則和尚輩皆掉頭不肯受。秀才輩亦掉頭曰："豈有此理。""自然自然。"聯袂出來，和尚輩亦出門送别矣。

十一、十二、十三日，連三日大雨。我問謝秀才曰："願聞中國税法也。”秀才曰：“自古税法多變，而至唐用租庸調三法，而迨尚因用。蓋租者田税，庸者身役之價，調者烟家雜役之價也。夫税者，非獨謂田税也。市井税、魚鹽税、商賈税、宰殺税，隨處隨税，各有程式，而庸税則朝官、秀才、儒生及官軍、山僧外，一家雖有十人，老弱則除之，每年各收銀子一錢五分。條税則□□閑丁亦收銀一錢五分。凡干各税，布政司拘管，都收合後，分爲四分。而一分則輸運兩京，爲奉祭祀禄百官；一分則爲各省各營兵食；一分則爲各路各驛往來差官及送舊迎新、應赴舉人夫馬之價；一分則爲自軍門、總兵、布政、按察、監察、兵備道、分守道、巡海道（巡海道乃巡撫兵鎮御史也）、屯鹽道、都指揮使（都指揮使乃我國兵使也）、參將、遊擊、海防官，以至州府郡縣地方官、各衙官員月俸，及小小下人、書字、門子、舍人、厨子、健步（健步乃使令也）房子之食。蓋春秋二税三千三百八萬五千九百石内，漕運米四百萬石，絹二十萬五千五百匹，綿花二十四萬六千五百斤，綿布十三萬八百匹，麻布二千七十匹，南蠻席布二千五百十六條，茶六十五斤，針八萬一千縫，馬草一千四百六十九萬五千勾，馬驢騾三十萬九千匹，鹽共四萬六千六百石矣（蘇州每年税米二百萬石。成化年間，始減其半，故□則八十萬石矣）。”

十四日，晴。早食後，又去謝秀才房問曰：“兩京及十三省（省乃我國一道）留養之兵幾許也？”答曰：“不知其幾萬。大概兩京軍則四百衛，而一衛之軍每五百名，都數二十萬，其餘十三省軍，則無慮五百餘萬衆。而每一名每月各受銀一兩，而公、侯、伯、子、卿大夫、州府郡縣月俸之銀，不知其巨萬。中國物力殷富，通萬古比來極盛矣。”

十八日，雨。諸秀才各在房中，日日做文。我問之則答曰：“皆是做科文。”我詳視之，一日之内以四書三經，各出一題。蓋所謂文章七篇皆做於白日，以爲常習。其爲匆急神速，筆翰如流矣。我曰：“論、策、賦、表、訟、判則何不做習？”答曰：“□□者，文章七篇，而其餘□□……”

十九日，晴。諸秀才早起，皆整衣冠曰"如今即就去"。我問曰："僉賢那裏去耶?"答曰："西門外有一友人，今月初五遭親喪，近以三業所累未曾就吊，玆欲往吊。"我曰："然則不佞亦隨去，欲觀儒家喪禮。"謝秀才曰："等吾去觀無妨。"我隨到其家，則喪者穿齊衰，腰首絰，持竹杖，履芒鞋，立於堂中喪柩前痛哭。而諸秀才亦列立，對哭而不拜。蓋喪柩則用漆極美，而置於北壁下，又立影像於柩前，而西邊立丹旌，東邊設枕席衾褥，又以白紗帳繞於四面，朝夕掃柩。蓋此喪禮，純用晦庵家禮，但明旌則書之曰"顯考行年七十三歲李公之柩"，此則大不同也。俄而，諸秀才辭歸，則喪人固勸挽留，薦茶而薦飯。喪者亦以蔬菜對飯，此亦非晦庵之禮。秀才急急回來，即做科業文章七篇，其爲勤做工夫如是矣。

二十日，晴。臨夕，就倪秀才房，曰："昨日喪家之禮，與晦庵家禮仿佛而相异。明旌大不同。初喪與客對飯，又大違禮矣。"諸等曰："大江之南則或純用而或不同，江北則純不用之，蓋陸學亂之矣。"

二十一、二十二日，晴。黄秀才(名應陽也)素善畫像，故謝秀才要畫其影像。黄秀才曰："今與僉兄共枉陋止而寫。"即携倪、謝、陳、王四秀才而歸，又要共我去，我亦共携而去，則其家在於布政司衙前，高樓敞然，滿壁圖書。趙孟頫真筆亦挂於東壁。我不覺嘆服，熟視摩挲。黄秀才曰："貴國亦有此真筆乎?"答曰："我國如《證道歌》□□如大小《赤壁賦》，皆□□□體然□……江之南則多有矣。"既而清茶三次，即薦荔枝，又薦美酒，佳肴滿盤。酒將罷，黄秀才展素紈一幅於諸秀才坐壁之後，以水墨模寫其影，蓋熟視信筆，毫髮不差，其各儀形風彩，依然儼然，難辨真假，左右嘆服。謝秀才即起謝拜而歡悦。黄秀才亦答拜曰："不敢不敢。"俄而，薦飯勸酒，隨量而罷。辭歸出門，主人亦携手送於街上。

二十五日，晴。洪秀才汝訥早來曰："請與足下共臨陋舍，以賞文房珍玩如何?"我曰："鄙亦在故國時，素有文房之癖矣。"食後共携而去，則家住南門外濠水邊。緑楊數百條，成列左右，而墻垣四圍，門闌高敞。大門内又有中門，中門之内小閣翼然如飛，而修竹百餘個，橘樹數十條相間，花階上名花怪石不可勝數。而閣中丹鑊之繁華，架上牙籤之潤色，倍於他家，真所謂豪富好事甲第。薦茶後，杯盤豐美，玉壺將盡。俄而，秀才家君出來，見我禮待，而即展八帖屏風曰："聞足下詩名久矣，衹一欲相見，使家兒邀足下，足下肯臨，可不括目，願足下必做此屏風四時八景絶句，以增文房珍采。"我示曰："雖云絶句，拙句云乎哉，不敢不敢。"主人命家丁磨墨，張紙勸之，支離不得已，即綴八絶。

其一曰：陰映高堂拜下……

其二曰：……

其三曰：緑樹溪邊水殿幽，薔薇花下紫鸞遊。新荷又叠烟波襪，如唤清香暗暗浮。

其四曰：嫋嫋長楊垂百尺，金衣公子一雙飛。復有青梅筍火裏，花時争似緑陰時。

其五曰：露滴芙蓉珠霞弦，一珍明月上山東。三椽白屋依岩底，真是丹丘道士宫。

其六曰：玉洞依依生紫烟，飛泉大道作七川。蒼苔赤葉黄花畔，一帆孤舟迷去年。

其七曰：陰雲釀雪暮天寒，遠近青山白玉顔。人斷飛禽皆絶處，衹看孤鶴向巢還。

其八曰：臘梅早發窗前笑，凍雪隨風亂舞楹。騷人却訝花零落，故下階邊手弄英。

主人看畢嘆美，又令題於屏頂，亦不獲已書之，欲辭而來，秀才入去室中自□皺□□道服一領而贈，我極辭之，答曰："孔夫子曰：朋友之賜，雖車馬，不拜。""足下已與不佞同入芝蘭之室，則如是之賜，豈有辭讓之理乎?”即令其家丁衣我身□□。日將暮,命驢而歸,歸入兩賢祠,諸秀才見衣而賀之曰:“洪秀才□乃此城中豪華矣。”

(六月)二十六、二十七日,晴。早食後,洪秀才來□,傳示我八景絶句。諸秀才皆稱美曰:“足下若在此堂做文科業,則文章七篇能做而成功。”我曰:“萬死……十有九……七篇豈易能……”

附:

和館結約

天朝差官從者陳屏山、李源澄來館和泉府者久矣。公往叩其門,陳、李迎拜曰:“那裏人?”曰:“我乃朝鮮官魯認也。以丁酉賤俘,激感天朝東顧之恩,敢來見。”曰:“所館何如倭?”曰:“此府守部曲四郎者也。”兩人禮而送之,時則二月二十日也。翌日,陳、李來曰:“夜來甚似?”曰:“戀君思親,一刻三秋。”兩人曰:“此乃忠孝所激,益增矜憐。”公曰:“今見足下有温厚慷慨底義,願與同舟,而得到中華父母之國,以圖弊邦雪復之便。”屏山曰:“公之所懷,凡秉彝者,孰不感動? 已許方寸,何疑同舟? 祇待順風可也。”越三日,公又往陳、李館。陳、李起拜而請賦詩,詩成,陳、李極加嗟嘆,進酒溢歡。仍問曰:“公在倭探機,則秀吉死後,衆議何如?”曰:“筑前中納言金吾者,爲内府將,欲更犯朝鮮,而以内府米五萬餘石出爲軍餉。家康以黄金四十萬錠出資兵用。清正等所欲不在朝鮮,將有射天之計。我以天朝臣民,既知其機如此,正欲歸國以備不虞也。”越三日,晝夢拜榻下,遂吟一絶。自三月初日與陳、李密謀發船。而初七夕,屏山來曰:“去年唐船回棹時,潛引朝鮮人帶向大明,而倭奴知機搜船,果被綻露,戮辱滋甚。日昨之禁止書字,或恐人知,正以此也。”翌日,義弘(石蔓子第二子)擁前後百餘槍劍手馳到船頭曰:“唐船何日開洋? 待挂帆時,必搜船後可以發行。”唐人曰:“雖百搜千覓,必無可疑。”義弘駐馬良久,仍向山崖馳逐田獵,炮響不絶。厥明,屏山來曰:“倭必搜船,勢難同渡。”公罔知所措,終夜嗟咄。夢見雙親,誡曰:“何須愁悶,不難渡海。”覺來胸懷稍寬。前後日記連有君親兄弟之夢,而删煩止此。翌日獨坐,百爾思量。今此倭村乃絶島,漁家小艇十餘隻泊在前浦。夜無守直,而我國人數三亦在此村云。若與共謀,雖不到中華,庶可直渡朝鮮。日暮,潛引此輩,問其來歷,則一曰興陽奇孝淳,一曰密陽鄭東之,一曰京畿風石,皆以壬辰俘人雇賃此島者,於今三年。公墮淚曰:“我乃羅州魯别座也。丁酉見俘,萬死到此。爾等若善操舟,何患渡海?”孝淳等泣曰:“雖善操舟,難辦回糧。”公曰:“與我共濟,何患回糧?”乃以銀子三錢分許曰:“看汝饑色,令我憫憐,當謀酒饌,暫解羈愁。”孝淳等感激叩頭。翌日暮,又引孝淳等,潛許十兩銀子曰:“以此貿糧。但機事必不使鬼神知之。”應曰:“唯。”翌曉,潛見陳、李曰:“倭雖搜船,我有一策,未知僉君其肯相應否?”曰:“有何策?”曰:“我潛乘小艇先出十里許小島,以待倭奴搜船後公等挂帆時,迎出中流,追乘貴船。此非奇策乎?篙工船隻已備矣。”陳、李曰:“公誠貫日月,更得生還之路。吾等當與林公密密定計。”公歸與孝淳等資糧百斗,炊鼎一坐,水桶二個,好爲辦備。粤三日十五夜,陳、李盛備酒肴,乘月邀客。酬酢良久,禀於客曰:“有一朝鮮官姓魯名認者,丁酉之亂,俘入此土。戀君思親,日夜血泣,令人矜惻,况有義氣能文翰。未可與伊人同舟乎?”客曰:“其人今在那裏?”曰:“在這房中。”曰:“叫他來。”公整衣冠,出揖而坐。客曰:“俄聞陳、李,知子來歷。又相子容貌,果不葬蠻夷中者。今與我渡海,則福建軍門必以夫馬護送矣。”公即起拜謝曰:“不佞之至願,祇在此耳。”陳、李亦喜而謝。因言潛出浦外,以避搜船之患。客撫掌嘆曰:“奇哉是計!予願諧矣。”因唱歌彈瑟,大醉忘形。公即綴一絶。翌朝,問陳、李曰:“昨夜客如何客?”曰:“是福建軍門差官也,姓林名震虢。”公曰:“幹何事而來耶?”曰:“福建軍門都爺(即都御使)鴻圖偉略,明見萬里。故竊爲朝鮮以濟其艱爲己任,賫付白金八百兩於林公,使作漁子行商潛入薩摩,厚賂漳州人爲石蔓子醫師者許義厚,因縱反間曰:‘日本無故興兵,殘破朝鮮。不有天威,皇赫斯怒,特命兵部尚書差征倭元帥,統秦、楚、燕、齊、韓、魏、趙及西戎,北狄具甲精兵百萬,出山海關,渡鴨緑,蕩釜山。因直擣對馬、壹岐、西海等島。更命都御使差水軍都統使,以閩浙、湖廣、雲南、吴越舟師一萬艘,又琉球、暹羅、安南、交趾、佛狼機西域水軍萬餘艘,直入薩摩,必滅日本,以不天下爲家之義。’林公果以此分付,通於義厚。義厚即到朝鮮泗川地,反間石蔓子如此如此。石蔓子驚懼曰:‘際此空虛,大明舟師倘或直渡,則勢如壓郊。’即掇兵而歸。蓋林公智慮深遠,能成天下之大功。風骨軒昂,氣宇倜儻,是以一見之子,勇决同舟。”公曰:“從此可得生還,則當爲林公與二足下建立生祠矣。”

(《錦溪集》卷三)

一三、李民宬《壬寅朝天録》

【解題】

《壬寅朝天録》一卷，李民宬撰。

李民宬(1570—1629)，字寬甫，號敬亭，系出永川李氏。二十八歲中廷試第四名，選補承文院權知副正字，兼春秋館記事官。歷任正字、著作、奉常寺直長、博士第職，官至承政院同副承旨知製教兼經筵參贊官春秋館修撰官、右副承旨、左承旨等。《壬寅朝天録》爲萬曆三十至三十一年(宣祖三十五至三十六年，1602—1603)間李民宬使明所作，收入《敬亭集別集》卷二，題《朝天録》；又有《題壬寅朝天録後》一文，收入別集卷一及續集卷四。林基中編《燕行録全集》第十五册據別集收録二者，且據李民宬題跋，改題前者爲《壬寅朝天録》。兹從其題名。李民宬此行爲奏請使書狀官，與正使金信元、副使張晚同赴北京，奏請册封光海君爲世子。據李民宬所記，使臣一行於壬寅十月十五日拜辭國王，十一月二十七日越鴨緑江，癸卯正月二十六日到北京；留京幾近兩月，至二十五日，詣闕辭朝，原道而歸；五月一日，越鴨緑江至朝鮮義州。

兹以《燕行録全集》本爲據輯録資料。

(二月)十一日，朝，詣禮部儀制司。郎中蔡獻臣坐司，禮畢，爲文呈之，郎中答曰："查例覆題，不須來説。"使臣令表憲致告曰："尚書老爺病告不坐，覆題專在老爹，乞速禀知堂爺，轉達天聰，以期準封，以慰一國臣民之望。"郎中曰："立嫡以長，不易之常典。今你國欲立次子，事體甚大，其可輕易許諸?"答曰："立嫡以長，雖不易之典，世亂先功，實權時之義。頃在萬曆二十年，經略宋老爺請光海君駐劄全慶地方經理防禦，貴部請給專敕，以俟有功另議優處。又二十三年，貴部移咨小邦，俟三年有成乃議誥封，係是朝廷講過之事，望老爺試取前後敕諭并行會咨稿而查照則可知矣。况皇言一播，天下罔不聞知，煌煌一札，藏在小邦，非可誣也。伏乞老爺垂察焉。”郎中曰：“可矣。但外邊論議多了，這一遭成不得。天朝審得你國事情十分的確，然後方可準也。”答曰：“小邦以册封一事奏請天朝者四遭，何需再一遭然後審得事情乎？小邦事情，征東各衙門無不見知，又安有不的確之理哉？”再三反覆，郎中似有回悟之意，仍語曰：“俺當禀知尚書老爺矣。”遂拜謝而退。郎中出票帖招王妃册封奏請使，手書呈文之尾以示之曰：“因大堂貴恙，未得議覆。國王請立少子，果出國人之公否？臨海果不足托否？”

十二日，朝，與王妃册封奏請使書狀官聯名呈文於郎中。郎中免見，招表憲謂之曰：“你國事情則然矣，這邊論議多了，必不準也。”答曰：“小邦之請當循小邦事情，不審這邊有甚論議，願賜下諭。”郎中批呈文之尾以示之曰：“事體重大，舍長立少，非萬世長久之道。據呈頗悉鮮國之請，非由私愛私阿，候再禀大部老爺定奪題覆。然鮮國近來舊章散失，如請封妃則當云妻，世子當云男，俱載在本部司稿簿可考。今未奉誥命，而疏啓呈移之中，俱自稱曰妃曰世子，則又何容請耶？本司非不知一時稱謂出於無心，恐以訛襲訛，遂成故事，非禮也。若仍復如此，則不敢爲轉奏矣，可歸而與具啓奏者言之。”使臣欲爲進謝，而郎中已退火房，祇見表憲而謂曰：“此是文字間差誤之事，何至來謝？”憲曰：“昨日老爺如見尚書老爺，覆題之事何以爲言耶？伏乞示下。”郎中曰：“昨往見尚書，尚書病重，未及議此事。然朝廷論議不好替你説，我當周旋，問於遼東巡撫等官，則你國之事庶可得成矣。你們可再來請之。”答曰：“馬上差人則十許日當回報，願留俟於此。”郎中曰：“這邊事情不好替你説，大事我何敢獨當乎？”遂不敢請見而退，仍詣西庭門外，預具呈文，以候閣老之出，適沈鯉見而語之曰:"事體重大,在馮爺覆題如何耳,明當議於閣下。"

十三日,朝,構呈文,又詣西庭門外。沈一貫、沈鯉、朱賡三閣老相繼而出,跪於路左,令表憲進呈文,則三閣老鼎立覽訖,請揖,辭以皇恐不敢,閣老曰:"闕下無拜禮。"不得已,趨進磬折而揖,閣老答揖,面語使臣曰:"纔於閣裏講了此事矣。國王所請,俺等豈不欲勉副?但外邊論議多了,你可歸而啓知國王,再一遭來請。"朱閣老曰:"光海君權立罷。"遂叩謝而退。沈一貫,建極殿大學士,兼太子太傅、吏部尚書,號蛟門,浙之鄞縣人,戊辰及第。沈鯉,東閣大學士,兼太子少傅、禮部尚書,號龍江,南京崐山人,乙丑及第。朱賡,東閣大學士,兼禮部尚書,號金庭,浙之山陰人,戊辰及第云。見禮部進收方物題本,有曰:"看得世亂先功固一時濟變之微權,而立嫡以長乃百世不易之定理。朝鮮王舍長立次,以次子(諱)功也,然彼國猝遇禍變,豈容袖手傍觀?即有微功,亦臣子之分所宜爲者,遽欲援此奪嫡,既失天地之經,恐階亂亡之禍。況長子雖經淪陷,情尤可憫,今固在也,將置何地?即次子舉國愛戴,真否未確,似難遽循其請,則方物未可受也。但該國忠順日久,一朝却獻,恐生疑畏,合無將方物仍容進收,案呈到部。看得朝鮮王請封委於名義未正,候抄到另行議覆外,其進到御前、慈聖中宫、皇太子各方物,一體通送内府各該衙門交收,奉聖旨方物着進收,請封事宜還行該國王詳議的確來奏。"

十七日,朝,受下馬宴於會同館。兼侍郎郭正域押宴,序班講儀注曰"陪臣與侍郎相見也,跪於庭,侍郎曰'起來',然後升堂行禮"云。非例也,令表憲辭焉,主事曰:"侍郎替天子之命來押宴,其禮極尊,你陪臣安敢不跪?"答曰:"堂見則跪,陪臣見大堂也。宴次相見,大堂接陪臣也。優其禮,抑所以尊上命也,望賜裁度。"主事曰:"是。"即禀於侍郎。免跪,侍郎入就闕牌前西向立,兩使後,余後,譯官等又後,俱五拜三叩頭。侍郎就廳中南向立,使臣洎余就前再拜,侍郎答揖,各就椅座,侍郎北,使臣東,余西,譯官南,堦上進饍進花,呈舞樂耍戲，五酌而罷。侍郎起，使臣趨出，侍郎立而語曰："怠慢。"答曰："不敢當，不勝感戴。"侍郎曰："貴國禮義之邦，文事不須言，武備如何？"答曰："小邦荷天朝拯濟之恩，獲至於今，君臣上下，不憚征繕，稍爲自强之策。但積衰之餘，未易振拔，然不敢不勉抑。小邦之情有急於此者。"即跪訴咨文内事理加詳悉，侍郎曰："立長乃常經，而貴國請立次子，朝廷恐有别情爾。"答曰："此等曲折，東征各衙門所共見知，而小邦今與天朝爲一家，小邦事情天朝無不知之，安敢有别情？"侍郎曰："今不可準，再來則可矣。"罷出，仍詣火房，揖主事及光禄寺諸官，皆答揖。房内張大字屏，《周書・旅獒篇》也。見回回人，以帛裹首，籠鸚鵡而來者，寓在館裏，聞多貢美玉當領俵賞，而未準給，留已三年云。郭正域乃翰林院掌院事兼侍讀學士，而權署部事，號明龍，江夏人，癸未及第也。

二十日，陰雨，與副使往禮部。呈文於郎中，轉禀尚書速行覆題事也。郎中書紙尾示之曰："據書俱見該國臣民之意，若非出於私戴者。但廢置大事，已奉有查議的確之旨，今亦無容别議。稍遲數日，即爲奉覆，當加詳耳。國王如不得已，查確再奏，其待明秋乎？"

（三月）二十五日，辭朝發行。曉，詣闕辭朝。仍詣光禄寺，領欽賜酒飯。詣午門外，叩謝而出。巳時，往部裏辭堂，侍郎坐堂。行禮訖，詣儀制司，蔡郎中在火房，免見，曰："適脱冠服，不得相見。"仍語雲祥曰："你國事情，當問遼東巡撫，已有旨意，今已行會於巡撫衙門矣。軍門時未赴任，未得移會，如得巡撫的確之奏，則可以准封矣。然這邊事情甚難，今年則不可再請，須待明年可矣。"聞邢軍門退歸之後，蹇達代之未赴云。

一四、李民宬《癸亥朝天録》

【解題】

《癸亥朝天録》三卷，李民宬撰。

李民宬，生平詳見《壬寅朝天録》解題。天啓三年（仁祖元年，1623）朝鮮仁祖李倧廢光海君而即位，遣奏聞使李慶全、副使尹暄、書狀官李民宬赴明奏請册封，《癸亥朝天録》即作於此行。此録分載《敬亭續集》卷一、二、三，原題《朝天録》上、中、下，林基中編《燕行録全集》收録，題《癸亥朝天録》，玆從其題名。此行自癸亥四月至甲子四月，時間幾近一年（計閏月則十三個月）。

玆以《韓國文集叢刊》本《敬亭續集》爲底本輯録資料。

八月初一日己未，見堂於禮部。朝詣部裏，尚書、右侍郎坐堂，郎官行禮出，即從東階入，跪揖四拜，退立西階，作揖而出。仍詣主客司，主事坐司，使臣再拜，主事答拜，余再拜，答揖，俱退立西階。主事叫議政來，正使進前立，主事立語李膺等曰："你國請罪舊君後請封可矣。事體重大，部裏不可擅便，在聖旨如何耳。"其問答詳具密啓。呈禮單則答以從容，其下人語譯官曰："須送本家爲便，儀制司不受禮單，下人亦要送本家云。"

初三日辛酉，雨。朝，呈文於内閣。過文德坊、大明門、武功坊，到西長安門，以伺於翰林朝房。適韓閣老進，即詣闕。門外列立於行馬内，閣老下轎令免跪，捧呈文而去。有頃，朱閣老進，亦免跪，祇捧呈文。顧閣老進，亦如之。惟魏閣老前呈文未及完寫，不得投呈。最後葉閣老進，使臣以下跪於路左，閣老立語曰："爲甚麽事來？"令李膺等奉對曰:“爲册封事。”閣老曰:“壞舊君自立,事不明白,何以來請邪?”痛辨如答主客司而加詳悉。閣老曰:“何故不報朝廷而徑自廢置邪?”答曰:“舊君在位,誰敢以失德報聞天朝? 而既廢則不可一日無君,此則理勢之自然。而内奉王大妃之教,外迫臣民之推戴,此等曲折,幸加諒察。”閣老和顔曰:“查了。”仍請揖,遂磬折作揖,閣老答揖而去。何、朱兩閣老先詣内閣,故未及投呈,因候其出。申時,六閣老連袂而出,跪於闕外,諸閣老停止。葉閣老曰:“你國舉事時,引用倭兵三千何邪?”力陳孟推官挾憾構誣之狀。閣老曰:“若他外國之事則第循其請,你國與天朝一般,須加慎重行查後方可准也。”極陳無可查之事。閣老曰:“行查,非但天朝事體當然,於你國亦順。通查文武臣民狀辭,然後可悉一國事情矣。”答曰:“本國議政統率一國文武百官,其申文在焉,不待查而可悉矣。且小邦南鄰倭北接遼,朝夕對壘,凡干征繕,一日爲急,而未准之前,不可發號令於國中,是以小邦臣民顒俟封典,一刻爲急。行查往返,自底遲滯,不勝悶鬱焉。”閣老曰:“雖則然矣,天朝事體,不可不略查,你猶未達邪?”又極言事理,非惟不必查,亦不當查。閣老曰:“當與部裏講議。”遂叩謝而退。葉閣老名向高,閩之福清人。韓閣老名爌,山西蒲州人。何宗彦,江西金谿人。朱國禎,浙之烏程人,即朝投呈者也。顧秉謙,南京崐山人。朱延禧,山東聊城人。魏廣微,北京南樂人。孫承宗,籍在北京高陽,位在何宗彦之下,以督理關城軍務,駐劄榆關。

初十日戊辰,呈文於禮、兵部。朝,先詣禮部,尚書林堯俞、右侍郎錢象坤坐堂。行禮後,令李膺等跪稟曰:“陪臣等將小邦事情,呈葉老爺閣下,則諭以你國封事,略查後可議,在該府議覆如何云。專恃大堂老爺,速賜處分。朝廷必欲行查,則今日事勢與常時有异,小邦安危在此一舉,伏乞曲諒事勢,祗於撥上移文督府,則庶往返不至遲誤,是天朝有行查之實,而小邦蒙曲全之恩矣。”尚書答曰“你國之事,我已知悉。但行查,在天朝事體不得不爾,而於你國亦好矣,然當與兵部相講善處"云。遂退出,仍詣兵部。尚書董漢儒遭外艱,左侍郎李瑾、高第、右侍郎余懋衡坐堂。呈文大概:"查官若差遣正官,則治行候風,必至曠日,勢難於冬前往還。請馬上差人,達於登撫,替送總鎮,定以日限事具呈。"則李瑾酬酢娓娓,因曰"已爲知道,當議處"云云。獨余懋衡不假辭色,語甚峭厲。

十一日己巳,呈文於葉閣老。令李恂等稟告曰:"老爺於東國事情已盡洞燭,而必欲略查,以存天朝體面,然後方准封典,軫念小邦之恩意至矣盡矣。目今小邦調兵運餉,軍務方殷,查官直到國中,則大小臣民必爲驚惶。請移文於毛總鎮,定以日限,使之查訪而來,則恐爲便當。"閣老曰:"你言有理。然則免遣查官,祇行文毛帥處,使之題本。你等放心,我已曉得矣。"入於闕内,招譯官李恂等面語曰:"聖旨亦已好下,説與陪臣放心回館。"

一五、金中清《朝天録》

【解題】

《朝天録》一卷，金中清撰。

金中清(1566—1629)，字而和，號晚退軒，又號苟全，安東人氏。中清八歲從嘯皋朴承任學，嘯皋稱之“材而器，能大受者”。十二歲又從月川趙穆學，博通經傳子史，尤精於《易》。壬辰之亂時，曾與柳宗介、任公屹等起義兵，人以忠勤稱之。己酉(1609)魁東堂試，翌年春始明經釋褐，歷任漢城府參軍、司憲府監察、成均館典籍、禮曹佐郎等職。甲寅年(1614)春，以千秋兼謝恩行書狀官赴北京。《朝天録》記録了金中清在萬曆四十二年(光海君六年，1614)以千秋兼謝恩使書狀官往返北京的經過，此行正使爲户曹參議許筠。四月二十一日離家，六月初二日渡鴨緑江，七月十六日抵達北京，入宿玉河館。在北京逗留時間達七十六天，至十一月初三日方離京，十二月初八日渡鴨緑江，乙卯正月十一日復命。此趟行程歷時近九個月。

兹以《韓國文集叢刊續》本《苟全集》所收《朝天録》輯録資料。

(五月二十一日)漂海唐人胡敬、河三才、盧冲、方初陽來聚勝亭請見，不可以私忌不見，遂往亭上，與上便接見，酒四行乃罷，其餘在館者亦題送酒肴。初陽自謂徽州人，余問：“朱文公後裔今尚有之？又朱學盛行否？”答曰：“大賢子孫世爲博士，而爲儒者舉皆尚慕其學。”

(六月七日)中火于嶺底李應乾家，其家舍頽圮，器用多寶，問之，曰：“祖先世有官職，自父二世爲閑人，力耕致富貨多。向因高太監宋三苛饕,與此中齊民共見蕩敗,所餘器用祇此。而原住城内,此則農幕也。”問:“田土幾日耕?”曰:“六十七日耕。”“所出穀幾何?”曰:“四五百斛。”“税役幾何?”曰:“穀三斛例納六斗七升,此外無雜税賦役。”(斛容十斗,而以我國斗量之準十五斗,蓋我國之石)問:“家丁幾人?”曰:“七八口。”“捐直幾何?”曰:“十朔例授二兩銀三十尺布。”又問:“去虜境幾許?”曰:“北韃子五百里,東韃子三百里,而於遼東最近。”因言其孫惟新爲指揮把總云。

(九日)有秀才三人見過,問姓名,楊武祥、鄭汝鈺、楊翹也。鄭之語音不似遼人,令譯官問曰:“你無乃南土人耶?”鄭有喜色,曰:“何由知吾非此土人?我果紹興山陰人。而通判乃切族,故爲來五千里地,留一年未還矣。”武祥故副總兵楊元子,元於丁酉年率三千兵東征,敗於南原,拿刑。經營我國,未免軍律,國人之所不忘,今見其子,不覺戚然。

(十日)早朝,與上使由小南門詣都司廳,外門下馬,步入東夾門,假坐中門外良久。鎮撫始入,俄報二大人出,引使臣由夾門入,列立階上東偏,二大人立於司廳前頭(掌印左,僉事右)。使先升中廳上,再拜;余次升,亦再拜。訖,立西廡下北上,從者進茶。飲畢,令譯官宋業男跪告曰:“非但節日漸迫,國王謝恩之至意恐致稽緩,請速命打發,無使淹滯。”答曰:“當敕令遄發,可安心。”遲之,辭拜如初,二大人前後皆答拜。余先出,譯官次之。於是招漂人胡敬等入庭,訊得情因。敬等泣訴曰:“十死僅生,專荷朝鮮國王恩恤,得返中土,自兹以往,惟仰老爺護活。”答曰:“自有舊例,不患不資。”命還館。

(十一日)留遼東。送譯官李雲祥等於察院以下諸衙門,行見官禮。察院問:“漂海人等所賫者何物?所業何事?”答曰:“舟手十餘人,其他皆貿粟之徒,行裝别無所賫矣。”曰:“可罪而不可護送。”雲祥曰:“護送之事,自古有例。及至兵部,始有訊詰。”察院曰:“知道。”伴送官王廷諺、舍人隨應選等來致酒饌,依例謝之。……布政令鎮撫急招譯官,使方義男、宋應瑄等往,布政同副總兵清查軍馬,查罷問:“調兵文書出去,你等聞之乎?”答曰:“四月廿一日辭朝,路中暫聞文書過去,而不知某事也。”曰:“你國兵額幾何?”曰:“等是舌官,於軍兵無所與知。”曰:“火藥現存幾何? 大中小炮手幾何? 又常操煉否?”曰:“操煉則果常見之,其他火藥炮手現存數額則實未知之也。”夜分乃還。

(十二日)留遼東。早朝,布政遣答應官王化延,問本國兵額及火藥多少,書以示之曰:“小邦壬辰之亂,軍民死亡殆盡,幸荷天朝拯救之力,得有今日。雖收拾餘燼,拮据修繕,而兵力一向脆弱,重以近年水旱饑疫,各邑軍額隨補隨缺。卑職等俱非管兵之官,兵籍多少,不能詳知,而大約不敷。火藥本非小邦所産,每請天朝,例得數千斤,無以足用,故常常加請,此固大朝之所知也。”因問布政連日點軍之故,答曰:“向年熊察院别抄三千騎以爲牙兵,今者要去老殘,充之以精鋭,用備緩急耳。”以紙扇贈答應官,仍令宋業男俱往。業男還曰:“布政見書示,再三詢詰曰:‘陪臣安有不知兵額之理?’答曰:‘小邦官職,各有所掌,此來陪臣俱非兵部官,何以知之?’曰:‘火藥果非爾國所産乎?’曰:‘兵部所給數千斤外,秋毫無可得之路。’於是許退。”

(十三日)鎮撫徵索日甚,托稱二起之行,責出童羖之角,名曰禮單,而實自勒定,講詰諸項之數,五日不决。譯官等不得已,罄一行囊橐行賂各處。非但標下諸人,都司、僉事公然怒少喜多,否則雖積月日將不許打發,甚可惡也。義州軍馬及貢馬糧料,元自西倉發給,而穀不實,一斛僅得銀一錢,而館夫、馹直、賣頭輩自以爲應食,與團練、碎頭争之,軍馬所得不能半之。此間謬弊,事事如是。方義男呈禮單,僉事無辭受之,都司招進義男,曰:“你一行員役所賫把參,必須發賣於我,方許打發。不然雖久未可發也。”義男曰:“小邦防禁甚嚴,不得私賫,老爺不信,須拆包驗實。”都司怒,令推出之。蓋張希壽與玄應旻私相買賣於遼人,自誇多賫,傳播衙内,以致徵留之擾。余將重究,上使乃言譯官欲陷玄、張,陰囑生事,非玄、張罪也。余知使言之偏執,而不果治。

（十四日）早朝，鎮撫來言："老爺必欲貿參，否則不許打發。"余等書小紙，令譯官示鎮撫曰："我國嚴禁把參，毋得私賫，犯者啓知國王，重究依律，但猥瑣之事似非大爺所知。貿參之説，無或下輩所弄。大爺果有此言，何不示手批？况又有諸上司，大爺不宜有此。"鎮撫持其紙携譯官去。又以方義男名題稟帖曰"小的四月廿一日發王京，阻滯雨水，本月八日得達遼陽，見官之後，别無所幹，而留連已七日。原給車輛，尚無衙門分付，節日漸近，謝恩稽緩，使臣以下皆懷悶心，願老爺垂察，幸速批下，登時催發"云云。既午，業男等還曰："都司托稱往在詔使所不出見，最久，使標下問曰：'你等何故來？'答曰：'一行本無賫參，老爺必要换貿，始許打發，爲達情由而至。'因以稟帖示管家。適按察衙門人至參見，乃曰：'朝鮮使行之留連，何至七日之久？'譯官等因嚇管家曰：'陪臣與按察相知，今若不許打發，則將赴訴。'管家色變，入告而出曰：'你等好樣爲之。'譯官書示賂單，於是都司下教曰：'他日若知你行賫參，重治不饒。今將命發，車輛退去。'"察院又送銀兩，列書各項物勒貿，一行盡力應求，其銀則封不動還送。是日，詔使出還。夕，上使以狀草示余，都似文飾，余曰："多可改。"

（十五日）午間，應瑄持册往呈，布政曰："你何久滯至今？"對曰："陪臣到此已過八日，前頭或阻雨，恐不及演儀，乞老爺特命八里委官催發車輛。"布政即命夜不收火急出送。鎮撫奔告，都司大怒，招應瑄曰："你輩留滯幾何日，而徑訴上司耶？"於是急下車票而只題七車，李雲祥賂管家又得三輛。都司稱按察所命，招點漂人行橐，驗其無他賫，乃許五車。又曰："使行明日雖發，而察院亦將詢詰漂人，此輩更留五六日可發。"其意欲徵賂也。余等欲模榻"明倫堂"三字，語楊武祥諸人，則諾，使康忠立投揭帖，曰："專恃諸大人高義。呈雪花紙二十片，幸寵諒遠人敬慕先賢之誠，必踐君子重壓千金之諾。"且呈别扇三把。答曰："吾輩三人，俱入學堂模此三字，反覆手耳，當俟回駕奉投矣。"

（二十四日）早牌，送譯官宋業男、方義男於御史衙門見官。御史曰："新除是官，兼理備倭，欲見陪臣，以相詢問。"票下官等言："自前無相見禮。"曰："然則何以接遣?"曰："別無接遣事矣。"乃問："你國地方距虜境幾許? 距倭幾許? 你國幅員幾許? 軍額幾何?"譯官等曰："虜境則或遠或近，日本對馬島最近。我國土地偏狹，軍兵小的不知其額數。"御史以銀五錢與之，俾爲路資，且遣旗鼓官偕業男來訊於使臣。余等書小貼付去，曰："小邦雖名八道，不及中國一省。全羅、慶尚二道有觀察節度，分治兵民。平安、咸鏡等道亦如之。内四道無節度，南邊又有水軍統制使，各有所領軍兵。及壬辰倭變，兵殤陣没，饑疫流離，凋弊不振，十不存一。職等俱非典兵之官，雖不詳額數，而大約數少。倭境對馬州與小邦釜山浦隔海相望，便風一日可至。而渠衣食之資，專藉我邦。雖據義斥絶，而不自退戢，益肆狡舌。小邦曾已奏聞天朝，許令關市，姑中所欲矣。咸鏡有南北道，北之距忽酋地界不遠，南之距老酋巢穴尤近，故分置節度以備之。平安道鴨緑一帶七百餘里，與虜隔水相對，江界滿浦距奴境至近，義州僅五六日程，故又置平安節度以守之。大概小邦節度，因地設營，地之大小、物之衆寡不同，故各營軍額不相等，不可以幾處營堡概論其額數也。"

一六、李弘胄《梨川相公使行日記》

【解題】

《梨川相公使行日記》不分卷，李弘胄撰。

李弘胄(1562—1638)，字伯胤，號梨川，定宗别子宣城君茂生五世孫，郡守克仁子，陽元九寸侄。明宗壬戌(1562)生，全州人。宣祖壬午(1582)進士，甲午(1594)以都事登别試。終仁祖一朝，官位顯赫。萬曆四十七年(1619)，楊鎬督馬林、杜松、劉綎等出師，朝鮮助戰，兵將或降或戰死。仁祖告急，詔加優恤，遂派李弘胄一行出使中國謝恩，并賀千秋令節。《梨川相公使行日記》是李弘胄出使明朝時寫下的一部使行日記，歷時六個多月。

兹以《燕行録全集》本輯録資料。

(六月二十三日)早食後見官於都司，都司乃二大人王紹勛也。都司伺僕於察院，日晚始還。三行坐憩。王世恭稱名人家王也，曾於義州時相見者，來揖致款。一行饋茶，留待都司之還，入見於坐堂處，禮畢行茶，都司曰："國王氣侯何如?"答曰："自奴賊猖獗之後，國王寢不安席矣。"仍曰："聞近日聲息乎?"曰："俺等於路上聞開元見陷之奇，極爲驚愕，未知緣何失守至於如是之慘耶?"曰："將領非人，且因糧芻難繼，令軍卒散處，而作内應，賊兵猝至，在外軍兵不至，盡殲將領，及城内居民厮殺殆盡矣。"且曰："國被擄人連續出來乎?"答曰："當初走回者多，而近日則絶無而僅有。"且曰："皇上軫念僕國戰亡之人，待僕國查報將有恤典云。"答曰："皇恩罔極。"仍問曰："路上聞金白二酋與奴合勢云，然乎?"曰："有觀望行迹，而時無顯然叛狀矣。”且問熊、楊兩經略行止，則曰：“楊爺鎮定，這裏人心過三兩日當還，熊爺則時在帝京待命下出來云。”問：“賊退與否？”則曰“已退矣”，“有文報乎？”曰：“數日前，文報來矣。”仍辭退出衙門。

（二十五日）往訪韓參將園亭，則家在數里許。入外門，主人秀才出迎作揖，眉目秀朗，舉止安詳，年今十八云。由石磚路以入，左右編竹焉，籬有若龜文形以護花、竹，奇花异草不能悉記其名數。其内有精舍扁以“棲雲樓”“留春處”等額，柱間貼以詩語且有題詠，皆丘坦之筆也。屋制精楚，丹艧亦不繁雜。穿舍之左邊以通其下，下設樓梯，梯高約一丈許，其下則以尾磚鋪之，其前矗石爲假山，山上墠而燔之可坐數三十人，平净可玩。假山左右峰頂設青燔石獅子，且立懸小石塔及物像，精巧無比。墠之下四面花木雜植，葱葱然擁護假山。徘徊俯瞰，頓覺心神清爽。主家令小奚進茶，仍邀主人，則辭以不敢，再請，乃出，乃初頭迎門秀才也。戴玉頂紗巾，着雲紗裌袍，穿綉羅，雲履飄飄，若神仙中人。對而坐少頃，主人曰：“此虡陽元下水堂避暑何如？”曰“唯”。由假山石徑而下到精舍，則主人姑兄李姓人亦揖别而坐。仍進酒饌，極精且旨，環坐穩酌。所謂李姓人，乃李如楨之侄子而英氣超倫者也。酒數行辭以量淺，則兩人强勸，又行數巡，而問開元之敗，則李曰“城中細什内應以致猝陷，居民盡十萬而幾半斯殺，其叔李如楨則領三千兵方在鐵嶺”云。酌罷出，由假山下石門，則松徑下有石床二座，可坐十餘人。蓮池在假山之前，其間又有一小塢，雜花盆而排其四面，池傍列植垂楊，間以花木，皆作禽獸之形而巧甚。池隅又設小假山，立凉閣，荷花滿池，香擁一園，謂主人曰：“此乃君子花也。”答曰：“君子花，故君子者其英姿可想。”欲作揖辭出，則曰“當”。出門相送再三，辭之而强出，門外上馬後，乃入。

一七、趙濈《燕行録》

【解題】

《燕行録》(一作《朝天録》)一卷,趙濈撰。

趙濈(1568—1631),字得和,號花川,乃趙氏系出,爲豐壤高麗侍中諱孟之後。己丑(1589)中司馬,辛卯(1591)登文科,官至禮曹參判。濈於天啓三年(1623)七月下旬任冬至聖節使兼謝恩使,明朝自成祖遷都北京後,朝鮮歲貢之路大多由漢城經遼東乃至北京,全程即陸路一途。然努爾哈赤等女真興於東北後,此途受脅而斷,使趙濈等朝鮮使臣不得不改走海路,七月二十七日由漢城經平壤、定州至宣沙浦,九月初二分乘四船挂帆横越渤海,九月二十六日抵登州,再至蓬萊、青州、濟南、德州、天津,終在閏十月二十日抵達北京。滯京四月,三月初二離京,四月二十日回到漢城,此書采日程法記事,事無巨細皆仔細記録。

兹據《燕行録全集》本輯録資料。

(九月)二十八日乙卯,晴。早飯後,往袁軍門衙門行見官禮,路由城底南至一石橋,至北門入行一馬場,許迤東行纔三布丈乃袁軍門也,坐門外主人家。移時,軍門三吹,出,坐即呈禮單及揭帖咨文,且以名帖投刺,則以軍門招吾等一行,行再拜禮,仍立東階上。饋茶,仍問:"舊王在何處?"答以"在畿邑"。且問:"舊世子在何處?"權辭答以"同在一處"。又問:"你國軍兵幾何?"答以"小邦平日寓兵於農,别無組練之兵。頃日深河之役,丁壯盡死,今之現存甚爲零星,今日邊上一萬分守,僅足自衛。老爺若約束舉事,固當竭力加調,務爲同仇之義”云。則軍門曰“唯唯”,此蓋備邊司所指授者也。仍禀“表奏方物,時在船上,欲討所館奉安”云,則答以“曉得”。且禀“速調夫馬及期赴朝”云,則亦答以“曉得”。即爲辭退。

十月初一日戊午,晴。梁監軍之垣見我國人,言曰“賀節陪臣不知某某來到,尚不見我,雖不相見,可也。祇以俺往你國而來,陪臣若不來見,則人謂我何?”云云。食後往見梁哥,梁哥出接大廳,行茶禮,仍問曰:“□國有何八萬軍兵,而毛將以八萬上本,你國若有八萬兵則好矣,若無八萬兵則是欺皇朝也。俺往你國,祇以二萬書出,今者新王何處討出乎?”則答以:“我國本無組練之兵,祇若干兵馬分把於邊上。若天朝大兵齊集舉事,則我國亦當臨時更調農民以助兵勢。八萬之説,豈是實也。”監軍曰“正是,正是。今日你等上京,兵部若問兵數,則以此答之”云云。觀其色,察其言,似是與毛不相能也。

(十七日甲戌)過昌樂縣東界,路逢一官,乃登州蓬萊知縣,以公幹往來濟南布政司衙門者也。招趙安義問:“你們陪臣以何公幹進京乎?”答“以冬至萬壽賀節而去”云。仍問:“請封陪臣尚留北京乎?”答以“時未回來,概未知封事幾何,完了耶?”知縣曰“京報尚未知,吾以行查事,當往你國”云。唐官之言例爲自誇,未可信也。

(三月二十九日癸未)昨日唐船自東來下碇,問其所從來,則答以“從你國鐵山買賣而來”云。問我邦消息,則答而“總兵叛,布政换,今已平復,賊亦就擒”云。

一八、洪翼漢《花浦先生朝天航海録》

【解題】

《花浦先生朝天航海録》二卷，洪翼漢撰。

洪翼漢(1586—1637)，字伯升，原名洪霫，字澤遠，號花浦先生，南陽人。仁祖二年甲子(1624)科狀元。此年朝鮮向北京派出謝恩兼奏請使，正使李德泂，副使吴䎘，洪翼漢爲此行書狀官，《航海録》即此行日録。此行於七月二十二日受職，八月初四出航，二十三日抵山东登州，十月十二日抵京，次年二月二十五日離京，三月二十日自登州回航，四月初二重踏故土，终於次年。

兹以《燕行録全集》本輯録資料。

(九月初四日乙卯)夕，周宗望又致禮單，與上、副使同議，即使黄孝誠持還修書以謝曰："珍貺累度鼎來，不佞何以獲此，感深銘骨。第某海外寒蹤，行李澹然，烏敢當兼辰之贐？環顧其中，實非思存，祇留仙香一包，謹領腆衷。《禮經》不云乎，于誠而不於物。惟足下盛諒。另具敬謝。"

(初十日辛酉)一夕，以送禮事商議，廷老以爲，軍門以下不足與爲禮。余禁之不可。至是，始知勘合與夫馬皆由知縣手出。不獲已，致禮單與名帖，因請見官禮。同知翟棟怒罵孝誠等曰："爾陪臣何敢突送名帖，誰要爾禮單。俺以中朝士大夫，受賂於外國人哉！且名帖中頓首拜之語，平交相敵以下抗禮，外國陪臣，何敢乃爾。目今爾國置君，曾不如弈棋，縱恣無忌，倫紀安在。宜乎中國之檳斥。何敢乃爾。"醜詆萬端，此必不早爲禮，而激怒故也。孝誠等具道大不然之故。翟楝怒少弛。色定,徐言曰“事變之後,山東驛路凋瘵,雖中朝大官之行,夫馬未能准數調發。今看爾行,應給馬驢,多至百餘頭。三陪臣轎夫,正官騎馬,方物進貢外,勢難准數調發”云。赴京使臣,帶來不緊官役,到此尤驗其無益。

十五日丙寅,晴。渡豐河,中火平利站,宿萊州掖縣城東關裏六十里。萊州,古萊夷國。《禹貢》所謂“萊夷作牧”者是也。沿途多有東萊書院,贍士田,州人之至今崇奉,可見矣。王運隆自帶差官職名,驕氣輒生,意望甚高,爲言於譯官輩曰:“中朝士大夫相見禮甚嚴,賓客往來,主人必迎送於中門之外者,無非恭遜揖讓之道,而今看爾陪臣,得無小俺等之志耶?俺到門外,不爲迎送。俺具冠帶,不爲冠帶,何也?俺以中朝大衙門差官,冠紳具禮,身先於爾陪臣者,良以遠來故也,奚獨有違於禮貌間事體?”譯官等援引遼東舊規,反覆諗之。運隆曰:“俺豈曉得前規有如此哉?”自是每接見,深自抑損。

十六日丁卯,晴。早朝穿城,入東萊書院。廟有塑像,拜禮畢,周觀院中,庭隅大碑,即本州人大學士毛紀爲翰林修撰時所製文也。有六七青衿肄業,求詩甚懇。題示一律,諸生覽了,起敬曰:“慣聞東國能詩,果然。”固請疇答,則力辭曰:“雕蟲小技,安敢當五鳳樓手哉?”以吾惡詩,得彼美名,可笑。因過孫給事花園……秀才三四人禮遇頗款。樓工時未斷手,役徒數百人,呼哪斧鉅,雷動一巷,凡物駭矚,不可具狀。而概論其奢麗,則雖窮一國之力,未易辦也。余私自怪之心,語於口曰:“不可窮者奢也,不可極者麗也。天子尚然,而况於匹夫乎?昔李德裕唐之良相,平泉一莊,竟賈子孫禍,人到於今笑之。給事何官,乃敢如是。”行到一處,遇士人,孤介人也,語及之,且問其世業貧富,士人笑曰“孫公善繼,曾爲給事中,先皇朝受武人金五萬兩,因得爲富家翁。坐是沈屈,於今二十年,年垂八十,老無能爲。而曩始除尚寶寺丞,將往京裏”云。士人姓朱氏,延光其名。嗚呼!古人云,“人君怙侈,自喪其國,匹夫驕奢,自喪其身”,殆善繼之謂歟？善繼以清朝坐廢之人，敢玷録用之籍，亦可以觀世變矣。

（十九日庚午）宿昌樂縣南關裏。遇一秀才，自言王觀政應豸之子，自萊州隨父同行云。問余曰："公奉國王命，來聘上國，禮面甚重，而舍車跨馬，一鞭行裝，有同騷人墨客之澹泊，何也？"余答曰："款啓鯫生介在海隅，嘗懷慕華之心，今忝觀周之列，而芸編汗竹之所想像者，盡入今日之目前，則盍吾以游騎吟鞭，弄草嘲花，酬應萬類，不斷作异時之生客如何。且余豈若小婦人然哉？深車蔽帷，妝束我形骸，掩閡我心眼，宜以長鞭快馬，隨意縱靶，或穿過名園花竹，或登臨勝地樓臺，或冥搜古先遺風，以寬了九雲夢胸襟，不亦可乎？"秀才咄曰："公之言然。雖季子之觀樂，子長之遠遊，蔑以加矣。僕當到京裏，候公於玉河館裏，公當披錦囊所收，以洗我塵眯之目。"再三丁寧而去。

二十三日甲戌，晴。早朝，黄孝誠來言，今日行路，多不過三十里云。輒跋馬着鞭，恣意游賞。行到一處，斷麓斗入，小溪輪轉，矮松疏篁，掩護左右，紅樓翠亭，隱映表裏，華篇有題曰"超然洞"，山名即虎頭崖。霜眉老僧，叉手出迓，引而安床，接遇頗款。仍乞詩，走草一絶以贈。回問僧曰："聞雛師縣裏，有名園花樹云，其主人誰，煩長老爲我紹介。"僧答曰："是不難，太僕卿張老爺延登，曾爲此園，名於縣地，今往京裏，惟留公子數輩耳，僧當陪爺去。"

（二十四日乙亥）寄宿南關裏，生員李如杜、李成龍等兩人來言曰："貴國素稱禮義之邦，逮奴賊陷遼之後，不憚航海，玉帛相望，事大之誠，可謂至矣。且毛督府以客軍，浮寄孤懸，得賴貴國之助，躡後擊尾，賊不得摇手舉足，窺兵關外，吾等之至今奠麗安居，庸非貴國之力乎？今聞貴國新王，賢明仁哲，篤敦禮義，宿瘼删祛，政目鼎新，天朝所恃，以復遼疆者，惟貴國耳。"職答曰："小國豈不知事大之義，而終忘大國之恩哉？向在壬、丁兩年，幾盡没於倭寇，幸賴神宗皇帝字小興滅之德，再造藩邦，至今動植飛走，咸被其澤，凡在含齒之類，猶思隕結之報，况我主上乎？但近來小邦，頻罹凶歉，年比不登，公私赤立，民倦兵疲，而目今毛督府方責累萬軍餉，寡君以此憂深宵肝，渴心殫力矣。”李如杜等再三稱嘆，吃吃而罷。翌朝，送其子問候，因贈草書四幅爲禮，以漆環扇雙把、青鞘刀兩具、黄栗尾數枝回謝。

（二十九日庚辰）宿禹城裏，有夏禹氏廟，遇一僧，似有識者。余問：“所經皆是雄藩巨府，未曾睹神禹之有廟，而特於此縣别立廟，何意？”答曰“此地近海，最卑下，洪水懷襄之日，民甚昏墊，禹能瀹濟、漯，注諸北海，民得奠居，平成之功，最著於此，故萬世報祀”云。自數日來，所過路上，多少行人，頂戴小帖，金字曰“泰山進香”，男女老少，奔波騰沓，相係十百爲群，梵唄之聲不絶，彩兜金舁，肩擔背負，刻小佛像於其上，列在四隅，飾以五彩，極精巧，綉竿錦旗，指束手擎，玉簫金管，殷地鍧天，怪而問之。則山西、山東土俗，例於秋後進香泰山祈福云。

（十一月二十二日壬申）職等聞禮部坐堂，即往呈文，則尚書林堯俞覽訖曰：“已於上年，當待遼路平定，然後另遣詔使，以准封典，乃上國之本意，而朝議已完了。爾等奚來更煩？”即令表廷老告曰：“自洪武以來，有封典則即遣詔使，頒賜誥命冕服，而今則封王與遣使，分爲兩件别規，非徒有乖於列聖典禮，小邦適丁邊鄙日聳，册使封完，一日爲急，兹將臣民之喁望，再度航海，懇祈天恩。伏乞老爺，查照祖宗典禮，亟爲覆題，俾完誥命如何。”尚書頗有不肯辭色，曰：“當商議處之。”怏怏起去。職等仍往儀制司，且呈文懇陳，則所答亦如之。職等反覆陳布，則郎中周應期温然而答曰“當俟大堂批下停當”云。職等不得已退來。

二十四日甲戌，晴。職等曉製呈文，偕詣西長安門外，候諸宰入朝。顧秉謙、朱國禎、朱延禧、魏廣微以次進。於是呈文。則諸閣老俱下轎，拱揖而立，從頭看過。使表廷老極請册禮，則舉手勉諭曰：“爾説明白曉得，今日會坐，相議停當，頗有容受之色矣。”朱國禎風采端凝，出於諸閣老之右，尤詳問本國前後事情，職等跪陳無餘，則衣袖相接，盡意傾聽而去。是夕，自内閣扽下於禮部曰"今日進閣時，朝鮮陪臣，跪稟以誥命冕服，以完國統，該部速爲覆題"云。閣吏來求喜錢，即出略干銀參賚之。

二十七日丁丑，晴。提督堂坐，職等偕詣廓然亭，懇祈覆題之速。則提督曰："誥命冕服，早晚當准，而今欲另差詔使耶？抑順付陪臣耶？"職等令表廷老告曰："老爺何必問此？從前列聖，頒賜誥敕，必發詔使帶去，今何捨舊例而立新規乎？伏乞老爺速與大堂商議覆題，亟發册使，一遵列聖規例，非但於東有光，實天朝之大禮也。"提督曰："爾等更爲呈文，且俺仄聞之，於此有欲往者，俺行與大堂商議俾完。"敬諾而退。

（十二月）初二日。壬午。陰而風。光禄寺送下程。早朝，提督下館。職等就見曰："王事既蒙内閣之準批，而該部尚稽覆題，閽禁且嚴，要得老爺票帖出門，呈文於大堂。"提督曰："大堂怒爾等擅自呈文於内閣，故另下票文，禁其出入，俺亦無如之何矣。"職等答："若然則終當枯死而已，越海萬里，牢鎖深館，小邦事機，一日爲急，而亦不得以時吐露，尚復何爲？"提督惻然曰："大堂之閽禁，俺亦未曉其意爾，且罄悃搆文而來，則俺當袖進從頌游説，俟其恚損怒消，然後事可諧耳。"職等又告曰："小國存亡，在此一舉，老爺何不致力，以貽恩德。"提督曰："非徒爾國也，天朝之興替亦繫焉，何敢不力？但大堂方怒，姑徐徐可矣。"

（二月二十五日甲辰）早朝發行，自玉河關出崇文門，到昌義門。門内有小私白六七人，帶捍卒數十群，荷杖當途，叩馬挽車曰："必賂銀參，然後放行，不然，應有官責，終不許出。"職等萬端哀乞曰："陪臣萬里行賚，五月留館，王事僅完，今始還國，囊橐盡罄，無奈賄何，須特恕之。"百請不頷，日漸西矣。不獲已，傾一行行資給之，始許出門，僅得達長店留宿。

（二十六日乙巳）是夕，四川成都府舉人蔡如蕙，漢中鄉貢張鳳翮、黄路清等，同舍寄宿，接與語。知爲以辛酉鄉貢，赴今春二月初九日會試者。語音不相諳慣,書字通情。職書示曰:“俺在京裏,聽得二十八日放榜,今胡徑歸。”答曰:“恐不能中,故耳。”職又書示曰:“俺曾未見大國科程之文,今公所製,勿惜開視。”答曰:“都在亂草中,不堪挂諸大人之眼。”何世情之相類若是耶?可笑。如蕙復書曰:“燕、蜀、朝鮮,俱是宇宙列壤,誠無内外。而今觀先生形貌端雅,真可尚也。侍生如或早晚,雲程小通,玉陛容步,則他日再覿不難矣。”余答曰:“四海兄弟,千載奇逢,苟如茂才之言,异時帝城,重對此夕之面,庸非再世之緣。”於是作詩贈行。

(二十九日戊申)宿任丘縣路傍,有數群兒,相聚興謡。問諸老翁,則翁言謡於近日盛行,仍書示云:“九九大定法,清明節後開花。當初衹説甕生牙,死在西江月下。佛兒十方去,胡人對對還家。”未曉其意,可怪也已。

一九、李忔《雪汀先生朝天日記》

【解題】

《雪汀先生朝天日記》三卷，卷一、二李忔撰，卷三《續録》由李長培補記。

李忔(1568—1630)，字尚中，號雪汀，又號梧溪，慶州府人。二十二歲中生員試，後二年以明經闈文科，權知成均館學諭，後改隷槐院。二十七歲拜翰林，二十九歲升承文院博士，授成均館典籍。三十歲中重試，拜工曹正郎。歷任龍川郡守、全羅道都事、長湍府使、繕工僉正、淮陽府使、行龍驤衛副護軍等職。《雪汀先生朝天日記》記録李忔於仁祖七年(明崇禎二年，1629)七月以進賀上使兼媾倭款虜辨誣使入京之見聞感受，七月八日從漢城出發，九月二十一日至寧遠衛，先辨誣於寧遠將袁崇焕。後滯留山海關五個月。次年(1630)三月八日從山海關出發，乘船經天津再改陸行，三月二十四日抵達北京，六月九日因暑痢卒於北京玉河館。故本書卷一、二爲李忔親筆記録，起自崇禎二年七月八日，迄於崇禎三年六月八日其卒前；卷三續録部分則由製述官李長培補記，起自崇禎三年六月九日，迄於十月十八日。

玆據《燕行録全集》輯録資料。

(九月)二十二日癸卯，晴，西風。早朝往兵備道孫元化衙門行見官禮，勞苦之外，言及至使船敗之事，孫爺聞之驚嘆，仍言願得唬船一隻探訪去處，則答曰"當周旋"云。稍晚，軍門坐堂，將咨文揭帖進往衙門，俟諸將禮畢，進立東階上請謁，即令進來，行禮後呈咨揭，則軍門親受,舉手致敬,授掾房矣。仍退立西邊,令韓譯傳言"卑職離王京已久,而海上阻風,今始拜謁"云。則先問國王安否,次及海上勞苦。答以"卑職勞苦,職分内事也,何足"云云,仍言"至使船敗,書狀及卜船不知去向,兩節文書方物皆在其船,以致渰没,使國王至誠事大之意歸虚不得道遠,以此爲恨"云。則嗟嘆良久,答曰:"不幸致此,奈何奈何。"又問:"東夷南倭消息如何,邊上皆無事否?"答以"皆在咨奏中,老爺看過文書則可知矣,小邦前後獲蒙天朝拯濟之恩,近來邊境粗免侵掠之患,亦是老爺恩庇"。又曰:"貴國恭順朝廷已久,而近緣文武多事,道路阻隔,未得容易通情,今又海路遭風,使臣渰敗,不勝驚嘆。"又曰"俺與陪臣似同一家人,須從容留此,等待落後船發去"云。措辭稱謝後,又以本國有冤枉事情具奏朝廷,又有咨揭呈於老爺,當俟老爺詳細看過後畢陳陪臣下情云。則答曰"若係該行之事則當快施"云。仍命家丁行茶禮,而招將官五人列立東邊并參茶禮,以則遼東都司,其餘皆不知某也。臨辭又曰"戎事倥偬中,陪臣支待之事甚涉慢忽未安"云,答以"蒙老爺下顧至軫館舍,支應之事不勝感激"云。仍將禮物單子措辭進呈,則初受其單,而辭出之後,答以"多辭而不受,嚴不敢更請耳"。

(十月)二十四日乙亥,晴。食後往兵備衙門告辭。孫爺言:"前日袁爺將貴國事情題奏云,未知已送否?"答以"前已略陳,近當另具一本備陳情節云,老爺更須相議善處,不勝幸甚"云,則答曰:"當依爲之。"仍辭而出。

(十一月一日壬午)袁爺朝往文廟參謁,與諸生講學畢,還衙門。令韓譯叩頭問安,仍探西報,則曰:"賊夷從前如此,不須挂念,然須留數日,打聽的報,然後發行可也。"因問"關外無事行李否",答曰:"多蒙老爺恩庇,一行皆無事來到矣。"

三月一日辛巳,陰。朝往閣部衙門告辭,即令入來,行禮後,使韓譯告以"蒙老爺恩庇,安過幾個月,又得船隻,將達皇城,無任感激"。答曰:"其船未知好否,爾看如何?"對以"令人看過,堅固體大云,但慮方物行李不足容載,則當更達加討爲計”。且謝前日《象村集》題序之意,則曰:“吾觀象村論易學及詩文,真儒者也,且未知徐花潭有集乎?”對曰:“花潭學問自家窮格,數學尤精,東國稱以邵先生,有集行於世,而行李中無之耳。且前呈國王移咨,欲討回咨,行期在邇,故更稟陪臣曾有呈文之事,如蒙老爺回諭,則賫到本國,以爲傳家之寶。”閣部微笑曰“咨文中事皆前官所爲,非俺所知,然既有移咨,當回答諭帖亦成送”云。行茶後辭出。

二日壬午,晴。早往王兵備衙門告辭,即令入見,慰以高年休拜,祇作揖,行禮後以船隻題給事措辭致謝,則曰戎事倥偬,殊欠敬待之禮,未安云。且謝《象村集》作序之事,則曰:“草草無暇,不得成章,請諸閣部而送之,到本國祇刊閣部所製,俺製不須刻也。”答以“老爺文章極高,一并刻板,流光萬世”云。則微笑有喜色矣。

(四日甲申)今日定擬乘船,而王道爺送書云“近聞海上多賊,張副將斌良領水兵,當往天津,與之偕行”,故又此中止,悶鬱。朝令韓譯送謝帖於閣部,且陳今因王道爺分付不得乘船之意,則答曰“曉得”,且曰:“陪臣所製詩文俺欲見之,何不書送?”答以“荒拙之文,不敢仰塵藻鑑”,則曰“海上必有所作,呈送不妨”。

(七月)二十五日,晴。朝上正同金閔見丘御史,御史曰:“爾們尚留耶?”曰:“前承面(缺)分付之教,不敢徑發,今見老爺出關,當移寧遠再伺候亦。”御史曰:“是可則彼須見俺而行。”王兵備陪丘御史出關矣,就拜孫御,孫御招見,因叩謝“船人輩專靠老爺恩濟,不勝感激之意”,則曰:“何庸稱謝,第聞使臣遽逝,有何疾至此耶?”曰:“患暑痢竟不救。”御史深嘆,上正與金辭孫御史,則曰:“俺方赴任所,未由具祭品躬奠。”發銀十兩,曰“關於奠儀且未供員役酒飯耶,以此倩門下人贊行另拜,草草愧慚”云。差人既來行禮,上正馭於行中抽本銀一兩以與差來人,仍隨往叩謝。

二十八日,晴。自關臨發時得見孫閣部六上辭本,閣部曾於辭退之日備言爾國殺劉差人,故以此發憤再往侵犯云。答曰:“小邦之禮，雖被上國人百端侵暴，萬無抗敵之理，教其差人，豈有此事，必是執此爲犯順之一段耳。"閣部曰："甚是甚是，蓋曰爾國善爲設備，故有此謊説也。"

二〇、金堉《朝京日録》

【解題】

《朝京日録》一卷,金堉撰。

金堉(1580—1658),字伯厚,號潛谷、晦静堂。年二十五,中司馬試。年三十三,中增廣别試初試。仁祖二年(明天啓四年,1624)中漢城會試第三,殿試居魁,官至領議政。金堉是朝鮮最後一位成功出使明朝的使臣,仁祖十四年(明崇禎九年,1636),金堉以冬至使、聖節使、千秋使等多重身份前往北京賀節并謝恩。六月十七日從漢城出發,七月十七日在石多山登船入海,十一月初五日至北京,翌年四月二十二日發自北京,至五月十一日回泊石多山,六月初二日詣闕復命,行程實際長達 年有餘。《朝京日録》以傳統的日記體形式詳細記述了往返北京的見聞,起自丙子年六月十五,終以丁丑年六月初二。

玆以《韓國文集叢刊》本《潛谷遺稿》輯録資料。

(十一月)初十日,晴。尚書姜逢元乘轎來到,坐於中大廳招余等。余與書狀官冠帶出見,行禮。尚書招余使前,謂曰:"陪臣遠來勞苦。"對曰:"臣子職分之事。何敢言勞?"尚書曰:"皇朝恩典甚隆,法制亦嚴。宜恪遵憲度,毋敢違越。"遂出去。余使譯官求見書册於提督。提督曰:"行中無書册乎?"譯官曰:"無矣。"提督曰:"豈無一卷之書乎?我欲先見。"余送《近思録》,陶、韋集。提督曰:"陶、韋集,曾見之矣。《近思録》未之見也。"遂持去。三日而還之。

(十二月)十五日乙酉,晴,大風,寒。禮部尚書姜逢元瀆貨無厭，頃以咨文事歸罪小甲于文，累次杖之，仍爲拘繫冷堡，蓋索賄也。于文每來恐嚇云："尚書貪甚，不可不行賂，以免我罪。"譯官等書示"人參三斤"。于文抵地曰："必三十斤乃可。"余以爲雖殺于文，於我不關，切勿給之。若生此例，則後日之患，不可勝言。三呈文以明之，尚書不得已，赦之。又以改貢路、焇黄事呈文。尚書曰："此事皆重大。雖國王奏請，猶或難成；况以陪臣一紙呈文，何以題請？"以書册事呈文於主事。主事曰："此皆題本已定之事，决難更改。"蓋皆欲賄也。近來，搢紳之間貪風益熾。行賂者以黄金作書鎮，挾於册中而進之，金價甚高云。

（丁丑正月二十六日）陸醫來問病。余泣謂曰："今日是亡母忌日。君子有終身之喪，忌日之謂也。聞國中有亂，恐不得行祭也。"陸曰："傷懷則病益增。切勿如是。"持其所書而去。

十七日，晴。呈事完通狀。呈文提督以謝諭帖。陸醫來見，余問："天朝命婦服色如何？"曰："戴珠翠鳳冠，穿大紅段珮（朝服也）。一品玉帶，二品犀帶，三、四品金帶，五品銀帶。比男子帶略小云。"

（三月）初八日，晴温，日暈。毛寅來見。余曰："十三省文人才士雲集京師，盛矣哉！鄒、魯之鄉，尚有俎豆詩書之教；濂、洛之間，猶存講習討論之學乎？山東、山西，必有將相之才；西蜀、東吴，固多豪杰之士；閩、廣之儒，能繼朱、張之緒；雲、貴之人，亦知孔、孟之道乎？恨不得周行邸店，抵掌劇談，問禮聞樂，論詩説賦，質其所疑，而聞所未聞也。"寅持其所書而去。

二十九日，陰，風，夕晴。提督送銀六十兩，求參六斤。官賜員役靴價銀五十兩。陸醫來見穩話。余曰："旱氣如此，而不爲祈雨乎？"曰："初二日，爲始祈雨。"余曰："祈於何處？"曰："各衙門拜牌吃素（拜牌者，設雨師之牌，諸官皆齋素拜之也）。前歲祈雨，旱更甚。京中雖旱，山東、河南亦不旱。一處收，一處不收，六、七年連年如此。"余曰："外有奴賊，内有流賊。天旱如此，而朝廷大官祇是愛錢。天朝之事，亦可憂也。"曰："是也。"於"大官""愛錢"四字上貫珠而笑。余曰:"大堂以銀百兩,求參十四斤。通官等收合送之,并與其銀而持去。此參以銀折之則四百二十兩。此事如何?"笑曰:"固有此等事?"余曰:"提督一聽館夫之言,坐於後堂,遲速問於館夫而出,似失體面。"曰:"大堂之流也。"余曰:"禮部有主客清吏司。主客之義,謂典屬國也。清吏之名,何義也?"曰:"要吏先清自己。"余曰:"何不見官名而思其義乎?"曰:"義者,氣也。有銀子即有氣。"因大笑。蓋提督方爲主客清吏司郎中也。余曰:"我國有臺諫之官,凡士大夫貪污者,皆劾擊之。天朝無此官乎?"曰:"有科、道兩衙門,但其人自己亦貪,何暇糾他人?"

(四月)初八日,朝灑雨即止,大風。中國不觀燈,祇以青、黄、黑豆煮熟盛盤,托於街上曰:"吃豆來!吃豆來!"謂之"捨豆兒"。提督等又驗包。陸醫來見,余問:"彼驗包役使之人,何等人也?"曰:"并雇閑人也。"曰:"化子乎?"曰:"然。""化子不作農,何以爲生?"曰:"此人等家業有殷實者,因嫖賭落於此。不會耕種,立於大街,以此爲生。"余曰:"此等事,豈每有之?"曰:"京都之事,何日不忙。此等人也有千萬。"余曰:"嫖者,何也?"曰:"嫖婦人,蓋謂奸娼也。無賴之徒以奸娼賭博爲事,敗其家業而爲化子。公私役使之時,皆用此人。"

初十日,晴。始服玄兔丹。提督驗包已完。問曰:"使臣鋪蓋幾隻?"譯官對曰:"來時四隻,去時亦四隻。"曰:"無書册乎?"曰:"本國所持來《近思録》等若干卷,無他書册。"曰:"臨罷之時,當略見。"夕,擡出暫見,即還入送。提督求黄筆十柄,即給之。

十一日,陰,風。胡炳寫真來。尚書使人求禮單參十斤云。毛寅又言:"鴻臚寺丞,亦當有禮單。"余曰:"曲禮三千,何以盡知?"毛不悦。

二十一日,陰,風。毛寅來言:"提督使我來慰二陪臣,使之安心。"余曰:"主辱而臣未死。何得安心?"寅曰:"國之安危,關於氣數。奈何?"余曰:"人臣憂國之誠,豈可委之於氣數而已乎?"寅又言:“世子北行,已過鴨江。”余涕泣曰:“自登科以來,六、七年爲春坊官,日侍講筵。今聞此言,痛哭欲死。”寅曰:“雖痛,奈何?”且言鮮將降奴殺撥者,乃林慶業也。又言護送參將傅姓者,已差出,領兵三千同去云。以下誣事呈文禮部。

(五月)初三日,晴,北風大吹。平明挂帆,午時到長山島。即下船,請見於陳都督。都督與劉太監、黄監軍同坐。太監居中,都督在左首,監軍在右首,統行見官禮。引余坐東壁,書狀坐西。余涕泣言國家之事。都督曰:“今則賊兵盡退,國王還都,勿爲憂慮。”余曰:“職等之回國甚難。幸蒙天恩護送,且老爺在此,職等庶得生還矣。”都督曰:“我當送船護行,且助船糧。明日姑留此,有從容相議之事矣。”余曰:“歸見寡君,一刻爲急,何敢遲留?若有下教之事,即席可教矣。”都督固請留,遂出就外幕。……都督令余往白副將家少話,遂往其家。副將與吴贊畫廷忠共坐,設酒相待,極其款洽。言及我國之事,贊畫流涕,因請留宿,遂宿其家。副將以哨探事往義州等地,獲我人二名而來,一名尹進,一名玉末男,皆甑山人。護送賊兵至松站而還,到中江,將往本縣,未及下船,適值白將之船。同船三十餘人,十人被擄。白將即放六人於彌串,又到薪島放二人,各給段一匹而送,袛率渠二人而還云。余問於白將,則曰:“我豈有殺貴國人之心乎?但盡放,則無以歸報主將。且欲問情由而率來耳。”余請率還本國。白將曰:“已報登州撫院,待回報送去耳。”余問於尹進,則進之所言,與吕碧之言相同。賊分三路,長驅直到京城,所過城邑,全不顧見。賊過之後,監兵使各率兵二千勤王,而直路則賊兵充塞,不能前進。自中和由遂安、谷山之路,至金化遇賊。正月二十八日,戰於縣前山上。賊先犯監營,再戰再敗。遂逾山掩後,軍遂潰,方伯遇害云。聞來涕泣交下。夕,白將設酒饌相待。余曰:“到此聞本國潰敗之狀,且聞親友之訃,何忍把酒?”固辭之。白將强勸數杯。余吃素少飲,請出外吃晚飯。飯後,更坐暫話。令余宿於客廳床上。余使譯官言:“病不能宿冷地,請就他有炕處止宿。”白將遂空所宿之房館我,自家宿於外床。余使譯傳未安之意。白曰:“我無病,且習於露宿、水宿,無妨也。”余遂宿於其房。

初四日,晴,西南風吹。朝,白將又請余出,設酒相待,且出歌童,爲張樂相慰之狀。余固辭之。遂麾歌童曰:“欲以少慰尊懷耳。且事已稍定,何必憂慮? 徒自傷身耳。當益篤報讎之義而已。”遂罷出。食後,都督使人來請,遂往。三人同坐如昨。將行見官禮,都督止之,祇一拜三揖而坐。都督盛設酒饌,因曰:“國王今已還京,勿爲憂慮。”出一帖示之曰:“此中之事,啓於國王,速爲回報。中有五件事。”余對曰:“當依命。”都督曰:“行中必多窘乏,我送四十石大米,百匹青布。須即領納。”余起而謝之曰:“本國被兵,公私赤立,餓死者甚衆云。得此厚貺,可以歸救。當啓知國王,以達老爺之恩意。”都督等三人皆起立,曰:“我已贈陪臣,陪臣當任意爲之。勿謝。”還坐。都督曰:“我送哨船,則貴國之人皆驚惶避匿。切不可如此,我豈有相害之理哉?”余曰:“老爺之意,職豈不知? 當歸本國,行文邊上列邑,使勿相避云云耳。”都督曰:“聞國王失印云。若爲移咨,則當奏聞,請改鑄以送。”余對曰:“賊兵猝入京中,典印之官,必不及賫持而去矣。”都督曰:“不然。賊令世子作書於國王,請見國印,遂取不還云矣。”且曰:“國王冠帶,亦必見失。我送玉帶、段錦,以爲章服之資矣。”余又起立謝之,都督亦起而止之。余還坐曰:“聞我國二人來此云,請率去。”都督曰:“我送人於貴國,則貴國人皆避匿。欲留置此人,哨船出往之時,使此人傳言勿避。若欲率去,則更留行中一二人而去。”余曰:“此人見職等之去,歸心轉切,來請甚懇,以此煩稟。此人離鄉不久,猶且思歸,故欲率去。況行中經年别家之人,何忍更捨? 且職等既知老爺之意,傳諭列邑,則此後更不避匿。老爺亦何致疑於此耶?”都督乃許之。遂辭出。歷見白、吴兩將,告别乘船。都督送米、布及玉帶、紅段、緑段各一匹。余送禮單於白、吴,二人亦回禮。余留書於諸葛參謀曰:“舟中傾蓋,良晤未洽。方待移船,以盡卑懷。一夜便風,飛帆出海。歸心雖愜,離恨難堪。今到長山，特蒙大老爺憐恤，周救護行之恩，迥出尋常，此豈非左右爲之先容耶？感激垂泣，圖報茫然。欲留數日，以待仙舟之至。而故國聲息，聞來益慘。歸見寡君，一日爲急，兹敢開頭而去。臨風悵黯，無以爲懷。東歸之後，便信必數，時惠德音，以慰下情。行忙走草，不復一一。”護送張千總今始追到。遂書謝，呈於軍門、兩太監、趙總兵、兵備道五處而送之。

清代卷（一）

二一、鄭昌順等《同文彙考》

【解題】

《同文彙考》165卷,鄭昌順等編。

此書輯録自崇德元年(1636)至光緒七年(1881)朝鮮王朝與清朝、朝鮮王朝與日本的往來文書。《群書標記》"《同文彙考》一百二十九卷"條有云:"此裒輯事大交鄰文字者也。"其編纂結構分爲原編(初修)、别編、附編、補編、原編(續修)、原編續、補編續、附編續等。原編七十九卷,始自順治甲申,爲事大類資料之彙編,朝鮮王朝與清朝外交文書的彙集。别編四卷,始自崇德丙子,至於順治甲申,爲現存零散的事大類資料之彙編。補編十卷,爲使行録及其相關文書之彙集。附編三十六卷,爲交鄰類資料之彙編,即朝鮮王朝與日本外交文書的彙集。此外,尚有原編(續修)一卷、原續編十七卷、補續編一卷、附續編六卷、原編續九卷、附編續二卷。其設立原因,《同文彙考》凡例有云:"原編、别編、補編、附編,今既分編入印,來頭每式年添録時,當隨事各附於原條。而原書既定卷次,有難追後添入,勢將别作續編,以係原書。"此書最大的特色乃以類編排,次以編年,有資考據。此書載有諸多中朝文人筆談交流的資料,始於順治十年癸巳(朝鮮孝宗四年,1653),終於康熙三十七年戊寅(朝鮮肅宗二十四年,1698)。

此書由韓國文教部、國史編纂委員會1978年在翰進印刷公社影印發行。兹以此本爲據輯録資料。

(順治十年癸巳,朝鮮孝宗四年,1653)謝恩行書狀官林葵聞見事件

中後所舍館主人乃丙子被擄人田義生也。語間,訪以北京事情,則答以“不知,但南方之事專委於漢降將吴三桂,方封王於西土,妻子留置北京,皇妹妻三桂之子,其意欲固結三桂”云。密問南京事情,則初不肯言,懇問,然後乃言“崇禎皇帝之兄魯王之子,建都廣西,年號永曆,軍額多至百萬,以白布裹頭,號‘白頭兵’”云。

(康熙元年壬寅,朝鮮顯宗三年,1662)進賀兼陳奏行書狀官李東溟聞見事件

士人姜君弼、君輔兄弟皆能文,即正使所主家也。自言貴國使臣多相識,因問前使臣數人安否。問:“天下衣冠盡變否?”則答云:“祗是雲貴不變。”又問永曆存亡,則或云自盡、或云被殺,未知的信。又問:“明朝舊臣不仕者何人? 因舊世宦者何人?”答云:“薊門有李光祀者,癸未及第,而翌年禍作,堅卧其家,三徵不起,因雲遊遠方,不知去向。有舊宰馮銓、洪亨九者,今亦爲閣老,冒禄而已。”又問:“賦税之如何?”則曰:“田一日耕,收銀四錢二分及米一斗三升、草三束。”

(康熙二年癸卯,朝鮮顯宗四年,1663)進賀兼謝恩行副使李曼聞見事件

宿秀才劉舜脉之家。舜脉稍解文字,問以近年興亡事迹及民生休咎,則初不肯言。臣更告以“君書我見,我書君見,必不宣泄”,則乃陳弘光、永曆始末梗概,而曰“天也”。舜脉之父年七十餘,屏伏後舍,謂譯官曰:“吾欲見東國使臣,而奈此頭無冠何?”既暮,使人招之,則自言“老監生,剃髪以來,愧見外人,而弟仕宦京師,諸兒爲舉子業,渾家慚負天地”云。

(康熙十二年癸丑,朝鮮顯宗十四年,1673)謝恩兼冬至行書狀官李宇鼎聞見事件

漢人秀才李之淮者來見面,頗聰敏,能文字,使之留宿,而詳問近日事情,則朱太子之事及大鼻賊侵掠北邊,吴三桂孫兒見失,一如沿路所聞,而"朱太子纔已被獲於真定府"云。且言"遼東知縣吴承基以三桂之族,既已被獲,而吴國桂者亦三桂之族也,智勇過人,而方在雲南與三桂同事,山東盜余七輩及鄭芝龍之子二舍者,皆以兵屬三桂,其兵勢極盛,既定年號,稱以廣德,而鄭二舍在海島中,必待海開水陸并進,則其鋒似不可當,而非但此也,中原十三省所封者太半三桂之所引薦,無不爲三桂盡心"云。問:"三桂與蒙古連兵與否?"則以爲"三桂請與連兵,則蒙古不肯聽從,且不許北京之請兵,或慮蒙古乘兩國之罷,坐收漁人之利"云,且言"泗川地有人偶仍掘得一碑,則碑有讖書'水月主,庚不大,蓋十八,龍復卧'十二字,皆以三字爲一句而列書之。其上書干一二字,其下書出字。又有儒生二人得《袁天綱秘記》於官府門上,其中有'黄牛背上鴨頭緑'之讖,故其儒生等即爲誅殺,且有畫一樹上挂木匠曲尺之讖,此則未知出自何處,而皆不能解得"云。

(康熙十四年乙卯,朝鮮肅宗元年,1675)謝恩行書狀官閔黯聞見事件

撫寧縣遇秀才陳繼舜問答,陳曰:"耿精忠初攻浙江,今則退去,與清總兵李陞相距。吴三桂已有四川,王輔臣盡有陜西,而衹未得西安府。兵至平梁府,與清兵交戰,僞敗而走,清人追,及至山下造飯,忽見虎豹滿山而來,清人驚起射之,而虎豹入營,火發,王兵外襲,全軍覆没。其智謀如此,且勇猛絶人,人稱曰"馬鷂子",大抵南事猶緩,西事甚急云。臣問:"王輔臣何地人?年幾歲何?"答曰:"本是我撫寧縣燕河營人,年五十餘。"問張勇消息,則答曰:"今屯汾州府,而非實心爲清,不過支吾而已。"又問鄭錦消息,則答曰"蓋聞與

吴連兵,不知實信”云。

(康熙十四年乙卯,朝鮮肅宗元年,1675)謝恩行書狀官閔黯聞見事件

玉田縣,宿秀才王公鐸家。公鐸曰:“適有親戚任蘇州者,隨往遊覽,今四月始還矣。”問:“自蘇州還,鏡湖、西湖孰勝?”答曰:“千岩競秀,萬壑争流,固非虚語,然終不若西湖明媚。”曰:“杭州城池人家比通州何如?”答曰:“通州安得比杭州?”曰:“然則比皇城何如?”答曰:“皇城一面十里,杭州一面二十里。”又曰:“紹興、蘇州可埒杭州耶?”答曰“紹興不及蘇州,蘇州不及杭州”云。

(康熙二十二年癸亥,朝鮮肅宗九年,1683)冬至行書狀官鄭濟先聞見事件

雲南移配人郭朝瑞、金永禄來見,坐與之語,仍問雲南事,則以爲“三桂死後,嗣子望輕,將士解體,終至覆亡。三桂假以數年,則天下有席卷之勢上,而皇天不助,大事已去,痛恨痛恨”。且曰:“三桂生時,衣冠文物一遵明制。”兩人各舉其額,以示網巾痕。“吴三桂敗後,雲南人物并徙關外,東八站以後所經諸堡多新創之屋,東關城内民户比前倍蓰”云。

(康熙二十二年癸亥,朝鮮肅宗九年,1683)冬至行書狀官鄭濟先聞見事件

瀋陽護行將卒遞還,錦州將卒來代。浙江人謝相信者在此,以文字問答,而其文不能通暢,多不可曉。問鄭錦事,則答云“台灣有芝龍妻,好人食素,不許殺牛,及搶南朝之人必斬,否則燒殺之。鄭凡事聽其命,不敢擅專”云。

(康熙二十五年丙寅,肅宗十二年,1686)謝恩行書狀官吴道一聞見事件

瀋陽有一劉君德者,本以關内人隨吴三桂往雲南,三桂舉事後爲翰林侍讀,兵敗被擄,謫寧遠衛,上年移置此云。以文字問答,極論唐宋皇明諸家優劣,往往精詣動人,蓋深於詞學者,而"雲南學士"之稱不誣也。仍問雲南敗時狀,答云:"吴平西有勇力膽略,不幸嬰疾,心血枯盡而死,其孫世璠亦英明文雅,濟以渾厚,兵戈之中不廢書籍。城陷之日,索刀將自裁。宦侍扶掖止之,奮拳大罵曰:'自古豈有降天子哉?'即刎頸死,皇后亦與同死。渠被擒,求死不得,名義掃地,愧罪千萬。"凄咽欲泣下。

(康熙二十五年丙寅,肅宗十二年,1686)謝恩行書狀官吴道一聞見事件

白旗堡逢雲南人周秀者,書問:"清國既統一天下,吴平西何不服事以享富貴而浪取滅亡乎?"渠亦書答:"自有萬世公論,今不必煩問,亦不敢煩説。"

(康熙二十五年丙寅,肅宗十二年,1686)謝恩行書狀官吴道一聞見事件

山海關漢人穆姓者,曾經文職,參修《順治實録》,知我國事頗詳。以爲"朝鮮雖力弱,未免臣服於清,而爲明朝盡誠,所以爲禮義之邦"。且言"近來文士江南汪遠①、陝西王②因篤最著名,而遠則嘗仕於清,不容而退隱,因篤不欲赴舉。皇帝聞其名,使州郡迫送之,不得已應舉制,不盡意,皇帝强欲爵之,至於慟哭不受。人皆危之,而以親老爲辭,故皇帝許其不仕而不之罪"云。

---

① 遠,疑作"琬"。

② 王,疑作"李"。

(康熙二十五年丙寅,肅宗十二年,1686)陳奏行書狀官李塈聞見事件

雲南人劉君德以吴三桂部下官配在此城,招來相見,略與酬酢,問及時事,則祇言清之刻毒,即滿人亦難度日,而至於大鼻韃子征討消息,諉之不詳聞。仍與論文,副使論難《易》義數三處,應口即書,初若不思,而運筆若飛,文理可觀。

(康熙二十五年丙寅,肅宗十二年,1686)謝恩兼冬至行書狀官李宜昌聞見事件

瀋陽察院招吴三桂部下郭朝瑞,問黄進事,則答云"此非黄進,乃黄錦,而昔在吴王部下,爲車騎將軍,出鎮於廣西矣。雲南敗後,隱匿海島,招納叛亡,欲爲故主報讎,而以區區海島,何能成事"云。

(康熙二十八年己巳,肅宗十五年,1689)謝恩兼冬至使行書狀官朴世㑺聞見事件

郭朝瑞求見,問其職,則乃通政司左。通政猶我國之承政院左承旨矣。仍訪劉君德去處,則云"被罪又徙於兀喇地方,今爲艾河沙工矣"。使首譯傳領相所送銀三十兩、郭書送館中。

(康熙二十八年己巳,肅宗十五年,1689)謝恩兼陳奏奏請行書狀官權持聞見事件

豐潤縣秀才曹重,宦家子,可與語。問:"縣中谷應泰存否?"答云應泰即渠弟曹庶之婦翁,以著《明朝紀事本末》獲罪幾死,年今七十三,有子十餘人,而家貧無以資生矣。問:"阿羅斯强盛比台吉如何? 亦與之結連否?"答:"結連與否未可知,但强盛則台吉亦不如也。"仍問台吉消息,答曰:"台吉且待時也,雄據西方,養兵蓄糧,將覷中國有釁而舉耳。况台吉乃天順皇帝之後,大明中興可指日待矣。"問:"清國賦役視明時甚輕云,然否?"答曰:"一仿明朝矣。"又問

朝臣廉貪，則答曰："朝廷大臣不貪者惟伊桑阿，其次徐元文亦稍廉，徐乾學雖有文學而貪，其餘無足論矣。"問文學之士，則答曰："即今王熙、徐乾學有文名，而皆不及韓菼[1]，菼官知州，罷歸家居。又有成德者，滿洲人，閣老明珠之子。自幼有文才出群，年纔二十，擢高第，入翰苑爲庶吉士，皇帝忌其才而殺之，明珠因此致仕而去矣。"又問中國禮制，則指其所着帽子曰："此帽之下，何足論禮法哉？"仍唏歔不已。

（康熙二十八年己巳，肅宗十五年，1689）陳慰兼進香行書狀官成瓘聞見事件

豐潤李天標，漢人，内閣典籍有倫之子也。爲人可愛，可與語。臣問："明朝子孫有存者耶？"答曰："明朝子孫甚多，皆變姓名隱四方矣。"臣曰："閣老以下至各司官用，清、漢各一人，則外方亦然耶？"答曰："内則清、漢各一人，外則漢則止漢一人，滿則止滿一人也。"臣曰："吴三桂亡後，漢人嗟惜耶？"答曰："彼不當自立而立，漢人亦不甚惜。其亡子乃駙馬，已論死，孫盡死京中矣。"

（康熙二十八年己巳，朝鮮肅宗十五年，1689）謝恩兼冬至使行書狀官朴世㒞聞見事件

郭朝瑞求見，問其職，則乃通政司左。通政猶我國之承政院左承旨矣。仍訪劉君德去處，則云"被罪又徙於兀喇地方，今爲艾河沙工矣"。使首譯傳領相所送銀三十兩、郭書送館中。

（康熙二十九年庚午，肅宗十六年，1690）謝恩兼進賀陳奏行書狀官金元燮聞見事件

吴三桂舊僚郭朝瑞謫巨流河，使人要之，則至。臣書問曰："前

① 韓，原文誤作"徐"，徑改。

聞吴王仗義起兵,不幸未捷先死,寧不痛傷? 願聞其興亡始卒。”朝瑞乃書答曰“吴王因清人久據中國,待諸侯寡恩,癸丑遂興義兵,伐罪救民。不意天奪其壽,以致壯志未遂,此乃劫運未除,中原蒼生無福。奈何! 吴王崩後,其屬下官兵冰消瓦解,戰亡者、被獲者、下海者、逃亡者、遣戍者不可勝記”云。臣於是始問康熙發兵狀。朝瑞書答曰:“今康熙發兵始末,因去歲哈喇哈西韃子兄弟二人(入京聞之,哈喇哈即喀爾喀云)與阿喇揹西韃子起釁(入京聞之,阿喇揹即阿魯德云),殺阿魯德老王子,老王子有兒子在下,爲達賴喇嘛徒弟(喇嘛即所謂神僧也)。喇嘛謂:‘你父被人殺死,當領兵爲爾父報仇。其出師吉期在我擇取,大勝無敗。’是以去年阿魯德親領本屬官兵殺喀爾喀兄弟一人。其兵敗績,靡有孑遺,因而投奔清人救命,兼請兵伐彼復仇,故今此康熙發十萬兵、蒙古兵十萬以救之。且議親征,其意一則與二家講和,如不聽講和,便協助喀爾喀與阿魯德構殺;二則因黄台吉久有窺燕京之意,且揚兵與彼觀看,使彼不得輕視清兵”云。臣又問曰:“今中原亦有道學真儒否?”答曰“四川眉山林士奇、湖廣衡山王愈確皆黄冠道人妝束”云。

(康熙三十四年乙亥,肅宗二十一年,1695)謝恩行書狀官金演聞見事件

有秀才胡世培者來謁,問:“皇帝親征云,西賊之勢何如?”答:“兀魯得犯邊,所以名爲打圍,實則備邊也。”問:“蒙古部落甚多云,其中何部最强大乎?”答:“有青泰機、黄泰機,其次兀魯得,今來者兀魯得奉泰機命來耳。”問:“皇帝長兄方在蒙古中云,是則何部耶?”答:“此兀魯得之下又有所謂四十八家王子,皆與皇帝相締婚姻,名爲從中而實則從外,中國賂足則與兀魯得爲調和之人,賂不足則從之而進,即明末之遼東十大姓也。”問:“山海關門徵税始自何年? 而出於皇旨乎?”答:“清初即設,至今皇十九年裁去,近因挖參者多復開參禁,而更設關税,始於上年五月。”問:“明朝則無此税乎?”答:

“明朝爲華夷之限，大兵鎮守，無貨出入，止於馬市耳。”問：“今則清人不疑漢人乎？”答：“清人甚敬漢人而不疑，爲武不如滿也，所疑者漢軍耳。國初滿人不滿萬，擄來子女，即以爲己子女。今之滿洲太半漢種甲軍，十人之内滿洲不過二三人，漢種五六人，關東人二三人。今之所謂漢軍即清初遼東十大姓之黨，先投清而入關，一應攻城野戰俱漢軍先之，清則坐而取之。今又疑其子孫或通西邊而爲内應，况漢軍不下百萬，富而且强，所以皇帝摧抑之心已非一日，官止侍郎，罪疑惟重，小有過犯，即加深文。”問十大姓某某姓乎，答“張、安、祖、終、劉，其五姓失記”云。

(康熙三十七年戊寅，朝鮮肅宗二十四年，1698)謝恩行書狀官李健命聞見事件

山海關儒學之館，乃教授所居也。教授徐望祖，浙江人也，以拔貢登仕。舊歲六月到任，今七月丁憂云，教授六品官也。臣問：“拔貢與進士有异耶？”答：“進士則三年一大比，而一省各選二百五十人，共三千七百，而取進士三百人。拔貢則間一歲特行，進禮部後有更試之事，然出仕則不必更試。”“頭場試八股之規，何如？”答：“四書及經文各出題，共七篇。八股則乃一篇八節也。”問：“今歲文章理學比明朝何如？”答：“文章則明朝隆慶最盛樸茂，今則以才情爲主，而薄弱不逮古矣。理學則明朝陳白沙二三人爲盛，王文成公功名道學兼備，而良知之説未免爲誤。”問：“今世學者主朱子耶，主陸氏耶？”答：“學者初當以朱子爲法，而究竟則陸氏爲正，分异同者，後學之誤也。”問：“尊方遭憂，則何不解官還歸耶？”答：“雖已解官，而緣尚候印結未竣事，故不得即歸耳。”問：“今世喪制遵用三年古禮耶？”答：“然矣。”問：“喪制雖然，而來時見有火葬者，何也？”答：“各處風俗不同，北方尚用舊習，而南方則無火葬。然朝廷所用之禮，何可議也？”問：“許魯齋道學可謂高明，而其出處無可議耶？”答：“許之學問甚正，出處即從周之義，處權之道也。”問：“聖人用權，恐不如是。”答：

“以君子素位而行一章参看,則未見其不可也。”問:“今世理學者誰耶?”答:“有胡此庵先生,名文學,湖廣孝感縣人,官至大學士,卒已久。惜其書不在,而蓋曾理學者也。”問:“文章則何人爲最也?”答:“有張中堂先生,名玉書,現任武英殿大學士,是望祖之老師也。今五十三歲,江南鎮府人,登進士。”問:“其所作可得見否?”徐遂書示一律。其詩曰:“可須長嘯訪崆峒,平格由來與帝通。緑野堂開紅葉裏,東山寄與月明中。談經杏席推天塹,論道金華屬上公。盛世元臣歸洛社,還看鴻漸總宗風。”

二二、成以性《燕行日記》

【解題】

《燕行日記》一卷，成以性撰。

成以性（1595—1664），朝鮮文士，籍貫昌寧，字汝習，號溪西。有《溪西先生逸稿》存世。乙酉年（1645）六月，以朝鮮進賀兼謝恩使團書狀官的身份出使中國。三月十七日，使行從漢城出發，四月初十日渡鴨緑江，五月二十一日到達北京，五月二十九日離開北京，閏六月十二日回到漢城。《燕行日記》即是對此使行見聞的記載。六月初三日，在攏牛橋路傍廟堂與清人高美筆談。

《燕行録全集》收録。兹以此本爲據輯録資料。

（六月）初三日甲寅，晴。副使及余未明先行。到攏牛橋，朝飯於路傍廟堂。有一人戴笠荷鋤而來。倚卓對坐。知其人之識字，書向問姓名，則答曰"高美"。問："何以來此？"答書曰："居住五里之遥。韃子踐踏田畝，爲此看守而來。"問曰："天下大亂，人爲魚肉。有識之士避在何地？"答書曰："遭此大亂，誠天之數也，人之命也。善回天者，亦末如之何也已。"問："北京陷没時，亦有死節者否？"答曰："每見人偷生喪守，守節者惟聞一人，名曰李成白，是我明朝國公也。"問曰："守節曲折，可得聞乎？"答曰："去歲虜未入境，流寇陷神京。大小官人唯唯服從。獨李公寧死不服，聲言流寇曰：'必依我言，將我朝廷縊死尸金井玉葬，然後方纔服。'流寇果依其言。似此一人，雖未盡其大節，較之諸人，猶爲首出。"問曰："崇禎皇帝有一子二女，城陷，送一子走生，仍拔劍斬二女，然後自縊云，信否？"答曰：

"原有二子一女,一子被流寇虜去,爲金兵所趕殺死。一子隱伏北京民家,被人告出,又遇害。一女見配金人。"問:"流寇何許人,何以至此?"答曰:"原名李自成,係是陝西民人。作賊一十九年,被金兵一戰敗奔而走。"問:"南京皇帝是福王耶?"答曰:"福王已卒,此乃福王子也。"問曰:"俺等在北京,聞南京被陷。君亦聞之耶?"答曰:"不得聞也。"問曰:"君有如許文才,此後赴舉耶?"即愀然良久,書曰:"多謝過稱。小弟原在北面小村居住,田地俱是祖産。五遭虜難,頭畜趕去,糧石盡吃,房屋撤毁,以致無力作農,一貧如洗。見今移居東村,勞力耕作四十餘畝。又被兵馬踐踏,秋成之望,未知如何。可嘆!"余書曰:"士生此時,事無可爲。左右之心,我知之矣。惟當服田力穡以畢餘生,而兵馬之侵害又如此,則奈何?"其人飲泣太息,贈以三友,揖謝而別。

二三、郭弘址《丙戌燕行日記》

【解題】

《丙戌燕行日記》1冊，郭弘址撰。

郭弘址(1600—1656)，字子久，號太虚亭，朝鮮玄風人。有《太虚亭遺集》存世。順治三年丙戌(朝鮮仁祖二十四年，1646)十月，以朝鮮三節年貢使團書狀官的身份出使中國。使行十月十六日從漢城出發，十一月十一日渡鴨緑江，十二月十四日到達北京。次年正月初九日離開北京，二月二十八日回到漢城。《丙戌燕行日記》即是對此次使行見聞的記録。十一月二十二日，在耿家莊與清人李時進筆談；十二月初六日，在撫寧縣宿所與清人王運恒筆談；順治四年丁亥(1647)正月十三日，在豐潤縣王佳宅與王佳筆談。正月十八日，在沙河所寧修成宅與寧修成筆談。

此書原本藏韓國嶺南大學中央圖書館，林基中《燕行録續集》第107册收録。兹以此爲據輯録資料。

(十一月)二十二日甲子，晴。早發，過雙廟子，至耿家莊四十里朝飯。有漢人李時進者來見，自謂明朝布政司之子。問:“家世仕於明朝，今爲清人，於心何如?”答曰:“人居清朝心在明，樂乎不樂與誰云。甘苦自忍耐如何? 削去頭髪如畜生。一心要上青雲路，曾奈力淺難登梯。”問:“孔、耿何往?”答曰“發兵往西安府，將流賊征敗，又往雲南、泗川”云云。

(十二月)初六日戊寅，陰。早食而發，過網子店，渡榆關河，過大榆關、小榆關至撫寧縣。四十里交遞幣車，止宿於漢人王運恒家。

所居之室帷帳丌倚,圖書書籍皆精簡有清致。與之問答,操筆立書,文理成就。問:“朱氏宗支今有存者乎?”曰:“在福建。”又問吴三桂事,曰:“秦檜之流也。不有其君,何以有於父?”又問:“今日吾行,秀才以爲如何?”曰:“尚存父母遺體,賢於我輩萬萬。”因指網巾曰:“此乃我太祖頒製之物也。”愀然久之。及夜,以酒肴來勸殷勤。肴有文魚,問其名,曰:“此八帶魚也。”問:“北京今秋設科,秀才亦往乎?”答曰:“苟全性命,不求聞達。”問:“漢人多赴試乎?”曰:“反面事仇,何代無之?”問:“插汗撻子屯兵於居庸關云,是乎?”曰:“是矣。”即以筆抹之,蓋畏其泄也。贈以若干文房之需,以《墨竹》十本、《闕里圖》一本來贐。盆植一樹,皮青花黄,以“連翹樹”問之,曰“春信花也”。其父乃明朝文林郎云。

(正月)十三日乙卯,晴。曉發,至豐潤四十里朝飯。去時,主人王佳後邀入其家,盛具酒食以饋。因書示曰:“聞西北有亂云,何如?”答以鎖在館中,但聞有點兵之舉,而未知其爲何事。“此處亦調發乎?”答曰:“昨已調發。”又問:“西北有何亂?”則衹書“虎敦兔汗”四字示之。請聞其詳,則答以“道傳未的”云云。

(正月)十八日庚申,晴。鷄鳴而發,過沙河驛三十里,至中後所二十里。朝飯後,過東關驛二十里,宿於沙河所,即中右所三十里寧修成之家,問:“馮全①、謝昇以明朝閣老,今方仍舊云,信乎?”答曰:“然。此人都是讒臣賊子也。”又問:“祖大壽?”答曰:“明朝天下都是此人失了,苟且偷生,不足言也。”又問:“吴三桂何如?”答曰:“不忠不孝之人,今雖得寵,後世難免史書之誅。”問:“何以謂之不孝?”答曰:“他父既降於流賊,他引清兵而入,流賊戰敗殺之,非不孝乎?”又問:“清所謂‘牛録’,是何官?”答曰“參將之類,所領或三百,或二百,或百五十人”云云。

---

① 即“馮銓”。

二四、李埣《戊子燕行日記》

【解題】

《戊子燕行日記》1 册，李埣撰。

李埣(1594—1653)，字華封，號梅軒，朝鮮泉州人。順治五年戊子(朝鮮仁祖二十六年，1648)十一月，以朝鮮三節年貢使團書狀官的身份出使中國。使行十月二十五日從漢城出發，十一月十九日渡鴨緑江，十二月二十一日到達北京。次年正月十一日離開北京，二月二十日回到漢城。《戊子燕行日記》即是對此次使行見聞的記録。戊子年(1648)十二月十五日，在沙河驛宿所與明朝武臣後裔劉之則筆談。

此書爲筆寫本，原本藏全州李氏梅軒宗中，《燕行録續集》收録。兹以此爲據輯録資料。

(十二月)十五日癸巳，晴。

……行歷灤州縣，宿沙河驛，主人劉姓，土著人也，形貌開朗，似非常漢。問之，則"家世明朝武臣，堂兄丹途縣尹，舍弟同列庠生"云云。因給筆墨，接話從容。書示小紙曰："南京既已平定云，天下渾一太平，庶可見矣？"之則即書紙尾以答曰："南京一隅之地，雖云已平，若論天下，尚未定於一。"又問："清兵南入所得幾許？"答言"陝西、浙江、山東、河南、山西、福建、湖廣、南京九省"云。似非浮誇之説，恐或所聞之不實也。

二五、鄭太和《寫本陽坡燕行録》

【解題】

《寫本陽坡燕行録》不分卷,鄭太和撰。

鄭太和(1602—1673),字囿春,號陽坡,朝鮮東萊人。有《陽坡遺稿》存世。一生中兩次出使中國:順治六年己丑(朝鮮仁祖二十七年,1649)三月,以朝鮮進賀兼謝恩使團正使的身份出使中國。使行三月二十日從漢城出發,四月十二日渡鴨緑江,五月十一日到達北京。五月二十七日離開北京,六月二十九日回到漢城。

康熙元年壬寅(朝鮮顯宗三年,1662)又以朝鮮進賀兼陳奏使團正使的身份出使中國。此行"進賀是賀雲南永定也","陳奏是義州府尹李時術擬律議也"。七月二十六日從漢城出發,八月十七日渡鴨緑江,約九月十四日到達北京;十月十二日離開北京,十一月十四日到達朝鮮平山。十月十八日,在永平府與江西儒士魏際瑞筆談。

《寫本陽坡燕行録》即是對這兩次使行過程的記載。《燕行録續集》收録。兹以此本爲據輯録資料。

(十月)十八日,宿永平。嵩兒適逢江西儒士魏際瑞,彼以禮幣相接,以筆問答,坐到夜深。文詞之博雅,識見之明的,超勝於姜君佐也。(《飲冰録》即日記)

翼憲公赴燕時,仲子議政公陪行,還到永平路,逢魏際瑞,知其爲大明遺民。畫地相語,盡情吐露,終與相對涕泣。臨別,魏贈其私稿一卷,此書尚在吾家中,有《代兵科都給事曾應遴討李自成檄文》,語甚激切。《翼憲公日記》祇有數句,其詳必在議政公所記,而間經火灾，舊紙無存。見其時書狀李東溟《日記》曰：魏際瑞者來見上使，上使給筆墨，即以葛布銀杯來謝。苦辭不獲，受其布而却其杯，因以書問答。自言“居在江西，距南京三千里，以鄉貢進士來北京，有族人爲此府屬官，故來留”云。筆翰如流，容儀静雅。問永曆存亡，則言“緬甸捉送被害，而宫眷拘係北京”。因涕泣如雨。又問天下衣冠盡變，則曰“中國無人，今已淪胥，而渠之先父及諸兄弟六七人隱於翠微山，獨不變”。渠則爲門户計有此行。又問清國形勢，則曰：“此輩在北不堪窮苦，出萬死搶擄爲業。今則侈衣靡食，志氣已得，戀戀富貴，不肯捨生，且不習水土，死亡殆盡而入南生息，不如前輩，皆庸殘小夫，弓馬之藝漸不如前，將無以自振，故渠輩亦無長久之心。輦財寶移工匠以實滿洲瀋陽、上陽堡、寧古塔諸處，漢人之少有罪犯者，皆徙之於此，而向者有江湘者起於南，相與洶洶，幾乎北走。倘使中國能有奮義而起者，庶可傳檄而定，祇恨無人。因獻其私稿一卷，有文、賦、詩數百篇，而《代人討李自成檄》亦在中矣。”（以上《李公日記》）

近日《三魏全集》出來，始知魏伯子祥改名際瑞也。叔子爲其墓誌有曰：“以事出關，抵永平，聞鼓吹聲，人言朝鮮使者來矣。伯趨客館望之，立叢人中。使者冠網巾，幞頭縫掖，束帶如故官。忽下馬於叢人中，把伯衣入館曰：‘我兵曹佐郎鄭嵩也，君非此間人，殆中國奇士。’因蹲踞以炭畫地問答，使者至流涕，引入室見其父，更以筆墨書紙酬對。至天明，使者取伯文集一册去曰：‘我當板行弊國，使知中國有才子也。’贈産物扇墨之屬，相灑淚而别。”語詳《朝鮮使者問答記》。及考伯子文集，無所謂《問答記》者。想其時問答之辭，皆時之所諱，宜其不載於集也。又見伯子之子世杰作《高麗刀記》曰：“壬寅歲，家大人於永平驛遇高麗使，還，書示杰曰：‘使者相與終夜語，臨别贈小刀一枚。京師人所未易得，寄爾其藏之。’予愛玩結雜佩，佩之。而余十年前聞（外國來）者形狀、毛髮、帶佩、衣冠、器用多奇异，獨高麗使者裹網巾、着紗帽，朱袍方袖，束帶坐馬上入朝，都人嘆爲漢官威儀。余生晚,固嘗從伶人得識此數也。余既産窮僻鄉,耳目無所知,足迹不出里閈,意氣拂鬱,如劍在匣。讀書之下,凡坐斗室中,每忽忽無聊賴,把是刀摩挲久之。乙巳,家大人歸山中,更以所贈筆與紙墨贈杰,爲語弓矢、盤盂、冠服之异,使者欣然,白晳美鬚髯。余恨不獲侍家大人遊得見其人,備聞相與終夜語者,每視此刀,嘆息鄭重。"(《晝永編》)

魏伯子有《朝鮮使者詩》二首,其一曰:"遥聞東海使,委曲到長安。駐馬北平路,都人相競看。彝倫殷子弟,禮讓漢衣冠。一夕驅車去,凄凄鴨緑寒。"其二曰:"在昔魯中叟,九夷云欲居。東方君子國,洵與百蠻殊。三恪存諸夏,雙星入使車。生芻還似玉,嘉客意何如?"(《三魏集》)宗家所藏《魏伯子文集》一册,以我東硾紙青絲欄編卷者,即伯子手呈校刊本,詩文不載者亦若干篇。伯子自言多作不如多改,多改不如多删。或有删而未載者歟?其中《討李自成檄》必佚也,非删也。方議討李自成時,三魏之先父聘君兆鳳出義捐財,檄必其時作也。辭義之嚴正,非獨文字之佳也,此豈可删者哉?如《大搜賦》大篇巨筆,字體奇古,此亦必其佚者也。惜其不載於刊本,别録其未刊者爲《伯魏佚稿》。(《伯魏佚稿序》)

二六、洪命夏《甲辰燕行録》

【解題】

《甲辰燕行録》,洪命夏撰。

洪命夏(1607—1667),字大而,號沂川,朝鮮南陽人。著有《沂川修攘録》。一生中兩次赴清:順治四年癸巳(朝鮮孝宗四年,1653)十一月,以三節年貢使團副使的身份出使中國;康熙三年甲辰(朝鮮顯宗五年,1664)二月,又以朝鮮謝恩兼陳奏使團正使的身份出使中國。

此册封面題"甲辰燕行録,洪"。扉頁題"上使右相洪命夏,副使同知任義伯,書狀司成李","甲辰","八代孫都事在範"。使行二月十三日從漢城出發,三月初七日渡鴨緑江,四月初七日到達北京。五月四日離開北京,六月十三日回到漢城。《甲辰燕行録》即是對甲辰使行見聞的記載。三月十五日,洪命夏在南沙河堡客舍與永平府居民佚名筆談;二十二日,洪命夏在閶陽店舍與馮姓人及其子馮世爵、馮世龍筆談;四月初五日,洪命夏、任義伯在通州潞河附近與秀才佚名筆談。

《燕行録全集》收録此書,兹以此爲據輯録資料。

(三月)十五日丁丑,朝陰,晚雨。遞馬到南沙河堡中火,主人乃漢人也。問其身役,則乃"永平府居民,而爲生理移居於此地一年。備納四兩銀子於遼東"云。更問:"役銀計户捧之耶?"答曰"雖一户,隨其所在人夫數捧銀,而業文者獨免役,且上年則納銀九兩"云。問其所以,則"上年有運石瀋陽之役,故如是多捧"云。大概東八站居民無他役,祇供我國使臣時粮饌、柴草而已。此外則計民丁數,收銀入於瀋陽,分給諸處甲軍,而每朔給二兩云。

三月二十二日甲申,雨。平明發行

……午時到閭陽,入一店舍,乃漢人家。而問其年,“六十五歲,少時居在湯站。辛酉春,遼東陷没時,奔竄於山峽間,僅得生存,自他所移居於此地”云。問陷没時曲折,亦不明言之。且問其所業,則“掌皇帝農莊,受田五十,日耕,每年備五十兩銀子納於潘陽”云。容貌豐好且曉事理。俄有兩兒童自外而至,眉目皆秀,容貌潔白。問其爲誰某,則乃主人之孫,而年皆十四歲。問:“讀書與否?”各自懷中出示《論語》第四卷。試令讀之,則皆能讀之,語難解聽。問其姓名,其馮世爵。其一“馮世龍乃四寸兄弟而同甲同學”云。給紙束、筆墨及藥果、烟草等物,皆叩頭而謝。副使、書狀亦給筆墨。

四月初五日丙寅,晴。平明發行,出北門,家家插艾於門,人亦插於頭。至於船頭亦插之。渡潞河,行二十里,遞馬卸轎,副使亦至。言昨日主人設酌之狀,副使頗羡之。有一漢人着小帽子,立於轎前。見其狀,似非常漢。問之,稱以秀才。問渠所居處,答曰“家在通州城内而爲達子所奪占,來寓越邊村家,教童蒙”云。給一柄筆,副使問曰:“既是秀才,何不决科耶?”答曰:“無銀何得占科?”余問曰:“何不做官耶?”答曰“無銀做官不得”云。觀其意北京取士皆受賂,故多有感慨之色。

二七、佚名《燕中聞見》

【解題】

《燕中聞見》二卷，佚名撰。

《燕中聞見》的作者，林基中《增補燕行録叢刊》中作崔鳴吉。案崔鳴吉生於1586年，卒於1647年，字子謙，號遲川、滄浪等，朝鮮全州人。著有《遲川先生集》。《燕中聞見》中所記聞見事件多有發生於1647年之後者，因此其作者不可能是崔鳴吉。确切作者待考。

此書原本藏韓國國立中央圖書館，表紙題“燕中聞見”。《增補燕行録叢刊》據此影印收録。與原本對照，《增補》在編排時次序有誤，將卷二内容置於卷一之前，且有諸處字迹没有影印清楚，給閲讀造成障礙。

此書是諸多燕行録簡本的彙編，在某種程度上可稱爲“燕行録選集”，涉及的燕行共計39種，筆談多次。始於康熙五年(朝鮮顯宗七年，1666)，終於康熙三十二年(朝鮮肅宗十九年，1693)。

兹以《增補燕行録叢刊》(NURIMEDIA)收録本爲據輯録資料。

1. 閔黯與秀才陳繼舜筆談(康熙十四年，肅宗元年，1675年)

乙卯六月，謝恩使昌城君佖，副使李之翼，書狀官閔黯。

(七月)十八日抵撫寧縣止宿，遇秀才陳繼舜者，略與問答。陳曰：“耿精忠初攻浙江，今則退去，與清總兵山海關人李陞者相距。吴三桂已有四川，王輔臣盡有陝西，而祗未得西安府。兵至平梁府，與清兵交戰，僞敗而走。清人追之，至一山下造飯，忽見虎豹滿山而來，清人驚起射之，而虎豹入營。火發，王兵外襲，全軍覆没。其智謀神异如此，且勇猛絶人，人稱曰“馬鷂子”。大抵南事猶緩，西事甚急云。又問曰：“王輔臣係何地人？年歲幾何?”答曰：“本是我撫寧縣燕河營人，年五十餘。”問張勇消息，則答曰：“今屯汾州府，而非實心爲清，不過支吾而已。”又問鄭錦消息，則答曰“概聞與吴連兵，不知信實”云。

2. 閔黯與秀才王公鐸筆談(康熙十四年，肅宗元年，1675年)

乙卯六月謝恩使昌城君佖，副使李之翼，書狀閔黯。

十月初一日到玉田縣，借宿秀才王公鐸家，公鐸出接，進茶上燈，設酒果待之。臣問曰：“上年冬，家仲兄奉使過此，問足下，則足下往蘇州不還云，未知因何幹往彼地？還家亦在何時耶?”公鐸曰：“適有親戚任本州者，隨往遊覽，今四月始還矣。”曰：“聞南方叛亂，足下新自南來，可以詳細吴三桂消息何如?”王曰：“吴三桂在澧州，一年無動静，今聞來攻夷陵云矣。”曰：“在北京仄聞吴兵攻武昌云，尊未之聞耶?”答曰：“未聞。”又曰：“王輔臣方在那地方，消息亦何如?”答曰：“今聞來攻秦州云矣。”又曰：“王兵已入商州云，此言信否?”答曰：“纔聞戰秦州，商州距秦州甚遠，此言恐非實信也。”又曰：“朝廷政令何如?”答曰：“君非甚暗，臣皆貪饕無厭，且皇帝出入頻數，内外疲於供頓，恐不能長久也。”復問耿、鄭消息，則答以未有聞。又問曰：“君自蘇州還，兩浙山水想探討盡也。鏡湖、西湖畢竟孰勝?”答曰：“千岩競秀，萬壑争流，固非虚語，然終不若西湖特地明媚也。”曰：“杭州城池人家比通州何如?”答曰：“通州安得比杭州?”曰：“然比皇城何如?”答曰：“皇城一面十里，杭州一面二十里。”又曰：“紹興、蘇州可埒杭州耶?”答曰“紹興不及蘇州，蘇州不及杭州”云云。

3. 李塈與進士劉君德筆談(康熙二十五年，肅宗十二年，1686年)

丙寅十一月，謝恩兼冬至正使朗善君俁，副使金德遠，書狀李宜昌。

十二月初五日，留瀋館。日氣頗寒，桂部下人劉君德稱名者踵門求見，故引入書問，則答以“俺職居翰林侍讀學士兼國子監祭酒矣，蓋平西大變，三分有二，不謂天不助順，吴祚遽斬，俺等故罹此難，爲醢鷄見配而流落到此，設館教讀爲業”云云。且問即今皇帝政令，則以爲“當今崇儒重道似在英明，一邊未免，有君無臣，清人貪庸不足道，漢人不過爲身家計。清人之政令無他，總之非賂不行，一字妙訣，何以多爲參求”云云。又問瀋將清漢兩人姓名，則以爲“此處止有清將而無漢將，城將伊把漢去臘罷歸，後宗瀋將軍代之，中外群稱爲千金貝勒”云云。又問：“瀋將所領地方界限，及軍兵多少？治民聲績？”則答云：“今春二月到任，下車之始赫赫有聲，久則一籌莫展。頃以爲用人不當，大干上怒，敕降一級，奪俸一年。地界則盡於烏喇軍兵，則五千。”又問添兵之八站之意，則以爲“此不過征伐之計，大約徵者爲大鼻韃子無疑矣，戍者或者爲上國也”云云。所謂上國，指我國也。又問：“大鼻韃子歸順的實與否？”則以爲“聞其鋒稜甚鋭，不可嚮爾。近又聞銷鋒納款云，未識果否，此前後所聞之异詳。大鼻地方距此二三月之程”云云。以所處煩擾，未免答問而罷。

4. 李宜昌與郭朝瑞筆談(康熙二十六年，肅宗十三年，1687 年)

丙寅十一月，謝恩兼冬至正使朗善君俣，副使金德遠，書狀李宜昌。

(丁卯二月)三十日，夕宿瀋陽察院，與副使同坐一處，招致吴三桂部下郭朝瑞，問：“黄進事的實與否？”則答云“此非黄進，乃黄錦，而昔在吴王部下爲車騎將軍，出鎮於廣西矣。雲南破亡之後，隱匿於海島中，招納叛亡，欲爲故主報仇，而以區區海島何能成事”云云。又問：“太極韃子送使之由？”則答以“黄台吉送使，以爲陝西、山西元是我們之地，要其割給，不然，則約於三月内動兵，以决雌雄云。康熙怒而且懼，諸處屯田甲兵既皆撤還，各鎮添兵八千，亦姑留不送，不肯割地以與，而衹以日增裘馬幣帛爲答”云。又問“此説何從得聞,而真的無疑耶”云,則答以“所教子弟之父兄内有兵部二人、刑部二人、工部二人,姑詳聽其密言,此非虚謬云。黄台吉自陝西以北至哈喇國、西羊國,無非種類,兵勢甚盛,難以力服”云。又問諸鎮添兵本意,則答云“一則爲儉糧之計,二則爲禦大鼻韃子之地,而清國民困財竭,政嚴衆離,天時人事已可推知,且考圖讖,似難長久”云。故問其圖,則以爲“乾清宫,碑内有隱語云。丙寅丁卯,胡運將盡”云云。

5. 權持與豐潤縣秀才曹重筆談(康熙二十八年,肅宗十五年,1689年)

己巳九月,正使東平君杭,副使申厚載,書狀官權持。

(己巳)十月初八日,夕到豐潤縣,止宿秀才曹重家。重乃宦家子,年三十,爲人沉重,且通文辭,可與語者也。入夜相對,略以文字酬酢,先問:“縣中谷應泰存否?”答云應泰乃渠弟曹庶之婦翁,“以著《明朝紀事本末》獲罪幾死,年今七十三,有子十餘,而家甚貧,無以資生”。又曰:“皇帝政事、文學比前代何如?”答云:“皇帝精明而好小利矣。試以一事言之,則義氣滿洲云。蒙古及魚皮韃子之來投者,而養之甚厚。八旗乃八固山也,乃伊根本之人,而不加撫恤。然皇帝出獵則唯八旗從行,或往口北,或往塞外,一年之間無有數月在家之時。雖有月給之金,亦不足以充其道路之費,以此皆懷怨毒矣。”曰:“塞外遊獵何其遠出也?”答曰:“名爲出獵,而實則爲俄羅斯預防也。”曰:“俄羅斯是何種類? 乃所謂大鼻子韃子者耶?”答曰:“非大鼻韃子也,别有一種在西北方絶域,兵强馬盛,數來侵伐,清人不能抗衡,僅得講和,已遣佟舅舅、索額圖割地定界而來矣。”問:“俄羅斯强盛,比台吉如何? 亦與之結連否?”答曰:“結連與否不可知,但强盛則台吉亦不如也。”仍問台吉消息,答曰:“台吉且待時也,雄據西方,養兵畜糧,將觀中國有釁而舉耳,况台吉乃天順皇帝之後,大明中興可指日待矣。”問:“清朝賦役視明時甚輕云,然否?”答曰:

“一仿明朝矣。”

6. 申厚載與豐潤縣秀才曹重筆談(康熙二十八年,肅宗十五年,1689年)

回還時,副使又寄宿重家。探問事情,則其言與臣所聞無差。副使又曰:“朝臣廉貪?”則答曰:“朝廷大臣不貪者唯伊桑阿,其次徐元文亦稍廉,徐乾學雖有文學而貪,其餘無論矣。”問文學之士,則答曰:“至今王熙、徐乾學有文名而皆不及韓菼。菼之文當爲今世第一。菼官知州,罷歸家居。又有成德者,滿洲人,閣老明珠之子,自幼有文采出群,年纔二十,擢高第,入翰苑爲庶吉士,皇帝忌其才而殺之,明珠因此致仕而去矣。”又曰中國禮制,則重指其所着帽子曰:“此帽之下,何足論禮法哉?”仍欷歔不已,其意可見也。

7. 成瓘與秀才李天標筆談(康熙二十八年,肅宗十五年,1689年)

己巳十一月,陳慰兼進香使朴泰尚,副使金海一,書狀成瓘。

(己巳年十二月)二十九日,豐潤秀才李天標家止宿。天標乃漢人,内閣典籍有倫之子也。爲人可愛,亦能文,可與接話,故夜深後剪燭相對,書字酬酢。所答之言雖不可信,既有所聞,兹以記載。李天標曰:“前日貴國請加國母徽號疏,今皇上不豫,知其故歟?”臣問曰:“不豫之故,願詳聞之。”答曰:“爲疏内有後宫字部文渾云,文理不合,罰銀五千兩,後不用此等字,無妨矣。”臣曰:“諸侯上嬪御稱之以後宫,自古皆然。舍‘後宫’二字,當稱何名?”答曰:“察以前自明朝及今貴國來疏,皆無‘後宫’字故也。”臣問曰:“即今賓服可謂太平,而似聞四川洞蠻叛亂云,然耶?太極韃子既已歸順耶?吴王敗亡之後更無餘地耶?今年凶歉何如?”答曰:“山西歲歉,今上甚憂,著閣老九卿封印後,亦不得寧家,在午門外會議救荒之策。”臣曰:“即今事情更詳示之。”答曰:“即今四海雖曰澄清,目下歲凶不止一省,皇帝用人凡四品以上,非金錢不得缺,其且開國元老,家富者有罪,必没其家人官。”臣曰:“即今多用南方人云,然耶?”答曰:“誠然,賣官要錢,皆南方人導之也。”臣曰:“聞皇帝喜獵,掠取良家女云,然耶?”答曰:“田獵則親哨鹿,食血以色,則東西南北均有所御。昨年南巡,獲南方女固無算也。”臣曰:“太極韃子事情,何不示之?”答曰:“彼二家構怨,今上差人去講和矣。”臣曰:“所謂二家,誰也?”答曰:“阿藍及太極也。”臣曰:“太極兵强,故皇帝多賂金帛云,然耶?”答曰:“畏彼來侵,金帛以賞賜爲名,而實則貢也。”臣曰:“然則將來之憂不細耶?”答曰:“然。”臣曰:“前聞漢人有罪,徙之寧古塔云,其事如前耶?”答曰:“然,又乃放之烏蠟。此地極寒,雖盛暑,亦服毛衣也。”臣曰:“皇太子何如?春秋幾何?有親王兄弟耶?”答曰:“聰明好學,但性燥而喜獵,春秋十五歲,有兄又有弟。”臣曰:“皇太子既有兄,則何以越次爲太子耶?”答曰:“立嫡不立庶,於禮有之。”臣曰:“即今閣老幾人耶?”答曰:“滿州首相伊桑阿、再相阿蘭泰,漢首相王熙、次相梁清標、再相徐元文也。”臣曰:“明朝子孫時有餘存者耶?”答曰:“明朝子孫甚多,皆變姓名隱四方矣。”臣曰:“閣老以下至各司官用清漢各一人,則外方亦然耶?”答曰:“内則清漢各一人,外則漢則止漢一人,滿則止滿一人也。”臣曰:“吴三桂亡後,漢人嗟惜耶?”答曰:“彼不當自立而自立,漢人亦不甚惜其亡。彼子乃當今駙馬,論罪已死,其他小孫盡死京中矣。”臣曰:“科舉用清漢幾人耶?”答曰:“順天府大省取秀才七十一名、監生四十名,其他外省或五六十人,滿人曾前不由科第,來秋準科舉云矣。”

8. 金元燮與郭垣、郭朝瑞筆談(康熙二十九年,肅宗十六年,1690年)

庚午六月,謝恩兼進賀陳奏使全城君濬,副使權愈,書狀金元燮。

(庚午六月)廿八,渡巨流河,留宿。日晡時,路有走馬過者,使舌官問之,則曰“烏喇、愛渾等地徵兵急書,兵部郎帶來,到十三山疾作，不能行。俺以本站千總受其書替來”云。曾聞吴三桂舊僚郭朝瑞遭譴，屬此站，使人要之，則其子垣先至。臣以數句謾語，以筆墨酬酢，知其意無他，乃書示曰：“台吉地方與清都相去幾里？聞台吉發兵攻蒙古别種喀爾喀，喀爾喀不能當，請援於清，故清今發兵遣救云，然否？”書答曰：“台吉久已開科取士，志在中原，去京止得數千餘里。今攻喀爾喀，無非借清人之救援以圖起師有名耳。”臣又書示曰：“台吉設科，亦有業詩書而應其科者乎？”答曰：“台吉取士，中原有才莫展之士往歸希晉。”臣又書示曰：“中原有之士往歸希晉，果若爾言，台吉明是不碌碌者，安知天下之心終不歸此人？且聞台吉係是明朝遺裔，此説果否？”答曰：“人心縱不歸此人，奈烈日熏蒸何？大明遺裔，久聞此説。不知果係的枝否。”臣又書示曰：“然則今台吉果不終爲天下憂乎？”答曰：“聞台吉聲勢甚大，清人畏之，恐將來爲天下憂。”臣又書示曰：“不知中原果無真正英雄，可以服一世之人而舉大義於天下者乎？”答曰：“‘飛龍現長安’，讖語久有斯言。英雄伏草莽，往往有之，但時未至，臨期自當應運而興耳。”

於是，其父朝瑞至。臣書問曰：“前聞吴王仗義起兵，卒不幸，未捷先死，寧不痛傷？其興亡始卒，願聞之。”朝瑞乃書答曰“吴王因清人久據中國，殘暴人民，又待諸侯刻薄寡恩，以此忿怒不平，遂於癸丑興起義兵，伐罪救民，不意天奪其壽，以致壯志未遂，此乃劫運未除，中原蒼生無福使然，奈何，奈何！吴王崩後，其屬之官兵冰消瓦解。戰亡者、被獲者、下海者、逃亡者、遣戍者，不可勝記”云。臣於是始問康熙發兵狀。朝瑞書答曰“今康熙發兵始末，因去歲哈喇哈西韃子兄弟二人（入京聞之，哈喇哈即喀爾喀云）與阿喇揹西韃子起釁（入京聞之，阿喇揹即阿魯德云），殺阿魯德老王子。老王子有兒子在下，爲達賴喇嘛徒弟（喇嘛即所謂神僧也）。喇嘛謂：‘你父被人殺死，當領兵爲爾父報仇。其出師吉期在我擇取，大勝無敗。’是以去年阿魯德親領本屬官兵殺喀爾兄弟中一人。其兵敗績，靡有孑遺，因而投奔清人救命，兼請兵伐彼復仇，故今此康熙發十萬兵、蒙古兵十萬以救之,且親征。擇七月望間起行,其意一則與彼二家講和,如不聽和,便協助喀爾喀與阿魯德構殺;二則因黄台吉久有窺視燕京之意,且揚兵與彼觀看,使彼不得輕視清兵耳"云。比瀋陽所聞頗詳。臣又書示曰:"今中原亦有道學真儒否?"答曰:"何無人?有人不敢輕出,以臣妾清朝。今四川眉山、湖廣衡山有道學先生隱居者。人有去訪者,即移居别所,總不向人露姓名耳。"臣又書示曰:"然則其姓名爲誰?亦剃頭髮就胡製乎?"答曰"四川嵋山林士奇、湖廣衡山王愈確俱皆黄冠道人妝束"云。

9. 朝鮮佚名與趙妍筆談(康熙五年,顯宗七年,1666年)

丙午正月,正使許積,副使南龍翼,書狀孟胄瑞。

(丙午十一月)初三日,朝飯於野鷄坨,主人趙妍即以儒爲業者。問彼中事,答云"南方則以吴三桂留鎮之,故無兵革之事,而但滿人所畏者西韃,日夜憂愁,食不下咽"云。問:"西韃是蒙古乎?大明子孫,尚有餘存者乎?衣冠亦思舊時乎?"答云:"西韃即蒙古。明孫如落花。漢儀長思想,何時變中華?"頗有凄感之色。

10. 朝鮮佚名與店主曹姓人(名不詳)筆談(康熙七年,顯宗九年,1668年)

戊申六月,正使福昌君禎,副使閔熙,書狀鄭樸。

(戊申六月)二十六日到豐潤,宿閻家,主人曹姓人者云。幸參初舉,當於八月赴會試云。問:"即今科第之難易,與明朝何如?開場幾日?試取何文?"答云:"三場設行,初場則八股文七篇;中場則論、表各一篇,判五度;終場則策、問五篇。間一日,連設三場。考試官五員,其餘各差備亦多。得失之難易無异明朝,而但今則赴舉録名數,不如明時之多也。"云:"此縣以儒爲名者幾何?"答云"不下五六百"云。民一户之多,推此可知。

11. 朝鮮佚名與士人姜君佐筆談(康熙七年,顯宗九年,1668 年)

戊申六月,正使福昌君禎,副使閔熙,書狀鄭樸。

(戊申八月)初六日,宿沙河驛,借宿士人姜君佐家。以手畫地相問,則云“得聞朱氏後裔在西戎地,國號仍稱大明,年號稱平康者,已四年。蒙古歸順北京者衹一種,其餘則皆屬西戎”云。

12. 朝鮮佚名與秀才李素筆談(康熙十三年,顯宗十五年,1674 年;康熙十四年,肅宗元年,1675 年)

(1) 甲寅八月,陳慰使靈慎君瀅,進香使閔點,副使睦來善,書狀官姜碩耉。

(甲寅八月)二十四日,止宿遼東察院。聞漢人李素爲名者居在此地,而頗解文字。從前使行時多所款接。招致其人,饋以酒饌。半夜談話,書紙問答,而語及三桂事,則答以“未聞吴妻之死,但聞三桂之死,而未詳虚實”云。更以書示之曰:“三桂以首事之人,遽爾身死,則軍情必沮喪矣。”李曰“三桂雖死,既有婿侄輩,又有他將,不患無將”云。概吴妻之死,沿路多傳,而渠獨不聞三桂之子尚有二人,而衹言其婿侄,殊甚怪訝。又問南方事,則下筆不休,而或是蒭狗,且涉浮虚,而觀其爲人,輕佻無實,好爲誇大,雖有縷縷所言,不足信也。

(2) 乙卯六月,謝恩使昌城君俰,副使李之翼,書狀官閔黯。

七月初四日,宿遼東察院。秀才李素者來訪,其人稍解文,每見我國使臣,必慷慨論天下事,置紙筆相與問答。李曰“天下軍務,皇帝一委於兵部尚書明珠,而明珠甚貪”云。又曰“蒙古欲乘瀋陽無備,掩奪其父於拘囚,不料清公主嫁蒙古者先已潛報,故北京靈古塔諸軍一時俱會來攻,蒙古四十八部大人初約同判,見勢中變,反附清人。且蒙古素無戰具,以生牛皮爲甲,以鹿角爲箭鏃,連值凶歉,馬且甚疲,以致敗死,而其中第二王子布兒呢其實不死,走投其妹夫”云。

13. 朝鮮佚名與秀才姜伯璵筆談(康熙十三年,顯宗十五年,1674年)

甲寅十一月,正使福昌君楨,副使尹深,書狀官洪萬鍾。

(甲寅十一月十八日)……飯後發行,過野鷄坨,夕止宿於沙河驛。閭家有秀才姜伯璵者,夜深後來見,頗能文,多慷慨。以筆舌問其事情,則答曰:"皇帝遊覽之日常多,臨政之日甚少,而兵部尚書明珠以清人方執國政,有紅旗王者,年二十三,係皇帝從兄,今年二三月間全軍敗没於岳陽。又有四王者,係皇帝叔祖,今方總督江西、湖廣諸軍。陝西又有□,方選兵畿甸,而漢人則不曾調用出師。清兵敗傷殆盡,出去者多,而回還者甚少,且南方海邊久傳言,時有巨艘出没海中,而未知是吴船、鄭船云矣。"

14. 朝鮮佚名與秀才孫有世筆談(康熙十四年,肅宗元年,1675年)

甲寅十一月,正使福昌君楨,副使尹深,書狀官洪萬鍾。

(乙卯正月)十八,止宿三河縣。城内閭家有秀才孫有世者來見。探問近日事情,則以爲"自北京徵兵將,防守山東兖州地方"。蓋黄海開後,鄭錦之乘船來攻故也。

15. 朝鮮佚名與李之洭筆談(康熙十四年,肅宗元年,1675年)

甲寅十一月,正使福昌君楨,副使尹深,書狀官洪萬鍾。

(乙卯二月)十五日,止宿於遼陽舊城内胡姓人家,乃遼陽巨富也,待之甚厚。有江夏人李之洭,一名際盛,字浦來者乘夜來見,自言其祖與父母兄弟皆没於清人,爲不共戴天之仇。謫居於此已有年。以筆舌酬酢説話,爲人輕躁,言多憤慨,有少是取信者。且言"有朱神仙者,號二眉,湖廣人也,善於術數。康熙惑信之,有罪特免死。南歸,逢董提督國衛於荆州。董問天下事。朱示一帖曰:'問天天自曉,問湖湖自清。終有(此下兩字不能記得云)報,天地不昧龍虎。老翁拾得孩兒,衹有佛一尊,焉能者也乎? 四牧騑騑雌是誰,緣何山中返二省' "云云,而人不能解見云。探問南方事情,則所傳大略相同,而别無异聞矣。

16. 朝鮮佚名與店主王公濯筆談(康熙十五年,肅宗二年,1676年)

丙辰十一月①,冬至正使吴挺緯,副使金禹錫,書狀官俞夏謙。

(丙辰十二月)二十日,夕止宿於玉田縣城内。間家主人王公濯,以漢人稍解文字。夜深後,屏左右,以書問答,則乃曰:"王、耿兩將雖曰姑爲歸順,前頭事不可預定,且皇帝之昏迷無道,比來特甚。出則狂走皇后殯宫,有時痛哭而歸,入則寵納後第,淫戲度日。執政用事,閣老術重於帝。賄賂公行,金多者冒取官爵。以如此之勢,安能久乎?一自兵興之後,賦役倍於他日,民不堪苦。不數年必有大事,數日前聞德州土賊又起,今方調兵往討云矣。"

17. 朝鮮佚名與李天機筆談(康熙十六年,肅宗三年,1677年)

丁巳十一月,謝恩兼冬至正使瀛昌君沉,副使沈梓,書狀孫萬雄。

(丁巳十二月)十九,朝飯於榛子店關王廟。有盲人連絡於道,裸身哀號,以甓石搥胸,胸部亦黑。問之,則乃乞人也,可想其生理之艱苦也。夕抵豐潤,宿漢人李天機家。儀容秀美,頗解文辭也。令譯輩傳語,以文字相酬酢,語及吴三桂事,答曰"方在湖南,不臣於清,有大志,而不能成大事,徒困敝我北方民庶"云。

18. 朝鮮佚名與秀才卞三哥筆談(康熙十六年,肅宗三年,1677年)

丁巳十一月,謝恩兼冬至正使瀛昌君沉,副使沈梓,書狀孫萬雄。

---

① 據《使行録》載,康熙十五年十月初三日,正使吴挺緯、副使金禹錫、書狀官俞夏謙出使中國,此處疑誤。

(丁巳十二月)廿日,抵玉田,宿漢人查玉浦之家。豐、玉兩縣古稱多士之府庫,而唯見蠢蚩之俗,絕無弦誦之聲。習俗之移人,一至此哉!北京買頭下三哥來見,臣問曰:"以清國之兵勢,胡不擒吴三桂耶?"答曰:"吴逆方在長沙,而據大山隔大河,兵勢日强,智勇如神。自前清兵有敗無勝,然吴逆亦堅守而已,必無出來之理。"因言其子"以甲軍南征四載,尚未知生死"云。臣且問:"清馬之去南邊者多致斃云,然否?"答曰:"北馬不習南土,勢自然也。"

19. 朝鮮佚名與趙雲程、黄朝相筆談(康熙十八年,肅宗五年,1679年)

己未八月,進賀兼謝恩正使朗原君偘,副使吴斗寅,書狀李華鎮。

(己未八月)二十二日,宿於通遠堡察院。……有遼東甘泉鋪人趙雲程、阿彌莊人黄朝相,兩人亦於宿所相見,俱解文字者也。吴三桂之成敗死生,書以問之,則亦以書答曰"三桂,人皆謂已死。岳州等地既已收復,而惟雲南、四川猶爲吴兵所據"云云。

20. 朝鮮佚名與郭朝瑞筆談(康熙二十三年,肅宗十年,1684年;康熙二十五年,肅宗十二年,1686年;康熙三十年,肅宗十七年,1691年)

(1) 甲子三月,告訃使李濡,書狀李著晚。

(甲子三月)十五日,抵瀋陽城外。東北江岸有我孝廟駐駕時亭基云,吴三桂舊僚郭朝瑞定屬在此。招之即來,以文字略爲酬酢。問鄭錦所居,則乃是台灣、坳門①云。

(2) 丙寅二月,陳奏兼謝恩正使鄭載嵩,副使崔錫鼎,書狀李墪。

(丙寅)三月初一日……曾聞江西人郭朝瑞配在周流河,來此聞之,則移來此城南門外設館教授云。使人招來,頗識字,可與語。書

① 坳門,當即"澳門"。

問:“瀋將所領地方界限及軍兵多少?”則書答曰“自山海關起,東至鳳皇城,南至開元,其兵數衹有二千,武官不過百員”云。又問:“大鼻地方遠近,歸順與否?”則曰“大鼻去年征服者,不過近邊遊卒耳。其種類甚衆,地方甚遠。今復大舉入寇,已修城三座,又將清人邊内地方侵去百里”云。

(3) 辛未十一月,冬至正使李宇鼎,副使尹以道,書狀成儁。

(辛未十二月)初六日,渡周流河,宿村舍。有郭朝瑞者,以吴三桂舊日褊裨將謫居者也。前日使价往來之時,多有問答説話。臣等之行,亦爲來見。臣等問:“即今北京形勢何如? 阿魯德消息亦何如?”答云:“目今海宇寧静,未聞有兵戈之舉。海島中雖有吴平西舊日水師總兵謝昌及平西之孫,而勢孤力弱,不敢出頭。阿魯德雖有十數萬兵,亦不敢與清人抗衡矣。”問:“黄台吉兵勢强弱,與阿魯德何如耶?”答云:“台吉爲西狄之酋,其兵百萬有餘。阿魯德烏敢當乎? 清人畏其兵勢,如畏虎狼。每年賞賚銀兩、綢緞,俱以百萬計,名曰勞邊,其實歲貢也。”問:“大鼻韃子青台吉兵勢强弱?”答云:“青台吉兵勢亞於黄台吉,而大鼻韃子特小醜耳,何能爲也?”問:“謝昌及三桂之孫方在海中何島,而將來皆懷有爲之志耶?”答云:“謝昌及平西之孫勢孤力窮。海中島嶼甚多,或東或西,無一定之居,不可詳其時在何島也。皆懷有爲之志,而待中國有事,欲藉入逞志耳。”且云“清人兵精勢大,而皇帝内好色荒,外好禽荒,兵民多怨,人和不固。黄台吉窺覬燕京,匪朝伊夕。彼若待時一舉,事有不可測者,此清人之所深憂也。老城皇陵即清人太祖陵也。前歲,其宫殿内地脉忽然突起,樓亭俱各傾倒,所立碑石亦有踣者。今冬十月,盛京黄殿内忽然凝冰,而或如宫殿樓閣之形,或如花卉鳥獸之狀,鄙人家大小兒子皆已目擊”云。

21. 朝鮮佚名與謝相信筆談(康熙二十三年,肅宗十年,1684 年)

甲子三月,告訃使李濡,書狀李蓍晚。

(甲子三月)廿二日,抵小凌河,即錦州前後水合流而下者也。浙江來人謝相信者在此。以文字問答,而其文不能通暢,多不可曉。問鄭錦事情,則答云:"台灣有之龍妻,甚好人,食素不許殺牛,及搶南朝之人,查出處斬,不然則火燒殺。鄭哥凡事俱聽之龍妻,命不敢擅專"云。且問台灣民俗,則"比福建不遠,俱明衣服,長頭髮。女俗手臂上用針刺爲五彩花草"。又云"鄭哥台灣已屬清朝,不知其真實,而去年聞諸京都"云。

22. 朝鮮佚名與郭垣筆談(康熙二十五年,肅宗十二年,1686 年)

丙寅二月,陳奏兼謝恩正使鄭載嵩,副使崔錫鼎,書狀李墍。

(丙寅三月)初四日,渡周流河。……郭朝瑞之子名垣者,居在此地,自來請見。其爲人頗似精敏。問康熙動静,則曰:"近來康熙色荒愈甚,遊獵無常。其志氣亦甚驕凌,每鞭韃大臣。"問韃子聲息,則其言與其父朝瑞所言略同。問:"即今征討之將姓名及防戍地在於何處?"則曰"去歲征討大鼻之將軍林興珠係平西水營將軍。向因背主,投清後以有功,委任今職。去年征服韃子,已召進京,衹有滿兵數千在汗邋外,住防如故。今韃子復熾,聞京中又欲遣興珠禦之,未知實否?"問蒙古聲息,則曰:"清人已將女許配黄台吉之子。其子去年至京,康熙待之不止金帛,兼大爲揚兵以壯其觀。又聞黄台吉前出黄草坪,名爲牧馬,實欲揚兵。西寧提督孫思克聞之大惧,清人亦待之甚勤。黄台吉即蒙主名"云。問平西部下人民配遣艾湖事,則曰"投誠家眷在京住者甚多,清人無糧供給,量給牛種、房價、田具等物。撥壯丁六百名、千總二十人,隨帶家口往艾湖安站"云。問:"鄭錦子孫有無?"則曰"鄭克塽業已歸順,其子孫兵馬在島中者甚多之。聞清人欲開海汛,邀奪市利,是以浙東沿江一帶地方重修堤埂,所費不下數百萬,俱派之民間"云。

23. 朝鮮佚名與田生琦筆談(康熙二十五年,肅宗十二年,1686年)

丙寅二月,陳奏兼謝恩正使鄭載嵩,副使崔錫鼎,書狀李壄。

(丙寅三月)廿一,止宿廣寧。有雲南人田生琦者,配在此站教授童兒。招見酬酢之際,問及彼中事,則書答曰"目今西胡出境楚地,秦地亦有兵動,總不知的確"云。又問西胡種類、秦楚兵動事狀,則答曰"所謂西胡者,即與今之北虜一類也,但有西、北之异耳。其實西胡人類衆多,兵勢强大,較北虜爲猶甚耳。至於秦楚兵動,亦聞有來侵之舉。今燕京已出兵禦之,未知將來作何形勢耳"云云。其所謂西胡者,即指太極韃子云。

24. 朝鮮佚名與郭朝瑞、劉君德筆談(康熙二十五年,肅宗十二年,1686年)

丙寅二月,陳奏兼謝恩正使鄭載嵩,副使崔錫鼎,書狀李壄。

(丙寅三月)廿五,止宿瀋陽。郭朝瑞來見,問及近事,則書答曰:"蒙古黄台吉近在山西邊門牧馬耀兵,有窺犯燕京之意。清人屢頒恩賞,雖受其賜,仍出不遜之言,至今尚未退去。"又"雲南土司已叛,有鎮守雲南蔡總督、葉提督不能取勝,已數次告急於燕京,請兵協剿"云。

劉君德自寧遠移館於此城,亦來見,言"滇秦蠢動,京中發兵"云。問:"滇秦之爲何地?"則曰"在滇自係苗猓,在秦自係西韃"云。

25. 朝鮮佚名與劉君華筆談(康熙二十九年,肅宗十六年,1690年)

庚午六月,謝恩兼進賀陳奏使全城君濬,副使權愈,書狀金元燮。

(庚午)九月十[illegible]日,夕抵涼水河站止宿。劉君華來見。臣問邊報,君華書答曰"遥聞敵人殺一國舅,虜四侍衛,而因天寒草枯,遂收兵回所。聞者不過此耳"云。仍又書示曰:"昔年,今上聞道人朱二梅有仙名,召至都中。問曰:‘我有心事二,爾能知否? 若知則已,否必誅爾。’朱道人曰:‘太皇太后聖壽無疆,陛下國祚綿長。’上大喜。後辭去,留詩曰:‘龍蛇亦復如是,馬首動静莫由。不妨借風鼓棹,好攀明月高樓。彼遠不受攻伐,羊猴放下閑愁。枝頭少有采色,金風西北難休。’”臣書問曰:“此詩意多不可曉,願聞之。”君華書答曰:“小子寧有意見? 所謂‘不妨’‘借風’二句,以指吴王因順風而得岳州之岳陽樓也。至庚申,而吴王已故,曰‘羊猴放下閑愁’。至今十一年矣,所以枝頭少有采色。觀今歲之事,豈非西北難休耶?”所解之説,恐未必是。

26. 朝鮮佚名與郭朝瑞父子筆談(康熙二十九年,肅宗十六年,1690年)

庚午六月,謝恩兼進賀陳奏使全城君濬、副使權愈、書狀金元燮。

(庚午九月)廿一日,秣馬於巨流河。郭朝瑞父子來見臣。臣書問曰:“蔡毓榮曾是吴王僚屬云,然否?”朝瑞書答口“蔡毓榮係關東漢人也,清人授以雲貴總督。克平西有功,而竟無升賞,反疑其得志勢振,惹生事端,故調回京。坐他事,遠配烏喇。頃聞將兵,令其立功自效”云。臣又書問塞外勝敗消息。朝瑞之子垣書答曰“彼火藥殆盡,欲更治理,設虚營暗退。清人不之覺,及持久不聞聲息,始知藥盡退兵,追之不及。此係實信,非傳聞也”云。臣書問曰:“然則台吉終不爲清國憂乎?”垣書答曰:“視隙而圖中原,非一朝一夕,恐終爲清國之憂。”臣又書問曰:“舉兵攻喀爾喀,與康熙爲仇者乃是台吉,而人之傳説者不曰‘台吉’而乃曰‘阿魯德’,何也?”垣書答曰:“阿魯德者,台吉之種類,而因外追邊戍,故别其名曰阿魯德。”臣又書問曰:“外追邊戍者,謂何?”垣又書答曰“令守彼之邊域,窺中原之動静,所恃以出入者”云。

27. 朝鮮佚名與薩達筆談(康熙三十年,肅宗十七年,1691 年)

辛未十一月,冬至正使李宇鼎,副使尹以道,書狀成儁。

(辛未)十二月初三日,留瀋館,清人數十輩入館中邀見臣等。其中薩達碩色爲名者,頗解文字,勸令作詩,則即書示五言律。其詩云:“鴨緑寒江遠,年年使者過。物華堪采覽,杼柚莫興歌。日月客中老,冰霜馬上多。但蒙哀痛意,小國足恩波。”觀此述作,句法頗佳。

28. 朝鮮佚名與士人船主沈駿筆談(康熙三十二年,肅宗十九年,1693 年)

癸酉六月,正使臨陽君桓,副使申厚命,書狀崔恒齊。

(癸酉)八月初四日,到通州江,江即古之潞河,而南流十餘里入於海。時值江南漕船齊到,青雀黄龍之軸,排列江心如雲。大帆望若錦障,凌空危檣,森似林立。舉目四顧,令人應接不暇。有一船主要請登船,遂躡雲梯而上,入坐。船房則儼然一巨室也。鋪陳甚盛,器物精備。進茶勸飲,遂吃半鍾,因問其姓名居住,則答以姓沈名駿云。伊之家眷老幼及鷄犬鵝鴨之類,盡載而來。自離杭州已至八閲月云。又問:“如此許多船中,頗有識字及曉解卜相技藝之類否?”答曰:“無有。”又問:“汝輩則盡爲剃髮,頭戴紅兜。無乃笑余之冠服否?”答曰“何爲笑之? 吾土之人舊皆服此,今雖异制,而山林間隱逸之士則不剃頭而着冠服者,間或有之”云。

二八、朴世堂《西溪燕録》

【解題】

《西溪燕録》不分卷，朴世堂撰。

朴世堂（1629—1703），字季肯，號西溪，謚文節，朝鮮潘南人。顯宗庚子生員文科。歷任奉常寺正、同副承旨等職。著有《西溪集》。康熙七年戊申（朝鮮顯宗九年，1668）十月，以朝鮮三節年貢使團書狀官的身份出使中國。此燕行録的撰寫目的，當爲奏啓之用。卷首即云："冬至使書狀官兼司憲府持平臣朴世堂謹啓。跟同使臣吏曹判書李慶億、副工曹參議鄭錀，前赴北京回還一路聞見謹具啓聞。"故記載時間從渡鴨緑江之日即十一月二十一日開始，使行十二月甲申日到達北京，次年正月戊午日離開北京，二月壬午日渡鴨緑江回到義州。《西溪燕録》即是對此行見聞的記載，戊申年十二月，在永平府宿所與店家主人韓姓人筆談；同年同月，在沙河驛宿所與姜秀才筆談。

《燕行録全集》收録此燕行録。兹以此爲據輯録資料。

（十二月）戊寅，平明，過蘆峰口、背陰鋪，朝餐於霎望堡，夕宿永平府。主人姓韓，云是韓愈十七世孫，言甚妄。夜與問答，言："四川則老耿王已亡，小耿新守其地，雲貴則吴王鎮守。吴王者，即三桂。"而問"老、小耿爲誰"，則對"不能識其名"。問福建誰守，則答"時無鎮守者"。問喜峰事，則初云"未聞"，屢問，乃言"亦有是事"。觀其人，言貌非諄謹，且多求要。所説不足信。

（十二月）己卯，晚風，渡清水河。

……夕宿沙河驛，主人姓姜，稱秀才，夜與語。臣問："此地秋事如何？"答："半收。"問："十三省同然否？"答："外省多被水灾。"問："何地最甚？"曰："山東爲最。"問："雲貴、兩廣、福建、四川等地何人鎮守？"答："不知。"因又問曰："大約俱在太平境。"問："五嶺外皆是清官耶？有漢官同守乎？"答："清冷官署俱是漢人，如有錢在，滿洲居多。"問："聞蒙古向者來犯喜峰、遼東等地，信否？"答："喜峰不遠，絶未有聞。"問："十三省絶無盜賊竊發之患乎？"答："未聞。"屢問，乃曰："有之。"問："何方爲尤？"曰："蒙古爲首。"又問："頗來犯境乎？"答："未聞犯邊，但聞要賞。"即又曰："四川下四府生民一無所有。"問爲何無存者，答曰："皇上慮其通水盜。"問："水盜爲誰？"曰："鄭宏公。"問："鄭宏公時在何地？"曰："不知去向。"問："西府民被殺在何時？"答："五年秋。"問："鄭是水盜，常在海中，四川去海絶遠，緣何相通？"答："何論遠近？"問："聞大臣執政者多奪漢民田以與滿人，然否？"答："去年正月十六日，永平盡屬滿洲，十存一二。"問："十取八九以與滿洲，而漢民衹得一二乎？"曰："然。"問："何人主行此令？"答曰："但聞黄旗換地，以至如此。"問："兩廣旗爲誰？"則不肯明説。問："皇帝親政後，民心如何？"曰："甚好。"又問，則答曰："皇帝好處甚多。"問："聞明裔有在西方羌胡中者，果有此説耶？順治長子亦在西韃，常有争端，亦然乎？"答："明之後未聞先皇之子有此聞。"臣所與問答者如此。其人亦似稍願，故隨聞以記。但見此流居路傍多閲東使，故習於酬酢，視人意向順口便説，顯有抑揚之色，所言未必盡信。

二九、閔鼎重《老峰燕行記》

【解題】

《老峰燕行記》，閔鼎重撰。

閔鼎重(1628—1692)，字大受，號老峰，朝鮮驪興人。1649年文科及第。歷任湖南御史、成均館大司成、吏曹判書等職。著有《老峰先生文集》。一生中兩次出使中國：康熙八年己酉(朝鮮顯宗十年，1669)十月，以朝鮮三節年貢使團正使的身份出使中國。康熙二十一年壬戌(朝鮮肅宗八年，1682)二月，又以問安使的身份出使中國。

己酉年(1669)使行十月十八日從漢城出發，十一月二十二日渡鴨緑江。十二月二十二日到達北京。次年正月二十八日離開北京，三月末回到漢城。《老峰燕行記》即是對此行過程的記載。己酉年(1669)十二月十八日、庚戌年(1670)二月一日，在玉田縣王公濯宅與秀才王公濯筆談；己酉年(1669)十二月、庚戌年(1670)二月，在廣寧衛與知縣顔鳳姿筆談。

《燕行録全集》收録。兹以此爲據輯録資料。

(己酉十二月)己未，朝發秣馬螺山店村家，夕投玉田王秀才家。文字問答，設酒慰行，夜深始罷。

王秀才問答

問①：曾因金尚書飽聞聲華，今覿清儀，令人欣瀉。

---

① 問，此字據《聞見録》(成後龍《燕行日記》，《燕行録全集》第21册)補，下同，不再另注。

答[①]:燕山逸士過承金先生説項,慚愧慚愧。

問:“聞主人多讀古書,在今不廢舉業耶?”

答:“予之生,即值金戈鐵馬之時,更遭失業之苦。不但無志功名,抑且青緗散失,欲嗜古而不能,復何問舉子業耶?”

問:“關内士民流離乞丐於關外者相繼於道,皆云世業盡没於公家。既有天下,當其慎舉措,何以白奪民田?”

答:“此非草野人所敢妄對也。”

問:“《禹貢》山川盡[②]入版籍否?”

答:“且奉朔者甚廣,如安南諸國,昨始歸去也。”

問:“昨歲漂船來泊我國之境,詳傳永曆尚保南徼,此言的否?”

答:“當日所恃者,孫可望、李定國二人耳。降者降而死者死,永曆遂爲緬國所獻,今已五年矣。漂泊人言不足信也。”

問:“降者是誰? 緬國在何地?”

答:“降者孫可望,緬國者在交趾之南,乃海外一國也。”

問:“如宋故事耶,抑遇害耶?”

答:“爲兵所追,不得已而投緬國,蓋避害而反遇害也。”

問:“《詩》云:‘商之子孫,其麗不億。’今天下獨無一介朱氏子孫耶?”

答:“更名易姓者滿天下,尚不止億萬,其如無能爲何?”

問:“孫降後做何官? 尚得偷生耶?”

答:“封爲義王,今已亡矣。其子見在,承襲伊職。”

問:“當今用何道駕御天下,而天下晏然乎?”

答:“古今治道不一,今日所謂無爲而治者乎? 呵呵。”

問:“親政之後,政令比前何如云耶?”

答:“覺勝於前。”

---

① 答,此字據《聞見録》補,下同,不再另注。

② 盡,此字據《聞見録》補。

問:"天下大勢必有可聞者,略示之。"

答:"所可訝者,邇來公令甚嚴,而賄賂愈行;四海甚貧,而奢靡愈尚。"

問:"所恃者兵馬,而兵馬已衰,奢侈又甚。以天下之大,豈無崛强奮起者乎?道聞山東有盜,的否?流賊無遺類否?"

答:"山東自於七變後,迄今無事。流賊遺類,二十年前早已殲滅也。"

問:"今世有學問之士如許魯齋者耶?"

答:"如謝叠山者則有,如薊州進士李孔昭者,是如許魯齋者自不乏人,但不必屈指耳。"

問:"明朝士人冠服帶履之制,可得一一見示耶?欲遵用於東方耳。"

答:"秀才頭巾藍衫青領,袖青緣四邊,藍縧皂靴。舉人頭巾青圓領,藍縧皂靴。太學生亦如之。"

問:"願聞李孔昭本末。"

則答①以"薊州人,登癸未進士。甲申遭亂,清人聞其賢,三召不起,杜門老死"云云②。

回時問答

入燕京,買得舊時儒巾以來。其制是否元無纓脚否?

龍眉鳳目俱在,其制是無差也。元無纓脚。

北京書肆,絶無濂洛諸書,豈世亂抛學而然耶?

幾經兵火,典籍更甚於秦坑之烈焰,是以諸書不但不存於市肆,即古家亦寥寥矣。可嘆可嘆。

貴鄉素稱多儒士,豈有周、張、邵全書耶?

---

① 則答,此二字據《聞見録》補。

② 云云,此二字據《聞見録》補。

敝邑自崇禎己巳迄今四次殘破。順治癸巳七年[1]大水，邑人不能當荒年穀矣，周、張全諸書今亦少也。

屏上文筆有何出仕官人乎？中者乎？

如成克鞏，世祖朝宰相；何采，先朝兵部侍郎。此二人俱見在，一致仕，一爲僧。

致仕者爲誰？爲僧者誰？

致仕者成克鞏，林下十有餘年。爲僧者何采，蓋因先朝之没，即變名曰衲采，爲僧幾三十年。

采上人居在何處寺？

杭州西湖上。

太學啓聖廟，從享某某耶？

敝邑啓聖廟無配享者。太學不曾身到，不敢妄對。

北京有正朝行禮鄧將軍廟之舉，鄧是何人，而能使尊奉至此？

鄧將軍乃明朝副總兵，爲清所執，不屈而死，英靈大著，遂爲本朝奉以祈福之神。相傳如此，然不能詳其名與鄉貫也。

到北京，清人在職者相對，皆接話款款；漢人在職者相對，不出一言。豈習性然耶，然抑無興致而自簡於言語耶？

清人則無可無不可。漢人乃避嫌疑，不敢多談，非習性也。

民間頗稱朝政之善，而京裏多以宫室石役遊獵，國儲漸竭爲憂。猜疑積中，以察爲明，用法太酷，人人畏誅，朝紳亦有分裂之漸云，此言信否？

此俱切時弊，然宫室之役在旗下，不在民間。雖有畋獵之苦，而廉貪屢有黜陟。獨是逃人條例甚嚴，且弊竇百端，乃民不聊生之大者，朝紳黨附從來有之，况今日乎？非妄言也。

或云鄭經尚爾崛强，沿海三百里清野無人居，海道不通舟船，主

---

① 順治癸巳七年，"順治癸巳"爲順治十年，即 1653 年。此所云"七年"，當指南明永曆七年。

人亦有所聞否?

無所聞,然此人言亦不謬。

或傳遣周姓官招撫,則拒而不納,且云割一省以封,則當降,然否?

差兵部尚書明珠、浙閩總督劉士麒前往撫,至今尚未成議。大抵本朝欲誘之登岸,在彼又不肯受誘,看來終不能議撫也。

鄭經尚用永曆年號云,尊奉前朝而然耶,抑或假托而然耶?無乃挾朱氏以張其勢耶?

此則不能洞悉其隱。

南京殷盛如前朝否?

誰能更上新亭飲?大不如[1]先太息時。

中國有"便把杭州做滿洲"之句云,可聞其全篇耶?

此乃時人戲改古詩,云:"山外青山樓外樓,西湖歌舞此時休。腥羶薫得遊人醉,衹把杭州做滿洲。"

以筆代舌,終不能盡所欲言。令人鬱鬱。

紙筆代喉舌,古人已言之矣。雖不能暢談,然勝於肆口者多多也。呵呵。

顔知縣問答

譯舌不能盡所欲言,代以筆舌如何?

大老爺各位駕臨,無可爲敬,恕罪衹叩見,有話問便答。

問[2]:"主人官居幾品?今日儀章以何分秩?"

答[3]:"官居正七品,進士出身,今遵清朝制度,不敢戴紗帽,衹羨貴國尚存漢官威儀。"

---

① 大不如,原本闕"如"字,據《回時問答》(《老峰先生文集》卷一〇,《韓國文集叢刊》本)補。

② 問,據《聞見録》補,下同,不再另注。

③ 答,據《聞見録》補,下同,不再另注。

問:“生歲在某甲?”

答:“戊辰,年四十二歲。”

“與我同年生。”

“賤辰僭同,見老爺容顔還少壯。”

“憊病已衰,少壯之諭令人發笑,請以行中薄酒爲禮。”

問:“本家何在?”

答:“家在福建,因亂遷徙。”

問:“離福建幾年?”①

答:“先在陝西四年,今來關東一年。”

問:“曾住福建,可悉南徼事? 前朝舊迹已掃盡耶?”

答:“家住福建,南徼事不便言,前朝事,亦不敢盡述。”

問:“能復飲否?”

答:“再奉陪壹杯。”

回時問答

昨歲旅次,蒙荷臨問,迨今銘佩,又此回路薦承委訪,益切感幸。

前蒙雅贈,兼賜佳吟,甚感於心。敬依韻步和,見笑大方,尚有贈言。因遠出,昨日到家,未遑索句,期之异日。

有薄酒,請②奉歡。

不敢辭。

緣何事往來瀋陽?

見上臺拜年,住有月餘,因染小恙。

道中有運石向瀋陽者,問之,則有陵役云云。某某陵因某事改修耶?

皇陵俱係新造,歷年未成,工力浩大,尚有幾年運石。

---

① 年,此字據《聞見録》補。

② 請,原本闕此字,據《顔知縣問答》(《老峰先生文集》卷一〇,《韓國文集叢刊》本)補。

新造者幾所?

天聰、天命、崇德乃皇清三代聖祖,原在瀋陽。

舊典,太學生、州縣生、村秀才及舉人巾服、帶鞋之制,可得聞耶?

明制,州縣生、秀才戴頭巾,穿藍衫、烏皂靴。太學生、舉人穿黑袍、烏皂靴,頭巾一樣。拙吟漢代衣冠,有深意在焉。

帶制何如?

明朝衹結綬,不束帶。做官時,乃照品級束帶。

綬是何狀?

以筆畫之曰,在背後。正印官束帶,亦有綬在邊。

東人尚不知崖海本末,未可作數行文字,略舉梗概耶?

崖海本末,不知其詳,亦不便見之文字。

本家在南,可知晦庵朱先生子孫有在否?

朱晦翁子孫尚盛,但家居隔府,不知仕官何名。

明臣有李定國者,即今存没如何?

不知存没,即有,亦變姓名遠去。

明尚書爲招降鄭經奉使南去云,果已歸順耶?

明尚書同二侍郎往福建招撫,係去年五月去,今尚未回。聞鄭家欲援貴國之例,不剃頭、存衣冠,未知朝廷許否?再看音信何如?

此説前任在陝西做官時常聞之。

或云永曆投緬甸國遇害,其太子爲吴三桂所執,亦不善終然耶?

多虚傳,未必實。

南市有四書《精義》《要義》否?

此書南方有之。

或有周旋覓示之路耶?

當於冬間覓之。

官期在何間,當留價而去耳。

不用留價,當於便間覓奉,但路遠,亦不能必耳。

諸葛武侯《全書》及蘇老泉、潁濱兩集有之否？

東坡全有書，老泉、潁濱不得全，武侯書不多見。

燕市絶無濂洛諸書，豈世亂廢學而然耶？

濂洛諸書原少，其理學俱載在《四書大全》。

周、張、程、邵全書豈云少哉？門下諸公自成一家，語者亦豈少哉？

有《性理大全》四十本，諸家之語頗備。

在燕京日，得聞西羌之在鞏昌界者請入朝云，此羌國號云何？

西羌即西戎，種類頗多，有王子十數國，遠在萬里長城外數千里。其在鞏昌界者乃西寧近邊，在界牧馬朝廷原不禁之，今請入朝，乃其頭目。

三〇、李海澈《慶尚道漆谷石田村李進士海澈燕行録》

【解題】

《慶尚道漆谷石田村李進士海澈燕行録》1 册,李海澈撰。

李海澈(1645—?),字叔澄,號敬亭,承議郎李重鎮之子,朝鮮碧珍人。1679 年式年試生員科中二等。康熙九年庚戌(朝鮮顯宗十一年,1670)六月,充任朝鮮進賀兼謝恩使團副使李元楨的裨將而出使中國。此行前,李海澈懷抱“大觀之好音”的心態。使行六月初七日從漢城出發,約六月三十日渡鴨緑江,八月初九日到達北京,九月十七日離開北京,十月二十四日回到漢城。《慶尚道漆谷石田村李進士海澈燕行録》以日記體對出使中的所見所聞作了記載。但并非每日都記,疑李海澈回國後整理見聞材料,而部分材料在使行途中散失。庚戌年(1670)七月十八日,在遼陽縣宿所與秀才李匯筆談。

此書爲筆寫本,封面題“敬亭行記”,原本藏韓國國立中央圖書館,《燕行録續集》收録。兹以此爲據輯録資料。

(庚戌七月)十八日壬申,發行於王祥嶺。

……夜深後,有一秀才來見,初名李素,今改爲匯。自言唐之李晟之後,世居江西,在明朝世爲卿相。清人入據之後,不從辮髮之令。其祖與父及妻父、舍兄皆死,於是渠以宗祀之無托,苟從得全,延坐謫來於此云,聞來令人飲泣。年纔廿餘,顔如冠玉,筆翰如流,詩詞動蕩,以紙筆左酬右應,少不苦涉。余亦非鈍筆,而吾寫一字之問，彼則能書五六字，敏速如此。使臣以下奔波質問，當其陰事相通之際，慮有泄露之患，頗有厭人之氣，故三使臣命辟行中員役以下書之紙末，見後付丙者居多。

余與同衾而宿，問大明宗社之存没，則泫然流涕而書曰："九州之内盡爲清人之所有，宗族變易姓名，散在民間，宗社之存没，邈然不知，而若保存，則似在緬甸國云，所謂緬甸，在日本近處海中矣。"余問："清人既已混一區宇，則無内患外擾之可慮，而曆數可永於久遠耶？"答曰"新定海内别無他慮，而長憂遠謀在於東胡，法令多門，豪奢成風，曆數之遠，何可必也"云。所謂東胡者，指蒙古也。因問我國取人之法，科舉之文，又言"使行結裹紙袋有思想大明文字，若使清人見之，則貴國必生大事"云。又問"貴國精兵可殲虜賊者耶"云。蓋慷慨之意溢於文辭之間，男子剛腸，孰不見此而墮淚哉？

三一、吴道一《丙寅燕行日乘》

【解題】

《丙寅燕行日乘》，吴道一撰。

吴道一(1645—1703)，字貫之，號西坡，海州人。康熙二十五年丙寅(朝鮮肅宗十二年，1686)六月，以朝鮮謝恩兼陳奏使團書狀官的身份出使中國。康熙三十三年甲戌(朝鮮肅宗二十年，1694)八月，又以朝鮮陳奏兼奏請使團副使的身份出使中國。《丙寅燕行日乘》即是對丙寅年使行見聞的記載。同年在瀋陽某地、瀋陽察院兩次與吴三桂原屬僚劉君德筆談。同年，在山海關與漢人穆姓者筆談；在周流河河邊小城與郭垣筆談；在三河縣某村中與秀才佚名筆談；在白旗堡與朱秀筆談；在白旗堡與雲南人周秀筆談。

林基中《燕行録全集》收録。兹以此本爲據輯録資料。

有一居人劉君德稱名者，本以關内人隨吴三桂往雲南。三桂舉事後，爲翰林侍讀。兵敗城陷時被虜，謫在寧遠衛，而上年移置於此云。仍招見，以文字問答，所著文字文理燦然，甚不易得。仍書問其術業所專攻，"於性理、詞華孰爲淺深"，則答以"性理上不甚著力，而自少染指於詩學"。余仍以文字論及詩學，渠亦以文字辯論，而其言儘有根據，極論唐宋皇明諸家優劣，而往往有精詣動人處。蓋深於詞學者，而"雲南學士"之稱不誣也。但其所論，尚藻華而絀理致太過，評濂洛風雅至謂酸氣撲人，余以文字砭其過當處，不甚肯可。仍問雲南兵敗城陷時事狀，答云："吴平西有勇力膽略，不幸嬰疾，心血枯盡而死。其孫世璠亦英明文雅，濟以渾厚。兵戈之中，不廢書籍。

及其城陷之日，索刀將自裁。宦侍輩扶掖止之，奮拳大罵曰：'自古豈有降天子哉？'即刎頸死，皇后亦與之同死。渠則爲賊所生擒，求死不得，致有今日，名義掃地，愧罪千萬。"凄咽欲泣下。余與副使各給壯白紙、刀子、扇子、筆墨等物。初頗固辭，余謂士相見禮，古有贄幣，不必强辭，遂致謝受去。

到永安橋，朝飯日晡。到瀋陽，與正、副使偕入察院，鼎坐有頃，有納名帖者，即去時所逢劉君德也。即延入上坐，饋以酒饌。正使仍以文字略叙寒暄後，余與副使携劉君偕來寓所，又屬一杯。余仍書示："日者電奉，勝讀十年書，太擬於歸日穩承清誨。蒙此不鄙辱臨，感荷感荷。"劉君又書答："聲氣逾於骨肉，前者一面，真傾蓋如故，無刻不拳拳胸次，今幸榮旌再會，快甚快甚。漫言萬户侯哉？然從今一别，後晤之期茫茫黯然，未免傷懷耳。"余又書示一作，"弦矢後會難期，惟詩篇可替面目，爲俺等各惠一律，幸甚"。劉君又書答："班門不敢弄斧，此自然之理勢也。况僕遭難累年，淪胥犬豕，所謂年豐啼飢，冬暖號寒，求延朝夕，殘喘已竭，心力無餘。至於音律一道，久屬隔世，前次妄談，旋即追悔無及，適辱大教，汗津津浹背矣。若必欲賜觀蒭蕘，上國往來不絶，容僕徐辦養生之計，得以澄心静慮，重理舊業，以博先生一笑，亦大快事，斷不肯護短掩醜，自外於知己也，諒之宥之。"余又書示："何撝謙太過。詩不在多，言志而已。願毋吝金玉，亟惠一絶。"劉君又書答："'詩不在多'四字，僕敬服。先生深於詩學，老於詩學者也。然不能煩者，亦何能簡老先生以爲知言否？"余又書示："今此願得瓊章，非飾例之言，出於中心，先生何不諒至此，還切赧顔？"劉君又書答："先生之愛我如此真，獨嗜昌歜羊棗者，僕必不能奉教呈醜，聊效春秋列國大夫賦詩言志之義，謹以唐人絶句'燕趙悲歌士，相逢劇孟家。寸心言不盡，前路日將斜'之句代之。"余又書示："用古人語模寫，即事親切，此尤詩家之所難也，敬服敬服，但終不如自出機杼。今雖忙迫，不得見惠，後日節使往返時遠寄一律，則何啻隋珠拱璧？深企深企。"劉君又書答："既蒙不棄蒭蕘,自當傾吐肝膽以獻。”余又書示:“在燕京時,聞清朝皇帝酷好文辭云,先生亦有所聞否? 此等事非所敢問,而妄恃見許,敢此煩問。”劉君又書答:“酷好文辭、喜獎文士,信然信然。但僕等局外之人,故聞之亦等秦越耳。”余又書示:“且聞清皇蠲除民賦,慰悦四方云,然否?”劉君又書答“上之美意則或有之,但臣下奉行不力,恐徒成空文”云云。劉君蓋聰明博雅,深於文學者,所欲問辨者甚多。日已昏黑,城中夜禁甚嚴,且渠以俘虜罪謫之蹤,嫌與外國人夜話,遂辭去。

劉君德又來見,暫話,仍强請贐章,劉君書示五言一絶,出扇一把,使劉君手書之。

再渡周流河,河以東即遼之左界,以西即遼之右界,遼左右蓋以此水分界云。河邊有一小城,即奴酋攻瀋後所築也。城内無居民,置一倉舍儲糧餉,使瀋陽城將主管云。午後到城外閭家,有一居人郭垣稱名者,其父即吴三桂在雲南時職至通政司者,而兵敗後被虜來此云。即招見,以文字酬酢,問异地流泊,何以資生云,則答以教學子若干人,且以買賣資生,故朝夕之費甚艱,文字工夫全然抛却云。仍問曾前所業文字,答以業八股文矣。又問:“八股文體樣何如?”答云:“有。”“曾前所製可得塵覽否? 即使持來。”渠即使其家人持一册子以來示之,蓋我國疑義之類,而所作亦頗有步驟矣。又問:“方居瀋陽劉君德稱名人,曾居雲南,職是翰苑,文學甚優長云,然否?”答以果是翰苑,而文學亦優矣。又問:“雲南如劉君比幾人,而其中獨步擅名者爲誰?”答云:“有長子起者,出類拔萃之才也,久居文苑,聲望藉甚,而吴藩事敗後逃竄,方流泊於江浙間耳。”又問:“吴藩敗時,有殺身取義者否?”答云:“吏部郎中穆廷選城陷之日,夫妻均從容就死。吏部尚書方光琛爲虜所擒,憤罵不屈而死。其餘殉節者亦頗有之,今難一一備陳。”又問自南來時,道途艱楚之狀,答云:“間關萬里,十生九死,而路過瀟湘、洞庭諸勝處,差可幸也。”又問:“行色必忙迫,其能登眺遊賞否?”答云:“來時有留滯岳州待糧之事,故得盡意遊覽。”又問:“遊覽之際,有所吟咏否?”答云:“前人述作已模寫盡矣,不敢更贅云。”蓋其酬酢文字頗能暢達,爲人亦雅秀可尚。試使賦詩,即刻書呈一絶句,雖欠精熟,亦能成様矣。

夕渡滹沱河,到三河縣村中,有一秀才稱名人來見。以文字酬酢,則答云本居浙江紹興矣,爲見其姊夫來此,纔七朔,以書史爲業。仍問餘杭之勝,答云兩浙間素號山水窟,觸處皆佳,惟杭州涌金門外風烟尤絶勝。仍亹亹談江南勝致不已。試使賦詩,辭以不能,蓋其爲人甚恭謹,文理亦粗通。

到白旗堡,日已夕矣。去時所逢雲南人朱秀者來見,且示所製詩卷。雖未精熟,往往有好句。即出韻使賦一絶,即刻立就,比卷中詩則不及,而亦能成様矣。仍書問:“清國既統一天下,吴平西何不服事以享富貴,而浪取滅亡之禍乎?”渠亦書答:“此則自有萬世公論,今不必煩問,亦不敢煩説。”觀此答語,可知其人之非全無知識者。渠又索余詩甚懇,而辭以不能。

三二、權喜學《燕行日録》

【解題】

《燕行日録》上、下,權喜學撰。

權喜學(1672—1742),字文仲,號花村,堂號感顧堂,朝鮮安東人。康熙三十六年丁丑(朝鮮肅宗二十三年,1697)三月,以正使偏裨的身份隨朝鮮奏請兼陳奏使團出使中國。使行閏三月二十九日從漢城出發,四月二十四日渡鴨緑江,五月二十九日到達北京;七月十八日離開北京,八月二十九日回到漢城。權喜學《燕行日録》(上、下)、《燕行日記》均是對此次使行聞見的記載。林基中《燕行録續集》中將是二書的燕行時間定爲1677年,誤。

權喜學《燕行日録》上、下,出自《感顧堂集》卷一和卷二(《朝鮮後期鄉吏關係資料集成》,嶺南大學民族文化研究院,1990年)。林基中《燕行録續集》第109册收録,第11至118頁。而119至157頁,非燕行録,乃是戊寅年權喜學跟隨迎謝使崔錫鼎迎接清使的記録,誤收録於《燕行録續集》。權喜學《燕行日記》,原本藏韓國國學振興院圖書館,林基中《燕行録續集》第108册收録。兩書記載時間相同,内容大體一致。權喜學《燕行日記》爲筆寫本,塗抹、删改之處隨處可見,當爲最初的底本。權喜學《燕行日録》當爲權喜學後嗣整理過的手抄本。丁丑年五月十三日,在大凌河與秀才郭之貴筆談;五月十五日,在瀋陽某地與劉君德筆談。七月十九日,在山海關關門與守門者佚名筆談。

茲以《燕行録續集》本爲據輯録資料。

(五月)十三日,過築塔堡。南邊長山横走,脊無草木。渡大陵河①,大木爲橋。到店主是劉達,而乃堡中鄉貢生員也。有郭秀才之貴,詞翰暢達,容貌秀雅,爲來現。公退話於我,以書字相語,請得對句曰:"海亦水哉,河亦水哉,海鹹而河淡。"蓋有貶小國之意。余應之曰:"儒是人耳,佛是人耳,儒是而佛非。"彼笑,公給筆墨,以《應酬全書》二册謝焉。

附:權喜學《燕行日記》

(五月)十三日,陰。平明啓發,過築塔堡、大陵河,到店舍。主人劉達,堡中鄉貢生員。有秀才郭之貴,詞翰暢達,爲人雅秀來見。使道以書問答,書一聯請得對句曰:"海亦水哉,河亦水哉,海鹹而河淡。"使道答曰:"儒是人耳,佛是人耳,儒是而佛非。"給筆墨,以《應酬全書》二册謝焉。

(五月十五日),周覽出來,僧徒勸茶。蓋君德本關内人,隨吴三桂往雲南,三桂舉事後爲翰林侍讀,兵敗城陷被虜,謫在寧遠衛,上年移置於此云。故仍招見,以文字問答,文華燦然。仍問其術業,曰:"性理、詞華孰全?"曰:"性理上不甚著力,自少染指於詩學。"余乃論及詩學,渠亦卞論,其言似近之。又論唐宋皇明諸家優劣,逌逌有動人處。蓋深於詞學,而"雲南學士"之稱不誣矣。但其所論,尚華藻而意致慷慨,評濂洛風雅曰"酸氣撲人"。以文字貶其太過,則終不肯服。仍問其兵敗城陷事,答曰:"吴平西勇膽雄略之姿,不幸嬰心疾,枯盡而死。有孫世璠,亦文雅英明,濟以渾厚。雖兵戈之中,不廢書籍。及其城陷之日,索刀將自截,宦侍扶掖而止之,仍奮臂罵曰:'自古豈有降天子!'即刎頸而死,皇后亦與之同死。我則爲賊所擒,求死不得,以致今日,名義掃地,愧罪千萬。"因嗚咽欲泣,而今則以先露事情移謫艾湖云。又言"吏部郎中穆廷選夫妻俱從容就死,吏部尚書方光琛爲虜所擒,憤罵不屈而死,其餘殉節者亦頗有

---

① 即"大凌河"。

之,而聞於郭垣”云。

(七月)十九日,聞皇帝親臨於新造皇極殿,受討平陳賀,仍設庭試云。

……余亦到山海關。馬塞殊慮,抵關門,守者多求面幣,牢執不與送,佩劍及觸目之物無數求索。余甚憤惋,語不能通,乃掃地書示曰:“我居海外,嘗聞貴國法嚴令具。今見此舉,一何無禮也?我行既持貴國禮部公文,而閉門求賂,是何道理?以行者有贐之義言之,我爲行者,以主人敬客之道論之,貴爲主人,而何其反道悖理之若是也?况佩劍遠行防身之物,雖有延陵季子之風,焉可許乎?”守者頗有怒色,以鐵鞭畫地,書示曰:“貴人在國,何事何官?”余書答曰:“非文非武,一狂士。”(又書示曰:“我果不許,子將奈何?”)余仍拔劍書示曰:“不有國典者,在法當斬,將以此劍斬貴頭納貴國。”守者乃拍掌大笑,開門拜送曰:“好去好去。”

三三、閔鎮遠《燕行録》

【解題】

《燕行録》，閔鎮遠撰。

閔鎮遠(1664—1736)，字聖猷，號丹岩，朝鮮驪興人。閔鼎重之從子，同春之外孫。登文科，歷全羅監司、兵曹參議、大司成等職，官至左議政，謚文忠。爲士林宗主。康熙五十一年壬辰(朝鮮肅宗三十八年，1712)二月，以朝鮮謝恩使團副使的身份出使中國。此行是爲了向清朝酌減歲貢表示謝恩。使行二月二十二日從漢城出發，三月十八日渡鴨緑江，四月十九日到達北京，六月初六日離開北京，七月二十六日回到漢城。

此書藏韓國國立中央圖書館，筆寫本，卷首爲"行中座目"，介紹使行人員。其後爲使行地圖，交代使行路綫。正文部分以日記體載録燕行見聞，同時載録燕行詩作。卷末附譯官金慶門所記吴三桂事及辛卯八月賫咨官金慶門手本。在同一本燕行録中有三種不同的體裁，且體例比較完備，這是閔鎮遠《燕行録》突出的特點。壬辰年(1712)三月二十五日，在狼子山客舍朝鮮諸裨與清人王姓少年(名不詳)筆談。五月二十五日，在北京智化寺與清人禮部序班潘德輿筆談；六月初八日，在薊州宿所與貢生丁含章筆談；六月初九日，在玉田縣王緯宅與秀才王緯筆談。六月十五日，在山海關宿所柳以柱與清人井姓人(名不詳)筆談。

《燕行録全集》收録閔鎮遠《燕行録》，爲别一種筆寫本版本，出處不詳。内容與韓國國圖本相同，但字體小而模糊。兹以韓國國圖本爲據輯録資料。

(五月)二十五日丁未,晴,留智化寺。腸病尤勝而胸腹不平,食飲甚厭,可悶。禮部序班(我國書吏之類)潘德輿者,年二十四,伶俐可愛。聞其家在浙江,余招問其居在浙江何邑,則以書對曰:“家住浙江紹興府山陰縣。”余又問:“王右軍蘭亭宴會之山陰縣麽?”對曰:“是也。”又問:“流觴曲水遺迹尚宛然否?”對曰“先前流觴曲水有天然之形,後因皇上南幸,做流觴曲水,故意造作,如今但見一味俗氣耳”云。

(六月)初八日庚申,晴。早發行四十里到邦均店,三行同室朝飯,又行三十里到薊州止宿。昨日以後,下輩病暍者六人,刷馬一匹病蹇,又一匹病斃,狼狽甚矣,殊用切迫。是日行七十里。

夕有一老人來訪於余所館,爲人頗似質樸,問其姓名,則朱言也。余問:“或是皇明後裔否?”對曰:“不敢言國。”問之,對曰:“神宗親皇子四王毅然之第四子思誠即吾祖也,吾父名倫也。”余問:“然則革除之際,能免慘禍否?”對曰:“吾父往征流寇,未返而國亡,仍爲近匿此地,變姓丁,得以免禍。吾亦以貢生丁含章行世,而本姓名則朱言也。”又問:“他處亦有明裔否?”對曰:“不能詳知。”又問:“即今天下形勢,或有陽復之望否?”對曰:“何敢望? 提起來珠淚自落。”又問:“曾聞南方有兵釁,此事虚實如何?”對曰“廣東有海賊,非海賊,乃真人也。魁首姓朱,自稱皇明王,張萬鍾、張飛虎兄弟即其將也。忽然而去,忽然而來,往來莫測。起兵三年,其勢漸大,清將四人戰敗投降,福建已失其半”云。又曰:“見老爺所着衣冠,不勝欽羨。吾之所着,即與牛馬何异?”仍以問答所書之紙,投之於火,流涕嗚咽曰:“恐有人竊聽,慎之,慎之!”余作五言絶以贈之,曰:“傾蓋渾如舊,含懷却不言。百感徒填臆,臨分拭淚痕。”

(六月)初九日辛酉,晴。夕驟雨大注,夜深後止。早發到蜂山店,三行同坐朝飯,前發到玉田縣,止宿於雙魚王緯家。主翁聚會,童蒙數十人教誨講讀。見余至,使數十童蒙序立拜揖,壁上設先聖孔子紙榜,師弟出入,輒作揖於其前。余問:“教童幼,以何書爲先?”

對曰:“先教《三字經》,次教《大學》《中庸》《論語》《孟子》矣。”余問:“朱文公《小學》不爲教習否?”對曰:“即今皇上以爲《小學》中語皆經史之説。既讀經史,則不可又讀此書,禁天下不得學習矣。”

(三月)二十五日戊申,朝微雨,夕晴。朝冒雨跨馬發行,逾青石嶺,……到狼子山仍宿。

……主胡之侄子自言能文,諸裨問曰:“汝果能文,則可望决科做官否?”對曰:“近來非賂則難做官,如我貧者,何敢望乎?”仍誦詩句曰:“‘衙門處處向南開,有理無錢休入來。’此詩傳誦久矣,豈不聞乎?”諸裨曰:“科舉則能公選乎?”對曰:“此亦近年來大改,諸科勿論文武科,才雖入格,無賂則拔出矣。”諸裨曰:“聞皇帝明正,豈有是事?”對曰“此則無關皇帝事,宰執多貪婪者,故如此,皇上何以知之耶”云。

(六月)十五日丁卯,陰,夕雨。

朝,柳以杜來言書狀,所館在學寓之側,所謂教授井姓人來訪,渠從容談話。井即漢人也,其言曰:“貴國人凡公會着紗帽、團領、品帶否?”對曰:“然。今番赴京時亦着此服,大國人無不駭异之矣。”井曰:“吾則祇見其可敬,未見其可駭。吾之所着服色,誠可痛哭。吾欲隨你們去,貴國王肯容接否?”對曰:“豈不容接,而但君之隨去似未易矣。”井笑之。又問:“歷路城池,無不頽圮,而一無修葺處,在東土偶如此,而南方諸處皆修城池否?”井曰:“天下皆然,一經頽圮矣。”柳曰:“近聞築城熱河云。此城何以設築耶?”井曰:“熱河即口外地也,皇帝以口外爲本土,視中國爲异族,故如此矣。”柳曰:“聞南方有外警,果非虚傳否?”井曰:“南方距此絶遠,不得知之,而雖無外警,不久必有内變矣。”問其故,對曰“皇太子、皇長子皆極不良之人也,而兩人嫌隙至深,决無相容之理,以此知其必有内變矣”云。

三四、金昌業《老稼齋燕行日記》

【解題】

《老稼齋燕行日記》六卷，金昌業撰。

金昌業(1658—1721)，字大有，號老稼齋，安東人，清陰金尚憲曾孫。出遊場屋，多居上遊，最爲西浦金萬重所稱賞。肅宗辛酉(1681)中進士，而因時局動蕩，黨争不已，無意仕途，一心向往田園之樂。甲戌更化，授内侍教官，不應。辛丑冬，時事大變，夢窩被竄海島，昌業憤悒卒，年六十四。有《老稼齋集》存世。康熙五十一年壬辰(朝鮮肅宗三十八年，1712)十一月，以軍官子弟的身份隨朝鮮謝恩兼三節年貢使團正使金昌集出使中國。金昌業此行無實際公務，其隨行目的爲"一見中國"。使行十一月初三日從漢城出發，十一月二十六日渡鴨綠江，十二月二十七日到達北京。次年二月十五日離開北京，三月三十日回到漢城。《老稼齋燕行日記》記録了出使146天的所見所聞所感。壬辰年(1712)十二月初十日，在小黑山察院與書生高升筆談；十二月十二日，在十三山書狀宿所與張奇謨筆談；十二月十三日、次年二月二十九日，在大凌河王姓人家兩次與秀才王俊公筆談；十九日，在榆關(撫寧縣)諸裨宿所與榮琮筆談；二十四日，在薊州宿所與秀才康田筆談。癸巳年(1713)正月初三日，在北京朝鮮使館與序班潘德輿筆談；二月初三日，在北京李元英宅與李元英筆談；三月初七日，在千山附近道觀與道士劉弘虛筆談；二月十九日，在沙流河卜士久宅與秀才王化筆談；二月二十三日、二月二十四日，在山海關附近角山寺兩次與程洪筆談；三月初四日，在孤家子與郭垣筆談；二月二十六日，在寧遠衛與王眉祝筆談。

此燕行録韓國首爾大學奎章閣有藏本,《燕行録全集》收録。玆以此本爲據輯録資料。

(壬辰十二月)初十日己未,晴,頗寒。自白旗堡行四十二里,至二道井朝飯。又行五十里,至小黑山宿。

……至小黑山,日欲落。入察院,院屋敞潔,炕鋪新簟,可喜,但有一井而去院遠,故水直益貴,一行悶之。賣鵝及兔者極多。十餘歲兒一手持砂鍾,一手持小錫瓶,盛燒酒入來者無數,門閉而亦不出去,終夜叫賣,其聲甚苦,而問其所售亦不多,可見此處生理之難。酒味甚不好,而驛卒輩以露宿,故頗有買吃者,到此皆如此。有胡兒稍有秀氣,進而問之,乃漢人也。遂書問其年,對以"十八"。問姓名,對以"高升"。問讀書否,對以"已讀四書,而能誦之"。問:"爾讀書要做秀才?"對曰:"貧人讀書,不過識字。"問:"爾師何人?"對以包闇,問其所住,對曰"是此處人,方往廣寧"云。問其父母存否,對曰:"俱存。"問兄弟,對以無云。問:"爾見俺衣冠,好笑否?"答"不好矣。"問:"此村亦有秀才否?"對曰:"有生員王天爵。""晚間請來如何?"升諾而去,與一筆。遂令申之淳出外訪問,果有其人。門上懸榜書"歲貢生員王天爵"云。夜深不得要見,升亦不來。

(十二月)十二日辛酉,晴。自新廣寧行三十八里,至閭陽驛朝飯。又行四十里,至十三山宿。

……察院炕小難容,余出宿村家,書狀在私寓,遂歷見。有一胡兒在其前,眉目可愛。書狀言此乃主人之子,而能解文字,故招來,而所戴不好看,去之矣。余遂脱耳掩,加於其頭,使示其家人。其兒笑而入,俄而出來。余問:"你父母見之,以爲如何?"曰:"以爲好矣。"遂携歸所寓,問:"你祖先衣冠其制如何?"答曰:"生在晚,不知。"問:"俺們衣冠,你見如何,好笑否?"答:"不敢笑。""實説無妨。"答曰:"衣冠乃是禮也,有何笑乎?"問:"你先世有官爵否?"答:"乃是貧賤人。"問:"你姓甚名誰,年紀多少?"答:"賤姓張,名奇謨,年紀十五歲。”問:“你父母俱存?兄弟幾人?”答:“我父母俱存,兄弟三人。”問:“你讀幾本書?”答曰:“書俱完。”問:“你先生姓名?”答:“振先。”問:“剃頭,爾意樂乎?何不存髮如我們?”答:“剃是風俗,不剃是禮。”問:“前年錦州地方有海賊,你曾聞否?”答:“聽得。”問:“賊數多少?”答:“衹聽得,不知有多少。”問:“如今賊在何處?”答:“聽得説在海島上。”以一火鐵與之,書示曰:“此物雖微,亦表吾情,别後見此無忘。”答:“不忘老爺送火鐮之情。”問:“明春回還到此,你能來見否?”答:“千里送鵝毛,禮輕人義重,怎麽不見?”問:“這句語出何書?是俗語否?”答:“是。”問:“你讀書,要做甚麽?”答:“考相公。”問:“相公是秀才否?”答:“是。”問:“你父親是秀才否?”答:“是。”問:“何諱?”遂書“文衡”二字。問:“此村亦有韃子否?”答:“無有。”問:“你們與韃子結親否?”答:“夷狄之人怎麽和我們中國結親?”問:“我高麗亦是東夷,你看俺們亦與韃子一樣麽?”答:“貴國乃上等之人,韃子乃下流之人,怎麽一樣?”問:“你知中國與夷狄有异者,聽誰説?”答:“在書,孔子之言‘吾其披髮左衽矣’。”問:“韃子剃頭,你們亦剃頭,有何分别中國、夷狄?”答:“雖我們剃頭有禮,韃子剃頭無禮。”余曰:“説得有理。你年少能知夷狄、中國有别,可貴,可悲。高麗雖曰東夷,衣冠文物皆仿中國,故有‘小中華’之稱矣。”“今此問答,泄則不好,宜秘之。”夜深罷,余以清人爲韃子,而奇謨認以蒙古,故其答如此。問答時有一少年在傍,聞剃頭言,咄咄作慨恨聲不已。問奇謨:“此爲何人?”答:“是主人家。”問:“做何事?”答:“莊家買賣人。”俄聞之,則乃甲軍也,不以實告,其意可知。

(十二月)十三日壬戌,曉風作,雪下終日。自十三山行二十里,至大凌河站朝飯。又行二十五里,至小凌河站宿。平明發行,歷三臺子,至大凌河。河水大如渾河而不冰,有土橋。又三里至大凌河站。入漢人王姓家朝飯,主人兄俊公入來,自稱秀才,以指書“申之淳”掌中。觀其語勢,似海賊事,故遂給紙筆書之。其人使閉門,而後方書云:“高橋堡南十五里海島中,有號平康王者,作賊燒劫客人船九隻。皇帝送大人招安,不從。”方其書也,頻頻回視外面,似恐人來者。然遂問其兵將數,則以爲“四五百人,兵器則藤牌、扁刀、火藥罐”云。索紙筆及扇,與之。其年可六十許,而瞻視不定,似有狂氣。譯輩言:“此人頗虛疏,所言不足信。曾前使行到此,每呈如此之言,因求某物而去。”

(二月)二十九日丁丑,晴,風寒。自小凌河行,至大凌河朝飯。至十三山宿。

……入前冬所入家朝飯,王俊公又來見,呈一片小紅紙。書曰:“冠紫荆,衣紅羅,繫吕洪,乘亮馬,兩龍河邊玩景。”余問:“此何語?”書曰:“錦州東有紫荆山,西有紅羅山,南有吕洪山,北有亮馬山,此是四大名山。”余問曰:“這龍河在何處?”答曰:“是大小兩河。”問:“這河在何處?”答:“過小凌河,至大陵河。”余問曰:“龍河便是凌河否?”曰:“是。”冠紫荆云云,指錦州形勝而言,蓋此處所傳俗語也。以鰡魚二尾來獻,長皆尺許,以别扇、火鐵各一酬之。問:“特送兩魚,何意?”答曰:“至誠奉敬大老爺台前。”問:“這魚何名?”書曰:“鰡。”問:“人言平康王已招安,然否?”答:“福建招安。”上片又書曰:“子念書小扇一把、刀子一把、烟代一介、頂子一介、墨一丁。”其意蓋欲得也。答曰:“刀子、小扇俱無,一烟代、頂子、墨當送。”即令覓給。書曰:“讀書人至誠,感謝不盡。”問:“要錠子何用?”答:“地方共用。”頂子,即紫金丁,“頂”“丁”二字通用也。問其年,五十五云。

(十二月)十九日戊辰,晴。自山海關行四十五里,至鳳凰店朝飯。又行三十二里,至榆關宿。

……過河數里,到榆關止宿。此地屬撫寧縣而非設站處,故無察院。入路左人家,主胡悍戾,多苦狀。夕飯後,往諸裨所寓處,房屋敞潔,而家主漢人爲人淳善。余問:“貴姓?”答:“榮。”問:“諱?”答:“琮。”問:“貴庚?”答:“六十。”問:“令郎幾人?”答:“一介。”問:“令郎年幾?”答:“二十五歲。”問:“名甚?”答:“箴。”問:“住此幾年?”答:“祖居十一代。”問:“祖先有官職麽?”答:“不過千户。”問:“千户是幾代,仕在何朝?”答:“萬曆初年。”問:“我們衣冠,與大國异制,可駭不駭?”答:“老爺們衣冠甚可愛,我明朝衣冠是這樣。”問:“然則公輩即今衣冠,非舊制否?”答:“我們此時衣冠是滿州。”問:“令郎讀書否?”答:“自十歲讀書到如今。”問:“令郎在宅上,即唤出。”答:“往親家去。”問:“讀幾本書?”答:“四書一經文章。”問:“錦州地方海賊今在何處? 兵衆幾何?”答:“今海賊不知去向。”問:“賊中有大王麽?”答:“自稱平康王。”問:“海中來往買賣客人多被劫掠云,這事是實否?”答:“有客船六隻,劫掠傷客人十六名。”問:“平康王姓名。”答:“不知。”“是那裏人?”答:“是南方人。”問:“北京裏南方物貨甚貴,緣何如此? 敢是商船被這賊遮絶,往來不得麽?”答:“物貨騰貴,果怕海賊,故此稀少。”問:“老爺貴姓?”答:“金,賤號稼齋。”問:“公文章敏速,有問即答,可喜。”答:“多承老爺過講。”問:“皇太子廢之,因何有此?”答:“聖上進京,有皇太子設宴,下上毒藥。”問:“何以發覺?皇太子何以處置?”答:“彼臣馳奏,所以拿起,送至高墻再不放。”問:“立第幾皇子爲太子耶?”答:“聞説過節三月,朝廷千秋祝神設立。”問:“公所業何事?”答:“莊農爲事。”曰:“我亦在城外十里地莊農爲事,公我一樣。”問:“蒙古部落皆入貢否?”答:“昨日已進貢去了。”問:“太極韃子亦進貢麽?”答:“否。”問:“這韃子利害否,皇朝怕他否?”答:“怎麽不怕?”問:“怕怎麽?”答:“怕兵衆。”問:“今幸遇五位老爺(指金中和、柳鳳山、金德三、昌曄及申之淳也),在舍下有失親候罪。自京回來,我在家供候。”答:“有緣得遇長者,奈行忙不得盡懷,過年回來更會,固所願也。”

(十二月)二十四日癸酉,晴。自玉田縣行三十五里,至蜂山店朝飯。又行三十二里,至薊州宿。

……夕有一秀才入來,余邀坐炕上。問姓名,答:“賤姓康,名田,字惠蒼。”問我何姓,答:“賤姓金。”仍問:“你來這裏何幹?”答:“看貴邦人物。”彼問曰:“文字有拿來看?”余答:“甚麽文字?”曰:“考的文字。”余答曰:“我雖識得幾字,從小不會做舉子業,古文不曾有,還有一二篇歪詩句,你要見當寫出。”其人曰:“你那裏詩句取士?”余答曰:“我國生員以經書義考試,進士以詩賦考試,入格者,謂之小科。又以策論表試士,入格者,謂之大科,是及第出身。亦有背誦經書,通四書三經者,亦賜及第出身。”其人曰:“我這邊以八股文章試士。二場以策論,三場以表判。”余問初場。其人曰:“三篇四書文章,四篇詩、文章。”余問:“這邊武科法如何?”答曰:“初場步箭、馬箭,後場武、策論各一篇。”余問曰:“武科亦有童生法耶?”答:“亦如此。”余問曰:“間幾年設科?一科取士多少?”答:“三年一次。舉子、童生,三年二次。舉人一百二十名,童生隨州縣大小不同,大者十五名,小者十二名八名。”余以鰒魚分與,答:“多謝貴物。”余問曰:“大國文武科法一依明朝不變否?”答:“不變。我國五經,《書》《詩》《禮》《易》《春秋》,貴邦有幾經?”余答曰:“都有。”仍問曰:“纔設要看我人物文章,是東夷,有甚可觀?文物、穿的衣冠與大國异樣,想必見笑。”答曰:“心愛貴邦衣冠,我這遵時王之制。貴邦筆墨甚妙,不知可見賜否?”答:“少頃當副。”遂令善興取行箎至,以筆、墨各一與之。其人問曰:“一個官出這大差,幾次便不來了?”余曰:“這話曉不得,請更諭。”曰:“往我國來幾次便不來?”答:“通官輩不拘次入來,俺則以書生隨父兄入來。今次往返後,再不來了。”其人問曰:“貴邦武官衣冠品級,如此官麽?”此官,指柳鳳山,時在坐也。余曰:“此位是我國武官,以武藝中科,已經四品知州之職。常時穿寬袖褟衣,遠行及戰陣用此製,這是我國戎服。”問曰:“無鐵甲麽?”答:“鐵甲亦有,但天下昇平,我國亦無盗賊,因此上無用處,皆藏去了。”曰:“坐甚久,恐勞困不便,辭去了。”答:“小坐無妨。”問:“漁陽古號天下勁兵處,即今風俗亦尚武否?”答:“仍然。”問:“此處有術高的太醫麽?”蓋欲知丁含章來歷,先設此問也。其人答曰:“未必甚高,有曉一二的。”余問:“醫官姓名。”答曰:“有冯粥臣者,有丁相者,有史大夫者。”余曰:“貴州有丁含章,聞稱名醫官,其術如何?”答曰:“相等。”余問曰:“這丁公年紀多少?”曰:“六旬。”問:“原系此處人?是他處入來人?”

答:"是此處。"又問:"這術是自祖先傳授? 從他人傳受? 這丁公祖先曾有官職否?"曰:"無官,大富家。"曰:"即今家業如何? 尚如舊時否?"答曰:"如今家貧,以術自食。"以此言見之,乃是世居此處人,其變姓名隱居之説已歸虛套矣。余又問:"讀幾本書?"答曰:"何書不可讀,何必定幾本?"問:"經書想已完了,文章曾熟何書?"答:"文章,四書題目者多。四書内話取一二句出來教做題目,做文章一篇。"余曰:"我不曾做舉業,這等考文程式都不曉得。"曰:"謙辭。"余曰:"君不會做詩否?"曰:"緩。"余曰:"俺看古文還緩,視詩還緊些。"答:"我國以文章取士,此以緊。"問:"烏金朝何人?"答:"滿州中漢人,關東民,隨皇上來的。"問:"秀才祖先有官職否?"答:"金帶指揮。"問:"仕在何朝? 於君爲幾代?"答:"仕明朝萬曆天啓年間。"問:"城是何代築的?"答:"舊城自堯舜有的。舜之子,封於薊。"問:"此城是禄山所住處麽?"答:"過客耳。"余曰:"過客何以立廟,一郡香火?"曰:"是娘娘行宫。"問:"娘娘是何神?"曰:"泰山的。禄山本是西胡人,非我薊城之主也。"余曰:"大國從前過客儘多。"此言蓋指胡皇,而彼不能覺矣。余問:"薊州在戰國是燕所都否?"曰:"非也,小雁門關。"余曰:"君不諱胡字否?"曰:"皇上常往古北,人稱韃子,胡人不忌。"問:"此去長城多少路?"答:"長城隨山而築,路不同。我薊州北往黄崖營六十里。"問:"此去大海多少路?"答:"未曾到。"問:"山海關是明朝魏國公徐達所築否?"答:"徐達是朱太祖頭一個大將軍,山海關城,年代遠耳。"問:"山海關是秦始皇所設否?"答:"歷代國長城築緊要所在。"夜深,康田辭去。薊州本秦漢漁陽郡,魏晉屬幽州,隋初徙玄州於此,後復置漁陽郡。唐置薊州,取古薊門關以名。天寶初,改漁陽郡。胡元初,復爲薊遼,置尚武軍。宋改廣州郡,金屬中都路,元仍爲薊州。大明因之。彭寵、安禄山之反,皆在此地,蓋恃漁陽突起,天下無敵也。

(癸巳正月)初三日辛巳,晴,不寒,留北京。

……序班中有潘德輿者,爲人伶俐,文筆足以通情,因其入來邀坐。先問閑説,應對敏捷。余問:“貴鄉何處,姓名云何,年幾何?”德興對曰:“家在浙江省紹興府山陰縣,姓潘,名德輿,年二十七。”問:“來到北京幾年?”答曰:“四十七年戊子來矣。”問:“北京、浙江語音同耶?”答:“不同。”問:“子來此幾年,而通北京語乎?”答:“半年通矣。”“子之文章敏速,應對分明,可愛。我且問君,即今閣老中,德望重者爲誰? 大將,則智勇備者幾人? 願聞之。”德輿曰:“晚見君乃誠實人,不好相欺。至於我國諸事,不堪告人。若論閣老,不過伴食宰相。大將智勇者,寥寥無人。”又問:“九門提督有罪伏法,緣何至此?”答:“九門提督陶和氣[①]罪惡多端,難以悉舉。”問:“死是的否?”曰:“尚在獄内,未死。”問:“畢竟難活?”曰:“然。”九門提督總掌京城九門者也。或言以多受賄賂,皇帝誅之云,故欲知虚實而問之。又問:“朝參時,見殿庭甲軍衣裝傷弊,所佩弓劍亦不精利。或言平時雖然,若出兵時,則衣服軍裝换給好件,然否?”答:“豈有臨飲而掘泉乎?”細思之,是知。又問:“殿庭鼓吹手所着紅衣亦不一,有新有舊,此必皇上尚儉而然矣。”答曰:“皇上非儉樸,乃愛財是實。”問:“萬乘天子愛財安用?”答:“這就不知道。”問:“竊聞皇上亦不治宫室園林,然否?”曰:“信然,然則儉德迥出前古。”答:“我非以皇上儉德爲不迥出前古,用於外者多,不得不自己儉樸。”問:“用處何事?”答:“是做銀子,賞與口外韃子。”問:“口外是何處地名?”答:“是寧古塔之外邊。”問:“賞這韃子何意?”答:“不知道。”問:“韃子便是蒙古麽?”答:“即是。”問:“即今蒙古來留者幾人? 久留何意?”答:“四十八家都到,而久留於此,不能知曉。”問:“一年賞銀多少幾何?”答:“每年四十八家,約四五十萬。”問:“銀外亦有錦彩否?”答:“另有錦彩等物。”問:“韃子一年進貢甚麽物? 多少何如?”答:“此皆理藩院經手,非我禮部事件,不能細知。”問:“雖非禮部事,或因傳聞,豈有不知?”答:“若耳聞,所貢者不過人參、皮張而已。”問:“自陝西至瀋陽以北,皆

① 陶和氣,《清史稿》中音譯爲“托合齊”。

蒙古所處。你何言寧古塔便是蒙古? 陝西近處蒙古,無進貢領賞之事否?"答:"韃子住居口外地方,名色甚多,何能通識?"問:"今此留京蒙古皆是寧古塔韃子麽?"答:"但知皆口外進來。"問:"錦州海賊内有號大王者,然否?"答:"有,云陳尚義。"問:"利害麽?"答:"擾亂山東、浙江有五省。蓋海賊隨風而走,出没不定。去年十月内,有盛京將軍貝和諾清字折子啓奏現存内閣。"問:"何不發兵剿滅?"答:"蓋海上賊人住居地方難以測想,且如今官兵個個畏死,誰肯履萬危一生之地與賊戰争也哉?"問:"賊兵多少?"答:"耳聞有三四萬人。"問:"君曾娶室?"答:"未曾。"問:"漢人謂之蠻子何意?"答:"蠻子,孔聖人言楚人也,原非一概而言。今韃子家,不知緣故,一概亂叫云蠻子。"問:"今日蠻子與韃子結婚麽?"答:"是漢人而非漢人者,名曰漢軍,多與韃子結婚,漢人從未。"問:"所謂漢人而非漢人,是何如? 願聞其詳。"答:"我朝初進來時,將山海關百姓亦謂己人,後平定之後,分謂漢軍。"問:"烏金朝是何樣人耶?"答:"即是漢軍。"問:"大江以南無漢軍麽?"答:"也有,是從京中分出去的。"問:"漢人與漢軍結婚否?"答:"十分之内,可有五分。"問:"序班何職?"答:"是提督府書吏,而久勤則以勞爲知縣矣。"蓋北京解文字者稀少,以南方之人爲序班,而定送玉河館者凡六人,此皆南方人也。顔貌本不庞厚,雖有料,亦凉薄。萬里羈旅,生理艱難,貧窘之色見於面目。使行時書册賣買,此屬擔當,以此有若干見利之事。且我國欲知此中陰事,則因序班求知,故此屬太半爲僞文書而賺譯輩。

(二月)初三日辛亥,晴,留北京。

朝烹,吃宿飯,同甲軍王四出館門。貴同、元建、善興皆從,副房奴寬伊亦願從。使領驅人直往八里鋪汲水,來待於四牌樓,遂直向李元英家。到玉河橋,逢着元英,舉手爲禮。言方以公事往衙門,少刻當還,請待之。遂至其家,則元英弟請入,入大門,由東邊角門入去。過一廊屋,滿壁題詩。屋後有一大墻,中間開圓穴,以通人行。度此有三間屋,極蕭灑,即元英書室也。堂扁書"誦芬齋"三字,筆法不俗。東壁下置一榻，上鋪青裍，其厚三四寸。元英弟揖余，坐其上，進一盞茶，從者即將筆硯出置桌上。余先書曰："貴庚多少？"答曰："二十一。"余曰："吾第三子同甲。"其人曰："令郎讀多少書？"余答曰："經、史、諸子略干書讀過，而未得中科。"其人曰："將來當大用。"余問曰："君讀幾卷書？"答曰："無所讀。"余曰："過謙，弓馬必閑熟。"答曰："自幼習弓矢。"問："中武科否？"答："未曾。"問："一哥老爺安往？"答："往口外去。"曰："然則回期敢遠了。"答曰："過了半月，當回。"問曰："一哥居何官？"答："參領。"問："這參領幾品？又管甚務？"答："三品，領左領下三十二人。"問："所領軍兵多少？"答曰："一左領下軍四十名也，以此計之，其數爲一千二百八十，似是千總之職。"余問曰："二哥老爺方居何官？"其人書"白人"二字，似謂無官。元英自謂方任《一統志》衙門，而其弟之言如此，未可曉也。室之西邊一間隔以屏風，其高至梁，畫各樣花草，極其精妙。其人引余入屏風内，即元英卧室，而室中不作炕，當中置一榻，上鋪錦褥，其人勸坐其上，褥極厚。榻四旁設帷，上設幔，雖嚴冬卧其中，必不寒。南窗置一桌，上置筆硯、香爐，亦有册數十匣。視之，乃《群芳譜》《宋史》，余之《元夕詩》亦在其上矣。壁上挂一洞簫，即磁造，竹笛一、琴一。琴聲極清越，使服事小胡吹笛，又吹洞簫。其曲調雖與我國不同，亦可聽。又一樂器，自外取來，其弦十二，形似我國伽倻琴，而其頭稍折而向後。問其名，箏也。又有所謂阮者，其弦二，此則來時見於十里堡者也，令小胡彈之。俄而李元英來，遂出堂中，坐余於椅，前置一桌，元英坐桌頭，其意不欲與余對坐。余屢請，然後始移椅對坐。此地待客之禮，賓主例共一桌，而尊客則不敢對坐而坐於桌頭，是謂打横，蓋元英用此也。少間，飯至，魚肉、蔬菜合五六楪，小胡用盤托出，擺列桌上。賓主各設一器，飯是大米，肉是猪肉。菜蔬有芥菹，味頗佳。吃飯垂畢，從者進一器羹，其清如水，略有滓而沈在底。元英勸余和飯而吃，余不知其味如何，問於善興。曰："好。"乃代熟冷呷下，味果好。此用煮猪肉水，少和椒鹽者，此地人最所喜吃，其名時時湯云。會聞李元英謂元建曰:"使汝老爺着冠帶而來。"元建答:"以我老爺無官,不可着冠帶。"元英曰:"然則可戴大帽子來。"大帽子,指笠也。是日,持笠與道袍以來,臨食着之。元英兄弟及從胡輩舉有喜色。貴同在外,見女人輩見余衣笠,亦皆嘻嘻然有貴之意焉云,極可笑也。余問元英曰:"一哥老爺因甚事往口外去?"元英曰:"爲皇上五月避暑運糧也。"曾聞胡皇築離宫於熱河,每年往彼避暑。今此運糧處似是熱河也。余又問:"《一統誌》,聞方纂修,當於何時印行耶?"答曰:"似在明年冬間。"余要元英同往觀象臺。元英曰:"觀象臺,即我國觀天象的所在關係,足下獨自往看無妨,我則不便同去。雖相親,却有外國之分,恐有傍人是非。"余曰:"既如此,固當獨去,而但其地既關係重,如我外國人往看,未知如何?"元英曰:"足下獨往,却無妨矣。"余問曰:"太學石鼓可往見乎?"元英曰:"太學非禁地,往見無害。"余問:"即今大國能詩者稱何人?"元英曰:"共有十三人。我國宰相宋卓所選《十三才子詩》今行於世,其中第一人姓名王端,江南省楊州人,癸未科狀元。此人即僕受業先生,前月奉聖旨歸鄉矣。"余問曰:"因何事歸鄉?"元英曰:"同僕在内殿校書,因行步怠緩,皇上降旨罷歸。"余求見其所著,其後送一卷詩賦,見之,却平常。元英見余所着交織布,書問曰:"這灰色布極佳,願買一端。"余答曰:"不曾拿來,後行當寄送。"余謂元英曰:"前送二色紙如綾,可盡留,畫則用它紙寫送。或已之,可惟意。"遂辭出,元英送至大門。

(三月)初七日甲申,陰,晚微雨。自永安寺行,至千山下朝飯,至龍泉寺宿。

……道士一人年少解文,見余甚喜,延坐室中,煎茶連勸,又出各樣糖果,待之甚款曲。見龕中有小金像,余書問曰:"此是道觀,何以供佛?"其人對曰:"燃燈道人,那不是佛。"又北壁挂一影子,乃道士像,而眉目清古。桌上有圖書及數卷書。余書問曰:"這是何人影子?"答:"先師祖之影。""姓甚名誰? 享壽幾歲? 死於何年?"答曰:"郭含真,享年四十三歲,卒於康熙四十七年五月初八日羽化。"余問:“桌上印信是誰的?”答:“道經師寶道號。”問:“何處使用?”答:“疏文。”“此殿何名?”答:“音喜閣,即名觀音閣。”音喜之云,似出於聞人足音跫然而喜,而又云即觀音閣者,不知其何義也。道士又書曰“家住廣東南海縣人氏,自少流落北方,故此出家,今已十年了。姓劉,道名清閑,字弘虚,年二十五歲”云。余問曰:“廣東此去六千里之遠,因何飄轉到此窮邊?”答曰:“有花山賊難,隨父母逃難至此。父母俱已去世,因此出家。”余曰:“聞來不覺惻然。不知這山山賊是何賊?”答曰:“賊名香花針。”問:“這賊現今尚在否?”答:“不知。”余問:“俺今夜止宿龍泉,你隨來同榻穩話如何?”答:“我如今此處管事,不能得離,有心留尊駕在此宿,奔特不便。”答:“我爲遊山來,期限甚促,勢難遲留,已將行李送龍泉,到彼歇了。明早使行,孤負盛意,可恨!”曰:“前生有緣,今生一遇,萬幸。”余曰:“你我所住相去萬里,今在此地邂逅,可知有宿緣,而所恨行忙,不得從容也。”道士曰:“天已晚了,龍泉寺還有三里。”余遂以火鐵一介與之。道士引余由屋後上數十步,有羅漢洞,洞左又有小洞,設窗户,中設佛像。洞前有短碑在石上,即景泰七年丙子仲秋所立,而其文有曰“唐之貞觀東征,駐蹕於此”云。望東峰頂上有一小屋,縹緲如畫中。余問曰:“此屋有人否?”清閑曰:“一道士居之。”余聞言悚然,欲往訪而日勢已暮,約朝日更來。清閑曰:“當具朝飯以待,願早臨。”余諾而行。

(二月)十九日丁卯,晴,東風終日。日氣稍清凉。自玉田縣至沙流河朝飯,至豐潤縣宿。

平明發行,過龍池庵、東八里堡、十五里屯、兩家莊、兩水橋,至沙流河朝飯,亦去時所入家也,主人姓名卜士久云。炕上置怪石一盆,栽石榴側柏於其上。柑子樹一盆,其高數尺。又有一盆所栽樹,其枝葉如野薔薇,而葉品字形。問其名,謂是暢春花,甚碎小而色黄云。有一秀才入來。余問:“聖壽加科取士之法如何?”其人答曰:“今年聖上六旬,故二月加鄉試之科。若論正考,則今年歲試生童之年。三年之中,一年歲,一年科,一年會。主歲試官學院,主鄉試者有鄉試主考,會試則天下皆在京一場,又有大王考者。"問曰:"生與童有分别否?"曰:"生是學院取中的秀才,童是纔去考的學生之通稱。"問:"自秀才選爲生員否?"曰:"見官則稱生員。"問:"童子與秀才亦有差等否?"曰:"童生無職,秀才見客,行賓客之禮。古語有云'宰相不出位,秀才不下跪。'爲秀才,始不拜人,生員便是秀才。平常人稱秀才,則曰某秀才家。"問:"這童生試法如何?"曰:"童生若作得好文章,學院取中了,便穿藍衫,戴雀頂。比如今年歲考,豐潤縣童生,文的去五百餘人,正數衹取十五人,武的亦然。"問:"童生中的亦同生員就考鄉試否?"曰:"童生若是大學問,做了秀才,便去鄉試。鄉試中了,便去會試。會試完,則殿試中狀元矣。"又曰:"皆因今歲加科,故去年會試年先考。"問:"加鄉試取幾人?"曰:"聖上六旬加鄉試,所取額數亦如正鄉之數。天下十三省,每省三百餘人。"問:"然則謂之加者,何也?"曰:"考舉名爲鄉試,歲考考舉人,故曰加鄉試。若論正試,則三年歲科會,周而復始焉。有餘年加鄉試,今歲所取者皆是加,何也?不是鄉試之年而鄉試耳。"又曰:"會試不加。正會之年在乙未,會試天下,共取三百餘人。"問:"加科今年何月日試取耶?"曰:"昨者二月初八進場,開榜則看龍虎日、寅辰日也。"問其姓名,即王化,年二十六,去年進學云,以盤中全饅及熟雉與之。即書曰:"生員揖拜而受。"余曰:"薄物何足稱謝?"曰:"願歸遺老親。"遂令驛卒送之,乃辭去。其人爲人分曉,文筆亦贍敏。

(二月)二十三日,晴,風甚寒。自榆關行,至鳳凰店朝飯,至角山宿。

平明發行,至鳳凰店。是日襲豹裘,至此還脱,既朝飯,余欲往角山寺,……寺僧出饋夕飯,飯一甫兒,雜菜一大碟、清醬一小碟,菜則各樣乾菜,如瓜茄、冬瓜之屬。炒以油醬,味不甚佳。飯亦山稻粳而少味,僅可吃。少年來見,余問:"今夜欲留宿,不知有餘榻可借否?"曰:"有,有此炕好住。"余曰:"須知房錢多少,明日方好算還,請問主僧示之。"南炕有一老僧,少年以余言告之。其僧聞之,微笑無所答，然其意似順。

……時將曛黑，少年適出庭前，與余相遇，遂同至其房，明燭烹茶，閑話良久。余問："何以來住深山？"曰："爲讀書而來。"問："讀何書？"曰："四書文章，即科文也。"余問："此處科文，有八股之名，是何意也？"少年遂出二册示之，曰："見此則可知也。"其册一題以《明文商》，一題《今文商》。今文即清文，蓋皆科文程式，如我國東人也。少年遂展開，示一扁曰："所謂八股者，以四書文字出題，演其義爲文，而首尾起結皆雙關，一篇中闔合凡四次，故謂之八股者以此也。"少年又問我國科舉之法，余略答之。是夜，問答説話頗多，而所書紙皆留少年處，不能盡記。少年眉目清俊，舉止閑雅，言語不苟，文字亦精，前後所見秀才無如此人也。夜深歸所寓炕，和衣而卧，但以鞍上所覆氈片覆腰，亦不覺寒冷。

(二月)二十四日壬申，大風，甚寒。自角山行，出山海關，至老君屯朝飯，至兩水河宿。曉於枕上用碑上韻作七律一首，又作七絶一首。呼燭起坐，使元建求筆硯於少年。少年即自至，遂書兩詩以贈。少年見詩，書曰："辭句工雅，無愧其爲名家進士，但我素未學詩，不解詩中之妙，請問先生何爲'如玉其人獨閉門'？"余書曰："《詩》云'其人如玉'，指足下而言也。"曰："其人如玉，我亦知其意，但顛倒過來，恐文法不順也。"余曰："這等文法古詩中多有之，造次不暇援證出處，第於後日閲古詩，自可知也。"少年又曰："敢問詩亦有層次乎？"曰："這層次指詩格高下而問乎，抑指一篇中辭意層次乎？"曰："指一篇中先後次第而問也。"曰："所謂先後第次，乃是辭理也。其辭理，文與詩豈曾有异也？但詩固亦辭理爲主，而辭理亦有雅俗之分。辭理之外又有聲調清濁。其妙境自非天才高者，不可勉而至，此所以難於文也。"少年又曰："請問二作之辭理，其先後次第安在？"余曰："纔所説乃泛論詩法，如我所作安有所謂辭理次第乎？忘拙呈醜者，不過欲質於大方之家。君乃以不解爲嫌，請試轉示於能詩君子，或者有所評論也。"夜，少年言當今皇上崇文教，天下皆以八股文章圖進取。父以是導其子,先生以是教其弟子,所以不暇學詩云。余問:“足下高姓大名?”對曰:“程洪。”問曰:“年幾何?”書曰:“二十三。”曰:“具慶否? 兄弟幾人?”對曰:“父母雙全,兄弟三人,我居長。”少年曰:“先生何去之太早也,恐虎傷人,不如晚去些爲妙。”余曰:“歸路有程限,早晚自由不得。果有虎患,則少遲待日出爾。”曰:“虎亦間有,少遲待日出亦可。”余問曰:“身邊有伏侍僮僕否?”曰:“未也。”曰:“我欲以筆、墨奉贈,已令路中來迎者,并房錢拿來。欲使貴僕同寺僧隨我下去取來,所以有是問也。足下既無僮僕,筆、墨付寺僧,何如?”少年曰:“我有何德能,敢受先生之禮物? 謹辭。”余曰:“今日邂逅,緣分似不偶然。聊以薄物相贈,以效古人紵縞之義耳,何足固辭也?”少年曰:“尊者賜少者,不敢辭。我欲亦略以微物相送,以表寸心,不知肯納否?”余曰:“中心藏之可矣,何必言報乎? 君亦客耳,有何物可贈人乎?”少年曰:“先生之言是也,但我無故而煩先生之大筆相奬,受先生之筆、墨厚禮,實不能自安。”余曰:“鄙邦每年有進貢使,自此通書信如何? 果有此意,君所住坊名,請詳細書示,以便相訪。若僕,則我國使臣以下無不知者矣。”於是,出燒酒及鰒魚、參糜分吃。少年指鰒魚問曰:“此是甚物?”余曰:“鰒魚。”此處人吃燒酒不過一小鍾,亦不能傾飲,而此人則連傾兩杯不辭。俄而,南炕老僧至,少年起立,迎坐炕上。余問其年,答曰:“七十四。”少年書曰:“此僧不可輕視,亦曾作過三品官。”余問曰:“何以托迹空門?”答:“罷職之後,老而無局,故托寄於此。”想是漢人之有志者,不早知如此,不能問話,可嘆。余更問曰:“所住何不明示?”少年書曰:“北門内城隍廟胡同立扁者便是。”“扁書何文字?”曰:“中間一扁是‘松柏清操’,此是貞節扁也。”余曰:“此紙乃君筆迹,我欲拿去作别後顔面。”蓋昨夜則少年出紙書之,仍留其處。此問答則因行中無紙,遂書於日記册中故也,以携來别扇贈寺僧。别少年,出門外,日已高矣。

(三月)初四日辛巳,晴。曉風始止,而日候暄暖。自白旗堡行,至黄旗堡朝飯,至孤家子宿。

……至孤家子,申之淳、金應瀗與郭垣來,伯氏使余問之。余書曰:“平康王今在何處?”答曰:“聞已退去。”問:“初在何處,今乃退去耶?”答曰:“聞在海島,或向登萊。見彼有備,又來東北。昨聞退去,不知所之。”問曰:“或言已就招安,此説有苗脉否?”答曰:“招安是實。聞有一船被風飄去,至今未見蹤迹。昨歲臘月,京中差官來查過。”問:“《四書异同條辨》所著人李沛霖,是何處人,現今生存否?”“聞此人今已作故,南人。”問曰:“這人或説是都梁人,都梁係是何處地方?”答曰:“大梁。”問曰:“近時文章道學爲世所推者幾人?”答曰:“王礎生、吕晚村,浙江人,皆有四書匯通解行世。癸丑年狀元韓菼,號元少,又有許元。”問曰:“這韓、許兩人文稿有行世者否?”答:“有。”垣書曰:“承命來此,傾蓋而談,但姓字未通,寒温未叙。老先生官居何職?識面之後,便通聞問。”答曰:“大老爺姓金,現居閣老。賤姓亦金,名某,無官。”曰:“貴國諸大人俱識愚父子,亦嘗道及否?”答曰:“慣聞盛名。”仍問曰:“尊爺爺在王幕下,下居何職?”答曰:“初任刑部郎中,轉鴻臚正卿,三任大理正卿,轉通政使。”問曰:“貴貫何處?”答曰:“祖籍江西南昌府,聞係汾陽之裔。因家譜失散,遷移不常,故世系莫考。”問曰:“吴王勇略如何?身材大小如何?髯鬚多少如何?必有庭聞,願聞一二。”答曰:“魁偉俊材人也,自幼在戎馬行中,軍略超衆,髯鬚長大,乃貴人相也。”問曰:“吴王舉兵後僭號云,然否?”答稱:“大周昭武年號。”問曰:“何歲生?”答:“亡時七十,今已三十五年。”仍書曰:“所書之事不合人見。”答曰:“會得。”問曰:“兄弟幾人?”答曰:“四人,愚居長。”問曰:“尊諱已聞過,賢季請各示其名。”答曰:“二坤、三墉、四坊。”問曰:“巨流河上舊城是誰築的?”答曰:“本朝屯糧小城,請太祖的。”其言多不的確,何也?海賊初云退去,後因吾問,却以爲招安是實。李霈霖,初以爲大梁人,是籠通的説,以爲大梁者,其疏又甚矣,但其文筆不至短拙耳,乃以紙、扇、筆、墨、烟竹等物,與而送之。見一行氣色,皆以吾行事爲妄舉。申、崔兩人皆有勸止之言,使伯氏知群議如此,必不許行。以此欲待臨時告知,姑且默默而行。事涉權數,心亦不能安。

(二月)二十六日甲戌,陰寒風暄,欲雪而止。……至寧遠衛,從西門入,日僅申初。送元建於王寧藩家,寧藩適出外,其侄來見。余問曰:"尊叔何往?"其人答曰:"去山中。"問:"其地去此多少路?可送人請來否?"答曰:"去此五十里多路,要去請他,衹得明午纔到。"問:"去山中何幹?這山是西是北?地名云何?"答曰:"山在北,地名峰蜜溝,往親戚家去。"問曰:"俺去冬過此,與尊叔相會,一見便如舊識。半夜問答,未究深抱,擬於回時更對青眼。不期緣淺,有此緯繣,悵恨不可言。就有一事,尊叔曾以《春秋》一部要送宋老爺,君亦聞此事否?"答曰:"我家叔未曾得此文稿。"余曰:"然則這文稿,不妨俟明年使行寄來。"答曰:"即是如此便耳。"問:"貴庚?貴諱?"答曰:"我名眉祝,年十八歲。"問曰:"經書想已讀完?"答曰:"已讀完。"問曰:"尊叔曾聞武技精熟,今加科,想已考過,得失如何?"答曰:"我家叔習武,要考得到今年四月初八時候。"問曰:"此城内亦有飽學秀才否?"答曰:"大要關東雖有秀才,亦不過平淡。"問:"君師何人?"答曰:"是副榜。"問:"這副榜何等名號?"答曰:"乃是舉人下一等的舉人。"王眉祝起去,頃之復來,以一套書示之曰:"此書,我家祖叫拿來送老爺。"見之,非前日所見《春秋》也,即今人詩文類抄之書,而無足可觀。眉祝又曰:"此書也,是我家叔有言要拿送宋公。"余答曰:"當帶去送宋公。"問:"尊王父高壽幾何?"答曰:"年七十二矣。去歲送我家叔的藥,有何用?"答曰:"曾與尊叔説過。"曰:"若有治症毒的藥,再求幾丸。"余遂以紫金六丁,拜蘇合元七丸、九味清三丸與之。又曰:"有貴府拿來的高扇,相求一把。"即與别扇一把。問:"這裏有書鋪否?"答:"這裏書都從京内來的。"向晚,雲陰乍開,見日。

三五、崔德中《燕行録》

【解題】

《燕行録》，崔德中撰。

崔德中(1675—1754)，字至叔，朝鮮耽津人。少落拓不遇，而獨趙相國文命、顯命，尹尚書趾仁最器之。曾任縣監(據李采《縣監崔公墓誌銘》)。康熙五十一年壬辰(1712)十一月，以謝恩兼三節年貢使團副使尹趾仁手下一名軍官的身份出使中國。使行於壬辰年十一月初三日從漢城出發，十一月二十六日渡鴨緑江，十二月二十七日到達北京。次年二月十五日離開北京，三月三十日回到漢城。壬辰年十二月二十六日，在通州孫心維宅與秀才孫心維筆談。癸巳年二月初三日，在北京玉河館與序班周姓筆談；二月十七日，在薊州卧佛寺與秀才筆談；二月二十日，在沙河驛城外三皇寺與一老僧筆談；二月二十一日，在永平府田鴻宅與田姓人筆談。

此書爲筆寫本，原本藏韓國首爾大學奎章閣，《燕行録全集》收録。玆以此爲據輯録資料。

(壬辰十二月)二十六日，晴。早發行三十里，至夏店朝飯。又行四十里，至通州，入察院止宿。

……城中漢人孫心維者，自稱秀才。余欲買書册，夜借宿其家。夜與相話，則渠云漢人用三年之喪，不飲酒食肉，不火葬，而有力者則壙中以灰隔磚成椁窆葬；貧者則不用其制，秖以掩土；或有旅死無親者，則自其村入棺置野中。而清人用三月之喪，飲酒食肉，火葬後收其燼骨，裹以十襲錦衹，又盛花甕，覆以玉蓋，更以錦衹裹甕埋葬，不擇地,不加蓋莎草,或以塗灰於墳土,狀如覆盆矣。漢人之大族巨卿之家尚不與清人相婚,其他常漢貧班與清婚姻者有之,而爲其子孫者,喪制、裹足等事,一從父邊。而雖清人,其死者有遺言,則不火葬,曾於太皇后之喪,不火葬云矣。漢用漢語,清用清話,而第朝廷上皆用清語。漢人若不用清語,礙於仕路云矣。

(癸巳二月)初三日,晴,留玉河館。……余問:"玉河館西墻外亦多蒙古人露處,此人何許者也?"答云:"韃子也。"蒙古之名甚多。余問:"皇帝子女幾人也?"答"十八王、九女"云。余問:"太子囚在何處?"答云:"囚在暢春園宫内别室云。"余問:"皇帝常在暢春園而不居皇城,何也?"答云:"暢春之園可以行樂故也。"余問:"南貨稀貴,無乃海賊侵掠商船之故歟耶?"答云:"近來商船不得任意往來,而第昨年蠶業失稔故也。"此人乃周姓也,以序班往來館中。余甚款待,故日久之後,始言其概,而與行中探知者,大略相似,似非麥浪[①],亦何可信也。第前後所聞少無逕庭,故隨聞輒録。

(二月)十七日,晴。平明起程,行四十里。……至薊州卧佛寺止宿,而逢着一秀才,問"觀音之閣"四字下小書"太白"二字之故,答云:"太白之筆法也。"又問卧佛之故,果如吾料,答云:"如來佛也。"又問漁陽聖景之意,答云:"日出三竿,先照佛頂故也。"又問:"禄山起兵於此,而有所居之基云,在於何處?"答云:"城北二里許有舊基,而禄山起兵於范陽,范陽乃今幽代也。"又問:"翠屏山下二石人,或云楊雄、石秀,然耶?"答云:"非也。乃以石形人,鎮山下之村也。"又問翠屏之意,答云:"山面層層之岩,如翠屏故也。"

(二月)二十日,朝陰午晴。晚食起程,遠山雪積,風頭頗寒。路多間泥,車不得任意作行,卜車落後。行五十里,至鐵城坎中火。日勢尚早,前路甚忙,不得不連行五十里,至沙河驛城門外三皇寺止宿。正使下處城内村舍,第察院方造未畢故也。寺有一僧,年至九

① 麥浪,疑爲"孟浪"之誤。

十,耳眼聰明,相與酬酢。余問:“甲申之歲,汝年廿一,能記其時乎?”答曰:“其時出家久矣,豈不明知?”問:“我等衣冠與明制一樣耶?”答云:“一樣,而第無笠子,秪着冠與帽子矣。”余問:“其歲李賊之亂,汝何以避耶?”答云:“往匿玉田地山谷矣。”余問:“清初削人髮,舉皆順從,而今則樂爲耶?”答云:“其時仍其削髮,人多自死,或囚或打,一年之後,人皆削髮,而今已成習,或樂或痛。”余慘憤更不問,且行忙,仍罷還。

(二月)二十一日,晴。日出起程,渡驛東之河,行二十里,至野鷄屯朝飯。又行四十里,至永平府,不入察院,正使下處田鴻之家。

……聞田主人之言,其子鴻、鵬二人赴舉云。余問:“以何觀光而去乎?”答云:“皇帝以甲年設慶科。”余問科法,答曰:“式年大比之科,文則設初試於各省,北直隸赴科於京師,奉天屬赴科於盛京,而會試則咸赴京師。初試元無定數,秪取入格;會試多至三百六十人,少不下二百。科規則三場,而初場四書中三篇,中場五經中四篇,終場策、判,而一日入場,留一日,出一日,通三場九日而止。文、武科初、會試,本無同日月之規,武後於文,今番之科規一般。自今月初八日始場,十六日止,故其子姑未及還。”余問:“會試何月?”答曰:“武初試四月,文會八月,武會十月。”余問:“科場不用詩賦乎?”答曰:“不用,而衹用表文。”概其科法如我東,而文、武之不同日,頗异矣。第今日所過之處,田間多種桑木,叢生如麻。余怪而問之,答:“以葉養蠶,以皮浮紙,其利十倍於種粟云矣。”入夜後,頭疼寒縮之症頗甚,可悶。得聞張遠翼所傳之言,文試初場:經書義,中場:論、統、表、條、判,終場:問策。與田也之言相左,可怪。武試亦有三場,而初場馬射,中場步射,終場安邊策云矣。

三六、趙榮福《燕行日録》

【解題】

《燕行日録》，趙榮福撰。

趙榮福(1672—1728)，字錫五，號二知堂，朝鮮咸安人。乙酉中司馬試，甲午中增廣試。康熙五十八年己亥(朝鮮肅宗四十五年，1719)十一月，作爲三節年貢使團副使出使中國。使行於十一月初四日從漢城出發，十一月二十六日渡鴨緑江，十二月二十七日到達北京。己亥年十一月十八日，在山海關與秀才郭如柏筆談；庚子年(1720)二月十七日，在盤山一寺廟與錢兆豫、王詢筆談。

《燕行録全集》收入，兹據以輯録資料。

(己亥十一月十八日)，……金進士昌業曾於癸巳隨夢窩相公赴燕，與關居郭如柏有雅，要余招見致款。郭有銅雀瓦硯，亦要余買來。故昏後，使譯輩邀致，則如柏父子秉燭來見。余揖而坐，因致金丈意，問其滿漢與否，則如柏使其子書示曰："明三百年人家，中清甲午科舉人。"余問曰："稼齋言左右有銅雀瓦硯，可觀否?"答曰："此硯爲穆春元祖傳所藏，已携之都中，未知果售大老否?"余問曰："穆春元方在北京否?"答曰："又聞同鈔關往福建去矣，至後年春方回，此硯墨刊已打去了，未知見否?"余曰："墨本曾未見之，而稼齋送硯直，要余沽之矣。硯既不在，將孤其意耶?"答曰："倘都中不售，定有來音，俟明春自然通知。"余又問曰："案上有古書畫，出售者否?"答曰："法帖上者，真淳化唐懷素《自叙》真帖、宋《天馬賦》真帖，畫則有明文徵明、董其昌、唐伯虎《飲中八仙畫》，字迹又有其昌。如欲玩即不妨取來請玩耳。”遂拜辭去，使其子來示諸書畫。問其直，少不下百餘金。余書問曰：“近來西邊勝負如何？”小郭答曰：“書生未敢預聞國家大事耳。”概郭之父子爲人皆無樸實意，其所答如此，可恨，可恨！

（庚子二月）十七日……頃有兩生出見，問其所住。一生提筆書示曰“錢兆豫，住江南常州府武進縣。王詢住直隸順天府寶坻縣，而爲赴秋闈事上寺肄業”云。余問曰：“大明以辰戌丑未爲式年，而即今大國以子午卯酉爲式年耶？”錢生答曰：“子午卯酉鄉試科，辰戌丑未會試科。”余求見其所製，出示四書義五篇。余曰：“文辭富贍，高捷可期。”錢生聞甚喜。余問曰：“君先代曾仕明朝否？”錢生曰“五代祖名一本者，明仕至御史，廣西巡按。其子又仕至尚書，曾爲湖廣巡按。其嫡孫名名世，中康熙丁丑殿試，爲翰林侍講内供奉”云。邀余入其所居室，圖書滿架，架頭一樹香梅當春開。錢生書示曰：“我國曾聞大國衣冠之美矣。今見老爺，誠奉大國，有八路云，然否？”余答曰：“然矣。”又曰：“大國有節度使之官，果否？”余答曰：“果有節度之職，武人爲之矣。”錢生仍歷問余年甲、科名、官職。求余筆甚懇，屢辭不獲，書給一紙。錢生出示其所製七律四首，以鏤板印紙也。其書首曰“梗居近咏，以將赴都門留别同學諸子爲題其一曰”云云。

余以筆墨、紙束贈之，錢生以紙紋識成趙子昂所書《前赤壁賦》爲七幅及他書二幅爲謝。

三七、李器之《一庵燕記》

【解題】

《一庵燕記》五卷，李器之撰。

李器之（1690—1722），字士安，號一安，朝鮮全州人。李頤命子，金萬重外孫。著有《一庵集》。康熙五十九年庚子（朝鮮肅宗四十六年，1720）六月初八日，朝鮮肅宗大王昇遐。其年七月，李器之以軍官子弟的身份隨朝鮮告訃兼奏請使團正使李頤命出使中國。使行七月二十七日從漢城出發，八月十八日渡鴨緑江，九月十八日到達北京。十一月二十四日離開北京，次年正月初七日回到漢城。庚子八月二十日，在鳳城宿所與秀才覺羅明德筆談；二十一日，在松站曾玉宅與秀才覺羅明德筆談；二十二日，在通遠堡宿所與秀才徐成紋筆談；九月初五日，在高橋鋪私塾與秀才宋美成筆談；十四日，在玉田縣鄭愉宅與進士鄭愉筆談；十五日，在宋家城與宋重藩筆談；十六日，在三河縣馮雲生宅與縣學教諭谷一柱筆談；十七日，在通州潞河與商賈萬天衡筆談；九月二十七日、十月十六日、十月三十日在北京趙華宅與楊澄、趙華筆談；十月初三日，在北京白雲觀與道士李元堈筆談；初五日，在北京陳法宅、朝鮮使館兩次與翰林院檢討官陳法筆談；三十日，在北京天主堂與秀才徐懋昇筆談。

此書爲筆寫本，原本韓國銀行藏，《燕行録續集》收録。玆以此爲據輯録資料。

（八月）二十日甲寅，新晴而風。自葱秀行三十里，柵門朝飯，又行三十里，鳳城宿。

……又行十里，至鳳城，入李姓人家，家五梁對炕，大人處北炕，余處南炕。申後，城内秀才一人來見大人，大人使余書字問答。其人眉目清雅，禮貌恭肅，姓覺羅，名明德，本建州人，其祖父爲鳳凰城守尉而死於官，子孫因家焉。兄弟七人，長兄世襲伯爵，仲兄原任蓋牟參軍，三兄進士，渠奉天府庠生，五弟太學生，餘幼云。問："此城亦多文士乎？"答："數人而已。"問："建州乃興京否？"答："然。"問："建州距此多少路程？"答："二百八十餘里。"問："此稱鳳城而無城，何也？"答："此故明之驛舍，鳳凰城在此南山之内，即古安市城也。"問："曾聞建州人祇做武官，今則有以文章取科第者乎？"答："國初如此。今以文章取科第者比比耳。"又曰："貴國之衣冠人物，晚見之甚有愧心焉。"余答曰："我們衣冠稀見眼生，得無驚怪乎？"彼曰："貴國衣冠乃漢官威儀，何怪之有？慕之不暇而已。"余曰："我們衣冠是禮服，貴所服乃時王之制，人生情志相通則形骸可外，何有於衣冠之异同乎？"余又問："能做八股文章乎？"答："國朝以八股取人，安有不做者乎？"又問余曰："先生官在何職？"答："無職，曾參進士而亦异於中國進士，乃爲太學生而已。"彼又曰："先生之書法甚妙，聞貴國以詩筆取士，必能詩，幸見示。"答曰："拙詩本無足觀，而方在國恤，葬前無所吟咏矣。"余問："貴詩可得見乎？"答："不善詩，齋中有《劍南詩抄》《李杜合集》願奉之。"余曰："夕間持書再來爲妙。"答："領命。"問："貴一門中立朝幾人？"答："叔父爲吏部右侍郎，其餘正郎佐郎而已。"問："尊叔父姓諱甚麽？"答："清國語拉席布。"出藥果、全鰒而食之。方問答，時一人自外入來，問彼誰，答："舍弟，太學生。"其人在旁時時議所答，俄而辭去。

（八月）二十一日乙卯，申後微雨。自鳳城行二十里餘，温者介朝飯，又行三十里，松站宿。

……主人甲軍曾玉也，問："你既爲甲軍，緣何不往西邊徵兵處？"答："但發滿洲，不發蠻子。"問："何以但發滿洲？"答："滿洲是萬歲爺之親信的，故送之。"問："兵出幾年？"答："久者七年，近者二三年。”問:“你欲從軍乎?”答:“願從軍而不得。”問:“去家萬餘里,離父母妻子,往九死一生之地,有何可樂而欲往哉? 且治裝凡具,豈無費力乎?”答“戰勝有功當拜官,雖不拜官,亦得賞賜,多可五百銀,小不下百餘兩。治行,則官給天銀三十兩,又賜鞍馬刀槍,一路所用,合五人給一駝,以備衣服什物駄載,治行無甚難,不費私財一錢”云。

(八月)二十二日丙辰,晴。自松站行三十里,八渡河朝飯,又行三十里,通遠堡宿。

……申時,到通遠堡,山川風水甚好。使行例入攔頭趙夏明家。十餘日前,夏明身死未葬,故入盧家。家新造頗净敞,主胡乃假韃盧進第主人之子,來傳其師之言於大人,且傳一小紙,書欲來見之意。使之夕來,上炕而踞坐。馬頭德萬使之跪坐,强而跪坐,而生疏可笑。書問姓名、年幾、居位、所業,答:“姓名徐成紋,遼東人,虚度三十二歲,僥幸忝泮水。”仍書一詩曰:“玉貌塵中不易逢,彬彬卓越位三公。國分中外東西界,道貫天人今古同。遂復豈愆文武則,衣冠疑是夏商風。識荆一念鏤心肺,肯吐珠璣化擬蒙。”余問:“‘遂復’二字何意?”答:“遂生復性,即教養也。”大人書:“俺持方喪未可歌咏。古詩云‘邊頭詞容古來稀’,既入太學,何爲落拓邊城?”其人又書二句曰:“自揣文章慚半豹,誰推學業副全牛。”又問:“住在遼陽,應知遼陽事。世以白塔認爲丁仙華表,是否?”答:“觀覽無多識,未及此。”又問:“管幼安家何鄉? 公孫瓚據今城否?”答:“不知。”仍頗有愧色。彼又問:“貴國年歲豐登乎?”答:“失稔。”仍去。其人面目帶徧人氣,驕妄可惡。夜,大人宿南炕,余宿北炕。主人之弟盧進侯年十八,頗解文字。與之問答,仍書《孟子》數章及唐詩“何處秋風至”“鳳凰臺上鳳凰遊”,使之讀之。且問五穀名,書“黍”字,答:“此處無。”書“稷”字,答:“有。”蓋此處기장甚細,疑是乃我國所謂“稷”也。問수수,則答高粱。問조,則答粟。

(九月)初五日己巳,晴。午後日暖如春,自小凌河站行二十里,至松山堡朝飯。又行三十六里,至高橋鋪宿。

……申時至高橋鋪，入驛丞馬姓家，丞之弟馬驤雲在焉。聞鄰家有秀才教書群童，余遂往見。其秀才姓名宋美成，書問："年紀多少?"答："虛度四十九矣。"問："解做八股文章否?"答："稍解，而近今場屋多取搭句散行。"問："這是何樣文?""以兩頭爲講，首尾動講，首尾動，有吊有挽，層次出題，有正有反，要貴一氣而行筆無停留，此爲搭句散行法也。"因出渠所作《季文子受女樂，孔子遂行章義》一篇，仍請斧正。我書曰："外國之人不慣時文，一見何能知之？然某處頗支煩，某處欠明白。"其人首肯良久曰："誠是，誠是！承教，承教。"又言"本以山海關人，失偶，貧無以爲生，此處驛丞家邀來糊口，教授童蒙"云。余問："有兒子麽?"答："四子，一子出家矣。"余曰："君淪落他鄉，親愛盡散，糊口於他人，生涯可憐。"答："命也奈何，老爺垂憐，令我神傷。"又問即今科場之法，答"順天省科場，頭門點名，二門搜撿書册，三當堂領試卷，各歸號房。號房有十桶，一桶百十人，每人各給老兵一名使唤。三日出場，七藝俱精，方步金梯，而初場四書三篇、經文四篇；二場策論，三場表判"云。室中有五六讀書兒童，而其中周朝臣者年十四，眉目甚聰俐可愛。余書問："讀何書?"答："盡讀四書，方讀《小文拔華》，乃此處場屋時文開刊者也。"使讀，如珠轉盤可聽。宋美成問："老爺何官?"答："無官，但爲進士，如大國之太學生。"問："以何文取進士?"答："我國以詩賦取進士。"又言："老爺科場高捷詩賦，願寫示。"答："句數頗多，不可倉卒記取書示矣。"大人使韓景周招讀書兒童而來，余遂起身，與周朝臣及他兒鄭弘量、楊莫同來下處，年各十一二矣。大人使各讀所讀書，賜筆墨各一，皆下炕拜叩頭，而禮貌恭肅。主人家坐小鷹，而稍大於鷂，問："拿雉否?"答"體小不能，但拿鶉"云。

(九月)十四日戊寅，晴，日暖如春。自豐潤行三十八里，沙流河朝飯。又二十七里，至玉田縣宿。

……行七里，至玉田，城池人家市廛不減豐潤。門外有數大廟，而皆不入見。未及城門數十步，路上有牌樓，書"户部郎中張昱鴻臚署事張煒",未知何時人也。入城數十步,灣上軍官迎,言歷見彼家門楣上父子叔侄同科,故問於其家,則方爲御史之家。有少年數人在家,欲見余,言於渠邀來云。余下馬於門,兩人已出來,門外相迎揖。余先入,每至門輒揖禮,貌甚恭讓。余當中磚路,而兩人皆避一邊而行,過兩門,入一堂,堂極深邃。主壁立大桌,桌上安刻龍石屏,前置香爐。堂東西壁立棨戟及三牌,一書"肅静",一書"巡察",一書"敕命",多植儀仗之屬。地皆鋪鍊石,置紅椅子十餘介,揖余坐椅,一人對坐,一人隅坐。寒暄後,即進茶一鍾,余索筆墨書:"尊門父子叔侄同科,今古稀有,艷賀實多,敢請兩位高諱及年紀。"兩人相視細語,一人起去,邀一人而來,蓋其兩人似不能書,而余書問,故邀來解書者耳。其人未及書,自内有老人出來,而三人皆下椅立,余亦下椅作揖,老人答揖。請坐椅,仍對坐,而衣服盡白。余問:"爲什麽官?今何爲穿孝?"老人書:"乙丑科進士,原任掌河南道,今爲母喪回家守制,本不宜會人,因瞻仰貴邦衣冠文物,故爾從權。"少年從傍又書示:"寒門父子叔侄偶然徼幸,敢勞遇譽,既承下詢,謹將名姓仰答。鄭愉六十二,兆龍三十七,兆鯨三丨。兆業,愉之子二十一。余問:"都爲官耶?"答:"愉外皆無官。"余問:"老丈人則似已爲會試,而他位則皆爲舉人耶?"答:"然。"兆業莊上去,餘人皆現在面前。老人又書曰:"宦遊二十多年,今得逍遥林下,自反鄙陋,幸遇名賢叙談,慰心足矣!但余非復功名之人,不過頤養天和,敢問頤養之術,先生知否?求教。"余曰:"俺年少寡聞,怎知頤養之術?"老人曰:"觀先生容貌辭氣,必是博學君子,幸垂教焉。"余曰:"禮云:'長者有問,不辭讓而對,非禮也。'亦安敢終無所對也?"東坡詩曰:"'因病得閑殊不惡,安心是藥更無方。''安心'二字是頤養之根本。苟不能安心,雖極力於吐納經伸之術亦無益也。敢將'安心'二字奉獻焉。"老人又書曰:"領教,多謝請益。"余又曰:"曾聞西洋國人壽皆至百餘歲者,無他异術,但睡時手握外腎,且厚褌暖腎故也。今見此地風俗,雖隆冬亦着單褌,此非養壽命之道。老人下元氣衰,以厚絮爲褌,則當必有益。"

答:“領教。”余以清心、蘇合各兩丸與之,問用處,書示之。仍問我國取士之法。余答:“有明經科,背誦四書三經,没注也。有詩賦、四書疑問、三經義、表、策、論、箴、銘、頌等。製述科名目甚繁,不可倉卒説盡。”少年取五卷册贈之,乃五人登科時試卷誊印者也。各書四祖,主薦人下書科作。余書:“行忙,難可立看,袖去夜玩,明朝還完。”其人答:“此處之規以此册例送,而元無還推之事,不必明朝還送。”余辭出,老人言“回來時再枉,則當灑掃烹茶以待”云。出門,三少年送之門前。上馬後,作揖而别,極其殷勤。

(九月)十五日己卯,晴。自玉田行三十五里,至蜂山店朝飯,又行四十里,至薊州宿。

……至宋家城,城方僅百餘步,又有内城,内外之間十餘步,城堅如鐵,高亦四丈餘。入城門,門上標樓高十餘丈,門内即宋家,蓋以城爲墻,更不設門。主人出迎入堂,中堂列花杻椅子十餘,請坐勸茶。問名,宋珂郁也。貌濁無文,不堪與語。少年一人從旁書字問答,頗聰穎,眉目開朗。問名,則宋重藩,乃主人之從子也。余問:“此城築何年?”答:“明朝癸酉,始祖宋興馬爲太宗時將軍,世居此,曾祖宋儒築此城。”問:“緣何故築城?”答:“清朝在外犯邊,屢入馬蘭關、黄家營,故我祖奉明朝皇旨築此自守。”問:“曾守此城與清兵屢戰乎?”答:“并無争競,多送牛馬。”問:“那時降於清朝?”答:“順治三年。”問:“順治元年、二年時,但送牛馬耶?”答:“順治作朝廷,我爲子民,何用牛馬云?”余曾聞宋家築此城自保,清人屢攻不下,明亡後始降,清人怒其久不下,令歲貢萬餘金,故財産遂衰。仍又問:“清朝税銀於此城歲萬餘兩云,然否?”答:“無有。他地税銀每畝八分,而我家則清兵以來投十王乃哈嚒王也,以此八分外加二分爲一錢。我家田二百頃,一頃百畝,合税銀二千兩。私税則一畝衹五分銀,爲一千兩,其餘耕種人自收云。”仍與重藩同入内舍周觀,室宇宏杰而亦多頹圮。城正中有敵樓,高入半空,比門樓加高。樓凡三檐,樓下臺亦數丈,登梯三折上最上層,每層皆有炕,屋上層四面設女墻炮穴,南俯大野,北眺群山,亦自敞豁。城方如棋局一字,室數十,皆是宋家,更無他人家。副使、書狀亦追到,副使但觀家舍,書狀上樓同玩,遂下樓待副使、書狀之出,余亦繼發。主人忽持宫箋紙一丈,請作詩書贈,余以行忙辭之,而其請甚勤,亦難揮却,遂立寫一絶曰:“宋家亭子白雲中,獨上危樓送晚風。一道烟光横樹面,征鞭遥指薊門東。”其人大喜持去。宋重藩又持灑金青紙强請留題,余以行忙辭之。重藩言:“行忙未及賦,則請書前日所作詩。”余倉卒偶記《從軍行》一首書之,詩曰:“出塞不知處,夜聞邊草聲。劍花霜滿地,旗脚月臨城。結髮隨戎馬,捐軀答聖明。嫖姚許深入,分道作奇兵。”書罷遂行。

(九月)十六日庚辰,晴。自薊州行二十五里至盤山,朝飯。又行五十五里,至三河縣宿。

……入城宿漢人馮雲生家,……俄而谷一柱來見,面皺鬢白,真老秀才窮寒之貌也。余書:“豐潤居諱碟的於尊爲從子麼?”答:“是。”問貴庚,答:“六十二歲。”余又書:“昨過豐潤谷秀才,乃家大人舊日主人家。鄙往其家,與之穩話,情義如舊識,因得聞尊名聲,竊欲識荆,何幸先自枉屈?”答:“向謝尊大人,今得邂逅,實三生之幸,愧乏杯水之敬,歉仄之甚。”余問:“縣學教諭是何品官?”答:“不入流之官。”余問:“聞尊多讀書,好文章,緣何至今栖遑薄宦,見曲科場,今則不入科場耶?”答:“淹留於此十載不歸,然豈戀戀於此哉? 科場九次俱遭按劍,近眼花不能復入科場。”問:“一路多訪秀才,而終未見一個多讀書、有學識好文章的人,甚可嘆也。此縣及通州必多人物,可因尊而得見其人耶?”答:“尋訪好人,講論文章,唱和詩篇,豈倉卒中得之耶? 此亦有其人,而頃刻不能相會,俟尊駕回日可請來耳。”余以白紙二束贈之,作别而去。

(九月)十七日辛巳,晴。食後,微雨浥塵。自三河縣行三十里,至夏店朝飯。又行四十里,至通州宿。

……此河本名白遂河,而此處人皆稱白河,一名鷺河云。河中上下數十里舸艦簇立,中間僅通一船之路,不知其幾千艘,江南、廣東、廣[1]西、河南船形各不同焉。船尾皆插風旗，適西風過河，旗脚一時向東，颯颯有聲。西岸舟子望余來，却棹小舟而來，邀上其舟，渡河後亦不索價，問："你不索價，緣何濟余？"答："津船職當濟人，况他國人乎？"余以火金贈之，累辭而受。問："此中船隻皆商賈船否？"答："南京商賈船皆已還，即今所留太半湖廣、蘇杭、江西、江南、山東等處漕運官船，其數七千餘云。"余欲見大船，邀舟人再乘舟往河中北邊最大船，其人欣然從之。遂溯河而上，中流有船上作亭屋，而加彩繪，文窗雕檻，動影波中。屋中有數人坐椅子，一人方弹琵琶，掠過余船，望之如畫中所見。河中衆船大抵兩頭如截，而有一船兩頭尖細而高舉，如半月形。至最大船下，約舟子等待，用梯上船，長三十餘丈。上鋪以板，與船舷平，板上作屋，屋上以板爲檐，刳竹覆之。屋左右設窗，用板隔屋中作十餘區，板下深五丈餘，皆貯米穀。入屋中净潔明朗，儼然好房屋也。置數三椅子，一人邀坐勸茶，余呼紙筆書問："此何地船？"其人書答："江西南昌縣船也。"問余緣何以來，答："看玩。"余問其人姓名，答："姓萬，名天衡，船名'經俚'。"余問："船有名何用？"答："船皆有科號，有頭船領之，用號點船。"問："江西距此幾里？"答："旱路三千八百里，水路五千里。"問："南昌尚有滕王閣故基乎？"其人驚曰："閣亦有之，而何以知之？"答："書册上看見。"又問："滕王閣臨江風景好看否？"答："極好看，爲江西第一勝地也。"余曰："即今滕王閣非舊時之閣，實是後人因舊基而建之。"答："是。"蓋滕王閣有二焉，此則王勃、韓愈所賦之閣也；一在巴山，即杜子美所賦詩也。問："洞庭湖、岳陽樓、君山、湘江都在江西地方，你曾看麽？"答："都看過。"問："你自何處入海？自何處復入河？入河後連以漕河至此乎，抑更出海路耶？淮河合流，漕河尚能通船否？"答："自江西浮江，自揚子江下流宜鎮江入海，復自淮安府入河，一路從漕河至京。"仍書自通州至江西水路，曰"自通州過張家灣，次火縣，

---

① 廣，原闕，據文意補。

次河須務，次楊村，次天井"云云。問："河水近無泛濫之患耶?"答："無大患，春夏或時泛濫，而秋冬則安。"問："近來水路無海賊之患耶?"答："無有。"問："江西運米幾石，此船裝幾石?"答："江西米都數二百五十萬石，此船裝一萬石。"問："船板之縫用桐油和石炭塗之云，桐油是何物?"答："朝鮮亦會使船，若無梧油，何以使船?"余言："朝鮮無桐油，亦不會用法，桐油之樹與梧桐异乎?"答："是桐子樹之實，其樹不似梧桐，春開花，秋結實，花瓣大如桃李，形似支子花，而有紅、白兩種，實色青而圓，大如葡萄，取油之法與麻油無异，此樹南邊多，北邊無之。曾聞漂海人言外高麗多此樹云。"外高麗即濟州也。正話間，李樞忽到，上船，問："何以知吾在此船?"答："河邊立鞍馬，故問而知之，而慮無通話者，乘船尋問來。"萬天衡却出果數品、糖餅、鹽薑之屬待吾兩人。鹽薑，以薑沈鹽，辛鹹調和，味却可口，可用於飯饌矣。余單身乘舸，不帶紙扇之物，囊中但有紫金丁三、蘇合元二，探出贈之，其人稱謝再三曰："紫金丹吾們亦知，方用材料多貴，故不能製。而此藥甚緊於海路遠行之人毒霧瘴烟嘔霍之病，服之如神云。"余要盡玩船上，其人引行周視，房屋井井極精緻。亦有五六女人抱兒綻衣，日用百物俱備，一邊鋪土種菜，屋裏間設暖炕，一屋内有白兔一雙，毫白如雪，耳内如丹砂，其大如貓，則已馴，撫之不驚，余問："兔千年色白，這個兔是天生的麼?"答："種類有白者，此兔年纔五六歲云。"仍思韓愈白兔狀，甚可笑也。其人撤去船上板而示之，其深五六丈，貯米滿其中，不用囊橐矣。至船尾見鴟尾，與我國船不同，兩舷長出水面，鋪板其上，當中設圓孔，安鴟尾而其木直垂尾入波中，木大如梁柱，尾廣丈餘，機轉便妙。一人運之如意，制度堅壯，雖大風浪無破折之患矣。余言"吾無所帶，不能與面皮，你若於夕時來訪余於通州城中朝鮮館，則當有所贈"云。答："當往。"其人人品樂易精明，亦能解文字，筆又敏速，甚可與語。余與李樞下船，其人以香五條贈之。其長五六尺，大如指，言是江西所出云，而燒之不甚清。余與李樞所乘小舸二隻俱待船下。此地船人人心之好，實非他處之比。兩人同上一舸，一舸却摇櫓向他，余招而同行。至岸上，探鞍馬囊中二扇而分給。李樞逢山東船人，問："海賊有無？"則答："陳尚毅、鄭鎮心至今尚存，而勢孤遠遁，未聞聲息，此外雖有些剽竊之輩，不足爲患矣。"

（九月）二十七日辛卯，晴。晨起，一行將往鴻臚寺演儀，余欲同出，先往天主堂，故吃飯而出。楊澄有往見之約而久不踐，遂與王四往趙華家，家在路邊南巷口距法華不遠，王四先入通之，出言曰："尚早未及盥，請坐中堂。"引入坐椅子，中堂華麗，上有扁額而以黄帕爲之，乃皇帝筆云。左右列椅子二十餘，皆以帕覆之。坐頃，楊澄出來，面黑多髮老醜，而眼有精華，從人已出文房四具列於桌上。彼先書曰："可是李先生麽？"余答："姓某，名某，字某。以字行，故序文及書皆書字。"彼即首肯。余又書："久聞盛名，今對清標，實是奇幸，緣何至今栖栖京洛未歸故山？"答："數年連有身病，方事醫藥，久未還鄉。"寒暄後，彼問："稼齋金先生近得安否？"答："安在。"彼問："往年及今春，付兩度書，至今未見答，可怪。"余答以未知其故。談間，趙華出來，坐旁邊椅子，面麻瘦小，右眼有瞖，外貌寒薄，無富貴相，與余書字寒暄後，出茶飲之，余書問："方爲何官？"答："瀋部郎中。"歸考官業，終無其名，可怪。問："皇帝何時回來？"答："今日離熱河來，初七八日當抵暢春苑。"問："四百餘里怎費許多日？"答："一日不過行三四十里，到處流連，自爾如此。"余書示楊："願見近作佳句。"即示《憶稼齋金公》七律，且書待余一絶句，末書求和，余即次，書之曰："燕館秋風斷往來，緣何懷抱對君開。日斜又聽傳魚鑰，愁對寒鴨啄晚苔。"趙華問我國科舉之法，略書示之，又問余登科乎？答："爲進士，我國進士乃大國舉人之比耳。"問："爲進士第幾人？"答："幸忝第一人。"兩人相顧咋舌，連稱進士狀元，余笑曰："與大國進士狀元不是一樣，不過是舉人耳。"正叔言："象人出入，似治飯具。"余方欲往天主堂，不可久坐，遂書："余有忙，故請出，午後當更來討話。"即出，兩人皆送至門。

(十月)十六日己酉,大風。……遂還出,往趙華家。門前有太平車二,兩使通於華,華及二客同出,二客則乘車而去。華迎入,過前日所坐兩屋,至内室中,中堂五楹,極軒敞。兩頭有房,堂北壁下設長炕,可坐數十人,邀坐炕上,炕下置銅鑪,徑可三尺許,熾炭其中,廣室薰暖。侍者即以小卓及筆硯置前。東邊房中女人五六覘視,露面不避,乃華之母女妻妾云。華之子及二少年在座,問之則皆華之侄云。俄而,楊澄入來同坐,以書問答。寒暄後,楊澄袖出一文贈之,上題《贈李先生遊燕京序》,其文頗不俗。余言:“幸得瓊琚之作,實可寶玩,辭語奇健,似從韓、蘇中出來,然過蒙奬詡,愧汗。”楊澄言:“趙蓮峰見尊筆迹,欲得數紙。”余言:“筆甚拙,雖東國之人皆稱極拙,何敢累高眼?”趙華書曰:“是過謙。書《送楊先生詩》,筆畫有晉人風,願乞數紙,一以爲永久法式,一以爲他日面目。”余本不能書,而亦難牢拒,遂答:“筆雖拙,不敢孤盛意,歸館當書送。”余又書:“貴處有書畫可觀者,願一看玩。”趙華遂使其子出視五六簇書法三丈,皆明人所書,皆奇健可喜。又出示山水樓臺一簇,稱唐寅畫,諦玩則非唐寅筆法也。精細軟媚,酷肖仇英筆。余書曰:“此决非唐寅筆,似是仇實父筆。”趙華猶以爲唐寅筆,更看下邊有微微字畫,與趙華共著眼細視,則書“仇英製”三字。趙華亦曾未看者也,遂驚而大笑,書曰:“近來書畫雖多贋,難逃這様隻眼。”遂盡出家中畫百餘丈,軸帖及片紙、片绡積於余前,余一一看玩,中有元明畫數三丈,其餘皆是近來畫手寫與趙華者。畫端皆書“某呈趙蓮峰正”。曾見陳法壁上書,亦書“某寫呈世垂老兄正”。蓋相親者皆以畫或書相贈遺者,此處風俗也。趙華書:“此畫中有可愛者,可擇十餘丈取去。”余書:“但好看玩,不必取去。”楊澄書:“蓮峰人品甚高,毫無吝意,取去無妨。”余書:“既請出視,又復取去,豈不傷廉節乎?”趙華書:“書畫相贈遺,此處風俗,尊贈吾以書,吾以畫贈,各爲他日面目,豈非好事? 須擇十餘紙取去。”余書:“盛意難孤,取去十餘丈而歸館,後當有仰報者耳。”遂揀取其畫。古畫作軸者,則彼當愛惜,故但取近畫片紙十一丈，中有《仙人弄蛙》畫，筆法生新，趙華指之曰："此是名筆，凡物有緣。"俄而，進飯，以大盤盛五碗飯，肉菜十餘器，置於前。趙、楊及趙之子侄皆圍坐同吃，白米飯極精脆，無异我國。飯饌物亦極珍甘，太半羊肉、羊腸之屬矣。余前但置匙，他皆以箸吃，吃幾半，進酪、茶各一器，他皆澆飯而吃。余但吃飯後飲之，味甚醇醲，亦不油膩，輟食後又以大盤饋余。從人萬億、正叔及馬夫慶先每盡吃空其碗，則輒復饋一碗，歸聞慶先連吃五碗飯云。余問："城中有善畫者乎?"趙華指余所揀中畫魚曰："畫此王璡在天壇中，而筆法頗精，與余相親。"余曰："其人元此地人否?"答："遠地人，依鹽稅官寄食，身無立錐，四海爲家。"余欲得其人筆畫草木鳥獸蟲魚之屬，設彩而書名其上，"願因先生得見，其人當有所償，幸爲我圖之"。趙華書："尊行期已迫。其畫非數三日可了，似不能爲。"余答："我國使行連有往來，今年冬至使當於明春還歸，其時付送則好矣。今所托於尊者，我去後推覓其畫付於我使耳。"答："依教爲之。"余又言："余當送價本，幸帖其畫而送之。"趙言："不須送價，吾當作帖送之。"余曰："雅畫付送已極可感，作帖之價又何費哉?"且言："二三日内請邀其人至此，或送於館中，則可以面言。"答："當依爲之。"趙華入房中，嘱女人而出。年少女子搜出篋中香囊、烟竹囊、纓絲、雜佩、象牙、扇子出來授華，華即以授余，余辭再三。楊澄及華侄皆勸受，即受而辭出。趙、楊皆送至門外。

（十月）三十日癸亥，晴而温。昨與趙華約往，飯後欲出，而甲軍輩阻搪，且提督適來防塞云。……至趙華家，華子先出迎，入西邊室，趙華、楊澄及畫人王璡皆來見。王璡相貌清疏，鬚髮盡白，書字時着眼鏡，未知何以作細畫也。余書："王先生見畫而又見面，可幸。本鄉何在? 緣何住此?"答是"浙江人，與楊先生同鄉，又與趙先生是舊友，偶至北京，久未歸"云。余書："先生之畫品高妙，平日仿何人筆意?"答："小弟無學識，見笑大方，學的董太史筆而拙甚，望指教。""却問先生所欲畫者何物?"答："我國草木鳥獸蟲魚名號與中國不同,欲得《本草》,盡設各色書某物,因盡知名。”答:“若以《本草綱目》之盡依樣設色,則不難,而若要詳明,非博雅君子不能盡。”余言:“固如此矣,《本草》之畫但抹殺,元無足觀,必須目見草木鳥獸形狀,而後依色設彩,方可知某草某木,但俺行期已迫,此事不可猝猝。歸去當送畫本紙,但隨意畫數張禽鳥草木以惠也。”答:“領教。”趙華却書示:“皇上爲貴國事遣内閣侍讀學士尼黑諾、頭侍衛阿蘭泰等,知之乎?”答:“知之,敕使已出,而禮部文書至今不覆奏,以此我們久等,可悶。”答:“封王事,禮部於二十九日已奏。”余言:“此事我們都不知,先生從何處聞知?”答:“敝友説二十九日奏章,而未見其文,亦不能詳耳。”余言:“禮部每事阻搪,操功索賂,殊非皇上眷待我國之意。”趙華笑曰:“貴國亦當有,一般事。”答:“我國豈無索賂事?然君上眷待,則臣下安敢操功索賂,此則比大國不同耳。”諸人皆笑。俄而,進饌八九楪各色餅糖、果實之屬,皆可食。甲軍以日暮催去,遂辭出。

(十月)初三日丙申,晴。……且欲往白雲觀,故辭出,問:“白雲觀去此多少路?”答:“不遠,當送人導之。”遂使一人從余去。出門時回望,塔直出雲表,翼然如飛,比遼東塔高不及而縹緲如畫,不似遼東之荒凉突兀矣。大塔東邊隔屋四五檐,又有小塔出屋上而亦不減十餘丈,忙未及入見。出門西北行半里,至白雲觀,周遭壯麗不減於天寧寺。門前大牌樓外扁“洞天佳境”,内扁“道林閬苑”,前植兩柱插天。入門有大虹橋,如泮水橋之狀,橋下却無水。前堂庭堦道士百餘人,或坐或立。堂中列卓,卓上置飯器,方會食云。道士衣如道袍,而袖方不圓,頭戴黑巾,如我國儒巾,角向後,髮多不剃者,或剃四面但存髻髮。作髻以木爲髻冠,若小瓢狀而加簪。有一道士迎余作揖問:“何來?”余答:“睄睄來,乃此處言看玩也。”道士遂引入重屋,入一小殿,當中設一像甚美麗,問:“何神?”道士答言:“丘長春像,元世祖拜爲國師,本山東登州府人,有功元朝,且解仙術。”神像前磚石築如櫃狀,高半丈餘,長丈餘,問:“何物?”答:“此乃丘祖師墳，仙容在内。”余曰：“仙人安得有墳？”道士微笑不能答。遂引入玉皇殿，轉入殿左，有梯可上，導余上，殿高數丈，殿下乃道士所處也。殿上鋪大磚，而光瑩如鏡。東西九楹，南北三楹，金碧不甚眩麗，而却宏深嚴肅，初入森然動魄。北壁作小屋，安玉皇像，服帝王服，左右立兩童子，遍三壁列三十三天帝君，皆垂旒被衮，左邊立一神將，三頭八臂，各持兵器。每頭有三目，而一目竪着額中，乃天蓬神云。既像上帝，不可不拜。余前行四拜，道士便去擊磬，衆道士看余拜，齊稱：“高麗好拜神將。”星君之名，多不能盡問。出前榮欄上扁金字“紫虚真氣”，乃皇帝筆云。還下殿，其下當中設南極老人星像，騎仙鹿而坐。左右皆道士房，亦皆精麗。殿左又有一殿，樓上安像乃女人像，而四頭八臂，稱斗姆。前扁“大智寶先”，亦皇帝筆云，左右亦神將。下樓而道士引入東邊房，請坐椅上，他道士十餘人亦來坐。余始問引余道士姓名，答：“姓李，名元堈，字陽和，號鑚變。”其人樂易可愛，余問：“此觀聞有張天師，今在否？”答：“年前還龍虎山中，今十一月當上來。”余問：“龍虎山在貴溪否？”答：“然。”又問：“此又讀經修道的道士否？”答：“天師正一教，此白雲觀法門留心，全真教門不爲法家作用。”余曰：“全真教是修養之術，法家作用是符咒術否？”答：“然。”余問：“修道道士在那裏？”答：“姓王的今隨皇上，數日後當還。”余曰：“道法高明當處深山中，怎隨皇上奔走風塵中？”其人笑而不能答。余問：“此觀中道士有幾？”答：“五百餘人。”余曰：“五百人中豈無一人修道者乎？”旁有一道士書示曰：“白雲觀中抱修道真者固不乏。人若欲會見，親詣丹房逐一相訪可也。”余欲起身同去丹房，李元堈請暫坐，設饌相待，龍眼、荔支、糖餅、糖果之屬十餘楪置桌上，而極精潔可食，旁有十二三歲兒，眉目秀潔可愛，亦請坐同吃。余問：“何人？”答：“宗室。”卷上衣出示黄帶曰：“此處宗室以此表之。”又指旁邊一道士曰“此是副當家，姓楊，正當家即王姓，隨皇上”云。當家云者若寺刹住持僧也。茶罷，余以兩扇分與李、楊二道士，遂同往丹房。左右翼室百餘間，通謂之丹房，皆讀經道士所處也。

引入一房,有兩道士而眉目皆不俗,揖余,坐炕上,李元堈言:"此是書册所藏房,若欲看書,當拿出。"余問:"此有何等道書?"答:"敕賜《道藏》册書皆具在。"余曰:"讀敕賜書,豈可爲仙?"答:"若要奇書秘訣,須積功勤訪,非等閑可見。"余曰:"然矣。敕賜書既不足看,奇書秘訣亦不得見,似是本無仙緣。"諸道士皆笑。遂與李元堈遍看諸丹房,每房有道士兩三人,或讀經,或閉户睡。余曰:"既以丹房爲名,而不見鼎鑪之屬,何也?"道士笑答曰:"彼各有腦中之丹,不須外丹。"余曰:"但有腦中之丹,則直曰'丹腦'可也,不當曰'丹房'。"相視而笑,蓋此處實無修煉之士矣。余謂李元堈曰:"萬里之人,萍逢於此,實是奇緣,行忙草草,不能盡情,能枉吾所住處否?"李欣然曰:"吾固有志,須言於守門者,俾無阻搪。"余諾之,書示:"法華寺在東四牌樓南、哈韃門之西北,龍佛寺一里許。"約初六日來訪,還出,至門,余問:"此處道士五百人中有善算命者乎?"答:"有太乙、五星、子平、紫微皆精通者。"遂書大人及余四柱給李元堈,使精推,六日來時袖來,首肯持去。

(十月)初五日戊戌,陰曀而風。飯後將往報國寺,聞每五日爲市於寺中,市肆繁華加於東岳廟云。……還向宣武門外,尋陳法家,入南邊蔡市胡同。至門,使王從仁先通,陳法出門迎之。入客室,室極精楚,前置黄白菊三盆,東壁挂蓮花障子,筆法不俗。障前置半月桌,桌上置古銅香爐。北壁大書一聯詩曰:"風流晉宋之間客,清曠羲皇以上人。"下書:"同年弟某爲法垂老先生書。"法垂,其字也。各坐椅上,中置桌。余言:"話不同,筆硯拿來。"小奴即持文房四具置桌上。余書:"昨過薊州見令弟,眷愛殊甚。臨别托以抵京後必訪尊,故使人尋貴家,而出不易,今始來訪。"各書姓名年紀,其年二十八,而方爲翰林院檢討官矣。彼書問我國科制,余略答大概,且問:"東國有《十三經注疏》、二十一代史、漢唐宋詩文乎?此外書籍幾何?"余答:"《十三經注疏》及《資治通鑑》《朱子綱目》明時皆已出去,漢唐宋明詩文皆有之。我國尚文,故家藏千百文書無所不有矣。"彼問:"東國崔致遠是何時人?有文集乎?"答:"新羅時人,出仕於唐,爲高駢幕下,作《討黄巢檄》,其文甚奇,文集有之矣。"又問:"明時于忠肅公謙[①]曾使貴國,與李侍郎唱和,詩在其文集中,此或於尊爲同姓之親乎?"答:"李侍郎不知是何人?我國李姓最多,不必親族耳。"又問:"曾見高麗板《杜詩》,多與中國板字有异者,未知何時刊出?"答:"我國《杜詩》板本甚多,未知其册何時刊出。"又曰:"《杜詩》疑誤字甚多,中國本亦不同。"余曰:"然矣。如'風吹滄江樹,雨灑石壁來'之'樹'字是"去"字之誤;'朝廷燒棧北,鼓角滿天東'之'滿'字乃'漏'字之誤。此類甚多,不可殫記。且百家注甚胡亂,每欲一鍤鏟去,未知近有考正誤字,好注《杜詩》否?"答:"諸家杜注莫善於明錢牧齋之箋注。近則仇滄柱之《杜詩詳注》亦爲該悉,而於前人所論多未改易,蓋其慎也。"余問:"貴眷盡來京裏麼?旅官想多艱矣。"答:"家父任豐縣,故舍弟往侍,弟則鄉貢上京,忝進士,皇上拔擢,方爲翰林院官耳。"且問:"尊於路中必有高作,幸示之。"余書《燕京雜詩》一絶,曰:"寒鴉落木燕丹材,短草荒烟蒯徹墳。千古賢豪俱寂寞,薊丘秋日望中原。"且書:"拙詩不足觀,請教。"答:"丰神藴藉,絶句本調。"余問:"尊有近作,願見之。"答:"當於後日持寫往訪。"彼問:"貴國人豐縣失銀事,知之乎?"答:"知之。"余問:"皇上何日還京?熱河何故長幸?回日當往暢春園耶,入京城耶?"答:"皇上二三日内當還,幸熱河避暑也。駕回必幸瑒山,方至暢春園,有事方進京城。"余問:"瑒山在何處?"答:"在京城西北,去暢春四五十里。"彼言失銀,更夫受刑事,蓋戊戌使行至豐潤,譯官李某宿察院,中夜失銀一千二百兩,兩數雖未可的信,而失銀則同行皆知之。告於豐潤知縣,即陳法之父,此處法甚嚴,我使被盜,地方官皆革職。縣令請於一行,言當即覓盜償銀,請勿呈禮部云。故使行至北京後,久待而無消息,臨

① 于謙,當作"倪謙"。倪謙(1415—1479),字克讓,上元人。正統己未進士第三人。1450年曾與司馬恂一起出使朝鮮,文翰風采傾動海東。所著有《玉堂稿》《遼海編》諸集。

發始呈禮部，而陳知縣有勢力於朝中，得不革職，而至今囚治其時巡更甲軍。譯輩且言前年知縣自備一千兩銀，請給朝鮮人。其時我使適不來禮部，使之待東使給之云。今此所請或是知縣當自備，故假辭更夫受刑之説，以冀行中之更不呈文催督矣。歸聞鄭泰賢乃失銀者之外弟，昨日呈文禮部，請催督云。話間連出茶四五鍾，且出糖麻餅，味極佳。余言："我國方以請封爲請，而禮部官多生節拍，而文書往來覆奏事，序班輩阻搪不明言，如此之際，恐難以他事爲請也。使行還過豐潤時，呈文於豐縣，據我人呈文移文於禮部，則似便當矣。"答："如此，則禮部疑豐縣與朝鮮人通同，事甚不便，不如直呈禮部。"答："當歸館相議。"且問："請封之事以有關於翰林院者乎?"答："無有。封王大事當依例爲之，禮部亦安能操縱，是則無慮，序班微官何足有無於其間哉?"余問："與禮部官有相親者乎?"答："與正堂相親矣。"余問："西邊用兵勝負何如? 十四王領兵在外，何時可返?"答："西邊捷音纔來，已得西藏。十四王亦不久凱旋。"問："西藏云者，西賊帑藏耶?"答："與西賊協力之國耳。閫外兵機，外廷之臣多未得其詳。"其言似防遮，故余更不問。客室北邊屋有兩人坐椅子，時時引領見余。余問："彼何人?"答："弟之朋友。"余問："尊枉鄙所云，何日可枉?"答："初七日。"王從仁言："日暮請歸。"遂辭出，日向暮。是日天霾，不知日勢之早晚故也。陳法出門外送之，遂疾驅入城。

十月二十三日丙辰，晴。……而食後，陳法來見，余出迎引入余炕。炕小難容，炕下置卓，卓兩邊設兩椅，置筆硯於卓上，分賓主坐，以筆問答。余先書："一自奉晤之後，寤寐清標，今幸見枉，奇幸奇幸!"答"連有事，故久未踐約，適得暇隙，今始進叙"云。使人持筆十條、墨八丁并匣貴州茶一塊相贈。"筆墨各精好，來此後初見也。"且示豐潤縣移文禮部之草，言"朝鮮發怒於强入察院，做出失銀之言，而墻壁無盗兒出入之路。其言不可信"。且言"失銀者初言一千兩，忽又閃弄變幻，俄頃之間改言一千二百兩。其隨意加增之狀，昭不可掩。其言都不可信"云云。余看罷，書："頃日歸後聞失銀者，之弟適來，此行其前一日已呈文禮部催督云。既已呈文催督，又復呈請勿推，事甚顛倒。且此輩以銀爲姓命，尚或庶幾得之。豈可因他人之勸阻而有所變計哉？然但當使之勿復呈文催督而已。”言於厨房設饌待之，且以壯白紙及二扇相贈。辭出，請勿送出，蓋以諸胡之耳目有煩故耳。

十月三十日癸亥，晴而温。昨與趙華約往飯後欲出，而甲軍輩阻搪，且提督適來防塞云。使李樞、洪聖疇言於洪二哥，堇堇得許諾，二哥出來，使甲軍出送，且加定甲軍一人令隨余去，蓋慮晚歸也。出門過趙華家胡同，入康里胡同，至天主堂，問：“費先生有無？”門者言：“纔往南天主堂。”但有徐老爺，而不能通漢語云。第使通之，即迎入屋中，即前日所見者，相視默默，極無味。從者言：“相公稍可通話。”即邀來，即前日解文字者，而亦浙江人也，稍能通話，蓋與之同處，熟習而然也。坐定進茶及西洋餑餑，以水晶鍾酌西洋酒，飲之。余書：“行期不遠，欲見費先生，作别而來，適值不在，悵悵，費先生回來爲傳此言也。”答：“費老爺往南天主堂，目下回來，少待如何？”余書：“忙不可待。”問徐之名，答懋昇云。問：“天主堂方造建，財力從何處出？”答：“皇上給錢糧，亦有西洋銀子。”徐懋昇出地圖册及紙造渾天儀，以紙稍作圓圈五六周天度數，地平南北極黄赤道，日月運行，節氣各作大小圈，外圈經尺餘，而裹面地形堇如彈子，其人輪轉，示日月往來。道以日當冬至而轉於天，則掠地平，南邊出地三分之一，入地三分之二；夏至反是而行天中；春、秋分半出地，半入地，一見了然，洞知天地日月之運，如可燭照。數計地平則不動，而南北極圈作來往高低，方出地四十度，乃中國所見也，却縮四度。言：“朝鮮當三十六度，日月之運稍异中國矣。”看地毬圖，西洋去赤道比中國尤北，故問：“西洋當幾度？”答：“地方甚大，有四十餘度，或五十度、六十度、七十度，北邊海島有八十餘度。余以渾天儀碾作，北極出地九十度，北極正當天中以日輪，當冬至而轉之日輪，一周天而長在地上，無出地時。又當夏至而轉之日輪，一周天而長在地上，無入地時。”余問:“西洋北邊,夏至有晝無夜,冬至有夜無晝乎?”其人咋舌連稱明白,答:“儘然極北地方,春分至秋分有晝無夜,秋分至春分有夜無晝,西洋地方極大,晝夜不等,但以晝言之,有六時、七時、八時、九時處,亦有一晝爲一朔之地,亦有日纔没,而即出處云。”蓋尤近北,而日長短尤參差不齊。其言其術的確無疑,可以洗萬古管豹之陋也。唐太宗北征,日暮後烹羊胛,胛未熟,而日即出,每以此爲疑,不知其故。今見此渾天儀,想其時必是春分後秋分前也。若是秋分後,則羊胛未熟,而日便没。當時唐宗即其後看史者皆但以爲北邊夜短晝長,而實不知春分、秋分之互有長短也,即此一事,可驗其術之不妄,亦可知天圓地亦圓之説真,正無疑也。曾見《黄極經世書》[①]言日不過八時,蓋據中國所見而言,而今有九時、十時,一朔之地,則邵子之言亦非大觀也。余問:“天之一度當地之幾里?”答:“當一千九百里也。”余言:“此貌樣渾天儀有銅造者乎?”答:“有之。”問:“有漢字書者乎?”答:“無有。”問:“此物既有銅造的,此紙造的當是當初取樣的,吾請買去,以玩天地日月,如何?”答:“此是西洋字,老爺若欲得此物,當别作一個,寫中國字以待,須去後作一字以寄,則當奉送云。”遂辭出,其人送至門。

① 《黄極經世書》,即《皇極經世書》。

三八、李宜顯《庚子燕行雜識》

【解題】

《庚子燕行雜識》1 册，李宜顯撰。

李宜顯(1669—1745)，字德哉，號陶谷、陶叟，朝鮮龍仁人。朝鮮肅宗二十年(1694)文科及第。歷任大提學、領議政等職，謚號文簡。著《陶谷集》三十二卷。一生中兩次出使中國：康熙五十九年庚子(朝鮮肅宗四十六年，1720)十一月，以朝鮮三節年貢使團正使的身份出使中國。雍正四年壬子(朝鮮英祖八年，1732)七月，以朝鮮進賀兼謝恩使團正使的身份出使中國。

《庚子燕行雜識》是庚子使行的記録，收録於《燕行録全集》第 35 册。兹以此爲據輯録資料。

譯輩來言，門外有一官人來到，欲見使臣云。渠輩以三使俱有身患，恐難接應爲言。其人答云第入通，故來告矣。遂與二使并坐椅邀入，即年希堯，爲名人，而向年來我國敕使，羹堯之兄也。問其官。爲正二品，江南布政使。去九月遞還，未及授職，奉天府瀋陽人，本漢人也。其祖爲明朝指揮，其父方爲湖廣總督，其弟羹堯方爲四川總督，年今四十二，渠年五十云。頗秀俊，以筆帖式拔身者也。燕中方有西藏賊征討事，余欲知其事情，書紙以問曰："四川近於西藏，未知即今其形勢如何？"即書答云："四川係西藏要路。近得西藏，年羹堯功居多。"又問："捕獲幾人，而其已剿盡否？"答云："聞西藏將軍未到之先，彼已畏懼，兵俱回國。我朝大兵現在鎮守。漢兵俱已令回本地。"又問："彼稱號謂何？其國名謂何？其賊姓名亦誰某? 既已退歸本國,則令季亦當從近回還否?”答云:“稱號只在彼地西藏係。伊後得撤兵,由打箭回,是四川總督啓奏的奉旨允行。因四寧有瘴氣,大兵由彼處回,恐其受傷。至於柴草等物,係總督自己預備。皇上聞來甚喜。”又問:“西藏是總稱地名,願得詳聞國名。伊賊姓名亦示。”答云“賊名册旺阿拉普毡,是厄魯得之親姪”云云。其言不甚明白,間多插入别語,殆同問東答西。且見其下筆甚艱澀,文字亦間斷,必是不解文之人也。渠亦自歉,書示曰:“希堯自正初間患病,病舉少愈,但患頭眩之證,不能捉筆,字迹不堪,毋得見笑。”即起去。

三九、俞拓基《燕行録》

【解題】

《燕行録》不分卷，俞拓基撰。

俞拓基(1691—1767)，字展甫，號知守齋，謚文翼，朝鮮杞溪人。著有《知守齋集》。一生中兩次出使中國：康熙六十年辛丑(朝鮮景宗元年，1721)十月，以朝鮮陳奏奏請兼三節年貢使團書狀官身份出使中國。乾隆十九年甲戌(朝鮮英祖三十年，1754)七月，以朝鮮問安使團正使身份出使瀋陽。辛丑之行，據李健命《寒圃齋使行日記》，於十月二十七日從漢城出發，十一月二十六日渡鴨緑江，十二月二十八日到達北京。次年約三月初十日離開北京，約四月十八日回到漢城。本書即辛丑使行見聞的記載，在通州與清人彭坦、彭城筆談。

《燕行録全集》收録，兹以此爲據輯録資料。

還至通州，寶坻縣人彭坦(年廿六)、彭城(年廿二)爲赴考到此。入見，辟人問："皇帝尚不建儲，何也？"答云："無可立者。"問："諸子中，無國人屬聖者否？"答："無有。"問："十四王稱賢云，然耶？"答："未聞。"問："宰相誰爲最賢？"答："王掞最好。"問："馬齊、松柱、王頊齡如何？"答："未有聞。"問："你本是漢人，明朝冠服，今可曉得否？"答："記的。"問："你何爲不法先代？"答："迫於勢。"問："此地去年豐歉如何？"答："先旱後水，大要是歉。"問："見今天下太平，無有盜賊否？"答："盜賊處處起，大要是凶兆了。"問："近京地方無有否？"答："距京五十六里也無有。"問："寶坻縣距此幾里？距京幾里？"答："距此一百二十里，距北京百六十里。”“聞順德府有盗大起云，然否?”答:“地相屬遠，不曾曉的，然曾聞來。”問:“距此爲幾里?”答:“不曾走過，大要有六七百路。”問:“衆寡强弱如何云耶?”答:“衆而强。”問:“皇帝年老，尚能勤政否?”答:“相去甚遠，不知。”問:“大要今日治耶? 不治耶?”答:“衹可説治。”余書示“默會”二字，渠笑而唯唯。又問:“即今刑法寬猛如何? 官吏廉貪如何?”答:“總之，居今之世，不敢多説。”問:“明朝制度尚有流傳者否?”答:“大同小异。”問:“所謂大同小异者，指冠服而言耶?”答:“不過車服禮器。”問:“尚有不剃頭者否?”答:“此斷未有，以其勢力之不得不然。”問:“婚喪祭禮俱已改變否?”答:“惟滿人改了，漢人俱未曾改。”問:“漢人與滿人通婚姻否?”答:“滿人急欲與漢結親，漢人斷乎不肯。”問:“君將欲應科做官否?”答:“尚非其時，混濁的儘。”問:“將欲深入否?”答:“然。”問:“未可的必?”答:“是是。”問:“漢人或有追思明朝者否?”答:“大要也有。”問:“想不多?”答:“也不少。”問:“明朝人多有閉門不出者否?”答:“也有。蘇州有一明朝進士，姓李，與吾鄉杜宰相是同年，至清朝高蹈不仕。杜相即欲與他同仕，他作一對云:“玉堂金馬君思我，流水高山我思君。”問:“李、杜名爲誰?”答:“李不知，杜叫立德。”問:“漢人謂吾國服事，今朝必有議論，願聞之。”答:“此事亦是從天不從人，何復有議論?”問:“俄所言盗賊衹是草寇，不至攻掠城池否?”答:“去歲弊處土賊甚多，無論莊城人家俱不敢眠者，三個月亦正可畏。”問:“今無更起處否?”答:“此時尚是農時。”問:“寶坻縣屬此州否?”答:“是。”問:“此州刺史何人?”答:“姓朱，是滿人。”彭問:“人都説老爺那邊有一種异書，叫作《樂經》，未知有否?”答:“人言《樂經》是何書耶?”彭問:“自古有‘六經’之説，我們此處衹有五經，所以説那邊有《樂經》。”答:“《樂記》編在《禮記》書中有，何別樣《樂經》也。”彭問:“老爺那邊文章書籍與我們此處同否?”答:“本國儒士讀四書五經，尊尚晦庵夫子，經、史、子、集、百家書都有，絀佛法，擯巫覡。”彭曰:“我們此以讀書爲名，那裏有用實功夫的。”彭又問:“老爺到此多少路?”答曰:“三千七百里。過年十月離家,五月當還王京。”彭問:“官居何職?”答:“見任太僕寺卿,都察院右副御史。”彭又問:“請問老爺爲何無論春夏,祇管拿扇?”答曰:“扇者,便面也。”彭問:“欲求老爺一副字,以爲傳世之寶,爲何不肯見賜?”答:“拙筆不堪污眼。”指副使曰:“此位最工字,有名本國。”(渠袖來銀面紙一張,余與副使割半,各書杜詩五言律詩一首以贈之。余書《岳陽樓》詩,下書壬寅三月海東歸人書奉彭坦秀才)書訖,余曰:“拙甚勿哂。”答:“拿到家中即以爲至寶,如何説是拙書。”彭問:“老爺那邊紙爲最貴,可以見贈幾張如何?”答:“歸橐告之,祇奉廿張,可愧。”彭云:“屢屢費心,怎能當的。無物可酬,怎生是好。”余曰:“不消作客氣話。”彭又曰:“時間説話,務必付火方好。一言雖微,草命可惜。”答:“臨昏燃燭,即當如戒。”此外間漫酬酢,不可勝述(彭坦終始在坐問答,城則數言先出)。

四〇、黄晸《癸卯燕行録》

【解題】

《癸卯燕行録》不分卷,黄晸撰。

黄晸(1689—1752),字陽甫,朝鮮長水人。雍正元年癸卯(朝鮮景宗三年,1723)八月,以朝鮮陳慰兼進香使團書狀官的身份出使中國。使行於八月初八日從漢城出發,八月二十九日渡鴨緑江,九月二十八日到達北京。十月二十日離開北京,十一月十六日還渡鴨緑江。九月二十一日,在永平府與清人秀才筆談。

《燕行録全集》收録。兹以此本爲據輯録資料。

(癸卯九月)二十一日丁酉,朝陰午晴。……行四十二里,投永平府。

……有一秀才來見(秀才之稱即業文字者),臣以書問曰:"儞家世漢人麽?"答云:"以漢人居此地,已四世矣。"又問曰:"即今國中無征伐之事而一向太平耶?"答云:"新君登位,天下寧静矣。"又問年事,則答以"雨澤及時,農形大熟"云。觀其爲人不甚奇,故衹有此酬酢,而給筆墨以送之。此地即漢之右北平,故李廣射虎石在此界云。

四一、趙文命《燕行日記》

【解題】

《燕行日記》，趙文命撰。

趙文命（1680—1732），字叔章，號鶴岩，謚文忠，朝鮮豐壤人。雍正三年乙巳（朝鮮英祖元年，1725）四月，以朝鮮謝恩兼進奏奏請使團書狀官的身份出使中國。使行於四月二十五日從漢城出發，五月十八日渡鴨緑江，六月二十一日到達北京。八月十八日離開北京，九月二十一日還渡鴨緑江。《燕行日記》即是對使行在中國境内時燕中聞見的記載。乙巳年六月初一日，在小黑山察院與秀才宋美成筆談；初二日，在新廣寧宿所與秀才田生畸筆談。

此燕行録爲筆寫本，出自《鶴岩集》（韓國首爾大學奎章閣藏本），《燕行録續集》收録。兹據以輯録資料。

（六月）初一日丁卯，抵小黑山，入察院止宿。秀才宋美成，漢人也。其祖先多仕於明朝云。臣問曰："吾之衣服制樣，與你所服着何如？"美成曰："你們之所服着曾是吾先祖之所服着，豈不好哉？"頗有嗟嘆之色。臣曰："見爾文筆甚可愛，吾當出題，你可做示否？"美成曰："諾。"臣欲觀其意，故以"孔子作《春秋》論"爲題，則美成即於席上構成，其文頗有可觀，而第一篇之中。終不提論華夷内外字。臣曰："文固可佳，而但孔聖之所以作《春秋》，專爲上下之分、内外之别而作也。今無此等語，可謂失旨矣。"美成微笑曰："居今之天下，安敢爲此語云？"其言亦自奇矣。美成弟子徐登雲年十四，爲人精秀可愛，頗通文理，故與之筆談矣。臣適見其囊有錢，臣探出，唾而擲之地,錢實雍正通寶也。登雲勃然變色,拾而示雍正字曰:"何唾爲也?"臣曰:"我國禮義邦也,士子手卷而不手錢。今爾手錢而不手卷,所以唾爾士習也,非敢唾雍正字也。"登雲大慚愧無言。低頭周視,適見外炕馬頭輩,藉坐落幅油芚,遽言曰:"大國士子過藏書閣必下馬,你國自稱禮義邦,而今乃踐踏文字何也?重文字者固如是乎?"譏詆頗緊,臣不得已,曰:"此乃科場落幅也。其人平生如你之手錢而不手卷,見落於科,今此踐踏之者,所以愧不文也,此豈非重文字之意乎?"登雲即曰:"豈其然歟?"顯有解悟之意。然臣曾前已聞彼人多以此譏之云,今乃見窘於登雲如此,而其言極爲有理。且念我國科文至爲膚淺,不可使示於外國,故臣備言於副使,有所商議。日後使行時變通之道,而地部所費,决無可以代落幅者,貧國事殊可恨也。

(六月)初二日戊辰,至新廣寧止宿。

臣聞里有吴三桂舊麾下謫來此處者,使人邀來。其人姓田名生錡,年七十二,顔貌不衰,亦頗能文。臣書示曰:"你何爲而到此?"答書曰:"我於老吴王之孫洪化元年,擢爲工部主事,原係清朝秀才。老吴王叛時,拔了監生,故此授職矣。洪化敗後,康熙二十年剃髮投誠,至二十一年隨班師到都京涿州官店存住。至二十二年三月,自京發往關東,差分撥驛站,而吾生來再剃髮,命途可謂奇嶮矣。"臣問曰:"何謂再剃髮也?"曰:"老吴王未叛時固已剃髮,而又與長髮,今又剃髮,豈非再剃髮乎?"頗有噓唏之色。臣問:"吴王稱兵時事實及戰鬥時狀,你必有目睹者,願得一一聞。"生錡曰:"自癸丑年十月,吴王着通天冠服、柘黄袍,登壇舉義,聞風而化。到一處即順一處,無有阻攔者。已得雲南、貴州、湖廣、四川、廣東、廣西、陝西。因吴王病死於湖廣襄陽,因無主帥,人心涣散,而清兵臨城,城外有一金滯河,清兵讓吴兵過了橋,從兩脇夾攻,吴兵大敗,死於河中者不計其數。洪化王帶傷與殘兵歸至城中,閉城門不出。清兵衹是圍困。自二月圍至十月,城中無糧。至於口食人肉,城中内變。請清兵進城而城陷，洪化同伊妃自縊宫中而死。此乃吾在城中目睹者。”臣又問：“吴王當初開門納降，出於爲明朝報仇，其後稱兵，亦出於爲明朝圖復，未知其心何如？”生錡曰：“當日之開關納降者，實爲明朝復仇，與李賊有不世之憾耳。後來稱兵，蓋迫於不得已耳。”臣又曰：“所謂迫不得已者，亦可得聞歟？”生錡曰“因康熙後來有疑吴王之心，欲削其權，密令辭王爵，欲令移住於關東廣寧，其實欲去此心腹之患也。因下邊所屬官兵知道關東苦楚，不願回故里，故有此叛。若有舉義之心，何不立明後，而必身着柘黄袍、戴通天冠，稱年號以昭武耶？且吴王初封爲征西親王，後以克雲南功，封爲雲南王，雲南即永曆帝所據，而爲吴王所迫逐，自縊而死。此實難諱之事，而爲吴王之慚德，所以貽後世叛逆之名也”云云。噫！我東之人不識事實，衹憑風聞，多以三桂爲大明忠臣，而雖或有非之者，亦未見有一言論斷。今聞生錡之言，皆明白有據。而臣又見新刊《明紀》，辛卯，大清兵至桂州，桂王遁入緬甸，爲吴三桂所害，桂王即永曆帝。以此可知生錡之言皆不虚也。

四二、姜浩溥《桑蓬録》

【解題】

《桑蓬録》十二卷，姜浩溥撰。

姜浩溥（1690—1778），字養直，號四養齋，韓元震弟子，朝鮮晉州人。編有《朱書分類》。雍正五年丁未（朝鮮英祖三年，1727）十一月，其作爲謝恩兼三節年貢使團副使李世瑾的隨員出使中國。據姜在應《編述四養齋〈桑蓬録〉序》，姜浩溥撰《桑蓬録》，被其友人楊根郡守鄭延壽借走而未返璧。因其無副本，故佚失。幸其家有諺本一通，爲姜浩溥親手自譯而寫。姜在應便以此諺語本爲據，翻作漢字本。現存《桑蓬録》十二卷即由姜浩溥曾孫在應編述。使行於十一月初四日從漢城出發，十一月二十七日渡鴨緑江。十二月二十八日到達北京。次年二月二十二日離開北京，四月初七日回到漢城。丁未年（1727）十二月十一日，在二道井與秀才筆談；十一日、十二日、十九日，在小黑山程五材家、新廣寧李士杰家、山海關王櫝家、程瑍宅四次與秀才程瑍、舉人白受采筆談；十九日，在中前所與秀才程瑍筆談；十六日，在寧遠城江取珠家與秀才吴宗周筆談；十九日，在山海關王櫝家與秀才郭如柏筆談；二十一日，在永平府黄天保家與秀才李開筆談。

此書原本藏韓國延世大學中央圖書館，《燕行録選集補遺》上、《燕行録續集》均收録。兹以此爲據輯録資料。

（十二月）十一日壬辰……又行二十里，折而西行，抵二道井，朝飯。

村有算命者張寅，字東伯，兼學唐舉術，能相人云。故令公曾於戊戌年以副价入來時相邀以語矣，今日又使舌人招之，張即來，而年方七十六也，耄不能記戊戌事。令公使余把筆，問今行及將來流年吉凶，張寅書一句以示曰："事似孤舟離海口，身如明月出雲間。"未詳其義，又聽其論令公相，多疏略無神奇，然山海以東獨稱張寅算命云。故余寫兄弟生年月日以與之，囑曰："詳評之，則回還時，當覓去矣。"以壯紙二束，僧頭摺扇二把爲幣，寅有嫌少之色，復加給如原給之數，乃受焉。余於令公席與張寅語時，群胡數十人從寅來，侍立炕下，而其中一人眉目動止與他胡有异，余問驛卒曰："誰也，立於第四者，必可與語者。"驛卒對曰："秀才也。"令公諭驛卒招其人坐，其人曰："大人之前，焉敢便坐，况敢與長者同席乎？"蓋尊者之前不敢坐，中國之古禮也。《論語》所謂"坐，吾語汝"。吕滎公居家，於父母之前侍立終日；遊楊於伊川先生侍立雪中，皆可據也。余自入栅後，每見胡人或父子尊卑踞椅相對，心竊駭之。今聞其言，能不染胡俗而知古禮，尤可嘉也。余書問曰："居何處？"答曰："家住山海關。"又問曰："有何幹而來此？"答曰："欲見張老人看命。"余又書示曰："將發行，不可以長語，不知可以繼此而得見乎？"答曰："進訪前路店館，仰承誨言矣。"揖而退。行中有知其面者曰"彼程秀才也，能文章，善言語"云。

（十二月）十一日壬辰……又行二十里，折而西行，抵二道井，朝飯。

……行五里到小黑山，宿漢人程五材家，五材業農者也。……夕，程秀才者來訪余，余以筆代舌，問曰："尊姓程氏，知明道、伊川兩生否？"程書答曰："兩先生出南方，俺今居北地，而自先世相傳謂明道先生後裔也。"余曰："傳言雖未可證信，而我東之人尊尚兩程先生不在孟、朱之下，今聞尊乃明道後裔云，誠不勝屋烏之愛，尊名云何？"曰："名琠，字玉章，永平府山海衛人，今居城内也。""年幾何也？"曰："虛度三十四歲。"又問曰："所業於文武何居？亦知算命相人之術否?"程曰:"少業文,名係文庠(如我國鄉校),雜術之類未曾學也。"又問曰:"俄見張老人論副使老爺相而不曾注目詳察,率口略論,其言果能不謬乎?"程曰:"張先生論斷必有證據,後生何敢妄議?"又問曰:"張老人之術果神妙有驗耶?"程曰:"俺所居處距此五百餘里。張老人看命之法,今月初見之,大勢則不謬矣。"曰:"今日與張叟論術否?"曰:"不知其術,故不能論斷,吾亦書八字與彼,約他日索去矣。"又問曰:"所讀何書? 所作何文?"程曰:"讀五經四書,作八股文章。"曰:"八股文章古未嘗聞,未知何如文也?"程曰:"如求一見,至家日當覓示矣。"又曰:"何謂八股,願聞之。"曰:"八股,即科文規矩也。先爲破題,次承題,再復論題,次小喻,又中喻,篇終又有終條之節,一篇大勢定矣。"余曰:"此六股,非八股也。"程曰:"末又有篇終譬喻,此喻甚少,故不舉也。"余曰:"皇明時科文初爲起頭,次承之,又有六腹一尾之規。今八股蓋六腹而除其一也。"程曰:"然。"余又問曰:"今大國,以文章名者幾人?"程曰:"八大家勿論,其外最顯者有王弇州、唐荆川、歸震川、胡□□。"余曰:"此皆古人也。吾所欲聞者,非古人,謂今日見存者爾。"程曰:"有衡山吴士玉者,最以文章名,人皆艷慕焉。"又問曰:"當今大國,治耶,亂耶?"程瑍不答。又問曰:"大國之人見我東人,則艷慕之乎,鄙侮之乎?"程以筆於"艷慕"二字上作圈以示意。余曰:"此面弄也,豈以大國而艷慕小邦哉?"程曰:"朝鮮乃明禮樂之國,備文物之地,安得不艷慕也。鄙侮之念實不敢生諸心也。"余又問曰:"張叟所論大勢之不謬,尊既知之,必有所見,故也試觀我相,窮歟,達歟,壽歟,夭歟?"程曰:"今居官矣,將來遠達,何可量也?"余曰:"年近四十而僅成進士,尚無半資一職,乃窮措大耳。"程曰:"太公八十遇文王,胡爲欲速?"余曰:"但欲聞相法,非惡於功名也。功名,外物,實無躁躁於心也。"程曰:"俺於相法、算學實無知解,願薦人可乎? 吾所居里中有舉人白受采者,大儒也,習文章又兼善於算命,使行入山海關日,吾當與往尋館舍矣。其人與吾甚善,吾當以致之。"余曰:"若然,則何幸。"程瑍以夜深罷去,復以明日爲約。

（十二月）十二日癸巳，晴。

……西南行十五里，抵新廣寧，宿驛丞李士杰家。……夜，程玽來見，余問曰："聞蒙古作亂，至於掠地云，然乎？"答曰："不然，傳聞之誤也。"又問曰："貴國皇帝年幾何？"曰："五十也。"又問曰："皇子、皇弟幾人？"答曰："不知也。"蓋玽知余之欲問渠國事情，故不肯道焉，托以不知也。又問曰："聞貴國有李霈霖者，與其子侄講學齊魯間，其萬端策流傳天下，余亦一見焉。能知尊朱子，頗可尚。尊亦見其人而讀其文乎？彼亦有門生弟子乎？"玽曰："俺亦見其文，而其人則所居之地遠，故未嘗見也，信而從學者頗多云矣。"玽因曰："俺略言文字，而亦講論賣買，未知尊意如何？"余曰："鄙人迂儒也，空手而來，無可賣買，奈何？"玽曰："尊何相欺之甚也，以鄙人爲不足與論耶？"余曰："尊以余爲商賈乎？吾居於小國，懷抱鬱鬱，故所以爲此行者，但欲一見古中原山川，以快吾心目也。勤請雖切，其於空手何哉？"程玽曰："豈謂商賈哉？然則行中諸老爺皆空手來耶？"余曰："不然，獨吾空拳耳。同行諸人或有賫白金萬兩者，有賫千兩者，少者或賫五六百金而來，例有交易，而余則不唯不能，亦不爲也。我東方則士農工商各异趣向，不相混雜。安有讀書之人逐什一之業，争錐刀之利哉？吾聞求利必於市，求名必於朝，君若欲講什一之利，須往尋大賈而相確也。"玽見余言，把筆點之曰："若然，則吾誤聞之也。"余曰："尊乃大國之秀才，又大賢之孫，而汲汲然惟利是道，何今日大國風俗之如是也？豈所謂風以教易者耶？"玽大笑曰："吾居今世爲今人，亦從俗耳，豈可俯首忍飢甘貧以終年也？"余曰："貧者，士之常，固當甘之如蜜，豈可孜孜焉惟利之趨也？"玽曰："吾且問於尊，貧富二者何樂？尊又何取焉？"余曰："孔子不云乎：'富貴如可求，雖執鞭之士，吾亦爲之；如不可求，從吾所好。'人情不甚相遠，豈有厭富而樂貧者？但有命焉，以求之非可得也。"玽猶佐佐不服，曰："吾聞生涯則范蠡不辭富，貨殖則無傷乎子貢之賢也。"余曰："鄙人不知忌諱,請正言之,尊可謂巧於飾非者也。”瑍笑曰:“鄙人亦非不知尊言之爲是,而但迫於貧窶,不得已而爲此也。”蓋瑍業商賈,故其言如此。余曰:“傷哉! 貧也。”因問曰:“尊之文辭頗緊要,何至今不中進士也?”瑍曰:“貴國進士非我國之進士,鄙人則意欲以一秀才敵尊之進士也,然此言太無禮,幸恕焉。”蓋大國則進士與及第無分别,中初試,則爲舉人,中會試,則爲進士及第。今余未得爲及第,故瑍之言所以如是也。余答曰:“尊言直截,而但有不相知者,尊能文而不得中科甲,故問之也。豈敢以幺麽進士自多者哉?”因曰:“尊見鄙人之文亦可用之於大國否?”瑍曰:“立談之間,文辭甚好,雖在大國,固當爲大儒,然過於大國則不可也。”余曰:“及亦不敢,况敢望過之乎?”又問:“今中國之言,自三代所傳者邪,末世之方言邪?”瑍曰:“此自三代所傳來者也,尊若未之信,試問同行中知漢語者,且貴國言語與中國孰勝?”余笑曰:“彼此好惡皆溺於所習,尊之不好我之言如我之不好尊之言也。”瑍曰:“又請教焉,自古聖賢之君生於中國乎,生於朝鮮乎?”余答曰:“古則聖王誠多出於中國,而我朝鮮沐箕子之化,因爲禮義之邦,風俗習尚不讓於中國,‘小中華’之稱聞於天下。乂我聖朝自立國以來,禮教大明,弘儒大賢踵武絶迹,接有宋程朱之統,而治教無愧於古周,今日我東方雖謂之‘大中華’,非僭也,竊恐不可以小國而藐之也。自宋以前,則聖賢生於中國,而自宋以後則聖賢生於我東。惜乎君之不得被我朝鮮之化哉!”程瑍曰:“箕子誠聖人也,而比之我堯、舜、禹、湯、文、武、周公,則固不可過焉。且但聞中國聖人之傳及於朝鮮,未聞朝鮮聖人之傳及於中國也。”余曰:“以古言之,則君言誠然矣,以今言之,則不知朝鮮當學中國耶,中國當學朝鮮耶? 尊每以古之中國自多,是何异於杞宋之孱孫自誇王者之裔,侈然求勝於周天子哉? 今朝鮮上有殷周之治,下明程朱之學,若王者興,則必來取法,幾何而朝鮮之聖人不傳及於中國也? 君尚欲誇其辯辭,以小大争勝邪?”瑍見畢,數三點頭,不復言。余又問曰:“尊以大賢之孫,衣冠非復中原之古制,其心何如也?”瑍赧然騂顔，從而對曰："雖傷之甚切，亦復奈何奈何。"余又曰："副使令公見尊之昨日與余問答者，嘉之，欲一見尊，且欲以紙箑奉之。今日則夜深矣，尊其於明日更顧也。"琓曰："鄙人之言何足以辱大人之一笑也。大人未及一見而已許心貺，厚意實感，而受之無其義，敢辭。"余答曰："《曲禮》云：'長者賜，少者、賤者不敢辭。'君其無辭也。"琓曰："辭受取與，士之大節，决難敢受也。夜已深，明日復來受誨矣。"即辭去而已，鷄報晨矣。

(十二月)十九日庚子，晴。

……此時程琓與白受采訪余，至門外矣。後聞舌人之言，程、白見余方與郭如恒問答，不入而從門外窺見，及見余受郭如恒所持來朝紙，復跪而讀也。白問譯官曰："何其改容也?"舌人曰："以有我國先王事迹故也。"白顧謂程琓曰"朝鮮以禮義之邦著名者，其有以乎，其有以乎"云。程、白入門登席，向余而揖。余問知爲白受采，即書示曰："因程秀才講，服盛名之日久矣，今蒙枉屈，感幸誠多。"白曰："鄙人亦因程兄稔聞芳名，有願一見之誠，今奉下風，有既見君子之幸也。"郭如恒見程、白，即辭去，在一城中無不相識面之理，而不啻無一接語。郭見程、白之入，色變而即起，可知也。余與郭未半餉問答數語而已，而知其爲人矣。余謂程、白曰："副使老爺聞僉尊之名，要一相見，何不往見?"程曰："許諾。"仍與兩人往謁令公。令公使余執筆以問曰："因姜上舍久聞芳聲，今得見芝宇頗幸。尊年幾何? 何年以何文中何科? 今爲何官?"白對曰："草野鄙人，聲稱不出閭里，大人何由而聞聲也? 以癸卯科中式，文題則'言思忠事思敬'。賤齒虚度三十八歲，尚未及仕也。"白因問曰："東平尉鄭駙馬無恙乎?"令公答曰："已没，纔過三年矣。"白問曰："有令續乎，無乎?"公答曰："所後孫方官學士也。"白曰："乙酉年曾結契誼，至今耿耿不忘，聞已故，不勝凄愴，賢孫能繼云，遠庸慰喜。"程、白懇懇要余會其家夜語，余告令公。公曰："史誣與咨文誣辱之事，無由探知，君既往會，必從容探問也。"余遂許往，程、白即辭去。令公各以紙箑與焉。余使馬頭壽萬隨往,知其路。

(十二月十九日),……夕飯罷,率壽萬步往,先到白舉人家。其家大門以金字扁“捷報”二字,燕法登科,則國家使本郡出財,以金字旌標其家矣。白舉人見余至,顛倒出迎,仍與偕往程瑍家,蓋瑍家與白舉人隔墻也。瑍及其弟俱在座,白書示曰:“可在賢主人處宿一宵,弟當奉陪矣。”余答曰:“此誠异域奇遇,塵世好會,明燭鼎話以永今夕,可乎? 但言語不相通,可欠也。”程瑍曰:“書則同文,以筆爲舌,何傷也?”已而進茶,茶罷,動以酒果矣。燭下見窗外人影掩映,往往微聞香澤。後聞馬頭言,則婦女自窗外窺視者十餘人云,蓋程白兩家婦女咸聚觀余也。余曰:“此會豈可再得? 今日吾忘僉尊之爲异域人,僉尊亦爛漫傾心,勿復以疏外待之,如何?”白曰:“諾。”程曰:“兄之此言已有拘於形迹也,弟等豈不吐情曲而盡露之耶? 但恐兄之不若我心也。”余曰:“尊毋隱乎我,我亦毋隱乎尊也。”白問曰:“貴國進士科亦以辰戌丑未年試之耶?”余曰:“大比之科以子午卯酉年爲之,若國家有慶設科,則不在此限也。”白曰:“遇慶設科亦有定法耶?”余曰:“有焉。小慶則但用及第,大慶始并試進士科矣。”程瑍曰:“聞貴國爲及第然後方授職云,然乎?”答曰:“雖未及第,亦有蔭仕之規,而必及第而後方爲文臣耳。”白曰:“聞貴國但中初試,則無名焉云,然乎?”答曰:“然。初試,則雖十解,無稱號矣。”白曰:“我國則雖初試中焉,則有稱號,不中則無稱號,與貴國不同。”余問曰:“貴國中初試者爲舉人,舉人亦有恩典耶?”程曰:“恩賜牌榜以旌門,與進士同矣。”余曰:“爲舉人者,即舉爲官耶?”白曰:“例應舉爲官矣。”余曰:“然則白舉人何不爲官?”白曰:“意欲爲進士,故少俟耳。”余曰:“出仕之後,則不得復爲進士乎?”白曰:“然。”余曰:“以舉人舉而爲官者,與爲進士者不相混雜耶,抑亦無别歟?”程瑍曰:“舉人、進士皆自知縣升,無復分别。白兄之不爲仕,不欲以高才甘於小成也。”余曰:“舉人之舉而爲官者亦能位至宰相耶?”白曰:“能至宰相,而但名不甚高爾。”余曰:“聞尊習於文章傍通於看命云,看命用何法也?”

白曰:"用鬼谷子、李虚中、徐子平也。"余曰:"吾於此等術一無所解,幸詳斷鄙人之命以示諭也。"即書示余兄弟生年月日。白見而略論之,仍曰:"尊兄弟才敏而神促,兹後則矯其局度,務從容和緩,則壽長而福厚矣。"余曰:"鄙人天性魯鈍,謂之才敏者,尊非面諛者也,此即失之貌取也歟? 鄙人平生有西門豹輕急之病,自知其然,故常戒之,加之以遷改之工而爲學不勉,終未能變化氣質,誠朽木難雕者也。今受尊誨,儘如頂門之鍼,請日誦尊言以代古人佩韋之戒矣。賢人之贈一言,其惠大矣,敢不拜謝乎?"白之論命袛詳於窮達,不言壽夭,余更問:"從今以後得壽幾何?"白答曰:"自古明者不定壽夭之數,且天地亦有有盡之數,何不闕之,而今夜以他説暢懷也。"白仍問曰:"尊兄先世墳山之風水,非丙火行龍,寅卯戌局,出水西北,丁山癸向,爲子午分金耶?"余答曰:"先代衣履之藏不在一處,僕余不學於風水之術,故某山之爲某向不能一一的知也。尊之所問必有所見,未知何意?"白曰:"以兄之兄弟二命致之,似稟得此氣而生,故問之也。且兄每慮壽夭之不常,抑非尊兄之先世墳山入葬既多,前有餘地者少,故其氣薄耶? 何不復求新山,以厚後孫也。"余答曰:"先山氣薄,則應是氣而生者,將薄促而不得壽耶?"白曰:"尊兄所稟得者,乃美氣也,尊之兄弟二命皆文明,此可知也,但氣薄,故心弱,更求善地師再占吉地,既葬者遷之,未葬者新卜,則定有繼世榮顯矣。"仲程曰:"俄從兄後見副使老爺,尊范福禄甚美,然眉棱帶殺,性度必剛烈也。"余答曰:"副使老爺立朝事君,棘棘不阿,臨官爲政如刀割斷,剛烈果如尊言,而稟性則温良恭惠,望之儼然可畏,而即之則温,尊獨不見其待人接物之氣象耶?"程瑍曰:"誠然矣。"余問仲程曰:"尊知副使令公之眉棱帶殺,尊之相法想應神妙,何不一論吾相?"仲程曰:"偶然論之,本不知相法耳。"屢强而終不之説。程、白言言必稱余爲兄,而余嫌其剃髮胡服,耻與呼弟兄,不之許矣。更思之,彼雖剃髮,本是華人,况程瑍稱以明道先生之後裔,尤可貴也。且友道當以才德論,而我東之不問才德,而論門第者,乃末世狹隘之俗,故

心常小之。今彼一見,輒以敵友待之者,雖出於慕我東方之意,亦誠大國規模之寬闊處也。我之不肯稱以兄者,固褊國之陋見,且子夏所云"四海之内皆兄弟"者,雖有病,子夏即孔門之十哲,其言非可棄。且彼皆燕中之佳士,身雖胡服,心則中華,又何可鄙之有?况燕中尊慕朝鮮,故秀才之來見余者,太半稱先生,無敢稱兄者,程瑍亦與我幾乎親熟,而尚不敢以敵友見待矣。白舉人初見輒稱兄弟者,以其有才德也。吾若不許,非愛才之意,彼亦當無聊,遂以兄呼之曰:"白兄則不諱看命,而程兄則乃隱其論相,何也?"白曰:"程兄誠不知相法也。"余欲問史誣事及辱咨事,先以外事發端以問曰:"大國安,則小邦依慰,小邦之所賴者,惟大國也。仄聞年前有發兵西征之役云,西方今則已平歟?又聞蒙古或侵擾至奪據城邑云,果然而不至有深慮耶?"白見之,舉筆欲答,見馬頭壽萬立於側,數目之,不即答。蓋燕中不敢私語國事,其法甚嚴。又燕中則雖婦女奴隷亦多解文字者,故疑吾東驛卒亦知文字,或慮其漏洩也。余即命壽萬退宿,萬壽既退,白始答曰:"前歲西征事,實邊方小寇,不足憂也。中國方全盛,天子英明神聖,何患於小寇?蒙古奪據云,非的報也。"余問曰:"西方之作亂者,何等寇也?"白曰:"틱왕爲名之賊也。"余又曰:"蒙古之奪地,聞之甚的,何外待而秘諱之也?"程瑍曰:"傳聞不真耳。"白曰:"蒙古近於京師,果有争地之事,則當發兵討之,何慮焉?都是孟浪,勿疑也。"余問曰:"俄者郭老人所持册字,自朝廷刊行耶,抑私自刊傳耶?"程瑍曰:"朝廷之所刊布,安敢私自刊布也?"白曰:"凡朝報政目,自朝廷日日刊布於中外矣。"余問曰:"僉兄家亦有之耶?"白曰:"無有。"余問曰:"請買,而郭不許者,何也?程兄可以紹介勸賣於郭,如何?"白曰:"其意如得奇貨,蓋以此每誇於朝鮮使臣,因爲得賂之計,决不出手外,且彼雖在一城中,趣向不同,故莫相往來也。"余問曰:"史誣事,僉兄亦知之乎?"白曰:"略知之耳。"余曰:"史誣既得改給之諾,將何以伸雪乎?"白曰:"可得也。"余曰:"史記之刊布,當在何時?我先朝反正,誠有辭於天下,後世宗廟社稷至今

賴之,而被野史之誣辱罔極,盛德大業反以惡名加之。敝邦君臣自得改給之諾,日夜北望,待其刊布,未知改刊之本今行可得乎?”白曰:“到京師自當知之,不須問也。”余曰:“史册改刊之役,今已始之耶,未及始耶?此非可以秘諱之事,乞詳諭焉。”白曰:“册已編成,而後方可開刊,但恐史册之編成正無日矣。”余問曰:“何故云成無日也?”白曰:“有大總裁管其事,外人不得與焉,又彼不與外人道,是以專未知也。”余曰:“自古修史之法嚴密云者,謂史官修當時事者也,蓋時君之賢愚、時政之得失、時人之是非,皆直書之,故當時人君尚不敢自取以見,況許外人見乎?至若修前代史,則事體又與此异,何嫌而何諱之也?宋司馬光爲《資治通鑑》時,出給内庫書册,任意持行,伊時寧禁外人之見聞乎?今之中原雖與古异矣,而事正與此同,秉筆之臣秘而不道於外人,吾未知其何事也。又彼若秘之,則外人之不得知,固也,無可成之日,何哉?今日任撰修之臣不得其人,又不勤於撰修而然歟,抑又有他故歟?”白曰:“其中可諱之事似多矣,兄豈不知也?”蓋大明自中葉以後,與清人爲仇敵,其時史記必多。今清人忌諱觸犯之言,故白之言如此。余曰:“吾知之矣,有可諱之事而惡之,則削之改之,有誰禁之?今日豈復有顧忌哉?以其有惡於觀聽,徒遷就而曠日經年,無可成之日,則寧初不如不修也。”白曰:“不修則非國體也,《明史》今日之所厭道者甚多矣,不必深究也。”言罷相顧,有愀然之色。余曰:“兄之語意知之矣。去年冬至使回,便聞明年冬末可以畢刊,故苦待矣。今聞盛教,望斷矣。許改者將落空,敝邦之日夜所望,真所謂奉虚言而望誠也。”瑍曰:“國事非所知也,豈無他言以度今夜乎?”余又問曰:“敝邦之人有私貸銀貨於大國人者,因此敝邦又遭無限誣辱,上及先君,僉兄亦聞而知之否?幸見諭。”程瑍曰:“兄之所問非胡嘉珮之事乎?”余曰:“然。”白曰:“弟則但知以文書往來,謂以内帑銀而促捧焉,未知有害於貴國也。”余曰:“狗鼠之輩違法弄貨,何關於我君,而因此而疵辱,上及於先朝,是豈所望於大國者哉?”白曰:“貴國之君其受誣,豈全由於賈豎輩之事而已乎？其用債之賈竪輩，貴國君何以處之也？願聞其略。”余曰：“胡嘉珮之所謂出債人過二百人，而半是鬼簿，半是虚名，查其存者，衹若干人，故以實回咨矣。頃者鳳凰城移文中，謂受皇旨斥我先君，空然誣辱，此本彼此奸細之徒挾詐幻弄之致，乃不過細瑣事，何足以上煩？設使敝邦所以處此事或少有不察，誣辱則題外也。况事出於今，而歸之於先君，又何哉？以大國平日待敝邦以禮義之意觀之，竊恐此事絶非貴國皇帝之旨，或自下假托僞造者乎？”白即操筆抹去“或自下假托僞造者”八字。余問曰：“抹去之意，以爲不然耶？”白答曰：“誠不然。”程、白因相語良久，而言不可解。蓋見氣色，則似以渠國之誣辱我國爲無據，而以我國之不殺其用債人等爲非矣。余謂白曰：“副使老爺有胤子，欲聞其將來窮通，兄許之乎？”白曰：“適爲尊兄，不敢隱管見，而深恐爲大方所笑，副使若不笑其陋淺，當奉教矣。”余曰：“明春回還日覓去矣，不必急急爲之。”白曰：“諾。”余復問曰：“兄看吾命，或不以窮措之終耶？”白曰：“星次文明，才器敏捷，何煩再問？”仲程曰：“兄既成進士，而窺尊意似鬱鬱如鄙人者，年逾三十，頭尚着儒巾，其悶當何如？”余曰：“非敢躁進，老親年高，故寸草之心不能不急也。”程曰：“彼此一心也已。”西村鷄亂唱，仍與程、白聯枕。余始入栅，見舌人驛卒輩與舊面胡人握手笑歡，如同鄉故舊，店中或對飯，路上或聯鑣，每見之，輒欲嘔之。及今日與程、白過夜半談話，又與之同宿。彼既盡傾其中心，吾亦不能無情，不知彼之爲异類也，始知人情之固然矣。

(十二月)十九日庚子，晴。

……程琠來見，索筆書示曰：“今日來路見日方出，而月猶未落，偶得一句詩而未能屬對，敢請對於大方也。”因書曰：“日月兩輪天地眼。”余即書其對曰：“詩書萬卷聖賢心。”因謂之曰：“此詩二句，紫陽夫子嘗手書以附壁者，尊以鄙人爲孤陋，未宜得見也，以此相試耶？”琠笑曰：“非敢然也，豈以尊爲未得見朱子詩，而漫以此試之也？但以眼前即景求其對爾。”余即又應曰：“雲烟百態海山容。”程琠點頭又曰："家兄與俺同來，亦得一句，願屬其對。"因書曰："紅日照白月，陰陽相配。"余即答曰："鄙人不文，請合'日月'兩字以答之，可乎？"乃於紙頭上行大書"大明"二字以示之。蓋余每欲略示不忘大明之意，以觀其狀，而不可無端而發。莫得階梯，正囁嚅不出矣，適瑍咏日月以請對，故余則合"日月"爲一字，而上加一"大"字，又特書於紙頭上行以示意。瑍知其意，即把筆抹去，使不得見而後止，因曰："余必欲尊以九字成對矣，尊托以不文，衹以詭語戲之，是不欲與鄙人酬酢也，是以鄙人爲不足與語也，請辭去。"因欲起。蓋程抹"大明"二字時，目越邊所立之胡人輩頻察之，遽墨抹使不可辨者，其意恐他胡傍觀者或猜知余意而怒余也。欲辭去者，有笑啼俱不敢之意而難於爲言故也。於是余忘玉章之爲胡服者，遂挽其衣坐，謝之曰："尊既知余意，吾何獨不知尊意也？心貴相知，言好不發，置之勿復道可也。尊意既索對，請以狗尾續貂矣。"即成對，書示曰："青山臨碧水，峨洋誰奏？"蓋瑍雖是華人，且大賢之裔，而以剃髮爲胡服之故，余心嫌之，因眼前即景，微寓非吾知己之意也。瑍口咏者三，頷可者再，曰："有心哉句乎，有心哉句乎！尊可謂善爲諷諫者。"因即別去，曰："行忙，請至山海關，復受誨矣。"余曰："到貴城，幸乞相訪。"瑍諾而去。

（十二月）十六日丁酉，晴。

……宿驛丞江取珠家。……有稱秀才來見余者，問其姓名，曰："賤人姓名吴宗周也。"又問曰："芳年幾何？"曰："二十三歲。"又問曰："秀才讀幾卷書？"答曰："所讀不過四書、《詩》《易》也。"問："所工者何文？"曰："八股文也。"問："嘗中發解否？"答曰："未能也。"又問："此城中秀才幾何？"答曰："三百餘人。"又問曰："其中能以善文詞名者幾人？"曰："其數甚多矣。"又問曰："拔類者爲誰？"曰："有李美仙最稱巨擘也。"曰："可得見乎？"曰："先生就訪可見也。"余曰："先生之稱不敢當也，但沿路秀才輩聞我使行之至，皆争來一見者，蓋知我東國獨保禮義之俗而尊慕之故也。彼李美仙獨不可相屈耶？"答曰：

"先生第一往見,彼必來謝矣。"余曰:"固當就見也,憊於行役,不能自强,奈何?"俄而進夕飯,吴即辭去矣。

(十二月十九日)……有秀才郭如恒者來見余,譯官言彼知《易》者,余聞而信之,又爲其年老也,禮迎於座,問曰:"入貴境後,每欲得見大秀才一論經旨矣,今長者儼然辱臨,幸甚。"郭曰:"鄙人雖粗知經書,而何敢當大秀才之稱也?"余問曰:"聞長者深知《易》理,可得聞緒論耶?"郭曰:"《易》理深妙,何敢妄言?"郭仍問余曰:"尊文進士乎?年幾何也?今做何官?"蓋燕法有文進士、武進士,前代所無,而清人可笑之法也。余答曰:"進士豈有武哉?前所未聞也。年至强仕而未及登仕也。"郭曰:"不願仕耶?"余曰:"余非高士,豈不願仕?但不才未得與選也。"郭曰:"此則足下謙遜語耶?"余曰:"非敢虚報謙讓,誠然矣。"郭曰:"海東稼齋金進士昌業聞已下世,不勝悲念也,欲寄一書以吊之,足下許之乎?"余曰:"有何難也。須作書詩,待吾回還之日而付送也。尊何以知稼齋公也?"郭曰:"稼齋隨使車來時得相親,仍十餘年以書信往來,彼此相酬詩札甚多矣。"余曰:"其詩札可得一見耶?"郭不答,仍出朝紙一張以示之,乃雍正帝許改給皇明野史中誣辱我仁祖大王之説者(記於下段留館時正月初三日條),而蓋北京朝報,印本也,北京則朝報之印行,法也。余受見,則其文有我國四聖御諱,余更整冠危坐而讀之。因問曰:"敝邦先君受史册之誣,長者所知也。敝邦君臣晝夜望印本史册之頒焉。敬問史記之告成刊頒定在何時?今番回還時,可以奉歸耶?"郭曰:"史册之成未知在何時也。"余曰:"史誣雖蒙許改,成史頒布之前,先朝被誣固如前,以是敝邦君臣含痛懷憤,所以日夜積誠,或庶望其即速刊頒也。今聞盛教,不勝缺望,欲持此書暫示副使老爺,尊肯許之否?"郭曰:"此書但足下可見,不敢送他處也。"余曰:"尊既以厚意示余,而乃不可移數步以示在越炕之副使老爺者,何義也?"再三固請,而終固執。又請以重價買之,而亦不許。

十二月二十一日壬寅,晴。

……入永平府，宿滿人黄天保家。……夕後有一秀才來見，索筆書示曰："先生遠來，良苦。"余曰："枉屈感謝，而但先生之稱不敢當也，且佯尊非禮也。"曰："聞先生東國大儒，僕乃眇末鄙生，敢不敬禮?"余曰："僕在敝邦時最居人下，無所比數，稱以大儒者，人必有欺足下者也。"曰："先生何過謙也?"余曰："呼之以先生，何等尊稱，而乃妄加於人，不但受之者愧，許之者非阿則妄，足下若不鄙，但以平交待之足矣。"曰："不敢也。"余曰："虚禮不可以猥受，鄙人不敢復言也。"曰："尊命至此，謹奉教矣。"余問："芳名爲何?"答曰："姓李名開。"問曰："芳年幾何?"答曰："虚度三十七歲。"余曰："鄙人長於尊一年耳，曾讀幾卷書?"曰："未能多讀，略知之乎兩字耳。"蓋其意謙，言所知者不過幾個語助字云爾也。余問曰："尊秀才乎，舉人乎?"李曰："忝在生員耳。"余曰："不聞貴國有生員之號也。"李曰："初登爲秀才，則自謙稱生員也，由此而升進一步，曰舉人；由舉人而再升，曰進士。"余曰："貴族亦有顯達立朝者乎?"曰："冷族數十人，通顯者祇二人。"問曰："秀才、舉人皆三年大比耶? 凡科舉十三省各設行耶? 聚試於北京耶?"李曰："秀才歲試，舉人、進士皆三年大比，而舉人試於各省，進士皆會試於京師矣。"余曰："山海關有白受采、程瑍二士，足下知之乎?"李曰："白受采即同學之友，程瑍未曾見面也。"問曰："白舉人文章何如? 其看命之術如何也?"李曰："白之科文可觀，而看命則妙理甚邃，未能深解也。"余曰："白之術頗博而精，何謂不深解也?"李曰："其學近日或益有將進也歟，昔年則未能知矣。"曰："此地亦有看命者乎?"李曰："冥理甚難知，敝邑則無知之者。"曰："燕京則有精術數者幾人?"曰："北京南門内有特尚周、朱天祥二人，頗可論冥理，其外皆庸碌。"曰："二人果奇中不讓古人耶?"曰："豈不聞古今人不相及耶? 但於今世中講理最明白耳。"曰："亦許外國人看命耶?"曰："彼既以此爲業，寧問内外?"余問曰："尊之世系出自何人? 先世亦有聞人耶?"李曰："僕草野之人，先君忝在養賢，被今上一番恩賜，聖祖仁皇帝時，又嘗一番受恩矣。"余問曰："敝邦之被史策誣辱,足下亦或知之否乎?許改者有之而刊行於朝報,足下見之乎?”李曰:“未知其事,亦未見其書矣。”余曰:“其書已刊行於中外,初非可秘之事。僕以外國人而猶得見之,足下何外待之甚也?”李曰:“敝邦之人不知事理之輕重,多爲利慾所誘使,傳播國内之事。俺雖愚劣,非此輩類。僕乃儒者,非商人也,不敢道國家政事也。”余曰:“惟儒者乃道國家政事,若賈竪賤隸,則何足與聞朝廷事哉?甚矣,足下之固也。”李曰:“朝政國事,非讀書者用工處也。”余曰:“幼而學之,欲壯而行之也。爲士之日,若不熟講當世之務,則一朝得志,何以展布?若如尊言,則布衣讀書者於《大學》,當闕治國平天下章,於《中庸》不見九經章耳。今日大國之規模,何若是迫隘?”李曰:“治國之體,當於拜寡君於陛下時獻之,今在草莽而道之,則豈非出位乎?況先生在貴國,鄙人在中國,若言内朝大事,是言家事於鄰里也,義不敢也。”余曰:“平日禁不得講論,則一朝見君,雖欲倉卒强論,言不預定,其不窘乎?且齊之晏子、晉之叔向,皆古所稱賢大夫,而晏子之晉,與叔向私語,洞論兩國之事,無相隱諱,彼二人皆不知家言告鄰之嫌者耶?當時不以爲罪,後人不以爲譏,又何哉?”李曰:“今時與古時异,何可比論?恐先生所引者不合於今日也。所以願附於下風者,但欲講論詩書矣,今乃俯詢國事,此非愚儒之所敢知,請辭。今日之事豈與古同耶?”言罷,赧然而愧,有不快色。余曰:“尊不以枉屈爲嫌,儼然辱臨者,其意豈無以也,此必以我東方爲可貴也。口雖不言,心實相照,僕請一言以博粲。蓋爲士者若謗議朝政,則誠不可。若但傳説而已,則豈有不可,且鄙人所問者若大國深密事,則尊之不肯道者,固也,而今此事則既布諭於敝邦,刊行於貴國,是豈可以諱秘者耶?今見大國之俗,惴惴焉有不敢相語之意,是何仿佛於秦俗也?尊之固執不可回者,亦風習然也。置之勿復道,且爲閑談可乎?”李不答。余又問曰:“曾聞貴國木德王,而以五德終始之運推之,木德於今日無所據,今行又見色尚黑,抑非水德歟?”李曰:“木德也。”曰:“然則尚黑,何也?”李曰:“吉事尚赤,取木生火也;常服之尚黑，取水之生木也。”余問曰：“貴國凡婚喪用《朱子家禮》耶，用俗禮耶?”李曰：“士大夫家學文公《家禮》而不能行，常人則何足問哉? 所以見笑於鄰國也。”因曰：“得受教，勝讀十年書，而夜深矣，恐勞憊，請辭。”乃賜一束紙、二把扇以送之。

四三、李宜顯《壬子燕行雜識》

【解題】

《壬子燕行雜識》不分卷，李宜顯撰。

李宜顯（1669—1745），字德哉，號陶谷、陶叟，朝鮮龍仁人。1694年文科及第。歷任大提學、領議政等職，謚號文簡。著《陶谷集》三十二卷。一生中兩次出使中國：康熙五十九年庚子（朝鮮肅宗四十六年，1720）十一月，以朝鮮三節年貢使團正使的身份出使中國。雍正四年壬子（朝鮮英祖八年，1732）七月，以朝鮮進賀兼謝恩使團正使的身份出使中國。使行於七月二十八日從漢城出發，九月初七日渡鴨緑江，十月初七日到達北京。十一月初三日離開北京，十二月十七日回到漢城。《壬子燕行雜識》即載録此次使行的聞見，在豐潤縣谷礪家與生員王天壽筆談。

《燕行録全集》收録。兹以此爲據輯録資料。

到豐潤谷礪家宿。……生員王天壽者呈名帖，蓋以山西人留此地教學資生者也。其名帖云："套言不敢妄呈。竊窺君之衣冠文物，真不愧聖人之裔，宛然箕子如在也。吾輩忝生中華，雖與太平之草木，同沾雨露之深恩，何意得睹先朝之遺風爲快也？幸而邂逅相逢，敬具酒肉微儀，以誌斯文一氣之盛事，實非射利，望其笑納。"余書示曰："厚義多感，然盛儀不敢奉領。"又書曰："可須薄禮，不過敬先聖風，却非射利之徒，何須推阻？"余不得已許之，即持猪肉酒壺以呈。且書曰："不堪之儀，微表寸心，深取大人之笑，罪罪！"又書曰："敢請大人在貴省官居何職？尊姓大號？後日再逢此過，即爲舊交。"余方食,使安譯書示,渠首肯。余又書示曰:“吾衣冠何如?”即書曰:“衣冠如前代。吾等不幸而生斯世,又幸而見大人也。”余又書曰:“吾衣冠乃是箕子之舊,即古中華禮服也。”渠即叩首拱手以致敬恭之意。余贈紙一束,臘藥數種,固辭,至於再三。余力請,始乃强受。此地人求索紛然,而此人則例贈亦且固拒。且觀所書,不無思漢之意,心以爲嘉。聞裨譯輩言,退至渠輩所,大示不滿之意,加給扇柄,始乃受去云。渠輩本習,豈易棄之也,良可一笑。

清代卷（二）

四四、李喆輔《丁巳燕行日記》

【解題】

《丁巳燕行日記》不分卷,李喆輔撰。

李喆輔(1691—1775),字保叔,號止庵,李廷龜五代孫,朝鮮延安人。著有《止庵遺稿》。一生中兩次出使中國:乾隆二年丁巳(朝鮮英祖十三年,1737)七月,以朝鮮陳奏兼奏請使團書狀官的身份出使中國;乾隆十二年丁卯(朝鮮英祖二十三年,1747)十一月,以三節年貢兼謝恩使團副使的身份出使中國。丁巳使行於七月二十五日從漢城出發,九月初四日渡鴨緑江,閏九月初七日到達北京。十一月十五日離開北京,十二月十一日回到鴨緑江邊。丁巳年九月初十日,在甜水店宿所與滿人趙鶴嶺筆談;十四日,在遼陽白塔堡與符秀才、王秀才筆談;十五日,在瀋陽與原吴三桂幕賓林本裕筆談;閏九月初三日,在宋家莊與宋氏四代孫筆談。

此書爲筆寫本,出自《止庵遺稿》(韓國首爾大學奎章閣藏本),《燕行録全集》收録。兹以此本爲據輯録資料。

(丁巳九月)初十日,晴,是日霜降。逾會寧嶺,宿甜水店。店主顧進相者頗伶俐,問之乃甲軍也。自言雍正時隨上將西征,十二年始平。昨年凱旋,受賞罷還,今以販業資生云。有趙鶴齡者居在鳳城,因雇車隨來,而稍解文字,身手亦好,爲人似不碌碌也。是夜,獨卧無聊,趙適來,與行中人打話,俾坐帳外,問曰:"觀爾是好漢,何不就文武業而碌碌商賈爲也?"答曰:"商賈初非鄙事,吾以是爲業,衣食頗裕,不願文武爲也。"問:"汝是漢是滿?"答:"滿。"問:"滿人本無姓,而稱趙何也?”答:“滿人亦豈無姓? 吾本姓佟而以國族,故從國姓耳。”問:“何年自滿來,亦有從宦者否?”答:“康熙十二年,曾祖始入仕,出爲鳳城將,子孫仍居,今三世矣。大兄在燕,方爲提督官。二兄進士出身,亦爲三品官矣。”問:“關外民役如何? 編在軍役者無他役乎?”答:“滿人則皆屬於八旗,若干業民者皆是漢人,大抵民户絶少,而別無身役。所耕田税,一日耕例不過銀四分或錢十五分而已。至於軍丁,則尤無役,皆給復而終其身矣。”問:“瀋陽比寧古塔,孰爲富盛?”曰:“瀋陽則城郭宫室倉廩備,寧古塔則衹有一將軍總治,安得與瀋陽比?”問:“寧古塔距瀋陽幾里?”曰:“聞是一千三百里,而吾未躬蹈,未詳也。”問:“即今天下太平,民皆樂業否?”曰:“新皇帝聖明,民皆安樂矣。”問:“爾們男女衣服無异同,男不帶,女無裳,是何制度?”答:“吾俗固然,不須問也。”問:“吾輩衣服制度,視爾們何如?”答曰:“子之駭我亦猶我之駭子。制度各异,善惡何論?”

(九月)十四日,朝雨,晚晴。早發,冒雨而行,到白塔堡中火。站主姓符者能通四書,所製舉業文字亦可觀。其友姓王者在傍,而光頭無所着。問曰:“爾亦秀才乎?”曰:“然。”曰:“秀才而頭無冠,可乎?”曰:“自書堂忘置而來,一時不冠何妨?”曰:“君子死且冠不免,安有不冠而走鄰家見客乎?”王乃笑而謝曰:“吾果失禮。”問:“爾既稱秀才,年又壯大,何不得入格出身,而尚事書堂乎?”曰:“入格自不易。試主今年當到,方待而舉矣。”曰:“本朝試法如何?”曰:“三年一舉,而高等爲進士出身,餘皆爲秀才矣。”曰:“試主之取之也,果能一於公而無私乎?”曰:“何可私也? 雖欲私,畏法不敢耳。”曰:“法如何?”曰:“試主殺之,學者則斥戍邊地矣。”曰:“瀋陽亦有文廟乎?”曰:“然。”“則守者何人?”曰:“博士二人,秀才三百人矣。”曰:“此土之俗尚文乎,尚武乎? 文侮武乎,武侮文乎?”曰:“文武未必相侮,而大抵皆知文字之可貴耳。”曰:“爾是滿人乎,漢人乎?”曰:“此村皆是漢人,而滿人獨數家存耳。”曰:“漢、清相婚娶乎?”曰:“然矣。”曰:“此村既皆漢人,則此村之女衣服制度絶無唐樣而皆似清,何也?”

曰："既相婚娶，習尚易變，自然如此，而其中用唐制者亦有之矣。"

(九月)十五日，晴。因首驛病重落後，連送人探其來否，而了無聲息，不得已留滯，甚無聊。有林本裕者，本以吴三桂幕賓，及三桂敗，帶累在此。年方八十六，而精華溢面，眉目端秀。有文章，可與語。見臣等極致敬，臣等亦以禮待之。臣等問："寧古塔與京富盛，比此地如何?"答："大不及此。"問："城郭兵糧如何?"答："兩處事茫昧，不敢妄談。"問："盛京官制如何?"答："與北京一樣，而自世宗，凡員外郎中主事自北京調於此地，過三載回京，一例升遷。"問："然則此地官制與明代南京一例否?"答："大不同，無尚書，祇侍郎掌印，其餘一切官皆無。"問："試法如何?"答："全用明制。"問："新皇帝方行通喪之制，信否?"答："世宗宫中亦然。"問："新政如何?"答："寬仁盛德，敦宗睦族。"問："盛德孰與世宗?"答："更加慈。"問："即今官制，非翰院則不得入禮部，如明代否?"答："明朝刑部且不准入閣，今外省總督内升尚書，亦多有入閣者。"問："盛京將軍何品官?"答："一品。每升尚書，不久即入閣。"問："盛京守卒幾何?"答："滿漢共萬餘人。"問："喪祭等禮并用《家禮》否?"答："漢人專遵《家禮》，旗下則大不同。即如俺輩，雖欲遵《家禮》而行不得。俺弟喪纔三個月，不得不易紅帽。雖父母之喪，亦止心喪而已。"因憮然。問："西賊果平而今無戍否?"答："尚戍三萬。"問："明季事終未詳，或有野史可觀否?"答："書坊中有一部《綱鑒直解》，明末事雖不甚詳，却有載於中者。野史自史事一案，久矣盡絶。"贈以紙、筆墨、丸清等物，揖而致謝。

(閏九月)初三日，晴。早發，中火於蜂山店。行數里，有宋家莊，莊是明代將軍官宋奎顯之居也。當時建人充斥，宋請命於朝而築城環其村。建人攻之，兩日不得拔，明亡乃下，可謂奇矣。淩晨而進，望其城，乃藐爾一彈丸，而極堅緻，雖山海關無以過之。城内幅員不過千餘間，入城十餘步，有舍極宏侈，乃宋之居也。舍後有將臺，築磚而爲之，巍然特立。視山海關外汗之將臺，高過四五丈。臺凡三層，而每層有門，皆打鐵而裹之。門内各有房堗可居，又有庫藏兵器,至今在焉。大抵臺制極牢且巧,不可具狀。宋之四代孫尚在,能文可與語。問:"當時莊客幾何而能防守乎?"曰:"不過千餘人。"問:"城與壇高且堅如彼,私力何得辦此?"曰:"當時殆費萬餘金。"問:"歲入幾何?"曰:"初固有餘,今祗十之一,而猶千餘石。"問:"城内一村皆姓宋否?"曰:"然。"問:"今幾户?"曰:"户小,丁不過三四十人。"問:"剃髮何心?"曰:"生今從今。"問:"乃祖所樹立,如彼思之,能不愴然?"曰:"無可奈何。"遂以如干紙扇給之,屢辭乃受。

四五、南泰齊《椒蔗録》

【解題】

《椒蔗録》,南泰齊撰。

南泰齊(1699—1776),字元鎮,號澹亭,朝鮮宜寧人。乾隆十七年壬申(朝鮮英祖二十八年,1752)十一月,以朝鮮三節年貢兼謝恩使團副使的身份出使中國。以“椒蔗録”爲題之用意,其孫南履翼在《椒蔗續編序》中有云:“號以椒蔗者何? 椒辛而蔗甘也。取以辛甘者何? 原隰從事,辛甘與共也。……必以椒蔗名編者,可想其我祖考與一行同苦甘之厚德也。”使行十一月初六日從漢城出發,十一月二十九日渡鴨緑江,十二月二十九日到達北京,次年二月後返回朝鮮。壬申年十二月二日、三日,在鳳城艾友蘭家與訓長扈湘筆談;三日,在松站宿所與行商人李成仁筆談。癸酉年(1753)正月二十日,在北京國子監與太學諸生黄觀清、郭焌筆談;二十三日,在朝鮮使館與翰林庶吉士博明筆談,同日,在翰林院與庶吉士龍煜岷、候選知縣閻姓舉人筆談;二月六日,在翰林院與翰林庶吉士黄鴻閣筆談,同日,在翰林院與舉人黄圖筆談。

此書是筆寫本,内容有缺。記載僅見至二月六日(仍留北京)。翻閲原本,發現此現存本缺“椒蔗續編二”部分。林基中《燕行録續集》中收録的《椒蔗録》即“椒蔗續編一”,尾頁部分也有内容佚失。原本藏韓國國立中央圖書館,《燕行録續集》收録。兹以此本爲據輯録資料。

(壬申十二月)二日,晴。凌晨發行,馳三十里到柵門外。……

行十許里,過鳳凰山,峭峰壁立,酷似三角道峰,令人有空谷聞跫之喜。中有安市城舊址,驛卒指點言之。初昏到凰城,宿艾友蘭家,書堂學童數人來見。問其所讀,皆《詩經》《論語》也。問:“訓長何人?”使之邀來。俄有一人入來,云是訓長。余使韓從書問:“姓名爲誰?”答曰:“在下扈姓,湘名。”問:“訓幾個童蒙?”答曰:“十七八人。”問:“教何書?”答曰:“四書五經。”問:“赴舉否?”答曰:“家貧,僅應一次。”問:“設科取人之法幾年爲一次?”答曰:“三年定例。”問:“取何文?”答曰:“三書、四經、義、表、判、策、論。”問:“表則如唐宋儷語否?判則如唐之書判之判否?策論則如歐蘇體否?”答曰:“雖不盡如,頗近焉。”問:“經書注疏專尚朱夫子否,取漢儒否?”答曰:“謹遵朱注。”問:“大國尚王、陸之學,今聞遵朱注,實爲可貴。”答曰:“自古及今,理不能越。”問:“即今天下第一文章誰也?”答曰:“文人甚多,均不敢自擅第一之名。”問:“太學士張廷玉文章何如?”答曰:“文章雖好,我國不僅一張廷玉爲法也。”問:“以天下之大,無一文章,豈世運與之升降歟?”答曰:“世運固有升降,風會各有好尚。”問:“即今一代,好尚何如?”答口:“清真雅順,頗有明文體裁。”問:“俺等衣冠好否?”答曰:“古制可親。”問:“既曰可親,能有羡慕之心否?”答曰:“生今之世,爲今之民,不敢二心。”仍餽以燒酒一杯,湘受而飲之。又給一笏墨、十幅簡。湘曰:“幸蒙不棄,復惠佳品,恧顔拜嘉。”答曰:“不腆之物,不足爲謝。”湘又曰:“家有老親,常有痰症,願祈清心丸一粒。”余出諸囊中而贈之,湘起立,拱手而稱謝,仍出去。

(十二月)三日,晴。朝,扈湘又來。余又書示曰:“朝復來訪,其意辛勤。”答曰:“幸蒙厚貺,恭候起居。”問:“家貧不能赴舉云,一科之費爲幾何?”答曰:“君門遠,往來費約五十金。”問:“登科則初職何官?”答曰:“付職州縣。”問:“若得州縣,則俸錢能贍及九族否?”答曰:“不能。”余仍曰:“願聞小兒讀書聲。”湘使其生徒誦《孟子·梁惠王章》。余又曰:“願聞訓長讀書聲。”湘自誦詩《關雎》,而語音頗低,如常時酬酢言語,大抵彼人讀書聲皆如此云。余又問曰:“能詩否?”

答曰："略知一二。""願聞所製詩一兩首。"答曰："恐污大人尊眼，不敢呈覽。"余曰："不必如是過謙。"湘仍書示其《暮春》詩四句，全不押韻，僅似小兒古風。蓋彼國取士之法，專尚經書，不事詞翰，故爲士者舉皆如此云。湘又曰："請問大人姓氏，官居何職？"余使傍人答之。湘又曰："願留題咏以誌幸會。"余答曰："王事關心，不能吟咏。"余仍曰："盛京文士中何人擅名？願聞之。"湘答曰："陳大有、魏廷忻能通五經，而陳勝於魏矣。"

(十二月三日)晴。

……當日仍朝飯，行五十里。夕抵松站張姓人家宿。有一人自外入來，問之，則山西太原行商人李成仁也。試與酬酢，略問山西事情，對曰："亢姓人之富甲於天下，昨年西方聚兵時，萬歲爺命貸三十萬兩銀子，咄嗟辦納矣。"問："西方緣何事聚兵？"對曰："大鼻撻子昨年有稱亂之漸，萬歲爺以銀子一百萬兩僅成和親矣。"問："撻子居何地方，兵力何如？"對曰"自北京西去六千里有賈儀關[①]，關外四千里有撻子國，控弦之士爲三十萬"云。李商儀貌似真實，其言恐不虚矣。

(癸酉正月)二十日，晴。

……聞國子監在北門内，趨駕轉進，路傍牌樓大書"國子監"三字。從西狹門入，……學舍在廟門外對巷，有二人似官員模樣者在焉，余入而與之語。問其官，則皆國子助教，而一則廣東人黄觀清也，一則湖南人姓郭者也，追檢官案名焌，兩人舉止言貌頗雅。余書問曰："太學養士幾人？"答曰："六堂内班一百四十四人，外班一百二十人。"又問曰："何人爲内班，何人爲外班耶？"答曰："太學内住者，謂之内班，在外就館附課者，謂之外班。"又問："掌成均者爲幾品官耶？"答曰："總管者兵部侍郎，即二品官，大司成四品官，少司成六品官，六堂助教七品官。"余訝兵部總管大學，方欲更問之際，其人覺余氣色，取筆更書之曰："宰相、尚書皆爲之，惟其人追檢官案，則兵部

① 賈儀關，當即"嘉峪關"。

右侍郎覲保方爲祭酒矣。”余又問曰:“春秋釋采用何日耶?”答曰:“用春季、秋季之上丁日。”又問曰:“朱夫子之升配殿内,始於何時?”答曰:“康熙年間升配十哲。”又問曰:“方今天下,第一文章誰也?”兩人相顧細語,沉思良久,答曰:“方苞最爲前輩,其餘後輩不可勝數。”蓋觀兩人之意,世無主文盟者,故余卒然問之,難於爲對,强置塞責,殊可笑。壁上題二律,黄之所作也,稍解格式而不甚佳。架有數帙書,或榜目、或律令所載書也。余戲謂之曰:“學舍無書籍,無乃藏在肚裹耶?”其人亦笑。學子數十人聚觀,無敢高聲鬧語,异於凡胡之喧啾,亦可貴也。勸余以茶,余以小盒所儲藥果、柏子餅答之。兩人又問余曰:“在貴國官居何品,係何衙門?”余以咨文中官銜答之,仍作揖而出,兩人送至中門外。

(正月)二十三日,晴。朝,崔譯壽城與一人入來,即翰林庶吉士也,爲商賈姓黄人之婿,而居住不遠,故欲觀我人而來也。余邀與共坐,書問曰:“願聞貴姓及鄉貫。”答曰:“賤姓博,名明,滿洲鑲藍旗人也。”又問曰:“今之翰林掌詞命,贊機密,如唐宋故制否?”答曰:“國家仿唐宋制設翰林院,專典詞命,備顧問。其機密則另設一軍機房,以翰林之年久望重及六卿之長兼之,翰林不盡典機密也。”問曰:“大國以經學取士云?通經之士想多有之,而未知兼經術文章號爲當今第一人者,何人耶?”答曰:“本朝以經藝取士,凡録科名者,未有不以明經爲業者。皇上邇年以來下明詔,廣求通經之彦,令在京六卿、在外大吏各舉所知,復下攸司,令加考試,各授以清要之職。爲去歲特授國子司業王延年者,品行端方,學養深醇,亦可謂之經明行修之士也。至文章本乎六籍,士人自通籍已後,讀石室天禄之書,備羽獵、長楊之選,蜚聲藝苑者正不可一二數也。”余曰:“翰苑與館所比鄰,常欲一往而未果,得此先枉可感,可継此而得見否?”博曰:“僕舍下亦即在邇,元朝朝中即瞻範,而介紹無人,未及奉謁,今既幸會,復晤可圓。僕本匪材,而頗願廣交天下奇士。前數歲,貴國使臣有李君則者,一晤如故,作數日談,至今猶耿耿在心。使者不棄,自可數過晉也。李君則，奇士也。自入關以來，購《大清會典》一部，廣加詢訪，蓋欲得中原文獻之全。僕與談此書者屢日，乃定交焉。”余問曰：“《大清會典》爲幾册，而何人撰成耶?”答曰：“一百餘册，奉旨欽定者。此書今又不可用矣，皇上又命人重修，一二歲後將復頒行。”余曰：“足下亦與編纂之任否?”答曰：“僕以新入詞垣，未典此事。”俄而，正使、書狀入來。博曰：“正使係貴國宗室國姓，書狀官貴姓何職?”書狀以姓與官銜對之。博曰：“余聞古無金姓也，漢獲休屠王太子及金人，故賜日磾爲金姓，而貴國金姓最多，豈皆漢爲郡縣時之遺耶，抑金時之遺民耶? 抑他有故耶? 足下文學之儒，必諳典故，願明告我。”書狀曰：“中國之金，固是日磾之遺，而東國自有朴、昔、金三姓，是開闢初本有之姓，與中國之金有别矣。”博曰：“今中原亦有貴國之金姓，不皆日磾之後矣。”書狀以方有小出入，改卜他日，書示之，博仍揖而出。追聞博即蒙人，而自其父來仕清朝，仍作清人云，而儀觀秀麗，筆翰如飛，可謂彼中翹楚也。

(正月二十三日)，歸路歷入翰林院，有一庶吉士出迎，即泗川人龍煜岷也。問其年，三十五也。又有一人自外入來，問其姓，即閻姓舉人，候選知縣也。問余官銜，余以咨文中官銜對之。龍曰：“大人必係詞林出身。”余曰：“僕登大小科，又曾忝學士之選。”龍又問我國大小科制，余具言其制。龍不解四書疑，而又問之，余答曰：“以《論》《孟》《庸》《學》疑難之義，拈出爲題問之，則士子解釋以答之，故謂之疑。”龍曰：“如八股文體耶?”余曰：“我國不用八股之文，反復條辯，惟以意暢文達爲主。”龍又問余登科時年幾何，余歷數科年以答。龍曰：“足下梯航數千里，賢勞王事，指日自當榮升。”余答曰：“銜命往來，自是職分内事，何敢言勞?”龍又曰：“足下現居吏部，請問六部以何部爲先?”余答曰：“仿《周禮》，以吏部爲先。”龍曰：“若能時時相見領教，所謂‘與君談一夕，勝讀十年書’。”仍書示兩句曰：“梯航來萬里，邂逅幸三生。來享應沾新雨露，作賓仍是舊衣冠。”余曰：“既承佳晤，又惠瓊句，尤極感荷！此後若有出入之便，敢不歷訪?”龍又曰:"如足下所言,幸甚幸甚。偶然信筆直書,不免貽笑大方。"余仍以國子監十哲位中冉子之笑稱先師,有子之獨書名問之,龍答曰:"實未詳究,未敢擅答。"閻問余年甲,余對之。閻曰:"貴年甲似纔至四十,何其顔貌之不衰也?"余笑之。余以二丸清心贈龍,龍曰:"不敢當,不敢當。"仍問此藥用處。蓋北京之人盛求清心丸,三四歲小兒見我人,則輒挽袖索清心丸,而龍則是外方人初入京者,不解清心丸用處,亦可笑。

(二月)六日,晴。

……飯後,即步過翰林院,龍煜岷出户相迎,顯有欣喜之色。轉到後堂,又有一庶吉士出迎,問其姓名、鄉貫,姓黄而江西省民籍也,追檢官案,黄鴻閣,號夔庵者也。問其年庚,即辛丑生也。余問曰:"聞翰院逐朔課試,試以何文而何人主考耶?"答曰:"此與書館無异,每朔課詩賦,主考是尚書劉大人。"余問曰:"必有近日課試之文,願無閟金玉。"答曰:"庶吉士習文有清漢之分,弟係清書,不習詩賦,故無所課漢文。"余又問於龍煜岷曰:"日昨乍奉清範,歸來耿耿,而館所門禁頗嚴,不得頻來承晤,是爲悵然。"龍答曰:"連日公事羈身,未能往拜,殊覺少禮。"余曰:"昨聞課試,願見程文。"龍曰:"所課之藝即時交與館師,一月後始得發下,目前未有。"余曰:"不起草而腹稿耶?"龍曰:"草稿塗抹多端,且録真後即付之丙丁矣。"余笑曰:"以歐陽公之文章,每作一文,字塗抹處甚多,《醉翁亭記》亦然。雖塗抹,亦何妨?"黄顧龍而笑曰:"大人言正是。"龍無辭可答,祗俯首笑而已。黄又謂余曰:"昨所課詩題是'晨光動翠華',五言八韻得晨字。賦題'鶯囀上林',以'上林春曉,流鶯百囀'爲韻,均請大人賦之,明日與龍弊友同詣請教。"余答曰:"俺素不能詩賦,願先示高作。"黄與龍相顧而語,仍笑曰:"有有"。令侍者入房中持一册子來,字甚細,不能詳覽。祗見卷首一兩篇,即七律,而體裁婉弱,頗似元人詩。兩人笑曰:"是個舉人之詩,在此同寓,學問是好。"

(二月六日),俄有一人自房中出來,顔貌甚衰凋,但眸子有精神耳。直到余前，握余手而致款。余指詩卷而問曰："此是貴作否?"其人未及對，而龍先曰："又有刊出之詩，此舉人欲觀會試，來留京師矣。"舉人仍袖出數張板本曰："姓名亦在此中。"余視之，則四板本即詩律，一板本即小引，而題以徵選時文，蓋同社諸生相勉之語。末端書以黄圖壁軒，其名與號也。余曰："以足下之文華，尚屈公車，可惜。"黄圖答曰："舊歲以回避官生不得與考。"又曰："胞兄是任禮部郎中，去年會試，哥哥欽點考試官，故不准考。"仍問余曰："朝鮮原有名士南袞，是同姓否?"余曰："然。南袞何以知之?"黄圖曰："古史見有此公。"余曰："出何古史?"黄圖曰："《明史》。"余曰："明時與華使酬唱，故我國人詩文多載《皇華集》中，或因此見之否?"黄圖曰："祇見《明詩綜》内有南詩數首而已。"黄圖仍向崔譯自詑工棋，余曰："明日能來館所着棋否?"三人一時答曰："正好，正好。"仍罷歸。

四六、李基敬《飲冰行程曆》

【解題】

《飲冰行程曆》上下，李基敬撰。

李基敬(1713—1787)，字伯心，號木山，朝鮮全州人。朝鮮英祖十四年(1738)式年進士科三等，英祖十五年(1739)庭試文科甲科第一，英祖三十二年(1757)文科重試甲科第一。歷任兵曹正郎、侍講院輔德、户曹參議、大司諫等職。乾隆二十年乙亥(朝鮮英祖三十一年，1755)十一月，以朝鮮三節年貢兼謝恩使團書狀官的身份出使中國。使行於十一月初八日從漢城出發，十一月二十九日渡鴨緑江，十二月二十八日到達北京。次年二月十六日離開北京，二月二十六日回還至中後所。乙亥年十二月初九日，在瀋陽劉姓家與朱潤筆談；初十日，在瀋陽宿所與秀才盛堯章筆談。丙子年(1756)正月十七日，在北京文廟西彝倫堂與拔貢生趙標、歲貢生嚴秉鋼、優貢生冉芳譽筆談；同日，在北京文廟西彝倫堂與貢生孟毓衡、拔貢生宋時憲筆談。

此書爲筆寫本，原本出自李周成氏家藏本《木山稿》卷七、卷八，《木山稿》韓國首爾民昌文化社 1989 年影印出版。《燕行録續集》收録，兹以此本爲據輯録資料。

(乙亥十二月)初九日戊申，……内外城皆有八門，而門樓之高壯，城池之堅廣，人民之衆多，市肆之繁華，誠一壯觀。然而追念丙、丁際質館之羞，想像三學士出北門去事，潛爲之撫膺嘘唏也。主人姓劉，販米爲業，自稱漢人，專《易經》，作秀才云，而觀狀貌不甚雅。

傍有少年頗精，呼而來前，書問其姓名，答以朱潤。乍聽其姓氏亦覺眼開，先賢蛛株之感，庸詎不信然哉？因問與大明國姓同否，朱趦趄久之，顧與主劉相議而書曰"不同"。"年紀多少？所業何事？"曰："十九歲，習《詩經》。""居此幾代，祖先何官？"曰："家祖作吏入民，今爲四代。""此中秀才賢於爾者，誰也？"對以盛堯章。使之請來，則許諾而去。

（十二月）初十日己酉，晴……是日留瀋陽。

……朱潤果率盛堯章來，容貌頗佳，索紙書示云："秀才名姓已因人知了。年紀多大，所業何書？旗下麽，民家麽？"答曰："十七歲，業《詩經》。原籍江西，移居瀋陽。"又問："一日誦《詩》幾篇？能綴文否？"對以："一日誦十篇，餘以學文。"仍令誦《國風》一章，遂誦"關關雎鳩。"正音略可認。余曰："爾所謂學文，何文？"曰："八股作的。"曰："八股是甚麽？"曰："貴處無八股文否？"曰："我國有表、策、論、詩、賦等多少文章，但無爾所謂八股的。"曰："與論一樣。"主劉者在傍，聽其言，出其所藏近歲狀元文章示之。見之，則四子中表出聖賢言語作題，做去文字者，類似論辨樣子。所謂八股，似是八個之謂。做題八個皆入格，然後始許及第歟。又問："爾們冠着、衣裳、言語，何其一切與我國不同？"曰："我係清國，故服用袍褂、尖帽、尖靴，韃子之制不敢易也，但頭上戴雀頂以別尊卑，言語則皆以正字，故不似貴國。"曰："民家與蠻子結親否？"曰："民蠻一樣。"曰："然則何別？"其人有赩然之色。大抵瀋陽自是清國根本之地。所居民人，始雖有滿漢之别，年代既久，習俗已染，則豈能有真個秀才之可與語者？而偶然興感於朱姓二字，仍共兩個假韃子費了多少説話，良可笑也。出藥果以饋之，後至者謂有雙親，不食而懷之。余感其誠意，復給一筆，而劉、朱既皆稱秀才，不宜异同，仍并與之。其人去，問譯官："民蠻何以一樣？"對曰："漢人呼滿人以韃子，滿人亦呼漢人以蠻子，蓋辱之也。"吾以民蠻分而二之者，果誤矣。

（丙子正月）十七日乙酉，晴而風。晚出驅車至安定門内，國子監、文廟在其東,遂步入至外庭。

……聞文廟之西有彝倫堂,堂左右有繩愆、博士二廳,率性、修道、誠心、正義、崇志、廣業六堂典簿廳附焉。出門,欲訪監生所在處,有人牢拒,强而後可。既入,一少年出迎,遂至其房。設椅坐,客或立或坐,若有怪問之意。余乃索紙書示云:“語言不能通,請以筆代言可乎?”其中一人請問:“尊姓大名,所職何事,官幾品?”答:“以冬至書狀官姓某,爲賀冬正朝聖郎而來,官則三品。”仍曰:“客既通名,主人各各通名,禮也。居住年歲、專經文章、先代官職有無,并望一一俯教。”三人遂各書,答:“趙標,廣東人,年二十八,拔貢生。習《春秋》,每月作八股三次,粗學做詩。先人業儒,未做官。叔父現任江南分府,弟在雲南尋甸州知州。嚴秉鋼,泗川人,年四十八歲,貢生,習《詩經》,亦作八股,略能學詩。先尊祖諱錫命,崇禎甲戌進士,任直隸通州知州。祖榮祖本朝四川廣元縣教官。冉芳譽,四川順慶府南充縣優貢生。”其外不及與酬酢。問:“成均生徒額數幾何?”冉曰:“今天下恩、拔、副、歲、優貢生俱來,成均隸業亦無定數。現在者止分内外兩班,内班一百五十人,外班亦如其數。其未補班者尚未可以數計也。”問:“讀書之室何其蕭條,太學廪料無乃薄乎?”嚴曰:“讀書之室原是官房,先在北監,房子寬大,爲因失火移居在此矣。”余顧謂趙曰:“一見而别,甚覺悵然,可一來訪我北館否?”趙辭曰:“恐涉私交。”蓋趙年少雅精,故示以款意,而其言如此。昔在皇朝時,我使與中國人士往來交際而無所禁噫。何時復見此盛事也?問:“中州經學宗朱子,宗陽明?”趙曰:“宗朱。”問:“宗朱者,誰爲其最?”曰:“吏部尚書王安國、太學士陳世琯也。”問:“經學而不求科宦,隱居修行者亦有其人否?”曰:“無有。”曰:“天下之廣,豈無其人?而一筆斷之曰無有,何其誣一世耶?”趙憮然不答。傍有一人出而書曰:“聖主求賢良,臣下士草澤。詎多高人,雖或有之,而身既隱矣,聲光亦無處可見也。”余笑而不復問,仍以清心三丸、黄筆三枝分與趙、嚴、冉三人。趙謝曰:“長者賜,少者不敢辭。”相揖於庭,將出,數人持各色紙，争來請寫字。余謝以不能，遂與一少年隨往其處。房室頗精，書册在傍。

（正月）十七日乙酉，晴而風。

……其少年請上坐，一人與之抗禮。余顧謂少年同升，答以“不敢，不敢”，拱立於下，於是多人群來觀之。余獨與主人問答，其老者乃江南徐州府蕭縣貢生孟毓衡，少年即四川順慶府營山縣拔貢生宋時憲。孟年五十三，專《詩經》，三代皆生員，高祖高淳縣學訓導。宋年二十五，亦專《詩經》，三代俱係生員，高祖山東蘭山縣知縣云。問：“江南、泗川之間，多經學之士隱居求志者否？”孟曰：“蕭縣孟文輝，積學之士，丁卯舉人也。”宋難於爲對，良久始書曰：“四川經學亦間有之，一時不能枚舉。”余欲問吕晚村事，而恐其秘諱，但云：“聞中世有吕姓人在金陵，經學純正云，其人名何？”孟曰：“有吕晚村，係是浙江人。”曰：“此人經學如何？”曰：“著述甚多。”曰：“有文集乎？”曰：“有《四書講義》《天蓋樓選時文》《歷科墨卷選》。”曰：“此外無詩文所自著述者否？”曰：“吕晚村不以詩名，無文集印行者。”曰：“何以無也？”曰：“不知其故。”觀其氣色，頗以酬酢此等語爲難。故遂止之炕，下列立中一人胡叫不已。余顧問彼貢生：“何言？”仍使之進來，其人前立，余曰：“所言何事？”曰：“吕留良講義也。”曰：“此書好否？”曰：“講得甚精透，其人雖不足取，文則可傳也。”曰：“‘不足取’三字領會了。”其人有喜色。向所稱宋少年狀貌杰特，舉止安重。雖其頭髮不存，服着可駭，而尚有儒士之態。孟亦雅精，其外多有俊秀者。以此觀之，可知南方人物之盛。惜乎百年陸沉淪胥爲夷也。宋勸茶一器，遂受飲，以真墨、清心丸酬之，兼與蕭生。少年送至門内，頗有禮讓之態，尤可奇也。

四七、李德懋《青莊館全書》

【解題】

李德懋(1741—1793),初字明叔,後爲懋官,號青莊館、炯庵,全州人。歷任積城縣監、司饔院主簿等職。有《青莊館全書》傳世。乾隆四十三年戊戌(朝鮮正祖二年,1778),曾作爲書狀官沈念祖隨員赴京。三月十七日從漢城出發,四月十二日渡鴨緑江,五月十五日抵達北京。留京三十日,六月十六日離開北京,閏六月十四日渡鴨緑江,七月一日回到漢城。戊戌年五月二十七日、六月十一日,在北京李德懋、朴齊家與李鼎元、潘庭筠、沈心醇筆談;六月初九日,在北京李德懋、朴齊家與唐樂宇、祝德麟、沈心醇筆談。有《入燕記》二卷,文載《青莊館全書》卷六十六至卷六十七。此前乾隆二十四年己卯(朝鮮英祖三十五年,1759),有福建商人黄森等在海上遇風暴,漂流至朝鮮康津,次年二月初四,李德懋前往與之筆談。文載《青莊館全書》卷三,《韓國文集叢刊》本,兹據以輯録。

記福建人黄森問答

己卯冬,福建商人黄森等四十三人漂泊於康津,時大寒,有一二人死者。明年春正月二十五日,乘傳詣漢師,館於南别宫,余於二月初四日往見,畫地通言語記之左。時觀者如堵,未盡問中國風土,可恨。森稍通文字,故酬酢焉。

問:"姓名云何?"答:"賤姓黄,名森。"問:"從那裏來?"答:"以商人經過山東,漂泊於貴國。"問:"幾晝夜到此?"答:"二日二夜。"余已聞森莆田人，故問："莆田有鄭氏大族，至今然乎？"森遂吐舌，惝恍而答曰："信有之，吾之外祖亦鄭姓，何以知之？"余答曰："古書有之，故爾。"問："爾祖先亦有名臣乎？"答："在宋時，有布政、壯元。"問其祖名，答："布政諱忠，壯元諱光遠。"問："爾鄉中有名儒乎？"答："有鄭芝芳、鄭芝遠。"問："讀何書？"答："四書。"問："亦讀三經否？"答："不讀。"問三經名，答："《詩經》《書經》《易經》。"問："讀《左傳》否？"遂逡巡囁嚅，對不甚分明。問："能看八大家否？"答："有大家，亦有小家。"意以爲人家之家，不知是書名，故仍不更問焉。問："讀《通鑑》《史略》否？"《通鑑》即少微《通鑑節要》也，我俗蒙學，必先授通史，故問焉。答："不知。"柳於子曰："通史我國尚之，中國絶無而僅有。今見此人答，信然。"問："有妻妾？亦有子否？"答："有妻有妾，亦有子。"仍凄愴含涕。問："爾能思大明否？"遂掉頭微哂曰："不知不知，今之世大清爾。"時時探問明事，仍循忌諱，意有禁歟？問："年幾？"答以"三十七"。時旁人問森何業，寫"業"字，先雙點，次一畫，是俗用也。森以手拭之曰："非也。"其人惝恍復寫，森又拭之，乃寫"業"字，先作草頭，次一畫。雖畫地，字甚端正。森短少稀髯，面赤色，貌甚寬和，無東人澁態。其服多黑色，裔之長與膝上下，衽無領而直，頭剃垂雙條編髮，或垂一條，或無之。戴白羊毛帽，卷其邊寸許，或黑羊皮爲之。青行纏，青布鞋，有綦而繫。是獨中國古製。見我闊袖垂紳，有嘲笑者，亦有嘆慕者。見扇子則大愛。人皆憐而贈之。書畫贈者淡婆，與錢贈者亦有之，皆藏於橐。我人偷竊，必搔頭頓足，呼訴有司。東人輕薄如此。上賜衣各一襲，皆叩頭以謝。計其程，自我國達於北京，自北京抵於其鄉，七八月可歸也。經年而歸，生者樂矣，死者亦可悲也。其語音重濁，緩者如鴉，促者如燕。出於舌底，不可模仿。華東殊音，何异聾者。恨森不能文章，不得問中國之新製作也。顧今六合之内，渾爲戎夷，薙髮左衽，無一乾净地。獨我東尚禮義而冠帶之，於今覺幸生東國也。

(戊戌五月)二十七日丙戌,大風。留館。

……訪潘秋庫,筆話移時,裁書送馬頭,請酒於書狀。書狀送燒酒及山蔬、海魚以饋潘,潘甚珍异之。從前朝鮮人魯莽,不識清姓。今行沿路問皇帝姓,皆云《百家姓》上頭字。《百家姓》乃兒童所習,如《千字文》者,首書趙、錢、孫、李四姓,始知爲趙姓也。然《盛京通志》載康熙御題先世碑,有姓愛新覺羅氏,心甚疑之,至是問之。秋庫曰:"本朝姓愛新覺羅氏,見於《康熙御題文集》及《滿州氏族譜》。《百家姓》乃宋初杭州人所作。宋姓爲趙,故先言之。愚氓遵古讀之訛傳,以爲當今之國姓。其次錢姓,吴越之姓。其次曰孫、曰李,乃吴越錢氏妃嬪之姓,明知其爲杭州人所著也。"

(六月)初九日丁酉,晡微雨。留館。

與在先訪唐鴛港、祝芷塘,唐鴛港嫻於名物度數。問:"貴國曆法遵用中朝否?"余答曰:"每年十一月,本國差官入北京,受《時憲書》而歸,頒國中遵行。"芷塘,莊雅人也,嘗爲蕺山書院山長,其有人望可知也。蕺山者,劉念臺宗周書院,在山陰。芷塘見余及在先詩,指摘其抑韻通韻之違法,曰:"吴才老之韻甚正,朱子嘗取之,恨其書今亡。現在行世者《佩文齋詩韻》及邵子湘《韻略》,熟看則可以歸正。"時海寧諸生沈心醇字匏尊在座,問:"貴國尚遵用元時韻,故有此疵病否? 元人不知韻。"余曰:"東國遵用者,祇《三韻通考》一書,不知出於何代。"因言其通韻之法。匏尊曰:"此所以爲元韻之誤也。"余請芷塘之小照,芷塘因贈之横綃畫按琴像,長林葱蒨,石氣清秀,有美人聽琴。在先問:"美人爲誰?"芷塘趑趄良久曰:"但寓意,非真有其人。"時芷塘居查宜人憂,故難其答而然也。

(六月)十一日己亥,留館。

同在先赴潘香祖之約。墨莊及沈匏尊心醇俱會,設饌叙别,又論文章。香祖曰:"侯方域之文有氣力而不讀書,魏叔子之文精,汪堯峰之文雄。"余問:"歸祚明與顧炎武俱有奇怪之目,此公論歟?"潘曰:"汪堯峰譏歸祚明,李安溪傳顧炎武,皆非平正之論。"沈心醇,海寧諸生也,明六書,識古器,詩甚古雅,亦佳士也。飲我國燒酒曰:“此味與日本酒同。”余曰:“君曾飲日本酒否?”沈曰“粤東海舶帶日本酒賣之,故嘗之”云。

四八、徐命臣《庚辰燕行録》

【解題】

《庚辰燕行録》，徐命臣撰。

徐命臣（1701—1771），字元直，號袁窩，朝鮮大丘人。朝鮮英祖二年（1726）式年試進士，英祖八年（1732）在黄柑製中獲得狀元。歷任工曹參議、大司諫、大司成、藝文館提學、忠清道觀察使、漢城判尹、刑曹判書等職。乾隆二十五年庚辰（朝鮮英祖三十六年，1760）七月，以朝鮮進賀兼謝恩使團副使的身份出使中國。使行於七月二十四日從漢城出發，九月初九日渡鴨緑江，十月十三日到達北京，十二月初五日離開北京，次年正月十六日回到漢城。《庚辰燕行録》爲此次使行的記載，庚辰十月初四日，在兩水河徐命臣、趙明會與借宿家主人筆談；同年十一月二十日，在北京太學趙瀗、趙鼎説與太學助教張元觀筆談。

《燕行録全集》收録。兹以此爲據輯録資料。

（庚辰十月）初四日，乙亥，陽暄如春。

……又行一臺子五里，二臺子三里，三臺子四里，沙河站八里，葉家墳七里，口魚河屯五里，口魚河橋三里，兩水河五里，宿張姓農民之家，是日行六十里。待日出時得一絶："爲賓暘谷日，遥陟鶴關岑。知有村家近，晨鴉不已音。"朝飯時，使趙明會問劉哥主人曰："你是漢人否？"對曰："唯。"問："漢人與滿洲人相婚否？"對曰："否。"問："然則過路或見主人家婦女輩胡漢相錯而居，若不相婚，則豈有同居之理乎？"對曰："非也，此皆下流無足道者。"因加辱説而罵之。

問:“不相婚是何意耶?”對曰:“不忘本故也。”問:“然則何以剃頭耶?”對曰“國制如此故也”云云。其人雖業商賈,而粗解文字,所答亦皆有理,稍可强意。余答之曰:“乃言儘好。”臨行,主人於轎前舉手曰:“行李往來,平安。”余亦以好在答之。主人曰:“蒼卒,陋舍未及修掃。至月行次回還時,當潔净以待之耳。”

(十一月)二十日庚申,陽。留館所。書狀往拜國子監及文文山祠而來,去時入見,夕後往見。問其所見處,書狀以爲往見太學,則助教張元觀出見,問理學,則張以爲故太學士陳世綰、故御史陸隴其俱尊朱正派,即今江西太學士朱軾尊陸學,其同鄉李紱輩俱遵之。新建良知,未嘗不是衹許聰明人學步,下此便誤入虚空矣。朱子之學,賢愚俱可入室,此所以爲正派也。問利瑪竇之學,張以爲:利本係西域人,其教如今喇嘛相似,與佛教又稍异,與天主教不同,天主之談理不可通,利教又近理,幸中國不行。問文章,張以爲:文章現在者如江南沈德潛,浙江陳兆崘、孫灝、方椉如爲最。國初因明末鍾譚《詩歸》之選,體太弱,惟有漁洋、杜于皇諸公出,變爲渾雅,今以典重高華爲尚云。張(考官案前),浙江永嘉人,甲子科,號顒齋,漢人。

(十一月)二十七日丁卯,陽温。留館所。書狀及趙鼎説來見,示張元觀答問之書。其書云:“陳相國世倌,字秉之,號蓮宇,著有《海昌文集》《訓士郛言》,生平學宋丁賢,號爲傳。德行則周、程、張、朱;事業則韓、范、富、司馬、歐陽,講究實學,不好辭章。喇嘛別有經説,善醫方,不戒殺,與天主教不同。其法行於蒙古、回部最靈,故奉事惟謹。利泰西所著論説,言及心性,不如天主教之荒唐。天主教不奉佛,亦從不叩拜正神,及五祀祖宗俱無祭饗。三學士歸瀋陽,無可考。朝鮮至登、萊水路、島嶼、沙磧、要害,詳《武備誌》。”

四九、李商鳳《北轅録》

【解題】

《北轅録》五卷,李商鳳撰。

李商鳳(1733—1801),朝鮮文士,後改名義鳳,字伯祥,號懶隱,朝鮮全州人。乾隆二十五年庚辰(朝鮮英祖三十六年,1760)十一月,其作爲三節年貢使團書狀官李徽中的軍官子弟隨行。使行於十一月初二日從漢城出發,十一月二十七日渡鴨緑江,十二月二十八日到達北京。次年二月初九日離開北京,四月初六日回到漢城。庚辰年十二月十二日,李徽中和李商鳳在小黑山戴文會家與秀才李芝英筆談;十八日,在兩水河站東關驛丞家與驛丞張豐緒、進士吴山源筆談;二十日,李商鳳在榆關宿所與秀才陳希平筆談;二十一日,在撫寧縣徐阜年宅與舉人徐阜年筆談;二十二日,李徽中和李商鳳在沙河驛劉徵宗家與秀才李斐筆談;二十三日,在豐潤縣城外谷文淵家與秀才谷慶元筆談;二十五日,在宋家莊與宋瑛筆談;二十六日及返程時辛巳二月初十日,在三河縣薛文儒宅、三河縣宿所三次與縣教諭薛文儒筆談。辛巳年(1761)正月初八日、十六日,李商鳳、李徽中、李鳳焕在北京國子監、朝鮮使館兩次與國子監琉球官學教習潘相及其子潘承炳筆談;正月二十二日、二月初二日、初五日、初七日,李商鳳、李徽中、趙榮進在北京朝鮮使館、胡少逸宿所五次與舉人胡少逸筆談;二月初六日,李商鳳、李徽中在北京西天主堂與劉松嶺、徐承恩筆談;初九日,李商鳳在通州宿所與金仁、金義、任烺燿筆談;十一日,在薊州宿所與孟廷璽筆談。

此書原本藏韓國延世大學中央圖書館,《燕行録選集補遺》上、

《燕行録續集》收録，兹以《燕行録選集補遺》本爲據輯録資料。

（庚辰十二月）十二日壬午，晴暖。自大白旗堡行五十里至二道井，朝飯。又行五十里，宿小黑山。

……西南百餘步有土崖，曰小黑山，人居幾三百餘家。入漢人戴文會家，家雖窄，不甚陋。家君進夕飯半盂，夜進化痰湯。有李芝英者，稱以秀才，因主人請見。與之語，略涉經史，饋以藥果，嘗而捨諸器，問其故，曰："欲遺母。"家君書諸盂蓋曰："穎考叔之孝，君能效之。"曰："此古之孝子，不敢當。"仍問曰："穎是何人？"曰："周末鄭人。"余曰："此地亦有能文士乎？"曰："愚傳王嗣烈，廣寧人；陳大有，瀋陽人；夏蘭，錦州人；王猷，義州人，今在吏部主事，而王公仍有目疾，方住京城北宣化府。"余曰："貴國科規可詳示麽？"曰："始也入泮，名爲秀才，亦曰相公，作四書文二篇。鄉試名爲考舉，作四書文三篇、經文四篇，以係所習者各一經，并二日完；策問五篇，二日完；表、論各一篇，二日完；判五條、詩一首，二日完，而新例去表、判以連三場，俱係三日。除去叫名，中舉以後即是會士，亦爲考舉文字；中進士以後即考入翰林院，一次不第者不許，而許其次，其餘以進士選官，有功者遷以入閣，拜相爲止。"又問："一場解額約幾人，而君之發解凡幾次？"曰："關東解額四名，房官薦十二名。愚今在十二内，而未入主官之目，尚未第。"余曰："房官是怎麽人？"曰："翰林院欽命。"余曰："當今天下最有文聲者，誰氏子也？"曰："金甡其人也。"又問："居何地？""尚在翰林院。"余曰："閭陽驛以後，家無屋脊云，此何故也？"曰："名爲平房，而無他故矣。"家君問曰："遼東白塔，或以爲華表柱，太子河之真贋莫能辨，君能知之乎？"曰："不能。"又問易水，以不識對。家君曰："君專於經而不用力於史乎？"曰："史係閑覽，唯專《毛詩》。"余曰："傳《詩》者誰？"曰："朱子。"余又曰："朱子是何世何地人？"答云："不曾識。"余曰："君既以四書文爲業，而不以朱子義爲主歟？"曰："有當今之李、吕二氏。"余曰："二氏是李沛霖、吕留良乎?"曰:"然。李書尚傳,而吕説今不用矣。"臨歸,仍要清心,與之一丸,謝而起。

(十二月)十八日戊子,晴暖。自東關驛行十七里,至中後所,朝飯。又行四十三里,宿兩水河站。

……又由衕里至一衙門,乃東關驛丞所居。入其室,左右圖書清灑可喜。主人丞與二書生對卓而餐,下床迎揖,延之椅上,命筆代舌,各言姓名,主人丞乃張豐緒,瀋陽鐵嶺城人,一是蘇州人吴山源,一是葉彬,居在葉家站,葉家墳即其先塋云。寒暄訖,余曰:"吾們大人長路驅馳之餘,連處冷炕,方有寒疾,且一欲與文士從容,而沿路無可語者,今幸貴居精灑,吴君儒雅,若許一宵之延接,幸孰大焉?"張丞曰:"差務繁紛,不敢從命。"余又申懇,答曰:"重違尊命,而從人之喧嚷可念也。"余曰:"吾大人以春坊學士奉表西來,號令嚴明,從者讋伏,道不拾遺,群不亂嚷,保無他慮。"張丞頷之曰:"承教承教。"余即詣下處,家君歷臨上房,余又步進,已駕矣,余趨進告其由。家君曰:"可。"遂税車於張承衙官,三人皆出門迎入。家君坐定,諸人猶拱手而立,與之坐,齊聲對曰:"不敢。"强而後各就椅上,以藥果、黑荏、茶食、乾柹、黄栗、全鰒等物分盛三碗命進,三人歷問其名,而後始嘗之。

家君謂吴山源曰:"何官?"答曰:"進士出身。"曰:"居何地?"曰:"蘇州長洲縣。"問:"仙鄉有文士麽?"曰:"太宗伯沈德潜其人也。皇帝不時寄詩律到蘇州,常諭改正,算渠有名望也。"曰:"蘇之山川形勝,樓觀臺榭爲俺陳之。"曰:"皇帝南巡,所幸名勝即虎邱山、靈岩山、觀音山。白雲峰梅花盛開,則名曰'雪海',多行宫。"曰:"行宫何時所建,而其名額云何?"曰:"聖祖起始行宫,無名,山以名宫。"聖章適來,問三魏文迹,吴不能對,忙忙起去,挽之不可止。問諸張丞曰:"吴生之稱進士是樸實的話麽?"曰:"彼乃江南之士,其真贋不可卞。"仍微笑,可知其冒稱也。壁上貼一幅隸書,筆法甚豪健,題其端曰:"臨榆王愸書。"余問張生曰:"王是何狀人?"曰:"山海關里人,筆格雖高，真狂士也。”又問：“丞之月俸約幾何？”曰：“一年支銀一千兩，而一半歸公用。”冷炕不堪經宿。余與吴正躬視爇火，因以磚築爲三層，下以掘坎，中以穿孔，上以燃柴，自上燃之，自下煽之，人謂之風爐，久而未暖，又熾石炭，炭氣透隙入室。曉來頭疼如穿，扶而始起。是日行六十里。

（十二月）二十日庚寅，朝晴，晚雪。自山海關行三十里至范家莊，朝飯。又行五十里，宿榆關。

……時夜已黑，軍牢以燈迎入。劉姓人站房供夕飯，家君進數匙。有陳希平者，自稱秀才，請見。與之坐叙寒暄，問曰：“此地人家約幾許？”曰：“六十餘户。”問：“撫寧縣則有能文之士乎？”曰：“不可勝計。”“就中以巨擘名者，爲誰？”曰：“李玉桂、張國綱。”問：“在何地？”曰：“抬頭營。”問：“徐進士外也有做進士者麽？”曰：“抬頭營進士翰林院温如玉也。”贈以一清心，請再賜，又與之，一拜而去。

（十二月）二十一日辛卯，陰，自榆關行四十三里，至背陰堡朝飯，又行四十三里，宿永平府。……距此爲四十里，未及撫寧縣里許，有小河，至城外，路左有所謂戲子臺。……家君先詣徐進士阜年家，余踵而入。過兩重門，外舍也輪奂輝煌，庭除怪石循墻而峙，花木環砌而植，皆結細網而遮之，以潔蹂躪也。門外左右各有一小釜，蓋以草方席，開視之，有金銀鯽數十尾，或朱班爛燁，或一身渾赤，或一頭雙尾，又或三尾圉圉者、潑潑者，足可觀云，是南産。門内鋪小磚於地，左右夾以室梁，間懸羊角燈，圓如西果之大顆，澄若水晶之無瑕者。上下雕金，爲蓮葉形，以覆受之，又以流蘇條作葉形而垂之。其前又懸白鍮，方方立燈而不塗其面，中置白鍮盞，所以燃脂也。家君主壁，踞椅而坐，阜年及其從弟以次坐椅。叙寒暄訖，仍問其姓名，對曰：“徐阜年，字即山，號裕川。”問徐貫何鄉，曰：“福建。”問曰：“福建來撫寧，今幾世？”曰：“十三世。”問：“鼻祖謂誰？”曰：“名彦清，隱於布衣。”問：“先代無顯職否？”曰：“明時有延榮者曾任大夫，本朝則歲進士耳，初試謂之歲進士。”問：“進士應入仕，何屢世無官?”曰:“歲進士,願仕者官,不願則不强,但原品致仕耳。”問:“既無代耕之禄,衹食破硯,屋何以潤耶?”曰:“我國王公大人均承不棄鄙拙。”問:“王公大人有所賙恤而然歟?”曰:“然。”問:“農商不業否?”曰:“農商亦然。”問:“昌黎縣距此幾里?”曰:“城南四十里。”問:“有韓子墳否?”曰:“不在,有廟,子孫世襲博士,奉其祀。”問:“今之博士其名爲誰?”曰:“法祖。”問:“幾世孫?”曰:“無考。”問:“當今中國人文學,以誰爲宗?”曰:“無甚出名者。”問:“豐潤縣古多文人,今誰可語?”曰:“魯進士、孫進士差可,但具在鄉,不由便道。”問:“在便道而稍可語者,第爲我言之?”曰:“谷姓、曹姓。”問:“在何里?”曰:“豐潤城内。”問:“玉田縣有誰?”曰:“阮姓。”阜年仍引入左室,外揭曹台命采詩,内揭尹尚書淳詩。粉壁交窗,左圖右書,照人耳目,層架叠丌,積經、史、子、集,牙簽綉匣,令人開目,又多古人墨戲,而米元章、文太師手迹最得意者也。木盆上黄梅爛開,异香襲人。下置木器,以牧落花。卓上置一硯,而作伏龍吸池形,傍置牙筒,納牙籤數十枚,蓋我國所謂骨牌之類也。又引至右室,室内作小炕,而棖闑則妝以花柳,以錦帷遮其三面。案上積《康熙字典》《盛京通志》,二丨三代史。余指《盛京志》曰:“可计斥否?”曰:“此中亦難得,不敢從命。”又於深青畫瓶插黑羽扇,壁上挂短琴,飾以黑角,長可三尺,弦七而無徽。主人之從弟自外横笛而入,與之坐而吹之,其聲寥亮,可謂遠將之懷。主人進鷄卵茶,蓋和鷄子黄於暖茶者,極無味,一啜而罷。又進青茶,飲之既。時有賣圓小餅者,以數十枚進,家君與諸人分嚼。金君自外舍持一短琴而來,名曰西洋琴。狀如張扇,其廣上可八寸,餘下可六寸弱,其長不過四寸。中附兩片鐵,穿五圓孔,左右嵌三十六釘,繫十三弦於釘。一弦各用三絲,絲以錫爲之,細如唐綿。絲以角鞭,隨意擊之,錚錚然如三弦聲。主人爲余一彈,尤可聽也。余問曰:“此亦有工拙乎?”曰:“人皆可彈。”主人又起而引入後門,此中舍也。器用之奢麗,書畫之照曜如左右室,而盆上枸杞子一大叢,盤之如松,子猶未落。又從小夾門入蓮亭,額曰“會心堂”,其四柱扁,我國舌官安命説書，主人呼爲安大人。又問於余曰："尹尚書子孫尚在朝麽？"曰："其子做知縣，今已故矣。"徐爲之撫然。所謂蓮池，水已沍而藉以秫幹防其冰厚而藕凍也。以大清丸、廣别扇寄主人。將出，余又啓視魚釜，主人以手取魚而示之，余欲受而諦視之，曰："傷鱗，則便不活。"還投釜中。遂送余於門，門有額曰"進士徐鶴年、進士徐阜年"。鶴年其兄也。諸譯云我使無歲不入此家，家主亦以爲榮。至於安命説，則其爲賫咨官也，浹旬留連云。

（十二月）二十二日壬辰，晴寒。自永平府行十五里，至范家莊，朝飯。又行四十五里，宿沙河驛。

……次於漢人劉徵宗家……覽訖而還，歷見子謙之下處，問於主人之子曰："此地亦有做秀才業乎？"曰："也有。"即出，與一老秀才來，與之坐，姓名李斐也。家君書示曰："所業何事？"對曰："雍正六年，孫太宗師嘉淦①入泮，鄉試八次，薦舉三次，皆不中。"又問李貫何鄉，曰："永平府遷安縣籍。"問："先代有官否？"曰："曾祖崇禎壬辰進士，出仕常仕府知府，又現在舍侄有文舉人、武進士。舉人名李遜，進士名東绵，在豐潤縣南官路北。"問："能詩否？"曰："有拙稿。"問："可取來麽？"曰："領教。"即出以小卷子來。語雖生澀，亦足可觀，仍跪請批評。家君略加點化，起而叩謝，進清人應製詩五册，家君曰："未可白受人物，而厚意不可無表。"即以大清别箑謝之，受而起敬，更以册進曰："大人不欲受此，則藥與扇又不可冒受。"再三固請，不得已以回路更議，辭受答之。又問："豐潤谷、魯二姓人知之乎？"曰："俱吾親也。"問："尊是谷霖蒼（應泰號）外屬乎？"曰："外孫也。城内東學門口魯克讓進士已做知縣回家。谷應泰之孫名慶元，見在北街。"問："谷生能不忝厥祖之文華否？"曰："未及，但在科甲，而豐潤之巨擘，唯此二姓而已。"仍辭歸。

（十二月）二十三日癸巳，晴，寒。自沙河驛行五十里至榛子店，

---

① 淦，原文誤作"塗"，徑改。

朝飯,又行五十里宿豐潤縣。

……行十五里至豐潤縣城外,次於漢人谷文淵家,却精灑。一自故副使金龍慶奄忽於此地後,使行不入城内云。下車即送人邀魯知縣克讓、谷秀才慶元。魯不在,唯谷生踵入而來。容貌粗頑,語輒磨牙,大非吉士,帶其子而來,有問則必替書以答。家君問曰:"何時移居?"曰:"明永樂二年。"又問:"先代官職?"曰:"六世祖嶠,巡撫,湖廣右副都御史,叔曾祖應泰,兩浙學政。"問:"御史仕何世?"曰:"嘉靖。"問學政事迹,曰:"號霖蒼,著《明史本末》,而以做史之故遭禍。原本已失,行於世者乃其略也。"問:"然則原本無傳否?"曰:"或在南京。"問:"今世以道學名者,誰爲最?"曰:"劉統①勛,住山東,方在北京協辦太學士事。"問:"朱文公道統則無傳否?"曰:"前有陸隴其,其孫嘉淦,已成古人。"問:"在何地?"曰:"住山西。"余曰:"是做《困勉録》者乎?"曰:"然。"家君又問曰:"仙鄉誰積五車?"曰:"魯克讓。"問:"此地業儒者,可歷數否?"曰:"今科新中有陳瑞獜,西關廩生曹衍裕,北街廩生谷蕙,其餘書之不盡。"問:"炕是古制否?"曰:"此北方地寒所制。"余又曰:"秦王山之荆至今如俯伏形,信乎?"曰:"果然。"余曰:"此地以名勝稱者,何山爲最?"曰:"金窑山、鵶骨山。"仍告歸,與大清一丸。主人又出現,自以爲谷應泰之疏族,余曰:"爾們衣裳之制較吾們孰勝?"曰:"貴國襲前明之服,吾們遵時王之制,不可可否。"又問城内外人户,曰:"千餘家。"曰:"明日欲見儒學及玉皇廟,幸爲我前路麽?"曰:"承教。"贈以二清。

(十二月)二十五日乙未,晴,寒。自玉田縣行三十五里至蜂山店,朝飯,又行三十七里,宿薊州。

……又南行二里至宋家莊,……主人出門而迎,姓名宋瑛也。叙寒暄訖,余曰:"清案積書幾帙?"曰:"何書?"曰:"聖賢之書、百家之文,所願一登書樓,隨意披玩。"曰:"一時如何便看完耶?"曰:"祇

① 統,原文誤作"佟",徑改。

欲點撿篇目而已。”曰:“有十七代史而帙多,似不必看。”曰:“行忙,奈何?”曰:“日尚早,可稍談否?”曰:“此去薊門五十里,更欲登臨卧佛寺。”曰:“此獨樂乎?”家君曰:“筆翰贍敏,能讀多少書乎?”曰:“幸生聖人後,衹得勉讀書耳。”曰:“讀書將以致用,年近四十,何尚寢家?”曰:“荆山之玉,抵鵲以其多耳,某何爲者?”曰:“車載斗量,古人已謙,尊言無奈飾讓。”曰:“三代以後士争得録,某自少足食,衹好家居養親耳。”曰:“鳥獸不可同群。不仕無義者,聖人攸戒,尊或有有意否?”曰:“《論語》云‘吾斯之未信’,先生何以教之?”曰:“不做科業今幾世? 而衹治家事,則讀書否?”曰:“明以後至今不做舉人業,但讀書而已。未知此爲君子儒否,小人儒否?”引至樓下,過内室,棟宇庭砌,果厦屋也,多少女人穴窗而窺。由小夾門出,危樓高入雲霄,倍於威遠城。啓扃入樓,向北上九級木梯,有樓,此第四層也。四面穿虹霓門以通觀望,復轉而南上十四級,此第三層也。樓與門如下,又循欄回轉西上十四級,此第二層也。又有樓與門,又東上十二級,此第一層也。四面環雉堞,樓危而敞,從四門憑望,薊門已入眼底,其循梯而升也,不覺其高而危,及至是樓,不忍頫下。醫官崔宗悦至第四層,大怯而還,其高可知已。樓之北四五十步有敵樓,高與之埒,問樓名,主人曰:“無有,願賜嘉名。”家君答以“偃蹇”,曰:“拜嘉。”仍握金君之手,觀其文而評窮通,余曰:“君讀聖賢書,何事小技?”面發赤色,笑謝之。余撫其頂曰:“能不悲乎?”曰:“焉得不悲?”仍凄然。贈二大清,又叩謝。遂還至外室,家君贈七絶。仍啓行,日已西矣。

(十二月)二十六日丙申,朝陰暮晴。自薊州行三十里至邦均店,朝飯。又行四十里,宿三河縣。

……至教諭宅,李譯命白踵而至,先路而入。教諭出門迎入,每門鞠躬作揖,坐定,各言姓名。教諭即薛文儒,號緯軒,余呼筆代舌曰:“在昔吴季札聘上國,觀周樂,至今爲美談。余雖不敏,數奉教於君子。粗聞古人之糟粕,幸勿鄙夷之,無隱乎聖宫之文物,則遐人之受賜於明公,豈淺鮮哉?”答曰:“久已不存。”曰:“東,小邦也,家有塾,鄉有校,燦然文物尚有可述。三河,大邦之近圻,豈無可傳可述者乎?”曰:“貴國箕子遺風歷世流傳,禮樂文物久聞可景。至於三河,地近郊甸,居民不失淳厚之風,以安享聖化而已。唯曲阜有禮樂尚存焉,餘無可述。”曰:“古之禮樂,今雖不可復見,先王典禮不墜於地,布在方册,在後之人措捨之如何耳?尊今官以教爲名,且守聖宫《春秋》芹釋之儀,幸爲我陳之。”曰:“至聖先師,歷代追封,大成至聖文宣王,塑像衮冕,祭用羊、鹿、豕、籩、荳、簠、簋、爵、硎、筐、幣、籩,加十二樂,用八佾。嘉靖辛卯,輔臣張璁議撤像,易以木主,尊爲至聖先師,祭用籩、荳,各八舞,用六佾。顔曾以下從祀者咸改公侯,題曰:先賢某,先儒某。每逢仲春、仲秋上旬丁日致祭,謂之丁祭,丁屬火,取文明之義。”曰:“此祭之品與法也,非祭之儀也。”曰:“縣尹各官前三日齋戒,前一晚率僚屬視牲告潔,至日五鼓,教官先祭崇聖祠畢,主祭官、分祭官陪祭,文武各官俱穿朝服,文東武西,各依班次行禮。知縣正獻,行三獻禮,樂用六佾。教官、典史分獻,行一獻禮,獻畢復位,行禮送神,揖望燎。先　日宰牲爲醢,毛血用盆盛貯,臨祭瘞埋,蓋取毛以告全,取血以告幽也。”曰:“余於山海衛學謁崇賢祠,夫子以上五代崇以王爵,此昉於何世?”曰:“憲帝雍正元年。”曰:“其祭之也,與夫子有隆殺否?”曰:“唯少太牢一俎、大羹一登。”曰:“其祭名宦鄉賢如之何?”曰:“豕一、羊一、帛一、爵三兼果品。”曰:“鄉飲酒,古禮也。鄙邦謹依《儀禮》所載,依様畫葫,而節文尚多未通處。中州乃文物之所自出,其所以斟酌之,損益之,如之何?”曰:“鄉飲定例於正月望、十月朔,在明倫堂舉行,縣尹爲主,以禮敦請致士、鄉紳爲大賓。以年高有德士人爲介賓,以年高淳民爲耆賓,以教喻、訓導爲司正、司訓,位於主官之右,僚屬位於檐下,以廩膳生員讀誥,以老成生員贊禮。正北設香案,懸誥命、揚觶文。考鍾鼓,讀誥律畢,司正揚觶主官告奠,奏樂升歌,樂奏《南陔》《白華》《華黍》詩,歌《鹿鳴》之三樂,奏《由儀詩》,歌《南山》之三樂,奏《由庚》詩,歌《菁莪》之三畢,樂奏《關雎》《鵲巢》，又奏《葛覃》《采蘩》，又奏《卷耳》《采蘋》畢。賓主在月臺望闕謝恩，行三跪九叩。首禮畢，鼓樂送賓而散，此亦依樣畫葫而已。”曰：“揚觶之文可誦而傳之否?”曰：“司正舉酒曰：‘恭惟朝廷率由舊章，敦崇禮教。舉行鄉飲，非爲飲食。凡我長幼，各相勸勉。爲臣盡忠，爲子盡孝。長幼有序，兄友弟恭。内睦宗族，外和鄉里。無或廢墜，以忝所生。’此所謂揚觶文也。”曰：“律令如何?”曰：“凡鄉飲酒禮，序長幼，論賢良，别奸頑。年高有德者居上，高年淳篤者次之，有違法者不得與良善之席。坐有喧嘩失禮者，揚觶者以禮責之。”曰：“《周禮・大司徒》以鄉三物教萬民而賓興之，降而漢方正之選，唐孝廉之舉是已。今之鄉試又其遺意。”“試以三河言之，一邑解額約幾許?”曰：“廩膳生員額制二十名，增廣生員額制二十名，附學生員無額數，武生無額數。歲貢二年，一貢歲科試，取文童十二名爲附學生員，歲試取武童十二名爲武生。康熙五十四年，增取三名爲十五名。鄉試時，縣尹搭橋甬道，設宴公堂，應試諸生至，奏樂，宴畢，度橋簪花，備道里卷資，送至儀門外，即《周禮》所謂‘以鄉三物教萬民而賓興之’，仿其遺意也。”曰：“鄉約之不行久矣，是以鄉無善俗，世乏良才。江以南必有吕氏雲仍，或不墜其家訓，而遵守其良法者乎?”曰：“不然。本朝頒聖諭十六條，縣尹選耆碩爲正副鄉約。每朔望日，縣尹公服，率僚屬莅講所龍亭前，行三跪九叩首禮。反覆宣揚勸戒，凡鄉社之民環立拱聽，即《周禮》‘月吉讀法之遺意’也。”曰：“俄入文昌祠，其尊奉之者可謂奢矣，所以妥靈之，如之何?”曰：“縣尹祭至聖後，率僚屬詣祠致祭，祭品與聖廟同。其外，又坍壝廟祠之可祭者，莫不致處。”曰：“無傷也，亦古之遺也。雖曰迷漠，實式憑焉，所謂‘達民情而遵時俗’也。其所祭之神、祭之之儀，幸明告我。”曰：“社稷山川，風雲雷雨，皆設坍而祭之。祭品則羊一、豕一、帛十五、爵十五、枣、粟、鹽、膏、魚各四；籩、韭菹、醓醢、菁菹、鹿脯各四；豆、黍、稷各二簠、稻粱各二簋。乾隆二年奉上諭，府州縣地方凡遇戊祭日期，如有提鎮、道員，各按品級，分東西兩班行禮陪祭。又有八蜡廟,八蜡者:先嗇、司農、猫虎、水墉、司嗇、水坊、郵表、昆蟲也,其祭品則豕一、爵一、帛一。城隍廟在社稷坍内,清明日、七月望、十月望三祀,祭品則豕一、羊一、爵一、帛一。土地祠,祭品上同。馬神廟,則羊一、爵一、帛一。嶽神廟、奎星樓,上同,而以羊易豕。忠義祀、節孝祠,豕一、爵三、帛三。關帝廟,則每歲春秋奉文頒發吉日及五月十三日,共三祭,祭品太牢、羊、豕各一俎,果品四、爵三、帛三。關聖三代,雍正三年追封公爵,崇祀曰光昭公、裕昌公、成忠公。祭祀日期同前,祭品豕三、羊一、果品四、爵三、帛三。先農坍,每歲仲春於亥日致祭。祭畢,舉行'耕籍禮',祭品豕一、羊一、鷄魚肉脯四、籩果品四、湯飯、簠簋各二、爵三、帛三。耕籍時,縣尹穿蟒袍,詣籍田,農夫牽牛,耆老播種,印官扶犂九推,各官俱九推撤犂。雍正十三年,奉旨致祭先農,令該地方正印官承祭外,其大小各文武職官各按品級分班行禮。乾隆八年,奉文行'常雩禮',每歲照憲頒吉日,奉社稷、山川、先農、雷雨,五案供於山川壇合祀。祭品羊五俎、果品五、素供五、爵五、帛五。邑厲坍,每歲清明、七月十五日、十月朔日祭,無祀鬼神,於本城北郊迎請城隍主,坍祭城隍,豕一、羊一、果品四、素供五、爵一,其無祀鬼神,用僧道誦經,至素供酒飯隨用,此之謂'戊祭'。戊乃屬土,取祈報之義也。"曰:"中州所以嚴祀典而達民情者,既聞命矣,郡國之禮可以繼此得聞歟?"曰:"此非謏淺所可盡,自莅是縣,略涉故事。朝賀也,上任也,救護也,迎春也,是其大者也。"曰:"如何?"曰:"元朝、冬至各令節,闔城滿漢文武官穿朝服。五鼓,齊集東南街萬壽寺,拜牌,行三跪九叩首禮,前後共穿蟒袍七日。恭遇皇上萬壽、皇太后萬壽,闔城滿漢文武官行朝賀禮如前。恭遇聖駕經臨,滿漢文武官穿朝服,恭赴邑交界處,跪接跪送,不行叩首禮。恭遇恩詔下,須滿漢文武官穿朝服,出郭遠迎龍亭。儀仗鼓樂前導,至萬壽寺,行三跪九叩首禮。恩詔經過,文武官穿朝服出郭西跪接,郭東跪送。恩詔至公館,文武官各穿朝服,至詔書前,行三跪九叩首禮,此'朝賀之禮'也。上任之前一日,齋宿公所次,早穿朝服，進東門，祭城門，行一跪三叩首禮；至縣治，祭儀門，行一跪三叩首禮；望闕謝恩，行三跪九叩首禮；拜印，行三跪九叩首禮；進署更蟒袍，拜竈，行一跪三叩首禮。升堂，僚屬、吏胥恭謁。次日謁文廟，行香，行三跪九叩首禮；崇聖祠，行兩跪六叩首禮；文昌祠、城隍廟，俱行一跪三叩首禮；關帝廟，行三跪九叩首禮；倉神、馬神、獄神廟、土地祠，俱行一跪三叩首禮。明洪武十七年，敕每月朔望，郡縣長吏詣學行香，本朝因之。關帝廟、城隍廟，亦一體行香，此'上任之禮'也。每遇日、月蝕，順天府尹行文到縣，至期，縣尹率僚屬擊鼓三聲，救護於大堂前，列香案供圖於上，陰陽生報，初虧，行一跪三叩首禮，僧道奏樂不絶，各官環走三匝，即古者'伐鼓用牲於社'之意，再報食甚，環走如初，生光亦如之，復行禮如初。日食，用朝服，月食，常服，此'救護之禮'也。歲之立春前一日，縣尹穿朝服，率僚屬迎春於東郊，祭拜芒神、春牛，行一跪三叩首禮，回供於縣大門東側，次日按立春時刻祭拜如前。執綵鞭赴春牛前，一揖，鞭牛三匝，復一揖，僚屬如之，此'迎春之禮'也。"曰："則壤定式，田賦所由興。登版稽民，户役所由起。古者取民原有粟米、布縷、力役，後世易以租庸調，而用一緩二，足徵取下有制之規。三河壤地雖褊小，亦畿輔之管轄，即其經理區畫，而足可以推類於天下之大。明公幸恕其瀆而詳告之。"曰："户丁分上、中、下三等，上丁徵銀六錢，中丁四錢，下丁二錢，通共本縣人丁一千四百五十三丁，共徵銀三百七十六兩七錢；田賦則通共地一千一百九十八頃二十二畝零，共徵銀二千一百八十三兩，遇閏月則每畝增徵銀一毫一絲一忽。此外，又有雜税、鹽税，而俱係薄斂。"曰："朝過段家嶺，有所謂留養局者，此未知何爲而設置者耶？"曰："乾隆二十三年，命直隸各屬設留養局，冬月留養貧民，春融散遣，其有篤疾及年過七十者，常留在局。通計一百四十州縣衛，設局五百六十一處。三河設局二：一在南店房三間，距城一里；一在夏店房，二間，城西三十里；一在段家嶺，房四間，城東二十里。乾隆十八年，署知縣師友尚奉文，勸輸銀二百兩，商領營息月息一分五釐，歲收息銀三十六兩。”仍出示留養局規,規云:一、籌經費銀,有官捐者、有士商樂輸者、有裁無益之費改充者、有官物撥入者,皆交殷商營運,收其子息;地畝有價置者,有捐施者,有官地撥入者,有召墾畸零成熟者,或賃租收息,或寺僧自種,以資米薪之用。一、建局房有購地新建者,有官房改設者,有依寺廟賃借另别門户者,或賃借、或建設,門立木牌,大書‘留養局’三字;有瘡瘍者异處,婦人异室。一、給衣被,交冬人給一襖,二三人共一被,病及六十以上者給綿褲。褲有餘則以次遍,歲須新製,勿令短薄。一、收養期始十月朔,如年寒歲歉,則於九月望開局,至二月止,春寒則展至三月望,去日量給數日錢米,有殘疾不願去者仍准留局。一、收養費,每日大口給米八合,小口四合,十歲以下爲小口,乳孩不給;大口日給薪菜錢四文,單身者五文,聽自食。如聚至數十百人,則煑粥,日二次。一、經理人,或鄉耆衿監、或寺僧、或本處鹽當商,惟誠實能事者任之。一、備醫藥,歲製寸金丹、萬應丸之類,存局備用。一、棺埋,在局病故者,官給棺一具,埋於義冢,如收養人多,預製備用。”曰:“滹沱河是果漢光武進麥飯之地乎?”曰:“是。”又曰:“陸稼書何如人?”曰:“純儒,已列聖廡。”曰:“愚所以及門者,一則欲聞大邦之古制今法,一則欲致明公於吾大人所儔討論今古,以破長路之迷憂耳。”曰:“乃蒙招引,心所願望,恐禮數未明,有獲罪戾,希先爲達知。”曰:“何謙之過?第與我携手而歸。”曰:“請入室换衣,從公之後。”曰:“承教。”教諭入室,而其子出叙寒暄,見案上積書十數套,乃新本《三禮》纂疏而頒之學宫者也。

(十二月)二十六日丙申,閲篇目未半,教諭易服而出,每門又鞠躬而作揖。李命白偕其子往上房,余與教諭至下處,立門外,通謁而後始入,於炕下行拜叩禮。家君舉手揖而進之,問曰:“四書熟看否?”曰:“曾讀而未能深會。”曰:“貫何地?”曰:“新安人,即戰國時趙地也。”曰:“三河古今沿革,可歷指否?”曰:“古名臨泃而已。”有一胡自外而入,問名,曰:“舒禄。”曰:“何官?”曰:“護送官”,曰:“幾品?”

曰："五品官，三河坊禦管滿州兵。"曰："何故來此？"曰："我乃押解爾等之官也。"曰："押解何謂？"曰："恭謹護送之意。"曰："自栅門聞有護送官，爾無奈是耶？"曰："歷來經過三河，舊有護送之例，即從三河護送至禮部。"曰："自何地稱爲三河？"曰："以有鮑邱河、泃河、洳河爲三河縣，東自段家嶺起，西至烟郊鋪爲界。"已而胡生踵灣禅而至，先已聞其名而伻邀者也，坐定，叙閑語問以名。曰："士鈺。"曰："居何地？"曰："世居三河，從明永樂年到此，今十七世。"曰："貫何縣？"曰："原籍浙江。"曰："尊爲胡安定雲仍否？"曰："然。"余顧薛教諭曰："專何經？"曰："《詩經》。"曰："四書工夫以何説爲依歸？"曰："總以《或問》《語類》爲主，參以近日諸家。"曰："次崖《淺説》、虚齋《蒙引》、稼書《困勉録》、岱雲《條卞》皆能一一覷破，而就中優劣何如？當今則可稱儒宗者，誰也？"曰："前明諸家亦屬明析，稼書平實説理，岱雲雖多暢釋，未免有謬解處。近日周大璋居江南，王步青在浙江，講説亦好，但未知爲巨擘。"曰："周與王尚在世否？"曰："尚選文中有名，應還在世。"曰："去北京可逢着否？"曰："不在京，在林下，各有所著書。周所著曰《朱子精言》，王所著曰《四書匯解》，俱在燕肆，且四書義蘊宏深微妙，又在自己領會，看講章不過借起意思而已。"曰："吕留良何如？"曰："好個，好個，但其人犯罪，少存其書。"曰："汪份、黄際飛何如？"曰："汪説多妙解，黄難耳。"曰："諸家俺亦略略看破，都是偷得雙峰、北溪餘論，俱不如《章句集注》《或問》《語類》之醇乎醇而已。其餘胡氏《通》或可以羽翼耶？"曰："四書諸家各有發揮，莫如朱子之書。"曰："然諸家雖不無小發揮，其於穿鑿焉，傅會焉，或有背馳考亭之論，何哉？"曰："考亭説有前後，屢更易者，祇當細按《集注》，平心正氣而觀之，諸家巧鑿儘有。"家君曰："尊以教諭莅是邑，則自貢舉中出來耶，抑教諭亦是仕路耶？所俸月禄幾何？"曰："選拔貢生官學教習選授，教授一年俸銀四十兩。自此升教授，有卓異之績則升知縣。"余曰："教諭幾年例升教授？"曰："十九年。"曰："有殿最否？"曰："有保舉六年升知縣，堪任教職者較俸升教授，若是殿者則罷除矣而已。”副使來,胡生及薛教諭皆惶恐請出,余曰:“不相攝,無傷也。”胡固辭而出,教諭强而後復坐,余曰:“此乙老爺也,尊之避之也,無乃過乎?”曰:“尊官來避之,宜也。”余曰:“孟子云‘藐大人’。”應口而對曰:“孔子云‘畏大人’。”仍相視而笑。余示以幅巾曰:“尊知此制否?”曰:“不知。”曰:“此朱文公之服也。”曰:“祇知本朝衣冠耳。”臨歸,贈以一大清,請再賜一丸,而以深藏不得副。

(辛巳二月)初十日庚辰,風寒,水爲之凍。自通州行至烟郊堡,朝飯,至三河縣宿。

……抵三河縣……教諭薛文儒又來見,欣款比前尤加,以《達生編》面幣。仍語余曰:“方到敝署,聞足下行到此地,特來請謁。此書利於生産,家家所須有,所以敬奉貴邦。清心丸藥方神妙無比,可以傳示以濟世人否?”曰:“俄伻於儒宫,值駕虚歸,方深悵然,何幸左顧,得接舊時顔面。清心丸製法載《東醫寶鑒》,此書每敕行携來矣。《達生編》之惠,可認至意,而無物可謝,謹以彤管三枝用表寸忱。”曰:“先蒙賜丸,今蒙賜筆,謝謝。”曰:“我使之在燕邸也,禮部以皇帝命饗上下馬宴,而饌未撤,無賴下屬攔入攫食,大國紀綱之不古可知耳。”曰:“自是辦事官無主持,故下輩敢以無賴,亦相習而然。皇上或得聞知,必得重罪。”曰:“豈惟是也,提督大使通官輩誅求無厭,我人之一出入、一動静輒張手呼銀,不知此事昉於何世?”曰:“衆人貪賄,今方得聞,實不知起自何世。禮應敬厚貴賓,慰勞遠來,衆人需索,大非體統。”家君自上房還次,教諭下堂,而俟通謁,而入拜於床下。家君又曰:“俄伻虚歸,方庸懸渴,入夜來訪,厚意可掬。”曰:“前領清誨,心切景仰,今大人竣命而回,特來請候,喜賀喜賀。”曰:“何事入公署?”曰:“三河新修《縣志》已成,前縣公托爲頒送,故去商酌。”仍顧余曰:“欲得一帙乎?”曰:“不可白受人物,請買其書。”曰:“何用買爲?”即令取來《志》,凡四册,載沿革貢賦、山川人物,極爲詳備。家君曰:“自東方至燕都數千里,見人多矣,純實誠慤未有如君者,心乎不忘,而行事甚忙,不得一與之縱話,心焉茹恨,須千萬加護，無事居官，好好還鄉。”曰：“大人明訓，心當銘感。”仍圈“無事居官，好好還鄉”二語，蓋贊美之意也。其子又來謁，家君與之坐，教諭曰：“此吾子也，宜侍立，勿使失禮。”又曰：“貴國人來如使得知，可以書候問。”余問其子曰：“示正使以何書？”曰：“《讀史管見》。”曰：“盍示余乎？”教諭令其子取來，閲之不過歷代紀年之書也，正使欲售價不得者，教諭語余曰：“好乎？”曰：“好。”曰：“取之不妨。”曰：“重受非禮。”曰：“無傷。”又再三懇之，余不得已受之。又曰：“又有撰《楚辭補注》，語甚平順，雖未洗草，公欲一覽，謹當搜呈。”曰：“諾。今三河知縣何如人？”曰：“署印姓陳名㬋，已去，又有姓焦者，去年十二月二十四日到縣。”曰：“《縣志》弁方觀承序，此何許人歟？”曰：“江南桐城人。”“方何官？”曰：“直隸總督。”曰：“總督在何府？”曰：“在保定府，京南三百里。”仍告歸，以别扇八把留贐。夜半有叩剥聲，乃教諭伻人送《楚辭補注》首篇及小牘，正使聞余得《讀史管見》，要諸家君，家君出而與之。

（辛巳正月）初八日戊申，晴暖，留北京。

……禮部精膳司主事張鳳書，字丹九，雲南臨安府人。家君暨正使與之筆話，又有潘相者，號經峰，湖南安鄉人，方爲琉球官學教習，請見。家君與之坐，問曰：“入都今幾年？”曰：“七年，欽命教琉球官生。”曰：“教諭之職否？”曰：“然。”進二書，其一乃渠順天鄉試中式八股文四篇，其一亦渠所撰《平準噶爾頌》及《擬哈薩克稱臣入貢》排律百韻。準噶爾，即回部人。其序曰：皇帝握乾，符闡坤珍。欽承休命，丕覲重光。化行熯地，威播冰天。書契所載，未之盛京也。惟準噶爾番部白狼扇妖，狡兔營窟，敢違朝朔，尚稽天誅。緬惟聖祖仁皇帝、世宗憲皇帝屢申撻伐，聊示柔懷，天厭冥頑，賊巢麋沸。前此喇嘛達爾札肆行篡奪，魚肉同根；迨至孽豎濟凶，復支天禍，諸部近鄰，土崩瓦解。於是車楞車楞吴巴什番落萬户，渠長千人咸款關而内吁曰：“蓋聞聖人恩德洋溢，日月所臨，物靡不得其所，曷爲遺兹一隅水深火熱？國家承平日久，人憚用兵，皇帝哀矜塞外，庶戮之不辜，慨然曰:'惟天惟皇祖皇考,使朕乘時伐暴救民者,庶其在此,朕何敢憚勞?'乃力排衆議,獨運乾綱,特蘭定邊大將軍班第統領步騎數萬,董督元戎,龔行天伐,親授機宜,密籌韜略。萬里之外,窮虜之情,聚米成圖,如在掌上,而且大度無私,知人善任,投誠校尉,旋擁節旄。乾隆二十年正月朔,鷹揚之校、嚙虎之士兩道分驅,連營并進。元甲曜日,朱旗蔽空,有翼有嚴,莫我敢遏。夫帝王之兵有征無戰,行險而順,義且尊也。故大軍所過,秋毫不犯,春雨同流,諸羌臣庶,莫不提榼牢羊,歡迎道左,掃穴犁庭,草剃禽獮,玆非一舉而萬全,暫勞而永逸者歟! 皇帝持盈保泰,謙德彌崇,告成功於天。祖上徽號於慈寧,恪遵成憲,展謁孔林,叠頒諭旨,儆怠酬庸。廓數十年未竟之緒,開億萬世無彊之休,懿乎鑠哉! 臣等親睹凱旋,博觀前史,竊見神禹征苗,三旬逆命;武丁伐楚,數載頓兵;周逐玁狁,至於太原,自鎬未歸,載歌丕烈;漢唐以下,黷武勞師,財殫力痛,功不補患。孰若皇帝聖神文武,運籌宫禁,决勝要荒,至誠孚於豚魚,大化捷於風雨,無雪來柳往之煩;而積年逋冠,早扼其吭,少斧破新缺之費。而遠部殘黎,已登之席。誠今日之奇勛,實亘古所罕有。臣等雖學識荒無,不足宣播皇猷,然泛軍歌曲,自古爲昭。謹依古作四言詩,十有六章,章八句,拜手稽首而獻曰:於赫聖清,撫綏萬國。日照月支,天星環北。蠢爾準夷,昏迷敗德。血衆於牙,肆行殘慝。緬惟二聖,仗義興師。以誅以宥,聊示羈縻。聖皇踐祚,累洽重熙。文謨益振,武烈彌奇。金川小醜,敢盜我邊。帝麾虎旅,往斧其咽。枝披腹敗,振旅闐闐;聲名所溢,溥博淵泉。天厭準凶,内訌外圮。羌部款開,曰奚遺已。皇帝曰嘻,皆吾赤子。疾拯其焚,削平賊壘。獨决神謀,密抒睿略。參畫夔龍,秉旄衛霍。瀚海洗兵,天山磨鍔。立殲醜虜,永清沙漠。孟春初吉,兩道争先。風旗匝地,雷鼓轟天。深探其穴,威德齊宣。爾樵於牧,我耨於田。我提筐篚,我挈簞壺。載迎王旅,夾道歡呼。倒戈攻北,荷戟前驅。三春時雨,枯木咸蘇。帥臣捷奏,兵破賊崇。長鯨遊斧,叛獍充危。不亡我矣,不缺我斨。穹天博地,奉我詳教。

聖皇有命，撫定荒陬。昊天賜福，列聖貽謀。獻俘成禮，諏吉楊休。萬年億載，家法常修。聖皇有命，迅奏膚切。欽惟聖母，實訓朕躬。敬如徽號，彌篤尊崇。萬年億載，慶洽璇宫。聖皇有命，仰監前寧。告功闕里，丕式儀型。數天哀對，雨浥露零。萬年億載，震壘皇靈。聖皇有命，晉爵酬功。龍團豹尾，殊制顯庸。蕩瑕滌垢，仁博義崇。萬年億載，薄海齊風。葱嶺龍堆，流沙萬里。於鑠六師，於傴於理。章亥輿圖，羲和日晷。億載萬年，同文共軌。凡此膚功，聖皇廟算。聖德謙冲，不矜睿斷。申儆臣一，彌勤宵旰。億載萬年，共圖襄贊。我征準噶，自春徂夏。伊里青芻，既肥我馬。緩轡東歸，魚魚雅雅。億載萬年，放之林野。於樂辟雍，來歸飲酒；捧卣策勛，帥臣稽首。天子威靈，生民未有。億載萬年，無忌永久。

覽已，琉球蔡生又踵而入，與之坐，畫地而問曰："貴國山川風土、文物氣像，願聞其概。"曰："敝國没有山川之佳境，文物之繁麗。風土湫惡，氣像鄙陋，不足以煩貴公子崇聽。"曰："敢問貴國尊王姓?"曰："尚氏。"曰："得國今幾世?"曰："十二代。"曰："在中國何世?"蔡生沉吟不能對，傍有一童子替答曰："洪武初年。"觀其爲人，明敏太過，口鋒太鋭，此潘教習相之子，年方十四。至於琉球得國年紀，蔡以國人猶不能對，彼乃楚之童子也，安能知國人所不能知? 此不過欲以口給禦人也，真所謂少而了了，大未必奇者。乃問蔡生曰："尚氏代某氏?"曰："舜氏。"曰："貴國距此爲幾里路?"曰："二萬餘里。"曰："嗟爾遠道，胡爲乎來?"曰："欲學書耳。"曰："琉球壤地，雖云褊小，環海三十六島，豈無一二文學之士，而遠涉鯨濤，北學中國，無乃太勞乎?"曰："敝國人物大不及中華故也。"曰："貴國衣章可得見乎?"曰："皇上新製清朝衣冠而恩賜之，本朝服色緣無所用，仍寄回於家云。"蓋其所穿乃紫錦衣，白狐裘，服之奓者也。惟不剃髮，作小髻，横短簪。余又曰："北來今過幾寒暑，曷月又將南歸?"曰："昨歲始北學，南歸當在皇上二十九年。"曰："有年限乎?"曰："然。"曰："貴國曾以方物來獻我國，知之乎?"曰："不曾識。"請余造其室。余諾而起,潘童隨之,曰:“二子何以相熟?”潘曰:“蔡是吾父之弟子。”至其室,進茶啜罷。吴正及洪命福踵而入,潘童起敬,而勸以茶,其爲禮也甚款曲,若成人然。余曰:“爾乃潘散騎幾世孫?”應口而對曰:“二十八世孫。”似亦謾話也。問其名,曰:“如燾。”曰:“今爾妙齡,若是伶俐,須勿慢過好光陰。勤攻學業,克遂天賦之明。”曰:“命之矣。”曰:“連抱之木,起自數尺;千仞之山,肇自壘土。以子之才之美,三復乎夫子訥言敏行之訓,孜孜焉、勉勉焉,則舜何人,予何人?”曰:“何敢當?”曰:“何自畫?”曰:“不會。”曰:“爾不曾讀《論語》‘今女畫’之語乎?”曰:“當孜孜日進,何敢自畫? 但區區小才,何足爲异公過奬矣?”蔡生示其所作《元朝試筆詩》,詩曰:“朔朝揮虞律,隨年掃舊塵。六書烟色潤,一管月華新。字勢如添趣,詩章覺倍神。可欣逢首祚,詞翰兩生春。”浪吟一遍,未及評化,惠文告家君之戒,駕余出門,蔡生、潘童又隨之。蔡以輕篁烟竹遺我,皆倭物也,謝之以二清。蔡曰:“曾蒙二丸之賜,今不敢叠受。”曰:“不欲受此,則盛禮亦不敢當。”彼即受,言致謝。又以二清付潘童,亦祗受,曰:“多謝。”遂告别。方上馬,家君指 老秀才曰:“此潘教習也。”仍與之叙話,亟稱其子之才之美,笑謝曰:“迷兒何敢當盛奬?”余揖而别,潘曰:“乘間當造貴館。”曰:“多謝不鄙,來時帶賢胤。”蔡生深所企翹曰:“承教。”遂出門馳還。

(正月)十六日丙辰,晴,留北京。家君愆候少减而厭食尤甚,朝來所進祗木米茶一小器,煎飯水一磁鐘而已,煎悶不可言。潘教習相帶其子而來,先以琉球鄭生詩卷及二扇送余,披扇有詩,詩曰:“萬里欣同締淡交,一朝薰炙豁心茅。信哉四海皆兄弟,邂逅相投似漆膠。”“天邊欣遇一騷人,偉器由來四郡珍。萬里締交投意氣,兩邦聚首咏陽春。”“花中酌酒催顔艷,雪裏敲詩摘句新。傾蓋驛前分袂後,橋門無日不馳神。”“兩國沾息在帝城,相逢共喜話平生。慚承厚惠須珍貯,囊乏瓊琚答雅情。”“延平衍派重王門,器宇峥嶸卜鳳鸞。泛海雙篷逢輦下,灑毫三峽倒詞源。”“春暄驛邸談今古,夜静儒廛引夢魂。訂日西膠親掃榻，細將文史與君論。”低一字書俚句四首，書贈李先生政之，琉球鄭孝德具稿。

教習踵而入，相揖坐定，呈二箋，箋有詩序曰：“朝鮮國老先生大人謁廟後，枉顧館次并惠扇藥，率此鳴謝，即請教正。”詩曰：“海國名臣重禮儀，紫宸朝罷謁先師。探奇競寫槐坍賦，好古親摹獵碣詞。遂有仁風來塵榻，兼叨大藥豁心脾。皇華詢度傳周雅，獨以才微愧見知。”洞庭潘相拜具稿。一本進家君，以一遺余，又以二分呈正副使，皆一詩也。其子又呈小紅箋，書曰：“恭呈老大人求教。”詩曰：“欣睹先生謁聖人，班行肅肅禮儀純。風流猶有仁賢釋，長共中華萬世春。”又書其端曰：“楚童子承炳頓首。”具稿覽訖，先叙寒暄，家君曰：“在京經學文章，以誰爲最？”相曰：“以經學文章名者甚多，不能悉數，爲國子監觀保、全魁、陸宗楷三人亦是。”問：“徐健庵有文集否？”曰：“徐文近日不甚作，故亦不顯也，近日方望溪諱苞之文，甚好。”聖章聞其來，而來問曰：“舉人、秀才中能文能詩者，一一明告我。”曰：“能詩文者車載斗量，不可勝數。”余曰：“尊示無亦近於趙咨誇吴之言乎？呵呵。”曰：“非誇也，實如是矣。”聖章曰：“未信季世人才如此之多。”曰：“當今乃極盛之會，不敢言叔季。”家君曰：“明福王、桂王以後事迹有何書？願得其詳備者。”曰：“此天朝定罪以後事，不敢與聞，亦不必求也。”余曰：“《朱文梳櫛》曾覽過麼？”曰：“然，在楚中。”曰：“北京亦有諸？”曰：“要細尋。”曰：“外國人何由細尋？尊若爲俺廣搜，則當有以厚禮者。”曰：“待暇時一往求之。”聖章曰：“沈歸愚年今八十九云，老境詩律亦能如牧齋諸人否？”潘君無所答，家君即和原韻贈之曰：“猝遽信筆，不足塵高眼。”曰：“佳作可謂名篇，真瓊琚也，歸當什襲珍之。”聖章曰：“牧齋之文近日不之尊尚麼？”曰：“亦不甚見的尊尚。”曰：“侯朝宗、魏叔子、汪琬之文優劣何居？願聞賞鑒。”曰：“當以侯爲第一，魏次之，汪又次之。”曰：“楚中近日詩文之士煞有名稱者，誰也？”曰：“近日詩文士頗多，但自熊、劉後，亦少見其卓然成大家者，且現在之人未嘗論定，不敢以聞。”曰：

“熊、劉名號可聞歟?”曰:“劉子壯,號克猷,熊伯龍,號次侯。”潘君之子在乃父之傍,容正點而佻,語言捷而給,余捫其頂曰:“爾們小而了了,大未必奇。”笑而不答,又以大棗一握付之,辭曰:“我有癇疾,故忌之。”饋以藥果、茶食、脯鰒之屬,父子各贈一扇、一清,受而拜辭。

(正月)十一日辛亥,風寒,留北京。家君朝進駱粥,晚始進飯三之一。先已飭邊譯憲邀可語秀才,憲以舉人胡少逸告,少逸會同館書辦之從兄也。縱書辦爲之绍介,而來時家君詣上房,仍請入,與之筆話而罷。進夕飯僅數匙,夜服化痰湯,是日納歲幣米云。

(正月)二十二日壬戌,晴,留北京。家君穩寢而起,諸節頓勝,進駱粥,自上、副房還,進朝飯少勝。舉人胡少逸踵門請見,赴昨日小札之邀也。先詣副房,余踵而入,叙寒暄後,余曰:“足下與胡安定同貫乎?”曰:“然。”曰:“幾世?”曰:“遥遥華胄。”副使問喪婚之禮,曰:“禮從俗,竟無一定之禮。喪禮大概從文公《家禮》,至婚禮則從俗居多。各家不同,不能畫一。”曰:“婚禮親迎否?”曰:“親迎之禮,北方尚有行之者,我南方不行久矣。晝行禮者甚多,本京旗人有昏而行禮者。”曰:“三年之制,如何?”曰:“成服擇日,大概不出三日,至於三年之制,則一也。”曰:“祭服用《朱子家禮》否?”曰:“各家用各人祖先自定者,大概四時之祭一如也,祭時之禮,則各有不同。”余曰:“仙鄉距洞庭幾里路?”曰:“二千餘里,洞庭今隸湖南矣,弊鄉之水,彭蠡爲大。”曰:“尚見陽鳥之攸居乎?”曰:“此尚如是,至秋後水落,鴻雁於此焉居?”曰:“漢女繭足昉於何世?其爲説又不同,或以爲出自商末,或以爲肇自漢李,將何適從?”曰:“《秘辛》約兼百袜,收束微女禁中。此裹足之始,大概出於漢。”曰:“出於周者,歸之妲己,語似無稽,或云肇自蓮花步,此無乃有據耶?”曰:“漢成帝《秘辛》中半説宫中事,其法起於禁中,楊升庵言之有據。”

(正月二十二日)……仍踵余至本房,自靴中抽出印本二册、一中式八股文三篇、一《和送春詩》十六篇。覽過又呈二律詩,曰:“日下欣逢客使槎,翩翩詞賦擅清華。椒盤已薦當元會,火樹同看上苑花。霧裏微班窺豹變，雲中寸爪見龍拏。車書聖世梯航遠，几席相親本一家。”“國語方言兩未諳，屑霖偶借筆爲談。粲花共識青蓮麗，粘蜜還輸子政甘。竹扇遠寄留却暑，銀丸收得利祛痰。衹今後會知何日？秋水伊人樂浪南。”又浪吟一遍，家君命筆曰：“僕疾作不能起居，坐而迎接，歉悚。”答曰：“昨接手教，知玉體失調，想亦不服水土故歟，或思鄉念切故歟？”曰：“病祟果如所教。”曰：“客中最宜消遣者莫過乎詩書，適呈拙作，想瀆清聽，大人以爲可教而辱教之，則幸甚。”曰：“客愁如山，日長如海，實所難聊。昨日書邀，意政如此，所惠之詩章，是稱空谷跫音，三復咏嘆。今日少遲，永夕以罷，深所願望更叠盛詩如何？”曰：“請以何爲題？先命題次限韻。”曰：“心中多少事，目下多少景，莫非題也，何須命乎？限則錦、城、鍾耳。”曰：“與安南使唱酬大作，可得一玩？”余曰：“何由聞之？”曰：“聞諸書辦。”家君命小子先示《瀟湘百咏序》，即高聲浪讀。曰：“昨接手教小札，有晉人十七帖中筆意。今見序文不摹古而氣自古，亦杰作也。”又請見南使詩，以陳、黎書王二韻示之，曰：“二作優劣，能從金秤上稱來乎？”沉吟良久，曰：“兩臚字押亦牽强，而大概陳作少勝。”曰：“足下《送春詩》，雖謂之絶唱可也。”曰：“蛙鳴蚓吠，有愧大方家。”曰：“有似乎樂之出虚，蒸而成菌，多少變拗，令人可掬，何撝謙之太過，至况之蛙之鳴蚓之吠乎？”胡笑而請見家君所和南使詩，遂與之，又浪吟一二遍，有喜色，曰：“比元唱亦老。”仍請袖歸。家君曰：“外國人酬答，慮或有忌，不敢奉副。”胡亦頷可。曰：“住城裏者也，有能詩大秀才乎？”曰：“就我們唱和者言之，不乏其人，但因三月内恩科會試，俱揣摩八股。”曰：“雖有榮觀，燕處超然，弊弊於科文，則反致文竇茅塞，神明不涌，足下不效此，而時以風咏以發天機，則三月必魁題雁塔。”曰：“近來作客，日多於時文，殊不高興。至於詩之一道，常作以消悶懷。”家君先成一律，曰：“荆南書劍照東槎，春蚕煤岑尚雪華。於子不私三島藥，爲吾詳説九江花。白鹿淵源何處溯？少陵衣鉢别人拏。高才莫逐風波去，一路分明向二家。”又浪吟曰：“格甚高。”抽筆和呈,詩曰:"還泛博望識仙槎,韻語連篇氣自華。庾信遠來猶有賦,江淹老去豈無花?從容麈尾珠時落,健華龍文勢可拏。鹿洞高風今闃寂,傳詩敢自詡吾家。"家君吟罷曰:"'從容'改以'晴窗'似妙對。"曰:"好,好。"以指摩"從容"字不置,余用刀劄二字,大喜之。余曰:"金聖嘆何許人,而有文行於世乎?""此僞學也,其文何足讀乎?"曰:"然。"曰:"聞足下左袒陸學,信乎?"曰:"非敢袒。"仍語家君曰:"陸氏左袒雖或有,少陵傳鉢顧何敢?"余又曰:"子静不過是大拍頭、胡叫唤底妄男子,何乃以左袒自任,而不之遵正路而範我驅乎?"曰:"非一夕之語可辯者。"又語家君曰:"今日别矣,次章仍希賜和,并促洪公同和惠是祝。此千古快事,三生奇緣。"家君曰:"如教。"曰:"拙句再求辱和,即當付梓送示諸友,以爲今日佳話,并求早惠。"曰:"拙吟何足入梓?但不有以和之,實孤唱予之意,當陸續和送,亦望隨送隨和,以爲皮陸一帙,亦足爲勝事也。"曰:"尊什四句平仄如何?"曰:"杜體亦多如此。"曰:"尊什律體中古氣,當存之,以爲學詩而知變格者法。"曰:"此詩偶信筆成拗體,他作何必盡然?律不必拘簾,拘者,斯爲下矣。"曰:"原是如此,崔灝《黄鶴樓》詩自變體,才人正不必拘。"家君贈以三筆二墨,受言起謝曰:"拜賜。"仍曰:"别後歉仄,誠難爲懷。"即口拈曰:"别時情脉脉,兩地此心同。夕陽無限意,盡在筆談中。"又言:"身閑人且嫌,岑寂有暇,即來請話。屈指駕留京尚有一月,儘可閑談唱和。"曰:"足下在江南,僕居海東,以文字相與,即莊氏所謂'相視莫逆'一兩句。便回故國,望頃間數日頻煩來枉,以爲殊邦奇事,則後世子孫足以按迹起慕。"曰:"暇日自當趨候,但公歸國後,未審可能重來乎否乎?雖魚雁時通,恐不能解中心之如結也。"曰:"重來與否未可預卜,行前豈不欲進謝,而使客不可出以私,遂闕造謝之禮,嘆甚。"言訖,長揖而去。

(二月)初二日壬申,晴,留北京。家君進朝飯半盂,胡舉人少逸來訪,以《送别序》一篇、槎諳韻七篇見寄。家君即席又口呼一律曰:"春水方生舊釣槎,匣中吴劍動星華。長城未鎖思鄉夢,浿渡應開照客花。别意太行雲共遠,離章五老筆同拏。秋來定有南歸雁,爲問鼇頭第一家。”胡又叠之曰:“何事觀風遠泛槎,座間博物自章華(自注曰:學士出示和詩,辨東國事數條,極爲該備)。即今誰擅三長史,自古多迷五色花(自注曰:詢及科目,從事中亦有不第者)。兵已敗時猶一戰(自注曰:學士詩才,僕已望風而降,强與筆戰,終爲敗劫),紙因書盡教重拏。名駒本是金閨彦,池上絲綸世作家(自注曰:學士知製教,故云。嗣子伯祥亦從使而來)。”吟罷,家君曰:“會試在何時?”曰:“三月。”曰:“會試不遠,諸省巨擘必會都下,就中强敵爲誰?”曰:“弊縣中有一二可稱奇才者,但此時尚未到,而惜公東歸不遠,恐不得一與之臨話耳。”余曰:“今日知貢舉者,能不循私而一出於公乎?”曰:“今科知貢舉有熊少司者,爲人鯁直,不可干以私,但内簾官多舞奸。”曰:“内簾是何官?”曰:“翰林御史。”曰:“此乃掌文院糾不法之官,何自壞其防若是之甚乎?如是而無罪過,則是責在乎上之人也。”曰:“糊封易書時,用私不難,又無敗露之事矣。”曰:“行到十里鋪,商胡賈哥之子,年方十四,登進士科。問其以曰:‘皇帝設納銀科,信乎?’”曰:“此則非也,第行賄於下而得之者有焉。”曰:“紀綱在於上,風俗行於下,則安有科場用情之習若是狼藉?上世則恐無此等事耳!”曰:“今上聖明極矣,其於白日魑魅何?”家君曰:“尊世派、官職、居住幸詳告我,以爲日後左契。”曰:“胡少逸,字琨圃,號帶川。世籍江西撫州府金谿縣,今年可補國子監衙門學正。如蒙遠惠手教,但交本館書辦轉寄并詢交。在京書辦俱是金谿人,無不知者。世派,則高祖諱憲,曾祖號璞庵。祖諱君調,明末國變,未仕。父諱世昌,生員矣。”曰:“盛作中檳榔嶕、菩薩店是何地?”曰:“《廣輿記》載貴國地名如此,未詳何縣地名也?”余曰:“我國無此地,或古以是稱,今已復名,未可知也。”曰:“地名古今之不同,不獨在貴國爲然,中州亦往往有之,不然爲此書者,豈無稽耶?”曰:“三月君倘題雁塔,則日後可以金函玉節,東渡鴨水,唱酬從頌,一勝事也。君果有意否?”曰:“我使至貴邦,有館伴唱酬,其常也。入本朝,大概格於禁例,未能也。”仍語余曰:“貴邦好讀書,自古所稱,但如此者,信不易得。”曰:“車載斗量。”曰:“此大話究非實際。”(至實際不書)仍語家君曰:“正使公有抄《東國詩》一卷,後有使屬僕付中州選詩者,公亦有意乎?”曰:“此不可輕議也。”仍曰:“明初士子以席帽自隨云,‘席帽’果何物?”曰:“明初舉人用席帽之制,大概如貴國,常帶白氈帽,但不高耳。”時副使入,胡生起敬,仍曰:“觀公儀範,如泰山喬嶽,後日定做大官,如執左契。”余曰:“君能相人乎?”曰:“凡眼也。”以日及告歸,家君贈壯紙一束,僧頭扇一把,挾肩而去。

二月初五日乙亥,晴好,留北京。

……步出館門,至太清門,以二十錢雇太平車,促膝而坐。出正陽東夾門,行半里曰“打磨廠金忠潔鉉故居也”。入書鋪訪胡君,居傍有人指二架肆曰:“是也。”從肆中入,升十數級梯,有小樓。胡君含笑迎入,居室高而危,冷如鐵,用細磚鋪之,又磚土爲炕,而無燃柴處。炕上置太平車帷,蓋夜則寢處其中,以禦寒氣之透肥也。左右積書若干秩,皆借物也。筆硯器用又極蕭然,蓋爲便借書寓居也。列坐椅上,呼筆叙寒温後,壆章曰:“亢龍之樓雖高,得不清徹乎?”曰:“家本清白,况兼客邸。”余曰:“會圍在邇,吾輩來話,不患妨工否?”曰:“八股之業,自十歲即能搦管,年來老於場屋,究於無心舉子業耳。新知遠別,一刻千金,何工之可妨乎?”仍與之點茶罷,余曰:“清儀瑩如冰玉,何患乎一第,但目今居養冷薄,令人戀戀而恨無范叔綈袍之贈耳。”曰:“盛意已銘於心矣。管鮑之交,此道如土,不意今日得見古人也。”或曰:“《安溪(李光地號,康熙時相)集》果是好文章,正使得之,喜見眉宇,使僕致意。”曰:“昨購得之本尚有不盡,安溪之數學尤精,此本竟無,不知當日印刷何爲缺此?其全書百餘卷,令人心醉。”余曰:“《杜箋》《事類》二書,謹受奉閲,而大人適出,還次後,當有更議者。”曰:“似然。”余忽頭暈目眩仆於椅,胡君引余卧炕上。少頃,汗出如浴,已而復坐椅上。胡曰:“此痰症耳。”或曰:“住近書肆,王充故事所著,必有與《論衡》相上下者。可得傾囷俯示否?”曰:“僕性本疏懶,尤不喜作小楷,間有所作,俱係亂草,而在家時,詩文等作脱稿後,命侄輩抄出,在邸則不自收拾,竟無抄本可相質者,愧甚愧甚。”仍出示亂稿數本,曰:“觀此可知其疏懶。”呵呵而笑。余曰:“昨惠四什,擲地鏗然若有聲,深得古人口外氣,切欲更叠以誌吾儕奇遇,而行事甚忙,又不能詩,遂不果,可恨。”曰:“十三覃韻叠多亦甚無趣。貴邦及第科幾年一考?考用何題?”余曰:“三年一大比,謂之式年科。初試第一場:出四書疑一道,論一道;第二場:賦、表各一道;第三場:對策一道。會試背講四書三經,取三十三人。邦有大慶,設增廣科,初試如式年例。會試:初場賦、表各一道,終場:對策一道。又有庭試、别試、謁聖科、賦、表、策、論、箴、銘、頌、簡,在□□上心。又有所謂節日製:元月人日、三三、七七、九九、冬月,眈羅貢柑後,頒柑設科,曰‘黄柑製’,衹取一人。”胡吐舌揮手曰:“極難,極難。”既而曰:“雜文不過淹雅,可畢能事,不如八股之束縛人最苦也。”余曰:“曾聞皇帝元朝詣滕將軍廟,滕是何人?”曰:“其詳不可得聞也。聞諸旗人,即劉大刀綎,特諱言耳。”曰:“劉乃皇明名將,於今世何當?”曰:“當日征東大將,其性尤與蒙古爲仇。聞其塑像口内銜一鞭子,坐下手中無非此類。口外人最畏此公,宫中每日跳神俱爲此也。”曰:“跳神何事?曰旗下祭祀?”曰:“不。”曰:“劉將軍廟而曰滕將軍者,何故?又何諱之?”曰:“或不肯以此示天下。其事不雅馴,先王難言之,且其神像外人不敢見,雖皇上不得見,前所云亦齊東話耳。”曰:“劉於深河之戰,與楊鎬、杜松俱死之,何有顯靈於百年之後也?齊東之説,何爲傳播於京師之間耶?”曰:“誠如所云,吾亦不之信。以其出於旗人,姑妄聽之而已。本朝秘密之事,如此類者不少。即如軍機處在宫門之内,凡事有旨從中出者,先到軍機,以次而閣而科而部,總由乾剛獨斷,非如從前之權歸館閣、歸臺閣可比也。”仍欲裂其所書。余取入袖中,胡舉手作割頭狀曰:“斬頭斬頭。”余曰:“吾儕亦畏之如虎,何慮之過?”蓋劉大刀力戰深河,竟爲魯剌赤所敗死。及清人之據有中原,忠魂毅魄不勝其憤怨,白日作擾於宫内,如景清之爲鬼,清人畏而祠之,而又甚耻之、秘之、諱之,故國人亦鮮與聞。金昌業《日記》謂魯剌赤帽子爲旗人所謾也。聖章曰:"滿、漢大臣,其權勢之冷熱自别云,如李文貞①諸公亦皆祗用於文藝否?"曰:"康熙年間,如故學士李安溪、熊孝感賜履二公,其古風不可見矣。詢諸大老言之,令人神旺,二公枋國之時,爲會試總裁者十科殆九。其時人不奔競,二公豁達有容,虚心下士,遇一名士,必詢其所知聞,一善若己有,故其門下皆天下士也。文正之門,四科十哲,比於杏垧,本朝人文稱唐虞之際焉。至於雍正年間,此風不可得矣。門户之禁愈嚴,而罹法網者益衆。士生其時,唯有洗心濯磨而已。"曰:"聞公之言,令人心痛,人生天地,所遭各异,許平仲故事得不傷心否?"胡君憾然變乎色,幾乎下淚曰:"安溪之門人,四科中,如楊賓實名時、徐壇長用錫、蔡聞之世遠(自注曰:今上業師)、張昺。十哲中,如繆湘芷沅、李穆堂紱諸君子,理學事功實爲本朝冠冕。"余曰:"魯齋所遭之時爲何世?"曰:"元初,或人曰前朝遺民。""如孫奇逢諸公,可隨記録示否?"曰:"不知其詳,大抵丁陽九時,各處俱有,江西、江南、浙江爲尤盛。曾見廬州一貢生姓江者(自注曰:逸其名)《史外》一書,網羅遺民逸事,頗爲發潜德之幽光。"曰:"今則滿漢人連婚姻云,然乎?"曰:"不連。"余曰:"滿人呼漢人曰'蠻子',漢人亦或自稱'蠻子'者,何也?"曰:"滿人亦自稱爲'韃子',大概南方曰'蠻子',山東曰'喀子',山西曰'蚤子',本京人自稱曰'油子'。"聖章曰:"尊家先世有前朝簪纓之貴,其時衣服制樣或有傳家之物否?"曰:"有,大概與貴邦相仿。"余曰:"'服今'之'服'意思如何?"曰:"便弓馬,便作事,若宗廟祭祀,恐不如垂绅搢笏者之春容大雅也。"或曰:"蔣相國溥之弟以贓被律云,然否?"曰:"以山西布政贓事被誅。"曰:"蔣相及史相貽直,其品望孰優?"曰:"亦相而已矣,其實宸衷獨運,二相不能建一言。"余曰:"傅相則以肺腑得近而居首揆

① 李文貞,原文誤作"李文正",徑改。

耶,或有文武全才而升擢否?”曰:“未之見也,古云宰相須用讀書人,今且漢字不識矣。大人枚卜多出高年,今其首揆年纔四十矣,已作相十餘年。”仍又欲毁其書。余曰:“今日之來,窗明几静,四顧無人,欲與知心人無言不到,豈有一毫疑阻乎?”胡欲把筆作答,有一人來話,數轉而出,余詰其以,曰:“披甲人促公歸矣。”余曰:“日有餘晷,而披甲人催歸,滿腔多少懷,非寸楮可既。唯願努力學業,以副期望,窮與達不關吾人心分上耳。”曰:“知己相愛之言,一字一珠。帶去二紙,歸即付丙。”臨歸,有人贈别詩一句曰:“一見知爲天下士,百年長作意中人。”胡君請書諸壁,辭以筆拙,余强之,終不聽,遂下樓。胡君揖而送之,將入復出者三,遂送之街上。

(二月)初七日丁丑,晴,留北京。家君朝進飯半盂,胡孝廉歷上房來,家君曰:“何其匆匆?”曰:“尚有小兒今日之來,感公喬梓厚意,特此送行,便當出城去矣。”曰:“與正使酬酢,盡傾困廩否?”曰:“未得縱談。”曰:“日昨兒子酬酢時説,即令付丙,勿慮。今日畢陳餘懷,非帶川,僕不開口;非僕,帶川亦不開口。出一口入一耳,無須慮也。”曰:“胸中鬱勃不能盡,大概八字可蔽,‘錢神當道,文星避舍’,祇此可以知其餘矣,贅談恐非所宜。”曰:“民情大概與康、雍兩世如何?”曰:“民情不甚相遠,士風則不如遠甚。”余曰:“《杜箋》完璧耳?”曰:“書不全乎?”曰:“不如仇注之博也。”“昨承瓊琚,不覺清風滿袖。”曰:“奬之過也。”曰:“向觀圓明苑瑰麗極矣,其經構能不流毒百姓乎?”曰:“土木亦爲千古絶無僅有,豈特此一地哉?如熱河之地避暑行宫亦爲奢矣。此外如各省行幸之處,比之京内十分華矣。圓明、静宜各處工程,俱出内府贓罰庫内,不費民力。”家君曰:“衛灵能支何故耶?”曰:“亦天尚福之。”曰:“蕭墻藩屏,姑無見影耶?”曰:“幸勿及外事,此亦君子謹言之一節。”曰:“非不知此,而二事足占河清之兆,故所以開端。”胡生笑而無語。口:“紀綱大抵何如?不待細政,即此可論?”曰:“此時天下官無貪污,國法綦嚴。所將來史册未滿者,賣官鬻爵耳。”曰:“漢大臣中有腹心之人乎?”曰:“無心膂之寄，但以貢獻爲功，如蔣虞山其尤也。"余曰："儲貳雖不預定，而民情廷議之所屬望者，第幾親王?"曰："天意難測。即今上書房教習、青宫諸老且不可知其所屬，外間議論本朝國統，天意常在第四，康熙、雍正二聖俱係第四，今上亦憲帝四子。"家君曰："天會已過正午，民厭皇明悛急，日後事不料更有白水真消息。"曰："何可説也? 本朝育儲，實爲千古罕有。功課之嚴，諸嗣子學問之富，比民間教子更爲周至。"聖章來語曰："第三親王詩，今行於姜女廟見之，詞翰可爲卓至，而治天下豈以詞翰而爲之耶? 第四王亦富於文華云。今皇帝《樂善堂集》亦不可謂無文彩，而專以遊觀爲政，殺戮爲威。雖非奢靡，天下事可以知之矣。"曰："第三王已不在矣。"余曰："仄聞皇帝將往五台山遊，幸何太數歟?"曰："此爲二次，明年又將南巡矣。"曰："今之野史或得覽過否?"曰："不敢作，孰得見? 前年河南有布政使彭家屏爲藏明末野史，查出，抄没其家，死於狴犴中矣。"家君曰："谷應泰亦同此厄否?"曰："未有此厄，其時法網尚寬。"曰："野史固然，而非可畏之事，則塘報外可觀文字，亦豈無現行於世者乎?"曰："塘報特朝事萬分之一，若緊要事及軍機等務上報者，固有重譴，且外廷尚不得知，况其餘乎?"聖章曰："剃髮衆葉落，緇衣法水德。今天下方冬矣，天之貞元必有循環者。如公者，必從南方學者與聞精微之論，豈無一二臆斷者乎? 勿以爲諱。"曰："天意渺茫。"家君曰："列帝《寶鑒》及《實録》之無可諱者，刊行例也，或有此等文字否?"曰："《實録》告成，亦藏之秘府而已，外臣不得而見之。"余曰："今皇帝世牒，可得其詳乎?"曰："玉牒皆不可得而已，况其世系乎? 大哉至聖，無可議者。"曰："吾輩對榻娓娓，可以傾囷廩，而足下常不欲畢其説，殊非素望也。"曰："何必畢其説，恐寸楮難盡，且事涉謗訕，尤非臣子所宜，衹此大概足矣。"曰："傅相當局，能作威福否?"曰："竟不敢，此天威之所以可畏。前乎傅者有訥親當柄，用時炙手可熱，後來賜死西川，其明驗也。傅公相業，雖無可稱，然其人謙虚，不自以爲是，是其好處。"或人問曰："廷玉則以何罪籍没其家耶?"曰："文和公(張廷玉謚也)以固去陛辭,且有配享之請,是以攖鱗,其實未籍家也。”余曰:“請配享者果何事?”曰:“憲帝大行之日,遺詔曾有配享之命,文和臨去,從而請之,今文和已死矣,詔仍令配享。”曰:“南士之如君忼慨者幾人?君所以爲舉子業者,親老故耶?”曰:“然。”家君曰:“方今武力天下無敢抗者,而推而上方亦鮮其儔否?”曰:“亦張皇耳。”余曰:“在廷之臣,最得志者有幾個人?”曰:“别無幸臣。”曰:“有幸姬否?”曰:“‘宫中行樂處,少有外人知’,此杜句也。當時如此,今日可知乎?”曰:“日昨‘蚤子’‘油子’之義,顧何取焉?”曰:“油言滑,西人則善取利,譬如蚤蝨之囓人也。”曰:“三昨出順治門外,方刑人,何辜也?”曰:“必回部人也。”曰:“方今無四鄙之警,而今歲又無殺戮搢紳之事否?”曰:“未有。僕若在貴邦,當考居何等?”家君曰:“要得一及第耳。”胡變色憮然者良久。余曰:“今世若如春秋之時,則君或有歸來之願乎?”曰:“天下一君,安有捨其故土而事人者?”曰:“衣冠文物,焕乎可述,幅圓大小,何須論也?红兜黑襪,令人可悲。”曰:“红兜仍西僧之製,若貴邦之製。喜今日猶見漢官。”曰:“衣者,身之章,亦不可少之也。今若脱却西僧之服,穿洪武之製,此非可樂事耶?”胡笑而無語。家君曰:“小民比之明季安堵無侵云,然乎?”曰:“明時民不聊生,總由内監之騷擾,鄉紳之武斷,以致禍延宗社。今日法網之密,小民尚能高枕,比之前朝似倍蓰過之。”曰:“虐仇撫后,民無常懷,此民之忘漢固也。”曰:“此時民心尚不敢變,勤民之政亦所時有,但實惠未孚耳。”曰:“南州,古稱衣冠之鄉,其尚有毁冠裂冕之感否?”胡錯聽,對曰:“爲今之民久矣,其孰敢裂冠毁冕乎?故宫禾黍之感亦漸忘矣。”曰:“炕乃中華之製否?”曰:“南方大河以南,則用床;河北,則用炕,或是古制。”曰:“南方夜亦不烟耶?墨突不黔,何所據耶?”曰:“南中日食二次,至晚則小飲而已。”或曰:“錢受之果於八十之年改受本朝官銜否?《國朝詩别裁》首題以入我朝禮部尚書云,果然否?此與吴梅村諸人有間,或嫉之者,誤爲混書耶?祖大壽、洪承疇武人,固不足責,如牧齋、孟津諸人,豈不可惜乎?”曰:“牧齋取其詩,孟津取其書,餘何足論哉? 祖、洪,本朝之功臣,勝國之罪人,尤不足挂齒。"曰:"吴三桂之舉兵雲南也,或云自稱皇帝,或云擁立明後。即今史傳所載,有不可准信。吴之前後,處義雖無足道,後世亦必有悲其心迹者。中州有志之士,平日商論如何?"曰:"亦畔賊,擁立之説尤宜莫須有。"余曰:"南渡後,三王事有何書?"曰:"有《三藩紀事》可看。近患怔忡,前賜丸可服否?"曰:"《紀事》甚略,無可觀。丸則當復呈納。"曰:"非要丸也,特問可服否。"曰:"可服。""則以何物爲哉?"曰:"此入參黄諸材,服之好矣。三王以後事,詳於記事者,有何書?"曰:"事在本朝,如此等事,野史全無。"曰:"橐中有安神丸,此療怔忡當劑,謹當仰呈,薑湯温服可也。"曰:"磨服?"曰:"然。"曰:"謹領大賜而去矣。"余以《杜箋》付之曰:"此書,僕拿去不便宜,命尊伻送來到門,衹説借閲。"曰:"謹當依命。"曰:"日尚蚤,姑徐徐更打一場話也。"曰:"尚有小事。"曰:"小事則明日,以後有多少暇日,吾輩則過今宵,無更逢之期耳。"曰:"然。"仍語家君曰:"後使來者必公同寅,煩爲道及鄙姓名,或得進謁,則寄書來,更覺甚便,何如?"余曰:"朝士有幾多人,姑未知後來者爲誰某,而或有知舊之入北者,當奉以周章耳。大人贈君一銀刀,平生之片心也,僕又進之以小風領,視以范叔之綈袍也。此乃僕所服,後日因物思人,如何?"胡又語家君曰:"賢喬梓之高情,幾於上薄霄漢矣。即無所賜,當刻骨不忘,况有厚賜,敢不佩服終身。"曰:"刀子刃鈍,用銛鋒改妝佩之,又以黄狗毛襪一部奉呈,解作蒲團,以爲御冬之資。"曰:"蒲團似褻。君賜,當作一緊身,以示親熱之意。門上難以出去,宜命尊伻同書送出。"余曰:"依命。"曰:"此一别後,後會自有天定。伯祥吾兄,當爲使來中州亦不可知,大人善自珍重,爲東朝建不朽之業,是所望耳。"家君曰:"楚越遠視,自是小眼藏。此心一契,高山遠水何能間之?東歸,精神有時往來,再逢之期,付之造物而已。足下亦努力登一第,求使華出來,則可作天涯奇事,珍重加護,慎言語、審動作,時持四字,《近思録》留意於向裏工夫,則自家性中偏處,自爾濃化,眼前酬應,便顛撲不破,何憂乎行此世耶?“曰:“金石之言,將來受益不少矣,視賜物不更重乎?”曰:“文明英發,則内藴或欠,將大有進。從戰兢中出來,此時尤當如此。”曰:“謹受教矣。”余曰:“今頗從頌,尚有未盡之懷,前無期,後亦無期,我或爲使而北來,君或奉敕而東來,皆不可必矣,令人尤作惡,不忍遽然告别。”曰:“書不盡言,言不盡意,即言之而盡,亦終於别。收拾行裝,尚有零星雜務,昨日尊伻中有忌諱,慎旃慎旃。”曰:“於我申托,可謂淺知人者也。”胡生笑而起。歷某裨所,某裨以玄銀二十兩裹重紙而與之,胡生不知爲何物而受之,坼封而視曰:“此銀子也。”擲之地不顧而去云。

(二月)初六日丙子,晴好,留北京。

……遂至西天主堂,閽者又阻之,踞床良久,閽者請入。入中閾,劉正松嶺迎揖,讓門而入,延至中堂。堂揭額曰“和氣聲清”,傍有小字曰“雍正三十九年月日賜徐日昇”,前日打話之室也。又扁左右楹曰“琴愛静時彈,雲泛高庭望”。主客對椅而坐,三啜茶罷。余書曰:“尊候何似,向蒙示渾天、簡平儀之教,所以再叩門屏。”劉讀過一遍,答以語:“可謂話不同,不可知。”余曰:“滿腔多少懷,脉脉不能言。”劉招一書記來,與之筆,呼而書之曰:“請教來過幾次?”曰:“初入京,僕乃李商鳳,敢問令尊姓名?”書記曰:“這大人姓劉名松嶺,賤姓徐名承恩,即明相國徐光啓七世孫。”曰:“世守先子之學乎?”曰:“未能,未能。”曰:“尊先相公明於數學,與西士利瑪竇反復闡揚,多所著述。愚也讀其書,想其人,若朝暮遇之,今幸得見相公之雲仍也。《天學初函》應在貴案,可以示余否?”曰:“不識。”曰:“《初函》首題《幾何原本》?”曰:“唯有《天問略》《句股義》而已。”曰:“西洋號稱仙界道里,地方人物風謡,盍爲俺詳説之?”劉曰:“同在天高地厚之中,亦不相大异耳,其中智愚亦有不同。”曰:“古人云:‘百里不同風,千里不同俗。’今東西相距幾萬里,其間豈無奇聞异迹之可述者?至於智愚不同,氣質囿之也。”曰:“貴處亦有《坤輿圖》否?此便詳悉,如論治國平天下,大同小异,但五倫之中,夫婦一倫,獨守其正,終無娶妾之道,所奉敬者惟一造化。天地,人物之主,其餘邪神不恭敬。”曰:“若不娶妾,則男爲女守貞,若女子之夫死不嫁者,然歟?”曰:“夫死,女可再嫁,猶之妻子死,夫可再娶也,但妻生時不可娶妾,猶之夫在不得再嫁耳。”余贈之以五彤管,劉受言叩謝,個個開甲而視之。余曰:“飫聞尊公精於數理之藴,每欲得接容光,窺見一豹之班,而行事有期,暇日無多,深所嘆恨。尊必知人前後命與數,幸爲僕籌之,則東歸有所不忘者。”曰:“咱們不信命數,緣命禀有生之初,非人所能揣度也。”曰:“好個話。”曰:“貴國亦有船到中國來否?”曰:“祇有一帶鴨緑水。”“一葦可杭西洋,渡幾里海路?”曰:“約五六萬里。”“鴨緑水出海口否?”曰:“源出白頭山頂。”曰:“四方多是海,請教陸地上有水道出海之河否?”曰:“環東土皆海也,唯自義州距北京左夾渤海而來,直路則唯有一衣帶水而已。”曰:“《天學初函》在貴藏否?”曰:“在敝國欽天監。”曰:“知道有幾多大,幾多本?”曰:“約數十本。”“西洋亦尊尚孔夫子否?”曰:“亦尊敬。”曰:“斥佛乎?”曰:“斥。”曰:“西洋與東洋大小如何?”曰:“東洋也有多少地方,西洋一然。”曰:“西洋有三十餘國云,爲治之道如何?其名山大川、珍獸异禽必多,可觀可聞者?”曰:“現今有九個國王,山川與中國相同。至於禽獸,西洋所有,中國亦間有無者,中國西洋一然。”一卒自外入,有所云云,劉即起身而出。徐君曰:“聞三大人方來,大人且去用飯,有罪有罪。”余曰:“九國之名,君亦記有否?”曰:“其名都是西音,絶無意義可解,唯西洋能解之。”曰:“君居那邊,將欲與西士講究曆學而來乎?”曰:“賤本江南人,但因大人們用寫書啓,并進士摺字之類,故在此耳。”曰:“摺字何物?”曰:“上皇上奏本也。”曰:“此亦官耶?與書辦尊卑如何?”曰:“書辦在欽天監衙門内,此係賤役,我在此,係竊先生之職耳。”曰:“西士中有工於傳神者乎?”“有姓郎的,有姓艾的,俱在皇上裹頭。老爺幾多貴庚了?”曰:“二十九,敢問尊齡?”曰:“虚度了三十七歲耳。”曰:“日用彝倫,莫非事也,曷謂虚度?”曰:“名不成,業不就,特讀幾句死書而已。”曰:“心性,内也;名業,外也。其成與就自有分量。至於古人，千言萬語莫非活潑潑地，何可謂之死書?”曰:“尊大人幾時到此?”曰:“領賞歸路。”曰:“吾儕偶爾萍逢，對榻娓娓，亦係奇遇。”曰:“果然，果然，請問尊公大人幾時再到此地?”曰:“未可期。”曰:“此地素稱名勝地有幾處?”曰:“在此日久，未見所奇。”曰:“仙鄉在江南何州何縣?”曰:“松江府上海縣，距京都三千五百里。”曰:“君能遍踏洞庭、岳陽之勝乎?”曰:“未曾，未曾。”曰:“足下親黨中，克述先相國曆法者有幾個人?”曰:“寒宗念書，科甲者有十幾人，能講習天文者没有。”曰:“尊亦業八股否?”曰:“考試幾次，未得進學。尊公大人今日必駕到否? 劉大人在家恭候。”曰:“不久當駕到。”曰:“三位大人都來，抑獨尊公一位也。”曰:“三大人一位當來臨。”余與徐生出至外堂。

(二月)初九日乙卯，陰風，日晡細雨，即止。自北京離發，至通州宿。……入舊旅舍，主人倪永吉叩頭而迎。

……有自稱秀才者三人，至子謙所，請詩戰。子謙與之偕來，余問姓名年紀，曰:“金仁，年方二十六，以浙江人住通州。”其弟名義，年方二十五。又有任烺燿者，紹興人，年方二十六。余曰:“金秀才與金仁山同籍否?”金義曰:“三十餘世孫。”曰:“君懸頂子，似是舉人。”曰:“順天府秀才皆用金頂，外省用銀。”曰:“能八股否?”曰:“能。”曰:“能品題風花否?”曰:“不會所教。”曰:“邵堯夫詩不云‘雪月風花’，未品乎?”義赧然作色曰:“初學。”曰:“仁山之隱德，不仕何意?”曰:“尚志。”曰:“尚志者不過巢由、務光輩事也，以仁山道學經綸，肯學潔身長往之徒耶? 必有以也。”曰:“雖有，故不能悉對，至欲以手括席。”余曰:“更端説詩，可乎?”曰:“此刻不能盡記，不敢妄對，敢先請教。”曰:“所欲聞者，大邦風雅耳。”義即題一絶，曰:“先生才大原如海，奉使新從海上回。一卷圖畫親裁筆，墨花飛動小蓬萊。”書已，又羞澀溢於動止。余曰:“吾是武人，爲大人幕官而來奉使，字殊爽實矣。”義良久抹奉使二字，改書曰“近日”。余亦不留時抽筆亂書曰:“燕山日月渺如海，征馬翩翩故路回。東國尚傳箕子化，可能携手入蓬萊。”義吐舌曰:“一何神速,詞又新峻。”三復而去,良可笑也。

(二月)十一日辛巳,晴。自三河縣發行至邦均店,朝飯。又從西北行二十里,歷盤山感化寺,東南行二十里,至薊州宿。

……有胡一中者請見,爲人庸騃,而純勤則有之,與之筆談,不甚鹵莽。家君曰:“清人無漢婿,漢人有清婿,果否?”曰:“試看今日誰家之天下。”曰:“四海一家,則孰貴孰賤?”其人笑而不對。家君題一絶於小箋而贈之,謝而去。又有孟廷璽者通謁,而入叙寒暄。余曰:“貴藏積書幾秩?”曰:“多有。”曰:“君居在何處?”曰:“不遠。”曰:“欲就見如何?”曰:“請與之偕。”遂與吴正出,彭淳、李衡胤、洪德潤又踵之。至其家,案上積書十數套,對椅點茶。有四五女人自内出,以唾穴窗窺覘。吾輩細語,人不得聞,余抽《玉海纂》及《多寶塔碑》曰:“盍許余買?”曰:“何用買爲? 吾當奉進。”曰:“不可。”第輸之旅次,其人挾而隨吴正問其價,固辭不對。仍撫余衣冠,歆嘆不已。余曰:“君所戴所服何如吾儕?”曰:“我處有二語云:‘雀頂帽,馬蹄袖,禽獸衣冠。’”余奇其志,饋以藥果、脯鰒等物。少嘗而賫之懷中曰:“此貴處物也,欲携回以廣見。”曰:“君是山東人,能有擊劍悲歌之意乎?”曰:“時移事异,在其土中,此亦無可奈何。劍雖常鳴,未能遂志。”曰:“不做舉子業否?”曰:“少有田園志,不欲干禄仕。”又曰:“吾將終老於盤山,老爺若再到此地,訪我於天承寺,庶圖一晤。”余尤奇之,即以壯紙四束、别扇七把、黄筆三枝、清心二丸,兼謝二書。其人色變曰:“《玉海纂》,乃此人物。”仍指曹姓少年。少年收拾《玉海纂》及紙扇、筆、丸,而衹留《多寶塔碑》,閲之,又佚其半,蓋此地人知東人不忘皇明,外爲慷慨之談,要得厚幣。或不滿意,則必露本色,吁,亦痛矣。

五〇、洪大容《湛軒燕記》

【解題】

《湛軒燕記》六卷，洪大容撰。

洪大容(1731—1783)，字德保，號湛軒、弘之，南陽人。歷任司憲府監察、宗親府典簿等職。乾隆三十年乙酉(朝鮮英祖四十一年，1765)十一月，以書狀官洪檍軍官子弟的身份隨朝鮮三節年貢兼謝恩使團出使中國。十一月二十七日渡鴨水，十二月二十七日至北京，次年五月返回漢城。乙酉年(1765)十二月初八日、丙戌年(1766)三月二十二日，在瀋陽拉永壽宅兩次與瀋陽府學助教拉永壽筆談；丙戌年(1766)正月初一日、二十日，在北京端門外、彭冠宅兩次與翰林吴湘、彭冠筆談；初四日，在北京路傍食鋪與宋舉人筆談；二月初三日、初四日、初八日、十二日、十七日、二十三日、二十六日，在天升店、朝鮮使館七次與嚴誠、潘庭筠、陸飛筆談；正月二十六日，在味經齋與蔣本、周應文筆談；正月二十九日，在張經宅與欽天監博士張經筆談。三月初二日、初三日，在三河縣店舍、鹽鋪與貢士鄧師閔筆談；三月初二日，在三河城内宿所與孝廉孫有義、貢生趙煜宗筆談；初三、初四日，在宋家城，洪大容、洪檍與宋生筆談；初七日，在永平府觀音廟與知縣賈熙筆談；初九日，在八里鋪宿所與孫進士筆談；二十二日，在瀋陽拉永壽宅與周學究筆談；丙戌年(1766)，在栅門兩次與瀋陽户部員外郎希姓人筆談。

金復瑞(1733—?)，譯官，字汝晦，弘梁子，朝鮮牛峰人。1765年(乙酉)十一月，其作爲三節年貢兼謝恩使團的譯官出使中國；同年，在北京張經宅與葛姓文人筆談。

《湛軒燕記》有抄本與刻本兩種形式。林基中《燕行録全集》所録爲抄本,其中《乙丙燕行録》即爲漢文《湛軒燕記》的朝鮮諺文本。成均館大學版《燕行録選集》所録亦爲抄文,但文字有异。刻本爲洪大容後孫洪榮善據原稿本整理而成,見《湛軒集》(《韓國文集叢刊》第248册)。兹以洪大容《湛軒集》爲據輯録資料,以《燕行録全集》43册所録爲參校本。

拉助教名永壽,滿洲人,瀋陽府學助教也。(乙酉)十二月初八日,行到瀋陽,主其家,拉有四子皆秀美,長子略解文字。問所業,答曰:"無所業,惟讀滿洲四書,以待考試。"余請見其書,乃以滿字譯解四書,如我國諺解,下爲漢字,上爲滿字,皆從左向右,蓋滿法也,板本甚精。曾聞《論語・學干禄章》,滿解以學爲句,以爲子張學而又干禄也。其他與《集注》异解者頗多。今見其書,不識其字,無由考其説也。余曰:"君讀此何爲?"答曰:"將以選試爲官。"余曰:"孔子、孟子作書傳後,欲人選試爲官而已乎?"答曰:"亦使人爲善。"余曰:"君言甚好,但孔孟之意專在於使人爲善,國家以此考試亦令熟讀其書,尊其言而學其行,非爲徒讀而徒言也。"答曰:"良是。"又書示曰:"朝鮮國君子人。"余曰:"君子我不敢當。惟善讀書,孰不可爲君子。"余以四墨分與之,皆有喜色。以糖果一楪勸余,又以一楪請獻於季父。夜深將就寢,長胡來言其父助教請見,助教已入門矣。余下炕迎之,助教扶余就坐曰:"聞兒子言,朝鮮貴人,好文章大君子。"因問我國科制及官方,余并以華語略答之。助教顧其諸子曰:"初入中國,語音明白,真聰明人也。"又曰:"朝鮮真禮義之國,非他外藩可比。"因言大鼻韃子對人溲溺,雖婦人不以爲嫌,吸烟不以口而以鼻。余曰:"此違禽獸不遠。"助教大笑曰:"然矣。"余曰:"其醜行雖可惡,摯悍健鬥亦可畏。"助教曰:"有勇而無謀,臨戰無陣法,亦不足畏也。"仍與叙話,夜分而罷。

歸時以(丙戌)三月二十二日,復至其家,助教欣然延坐,與之話移時。余問:“寧古塔距瀋陽幾里?”助教曰:“千餘里。”又問船廠。助教曰:“船廠即寧古塔,猶瀋陽之爲奉天府也。”余曰:“瀋陽軍兵,騎、步各幾何?”助教曰:“九千餘人,有騎而無步。”余曰:“既無步軍,鳥銃何用?”助教曰:“馬軍皆放鳥銃,比弓矢槍刀尤精猛。”余曰:“九千騎將領幾人?”助教曰:“佐領十七八人,各領一旗,每旗有牛録各三人,一領漢軍,一領滿洲,一領西北,各一百八十人,西北者蒙古也。”余曰:“瀋陽統率遼陽,地方千里,軍止九千,何少也?”助教曰:“屬縣各有屬旗,不在此數,此將軍之親兵也,皆有俸銀。朝發令而夕集於將軍之門,且兵在精,不在多,此輩皆勇健善鬥,一可當百。平時養兵太多,空費俸銀,非計也。”余曰:“公言甚善,馬軍兵器,凡有幾種?”助教曰:“弓矢爲主技,放銃最猛毒,其他長槍雙刀鞭斧之類,不可勝記。”余曰:“兵器中亦有新創奇製乎?”助教曰:“無新創,惟此中人戴文開才學甚高,有巧思,嘗依武侯遺法製木牛流馬,載兩擔米,日行四十里,皇上聞之,敕令貢獻,仍藏之御庫。”余曰:“木牛流馬,武侯後數千年間,絶無解其術者,戴君可謂神人。雖然,此等傳言類多浪傳,我未敢信。”助教笑曰:“戴君我友也,死不過十年,木牛流馬,吾親見之,非虚語也。”仍出示畫扇一把,曰:“此戴君筆也,乃東扇舊制,水墨山水,畫格亦高。”余問:“此中婚嫁費銀幾許?”助教曰:“隨其家力無定數,女婚倍於男婚,如我家亦不下數百兩銀子,所以家有兩女,已壯,而尚未出門。”仍指屋内諸器物曰:“此兩子婦家婚具也。紋木大櫝子一部,畫皮小櫝子一雙。琴床、洗臉器具、銅盆,其他衣服、鋪蓋、帽籠、倚卓之屬,助一不可。此中生計亦難矣。”余曰:“第三郎年已十九,何不取親?”助教曰:“此中本不早婚。”仍指其子曰:“此豈知爲人父之道乎?”蓋助教以滿書取官,所助者亦滿書之教,是以少文識,惟富豪,多男女,恂恂厚福人也。

(丙戌)正月初一日,朝參既罷。使行出午門,余迎候季父於門右,仍會坐於西月廊前路。一行正官皆以帽帶環立,時千官次第退朝,見使行多聚觀。有兩官人亦具披肩品,帽戴數珠,觀良久不去。

兩人皆年少儒雅,相顧語甚喜。及使行起身出,兩人又先後行。下輩妄有呵叱亦相視笑無愠色。至端門外,使行坐軺床少休,兩人又佇立於前,略聞其相與語,多及衣帽之制。余進問曰:“老爺熟看我們何意?”兩人笑容可掬曰:“看貴國人物與衣冠。”余曰:“我們衣冠,比老爺衣冠何如?”兩人皆笑而不答。問其職,皆曰翰林。問其姓,一姓吴,一姓彭。兩人又問使行及諸譯帽帶者職名,余略以實對。問其居,吴山東人,彭河南人。問其見住城中何處。兩人答語不可解。時清譯邊翰基在傍,使翰基以滿語問之,皆曰未學滿語。將招他譯問之,適有諸王二人騎馬出端門,呵衛甚盈,使行又起身,匆匆不暇問,衹舉手爲禮而别。歸館,念兩人雖屈身胡庭,喜見我輩衣冠,必有所由也,欲一往訪,未詳其居。館西有庶吉士館,使馬頭世八探問焉,歸言翰林有多官,吴、彭兩姓爲數三人,不辨爲誰某云。乃購得《縉紳案》一部,考見兩人職名,果爲翰林檢討官。吴名湘,彭名冠,使世八更以遍探於城外。十數日而得彭冠家,語門者以求見之意,門者云:“隨老爺朝參歸,果見老爺與你老爺打話殷勤。歸後,兩老爺累語及不能忘。苟有意來訪,兩老爺必喜而過望,但老爺適出,歸當告此意,與吴老爺掃門而待,明日須早來無誤。”

(正月)二十日,率世八雇驢出前門,行數里,至其家,止於門外店舍,使世八先報,即出,言翰林已下堂候門矣。乃入門少西,行至中門,彭冠果出迎,舉手致意,引余先行,辭謝而行。由屏墻而左,吴湘亦下階迎揖,皆歡笑有喜色。至階讓登,彭冠輒挽余先登,上堂分賓主,設椅而坐,吴湘在彭冠之上。堂可五六間,北壁置書卓,籤軸秩然,東挂一幅畫障,下置古董數器,中有畫瓶,横假花一枝,西有户垂錦簾,意主人所寢處也。略以語致寒暄。侍者進茶,仍置筆硯及紙於卓上。余先書曰:“上朝歸路,乍瞻雅儀,中心愛慕,何日忘之?”兩人皆舉手致謝。是後書語相雜,不能盡記。彭問我國科規,又問余兄弟子女,答畢。余亦問之。吴永感,有兩弟及兩子,彭具慶,有一弟,無子云,湘字素軒,號篁村,年三十九,冠字魯宜,號莊士,年三十四。彭問余何職。余曰:“無職。隨叔父貢使行,欲一見中國。”彭曰:“貴處念何書?”余曰:“六經及諸子百家,并同中國。”彭曰:“有武科否?”余曰:“亦與中國略同。”卓上有一套書,余問之。彭曰:“外省志書,現在重修《一統志》。”即披示之,乃浙江省志書也。彭曰:“貴處服色以何者分尊卑?”余曰:“倉卒不能盡記,亦以網圈爲等品,如中國帽頂之制。”傍有一少年侍立,亦戴金頂,儀狀雅潔。余問其爲誰,彭曰:“監生,姓周,在大學讀書者,在此瞻仰尊儀。”余曰:“曾往大學,求見監生,無一人見在,何也?”彭曰:“在南學,即在大學,對過有數百人。”彭問:“箕子之後尚有人否?”余曰:“平壤有箕子墳及廟,以其孫世襲守廟,井田尚有遺址可考。”余問:“兩位出身幾年?”彭曰:“由進士出身,任翰林九年。”余曰:“何年遷官?”彭曰:“明年當遷翰林院侍讀侍講,或遷詹事府中允贊善。”余曰:“出身初授何職?”彭曰:“中進士,初任庶吉士,三年後考過,授編修檢討。”余曰:“兩位入仕本朝幾代。”吴曰:“前世皆不仕。”彭曰:“已三世入仕,爲二三品職。”又曰:“貴處學問極大者,何人?”余曰:“學有三等。有義理之學,有經濟之學,有詞章之學。且問足下所問者何學也?”彭與吴相顧笑曰:“他還分説如此。”乃曰:“儘如尊言,三學各舉一人。”余亦笑曰:“學分三等,世儒之陋見,捨義理,則經濟淪於功利,而詞章淫於浮藻,何足以言學?且無經濟則義理無所措,無詞章則義理無所見,要之三者舍一,不足以言學,而義理非其本乎?”兩人皆笑稱善。余曰:“京裹有讀書檢身,不求聞達者乎?”彭笑曰:“進京者皆求利達者,外省多有,京中不曾有。”余曰:“願聞當世宗匠。”彭曰:“死後方能論定。在先有湯斌、陸隴其。湯,河南睢州人,陸,浙江湖州人。”余曰:“吕晚村何如人?”彭掉頭曰:“死後被罪,子孫、門人皆發遣。”余曰:“吴三桂末年作何事?”彭曰:“僭稱帝謀反,誅。”余問:“《讀禮通考》續編有無?”彭曰:“此誰人所編?”余曰:“此中國徐乾學所編,豈未曾見乎?”皆稱未聞。余曰:“先聖後孫亦有入仕者乎?”彭曰:“大宗世襲公爵,小支世襲博士,衆子有,祇二博士。”余曰:“四禮從何儀?”彭曰:“遵《朱子家禮》。”余曰:“冠禮三加亦遵《家禮》乎?”彭摇手有愧色曰:“遵本朝禮。”余曰:“喪家動樂,此出何禮?”彭曰:“此直隸愚民無知者,士人皆不用。”又曰:“貴國何時建國? 現今有年號否?”余曰:“洪武二十八年建國。藩邦豈有年號?”此時有達官入來,年可六十餘,狀貌豐偉,戴亮藍頂,兩人皆下階迎之,余衹下椅立。達官上堂,賓主皆抑身肅揖。達官又向余欲施禮。吴謂余曰:“此李大人。”余倉卒無以應。彭笑謂李曰:“他不會禮。”李曰:“然。”遂就椅坐余下。余謂兩人曰:“尊客在坐,請告退。”吴曰:“不妨。”彭曰:“大人我同鄉人,不必爲嫌。”李亦挽余共坐,余遂就坐。李與兩人見筆譚語良久,或笑或稱好。李曰:“他會話否?”吴曰:“略會説,仍傳余語數句笑曰,他説路上學來。”李曰:“在門者必他之通事。使招入。世八上堂拱立,李略有語,世八全未解答,語極模糊,三人皆笑。李曰:“貴處衣服是遵何代之制?”答曰:“皆遵明制。”李指余衣帽曰:“此是秀才常服乎?”余曰:“此軍服也。常服闊袖道袍,冠大竹帽。”李曰:“貴處另有字乎?”余曰:“有諺文,與滿書字异而義同。”李曰:“婦人亦念書乎?”余曰:“婦人不會書,衹解諺文。”余曰:“李大人何官?”彭曰:“太常寺少卿。”余曰:“太常雅琴,可蒙一聽否?”李曰:“古樂失傳。”余因誦今之樂猶古之樂,三人皆未解。周監生在傍解聽,更以傳誦,三人皆大笑。余曰:“雖無大音,今樂之近古者,猶愈於外夷啁啾之音,願一聽之。”彭曰:“此乃樂官之事,大人不會。”又曰:“祭祀則作雅樂,平日不作也。”余曰:“必有肄習之所,願一就聽。”彭曰:“樂府在内務府,地方不能入。”余曰:“琴瑟,古人比之簡編,士人亦當有解之者。”彭曰:“讀書人亦有會者,此刻無其人。”余曰:“有其人則不敢請屈,當就聽。”彭曰:“有一友而不在此地。”良久,李少卿辭去,余欲下堂送之。少卿挽余坐,亦勸二人無出,辭氣甚款。時茶已四五行,茶罷,必令侍者裝烟勸之。周生與一少年迭相侍傍。少年亦俊雅。問之,彭堂弟也。北壁亦有户垂簾,簾内有婦人笑語聲,意主家内眷也。彭生自簾内抱一兒來,吴替抱而置膝上撫弄之曰:

"此彭友之女兒，年方四歲。"周生問治何經。余曰："我國無專經，法四書五經無不治，惟愧博而寡要。"皆笑。彭曰："《春秋》并治四傳乎？"余曰："然。治《春秋》者甚少。"彭曰："《春秋》可讀三傳。"又曰："愛看書畫乎？"余曰："亦愛看，惟無知識。"彭令侍者取横軸障子各一來，横軸，董玄宰書，障子，文伯仁畫。看畢，彭曰："曾見文天祥真迹乎？"余曰："未見。"彭曰："看筆法，亦可見文丞相正氣。"又取一帖來，字不過六七十，爲人跋族譜，文甚簡雅，筆畫亦遒勁。余曰："久坐恐勞貴體，請告退，如不鄙外，願留後期。"彭曰："幸接大雅，不勝歡忭，明日至館中奉候。"余曰："明日進貢方物，某亦隨入闕中，恐虚辱。"二人相顧移時。彭曰："二十三日，當奉訪門前，祈令貴管家照應，恐館中人見拒也。"余曰："當令等候。惟衙門之意未可知，或見拒，當擇門外乾净去處，從容鼎話，豈不便好？"彭曰："或在庶吉士館亦可。"又問鼎話何意。余笑曰："三人會話，俗謂之鼎話。"彭與吴及周生皆大笑。彭曰："三人曰鼎話，四人則謂何話？"又戲曰："當謂隅話。"皆笑。余曰："文丞相文迹，請借去誇示一行，即當奉完。"彭有難色，曰："二十三日帶去送看。"蓋帖是新妝，極其華飾，意其寶重之太過也。將出，又勸茶，送於門外。騎驢行數十步回視，二人尚在門前矣。二十一日，方物有故停納，送馬頭德裕，以壯紙二束，詩箋一束，扇子六把。作書曰：

伏惟夜來僉候萬安，某東夷鄙人也。躬候門墻，雖出愛慕，污穢清榻，殊切慊悚，乃蒙僉座開懷賜顔，酬酌如響。在鄙人固不啻登龍之喜，而僉座泛愛之度，亦可見盛德之一端也。惜乎地品卑微，疆域有限，終不可以負笈鼓篋厠身於偲切之末也。進貢方物，始擬於今日領納。歸聞有故，姑退數日。今將遣閑館中，殊恨錯料，未副臨顧之盛意也。謹此專人走告，不腆土産，聊替鄙誠，交際執贄，有古禮在焉，幸勿見却，不宣。

德裕歸言,始至,門者先報,出言老爺不在家,强而後開封,衹以書入。少頃,出以還給,累請之終不聽,不得已持歸。二十二日,使世八往探其故,門者言適有客至,拘於形迹,無他意云。二十三日,午後,世八來言,二人來坐庶吉士廳,請見云,乃以道袍着笠,出至廳門外。有一車帷帳華麗,一人前舉手爲禮,彭家僮也。入門至中庭,二人各鋪席坐階上,見余忙下階迎之。彭先曰:"昨日送東西不敢受。"余舉手稱謝,登堦,讓一席與余坐,二人并坐相對,守廳者來問故。吴曰:"與高麗老爺約會。"守廳者頷之,即置小卓於中,進茶於二人。吴持以勸余,余出紙筆。先問曰:"物之見退可矣。書之不答,未知尊意。"彭曰:"昨承雅貺,實切銘感,以例不敢交接,亦不敢通書,故敬反璧耳。"余曰:"外人初來,冥行觸禁,愧悚。"彭曰:"間有之,終非例也。清談一刻亦三生有幸矣。"余曰:"通書雖非例,接見無禁乎? 與商賈相見則可,我輩非其職司,自不得親密。"余曰:"人臣無外交,事理然矣。日者趨候,殊愧妄率"。彭曰:"亦間有之。"余曰:"鄙於僉位既非相識,又無干求,衹以愛慕德儀,歸前更謀一就事例如許。古云'入國問禁',請不敢再登門。"彭曰:"未嘗不欲暢領塵教,終以中外形迹,不能如願,深爲耿耿。"余曰:"拘於事例,無計暢叙,衹願來世身生中國。"二人皆大笑。彭曰:"前歸可曾告令叔大人否?"曰:"歸以筆談奉告。"彭曰:"聞令叔貴處狀元,大才大學。"余曰:"狀元則然矣,才學非吾所敢論斷。"二人頷之。彭曰:"明歲仍來否?"余曰:"鄙無官白身,本非差送,一去不復來,雖或再來,其於事例何?"余問:"滿漢通婚乎?"彭曰:"不通。自京以南,庶民亦不通,關東想或有之。"彭問:"貴處家居吉凶服色,以何爲别?"余曰:"常居雜穿藍白,衹以黑帶爲别,遭服則帶麻布,各有朞功之等。"時余束革帶,彭曰:"此秀才所帶乎?"余曰:"布衣韋帶,是秀才常服。豈不聞男鞶革,女鞶絲乎?"二人皆笑。余曰:"曾聞朝廷專用滿話,兩位之不會,何也?"彭曰:"曾學翻譯文章,終不能説話。"又曰:"尊詩自然極佳,可能領教否?"余曰:"未學詩,無以請教。"彭笑曰:"過謙。"又曰:“貴處狀元,文武兼優,方能入選否?”余曰:“兼優者固能入選,而拙者運好,亦或幸中。”彭大笑曰:“天下皆然,古今通義。”又曰:“‘五尺欄干遮不盡,還留一半與人看。’此咏一丈葵詩,可是貴處人詩否?”余曰:“未聞。”余問《吕晚村文集》有無,彭摇手言没有。又曰:“文集有板,近來皆不存矣。”余曰:“婦人衣服,不變明制乎?”彭曰:“然。”又曰:“貴處有湯斌、陸隴其之書乎?”余曰:“未曾見。”彭曰:“湯公有《四書講義》四套,此二公皆本朝大儒。陸先生已從祀聖廟矣。”余曰:“兩公入仕本朝乎?”彭曰:“湯尚書、陸御史。”余曰:“周監生何日當在大學?”彭曰:“在外隸業,課期方去。”又曰:“貴處考試何年?”余曰:“在戊子。”彭曰:“遥祝高發。”余曰:“從此告别,不勝悵缺。”彭曰:“將來能繼令叔大人之蹤,奉使來京,未嘗不可圖良晤也。祝切。”余曰:“才荒運蹇,自畫名途,已退田野,課農爲生。”彭笑曰:“過謙。”余曰:“兩位或奉使東來,庶有再面之期。”彭曰:“自來是滿州人奉差,别國有用漢人者。貴國專用滿人,以口音熟也。”余曰:“貴人固拘事例,不敢望再接,願得一佳士,煩爲引進。”二人相語良久。彭曰:“如要尋人攀談,則至琉璃廠中,代約一友往會何如?”余曰:“甚感指教,未知尊友爲誰,且刻期示之。”彭曰:“琉璃廠路南‘味經堂’書坊,二十六日約蔣監生、周監生,至彼一談何如?”余曰:“甚好。蔣、周俱足下親戚否?”彭曰:“蔣朋友,周學徒。”余請二人先歸。吴曰:“此間有公事。”余先辭出,至正門,曾見正門常閉,今開爲二人來也,見從者不敢由正門,余將由夾門出。彭急携余手,引出正門,相揖而别。蓋兩人文學不甚優,拘於中外,疑畏太甚,言論趣味俱無足觀也。吴差雅静,臨别款款見於色。彭翩翩輕浮,真名利上淺局也。二月旬後,自乾净步歸。逢吴湘於途,下馬握手,致殷勤,交數語而别。拱手向前,退後四五步,然後回身上馬,執禮甚恭也。

正月二十六日往琉璃廠,尋味經齋書坊。路南果有牌號。問於鋪主,兩生果有約,少間當來。乃與同行數人坐張經家以待之。聞兩生來即往。周生與彭少年迎於路上,屈身肅揖,辭謝入門。蔣生迎於門内,揖讓就坐。鋪主進茶,設紙筆於卓上。蔣名本,年五十三,亦河南人。周名應文,年二十三,西江人。彭名光廬,年十七。蔣鬚白齒落,形容黧瘁,六十監生,可見窮儒貧相。稱眼昏,問答專付周生。想其文識,亦如其人也。周玉貌秀眉,聲容温敏,應對如流,詞翰夙成,知非久於布衣者。彭亦俊爽可愛,尚未有室云。余曰:"僉位見工何書?"周曰:"經書八股文章。"余曰:"出身後,八股文亦有用處乎?"周曰:"用考差。"又曰:"即考試官,皇上親考,取考試官,仍以八股文章。"余曰:"疏章亦用八股文體乎?"周曰:"疏章用漢唐八家文體,八股乃考試士子者,名曰時文,所以代人立言。有破題、破承、開講,以下分八股,以賦體方法,即以四書五經爲題。"余曰:"考文外,别習古文乎?"周曰:"詩詞歌賦表判策論,鄉試俱用。"又曰:"貴處飲食與中國同否?"余曰:"飯以稻米,水田所出。"周曰:"前日云貴處井田之法見存,尚通行否?"余曰:"只有箕子遺迹數百畝地。"周曰:"貴處衣冠可是箕子遺制否?"余曰:"帽子世傳箕子遺制,無明徵。衣服專遵明朝舊制而間有未變俗者。"書明朝,故低一字,以示尊之之意。看畢,蔣即裂去之。漢人之畏慎每如此。周曰:"貴處宫室器用,亦與中國同否?"余曰:"大同小异。至若東房西室,南爲正寢。中國亦未見其制。"周曰:"宫室太多,所以只得因地制宜。"問牧齋續集有無。周曰:"未出。"問《讀禮通考》續集。周曰:"此乃本朝徐乾學相公之書,并無續集。"余曰:"《大學》首章《明德》,僉位以爲何物?"周曰:"朱注講解已詳。"余曰不明。周曰:"朱注不明,則難以剖析。"余曰:"後學看不明白,願得明教。"周曰:"明德即天命之性。"余曰:"不可謂之心乎?"周曰:"性即注於心,心外無性。"余曰:"心雖包性,終有理氣之大分。"周曰:"亦有兼氣質而言者,亦有主理而言者。明德則專主理而言。"余曰:"虚靈不昧,具之應之,恐不可謂專主理而言。"周曰:"性原是體用兼該,具是體應是用。"又曰:"貴處以爲何如? 願請教。"余曰:"有謂之性者,有謂之心者,有謂之心包性情者。"周曰:"畢竟主何説?"余曰:"鄙無主見,惟善看者不以辭害意，則諸説可通用。”余曰：“婦人小鞋，始自何代？”周曰：“此無考據。以小説家言，則始於唐。”又曰：“聞令叔書法甚佳，可得一張否？”余曰：“不難，但吴、彭兩老爺不答鄙書，中外之嚴如此。此等來往，亦似不便。”周曰：“二位未聞有通書者，所以不敢。”余曰：“蓍草乃聖世之産，近亦有之否？”周曰：“年年生産，文王陵、孔子陵俱有，别處則無之。”余曰：“京市或有賣者，恐非真的。”周曰：“中國以爲饋送之物，不甚奇异，没有假的。”問三忠祠及柴市，皆不知。余曰：“文丞相廟塑像破傷無餘，無人修理，見甚可悲。”周頷之，甚有愧色。少間曰：“文丞相非有書法名者，而忠義之氣往往溢於楮墨之間。”余曰：“欲一見太學，何以則可？”周曰：“只可宫墻外一看。”余曰：“願見諸生讀書。”周曰：“二月上丁釋菜，可以去看。但天子太學，外國使臣恐未便。”余曰：“釋菜致齋幾日？”周曰：“三日。”余曰：“學中現在幾人？”周曰：“百餘人。”余曰：“有何官？”周曰：“有祭酒、司業、助教，講學之日進去。”余曰：“當今有山林人入仕者乎？”周曰：“亦必從考試。”余曰：“考試非山林人，如宋朝伊川是山林人。”周曰：“現在無之。”余曰：“遠離家鄉，何時當歸？”周曰：“尚有鄙事羈絆未定。”余曰：“到京幾年？”周曰：“去年赴京兆試而來，不中尚留。”余曰：“列位既與出身有异，敢請一臨鄙所。”周曰：“館中可許人到，稍暇即當適館奉候。”余曰：“列位俱住彭爺宅上，拘於形迹，不敢進候，請諒之。”周曰：“偶然一遭亦不妨。”又曰：“此處逼仄，不敢久屈，二十八日再晤。”余曰：“休怪坐屈。”皆曰：“不敢。”乃辭出。三人俱揖，送於門外。至二十八日，大風，塵沙蔽天。使人候於門外，蔣生獨至門請見。適提督坐衙，門禁頗嚴，將請於通官。蔣生遽拂衣去，使人追之不得。三十日，有事往琉璃廠，復至味經齋，見鋪主略致蔣生虚辱之意。借紙筆作書，付鋪主傳於蔣生。書曰：

日前辱臨陋所，因僕人疏忽，致駕御徑歸。慮事不周，罪實在己，不勝愧悚。外國賤蹤，觸處生疣，始覺縮伏守分之爲寡過也。無計再承清誨,悠悠此恨,一筆難盡。適過味經齋,草此冀轉達,乞賜諒恕。

鋪主姓周,應文之族叔也。付書畢,見鋪内新刊書籍溢於架上。余曰:"聞中國書多,以土板費省而功倍,信乎?"周笑曰:"木猶易刓,必擇堅韌,土板必無之理也。"余曰:"中國亦有鑄字鐵板乎?"周曰:"皆用木板,鐵字亦未聞。"茶畢而歸。二月初六日復訪周鋪,討蔣生答書。周請入鋪内,從容言蔣生出外未及傳。適周生來見替答,仍出示其書。書曰:

德保足下:前日疾風,不及走謁,歉甚!適蔣君因事進城,遂往拜。乃云門焉者見抵,未獲一晤,是非足下之過,乃中外之拘耳。今至味經齋中,見足下白蔣君書,而反自責自尤,何其善自下也。觀足下之才美矣而學充矣,拖青曳紫,如摘頷髭。他日者奉國君命朝貢中國,吾輩當從容款接,暢論道學之淺深,文章之閫奥。今天下中外一家,無憂後會之不繼耳。蔣君進城去矣,數日方回寓,見時定爲道達尊意。周應文代白。

看畢,别鋪主,往張經家。適蔣生過門前,使僕人請入,略叙寒暄。蔣南人,語音緊澀,尤不可解,乃推周鋪所留書示之。蔣見畢,舉手稱謝,乃曰:"明日將南歸,後會無期。"即起身辭出。

(丙戌正月)初四日,出正陽門觀場戲。歸渡濠橋,入路傍食鋪,買吃元宵餅,就坐。有一人隨入坐傍,橙帽戴金頂,熟視余良久。余問其姓,答曰:"姓宋。"問:"何官?"答曰:"舉人,到京候選。"問其居,答曰:"山東。"余曰:"山東故齊魯地,尊府在何地?"宋曰:"在魯地。"余曰:"既在魯地,距闕里孔子舊基幾何?"宋曰:"九十里,貴國亦尊孔子乎?"余曰:"孔子天下共尊,况我國崇禮義,專尚儒道。"宋頷之。余曰:"孔子後孫今有幾家?"宋曰:"即在山東已千有餘家。"余曰:

"有人仕本朝者乎?"宋曰:"多有。"余曰:"在京從宦者亦有之?"宋曰:"亦多。"余曰:"幸君爲我一見之。"宋曰:"君欲見之何意?"余曰:"尊慕之極,願見其孫。"宋撫其首曰:"其衣冠與我一樣,見之何益?"余聞之愴然。方欲與之語,店主見久坐閑話,妨於買賣,亂嚷不已。宋生先起,揖余曰:"再會。"掀簾由後門而走,余急起追之而不及。其後遊行城内外物色之,而終不得焉。

(丙戌二月)初三日,飯後,三人同車出正陽門。行二里許,至乾凈衕,有客店榜云"天升店",乃二人之所居也。下車立於門外,令馬頭先入通之。二人聞之,出迎於中門外,屈身肅揖,極其致恭,引我輩先行,蓋中國之俗也。辭謝而後行。將入門,二人先至門,掀簾待之入門,扶我輩坐於炕上,各以椅子對坐炕下,此亦其俗也。東壁置高足大桌,桌上有書數十卷。中炕而置短足小桌,上覆藍氊。西北壁下皮箱木櫃,皆行橐也。小桌置筆硯青銅水壺,上横小勺,所以斟水於硯也。大桌及炕上散置畫本及詩箋。少年口角尚銜墨,蓋草畫未竟而出迎我輩也。坐定,問姓名及年。嚴誠字力闇,號鐵橋,年三十五;潘庭筠字蘭公,號秋庫,年二十五。余曰:"愚因李令公得聞聲華,且見硃卷,歆仰文章。謹仍李令與同志金生輒來請謁,望恕唐突。"二人皆謝不敢。余曰:"兩位尊府在浙省何縣?"嚴生曰:"同住杭州錢塘。"余因誦"樓觀滄海日",嚴君繼誦"門對浙江潮"。余笑曰:"此即貴處耶?"嚴生曰:"然。"潘生聞平仲之姓,問曰:"君知貴國金尚憲乎?"余曰:"金是我國相公,而能詩能文,又有道學節義。尊輩居八千里外,何由知之耶?"嚴君曰:"有詩句選入中國詩集,故知之。"嚴生即往傍炕持來一册子示之,題云《感舊集》。蓋清初王漁洋者集明清諸詩,而清陰朝天時路出登萊,與其人有唱酬,故選入律絶數十首焉。余乃曰:"我們此來非偶然也,但初入中國,言語不相解聽,請爲筆譚。"兩人許諾,即鋪紙硯於小桌上。李基成先辭歸,乃分賓主圍卓而坐。平仲曰:"兩位硃卷是會試作耶?"蘭公曰:"省試也。此時到都會試。"又曰:"兩位到此,遊稿必富,可賜教否?"時余輩皆着軍服。故余曰:"我武職也,弓馬之事聞之矣,詩文未之學也。"蘭公笑曰:"兩位有文事而兼武備。"平仲曰:"願見兩位瓊篇。"蘭公曰:"風塵碌碌,未有所成。來時同榜解元陸飛作畫,偶題小詩呈教。"乃出示一幅畫:水墨蓮花一朵,筆畫奇勁。上有陸詩七絶一首,下有力闇詞及蘭公詩,皆佳;而陸詩尤高。余曰:"此三絶也。"力闇曰:"過辱寵褒,不敢當。"平仲曰:"武夫亦有拙詩。"書示《鸜鵒律》三首。力闇曰:"寄托高妙,拜服。"平仲即席次清陰韻賦一絶。兩人看畢即次之,皆援筆疾書,頗有較藝之意。兩人又請余詩。余曰:"素不能詩,無以呈教,愧甚。"皆曰:"過謙。"平仲又請見兩人詩,蘭公曰:"嚴兄見有詩集,當呈覽。"力闇掉頭辭之,蘭公不聽,自東炕持一册來,指其中五十[①]韻七古一篇曰:"有一達官欲薦於朝,力闇毅然不往,作此詩而拒之。"余見畢,曰:"既愛其詩,又敬高標,我輩與有榮矣。"力闇微笑曰:"不敢。"平仲曰:"見其詩,想其人,志氣豪邁不能俯仰於世也。"[②]力闇曰:"素不解詩,偶然學步,自適己意而已。見笑方家,不敢當。"余曰:"吕晚村是何處人? 其人品如何?"蘭公曰:"浙江杭州石門縣人,學問深邃,惜罹於難。"余曰:"浙江山川何如,而能人才輩出如是耶?"蘭公曰:"南邊山明水秀。"平仲曰:"我副大人見蘭公硃卷中有'茫茫宇宙,捨周何適'之語,不覺斂衽。"蘭公色變良久。余咎平仲以交淺言深。蘭公乃曰:"此乃草率之語,大指亦不過謂中華乃萬國所宗,今天子聖神文武,爲臣者當愛戴依歸之意而已,尊周所以尊國朝也。"蓋漢人於當今反同羈旅之臣,謹慎嫌畏,其勢然矣。其言之如此,無足怪矣。余勸平仲勿復言,平仲即曰:"所示極善。"余曰:"王陽明亦浙人乎?"蘭公曰:"陽明紹興人,與我同鄉。"余曰:"紹興距錢塘幾里?"蘭公曰:"二百餘里。"余曰:"貴處學者遵何人?"蘭公曰:"皆尊朱子。"余曰:"遵陽明者亦有之乎?"蘭公曰:"陽明大

---

① 五十,《乾净筆譚》(《燕行録全集》第 43 册)作"百"。

② "力闇微笑曰……不能俯仰於世也",此部分據《乾净筆譚》補。

儒，配享孔廟。特其講良知與朱子异，故學者勿宗。間有一二人，亦不甚著。”余曰：“陽明間世豪杰之士也，文章事業，實爲前朝巨擘。但其門路，誠如蘭公之言。”力闇曰：“貴處亦闢陸耶?”余曰：“然。”力闇曰：“陸子静天資甚高，陽明功蓋天下。即不講學，亦不礙其爲大人物也。朱、陸本無异同，學者自生分别耳。”又曰：“殊塗同歸。”余曰：“同歸之説，不敢聞命。”平仲曰：“功雖蓋天下，良知之創論與朱岐异。”蘭公曰：“事業須從誠意正心做來，陽明格物致知，尚有餘憾耳。”余曰：“陽明之學儘有餘憾，但比諸後世記誦之學，豈非霄壤乎?”蘭公即打圈於“豈非霄壤”四字，曰“極好”。又曰：“此時讀書不過記誦而已，然天下儘有潛心聖賢之學者，非俗儒之概例也。”平仲曰：“宗旨异致，則反不如記誦矣。”力闇微笑而已。蓋其平日所學於王、陸頗深也。蘭公曰：“貴國有大儒否?”平仲曰：“有之。”余曰：“如金尚憲號清陰，亦我國大儒也。”蘭公曰：“現在者爲誰?”余曰：“不敢指其爲誰，死後方有公論。”平仲曰：“竊聞足下之高儀，其學問之深奥，非尋常取功名者。欽仰!”蘭公曰：“我輩竪子俗人而已，極荷過褒，無地自容也。”余措[①]“事業從誠正”之語，而謂蘭公曰：“衹此一句語，以之修身事君，何事不做?”平仲曰：“問學之外，嗜好者何書?”蘭公曰：“僕年二十時，已誦十三經諸史，然質魯健忘，終無成就，可愧!但學必以聖人爲主，雖諸子百家無所不覽，其歸則反之於六經而已。”力闇曰：“酷嗜昌黎，《史記》極妙，讀《漢書》不可不看《史記》。”蘭公曰：“年少失學，未嘗潛心正學。然作文必學史遷，特愧不能追躡古人。”余曰：“兩位先世有何顯官?”蘭公曰：“本農家子，寒畯之門，惟有讀書力田，未嘗有通顯者。若其遠祖，則晉潘岳之後也。”余笑曰：“君貌甚美，有自來矣。”蘭公亦笑，微有愧色。力闇曰：“先世洪武年自餘姚遷杭，至今十三世，曾有二舉人而已。遠祖則有之而不敢攀援。”余曰：“此何故?”蘭公曰：“力闇，子陵之後，而不敢攀援

① 措，《乾净筆譚》作“指”。

者,恐爲郭崇韜也。"又曰:"東國本箕子國,乃近聖人之居者,宜二公之識見高遠,非一切文人可比。"余曰:"見外之語,車載斗量,何足道哉?"[①]余曰:"兩位皆具慶耶?"皆曰"然。"曰:"兄弟幾人?"力闇曰:"有一兄。"蘭公曰:"九峰先生名果,大名士,乃力闇兄之令兄也,二人時人比之機、雲,軾、轍。詩文大集盈笥,與吾鄉吴西林先生極相好。年四十餘,高雅絶俗,非尋常諸生之比。"余曰:"同氣間有此師友之益,其樂可知也。請問西林先生德行之大略。"蘭公曰:"隱居修道,無事不入城府。有達官來見者,必峻拒之。一人與侍郎雷鋐、通政官錢維城侍郎[②]皆先造門,求觀著書,而終不得。"又曰[③]:"國朝[④]吾鄉前輩高尚之士如徐介、汪渢、王曾祥數人,亦皆不隨流俗,能自卓然不朽者也。徐、汪二人布衣,革鼎後避世不仕。王秀才三十餘即棄舉子業不應試,文章人品卓然可傳。"午後,二人各以餅果數器置於桌上,而勸之曰:"此杭州帶來。"果則橘餅、龍眼、乾葡萄之屬,餅亦香美,勝於京造。先自略嘗,從傍侑之,茶則自初不住斟之,誠意藹然。余曰:"洞庭湖距貴鄉不遠乎?"力闇曰:"洞庭在湖廣,離敝地二千里。"余曰:"然則去京師幾何?"力闇曰:"三千里。"又曰:"敝地瀕南海,與貴國海路當爲幾何?"余曰:"兩地祗隔一海。如福建商舶亦多漂到我國者,杭州似亦不甚遠也。"平仲曰:"貴處三秋桂子、十里荷花,風物尚如舊耶?"蘭公曰:"不但此而已。西湖風物爲天下第一。水深一二丈,清可見底;雖萍藻沙石,歷歷可見。四山皆平,不甚高。有四賢堂,祠唐李泌、白居易,宋蘇軾、林逋。我皇上四次臨幸,百廢俱修,比舊尤加壯麗。其地有蘇堤等十景,又有數十景。雖匝湖不過四十里,而奇峰靈岫,莫可名狀。湖中有堤十里,兩岸皆栽桃柳。"平仲曰:"雖欲與兩位策驢遊咏於其間,得乎?"兩人皆笑。

① "余曰……何足道哉",此句據《乾净筆譚》補。
② 侍郎,據《乾净筆譚》補。
③ 又曰,據《乾净筆譚》補。
④ 國朝,據《乾净筆譚》補。

余曰:“湖水雖當積澇,不貽害於民居耶?”力闇曰:“杭州以下,水利所在,蓄洩以時,無貽害之處。”余曰:“長腰米貴處産耶?”蘭公曰:“然。吾鄉風柔,食物與京師大不相同。”余曰:“風俗厚薄如何?”蘭公曰:“地多秀民,弦誦之聲相聞,但俗尚浮華,鮮淳樸耳。”力闇曰:“貴處風俗,淳古之極。”余曰:“山川險隘,人民多貧。祇以稍遵禮俗,自古中國亦許之以小中華。”蘭公曰:“貴國國史有携來者否?”余曰:“没有。”蘭公曰:“惜不得見。”余曰:“必欲知其大略,則當總記其概以呈。”又曰:“諸公科期不遠,當會心舉業,久坐煩擾,恐不安。”皆揮手曰:“不然。吾輩到此,本不用心於此。”余曰:“然則不要登試乎?”力闇曰:“要自要的,但聽天命。”且曰:“鄙等不是專意於名利者。”蘭公問余曰:“官居何職?”余曰:“白身無職。欲一見中國,隨季父貢使之行而來。”蘭公曰:“先生以貴胄而不爲官,必立身行己之君子也。”余笑曰:“無才無學,官自不來。”平仲曰:“今承兩位德儀,益覺中華人物之不可企及也。”蘭公曰:“中華雖文物之邦,近名榮利者比比皆是。”余曰:“邂逅良晤,深愜鄙願。未知繼此而可得見耶?”蘭公曰:“人臣無外交,恐難再圖良會。”余曰:“此戰國時語也,今天下一統,豈有彼此之嫌?”蘭公有喜色,曰:“天子以天下爲一家,况貴國乃禮教之邦,爲諸國之長,自當如此,俗人之議何足道哉?天涯知己,愛慕無窮,寧以中外遂分彼此耶?或他時得邀微官,奉使東方,當詣府叩謁。中心藏之,何日忘之?”余曰:“鄙等回期尚有餘日,豈忍遽作永别耶?”蘭公曰:“交情古誼,令人銘感不忘。倘枉駕容易,乞再過我作竟日談,幸甚。”余曰:“鄙等之來固容易,祇恐僉行臺有難便。”蘭公曰:“當掃徑以待。貴館曾有中華士人來訪否?到貴館不知亦不甚費事否?”余曰:“自前彼此尋訪,人不以爲怪,宜無邦禁。”蘭公曰:“貴館何地?明日當同來奉謁。如在皇城之内,則不便來矣。”余曰:“在正陽門内東邊城下半里許。館中有衙門,當先爲通知,幸勿慮。”力闇曰:“貴館多人,不敢轉造[1]。平生未嘗干謁王公大

① “貴館多人,不敢轉造”,此句據《乾净筆譚》補。

人,且深恐大人知之,以爲不便。"余曰:"我們大人願一見之,但形迹异,吾輩不敢掃門請謁。如枉尊駕,乃其所大欲,豈有不便之理?"余曰:"衙門如有阻搪之弊,鄙等當先期出待於門外,擇乾净去處,更爲一日之會無妨。"蘭公曰:"既任人出入,明日必當奉拜。"又曰:"衙門是何官?"余曰:"有提督、大使、通官等官。而自前官人秀才輩皆許出入,乃是朝家視同内服,不以外夷故耳。"平仲曰:"留館經春,日日相接,皆刀錐競利。今來承誨,快滌茅塞。"力闇曰:"既成相好,不當作客話。且曰:"此後宜衹説真話。"平仲曰:"日已晚矣,僕夫催歸,不得已告退。"蘭公曰:"貴僕不解人情,請賜叱退。"彼此皆大笑,而握手不忍相捨,遂相别而出。出門,兩生疾聲請少留。嚴君持《感舊集》全秩而贈之。余辭謝曰:"書册帶去,恐有人言。"兩生曰:"言以買來,亦何妨乎?"余念清陰詩既在其中,不可不一覽於使行,遂與平仲相議,使馬頭輩藏之懷中。歸到館中,以話草遍示一行①,且言明日來訪之約。余以爲若不先通衙門,或不免臨時阻搪,勢當預爲周旋。副使亦以爲然,使裨將安世洪議於堂譯,俾無阻搪。世洪力言其無難,請自當之,必無他慮云。

(二月)初四日,梳洗纔罷②,李基成來,言嚴、潘兩生來已久矣,何不請入?余不意其早來,漫應之曰:"昨言食後入城,其來尚早。"基成曰"余馬頭俄出館外,見兩生來,坐於玉河橋傍,急來報余"云。余聞之始大驚,使平仲先出見之而挽留之,或恐見阻而徑歸也。往言於副使房,請使安世洪周旋請入。則衙門忽有意外事端,諸通官方盛怒而坐堂,譯輩不敢發口云,故使人傳於平仲,邀坐於近處鋪房以待之。少頃,安裨稱以自己相識,言於通官而引入。余方修掃房室以待,馬頭德裕來言,兩人已入來。余急往迎之,則已引入於上使炕。上使迎坐炕上③,使譯官通語,而南方語勢與北京大异,多不解

---

① "以話草遍示一行",此句據《乾净筆譚》補。

② "梳洗纔罷",此句據《乾净筆譚》補。

③ "上使迎坐炕上",此句據《乾净筆譚》補。

聽。略致遠客勞慰之意，問科期及科制。余請於上使，引歸余處。到炕下，兩君解鞋上坐。坐定，余曰："不意早屈[①]，未及迎候門外，且緣衙門之有事，致從者久滯道傍，罪負無地。"皆曰："不妨。"余曰："既煩辱臨，請畢今日之驩。"蘭公曰："但恐俱有貴冗。"余曰："鄙所無他冗務，請終日穩話。"皆曰："甚好。"余時以方冠，着廣[②]袖常衣。蘭公曰："此即秀才常服耶？"余曰："然。"蘭公曰："制度古雅。"余曰："我們衣服皆是明朝遺制。"兩君皆頷之。力闇見金譯漢慶，曰："金公文雅之士。前日碑版店中會過，問遠祖子陵者，即足下耶？"金譯曰："然。"余曰："子陵果尊之遠祖耶？"力闇曰："然。"余曰："有世譜否？"曰："有之。"始知昨不敢攀援云者，指此也。余問曰："中國拜禮，再拜耶？四拜耶？"蘭公曰："引見天子聖人，九叩頭；尋常禮數四拜；父母八拜。"張譯宅謙問曰："今亦有性理之學如陳白沙、王陽明者耶？"蘭公曰："國朝大儒陸清獻公諱隴其，配享孔廟。其餘湯文正公諱斌、李丞相光地、魏諱象樞，皆大儒希賢者也。"又問曰："明時朱陸之學相半，今亦然耶？"蘭公曰："今天下皆遵朱子。"余問婚禮拜法。蘭公曰："漢人四拜。"又曰："此拜非夫婦相拜，乃同拜天地祖先耳。"余曰："拜天地恐非朱子之禮。"力闇曰："家禮遵行者少，此皆俗禮。"蘭公曰："廟見後，見舅姑行八拜禮，然後夫婦同拜，各再拜，此杭俗也，他處不盡然也。"余曰："有奠雁禮耶？"力闇曰："杭州獨廢此禮，可笑！"又戲曰："不親迎竟得妻。"余曰："婚時男先於女耶？"蘭公曰："男家先備彩轝名帖往迎，特新郎不親迎耳。"余曰："中國於喪家動樂娛尸，極可驚駭。"蘭公曰："此皆習俗相沿，古禮廢已久矣。"余曰："西林先生家亦用此耶？"蘭公曰："獨先生不然。此外講古禮者亦有之，不過甚少耳[③]。"余云："尊家并從西林之禮耶？"蘭公曰："亦不能竟違俗尚，擇其稍近禮者行之。"又曰："西林先生居喪不茹葷飲

① "不意早屈"，此句據《乾净筆譚》補。

② 廣，《乾净筆譚》作"行"。

③ "不過甚少耳"，此句據《乾净筆譚》補。

酒,不見客,不作詩文,不御琴瑟。葬祭之禮以及衣冠,與世大殊。其衣冠遵國朝制度,喪服皆遵明制。因國朝喪禮不頒於民間,而先生獨行之也。"副使令厨房備送朝飯,兩生曰:"不要吃飯。已吃早食,腹猶果然。"余曰:"既爲終日之計,則略進數匙,兼領鄙等之情。"遂進飯床。兩生各有從者,并各賜食。平仲曰:"菲薄之饌,皆非適口,還深愧悚。"蘭公曰:"過費盛饌,甚是不安,謝謝。"以我國飯與浙米一樣,頗頓吃而輟。力闇曰:"吃飯方來,復承賜食,不敢不飽。既醉酒,又飽德言,飽乎仁義也。"蘭公曰:"貴處朝服皆紗帽團領乎?"余曰:"然。亦有上衣下裳、金冠玉珮之制。"蘭公曰:"國王戴何冠?"余曰:"冕旒。亦有便服之冠。"力闇畫出冕旒及各冠制,而問之曰:"如此制乎?"余曰:"然。"余曰:"中國戲臺專用古時衣帽,想已習見之也。"蘭公曰:"來此見場戲乎?"余曰:"見之。"蘭公曰:"場戲有何好處?"余曰:"雖是不經之戲,余則竊有取焉。"蘭公曰:"取何事?"余笑而不答。蘭公曰:"豈非復見漢官威儀耶?"即塗抹之。余笑而頷之。又曰:"余入中國,地方之大,風物之盛,事事可喜,件件精好,獨剃頭之法看來令人抑塞。吾輩居在海外小邦,坐井觀天,其生靡樂,其事可哀,惟保存頭髮爲大快樂事。"兩生相顧無語。余曰:"吾於兩位,苟無情分,豈敢爲此言乎?"皆頷之。力闇曰:"早晨必梳頭乎?"余曰:"余則果日日梳頭,而他人未必盡然。"平仲曰:"副大人使僕奉請兩位。"蘭公曰:"禮當奉拜,僕輩當往見之。"遂同往副房,季父與上使會坐筆談。潘君首尾執筆,朝廷官方、西湖故迹,其他數千里外事,下筆成文,無有不會。語及衣冠及前朝事,副使故爲追問,多犯時諱,難於應酬,而不慌不忙,言言贊揚本朝,而間以戲笑,無半點虧漏,而言外之意自不可掩,此①則其事理當然。而頃刻立談之間,周旋蓋覆之狀,亦奇才也。問杭州亦有滿洲乎?蘭公曰"滿洲遍天下。生齒日繁,而各有旗官領之"云。問南方樂器。蘭公曰"古器皆有

① 此,據《乾凈筆譚》補。

之,音腔與北方迥异”云。力闇云:“北音雜以胡樂,皆是金石噍殺之聲。”即塗抹之。午後又以果餅等物待之,略嘗而輟。以法禁甚嚴,故不吃牛肉。蘭公以副使典型恰似李太白畫像,不勝欽敬云。問二公以妙年皆戴眼鏡,何也?蘭公曰“皆有眼病,不戴此則如看霧中花”云。將罷,副使書曰:“邂逅良晤,後會無期,望須巍捷春圍,保重起居,以慰遠人之思。”蘭公曰:“咸[①]服高誼。”作揖與力闇蒼黄出門,傍觀皆黯然嗟异。余即趨出挽衣,復請到余炕。坐定,蘭公尚出涕,曰:“二大人厚誼,死不敢忘。”[②]余曰:“日未垂暮,請少坐叙話。”蘭公曰:“極蒙不棄,當追陪竟日。”稍定[③],余曰:“鄙等初無官差,此來無他意,衹願見天下奇士,一討襟抱。歸期已迫,將未免虛來虛歸,忽得兩位,一面如舊,幸愜大願,真有志者事意成也。衹恨疆域有限,後會無期。顧此愛慕之誠,何日忘之?”蘭公看畢,不禁凄傷,力闇亦傷感不已。余曰:“臨别涕泣,古亦有之,然宜哀而不傷。”[④]力闇[⑤]曰:“鄙等至性之人,未遇真正知己。今日之會,臨歧不覺酸鼻傷心。以此愈見中土之薄而貴國之厚,足以感人矣。”平仲曰:“古亦有逆旅相逢便作知己者,豈有如我四人之披肝相照?一别之後,永作商參,臨散感泣,安得免乎?”力闇曰:“若有相會之期,亦不至如此傷感矣。”平仲曰:“筆不可以既,衹是無語耳。”力闇曰:“此後相見何時?”余曰:“終當一别,不如初不相逢。”蘭公以筆打圈於“不如初不相逢”六字,而凄然有感,力闇亦慘然[⑥]。是時上下傍觀,莫不驚感動色。或以爲心弱,或以爲多情,或以爲慷慨有心之士,或以爲見我輩衣冠而發悲[⑦],諸

---

① 咸,《乾净筆譚》作“感”。

② “蘭公尚出涕……不敢忘”,此部分據《乾净筆譚》補。

③ 稍定,此二字據《乾净筆譚》補。

④ “余曰……然宜哀而不傷”,此句據《乾净筆譚》補。

⑤ 力闇,此二字據《乾净筆譚》補。

⑥ “力闇亦慘然”,《乾净筆譚》作“力闇雖不至下涕,氣色慘黯,回首,不忍見蘭公之泣”。

⑦ “或以爲見我輩衣冠而發悲”,此句據《乾净筆譚》補。

言不一,而要之兼此四者[①]而致然。余曰:"古語云:'欲泣則近於婦人。'雖其情不能自已,蘭公此舉無乃太過耶?"蘭公曰:"見笑大方,想亦見諒。外人聞之,真不足發一笑也。"力闇曰:"至於僕者,實不禁爲之酸鼻欲泣,則忍淚而已,實平生未嘗值如此境界。"兩人見玄琴,皆請一聽。時平仲方發詩令,余曰:"弟不能詩,請代以琴。"諸人皆笑。遂調弦彈平調。蘭公聽之,又飲泣嗚咽。余慮增其傷感,余亦懷思不平,一曲而止曰:"東夷土樂,不足煩君子之聽。"蘭公拭淚而答曰:"一洗俗耳。彈法雖殊,而音節則同耳。"平仲曰:"南方之音,猶云嘔哦啁哳,況東藩穢貊之聲,令人可愧。洪友之彈,特以通情,其志亦豪放也。"力闇曰:"指法雖不同,而聲歸一様[②]。弟等雖不知音,然一洗筝琶之俗耳矣。"平仲曰:"今見潘友之豈弟,嚴兄之豪俊,弟亦有志人也。但筆談通情,不能直承高談,是可嘆也。"力闇曰:"良然。然如得直談衷曲,更不知如何快慰矣。"時蘭公尚涕下不已,余執手而慰之。蘭公亦執余手曰:"弟二人到京十餘日,并未見一奇人握手稱知己。即在南方,亦未嘗有披肝瀝膽者。不意相逢兩兄,萬幸之至。而一别又無相見之期,令人感泣。"余曰:"丈夫不須作凄苦語。"又曰:"弟方退居田間,新構小草廬,欲得兄輩一言。"力闇曰:"以貴胄而具此盛情高致,匪特中土所無,即自古亦所罕觀,尤令人敬仰不置。"余曰:"猥承過奬,愧悚不敢當[③]。吾師,清陰孫也。嘗來鄙居,錫名以"湛軒"。鄙居甚樸野,而妄集八景,若得一兄之記,一兄之詩,幸甚。"蘭公曰:"嚴兄作文,弟當爲詩。"平仲曰:"弟亦方構一草屋,題以"養虚堂",二友亦能賜一文一詩否?"皆許諾。余出示許生昇畫幅曰:"臨行一友贈此畫,此於我國頗稱工手,願得題品。"蘭公曰:"畫格甚好。所畫之花皆東國所有乎?"余曰:"然。"平

① 四者,此二字據《乾净筆譚》補。
② 様,此字據《乾净筆譚》補。
③ "又曰……愧悚不敢當",此部分據《乾净筆譚》補。

仲曰:"二兄居住更詳示。"力闇曰:"賤居杭州城内東城大平門裹萊市橋。潘居杭城大街三元坊北首,地名水巷口。"平仲曰:"古云男兒何處不相逢,此後或有更逢之時乎?"力闇曰:"中國有做買賣至貴國者,不識可以通一信乎? 如欲寄信,則寄至何處?"余曰:"年年進貢,或憑此便,其外無他路。二兄若在京裹,則年年通信甚易,但於杭則恐難當,彼此更商之。此中拘於衙門,二兄不可再來,弟等乘暇更進,祇於行前逐日通信可矣。"僕人來促歸,余笑曰:"此如昨日我輩光景。"兩人皆笑而叱退之。其實日已晚矣,慮衙門之見訝,余先請其早回。至於門内,余曰:"恐煩衙門,不敢遠送。"作揖而别,皆依依不忍捨。

(二月)初八日,與平仲早往。至洞口,捨車而入。兩人握手致款①。平仲曰:"今來作竟日歡。"②力闇曰:"已戒門者,勿使客煩。"③後聞德裕言來者相續,自外使去④。力闇曰:"客居荒陋,事不周遍,不如貴館之備邀隆禮。"⑤平仲曰:"凡事任真,何發不出範圍之言?"⑥余曰:"頃日禮數太簡,見訝多矣。"⑦曰:"不然,各從其俗。"⑧

---

① "與平仲早往……握手致款",此部分《乾净筆譚》作"與平仲早食而出。至天升店,兩君一握,歡笑令人感動。各就坐,略以言語相勞苦"。

② "今來作竟日歡",此句《乾净筆譚》作"今日之來擬作竟日之話,能不駭人聽聞乎?"

③ "已戒門者,勿使客煩",此句《乾净筆譚》作"無妨,昨已戒門者,無論何人皆不必通,竟覆其不在寓"。

④ "後聞德裕言來者相續,自外使去",此句《乾净筆譚》作"蓋是日來者頗多,皆自外諱送去,後僕者來言某某來者相續矣"。

⑤ "客居荒陋……不如貴館之備邀隆禮",此句《乾净筆譚》作"客居荒陋,諸事不周,非如日前到貴館之備邀隆禮也。雖蒙見諒,然實抱歉"。

⑥ "何發不出範圍之言",此句《乾净筆譚》作"何發此不出範圍之語"。

⑦ "頃日禮數太簡,見訝多矣",此句《乾净筆譚》作"我東雖忝稱禮義之邦,待客之禮極傲慢不恭。頃日枉顧禮數太簡,想亦見訝多矣"。

⑧ "曰:'不然,各從其俗。'"此句《乾净筆譚》作"皆曰:'不然,各從其俗,可也。'"

蘭公曰:"自得先生教言①,不敢復作離别可憐之色。昨日奉呈拙作,音韻未諧,乞賜清誨。"平仲曰:"嚴兄詩沉鬱慷慨,潘兄詩秀邁清麗。此外不敢贅言。"②力闇謂平仲③曰:"'平生感慨頭今白,异域逢迎眼忽青。'真正妙極。且'出門摻手已寒星'句尤絶唱。使王漁洋在座,未知如何擊節。"④平仲曰:"兩兄詩不能極意贊揚,恐涉面慢之嫌。今蒙過獎,非但不敢當,恐非知己相勉之道。"⑤力闇曰:"弟本抗爽人,豈肯作世態?⑥ 實是真情,且'從今衹是相思日,伊後那堪獨去時',金大人此二語不但詩意絶妙,而一段深情令人感激。"⑦蘭公曰:"金兄豪放軼群,感慨之色見於眉睫間,令人終身想望。"平仲曰:"無乃誤認魚目?"⑧

蘭公曰:"《漢隸字源》貴處有之?"⑨余曰:"或有之,弟則未見。⑩"力闇曰:"如有則爲遼東豕。"余曰:"以情與之,以情受之,其有

① "自得先生教言",此句《乾净筆譚》作"一二日不晤二兄,中心悵悵,得洪先生教言"。

② "此外不敢贅言",此句據《乾净筆譚》補。

③ 謂平仲,此三字據《乾净筆譚》補。

④ "平生感慨……未知如何擊節",此部分《乾净筆譚》作"尊作'平生感慨頭今白,异域逢迎眼忽青'。真正妙極。而'出門摻手已寒星'之句尤爲千古絶唱,非過褒也。設使如王漁洋先生者若在,不知如何擊節矣"。

⑤ "今蒙過獎……相勉之道",此句《乾净筆譚》作"過褒過獎,非知己相勉之道"。

⑥ "弟本抗爽人,豈肯作世態?"此句《乾净筆譚》作"如弟抗爽之人,况已成相好之至,豈肯作世情語?"

⑦ "實是真情……令人感激",此部分據《乾净筆譚》補。

⑧ "平仲曰:'無乃誤認魚目?'"此句《乾净筆譚》作"平仲曰:'頃蒙厚貺,竊想兩兄客中辦,此心甚不安。'力闇曰:'相好豈講報施,亦不過聊表寸心而已,客橐蕭索,愧不成禮,何云厚貺?'"(此部分據文意整理)

⑨ "《漢隸字源》貴處有之?"此句《乾净筆譚》作"《漢隸字源》一書,貴處有之乎?"

⑩ "弟則未見",此句據《乾净筆譚》補。

無緊歇不須論①。且弟書法本拙，實同僧梳。而家嚴常喜隸書，歸當奉獻。”兩人問“僧梳”二字。余以漢語答曰：“和尚頭髮没有，篦子那裏使得？”皆大笑，指其頭曰：“我們亦光光的。”

力闇曰：“此間講隸之書亦有數種，此書無板，不易得也。頃賜《感舊集》，楊州有之，不多印。携至貴處翻刻廣傳，則詩人之幸。其中詩話有可觀，亦可知中國詩人之源流。”②蘭公曰：“東方婦人有能詩乎？”余曰：“我國婦人惟以諺文通訊，未嘗使之讀書。況詩非婦人之所宜，雖或有之，内而不出。”③蘭公曰：“中國亦少，而或有之，仰之若慶星景雲。”④力闇曰：“他之夫人能詩，故其言如此，婦人能詩豈是好事？⑤”蘭公視力闇，頗有侵嘖。力闇不應，向余誦“無非無儀，惟酒食是議。無父母貽罹⑥”。蘭公曰：“然則《關雎》《葛覃》，非聖女之詩乎？”余曰：“有聖女之德則可，無聖女之德則或歸於蕩，此則力闇之論甚正。君子好逑，蘭兄之⑦琴瑟和鳴，樂則樂矣，比之慶星景雲則過矣。”蘭公曰：“貴國景樊堂，許葑之妹，以能詩入於中國詩選。”⑧

---

① “以情與之……不須論”，此句《乾净筆譚》作“兄以情與之，弟以情受之而已，其有無緊歇不須論也”。

② “此間……中國詩人之源流”，此部分《乾净筆譚》作“此間講隸之書亦有數種，此書已無板，故不易得耳。頃贈《感舊集》，此惟楊州有之，而不多印。携至貴處或翻刻以廣傳，則許多地下詩人之幸矣。其中詩語瑣碎之處頗有可觀，亦可以見本朝中國詩人之源流”。

③ “我國婦人……内而不出”，此部分《乾净筆譚》作“我國婦人惟以諺文通問訊，其父母未嘗使之讀書識字，况能詩尤非婦人所宜，是以或有能之者，聞之者不以爲奇，故亦不敢聞世”。

④ “中國亦少……仰之若慶星景雲”，此部分《乾净筆譚》作“中國亦絶少能詩者，而或有之，則仰之若慶星景雲”。

⑤ “故其言如此，婦人能詩豈是好事”，此句據《乾净筆譚》補。

⑥ “無父母貽罹”，此句據《乾净筆譚》補。

⑦ 蘭兄之，此三字據《乾净筆譚》補。

⑧ “以能詩入於中國詩選”，此句《乾净筆譚》作“以能詩名入於中國選詩中，豈非幸歟？”

余曰:"女紅之餘,傍通書史,服習《女誡》,行修閨範,是乃婦女事。若修飾文藻,以詩得名,終非正道。"①

平仲求見一詩,則因不出,祇示《次湘夫人韻》②。平仲問:"湘夫人誰也?"③蘭公曰:"賤内。"

蘭公④曰:"渼湖先生有贈行詩文耶?"余曰:"先生以祖農岩詩贈之⑤。詩曰:'未見秦皇萬里城,男兒意氣負崢嶸。渼湖一曲漁舟小,獨束蓑衣負此生⑥。'"兩人再三諷咏稱善⑦。余曰:"行中適有先生《論性書》,當呈覽。"皆曰:"甚好。"平仲以紙請書畫⑧。力闇曰:"獸蹄鳥迹交東國。"⑨余曰:"前有李牧隱先生入中國,與人唱酬。有人戲曰:'獸蹄鳥迹之道交於中國。'李即對曰:'鷄鳴犬吠之聲達於四境。'其人嘆服。今日言與此相反。"⑩兩人皆笑。

余曰:"古稱布衣之士,今兄皆着綢衣,未知古俗如是,抑今尚侈

① "女紅之餘……終非正道",此部分《乾净筆譚》作"女紅之餘,傍通書史,服習前訓,行修閨閣,實是婦人之高處。若修飾文藻以詩律著名,恐終非正法"。

② "平仲……祇示《次湘夫人韵》",此部分《乾净筆譚》作"平仲求見蘭公詩,蘭公出一詩示之。題云《次湘夫人韵》,其詩忌未記,而蓋以未見其妹之婚爲恨一句,云嫂氏催妝詩"。

③ "平仲問:'湘夫人誰也?'"此句《乾净筆譚》作"余故問:'湘夫人誰也?'"

④ 蘭公,此二字據《乾净筆譚》補。

⑤ "先生以祖農岩詩贈之",此句《乾净筆譚》作"來時先生舉其祖農岩先生詩而贈之"。

⑥ "獨束蓑衣負此生",此句《乾净筆譚》作"獨速蓑衣笑此生"。

⑦ "兩人再三諷咏稱善",此句《乾净筆譚》作"兩人再三諷誦而稱善"。

⑧ "平仲以紙請書畫",此句《乾净筆譚》作"平仲以四張紙請兩君書畫,皆許之"。

⑨ "力闇曰:'獸蹄鳥迹交東國。'"此句《乾净筆譚》作"力闇笑曰:'獸蹄鳥迹之途交於東國。'"

⑩ "前有李牧隱……與此相反",此部分《乾净筆譚》作"我國有李牧隱先生,明初入中國,有人戲之曰:'獸蹄鳥迹之途交於中國。'牧隱即對云:'鷄鳴狗吠之聲達於四境。'其人大驚服。今日之言,與此正相反也"。

而然?"①力闇打圈"尚侈"字,曰:"此非古俗,吾輩從今俗。"②余曰:"西林先生亦何着?"③曰:"先生衣布衣,帽極古。偶一入都,人皆笑之。"④兩君問:"貴國不着錦衣耶?"⑤余指所着,曰:"冬天遠行,雖此衣綢,在家則不過土産綿布。而綢緞則婦人上服及官者命服而已。"⑥余曰:"嚴兄未老,齒疏何也?"答曰:"兒時愛吃甜物致之,而金兄齒落亦早。"平仲曰:"髮雖白而齒不摇。今行不能戒下堂,非謝鯤逾墻、范叔彼笞而致傷。"蘭公曰:"還不損君嘯歌。"平仲曰:"後能爲秦相乎?"蘭公曰:"一寒如此。"平仲曰:"徒步之邸偶相似。"力闇曰:"僕幸非須賈。"蘭公曰:"兄既飯早矣,可吃一碗飯。"余曰:"腹雖尚果,然與兄共卓,亦是勝事。"兩人點頭而喜。遂陳四碗飯,幾品饌。平仲加之三二杯酒。四人聚首同桌,將進之際,前日來館之人見吾輩飯以匙之狀,兩人前則各置一勺爲代飯匙。余笑語曰:"入鄉循俗。"僕人解聽,即以箸换勺。兩生亦知之而笑。時僕人進飯,各以一碗勸之,遂共卓而吃⑦。余曰:"中國之俗,父子老幼不拘同桌耶?"蘭公曰:"不拘。衹男女不同桌耳。"飯畢,蘭公親自裝烟而勸之。自初勸茶勸烟,皆親之,累辭而不盡聽。平仲曰:"旅遊到京洛幾過一月,有文人才士之相從者耶?"力闇曰:"無之。"平仲曰:"京城乃士林

---

① "古稱布衣之士……抑今尚侈而然",此部分《乾净筆譚》作"古稱士以布衣,今兄輩皆着錦衣,未知中國古俗自來如此耶,抑邇來尚侈而然耶"?

② "力闇打圈……吾輩從今俗",此句《乾净筆譚》作"力闇曰:'此非古俗,吾輩亦未免從俗世道,相見之人大率如此'"。

③ "西林先生亦何着",此句《乾净筆譚》作"西林先生衣帽亦如此耶?"

④ "曰……人皆笑之",此部分《乾净筆譚》作"力闇曰:'不同。西林先生衣布衣帽極古舊。偶一入城,則人皆笑之矣。凉帽之纓皆馬尾,其類甚多,即如京師之所尚者,號爲皮碗兒,此則雖我輩亦未嘗戴也'"。

⑤ "兩君問:'貴國不着錦衣耶?'"此句據《乾净筆譚》補。

⑥ "余指所着……而已",此部分《乾净筆譚》作"余指所着綢衣曰:'係冬天遠行,故亦着此,在家則不過着土産綿布而已。中國綢緞婦人上服與官者命服,外皆不敢着。雖是尚儉,亦係貧耳'"。

⑦ "時僕人進飯……遂共卓而吃",此句據《乾净筆譚》補。

之所聚,豈曰無之,或未及相聞,抑二兄不肯接應而然耶?”力闇曰:“此處交遊亦不乏矣,然大率冠蓋之士,以文貌相與而已。至於可與論心之士,豈易得耶?”

平仲曰:“枕上偶次前篇,兹塵覽焉。”有詩曰:“金門待詔駐雙旌,江表高才通九經。一破襟期春晝永,不堪離思暮岑青。榮名已闡承文彩,瑞氣方看映客星。明欲訪君頻視夜,曉天簾外尚冥冥。”力闇看畢,打圈於頷聯及落句曰:“情深語,不堪多讀。”又曰:“即將此詩,望一揮以作篋中珍秘。”蘭公曰:“妙句,乞爲我一書,以垂永遠。”各以紙與之。平仲書畢,曰:“不辭而書,聊見愚直之性耳。”

蘭公曰:“洪兄術業無所不通。博聞强記,不作詩何也①?”余曰:“素拙吟咏,且無癖好。思之常患艱澀。偶然成句,都是陳陋,是以自晝矣。”蘭公曰:“不爲也,非不能也。”

余問西林先生德行之詳。力闇曰:“西林先生居杭城艮山門外四里許。所著有《吹豳録》八十卷,手鈔七遍而後定本,皆講樂律之書。又著《説文理董》四十卷,尚未定稿。弟亦曾爲校對,時參末議。先生虚懷之極,無論是否,皆許條記於書中,以備决擇,故弟亦時時有駁雜之語,而先生不以爲忤。其詩宗漢魏盛唐,特法律過於嚴謹耳。故如近人詩,在先生觀之,合作而無一可議者絶少。其事母至孝。先生年六十時,母已九十矣。然暮歸則必就母所。母已喪明,則以手摩其頂。先生喪偶極早,獨居三十年。夜侍母睡,如爬搔及敲背之類,皆親爲之,不以委婢妾等。前三年母亡,先生哀毁骨立,孺慕如嬰兒。特有一病,好佞佛,故於内典之書,無不精貫。”

余曰:“其盛德至行令人感發,但其佞佛,極是可惜。豈有如尹和靖誦《金剛經》故事乎?”力闇曰:“殆有甚焉。如《楞嚴經》,先生極好之,并好談因果報應。”

① 也,此字據《乾浄筆譚》補。

余曰:“《楞嚴經》論心儘有好處。若至因果報應,則已卑卑矣[1],爲西林惜之。”

力闇曰:“此經即弟亦喜觀之,以之治心最好。其論心之處,原與吾道無大分别。而竟至大分别者,墮於空耳。”

余曰:“吾儒論心自有樂地,何必求之外道乎?”

力闇曰:“在釋氏則《楞嚴》,在道家則《黄庭》,而吾儒則‘懲忿窒慾,矯輕警惰’八字。弟之粗得乎儒家者,如此而已,至於正心誠意尚大難。”

蘭公自外入來,見力闇喜觀《楞嚴》之語,曰:“此經弟沐手誦之,并好手寫佛經。”余戲之曰:“兩兄來世必登天堂。”皆大笑。蘭公書於傍曰:“雅謔。”

力闇又曰:“弟之看《楞嚴》,乃是病危垂死之時,頗於身心大有裨益,亦一貼清涼散也。彼時覺得地水火風四大假合,何事不可放下?而竟以此愈疾,此後亦弗復爾矣。然吾輩易爲外物所擾之人,正有如經中阿難之多聞一樣,讀之亦覺切中弊病,故偶觀之耳。今弟乃覺得不如儒書遠甚。且此種道理,儒書至爲切實平易,又何必遠取异端耶?”

余曰:“晚逃佛老,何傷於終歸醇如也?幸勿往而不返。”力闇曰:“如濂溪先生亦從佛氏入手,後乃歸於正耳。”余曰:“所謂今之惑人也,因其高明。”力闇曰:“宋儒闢佛,而其著書則往往攙入佛經語。如云‘真積力久’,如云‘活潑潑地’,如云‘語録’等語,皆非吾儒所有耶?”余曰:“取其文字何妨。且如瑞岩僧,主人翁、惺惺并其義而取之,此是儒者活法。”余又曰:“‘宋儒雖闢佛’云云,似有譏嘲之意。”力闇掉頭曰:“不過云吾儒亦時有取乎佛氏云爾。”又曰:“操則存,捨則亡。出入無時,莫知其鄉。此即惺惺寂寂之説也,何必外求耶?”又曰:“昌黎亦第闢得福田利益之僧耳,其實亦未深究佛氏之旨趣

① “則已卑卑矣”,此句據《乾净筆譚》補。

也。”又曰:“弟不敢作謊話,其實亦不能不有取於佛經也。但佞佛而談因果,則俗僧之所爲,而不圖西林先生亦出於此。”

余曰:“取其長以補吾治心之功,亦何傷乎?但恐如淫聲美色之駸駸然入其中矣。”

力闇曰:“溺而不返之弊,吾輩自問不至於此。即如前日所説平日好看《近思録》,如溺於外道,又何必好《近思録》耶?世間儘有聰明之人以《近思録》爲引睡之書,哀哉!”

余曰:“弟非敢爲佞也。看兄之才學甚高,深爲吾道望焉。好看《近思録》,已見所安之不在彼也。雖然,若有少差失,必令儒門得一强敵,豈非可畏乎?幸爲道自勉。”

力闇曰:“弟極好談理學,恨無同志耳。今日可謂有朋自遠來,竊幸吾道之不孤。最恨言語不通,不然暢談雖累月不休也。”

余曰:“儒門最言慎獨,願聞‘獨’字之義。”

力闇曰:“微哉!”遂笑而不言,蓋力闇意余言出於嘗試。微笑良久,乃曰:“朱子云‘人所不知而己獨知之’,看來尚有己也不知之處。”余曰:“己也不知是何境界?”力闇曰:“慎獨之前欠一段工夫,則己心之初發,是非邪正,焉能知之?未發時最難潜養,此處一差,即墮入佛氏之頑空矣。”余曰:“此論見得甚高。此是着手不得。然不着手力,不可。”力闇頷之。

又曰:“吾輩祇外面粗是耳,精微處豈但欠缺,直是不曾講究。此事與年與進。即如弟等之好作詩作畫,豈聖賢所許耶?程子以好書爲玩物喪志。”余曰:“程子又云‘非要字好,即此是學’,則餘事遊藝,庸何傷乎?但不可一向好着①。”力闇曰:“工幾深造後可説餘事②,豈有先講餘事之理?如吾恐好餘事之心,不敵好學之心,大可懼也。”

① “但不可一向好着”,此句《乾净筆譚》作“但一向好着,亦自喪志”。

② “工幾深造後可説餘事”,此句《乾净筆譚》作“天下事總執滯不得,但必做工夫,纔可説餘事”。

余曰："兄之[1]反躬自省若是真切，無得於學者烏能如是？弟雖不才，言下頗有領悟。幸多賜嘉訓。"

力闇曰："求放心原要刻刻提撕。"余曰："吾輩不長進，全坐於忘。"力闇曰："如徐節孝初見李延平，李責之以頭容不直。又人竊窺劉元城與人對語，手足所放處未嘗移易。又朱子説坐法有生腰坐、熟腰坐。此等講學，實所難遵，祇是大段好耳。"余曰："制其外以安其内。兄之言乃朱子勸葉賀孫先看九容之義，敢不銘佩。但言之非難，踐之實難。言而不踐，反不如不知言者之爲愚直也。此最可懼。"

力闇曰："程子云'敬勝百邪'，此四字最有味。"又曰："陸放翁有詩云：'醉猶温克方成德，夢亦齊莊始見功。'弟嘗服膺此言。"余曰："程子亦云'夢中可驗所學之淺深'，此皆真切體驗之言。"又曰："'敬'字已成儒者真[2]談。所謂人莫不飲食也，鮮能知味也。"力闇曰："如吾輩若開口向人説出'主敬'二字，則人皆厭聞之。其實此'敬'字終身受用不盡，未聞道者自忽略不體會耳。"余曰："俗者不足説。自謂好學者祇是談經説性，務發前人所未發，不覺其心界日荒，於倫理有多少不盡分處，極可痛悶。"力闇曰："即如'齊家'二字亦大難。以陽明之大儒，而不能化其悍妻。"

余曰："讀《易》主何注？"力闇曰："科場遵程子。"又曰："經書雖無不遵朱子，而獨有《詩經》一書，則考官命題發策，多有微辭。"又曰："朱子好背《小序》，今觀《小序》甚是可遵，故學者不能無疑於朱子。本朝如朱竹垞著《經義考》二百卷，亦闢朱子之非是。而自來之論亦謂朱子好改《小序》，殆出於門人之手。如《木瓜》美齊桓，《子衿》刺學校廢，其他《野有蔓草》及刺鄭忽、刺幽王諸詩，皆按之經傳，確鑿可據，而朱子必盡反之。"余曰："朱子《小序辨説》想已見過矣。"

---

① 兄之，此二字據《乾净筆譚》補。

② 真，《乾净筆譚》作"陳"。

時僕人以餅果數器陳於桌上。蘭公方在炕下椅上,據大桌而畫於平仲紙。投筆而來,見問答語至詩畫餘事云云,曰:“并不可謂之餘事。”看《小序》云云,曰:“不知許事,且食餅果。”因呵呵而笑。

吃畢,余曰:“明屠羲英有所著《童子禮》,中有拜揖之節。”蘭公曰:“未見也。宋楊復有《禮節圖》,乃周時禮,今無行之者。”

余問力闇曰:“貴印章皆親手所刻乎?”力闇曰:“亦有他人所刻。本意欲鎸印相送。因未帶刀,且初學刻,亦不成模樣。”余曰:“工拙何足説,若得刻去,甚幸。但不敢多撓。”力闇曰:“即不用鎸印刀,或用别刀亦可,但不能佳耳。容覓一二石,製就呈上何如?”余曰:“如可爲之,不必三方,一亦足矣。頃惠一方,當奉呈耳。”力闇曰:“須二方石,一名一字。”時蘭公對桌打話,力闇在大桌替蘭公而畫。

蘭公曰:“東國郡縣有幾? 山川如何? 壽村有佳山水乎?”余曰:“郡縣山川,當略記以上。壽村則衹有田園之樂而已,絶無佳山水可以暢叙幽情處。”蘭公曰:“海上諸國常有人往來否?”余曰:“衹有日本來往買賣,其餘則無。”蘭公曰:“金大人見惠倭菱花紙,出日本耶?抑本國耶?”余曰:“出日本。”余曰:“杭州通日本,商舶曾見日本紙乎?”蘭公曰:“間有之。此國之紙不可書畫,故杭州絶少耳。若東國之紙,則吾鄉紙鋪中有賣者,特價不甚廉耳。”又曰:“東國之紙以何物爲之? 余曰:“皆是楮皮,品甚粗,特堅韌遠勝華紙矣。”蘭公曰:“頃賜牛皮煎,以不吃牛肉,故不吃矣。”余曰:“不吃牛肉,其義安在?”蘭公曰:“法禁甚嚴,民間不敢宰殺,故不得吃耳,非有他義也。”余曰:“頃年見福建人漂到東國者,亦不吃牛肉。余問其故,答云‘我地有神曰齊天大聖,其神不吃牛肉,故我們不敢吃’云。此言何謂也?”蘭公笑曰:“果有此説。設此以禁愚民,非真有此神也。”余曰:“我國大儒李栗谷珥平生不吃牛肉,曰:‘既食其力,又食其肉,可乎?’此義如何?”蘭公曰:“此義甚好。”蘭公又曰:“東國宫室亭榭之製如何?”余曰:“倉卒不可盡言,亦當追記以上。”蘭公曰:“不必自書,有僕夫能捉筆者,命之書可也。”蘭公又曰:“東方衣服尚白,何也?"余曰:"我國以東方故,本尚青。百餘年前國喪連仍,十餘年穿白,因習以爲常。近頗禁之,而終不變。"蘭公曰:"朝鮮箕子之後也。殷人尚白,無乃以此耶?"余笑曰:"此可備一説。"蘭公亦笑。余曰:"頃來花箋亦有用處耶?"蘭公曰:"紙甚妙,書畫無所不可。"

余曰:"兄神形比前頓減,未知間經感患耶?"蘭公曰:"非也。因見二兄後,忽忽有離别之感,竟夕不能寐故耳。"平仲曰:"見此,令人不覺愴心也。"余曰:"果爾,則弟輩爲令堂之罪人也。"蘭公急塗吾二人之語,曰:"不然。弟自見兄婦仁冢交之言,忽然有省,不復作兒女態,兄無慮也。"少間,蘭公曰:"金兄尊行第幾?"余曰:"東國不用此法。"蘭公曰:"伯耶,仲、叔耶?"余曰:"金兄無兄弟。"余問蘭公曰:"令郎年紀幾何?"蘭公曰:"豚兒七歲,次者四歲矣。"余曰:"皆命名耶?"蘭公曰:"長曰時敏,次曰學敏。"余曰:"江外亦有痘患乎?"蘭公曰:"有之。東海痘症得全者多耶?"余曰:"得全者大約十之三四。"

蘭公曰:"金兄有凄苦之色,弟甚不安。"平仲曰:"心不凄而面凄,無乃五十窮儒無所成之致耶?"蘭公曰:"善謔。"又謂平仲曰:"足下貴介,得官易易耳,不仕何耶?"平仲曰:"我國以科取人。白身取官亦自不易。或得之,衹有斗禄末縣而已,雖仕何用?"

平仲紙四本畫完,各有題詩。平仲曰:"奉歸東國,宣揚於儕類,藏之篋笥,傳之不朽。兩兄非但爲中州之名士,抑永作海東之聞人矣。"力闇曰:"弟等雖無足重輕,然愛慕二兄之極。有此良會,即二兄亦不朽於弊鄉矣。方將以洪兄之尺牘、金兄之詩箋裝褫珍藏,傳示子孫。或他日妄有著述,此段佳話亦必言之津津,使後人之想望二兄,亦如吾輩之仰慕清陰先生也。"蘭公曰:"即三位大人手迹亦必傳之不朽也。"力闇曰:"固然。"

余曰:"别後通信,或有商量否?"蘭公曰:"煤市街徐朗亭,即弟之表兄也,寄此便是。"余曰:"朗亭是京裏人耶?"蘭公曰:"他亦杭州舉人,留京開鋪。七年後他亦作官去矣。"余曰:"朗亭,吾輩行前得一會面如何?”蘭公即呼僕人,使之請來。余曰:“日已晚矣,請俟後日。”遂止之。

平仲曰:“吾輩歸期不遠,今日當告别。”①力闇曰:“二兄臨别,能來此一宿否?”平仲曰:“非無此意,耳目既煩,從便無策,奈何?”力闇曰:“令叔及令兄自或無妨,恐館中見訝耶?”蘭公曰:“到此處來,閽者知之耶?”余曰:“到此處,彼何以知之? 衹言以前門外遊玩。”蘭公曰:“大人不以爲怪否?”余曰:“此來大人亦勸之。”蘭公喜曰:“大人真風雅中人也。”平仲曰:“昔有爲友解印間行者,二兄亦不惜一舍之勞,庶有更集之路而不敢請耳。”余曰:“此後未必再來。弟等思得一策:要於起身之日,邀兩兄於東數十里外店舍,爲一夜聚叙而别,尊意如何?”兩生相顧酬酢。少間,蘭公曰:“此事甚難。”余曰:“何故?”力闇曰:“即所覓居停得無見訝。”蘭公曰:“弟等初到京,路尚未知,數十里外,恐無可以相聚之處。非不甚願,慮無上策。”余曰:“覓停不甚費力,衹在城外十餘里道傍店舍;兩兄可一夜擺脱乎?”力闇曰:“貴處同行人衆,其中雜以吾二人,豈不費事?”余曰:“一行皆宿通州,故弟等欲落後相待。”力闇曰:“此可商量,但覓地及通信如何知會,方得妥貼?”余曰:“此則弟當商量。如終未妥貼則已之。衹兩兄有何難便,未可擺脱者乎? 如有一毫難處,何必强請耶? 弟等當掃萬,更來叙别耳。”力闇曰:“容細細商量。弟等之所慮者,亦如二兄所云恐煩人眼。衹我等出城,形迹亦不易耳。必須坐車或騎馬,須携帶鋪蓋作出行之狀,又必須僕從。若匆匆招店,則又有店主。此等難得泯然無迹。”余曰:“非不知其難,衹爲卜夜可以穩訴鄙衷,故不獲已爲此計。彼此更商,如無十分好策,已之可也。”蘭公曰:“容細細商之。”余曰:“弟等無他可慮,衹恐累及吾兄之慮。須勿拘於顔情,不忍拒絶,如婦之仁。如有一毫不便,終須一别。快斷不吝,乃勇者事。”力闇愀然曰:“‘丈夫雖有淚,不灑别離時。’爲此詩者,想未

① “平仲曰:‘吾輩歸期不遠,今日當告别。’”此句據《乾净筆譚》補。

經離别之苦耳。”蘭公曰:“‘暫遊萬里,小别千年。’如之何勿悲?”兩生皆淒然不自[1]勝,余慰之曰:“容當更面,姑不必作别語。”又曰:“弟等來往於貴寓,實無所妨否?”蘭公曰:“主人甚賢,實在無妨。”余曰:“若有不便,不以實告,是疏我也。”蘭公曰:“草榻可作竟夕之談?”[2]余曰:“非無此意,但留館時决不敢夜出。出城之後,浩然惟意。但一行皆宿通州,而弟等獨來此中,其形迹極非便。弟輩固不足言,於兄輩人將謂何?所以欲會於路傍也。兄輩衹作尋常出行,弟等偶然落後,初不爲期會之迹,或不見怪於人矣。”蘭公打圈於“初不期會”云云,曰:“尚有數日,容商定報命。”蘭公又曰:“今日不歸,人不知之。”余嘆曰:“非不欲信宿,其如衙門何?”蘭公曰:“他要稽查耶?”余曰:“不惟此也。”蘭公曰:“懼邏者耶?”余曰:“皆非也。弟輩行迹與尋常下輩有异,其出其入,衙門皆屬目。一或見覺,則累及一行,且於兄輩當如何耶?”蘭公又曰:“此間二兄不可以宿,想三位大人不許耶?抑出入必有人稽查耶?”余曰:“皆非也。人見之必有言,爲兄慮之。”力闇曰:“此不必慮。即如今日二兄來此,或至晚不歸,至明日不拘時候,悄然而去,人亦孰知二兄之宿此與否?此間亦然。或朋友宿於家,則亦不妨共床。雖然,今日如不可,則發行之日來此一宿何如?”余曰:“外國蹤迹,觸處碍眼,發行之前决不敢出入。一行起身,則衙門皆見之。獨自逶迤來此,孰不疑之乎?彼此酬酢,都是閑商量也。”蘭公曰:“卜夜不可,卜晝如何?”余曰:“十二三日當圖更進於兄。若無鄰里之訝,則弟輩終日遣閑於館中,豈難一會期哉?”蘭公曰:“此地稍僻,鄰里無人知之,吾兄必須過我,即一日亦勝百年也。”力闇曰:“間或一二知之者,亦徒有羡慕我二人之奇緣僥幸而已,有何怪詫耶?此則過慮。”遂起身請退[3]。蘭公又曰:“請駕再過

① 自,此字據《乾净筆譚》補。

② “蘭公曰:‘草榻可作竟夕之談?’”此句《乾净筆譚》作“蘭公曰:‘如此弟便不呈交矣。’又曰:‘草榻可作竟夕之談否?’”

③ “遂起身請退”,此句據《乾净筆譚》補。

我作竟日談。”余曰:“敢不如教?”此時德裕累來促行。主客皆起立,競執筆遑遑疾書,彼此不忍捨去。蘭公又曰:“弟有一册,欲求二兄及三位大人隨意一書,未識可否?”余曰:“不難。”蘭公又曰:“二兄雖不欲爲弟作書,弟亦必强求之,但大人有貴冗,恐不便也。”余曰:“吾自當之,毋多談。”以其册納之懷中,將出,力闇又持三把東扇求三使筆,余亦許之,并藏之而出①。至中門相揖而別。出洞至大路,雇車至館,日已落矣②。

(二月)十二日,使行皆往西山,平仲亦隨去。余早飯隨至正陽門外,直往乾净洞,則兩僮已候門矣③。入就坐,力闇曰:“昨日西山之遊樂乎?”余曰:“佳則佳矣,皆是人巧,終欠天機。且兄不聞漢文帝不作露臺之説乎?”力闇憮然曰:“此則比露臺不知其幾千萬倍也。皇上非不節儉,在下者不善奉行至於此。”余曰:“中國廟堂甚盛,費盡無限財力。喇嘛僧坐食厚禄者不知其幾千數矣。沿路見貧民之不堪飢寒者不勝其多,而沿路行宫之殿閣極其奢麗。且戲臺何用,而多有侈美?不勝傷嘆。而或不無好處,前朝制度尚存也。”④蘭公戲曰:“戲臺亦有好處,以其有漢官威儀也。”擲筆大笑⑤。

力闇即於紙上畫紗帽團領古制⑥一像,又畫紅帽蹄袖⑦一像。余指而問蘭公,曰:“何者爲好?”⑧蘭公指紅帽曰:“這個不是輕

---

① “蘭公又曰……并藏之而出”,此部分據《乾净筆譚》補。

② “出洞至大路……日已落矣”,此句《乾净筆譚》作“歸館始聞兩君各以二扇賞僕人”。

③ “余早飯……兩僮已候門矣”,此句《乾净筆譚》作“余早飯隨出,至正陽門内,雇車疾馳而往,至則兩僮已候門矣”。

④ “而沿路行宫之殿閣……前朝制度尚存也。”此部分《乾净筆譚》作“余且嘗見皇上南游圖,處處宫殿樓、觀戲臺,皆極其侈麗。且道戲臺有何好處?”

⑤ “蘭公戲曰……擲筆大笑”,此部分據《乾净筆譚》補。

⑥ 古制,此二字據《乾净筆譚》補。

⑦ 蹄袖,《乾净筆譚》作“胡服”。

⑧ “余指而問蘭公,曰:‘何者爲好?’”此句據《乾净筆譚》補。

便?"①余因題於紗帽像曰:"鐵橋先生真像。"力闇笑曰:"不敢。"②又題於紅帽像曰:"潘學士真像。"皆大笑③。

余曰:"行將别矣,請彼此④極言無諱可乎?"皆曰:"善。"余曰:"中國非四方之表準乎? 兩兄非我輩之知己乎?⑤ 對兄威儀,每起嘆惜者。在元儒宗,惟許魯齋一人不能隨世顯晦。既不從崖山之舟,又無浙東之行,而大書元祭酒許衡致仕,則夫子欲居九夷之訓,認真有心耶?"兩人相顧無語⑥。余并塗抹之,更雜以汗漫語。蘭公笑曰:"剃頭則甚有妙處,無梳髻之煩、爬癢之苦。科頭者想不識此味,故爲此語也。"⑦余曰:"不敢毁傷之語,以今觀之,曾子乃不解事人也。"兩生皆大笑。蘭公曰:"真個不解事。"又笑不止。力闇曰:"浙江有可笑語:剃頭店有牌號,書曰'盛世樂事'。"余曰:"江南人乃有此口氣,北方恐不敢爲此。"余曰:"網巾雖是前明之制,實在不好。"力闇曰:"何故?"余曰:"以馬尾戴頭上⑧,豈非冠屨倒置乎?"力闇曰:"然則何不去之?"余曰:"安於故常,且不忍忘明制耳。"余又曰:"婦人小鞋始於何代?"蘭公曰:"無明證。但傳云始自南唐李宵娘。"余曰:"此亦甚不好。余嘗云網頭纏足乃中國厄運之先見者。"力闇頷之。蘭公曰:"余嘗取優人網巾戲着之,甚不便。"余戲之曰:"越人無用章甫。"兩生皆大笑,亦有愧色。蘭公曰:"江外有一友嘗戲着優人帽

① "這個不是輕便",此句《乾净筆譚》作"這個好"。

② "力闇笑曰:'不敢。'"此句據《乾净筆譚》補。

③ "皆大笑",《乾净筆譚》作"彼此皆拍掌大笑"。

④ 請彼此,此三字據《乾净筆譚》補。

⑤ "中國非四方之表準乎? 兩兄非我輩之知己乎?"此部分《乾净筆譚》作"中國非四方之宗國乎? 君輩非我輩之宗人乎? 見君輩之鞭絲,安得不使我腐心而煩冤乎?"

⑥ "兩人相顧無語",此句《乾净筆譚》作"兩生相顧錯愕無語"。

⑦ "蘭公笑曰……故爲此語也",此句《乾净筆譚》作"蘭公又戲云:'剃頭甚有妙處。無梳髻之煩,爬癢之苦。科頭者想不識此味,故爲此語也。'"

⑧ "以馬尾戴頭上",此句《乾净筆譚》作"頭戴馬尾"。

帶,爲拜跪狀,一坐爲之鬨堂。”余又戲云:“黑旋風喬坐衙。”兩生皆絶倒。余又曰:“其人之情慽矣,想來令人傷心。”①又曰:“十年前關東一知縣遇東使,引入内堂,借着帽帶,與其妻相對即泣,東國至今傳而悲之。”力闇垂首默然。蘭公嘆曰:“好個知縣。”又曰:“苟有此心,何不棄官去?”又曰:“此亦甚不易。吾輩所不能,何敢責人?”皆愀然良久。

力闇曰:“貴國貞淫如何?”余曰:“士族無改嫁之法,嚴内外之分,貞淫無可論矣。惟官妓最多,府衙專以此待客。然爲士者犯之,尚論之士皆非之。”力闇曰:“前朝此風最盛,康熙朝盡去之。弘光南渡後亦設院,今則入荒烟蔓草。”余曰:“半壁偏安,救死扶傷之不暇,此豈設院之時乎?康熙皇帝,我東亦稱以英杰之君,此一事亦歷朝之所不及。”蘭公笑曰:“本朝政令事事皆好,惟去官妓,可謂殺風景。”力闇曰:“蘭公好色之徒,故其言如此。”蘭公大笑。余曰:“戲言出於思也。蘭兄貌甚美。自古貌美者多好色。傷生之事非一,而好色者必死,不亦可畏乎?”蘭公又戲曰:“有天命者任自爲之。”又曰:“好色者不怕死,故云。”蘭公笑曰:“國風好色,聖人取之。庸何傷乎?”余曰:“將以戒之也,聖人豈以此勸人耶?”蘭公曰:“君子好逑,亦不足樂乎?”余曰:“亦樂而不淫可也。”蘭公曰:“此皆戲言,幸勿認真。”余曰:“非不知之,亦恐戲真相雜。”

力闇曰:“本朝立國甚正,滅大賊,伸大義,際中原無主,非利天下?”余笑曰:“非利天下,則吾未敢知也,入關以後,則亦無如之何?”力闇曰:“江外有奇談曰:送來禮物如何不受?”余曰:“吴三桂所送。”皆大笑。蘭公曰:“國初,宫中有得一幅書云:‘謹具萬里山河。’下書云‘文八股拜呈’。”余未解其意,力闇曰:“言前明重文輕武,以致亡國。”余曰:“元時中國人亦剃髮耶?”力闇曰:“不然。”余曰:“前朝末年太監用事,流賊闖發。煤山殉社,天實爲之,謂之何哉?所謂滅大

① “余又曰……令人傷心”,此句據《乾净筆譚》補。

賊、伸大義，乃本朝之大節拍。惟中國之剃頭變服，淪陷之慘，甚於金元時，爲中國不勝哀涕。”兩人皆相顧無言。余曰：“我國於前明有再造之恩，兄輩曾聞之否？”皆曰：“何故？”余曰：“萬曆年間，倭賊大入東國，八道靡爛。神宗皇帝動天下之兵，費天下之財，七年然後定。到今二百年，生民之樂利，皆神皇①之賜也。且末年流賊之變，未必不由於此，故我國以爲由我而亡，没世哀慕，至於今不已。”兩人皆無答。

余曰：“日前妄論，須從容書教。”力闇曰：“弟愚蒙失學，未敢妄論。所諭陽明、朱子之説極好。”余曰：“不必即刻論示，欲得二兄書，歸後藉以聞於東方師友間。”力闇曰：“胸中淺陋，恐即有論議，徒然貽笑大方，奈何？”余曰：“弟實非爲佞也。如二兄才學，求之東方，在先則或有之，見在則鮮有可比。”

力闇曰：“即如渼湖尊師，亦心服已極，則不免於怖畏矣。”余曰：“《論性書》何如？”力闇曰：“持論好極，擬帶歸刊刻。”余曰：“此是東儒大是非，但於初學實地無甚關緊。”力闇曰：“如何不關緊？但畏談性命之人，則雖非初學如蘭公者，亦不樂聞之耳。”余曰：“我東先輩有名言曰：‘今人手不知灑掃之節而口談性命之藴。’蘭兄之意出於此，則其不樂聞，真可敬耳。”蘭公見之而笑。力闇曰：“解嘲語。”余曰：“頃刻惠印章甚妙，且作歸後睹思之資，可幸其‘湛軒’二字不可磨滅。適同行有略解刻法者，方欲使之依樣刻出矣。”力闇曰：“行期尚遠，可復送來。”

又進餅果。以余愛吃橘餅，蘭公自槖中不住拿出。有梅糖，余曰：“此冬天開花之梅實乎？”力闇曰：“此楊梅也。其色赤鮮，特大，徑寸，五月間有之。”吃畢進菊茶各一碗，花瓣恰似甘菊，飲之頗有菊香。力闇曰：“此菊始生於杭州城上，他處所無，采以爲茶頗美。自官禁私采，民間得之者絶少。近年移種繁殖，處處有之耳。”

---

① 神皇，《乾净筆譚》作“神宗”。

蘭公曰:“清陰先生集有幾卷?”余曰:“二十卷。而其中多犯諱之語,不敢出之。清陰文章學術爲東方大儒,而革鼎後避世不仕。十年拘於瀋陽,終不屈而歸。”蘭公曰:“此田横也。”余曰:“不然,此爲明朝守節之人。”蘭公指“革鼎”曰:“明耶,抑東耶?”余曰:“本朝之革鼎也。”蘭公始覺而頷之。即以筆抹“田横”云云。余又曰:“清陰歸隱於嶺南鶴駕山中,與清陰同歸者亦多。又有世族四家隱於太白山中,時人號爲四皓,其一鄙宗人也。有詩曰:‘大明天下無家客,太白山中有髪僧。’”力闇看畢,轉身而坐,再三諷誦,頗有愴感之色。蘭公曰:“《箕雅》一書多近代人詩耶?”余曰:“古今皆入焉。如欲一覽,後當寄上。”蘭公曰:“恐費事耳。”余曰:“不難。”蘭公曰:“此書各人名下記其氏爵否?”余曰:“略有之。當以此等幾篇,合而增損之,詳記氏族而付送。”蘭公曰:“極好。”又曰:“中國之書,東方皆有之?所欲得者何書,當購以奉上。”余曰:“吕晚村文集及弘光南渡後事迹欲得之,而此非付遠之物矣。”蘭公急塗抹余語,而書於其上曰:“此等没有。”余曰:“《讀禮通考》續篇亦欲得之。”蘭公曰:“此徐乾學所纂,皆記喪禮,《續編》未見。吕晚村所選之文有之,《自己集》亦未見。”余曰:“詩集及經義有之。”蘭公曰:“響山樓藏書幾千卷?”余曰:“有七八百卷,此亦已多矣①。”

蘭公曰:“聞吾兄於天文之學甚精,信然否?”余曰:“誰爲此妄説?”蘭公曰:“家有渾儀,豈不知天文?②”余曰:“三辰躔度,略聞其大概,故果有所造渾儀,而此何足爲天文?”蘭公曰:“渾儀自製耶?”余曰:“不是手製,乃教匠手造耳。”蘭公曰:“騎射精耶?”余笑曰:“射不穿札,身不跨鞍,一個迂儒耳。”蘭公曰:“聞兄藝術甚多,可略聞否?”余曰:“略解東琴,而非中國古樂,其餘③律曆兵機等書,非不好之,實無一得。大抵吾東人多博而寡要,最是可悶。”蘭公曰:“弟不中作

① “此亦已多矣”,此句據《乾净筆譚》補。
② “豈不知天文”,此句《乾净筆譚》作“那得不知天文”?
③ “略解東琴……其餘”,此部分據《乾净筆譚》補。

奴。”力闇曰:“巨儒不但醇儒,恨不相隨作學生。”又曰:“此隆中氣象。”又曰:“此亦儒者所當有事,即觀朱子可見。”又曰:“有此抱負,長爲農夫竟甘耶?”又曰:“但好此等書亦不足論。而如吾兄,則信其爲有體有用之學。”余曰:“無知妄發,遭此情外之言,不勝慚愧。且諸兄真以我爲此等人,則是與人之太輕矣。聊以此而譏之,則待人之不誠矣。”蘭公曰:“隱居求志者能無意於世耶?”余曰:“不意兄輩見外之至此。弟本不喜外飾,故隨意書出。若吾兄意謂真有所得者,然則弟之虛張誑人之罪,無地自容。”蘭公曰:“吾兄秘而不與弟知之,乃誑人也。”余不得已戲之曰:“兄輩碌碌,不足以語此,故未免秘之。”皆大笑而止。

蘭公曰:“昆季幾人?”余曰:“有庶弟,課農爲生。”蘭公曰:“門望第一,乃親耒耜,何賢者之多耶?”余曰:“不能讀書學古,祇歸農爲民而已。”兩生皆笑。力闇曰:“不然。焉有家世顯官而爲農夫耶?”又曰:“士與農爲一,此古風也。非如此,間之凉薄矣,抑偶然耶?”余曰:“二兄嘗觀兵書耶?”①蘭公曰:“余少也恣泛覽,而兵書亦略觀。如《太白陰經》《望江南詞》《火龍秘書》《六壬兵詮》之類。”余曰:“《六壬》皆是謊説。”蘭公曰:“此書僞托黄石公作。”又曰:“《六壬》之書不足信耶?”余曰:“兄信之耶?”蘭公曰:“家有此類書數種,偶觀之,實未解。”乃出示一册,題曰《墨緣齋藏書》,中有《六壬》諸書十數種。力闇曰:“《奇門遁甲》真否?《太乙》如何?”余曰:“弟於此等書或見或不見,都歸之夢囈。兵書惟孫、吴最可觀。”蘭公曰:“孫、吴皆觀之,未若他書之出奇無窮。”力闇曰:“《孫子》《吴子》及《尉繚子》等即不談兵,其義理自佳。捨此而必好《遁甲》《六壬》等書,好奇之過也。”余曰:“宋朝郭京可鑒。”力闇曰:“且亦王法所禁。”余曰:“才高者類多泛濫,蘭兄是也。”蘭公曰:“此事實未曾知其大略,不過偶閲之,且此事必有師傅乃得精也。今人中朝暮安可得遇哉?”余笑曰:

① “蘭公曰……二兄嘗觀兵書耶”,此部分據《乾净筆譚》補。

“問於張角先生。”蘭公大笑。余曰:“我東尚此者亦多,頗有奇驗,其實終不中用也。”蘭公曰:“中國亦多,不過爲人卜休咎耳,亦無他奇也。”余曰:“精於此者,其自期不止此也。”余又曰:“武侯八陣圖亦歸之《奇遁》,不亦可笑乎?”蘭公曰:“然實本《奇遁》。”余曰:“請聞其説。”蘭公曰:“休生傷杜等八門即是此法。推神捉將,微妙無窮。弟特不知不能言耳。”力闇曰:“既云不知,何以又言微妙?”余曰:“蔡西山論定者見之否?”蘭公曰:“西山之書曾見之,已忘之久矣。”余曰:“《律吕新書》,朱子序文中有八陣圖云云,而未曾得見。”蘭公曰:“陳壽譏武侯不知兵法,《八陣圖》何益於事? 今人艷稱之何也?”余曰:“陳壽何足以知武侯哉? 八陣則弟亦未知其何説也。”蘭公曰:“風雲鳥火之圖略見之,後有岳鄂王一跋,極言其神妙,弟視之茫然。細思之,武侯實未敢敵魏武一鋒。祭風之説,後人好事者爲之,實無此事。馬謖之敗由於武侯,似不得爲三代下第一人物,而人云亦云也。”力闇曰:“‘江流石不轉,遺恨失吞吴。’然則杜甫之智遂出老兄下耶?”蘭公曰:“杜詩何解? 蜀之失由於欲吞吴。捨國賊而思小忿,卒以敗事,豈非遺恨耶?”力闇曰:“所證者上有‘功蓋三分國,名成八陣圖’二句耳,轉彎之辨可笑。”

蘭公曰:“捨此事别談如何?”力闇曰:“此是老兄好逞强辨。”蘭公曰:“太一山人爲誰?”余曰:“姓柳名焕德,早年出身,頗有才華。拘於門閥,栖遲下官。”余曰:“中國士大夫於國制所禁之外,有能一從《家禮》者乎?”蘭公曰:“遵《家禮》者不少。若徽州人則盡遵之。”余曰:“喪家用樂最可惡。”蘭公曰:“本欲娱尸,翻成享客。爲人後者不如是,則以爲儉於其親;可嘆!”余曰:“無後者有養子法耶?”曰:“有。”“取兄弟之子耶?”曰:“然。”“衹取同姓耶?”曰:“然。”余曰:“中表婚尚有之乎?”力闇曰:“此係律所禁,其罪當笞,然人家不以此爲非也。大清律明載此條。”余曰:“兩兄家亦有之乎?”曰:“無。”余曰:“見中國小説,多以此致亂,終不如無此法也。”蘭公曰:“即無此法,亦安能禁其不亂?”余曰:“改嫁不以爲非耶?”蘭公曰:“士大夫家不改嫁。然貧而無子改嫁亦宜。宋儒如程子，即家有再室之女。”余曰：“禮有爲同居繼父服？”蘭公曰：“無。”余曰：“家禮圖中有之。”蘭公曰：“今人不爲此服。”余曰：“亦有嫁母服？”蘭公曰：“心喪三年。”余曰：“此以衆人望人之義。其實事一而終，豈非婦人之義？”蘭公曰：“貧無所歸，而其人非能堅忍之人，則再適亦無害。往往大族少寡者，既不得改嫁，而其事有甚於此者多矣。”余曰：“不必禁之，亦不必勸之，任之而已。”力闇頷之。蘭公曰：“大家未嘗禁之，然彼亦不肯改適。其情甚鬱，而實非所願，勉强留往[①]者甚多。”力闇曰：“以己之心度人之心，總之好色之談。”蘭公大笑[②]。又曰：“東方亦有未婚守節者否？”余曰：“納幣則已成婚，故不敢改嫁。”蘭公曰：“此却非情義之正。已嫁未廟見而亡，則歸葬於母家，謂其未成婦道也。未嫁夫死而守節者，古人比之爲奔。雖其人實非尋常婦女可比，然亦賢者之過也。”力闇曰：“此亡於禮之禮也。故貞女例不請旌，以其鄰於勸之也。而有其人焉，大吏以之上聞，則仍予褒，猶之封股之孝子也。”蘭公曰：“貴處不改嫁者亦有旌表之典耶？”余曰：“我國不改嫁是常事，故無旌表之事。”力闇曰：“未婚守節之褒，律不載其文，以其鄰於勸之也。”蘭公曰：“早寡守節者能無失行之弊耶？”余曰：“雖或有之，千百中一見。覺則必死，其父兄近族皆見枳仕路。”蘭公曰：“父兄之見枳何也？”力闇曰：“爲清議所不容？”余曰：“然。”蘭公曰：“太過。父兄奚罪焉？”余曰：“終係偏邦，故於此甚偏，亦自不妨。”力闇曰：“然亦足見貴國禮教之嚴矣。”

力闇曰：“貴處小兒始讀何書？”余曰：“始讀《千字文》，次讀《史略》，次讀《小學》，而及於經書，惟《禮記》《春秋》罕有讀之者[③]。”力闇曰：“《史略》何書？”余曰：“曾先之所作《十九史略》[④]。”力闇曰：“此間

---

① 往，《乾净筆譚》作“住”。

② “力闇曰……蘭公大笑”，此部分據《乾净筆譚》補。

③ “惟《禮記》《春秋》罕有讀之者”，此句據《乾净筆譚》補。

④ 《十九史略》當作“《十八史略》”。

謂之《鑒略》,亦與小兒讀之。”又曰:“《小學》最好。”又曰:“《小學》外篇雖都説大學事,然多識前言往行,自宜於幼時教之,則不易忘。且士先器識,或有穎悟之童,竟能中心慕效,未必非終身之益,此昔儒之所以教幼童時講日記故事也。聖經賢傳,幼童如何解得?”余曰:“我東先輩有終身自稱小學童子者,其意非不好也,終不若經書。”力闇曰:“然既罕讀《禮記》,幼儀如‘鷄初鳴、咸盥漱、櫛縰笄總’之屬,何從見之?”余曰:“童幼讀之非不好也。”力闇頷之,曰:“我輩原可不講。”余曰:“然經書有進於此者,不必終身用力於此也。”

蘭公曰:“東方風流佳話,願聞之。”余曰:“我東人大抵鈍滯,風流之事絶無可傳。其稍欲自好者,視‘風流’二字,若將浼焉。是以無傳焉。”蘭公曰:“風流才子亦非可願乎?”仍大笑。余曰:“嘗聞君子之交義勝情,小人之交情勝義。弟近日以來,别緒關心,殆寢食不便。義勝情者恐不如是,抑人情之不得不爾耶?”力闇曰:“此亦尚是情之得其正者,未至大背聖賢理義。弟則自今心折之後,竟至奉吾兄若神明,然此或不免太過耶?”余曰:“一别之後,萬事皆不足説,祇各相砮[①]力,無傷彼此知人之明爲第一大事。”力闇曰:“所可恨者,弟自一聞吾兄緒論,自覺得生平未見此人。將來相遇者,雖不至於淫朋暱友,而欲求如此古義敦勉之人頻相鞭策,不可得矣。并非以離别之苦傷心。”余曰:“弟於二兄,非愛其才也,取其學也;非取其學也,慕其心也。祇恨言語不通,逢别太忙,未能盡叩深奥。弟亦略有平日小小自得,而不得效愚,此爲至恨。”蘭公曰:“弟於聖賢之學,茫無所求,終日悠繆,奈何?”又曰:“不敢見吾兄矣。”[②]力闇曰:“安得如吾兄者朝夕相處,將來自有進境。弟天資原好,祇恐汩亡之時多,無正人講論之功。蘭公亦當共勉之。”余曰:“二兄之日邁月征,何待别人?第悠悠泛泛,祇待明日之意,最是甚於鴆毒,弟所以四十無聞

① 砮,《乾净筆譚》作“努”。

② “蘭公曰……不敢見吾兄矣”,此部分據《乾净筆譚》補。

也。從此而歸,當痛自刻責,庶無負吾兄。祇恐烏頭之力不久而淡淡也。蘭兄許頃效在色之戒①,非戲言也,幸勿泛聽。雖年少所致,然更加意於'威重'二字。"蘭公起身,立於炕下,屈首作揖。余驚起,扶之就坐②。力闇曰:"昔人云:'號爲文人,餘無足觀。'而又安可酷慕風流二字乎?此蘭公之大病也。"又曰:"將來吾輩相見,必時時以吾兄之言相提策,決不敢忘。"又曰:"蘭公或有戲言,在弟此言實是由中之語,忝與蘭公爲友,敢不勉之?"③余曰:"風流二字,如杜牧輩當之,此何足道哉?雖如米元章、趙松雪輩文墨之士,仰之若山斗,而自識者觀之,亦卑而又卑耳。"力闇曰:"蘭公祇望如米、趙二公之類,亦恐終身不到。今聞吾兄之論,真正差幾千劫在。"又曰:"要言不煩,祇要步步脚踏實地。"又曰:"此等學問,要竪起脊梁方可做得。終日悠悠忽忽,委靡不振,不免醉生夢死。即卑論之,如米、趙之精於藝者,亦非一朝一夕所能成就。移而至於身心性命之學,又何境地不可到乎?"余曰:"彼亦奪天巧然後能之,亦自大不易。"

余又曰:"闇兄今科不中,則無意復來耶?"力闇曰:"不作誑人之語。如不中則斷不來矣。生平以'誠'字命名,又别號'不二'。"余曰:"蘭兄不免再來。以幾次爲準耶?"蘭公曰:"三次。"力闇曰:"父母之命,親友之勸,亦自難辭。"余曰:"弟亦以此尚未斷迹科場。"余又曰:"來此聞以財得官者多,與之比肩難矣。亦大夫有及於刑者,爲士者可以量之。"④蘭公曰:"'量'字何義?"余曰:"量而後入也。"蘭公頗憮然。余曰:"東國惡逆外,刑不上大夫。"蘭公曰:"此雖相臣不免。"余曰:"士可殺不可辱。"力闇曰:"本朝除前明廷杖之制,最爲寬

① "蘭兄許頃效在色之戒",《乾净筆譚》作"蘭兄須效在色之戒"。

② "蘭公起身……扶之就坐",此部分據《乾净筆譚》補。

③ "又曰……敢不勉之",此部分據《乾净筆譚》補。

④ "余又曰……爲士者可以量之",此部分《乾净筆譚》作"余又曰:'來此聞以財得官者多,與之比肩難矣。'蘭公曰:'科甲出身亦自有辨得之無味、求之不可、已之不能,奈何?'余曰:'大夫有及於刑者,爲士者可以量之'"。

典。若前明則科道官反以得廷杖爲榮矣。此是粃政。”

余曰:“同是普天之下,何妨屋下私談?在東方[①]聞説中國多灾异,民心多動,未知實狀如何?”力闇曰:“此説實在無之。”蘭公曰:“并無此事。數年前回部抗逆,三年而滅。”力闇曰:“此時太平極盛之世。即有小醜無聊竊發,皆是即時剿滅。有所謂馬朝柱者,叛迹雖著,然大索天下十年不獲。今聞其人已斃,伏天誅矣。至於民心,則普天之下無不感戴。并獻[②]騷動之説,江浙尤甚,屢蒙蠲租賜復之恩故也。”余曰:“我東亦被顧恤。貢獻奏請,事事便宜。”力闇曰:“本朝顧恤東方者何事?”余曰:“自康熙以來,待之迥异他藩,有請曲徇[③]。前明時則太監用事,欽差一出,國内震撓。雖然,豈敢以此怨父母之國哉?”蘭公曰:“厚往薄來,今亦如是否?”余曰:“祇以貢米言之。前則一萬包。年年蠲減,今則數十餘包而已[④]。”力闇曰:“國初定鼎時[⑤],東方入貢,衣冠猶沿明制,而不爲可否[⑥],亦見忠厚。”蘭公曰:“使臣歸時亦有賞賜否?”余曰:“甚厚。緞帛數百匹,銀子數千兩,餼廩草料經費不貲矣。”蘭公曰:“有馬貢乎?”余曰:“東馬體小,且不蕃殖,自前無貢。貢使每於十二月二十七八入京,二月旬後回程。兄輩寄信,須趁此戒人交付於朗亭也。在昔渼湖之從祖稼齋公隨兄入京,與關内人程洪一夜定交,幾年書信不絶。此有古例,當無彼此邦禁也。”此時,有人持書來請,余遂辭退,留後期而歸[⑦]。

(二月)十七日,早食而往。門者先報,蘭公走出迎入。過力闇

---

① 同是普天之下……在東方,此部分據《乾净筆譚》補。

② 獻,《乾净筆譚》作“無”。

③ 有請曲徇,《乾净筆譚》作“凡我東所欲爲,靡不曲詢”。

④ 而已,此二字據《乾净筆譚》補。

⑤ 定鼎時,此三字據《乾净筆譚》補。

⑥ “東方入貢……而不爲可否”,《乾净筆譚》作“東方入貢,見衣冠猶沿明制,而不以爲訝”。

⑦ “此時……留後期而歸”,此句據《乾净筆譚》補。

所居之炕，隔簾而呼曰："嚴兄。"力闇曰："諾。"蘭公曰："洪碩士來啊。"[①]力闇疾應曰："唯。"掀簾而出，相揖而入。兩生所寓同屋而隔壁，門皆向北。吾輩自初會話，蘭公之寓也。坐定，余曰："昨日於金兄，冬日之日也；於弟，夏日之日也。"皆未達。余又曰："金兄苦日短，弟則苦日長。"兩生始覺而皆笑。

余又曰："今日蓐食出門，又爲衙門所阻。再三送言，所以晚來。"蘭公曰："何物通官，敢放肆乃爾?"余曰："以西山之行不告而去，發怒致此。"蘭公曰："出入必告，則至此渠亦知之耶?"余曰："祇憩門外遊玩，其來此則彼何知之?"蘭公曰："三位大人亦無如彼何耶?"余曰："無奈他何。"僕人以飯具進。力闇曰："可以共吃否?"余曰："已吃早飯，肚裏果然，但共桌一飽，亦自有趣，安足辭乎?"遂進飯。蘭公之僕年頗老，余問曰："你京裏幾蕩來?"答曰："頭一蕩來。"余曰："老爺頭一蕩來，你也是頭一蕩來?"答曰："是了。"余曰："你雖是頭一蕩來，你說的話我些巴些兒懂得。你的老爺說話麽，一句語不懂得。"老僕大笑。余又向兩生曰："京裏的人者呢，他說的話我懂得，我說的話他也是懂得。兩位說的話真個都不懂得。"兩生未解聽。老僕解聽，而更以吾言明說之，兩生始知之。力闇笑曰："南蠻鴂舌之人。"余亦解聽而笑。兩生以食無肉，恨接待之疏。余曰："弟平生不愛吃肉，多吃則必不免腹痛。"余來時以行中所用炒醬一筩授德裕，至是使之拆封而進之，曰："東國豆醬，備飯菜之用，俗稱上味。恐食性不同，不合於貴胃也。"蘭公曰："南方鹽豉味亦同，特欠尊慈以飽老饕。"蘭公饋以竹笋一片，如我國脯肉，嚼之有龍眼之味。又有小者如我國乾笋。蘭公曰："小笋出杭天目山，大笋出括蒼山，其味恐不佳。"

力闇出示《八咏詩》，其詩曰：

---

① "洪碩士來啊"，此句《乾浄筆譚》作"洪兄來"。

幽人惜遥夜,起坐理朱弦。樓高萬籟静,響與空山連。悠悠念皇古,兹意誰能傳?(《山樓鼓琴》)

鎗鎗此何聲?或擬蓮花漏。平分二六時,以警宵與晝。主人常惺惺,不必待晨敂。(《島閣鳴鍾》)

清泉何淪漪?白石亦磊砢。鯈魚若遊空,倒吸藤花妥。真樂誰得知,一笑子非我。(《鑒沼觀魚》)

略彴①通野氣,晚步意超忽。林影蕩寒波,俯見太古月。不惜露沾衣,孤吟到明發。(《虚橋弄月》)

岳蓮開十丈,落瓣自何年?刻木爲形似,凌波學水仙。叩舷歌一曲,不羡木蘭船。(《蓮舫學仙》)

羲和與常儀,萬古法猶秉。往來驗盈虚,遲速辨祥眚。陋彼拘墟②子,終身乃坐井。(《玉衡窺天》)

靈龜有何靈?以問乞靈者。吉凶論是非,趨避敢苟且?居易以俟命,枯草行可捨。(《靈龜占蓍》)

學者志於彀,審固技乃神。中豈由爾力,失當反其身。直内而方外,敬義交相因。(《彀壇射鵠》)

余看畢曰:"草堂自此有顔色。"力闇笑曰:"草堂自此無顔色。"余指《靈龜》詩曰:"揲蓍不足法耶?"力闇曰:"不然。衹謂吉凶在我之是非,不必待揲蓍而知之也。"余曰:"然。朱子亦以爲《易》不過惠迪吉、從逆凶也。"蘭公曰:"揲蓍聖人之道,渠乃不以爲然,真妄人也。"力闇指蘭公之語,曰:"此答語在别紙,使人見之,真以我爲妄人矣。"

蘭公曰:"東方以世禄取人,此却非善政。世禄雖三代之法,然人才不擇地而生,立賢無方。必以此拘之,恐華胄中未必皆賢者,而

---

① 彴,《乾净筆譚》作"約"。

② 墟,《乾净筆譚》作"虚"。

賢者反限於資格矣。”又曰：“東方亦崇奉釋教耶？”余曰：“羅麗時甚崇信之。即今寺觀遍國中，幾盡伊時所創。本國以後儒道大盛，士人家皆羞稱之。獨無識賤品動於報應之説，或有供佛飯僧之舉，亦不甚盛耳。”蘭公曰：“道教之學甚粗，不及釋氏遠甚。好道而輕[①]釋，東方士夫亦惑之甚矣。”蓋錯看余“儒道”之語也。余即改“道”爲“教”，曰：“道教則絶無傳者。”

時余與力闇語《八咏詩》，蘭公又戲曰：“渠詩乃宋儒餘唾，何必詳觀之。”[②]余曰：“正愛其宋儒餘唾。”兩人皆笑。

余曰：“南邊亦有爲西洋[③]學者乎？”蘭公曰：“西教[④]亦行於中國，此禽獸之教，士大夫皆以爲非。”余曰：“天妃爲誰？”蘭公曰：“天妃黄河之神，傳聞福建人林氏，今敕封爲天后。回回多入此教，明萬曆時西洋利瑪竇入中國，其教始行。有所謂十字架者，教中人必禮拜之，以爲西主[⑤]受此刑而死。可笑！西教中主意蓋多不經語誑惑。且西主慘死，因立教而罹罪[⑥]，入教者當涕泣悲痛，一念不忘，其惑甚矣。”力闇曰：“此有明禁。”余曰：“明禁者謂朝禁耶？”曰：“然。”余曰：“既有朝禁，京城中何以有建堂耶？[⑦]”兩人皆驚曰：“在何處？”余曰：“有東西南北四堂。其東西二堂，弟亦見之，西洋人來守傳教。”兩生曰：“弟等來京，屬耳尚未聞之。”余曰：“論天及曆法，西法甚高，可謂發前未發，但其學則竊吾儒上帝之號，裝之以佛家輪回之語，淺陋可笑。而來見中國人多有崇奉者，未知士大夫，無論南北皆無信從者

---

① 輕，《乾净筆譚》作“遠”。

② “蘭公又戲曰……何必詳觀之”，此句《乾净筆譚》作“蘭公戲曰：‘此詩多頭巾氣，非詩人之詩。’又曰：‘渠詩乃宋儒餘唾，何必詳觀之。’”

③ 西洋，《乾净筆譚》作“天主”。

④ 西教，《乾净筆譚》作“天主教”。

⑤ 西土，《乾净筆譚》作“天土”。

⑥ “西教中主意……罹罪”，此部分《乾净筆譚》作“天主教中有經，弟曾見之，其中多言天主慘死，以爲天主因立教而罹罪”。

⑦ “京城中何以有建堂耶’，此句《乾净筆譚》作“京城何有天主堂?”

耶?”皆曰:“没有。”①

余曰:“錢牧齋何如人?”蘭公曰:“此公雅綽曰浪子,此真知己。”余曰:“浪子知幾,潔身辭爵禄而遠引。恐牧齋少此一着。”蘭公曰:“少年爲黨魁,末路乃爲降臣。文章名世,要是國家可惜人。”力闇曰:“使其早死,今人亦無訾之者。”蘭公曰:“名德不昌,乃有頤期之壽。”力闇曰:“牧齋人品無可言。”余曰:“恐是反上落下之人。”力闇頷之。余曰:“牧齋文集有注本耶?”蘭公曰:“詩有注本,乃錢曾所注。”余曰:“文則無注耶?”蘭公曰:“然。”余謂蘭公曰:“錢曾爲誰?”蘭公曰:“曾字遵王,牧齋族孫,年與牧齋相等,國初詩人,與吴梅村、龔芝麓爲三大家,皆明之達官而仕於國朝者。吴晚年多悔恨之語,此人差可。”力闇曰:“牧齋亦佞佛,自著《楞嚴義疏》百卷,可謂大觀。然轉益支離,徒眩人目。且渠既知《楞嚴》,何自己惜此一死?此亦佛教之罪人也。况以此才情學問而耗日力於此書,真可惜!”蘭公曰:“弟家有牧齋《楞嚴》稿本,乃親筆所書。”力闇曰:“人品之正不正定之於早。牧齋之敗行,自其爲浪子而已預决之矣。即争枚卜,豈正人所有耶?”余曰:“争枚卜一事,曾未聞之,不意其汚下之至此也。”蘭公曰:“枚卜之争,至於鬨訟,乃其徒爲之,與牧齋無涉。牧齋聲望一時無兩,門人滿朝皆崇奉之,遂至於此。”又曰:“烏程相而天下事更無可問矣。”又曰:“老生常談,徒累筆舌。”皆塗抹之。力闇曰:“總以‘可惜’二字畢之,不必煩言。”余曰:“尊教甚當。”蘭公曰:“弟豈以牧齋爲然者耶?”力闇曰:“我輩以筆代舌,一日之叙,衹抵半日。語以簡截爲貴,蘭兄好支離,咬文嚼字,真無奈他何。”蘭公笑曰:“此等説語殊可不必。”余曰:“仰托記文,尚未完成耶?請示之。”蘭公曰:“連日碌碌,尚未書出。”

蘭公又曰:“京師至東國渡一鴨江,其餘皆岸路耶?”余曰:“渡鴨江,又有薩水、浿江二大川。”余曰:“近日不治舉業耶?”力闇曰:“連

① “皆曰:‘没有。’”此句《乾净筆譚》作“皆曰:‘士大夫不然’”。

日勞勞於酬應，實無間隙。”余熟視其言，力闇意余不安於久坐，又曰：“此語爲可厭之酬應言之，吾兄細心人，切勿疑其有妨於吾輩舉業也。得吾兄頻頻相叙，乃更快耳。”余謝曰：“東人大抵用心忒細，作事多粗，弟實亦未免於此。”力闇曰：“人豈可不細心？古人云：天下事何事不因忙裏錯了？特吾兄作事實未嘗粗。”蘭公曰：“養虚兄豁達，殊不類東人，甚妙。”余曰：“其胸次灑然，弟之畏友也。”蘭公曰：“東方有薦舉之途，至於一人至，朝士皆憚之，所舉者盡賢者耶？”余曰：“安能盡然。”力闇曰：“名存實亡，處處皆然。”

蘭公曰：“聞婦女①中多能詩者，能舉一二否？”余曰：“無一記者。設或有之，此不過淫褻②戲慢之語，何足以污君子之目也？且兄於妓詩若是眷眷，何也？”蘭公笑曰：“好色耳。”余曰③：“蘭兄家自有《關雎》《葛覃》，不必外求鄭衛之音。”蘭公大笑。又曰：“名流勝事可得聞否？”余曰：“我東先輩嘉言善行，多有可記可傳，而倉卒之間不能記出。歸後如有通信之便，當略記以送。至於風流戲慢之語，則雖或可備一粲，决不可爲蘭兄助桀爲虐矣。”蘭公笑。力闇曰：“即能記出，渠亦端冕而卧矣，貽我何如？”彼此皆笑。

余曰：“浙省同年凡幾人？”力闇曰：“同榜九十四人，皆謂之同年。而外省同科者謂之遥同耳。”又曰：“順天鄉試謂之北榜，其中多有南士，此則如同鄉同年一般。”余曰：“吾輩往來，知之者必多，皆不以爲怪耶？”又曰：“此亦細心之問。”力闇曰：“大可不必細心。弟輩來往朋友，除一二相知外，可見可不見。其有知我輩來往者，亦大率相好者居多。渠即知之，亦斷不以爲怪也。”又曰：“弟輩舉動大异紛紛之輩。即如舉業，已絶口不談，而同輩人皆以爲怪。然得之不得有命，此孔子家法也，紛紛者自生荆棘耳。所謂君子之所爲，衆人固不識也。”又曰：“昨日與金兄有言，幸而二兄相訪者爲弟二人，不然

① 婦女，《乾净筆譚》作“官妓”。
② 淫褻，此二字據《乾净筆譚》補。
③ “且兄於妓詩……余曰”，此部分據《乾净筆譚》補。

則浙省舉人亦有百餘人矣,使吾兄一見便當唾之者多矣。”蘭公曰:“餘子碌碌,何足挂齒?”

余曰:“科場亦有借文代述之弊耶?”蘭公曰:“即不借文代述,亦無足道。總之科目中庸人多,而奇人千無一人耳。古語云:孝廉聞一知幾。今日科目中聞十而不知一者也。”力闇曰:“科場之弊多矣:有懷挾,有代倩,有傳遞。故於入場時必行搜驗,而歸號舍後必嚴其鎖鑰,繳卷後必彌封誊録,種種皆以防作奸者也。此時立法甚嚴,即不肖者亦皆有身家之念,犯法者少矣。”蘭公曰:“如今少矣。此謂關節,情輕法重。覺則砍頭,試官與士子駢首就戮。”余曰:“此實天下同。然其搜驗之際,决非豪杰之士可以甘心處。”蘭公曰:“麻衣草履,以賊盗相待,此西林先生所以終身不入試場也。”力闇曰:“黄陶庵時文内有二句:‘上也元纁束帛以加之,則上重士,而士因以自重;上也詞章記誦以取之,則上輕士,而士亦因以自輕。’此事總之上下交譏,亦不得徒咎於上也。”又曰:“古人有應試聞唱名而拂衣以去者,此何人哉? 此時搜驗,殆同於防賊,不知此公處其時又何以爲情?”

蘭公曰:“東方試士以賦,律賦耶,古賦耶?”余曰:“非古非律,自作一體耳。”余又曰:“頃見硃卷,有習《易》、習《春秋》之語,此何謂也?”力闇曰:“中國試士以五經,分取其專習一經者,謂之本經。即有通五經者,亦必專歸一經。此即明經遺制也。”余曰:“試之若何?”力闇曰:“試之以經義四篇。每經出四題,人歸一經。然近時經學荒蕪,即專習一經者,亦多有茫然不知經義者矣。‘習’之一字,殊爲辜負。”蘭公曰:“弟正在此選。”力闇曰:“蘭公原習《詩經》而改《易》者,弟原習《詩經》而改《春秋》者。”余曰:“是無所不通故然也。”兩生皆笑。蘭公曰:“東方會試有背書之法,成誦後不别試以文耶?”余曰:“别有殿試,試以文。但背書之法極難,别有諺解,必盡誦無一字差,然後乃入選應試。然專力記誦者,蓋多徒誦其文而全不識其義,以此應之者少。弟輩亦不得應此試,以其工力之難也。”力闇曰:“默寫背誦，最爲良法，不可以爲小子之學而忽之也。自以文取士，而荒經者多矣。中國凡鄉試，則第一場試以四書文三篇，《性理論》一篇，一晝夜而畢。進此等場最爲辛苦，先要精神爲主，否則不能支矣。”余曰：“經試者往往吐血云，然否？”力闇曰：“連日連夜不能睡，即苦矣。第二場試以經文四篇，排律一首，一日而畢。第三場試以策五道，或一日，或一晝夜而畢。此一場亦極苦，每必七八百言或千言。會試亦同殿試，試策一道，亦一晝夜。然必至萬餘言，此最難。又必格式無一差誤，乃可入翰林。而此後又有朝考，試以詔、誥、論、詩，亦祇許一日而畢。鄉試百人取一，會試三十取一。殿試則無不取者，但分一二三甲耳。”余曰：“策中亦論時務耶？”力闇曰：“鄉會試五道内，則三條古策，二條時務。至於殿試則時務。”蘭公曰：“然而幸選者多矣。其宿學者或不得與此選，亦不少也。”力闇曰：“吾鄉亦多有耆儒老學，然終身一青衿。可憐此等①鄉試有經過十七八場者。三年一舉，如年十七八時入學，至六七十歲時是也。”余曰：“賺得英雄盡白頭，正指此等人也。”蘭公曰：“有其徒之徒已登科甲，而其師之師尚應鄉試者，可笑！”力闇曰：“其實得之又甚易。”余曰：“運好者實容易。若終身爲舉人，實是此生可憐。知幾者不如早爲之所。”力闇曰：“終身爲秀才乃真可憐。若已中鄉試爲舉人，則待至十餘年，得爲一知縣，亦差足慰窮儒之願矣。”余曰：“一經知縣，歸於致仕乎？”力闇曰：“日暮途窮而爲知縣，亦惟有致仕耳。否則有桌异而升遷至府、至道、至司、至巡撫總督者。”余曰：“會試三月初八日耶？”曰“然”。余曰：“出榜後傳示遠近耶？”力闇曰：“四月初五六時出榜，亦如鄉試。本人則有報子嗚囉、持紅單書姓名來飛報。”余曰：“報子來時，必聳動鄰里矣。”皆曰“然”。余笑曰：“天下一理。”力闇曰：“若遠近則一出榜後，有賣《題名録》者。無論識字不識字，必人買一紙，恐有渠相知者在内。故諺有之曰：‘一舉成名天下聞。’”蘭公曰：“過一

① 此等，此二字據《乾净筆譚》補。

月則皆不知之矣。惟會元姓名,雖百年猶在人口也。”余曰:“狀元後雖官高,必以狀元稱之耶?”蘭公曰:“亦不然。但鄉里必以此稱之。即在被此聲者,亦甚樂其稱此名,而不願以高官稱之也。錢塘有梁詩正位至宰相,而吾鄉人皆稱之曰梁探花,渠自以爲榮。渠詩自注曰:‘鄉人至今稱余爲梁探花。’探花且然,况狀元乎?”又曰:“狀元臚唱後,皇上開午門太清門,狀元一人騎馬由中門出,順天府尹執鞭送狀元歸第,賜錦袍皆宫人所製。夫人則本省城上乘輿,遍灑五穀以壓荒歉,分福於人。二事雖宰相皆不能與焉。”余指“遍灑五穀”云云,曰:“此有何法?”①力闇曰:“府縣具供帳,都人聚觀近千萬人。”又曰:“外省總督巡撫儀從,長及里餘,司道以下遞殺,皆傳呼辟人於道,衙門列戟鼓吹放炮。而狀元初報到,亦有府縣官爲之竪旗竿扯旗。其夫人遊城之儀從幾不減督撫,此其所以爲榮也。然而在我者皆古之制也,在彼者皆我所不爲也。”蘭公曰:“凡女子必囑其夫爲狀元。狀元夫人與諸命婦不同,不亦妙乎?”余曰:“如弟陋見,不下堂最是婦人妙處。”蘭公曰:“不下堂而上城。”余曰:“城上尤非婦人可登。”蘭公曰:“禁城之上,無論官民婦女,皆不許登。狀元夫人之輿不行於街而行於城上者,尊之爲天上人也。此事乃朝家制度。府縣到門敦請而出,儀從甚盛,非不下堂之謂也。”余曰:“雖然,此恐非先王明法。”余又戲曰:“奉祝蘭兄必占狀頭,無失夫人之榮。”蘭公又笑。力闇又曰:“周延儒非狀元耶?”余曰:“此誰耶?”力闇曰:“明末大奸臣。”蘭公曰:“周延儒、魏藻德②皆狀元。而周延儒以大奸臣壞明國事,魏藻德降李自成而被刑,皆狀元中匪類也。”又曰:“羅洪先亦狀元。二十年學道,纔胸中忘去‘狀元’二字。”余曰:“近思内省之語。即此一語,其人之賢可知也。”蘭公曰:“此明大儒,崇祀孔廟。”又曰:“某人亦杭人,吾與之相識者,上科會元。極力謀求,幾得狀

---

① “此有何法”,《乾净筆譚》作“此有何妙處?”

② 藻德,原文誤作“德藻”,徑改。

元，而竟爲他人所有，其難可知。”力闇曰：“竟中狀元之人，又却以無意得之，可見不必强求。”蘭公曰：“自宰相以下，無不欲以此人爲狀元。孰知天命有在，竟爲他人所得。”

又曰：“東方狀元亦榮乃爾耶？”余曰：“國小，故榮亦小。且我東之狀元，衹見其憂，而未見其榮。”兩生皆驚問曰：“此何故也？”余曰：“千金之軀，一朝委而致之於君，死生榮辱不能自保，豈非可憂乎？戴花張蓋，鼓吹前導，遨遊於街上，僅得市童之憐，而其有識者笑之，此有何榮耶？”兩君皆大笑。余曰：“二兄如不中會試，當即日治歸耶？”力闇曰：“衹得歸耳，留此何爲？”①余又曰：“量二兄才學，似無不中之理。”力闇曰：“不中乃意中事，中則意外耳。雖志在必中者，亦豈曾見其果中哉？然則吾輩之不想中者，或竟中，亦不可知。”蘭公笑曰：“然則仍舊想中。”彼此皆笑②。

余曰：“若得中則歸鄉當在何時？”力闇曰：“點入翰林，必須待三年散館授職。此三年内可以告暇省親，然爲期多衹一年。外官則爲知縣，此須於吏部掣籤分省，不能自主。知縣不爲本省官，即鄰省亦不在五百里内。”余曰：“翰林惟狀元爲之耶？”力闇曰：“一甲三人：狀元、榜眼、探花。狀元即授職爲翰林修撰，榜、探爲編修。二甲百餘人，或八九十人。其二甲第一人謂之傳臚，亦即授翰林。三甲百餘人。凡二甲三甲内，於朝考後或點翰林，或授六部主事，或授知縣。其不爲翰林、主事、知縣之人，謂之歸班進士，十年得知縣。會試後中進士約二百餘人，四十人爲翰林，二十人爲主事。知縣則無定額，近時亦不過四五六人，其餘皆是歸班。”余曰：“十年後得知縣則是歸班，與舉人無异？”力闇曰：“與舉人等耳。”又曰：“從前放知縣者極多，此時反以外官爲重耳。官卑轉可救貧，此亦世運升降之一端也。”余笑曰：“此亦天下一理也。”兩人問曰：“貴處亦如是耶？”余曰：

① “兩君……留此何爲”，此句據《乾净筆譚》補。

② “雖志在必中者……皆笑”，此句據《乾净筆譚》補。

"然。"兩人亦笑。力闇曰:"翰林一官,最爲清華之選,然甚貧,近年多有翰林求出外者。"蘭公曰:"翰林若與之三四兩銀,便成密友矣。"力闇曰①:"點翰林三年内,未授職者爲庶吉士。然翰林不論大小,皆得張黄蓋、帶數珠,終身不稱晚生,與督撫平行。在家鄉寫名柬,字寸許大。一改知縣,即變爲小字矣。"又曰:"帶數珠之制,以爲何如?"余曰:"非先王法服,不須問也。"力闇曰:"然必須五品以上帶之,而翰林則以七品官而亦許帶。"余曰:"此必自己崇佛者帶之耶?"力闇笑曰:"非也。雖程、朱處今之世,敢不帶耶?今時有例不得帶數珠,而其居鄉,往往僭帶以爲榮。"蘭公笑曰:"程、朱爲知縣得以免矣。"②

余曰:"中國衣冠之變,已百餘年矣。今天下惟吾東方略存舊制,而其入中國也,無識之輩莫不笑之。嗚呼!其忘本也。見帽帶則謂之類場戲,見頭髮則謂之類婦人,見大袖衣則謂之類和尚,豈不痛惜乎?"力闇笑曰:"類僧誠然,帽帶亦類僧耶?賴有髮耳③。中國之僧,夏天多戴笠子。"仍畫笠形,如我們所戴戰笠。而曰:"或藤或草或稷。"又問余曰:"帽頂以何物爲之?"余曰:"皆以銀。"力闇曰:"武官如此乎?"余曰:"然"。力闇曰:"不分品級之大小,皆一樣耶?"余曰:"然。國制惟以網巾貫子分品級耳。"力闇曰:"孔雀翎有分别耶?"余曰:"也一樣。"力闇指余服曰:"此私居便服耶?"余曰:"非也,此戎服也,戰陣之所着,而便服則皆大袖衣、冠方巾及各樣古制耳。"力闇曰:"金兄平時亦戴方巾耶?"余曰:"與我一樣。"蓋兩生來館時,惟余着方巾,故有此問耳。

余别以小紙書問曰:"近聞宫中有大事,舉朝波蕩云,兄輩亦聞之乎?"蘭公失色曰:"何以知之?"余曰:"豈無所聞乎?"蘭公曰:"我朝家法無廢立事。且皇太后有聖德,故賴以無事。滿人阿永阿極諫

---

① "蘭公曰……力闇曰",此部分據《乾净筆譚》補。
② "蘭公笑曰……得以免矣",此句據《乾净筆譚》補。
③ "賴有髮耳",此句據《乾净筆譚》補。

幾死，漢人無一人敢言者。可愧!”此時蘭公隨書隨裂，舉措慌忙。余曰：“妄恃眷愛，輕發此言，兄之驚動如是，請勿復敢言。”蘭公曰：“國朝法令甚嚴，此言一出必死。弟怕死，故自不覺如此。”余曰：“不然。同是中國之人，則此等酬酢亦何妨乎？但弟於兄輩雖曰密交，其中外之别自在也。兄之驚動亦無足怪也。”此時力闇與蘭公語，若相競者而不可解聽。蘭公曰：“不然，非爲中外之别也。弟平生怕死之人，是以不願爲官而歸老田間也。”力闇奮然曰：“天知地知子知我知，老兄何畏而有此妝撰？①”又曰②：“湛軒先生③篤實君子，汝以渠爲何等人耶？”又向蘭公大言之。蘭公變色，着急曰：“闇兄殊競氣。”余曰：“闇兄過矣。危行言遜，豈非聖訓乎？雖然蘭公“非中外”云云，欲以親我，而反疏我也。且兄若怕死，在今日爲舉人，則猶可也；在他日爲諫官，則吾不知其何所止泊也。誠如是也，不如早早歸田之爲無過也。余嘗以爲出身事君者，不能辨得一死，則其勢必無所不至矣。”力闇奮筆大書曰：“砍頭便砍頭，此嚴將軍語也。”又曰：“凡事總有個恰好處，此公袛是不恰好耳。”蘭公曰：“中庸不可能也。”又曰：“恐老兄之中庸，乃胡公也。”力闇又奮然曰：“‘既明且哲，以保其身’二句，誤盡天下好人。”又曰：“此雖宋大儒，我亦不能盡然之也，如程子之不論新法。”余曰：“此雖有爲而發，不免苛論。”蘭公曰：“此等皆悖謬之論。”余笑曰：“不用相激，由弟妄發，致此紛紛。”彼此皆笑而爲他語。

余以日本美濃紙二束示之，曰：“此是倭紙，曾見之否？”蘭公曰：“未曾見之。”余曰：“此不合於書畫耶？”蘭公曰：“紙品甚妙。”余曰：“此堅韌不及麗産，其品則不及華紙，而要之兼有二者之德。適入行中，聊以奉贈。”且以牛皮煎及丸劑前贈者又加，余因曰：“但欲以與

---

① “天知地知子知我知，老兄何畏而有此妝撰？”《乾净筆譚》作“天知地知，子知我知，老兄何畏？抑故意裝出此等情狀耶？我實看不得”。

② 又曰，此二字據《乾净筆譚》補。

③ 先生，此二字據《乾净筆譚》補。

朋友則求之,欲以獻親則不求,此其義安在?”蘭公笑曰:“异味得嘗,少許已足,多便不貴。”余亦笑曰:“多便不貴,誠有此理。兄之巧於護過,從而爲之辭,竊爲之惜焉。”蘭公笑曰:“弟知過矣。”余曰:“以中國之大,兄之細心,尚如此,我輩亦何足道哉?”兩人皆笑。余曰:“牛皮煎不甚貴,官府則處處有之。清心丸頗有奇效,而品亦多等。假者過半,其真者則祇出於宫劑,此最可用。北京人甚珍此物,雖明知其假,而求之不已,似亦略有效耳。”蘭公曰:“聞丸中有古冰在内,其信然耶?”余曰:“古冰何物也?”蘭公曰:“謂海中多年不化之冰。”余曰:“此誤傳也。”余即探囊取給。余曰:“日將暮矣。衙門之嗔可念,請告退。行期若在廿一,則未必再來。若至廿四,則當探貴處無冗,可以進敘,惟於行前頻頻通候可也。况雖會面,所以通情者不在口而在筆耶?”蘭公凄然曰:“生死永别矣。即使廿一,亦乞過我一談。”余曰:“非敢歇後也,以衙門之阻也。雖然,敢不極力圖之耶?”蘭公打圈於“極力圖之”四字。余曰:“此後祇有一日之期。四五時之内,將作何説話耶?祇增傷心。恐不如更不逢也。向送《高遠亭賦》體一篇,蕪拙可笑。但平日無所著述,此適記得,故聊以露醜。所謂高遠亭主人金鍾厚,字伯高,號直齋,亦我東儒者以貴胄退居讀書。其功課精篤,見識通敏,文詞亦高妙,時望甚重。篇末數句,所以益期其遠大,毋安於小成也。覽後幸斤示之。”力闇曰:“甚好。”力闇曰:“前蘭兄册上尊作四句,仍望書惠,以吾兄翰墨尤不可多得也。”余曰:“已書之下段,略有謝語,覽可悉也。”①力闇曰:“如吾兄之筆乃以人重,即極拙亦佳,將來可睹物懷人,况本不拙也②。”余曰:“睹物懷人之教,實是感切。但其奈人筆俱拙何?兄輩之眷愛至此,固不敢以兄輩爲面輸背笑,實未知緣何致此?或憐其一段愚直之性、好賢而由於中耶?”力闇變色曰:“弟輩推誠相與,而吾兄猶作此

① “力闇曰……覽可悉也”,此部分據《乾净筆譚》補。

② “况本不拙也”,此句據《乾净筆譚》補。

世情之談，然則吾兄殆不與弟相好耶？弟等豈惟不爲面輸背笑之人，實是中心誠服。弟可出一誓言，如敢胸中稍有一不然之念者，令我前程不吉。”又曰：“此語雖難，蘭公不敢强之使共矣。”蘭公曰：“如不中心誠服於兄者，非人類也。”[①]余曰：“自視缺然，乃有此言，豈敢疑兄輩？承此各出誓言，殆同春秋之咀盟。由弟多心致此過擧，可謂胥失之矣。但[②]兄輩每於弟以比擬不倫之語加之[③]，此弟所不能心服也。”力闇曰：“弟亦無他語，惟於别後時時提起念頭，力求進境。若時時有吾湛軒之在其旁而督責之，庶幾小有成就，以無負我良友於萬里之外而已。”余曰：“雖不敢當，感服之極。惟願兩兄居家盡孝友之行，勿爲俗人；爲學務真實之功，勿爲俗儒；則弟雖遠伏海外，永不相逢，其榮極矣，且不敢以爲恨矣。”力闇曰：“一切感佩之言，書不勝書則無可書[④]矣。”蘭公曰：“今日之談，弟二人多涉閑話，殊可笑殊可惜也。”余曰：“今日問答之紙亦并爲持去如何？”力闇曰：“但言語不倫，字畫欹斜可笑。”余曰：“歸後以此録出問答之語，以爲生前睹思之資，且以示之儕流，傳之後孫耳。”蘭公曰：“足徵古誼。然必擇其語稍可倫次者記之，不然見譏後人矣。”余曰：“知道。”兩人遍考問答，其稍涉忌諱者，或裂而取之，或全取之，勢不可挽止之。此則前後皆如是焉。遂相别而歸。

（二月）二十三日，門禁解，與平仲往[⑤]。至則聞[⑥]有客在座，逡巡不欲遽進。與平仲相議還歸，不欲貽其疑。撓少頃[⑦]，蘭公出門歡

---

① “弟可出一誓言……非人類也”，此部分據《乾净筆譚》補。

② “自視缺然……但”，此部分據《乾净筆譚》補。

③ 加之，此二字據《乾净筆譚》補。

④ 則無可書，此句據《乾净筆譚》補。

⑤ 與平仲往，《乾净筆譚》作“與平仲促飯而出”。

⑥ 至則聞，此三字據《乾净筆譚》補。

⑦ “與平仲……撓少頃”，此部分據《乾净筆譚》補。

迎曰:"不妨。"[①]遂同入。則力闇又爲相携就坐。見炕上有綃畫幾幅,書帙堆散[②]。時[③]蘭公有忙色,曰:"數日不得一見,相念甚苦。"又曰[④]:"昨日陸解元到京,弟以吾輩訂交唱和事一一詳言之,并出詩札相示。渠聞之,悵恨到京之遲,不得訂交。即於燈下作畫五幅及札一通,擬呈三大人及二兄。其人高雅絶世,同在此間,可以相會如何?"余曰:"此作《蓮花》詩者陸先生耶?"蘭公喜曰:"然。"余曰:"見其詩,願見而不可得。天幸近臨,豈非吾輩之厚緣?"

力闇曰:"此公吾輩所仰重者。其人品學術,足爲吾輩師法。"乃以其書示之,書曰:"陸飛啓:此行自恨來遲,不及一親言論風采,生平第一缺陷事也。午後甫克解鞍客邸,入門未及他語,力闇、秋庫即歷叙與諸公往來情事,亹亹不休,并出諸公手迹,長篇短頁,縱横几案,觸目琳琅,應接不暇。力闇、秋庫又從傍稱述種種,耳目俱勞,兩官并用。又如讀龍門佳傳,夾叙事狀議論,傾倒忭舞,莫可言狀。聞諸公使事有緒,將次就道。形格勢阻,想匆匆不獲一出,而飛又初到此間,俗務糾纏,漫無條理,恐終無見理也。但生平以朋友爲命,況值海上异人且不止一人,如竟不獲附力闇、秋庫之末,則此二人者,飛終身抱不解之妒矣。腸熱如火,一版傾寫之意無可發泄,遂忘其拙,用絹五幅,燃燭作畫,聊代羔雁。畫竟,時漏下已三鼓。工拙不足言,但此時濡筆揮灑,不特忘日間車馬之勞,并不覺更漏之促,其心可想矣。人生會合,定是有緣有數,不可勉强,然安知今日不會,非他日相見之根?安知此生不會,再世不大會乎?見後相思與不見相思,同一無窮,而不見之相思更深於見。且有相思之致而無離别之

① "蘭公出門歡迎曰:'不妨。'"此句《乾净筆譚》作"蘭公走出至門,握手歡迎,揖請入去。余辭曰:'有客,不敢進去。'蘭公曰:'不妨,不妨'"。

② "遂同入……書帙堆散",此部分《乾净筆譚》作"遂同入。至内門,力闇又出迎,相携就坐。見炕上下生綃新畫四五幅及書帙堆散"。

③ 時,此字據《乾净筆譚》補。

④ "數日……又曰",此部分據《乾净筆譚》補。

苦,省却多少兒女之態,正不必定以相見不相見較優劣也。譬之讀古人書,古人豈可見?而尚友之志則如或見之。使此生白首數千里外,各各胸中有某名某姓其人,則飛與諸公皆未往之古人也,何幸如之!拙稿五册,并呈分諸公。此飛臨行時猝刻也,不特字迹潦草,且多錯誤,未及校正。其一切未妥處,祈進而教之。稿中有題《自畫荷風竹露草堂圖》,是飛敝廬。不拘詩文,能各賜一篇,拜貺良多。有《忠天廟畫壁歌》,能各賜一篇,則跪拜受之,感且不朽。陸飛再拜啓。丙戌二月二十二日夜。"

看畢,平仲大喜曰:"弟等當趨拜。"蘭公曰:"何必進去?"即走出。余與平仲出未及門,陸解元已掀簾而入矣。爲人軀幹短少而肥,面白晳,風儀偉然,向吾輩微笑,舉手而揖。余肅揖致敬。解元以手扶策之。至炕下,讓登。力闇曰:"都係至好,遠客上坐。"平仲曰:"同爲客也,何擇遠近?祇以年齒爲先。"余謂平仲且徇俗,不必以虚禮相拘。余遂與平仲先登,負壁坐於桌之左右。解元坐於余之下,蘭公坐於平仲之下,力闇别以椅子當炕而坐。

余曰:"仰聲久矣,幸此承顔,驚喜之極。第蒙謬愛,愧無以仰答。"平仲曰:"海隅鯫生,偶入中國,獲拜二友,遂爲知己。頃覽瓊篇,願一見之。不意今日瞻望雅儀,此必有神鬼之助也。"解元曰:"昨日一到,即傾倒欲狂。自分不得相見,得見實屬非常之幸。"余曰:"吾輩歸期决以初一,不料其遷就若是。歸心如箭,宜其爲鬱,惟以更會二兄尚有餘期爲幸。今又獲拜陸先生,是天與之便。"

解元曰:"昨力闇、秋庫極道理學大儒,願爲弟子不暇,今忽作①此稱呼,是鄙棄我耶?"余曰:"今承盛教,非我棄長者,長者棄我也。"諸人皆笑。解元曰:"如此便糾纏世故不了矣。竟訂交何如?"余曰:"敢不惟命。"解元曰:"我年四十八。金公貴庚多少?"平仲曰:"四十九。"解元曰:"吾兄也。"平仲曰:"不敢辭也。"解元又問余曰:"貴庚

① 作,此字據《乾净筆譚》補。

多少?”余曰:“三十六。”解元曰:“然則吾弟也。”余笑曰:“亦不敢辭也。”諸人皆笑。余曰:“此會實千古奇緣。”陸解元,字起潛,號筱飲。起潛曰:“力闇與我等雖入名場,本無榮慕,今日便是此生絶大遭逢,誠如所言。”余曰:“陸丈開懷喜接,可見長者風。”蘭公曰:“善笑乃陸丈家學。”[①]起潛曰:“人世難逢開口笑,見諸公不得不喜。”余曰:“金兄粗心大談,絶無東國氣味,此可爲兄輩所取。”起潛笑而指“粗心大談”四字,曰:“是我輩。”力闇以詩稿五册、絹畫五幅示我輩,曰:“陸兄詩稿送三大人三本,二兄分領一本,其五幅絹畫亦如之。”蘭公展其畫而示之,皆水墨亂草,筆畫雄偉。蘭公指二幅畫曰:“此瀑布,此雲氣。”蓋益奇壯也。力闇曰:“此皆昨夜燈下所畫,至三更始畢。”余看畢曰:“謹當領歸,若奉圭璧。衹恨疏拙無以贊揚。此是遊藝之一端,宜不足爲盛德之能事。知者觀其心,畫亦或窺其萬一。昔宋時域外問朱先生安否,傳者至今榮之。如是則外國有尊仰之者,益有光於君子。歸以傳之海東,佇見他日有問陸先生安否也。”起潛曰:“小道僅供遊戲,何足爲輕重?雕蟲篆刻,丈夫不爲,徒取笑耳。如海東亦須此覆醬瓿,則可矣。”

余與平仲看其詩稿,起潛曰:“拙稿此時不必看,且談。”平仲曰:“弟於凡事庸陋極矣。今於瓊篇,不敢辭聞一知十也。”起潛曰:“昨讀大作,豪逸真切,蘇長公之流也,拜服拜服。”平仲曰:“不敢,何其過褒之若是也?”起潛指其詩稿中《忠天廟》詩曰:“忠天廟是里社中祀。社神是隋唐時越國公汪華。後殿畫壁是先曾祖手迹,乞諸公不拘詩文寵光,當勒石不朽。”力闇曰:“洪兄不喜作詩,竟懇其作騷體數韻何如?洪兄騷體不減屈宋也。”起潛曰:“屈子忠愛,亦是道學。”余曰:“謹與金兄歸而圖之於行前。但平生於著述拙澀無雙,恐不及構出耳。”余曰:“願聞壁畫是何物?先先生平日行迹略示之,兼以寓尊仰之意。”起潛曰:“壁畫是諸天神佛,今已模糊不復可辨。先曾祖

① “蘭公曰:‘善笑乃陸丈家學。’”此句據《乾净筆譚》補。

諱瀚，字少微，號雪酣道人。值明季，隱於畫，壽亦不長。別無見於時，畫名至今在人口。但贋本甚多，拙詩中已具大略。尊仰之意不敢當。但以我輩相遇之情作原起，及見拙詩有此題云云可矣。西湖爲吾杭名勝，諸兄定必神往①，或以此作波瀾何如？”平仲曰：“弟在東國聞西湖名勝，神往者已久，而每嘆無路一見，破此宿願。何幸今日遇闇、蘭二兄，披襟瀉懷，已至忘形。所謂西湖十景，風斯在下。志氣暢快，其樂無窮。雖不見錢塘亦無所恨。又得陸兄於二兄之座，天下豈有如此樂事？但筆不如舌，猶不能傾瀉所蘊，是可恨也。所示事當極意仰副。而今來大國，若非兄輩，或能全其拙而歸矣。以兄之故，弟之醜陋秋毫不能掩作。天下愚弄之人，此所謂‘靡君之故，胡爲乎泥中’者也。”諸人皆笑。

力闇曰：“其家有荷風竹露草堂。前植叢篠，後一大池，遍種芙蓉。群書插架，籤秩縱橫。此公偃仰其中，享盡人間清福，不可不乞一語以題其草堂。”起潛曰：“三大人亦望爲我乞言，可乎？”余曰：“當致盛意。”

起潛謂余曰：“聞兄宗朱，我則陸學，奈何？”余曰：“陸先生之學非陸學而何？”諸人大笑。余曰：“陸丈是象山之後耶？”曰：“不然。”力闇曰：“前日書贈‘尊德性’二語，終身佩服。”起潛曰：“此是正論，原不當分爲二。”余曰：“鄙書是已陳蒭狗，何足爲奇？不當分二之教，恐是不易之論。”

余又曰：“弟於二兄妄有贈别語數十字，方在懷中，兼以請教於陸丈可乎？”起潛曰：“丈丈不休，何也？始終見棄耶？後竟稱兄②。”余曰：“年長十二，非丈耶？是乃兄事之也。”起潛曰：“我國不然。丈尊於兄，後竟稱兄。”余曰：“東俗平交始稱兄，恐各從其俗。”

力闇請見贈語，余出諸懷中而與之，起潛展讀之。其贈蘭公曰：

① 往，此字據《乾净筆譚》補。

② “後竟稱兄”，此句據《乾净筆譚》補。

"仁者之别必贈以言,余何敢當?雖然,吾輩將生死别矣,其無可言乎?太上修己而安人,其次善道而立教,最下者著書而圖不朽,外此者求利達而已。苟求利達而已,亦將何所不至哉?仕有時乎爲榮,亦有時乎爲耻。立乎人之本朝,而志不在乎三代之禮樂,是爲容悦也,是爲富且貴也。此而不知耻,其難與言矣。有高才,能文章,而無德以將之,或贏得薄幸名,或陷爲輕薄子。若是乎才不可恃而德不可緩也。非寡欲無以養心,非威重無以善學。任重而道遠,凡我同志,奈何不敬。善惡萌於中而吉凶著於外。如欲進德而修業,蓋亦反求諸己而已矣。"

起潛看畢,曰:"寫一張與我作座右銘常目[①]。"又曰:"竟是正蒙,不特其文之似而已。"

又讀《贈力闇》語曰:

> 維杭有山,可采可茹。維杭有水,可濯可漁。文武之道,布在方册,可卷而舒。子弟從之,可觀厥成。優哉遊哉,可以終吾生。
>
> 夫道一則專,專則静,静則明生焉。明生焉而物乃照矣。
>
> 止水明鑒,體之立也。開物成務,用之達也。專於體者,佛氏之逃空也。專於用者,俗儒之趨利也。
>
> 朱子後孔子也。微夫子吾誰與歸?雖然,依樣苟同者,佞也。强意立异者,賊也。

看畢,力闇喜色溢於貌,以隸字書於簡面曰:"湛軒先生臨别贈言。垂示後孫,永以爲寶。"蘭公憮然。少頃,曰:"大訓真乃對症之藥,當終身敬佩。"余曰:"弟於二兄愛之切,故望之深。義在納誨,不敢爲遊辭贊嘆。言雖蕪拙,其義則有稽。幸勿以人廢言。"力闇曰:"弟謹

① 常目,《乾净筆譚》作"必要"。

以作終身韋弦之佩。但見贈蘭兄語深切著明,不特爲蘭兄對症之藥,而弟亦讀之悚然。更望作一小幅,不必佳紙。但重吾兄手迹,俾得粘之座右,觸目警心,念兹在兹,庶幾稍有進益,則拜兄之賜更大矣。即弟亦頗於'威重'二字有缺。"

余曰:"古云:有諸己而後求諸人。若是則己所不能者,終不可以責之於友乎?請諸兄明教之。"蘭公曰:"箴規見古人之誼,但必繼以謙辭,則猶涉世情也。"余曰:"此是泛論道理。"力闇曰:"即使誠如尊教,則亦當不以人廢言。况以兄之誠中形外者耶?"余曰:"有諸己求諸人,恐與責善相將之義并行而不悖。若以己不能而終不可以責諸友,則不幾於交相瘉乎?恐責乎人,而己亦因此而自勉,乃不悖古義。未知如何?"力闇曰:"今時能以古義相勖者寥寥矣。即無諸己而能作爾語者亦少。吾兄自以爲無諸己而責諸人,弟則以爲兄固有諸己而求諸人者也。此後不必多謙。"起潛曰:"總是'責善'二字盡之,原不必論有無。"

平仲有詩曰:"金玉其人錦綉腸,西湖秀氣見潘郎。公車一擢聲名早,客館初迎坐處香。自喜奇逢應有助,祇憐佳會未能長。平生作别常無淚,今日同君灑夕陽。"平仲曰:"此乃别潘兄之詩,幸賜批教也。"蘭公曰:"詩與情俱令人涕泗。然首四句未免過褒。"起潛笑曰:"今公見女子亦作女子態耶?"蓋以蘭公貌類婦人也。諸人皆大笑。力闇曰:"此二紙係他人仰慕法書。不拘幾字,隨意一揮應之,款書尊名。"平仲曰:"是何教也?弟筆醜陋,祇可表情而已。"言未畢,兩人又苦請不已,余亦勸之。平仲乃以半行各書唐詩一絶,皆稱好不已。平仲曰:"不能違命,自處以善書,恣意揮灑,人間又有如此狂率者乎?二兄適足使愚弟露盡馬脚而少不惜焉,還爲慨然。"

蘭公大笑曰:"正欲使兄如此以供笑謔耳。"力闇曰:"弟以爲張長史不是過也。"蘭公又戲曰:"教云'馬脚',吾兄妙腕乃與驥足争能耶?"平仲曰:"'馬脚'二字之妄發甘受焉。"蘭公曰:"兄作書有追風逐電之勢,'馬脚'二字乃絶妙評語,非妄語也。"平仲謂力闇曰:"頃惠《養虚記》,可謂擲地作金石聲。然東方邦禁至嚴,酒之一字,初不行於國中矣。既受吾兄之文字,不但深藏篋中以爲傳寶,亦欲誇耀人目與知者道,此乃人情之常也。未知將奈何?”力闇曰:“然則另撰一篇,諱却酒字耶?酒亦何必諱?《論語》言酒不一,然則孔子非耶?”平仲曰:“嗜酒之酒字①不必改,飲酒之酒决不可。少去模棱,而不顯言之也。”力闇曰:“文章波瀾不無假借。若去飲邊高趣,頗少興致。今早陸兄亦獨賞此段,去之似減風味矣。”起潛曰:“不言邦禁,但以近止酒爲言,何如?”平仲曰:“‘止酒’二字非老實矣。”起潛曰:“然則無可如何矣。”力闇曰:“金兄嗜酒,而邦禁如此之嚴,何以過日耶?”平仲曰:“生不如死矣。”起潛大笑,曰:“酒鬼。”一座大笑。力闇曰:“傷哉!傷哉!速死投生中國爲幸。”蘭公曰:“若生中國,宜生於浙江,有紹興酒日日可飲。”起潛曰:“我亦欲東遊,如此我以海東爲白蓮社矣。”力闇曰:“金兄必屢屢潛飲者。吾將出首,故以記文揚其惡耳。”諸人皆笑。蘭公曰:“前日弟札云:祇用管仲之器。今日請用管仲如何?”平仲曰:“非但管仲之器。雖蠡管之用,無可奈何。”又曰:“拘於邦禁,自挫風味,可悲矣。”起潛曰:“洪兄涓滴不近口耶?”余曰:“素不飲,非徒守禁。”起潛曰:“然則并惡人飲耶?”余笑曰:“我自不飲,何可惡人飲酒?直惡不顧邦禁者耳。”諸人皆笑。起潛曰:“作《離騷》者本自獨醒。”蘭公曰:“今日潛飲如何?”平仲曰:“洪兄每戒之,故洪兄在坐,不敢言酒。今日則洪兄亦無奈我何矣。”起潛曰:“燕會何以爲歡?”余曰:“十餘年間國内薦匈,禁酒甚嚴。但此終非永禁之物,故嗜之者亦多潛飲,蓋以其罪不至於死也。燕會則無敢公然用之,以此時象蕭索,少樂世風味,然無可奈何矣。”起潛曰:“近來亦豐稔有年否?”余曰:“近年不甚匈歉。而以禁之已久,姑不變舊耳。”余曰:“今日之會,無酒不可以爲歡。雖有邦禁,既在疆域之外,亦或有從權之道。於金兄則雖不必勸之飲,亦不欲挽而沮之矣。”又

① 字,此字據《乾净筆譚》補。

笑曰[1]:"酒鬼易魘人,如令一醉酸餘,則幸矣。"諸人皆笑。起潛曰:"如此許之飲矣。飲後見三大人無妨否?"余曰:"有天下奇會,當以天下奇事應之,何可執一論也?"

蘭公曰:"歡伯至矣,請停筆墨。"遂設蔬果及肉湯數器於桌,各置小鍾於前,僕人暖酒而斟之。時有客至,余起而欲下,皆挽而止之。客即就坐。蘭公曰:"此山西韓兄,聞二兄名,故來訪。"力闇曰:"此山西友亦是會試同寓者。"余略以語叙寒暄,其人驚謂力闇曰:"他也會説我們的話。"力闇有答語,概言字同而音异。土話之不同,彼我一也。起潛曰:"金兄能飲,幾何而醉?"余曰:"他户頗寬,但數鍾亦醉,多發狂言。"平仲曰:"其狂不可及。"起潛曰:"次公不飲而狂,何必酒?"平仲曰:"不飲而狂,飲後反不狂。"起潛曰:"海東昔日酒何酒?亦如紅毛燒酒類耶?"余曰:"東方多稻米,故酒亦稱美。紅露諸種俱,有其稱。桂醣酒者甚烈,嗜飲多傷人。"平仲曰:"大抵東國之酒峻烈倍勝於中國。"起潛曰:"近來交趾桂真者絶貴。海東所作牛皮膏及清心丸,是真交趾桂耶?"余曰:"肉桂則絶已久矣,但以皮之厚者代之。皆買於京市,其真假何以知之?"起潛曰:"皮厚者此間不重,總以肉厚爲貴。"余曰:"南邊尚有真肉桂耶?"起潛曰:"真者竟難得。皮厚之桂,此間治疾斷不敢用,是以用亦甚小。以真者引火歸源,假者發火。東國所用既非真肉桂,用之不發火耶?"余曰:"雖無形現之害,安知其無潛滋暗長耶?"起潛曰:"東國藥料俱購自中國,亦别有土産?"余曰:"出自土産,可是十之爲六七。"起潛曰:"航海行幾日,不以爲苦耶?"平仲曰:"前朝則遼東路塞,故航海矣。今則祇渡鴨江。大抵去京爲三千七百里矣。"起潛曰:"去遼東幾許?"余曰:"五百餘里。"起潛曰:"東國藏書,前朝實録以及野史頗備否?"余曰:"明史及本末等書,多有出去者,野史亦或有之。"此時各以小鍾隨飲隨斟。蘭公親執一鍾置余前,而勸余曰:"請飲三杯,不

① 又笑曰,此三字據《乾净筆譚》補。

敢多勸。"余曰:"弟則素不飲矣,不必强之。且但識酒中趣,何必杯中物?"起潛曰:"我代飲。"諸人皆笑。平仲曰:"欲代洪兄,是欲倍飲也。吾與洪兄同來,欲奪陸兄今日之政耳。"起潛曰:"然則我并代金兄如何?"滿座皆絶倒。余呼茶,每諸人飲酒,必呼茶代之,曰:"以茶代酒,弟之風流掃地盡矣。"皆笑①。起潛曰:"兄衣四面俱開,亦是前明制耶?"余曰:"此乃戎服。似是明制而不敢質言。官者朝服及士子道袍,大抵襲明制耳。"

力闇曰:"前日書久未答,終當有以報之。《小序》决不可廢。朱子於《詩》注實多踳駁,不敢從同也。"蘭公曰:"朱子廢《小序》多本鄭漁仲。"余曰:"漁仲誰也?"蘭公曰:"名樵,號夾漈,閩人。有《通志》。"余曰:"弟則於《小序》,非敢蹈襲前言,非敢掩護朱子。看其言儘無據,幸兄詳示以破蒙。"起潛曰:"老弟宗朱極是,然廢《小序》,必不能强解也。"蘭公曰:"即如《白駒》之詩,朱子注云:'嘉客猶逍遥也。'朱子注如此類極多,果是耶?"余曰:"訓詁諒有餘憾,終不掩其大體之好。"

起潛曰:"此事甚少,然此類甚多。即以《小序》論,馬端臨詆朱不遺餘力,其言甚辨。以鄙意論之,《小序》去古不遠,似有所本。古人師授一脉相傳。如齊魯韓三家各有所本,其實分道揚鑣。當時存之學宫,俱不廢。此不特見古人尊經,亦是信以傳信,疑以傳疑之意。而朱子斷以己意,始廢《小序》。其實他處宗《小序》頗多,獨於鄭衛則據'鄭聲淫'一語,遂并置爲淫詩。聲淫非詩淫,昔人已辨之矣。如以爲淫,則夫子删詩,本以教人。譬之父兄師長,欲教人以不淫,乃臚列其人其事,以爲某也如是之淫,淫者之語如是其有情,則已不復成莊語矣。雖僮僕亦應笑之,曾謂聖人而如是乎?且即以淫詩,則不特伯叔君子與狂童狂且一例無别,而'既見君子'等語,反不若'吉士誘之''且舒而兑兑'云云;亦何异於後世詞曲所謂'悄悄''冥冥''潛潛'等等者,而必以爲被文王之化而必奪彼與此耶?則其

① 皆笑,此二字據《乾净筆譚》補。

説先已不可通矣。鄙意朱子注書甚多,或不無門人手作。則有《小序》無《小序》,或不足爲朱子輕重可耳。"

蘭公曰:"朱子《詩》注多云'未詳'。又即本詩略添一二虚字,便算是注。如必以朱子自注者,恐欲宗朱而反有累於朱也。"又曰:"《南有喬木》之注云:'非復前日之可求矣。'試問前日之求有何别耶?"又曰:"朱子無不是者。《詩》注恐出門人之作。"力闇曰:"弟年十二三時,讀至《葛覃》詩注:'葛葉方盛,而有黄鳥鳴於其上也。'不覺大笑。此詩三句一段。'萋萋'叶'喈喈',則黄鳥自鳴於灌木之上耳,於葛葉何預?此雖其細已甚,然亦見其非出於朱子之手矣。此語從來無人説及,祇鄙人以爲不然耳。又'八月剥棗,十月穫稻'二句,朱子音'棗'爲'走',叶'稻'爲'徒口反',而不知'棗''稻'一韻,'酒''壽'一韻。即欲叶韻,則'酒''壽'獨不可讀若'湫''濤'乎?經中音切多誤,不可枚舉。此決爲朱子門人手筆,或晚年未定之本,非如《學》《庸》《語》《孟》之爲鐵板注疏也。必以其爲朱子,而如手足之護頭目,遂無一語之敢議,亦過矣。自明迄今,大儒代有,皆以爲漢人去古未遠,皆尊《小序》,不容朱子一人起而廢之。凡屬鄭衛之詩概指爲淫奔之詩,而不知鄭衛之淫者其音也,而非詩也。此類辨甚多,一時不能記憶,惟高明詳察。"余曰:"此不可以口舌争,請歸而詳覽諸教。或有妄見,當以奉復也。"皆曰善①。

此時酒行已餘十鍾矣。平仲發詩令分韻。余曰:"弟不能詩。且不飲酒者,不必入於詩令。"平仲見起潛飲酒,曰:"豪哉!"起潛曰:"於此不用吾飲,惡乎用吾飲?待酒不來,先請詩。"平仲曰:"好,好。如詩不成,罰依金谷酒數。"起潛曰:"我願罰。"力闇曰:"罰祇三杯,不許多飲。"起潛笑曰:"一犯再犯三犯。"皆笑。蘭公曰:"詩成酒盡,悵如之何?"時②諸人皆以小鍾,獨於平仲以大碗勸之。平仲不辭,一

① "皆曰善",此句據《乾净筆譚》補。

② 時,此字據《乾净筆譚》補。

飲而盡。起潛曰:“太速。”余曰:“東方飲法自來如此,不如中國之約謹。”起潛曰:“一飲而盡甚易,能不出而吐之否?”又曰:“我亦欲一豪,力、庫二人衹作不知,可惡。”二人大笑①。時以大碗滿斟而進之,起潛亦一飲而盡,曰:“何如?”余曰:“將與之角勝耶?”起潛曰:“爲歡耳。今日之飲,吾生平亦不多得也。”平仲打圈於起潛之語,拊起潛之背曰:“吾在東方,寧其獨醉,鮮與人飲酒樂矣。今日與兄輩相樂,非但吾輩之有光,抑兄輩之勝事。”諸人皆笑。平仲曰:“顧侯在坐,令人不樂。”力闇曰:“何謂所指耶?”平仲曰:“顧雍性嚴不飲酒。”力闇笑曰:“湛軒可謂時中之聖矣。”時諸人皆醉矣,不必與之辨,故余亦笑曰:“聖則吾不能。”起潛指“時中”云云,曰:“太過。”又曰:“賢者在聖人之世,其仲弓夫子之流歟?”余亦笑而不語。平仲謂起潛曰:“俄謂吾兄與弟襟期相吻,今乃大覺兄不如我也。我則不動聲色而大器自來,兄則多般威喝而大器始來。兄我之以德以政,於此判矣。”起潛笑曰:“此東國中國之别也。”平仲曰:“如此則東國之幸。”起潛曰:“偶然耳。”平仲曰:“君子以德化人,吾兄以威制之。”起潛笑曰:“齊之以刑,不如道之以德。”平仲熟視韓生曰:“觀此兄亦好襟期也。”韓生笑曰:“襟期何好?但豪飲耳。”力闇曰:“若襟期不好,則京師之人如牛毛,弟亦不相與之矣。而彼亦安能望見顔色、奔走若謁耶?”一座皆笑。平仲謂力闇曰:“見君之杯,可謂翺翔於蓬蒿之間矣,何必用管仲之器?或曰‘儉’,孔子曰:‘不知禮。’”力闇笑曰:“我於管仲有何愛?愛見齊桓一口吞。”蓋取桓公之名“小白”也。起潛曰:“我善養吾浩然之氣。其爲器也,塞於天地之間。”力闇曰:“我衹求早發,不願晚成。”蓋取“大器晚成”之語耳。平仲曰:“我則能大能小,所謂‘君子不器’也。”起潛曰:“狂語不須删,此樂可忘死。小大亦不拘,能器吾許汝。”平仲曰:“所以吾不器,君則争大小。”起潛曰:“大小且莫争,衹要不亂好。聖人學一半,止無量罷了。”力闇曰:“樂

① “起潛曰……二人大笑”,此部分據《乾净筆譚》補。

極。”平仲曰：“此樂莫爲醒者傳。”起潛曰：“聖人惟酒無量，不及亂。即此便是聖人，此事并不由勉强，故云‘天縱’。”平仲曰：“雖無聖人語，我本不及亂。”又曰：“正聲何茫茫。”力闇曰：“邪話方衮衮。”蘭公繼曰：“酒氣實在香，力老殊荒唐。”時又以燒酒繼之，平仲曰：“味雖至好，而雜飲之，則及其歸宿，迷於税駕矣。幸二兄恕之也。”諸人不聽，强勸不已。力闇、蘭公十餘鍾後不復飲，韓生已不勝而逃席，惟起潛與平仲痛飲不已。起潛益豪放，平仲已亂矣。諸人解衣盤礴，旁若無人。一言之發，滿座皆笑。起潛曰：“今日不意竟有如此快聚，昨日之書便如夢中語矣。始信天下事不可以意逆也。任天而動，必有得意處。何如？”余笑曰：“萬事分皆定，浮生空自忙。”此時平仲頗不省事。余咎其不自量，且言於諸人，請愛人以德，遂輟去杯酌。平仲曰：“樂已極矣，更以請誨嘉言，以畢其樂如何？”蘭公曰：“曲終奏雅。”平仲曰：“余亦談者，安知其必保其終也？”起潛曰：“所謂口頭禪。”平仲曰：“余非口頭禪，終不免於斯世之鄉願耳。”力闇曰：“鄉願即村夫别名。”平仲曰：“鄉願德之賊，而今日不可無王霸并用矣。”又曰：“陸兄之字，醉不能記，亦可自反也，更示也。”起潛笑曰：“勿爲醒者傳。”

起潛曰：“子静於尊德性居多，某却於道問學居多，朱意如是矣。”又曰：“陸之學亦有是否？”余曰：“朱子之所畏也。”起潛曰：“朱陸分尊德性、道問學，原本朱子。後人務尊朱而攻陸偏否，當日朱陸必無如此門户見解。”

余曰：“愚未見陸集，未知其學之淺深，不敢妄論。惟朱子之學，則竊以爲中正無偏，真是孔孟正脉。子静如真有差异，則後學之公論，無怪其擯斥。但名爲宗朱者多偏於問學，終歸於訓詁末學，反不如宗陸之用功於内，猶有所得也。此最可畏耳。”

起潛曰：“我不知學，於二家之學亦并未深究。但看後世宗朱宗陸，紛紛議論，全是血氣。而陸之後爲陽明，其事功炫赫，絶非空虚之事，而人必詆之爲禪。其不爲禪者，乃絶無所表見以外之事功。

而驗中之所得，良知亦未可盡非也。得兄之言，至爲持平，心服矣。"

余曰："歸而思之，當有以反復也。"平仲曰："弟則不知朱學陸學爲何如，而惟以入孝出恭、愛君如父爲一大公案。大抵聖道之爲宗，雖得其中；而末流之失傳，得其皮膚；各自爲岐，皆不能超然遠觀矣。弟在東夷，頗學古聖書，自不無慷慨之意耳。"

力闇始見平仲爲朱陸云云語，曰："金兄亦思講學耶？恐不足當洪兄訶斥。"蓋日前余以平仲之誤解謹獨，謂之大錯，力闇蓋以此戲之也。蘭公曰："金兄不講學，而所言已得聖賢下手處。虚談性命，誠何益也？"平仲曰："兄安能識余不講學也？弟則已自許到聖域。舜何人？我何人？"一座大笑。力闇指"到聖域"云云，曰："美哉！美哉！"平仲又曰："人之善惡，惟在一心而已。天性人皆所賦也。而一'欲'字爲善惡，吾則得其善而已。"一座又笑。力闇指"惟在一心"云云，曰："此陸學也。"又大笑。平仲又曰："前言皆戲耳。大抵人無私欲則百善皆明。人有私欲而專以文字相掩護，則相對未及深識，而分手之後，自有百世公論。兄必後思我而無及矣。雖無及矣，當柰何？"一座又大笑。力闇又曰："我亦云然。"又大笑。蘭公謂平仲曰："金兄何不日日過我一飲？"起潛亦曰："明日過我飲乎？"平仲曰："雖欲一日百過，何敢辭？或不無煩瑣之患耶？"起潛曰："又作客氣語，公殆不可與飲者。"平仲曰："弟何客氣，終有所未妥。若無累於吾友，則弟何辭也？"蘭公曰："先生若肯頻來飲，俗子相猜不足憂。"是時平仲脱帽解帶，攘臂揮筆，語無頭緒。余累次催歸，而反以戲言加之，略不關聽。余以歸事關心，默坐不能言笑。力闇曰："純粹以精，洪兄是也。"蘭公曰："時中之聖。"余皆笑而不答。起潛知余催歸，謂余曰："老弟太不達情，何如是急？"時德裕已雇車待於門外，日已晚矣。余曰："去來皆有關由處。且金兄醉矣，尤難久坐。"[①]起潛亦笑

① "去來……尤難久坐"，此部分《乾净筆譚》作"太晚。吾輩生事可慮，請止酬酢"。

而不應，不得已與力闇、蘭公少坐於椅上[①]，遂收《筱飲詩稿》、綃畫及談草。力闇指《贈蘭公》語更書一幅云云，曰："此事許之否？"余笑曰："此文具耳，似不必屑屑爾。"力闇又懇請不已[②]。蘭公向余有言，余未解聽，蘭公書桌上曰："盛德君子。"余曰："謂誰？"蘭公笑而指余[③]。余曰："兄之愚弄人如是？"蘭公掉頭曰："不是，不是。"又書曰："賢者。"余色頗不平。蘭公[④]又書曰："然則金是狂，兄是狷。"余笑曰："也罷了。"[⑤]一座大笑[⑥]。余扶平仲而出，兩君與起潛送於門，又相笑謔，歡聲如雷。時店内觀者頗多，莫不大笑[⑦]。余扶平仲登車，戒以歸卧，勿與人接。余入季父炕，適兩使會坐，余具告之故，且出詩畫，皆嗟异之。平仲少頃出來，語無倫次。副使覺之，謂余曰："君非愛人以德。"余謝曰："誠如尊教。但今日之事，不可以常理論之。"副使還笑無語。

(二月)二十六日，與平仲早食，待門開即出。至則筱飲、力闇出迎，皆笑容可掬。入就坐，余曰："蘭兄何以不在？"力闇曰："他夜宿他處未還。"起潛即起去。力闇曰："筱飲此文昨已告成，因夜間睡不着，復加改竄，此刻另脱稿耳。"余曰："弟等初一當起身，再來未可必，今日恐是長别。潘兄如不可早歸，豈不悵惜？"力闇指"長别"云云，曰："此句不忍看。"又曰："潘兄原説昨日必歸，至晚忽來覆云：'要待明日。'看來今日渠知二兄必來，萬無不早歸之理，而此刻未至，殊爲詫异。"又曰："湛軒來書纏綿悱惻，意味無窮。而弟等大約塵務倥偬之時，以致奉答之書多不得長。祇因尊僕在前，立刻寫就，

① "起潛亦笑……少坐於椅上"，此句據《乾净筆譚》補。

② "力闇……懇請不已"，此部分據《乾净筆譚》補。

③ "余曰……蘭公笑而指余"，此部分據《乾净筆譚》補。

④ 蘭公，此二字據《乾净筆譚》補。

⑤ "余笑曰：'也罷了。'"此句據《乾净筆譚》補。

⑥ "一座大笑"，《乾净筆譚》作"兩君皆笑"。

⑦ "余扶平仲而出……莫不大笑"，此部分據《乾净筆譚》補。

卒不得一從容時候,以盡生平之懷。今當長别,必擬作一書奉寄,如何?①”余曰:“甚好。”②筱飲以《記》草示之,略有商確之語。余曰:“此儀不用激水之制,而記以水爲言,雖若失實;本制既用激水,以此説去,亦似無妨。”起潜曰:“然則運之若何?”余曰:“《記事》中已略及之,此即自鳴鍾牙輪互激之制。此激水甚簡要。”起潜乃於其下更添數十字,略云“不待水而運之,妙合天道,孰主張是”云云。余曰:“此以記之本體言之,則當備叙其事實及儀之機軸。今此文大抵脱略,且以水喻道,初非專以激水言。以此終之,似近突兀。且言水一段頓失生氣,不必添之也。”起潜又盡去言水一段,而以牙輪云云終之,曰:“既非激水,終未免失實。”余曰:“此等文體亦當有之。且言水一段文氣甚健,棄之可惜。”起潜頷之③。余謂力闇曰:“請訴鄙悃:弟於兄欽仰非不切,不敢爲一毫贊嘆語,乃將以友道自處也。惟兄於弟多以不倫之語加之,如‘時中’‘純粹’等字。此何等題目?而遽以此稱之,是兄不是相處以友,乃以此爲眼前一玩戲之物,此豈所望於吾兄者耶?且‘騷體不减屈宋’云者,君子樞機之發,恐不當若是率爾也。如何?”力闇曰:“在弟眼中心中,衹覺得吾兄無一毫欠缺,事事恰好,故不覺以‘時中’二字嘆之,亦不合此二字,古來魯加於孔子則爲不倫矣④。而其實時中亦有大小。此時吾兄事事適宜,亦何不可謂之時中乎?屈宋云云,此實中心之語。樞機云云,謹奉教。”又曰:“亦秖是習氣未除耳,今聞命矣。”余曰:“‘輯柔爾顔’,何可以此論人?若兄不以爲玩戲,則是溺於人而阿所好也。且知之過,知之不及,均非知己。又有一言:見人之好處,衹當中心藏之而已。對面贊嘆恐淪胥爲面諛。如何?”力闇曰:“即如向許金兄飲酒一事,可謂不激不隨,蓋吾兄自處則壁立千仞而又不强人從我。展轉思之,實是

① “今當長别……如何”,此句據《乾净筆譚》補。

② “余曰:‘甚好。’”此句據《乾净筆譚》補。

③ “起潜頷之”,此句據《乾净筆譚》補。

④ “亦不合此二字……則爲不倫矣”,此句據《乾净筆譚》補。

可愛可敬。如弟不出於中心而爲面諛，即非人類矣。若云中心藏之，則弟之淺露，所謂不啻若自其口出。而今而後，亦斷不敢爲已甚之言矣。”又曰：“老兄事事總有分寸。弟不覺又要面諛。”余曰：“不挽金兄飲酒，弟實愧不能愛人以德。兄言如是，豈不及易地而思之乎？”又謂力闇曰：“蘭兄爲人甚可愛。但其人少壽法，兄須隨事提掇，勿令至浪蕩也。”力闇曰：“誠如兄言。可憫！[①]”又曰：“前兄一長札，淋漓感慨，惜爲潘兄所藏，不得時時捧讀耳。悲哉！[②] 相逢如此好人，不得長聚。”頃之，蘭公始歸，而一官人同來。余亦下炕迎之。官人扶余上炕曰：“外國貴客，何可如此？”余謝不敢而坐。官人與起潛坐於北壁，對炕相與語。蘭公問曰：“兩日來起居如何？二兄眠食極勝否？”余答曰：“都好。”余問力闇曰：“那一位老爺誰也？”力闇曰：“此蘭公繼父，户部筆帖式。”余曰：“繼父東俗無此稱，未知何意？”力闇曰：“中國謂之拜乾。”又曰：“此俗極鄙，可笑！”蘭公見之微笑，而不以爲怪，曰：“此弟之父執，姓巴，滿洲人。”力闇笑曰：“陳良之徒陳相，今之蘭公也。”蘭公亦笑。余曰：“浙東與浙江异耶？”力闇曰：“中隔錢塘江。浙西之人文秀，浙東之人剛厲。”余曰：“戚將軍防倭處是浙東耶？”力闇曰：“此浙西寧波。對海面即嘉興之乍浦，其時有胡[③]宗憲督師。”余曰：“萬曆東征，專賴浙兵。”飯至，置大桌於炕下，各以椅子環坐而吃之。余與平仲同吃一碗而輟。巴姓起至炕前，披見吾輩筆談。力闇以繼父云云及萬曆東征云云所書者，藏去不使之見。巴又别去，三人皆送之門。還就坐，起潛見力闇語“此俗極鄙”云云，塗抹之，曰：“恐其人見之，難以爲情。”起潛謂平仲曰：“日前醉得如何？”平仲曰：“豈不好哉！而邦禁至嚴，衹以諸兄之至意，不禁逸興，大醉而歸。非但獲罪於大人，甚駭瞻視。今若復飲，是永作蔑法之人。今日則幸勿勸我一杯酒也。”力闇曰：“不可不飲。但弟等已立定限制，决不多勸老

① 可憫，《乾净筆譚》作“且其舉止飄忽，可悶”。

② 悲哉，此二字據《乾净筆譚》補。

③ 胡，原文誤作“湖”，徑改。

兄致醉可耳。秖許用管仲之器。"余曰:"亦必以三歸爲限。"力闇笑之,又曰:"或五六杯。"平仲曰:"奈何萬里之外逢此三友,不能攄萬一之懷。而今將分手永作平生之别,此將奈何?"時有一人送書來。力闇見之,以示吾輩曰:"一介侄兒解餉來京。他是兩淮鹽運司經歷使。"即裁答以送。平仲見之,嘖嘖曰:"兄之札翰,絶世之寶也。"力闇曰:"總恨所書未盡所懷。"平仲曰:"太學助教張元觀先生,知之乎?"皆曰:"不知。"力闇曰:"何時相識者?"平仲曰:"大人爲見太學,弟亦陪去,仍相逢。"力闇曰:"不期而會耶?"平仲曰:"弟昨日爲見此人而去。洪兄再昨見,弟昨見。"力闇曰:"然則洪兄何以前日去?"平仲曰:"弟則連日去,亦浙江温州人。"力闇曰:"宜其不知也。弊省十一府:杭、嘉興、湖州、寧波、紹興、金華、衢州、嚴州、温州、台州、處州。杭、嘉、湖謂之下三府,其地多秀民。寧、紹等謂之上八府,其地多山,風俗椎魯。今則寧、紹亦多人物,而其餘六府則人物少矣。今則謂之上六府云。"蘭公曰:"杭州且無人物,何論他方?"擲筆冷笑而去。蘭公曰:"昨在北城,聞國朝衣冠之制,謹以奉示:太宗文皇帝時,有儒臣巴克什達海、庫爾纏奏請衣服從漢人之制。太宗諭曰:'非朕不納諫。試爲比喻:如效漢習寬衣大袖,將待人割肉而後食乎?如遇勇士,將何以禦之乎?'人稱滿洲人云:'立着不動摇,上陣不回頭,爲天下無敵。若效漢習,諸事便怠惰:忘騎射,少淳樸,失禮度。子孫當謹凛之。'是以我朝聖聖相傳,不效漢人衣制也。"余曰:"巴克什達海庫爾纏三人名耶?"蘭公曰:"巴克什此云大儒,滿語稱大儒曰巴克什。達海、庫爾纏二人名。達海稱神人①,此作滿洲字者。年二十一早死。"余曰:"今且泛論二人之見何如?"蘭公曰:"司馬公改新法可見,且此爲國家長久計,無奈何矣。"余曰:"義理不如是。且朝聞道,夕死可矣。"蘭公見即裂破之。少頃曰:"'朝聞道'二語,解頤復痛心也。"又曰:"俄書衣冠事,此《實録》中語。"余曰:"舜,東夷之人也。文王,西

① 人,此字據《乾净筆譚》補。

夷之人也。王侯將相寧有種乎？苟可以奉天時而安斯民，此天下之義主也。本朝入關以後，削平流賊，到今百有餘年，生民按堵，其治道可謂盛矣。惟禮樂名物一遵先王之舊則，天下尚論之士，庶可以無憾，亦可以有辭於後世矣。兄如作官，必以此個義理上告下布，申明二人之言，以幸天下，吾輩與有榮矣。”蘭公曰：“弟惟思爲農人而没世矣。”余曰：“看兄有達像，故弟於贈言已及此意。三代禮樂，即二人之言也，或已見諒否？”蘭公曰：“恐言之無益。”余曰：“爲吾之所當爲而已，成敗非所論也。”蘭公曰：“不敢忘。然未必爲官也。”蘭公又曰：“館中可以去送别否？”余曰：“此事商量亦多矣，終恐於兄輩有妨，故不敢請耳。”蘭公曰：“前日可一去，何以此後便不可再去耶？初一弟輩有俗事，不能出郭外，故深恨，作此問耳。”余曰：“非不欲奉邀，拘於衙門。日前亦極其非便，所以不敢復爲此計也。”又曰：“弟輩再去相别，亦或有道。大人以耳目之煩，决不可去别。皆深致悵恨，尤以未見陸丈爲深恨耳。”平仲曰：“廿九大擬發行，洪兄初一之言，未及知之耳。”余曰：“二十九是領宴之日。方欲宴後即發，而未可必耳。”蘭公曰：“俗事可奈何？”余曰：“兄輩出郭不以爲妨耶？”蘭公曰：“初一則勢必不能，二十九或可耳。”力闇曰：“初一我等之座師錢大人傳諭，於是日黎明齊集，率領同人謁見大老師，此亦舊例。所謂大老師者，老師之老師也。”余曰：“錢大人誰也？”力闇曰：“錢大昕，日講起居注，官翰林侍講學士。”平仲曰：“無論初一與二十九，我等今日相别，乃永訣也。”力闇即顰蹙掉頭，而塗抹“永訣”二字。平仲曰：“非但弟輩，金大人必欲更逢三兄。今早欲往崇文塔下，與三友相逢叙話。先送弟告此意。若蒙肯可，急走伻以相報爲計矣。今日風勢不佳，且未知兄輩之意，未免中止。”力闇曰：“金大人情重之極。”蘭公曰：“崇文塔在何處？”平仲曰：“在天壇之東，距此不遠。”蘭公曰：“看人多則不妨，弟輩亦作看者如何？”平仲曰：“异國之人，到處觀者如堵耳。”蘭公笑曰：“如觀聖人然。”力闇曰：“二十九日既是賜宴，則所餘者衹兩日耳。不知何時可以行之？”平仲曰：“若知兄輩不以爲難,則明日亦可耳。"力闇曰:"若於早晨約往會面,則以多少時候爲期?"余曰:"此事歸後當商量奉聞耳。"起潛曰:"近日鄉人來者甚多俗事。爲期甚近,恐今日之叙不可再得。至於出郊之送,甚碍耳目,且既不得一語,亦何必爲之?今日若得一見甚好,即今日作永訣。金兄、洪弟均此。"又曰:"今日之事,欲行即行,不必遲疑。"平仲曰:"今日則風勢如此,大人輩不得出耳。"平仲謂力闇曰:"《養虚記》多'酒'字,改之則幸矣。"力闇曰:"此刻實因多冗,片刻不得寧静。容早晚偷暇,即當改耳。"平仲曰:"弟行在二十九日,其前能有隙耶?"力闇曰:"此日事務漸多。同鄉人陸續都到,可厭!紛紛應酬,煩雜之極,須於夜間枕上纔得構思。竟遇'酒'字處盡去之耶?"平仲曰:"何必盡祛,但祛即今飲酒之'酒'字可也。"力闇曰:"當如教。但其中有一句云:'猶時時懼洪君之或來見之也。'此句極得意,删去可惜。"平仲曰:"不顯洪友之德雖可惜,其於弟之'酒'字,不瑕有傷於東歸後耶?"蘭公曰:"二兄如爲東朝上相,先勸賜大鋪。"又曰:"酒本暢懷。而既冒邦禁,又拘友嗔,欲暢而還苦。"平仲笑曰:"如是首尾之畏,而業嗜不能斷去。名教中自有樂地云者,果是真詮。然而今當好酒場,無遜快活林,則雖施恩欲使節飲,在武行者之無三不過望,千載酒令,亦誰禁之?今將永别矣,吾四人不可無詩。而洪兄今日之來,必欲終日打話。然則談話可乎?談話之間亦以詩乎?"力闇曰:"詩與話并行無妨①。一面作詩,一面談話。"起潛曰:"能者并行不悖,不能者詩則不談,談則不詩。"平仲謂力闇曰:"惟此題則兄出之也。"力闇曰:"城南寓廬話别,分韻如何?"平仲曰:"洪友見識超邁,而故不作詩,可憎。罰之如何?"力闇曰:"將何罰之?"余笑曰:"請行遣於東海上。"皆大笑。力闇謂平仲曰:"竟請先成,而弟等奉次如何?"平仲曰:"兄欲歸弟於極愚妄,何也?"力闇曰:"然則如何分韻?"平仲曰:"如向日例,四人各出一韻。"力闇曰:"請書一字。"

① "詩與話并行無妨",《乾净筆譚》作"談與詩原不兩妨"。

平仲書"行"字，起潛書"城"字。力闇書"聲"字，曰："五律耶？"平仲曰："若洪兄呼之，則可成七律。而洪兄之意姑未可知。"余曰："人各有短長。使弟談經論學，則或有寸長，可以奉陪終日，詩則實不能也。顧諸君亦何必强之以其所短耶？"又曰："不飲酒，不作詩，弟之平生所恨，而於今日則尤甚焉。天下無詩與酒則已，既有詩與酒，則遇今日之會，不飲今日之酒，不作今日之詩，是成何等頑蠢耶？"諸人皆笑。又曰："詩者誠人事之不可闕者。如伊川之不作詩，恐亦太拘，不若朱子之地負海涵也。况無伊川之德，而又欲之而不能者耶？"蘭公曰："兄乃不作詩，不必多言。"余曰："頃教《小序》云云，略有奉答，而詩令方嚴，恐作殺風景，如何？[①]"諸人皆笑[②]。蘭公曰："《小序》亦詩事。"余曰："素不嫺於文字。所答太涉支離，且遣辭之際頗有觸犯，然亦質問之，不得不爾。"起潛曰："辨者必求其明。"余乃出而示之。起潛與諸人讀之曰："陽明間世豪杰之士也。愚嘗讀其書，心服其人，以爲九原可作，必爲之執鞭矣。其良知之學，亦是窮高極深，卓有實得，非後世能言之士所可仿佛也。且陽明何嘗無道問學之功哉？求道而不道學問，是目不識丁者静坐攝心，可以爲聖爲賢，豈有是理？責陽明以專尊德性，亦非原情定罪之論矣。惟其言太高，功太簡，自寤自喜，簸弄光景，恍惚如空中之樓閣，可望而不可親，可喜而不可學。其末流之弊，必將好徑欲速，倒行逆施，淪胥爲葱嶺而不自覺也。若其事功之炫赫，乃其實得之餘波。彼坐談空言、區區爲訓詁之學者，固不敢比方其萬一。雖然，此何足爲陽明之能事？陽明平日與門人言，未嘗及平藩事，其微意可見。今若以此而尊陽明，則使陽明有知，恐不許之以知我也。且謂人必詆之爲禪，而其不爲禪者乃絶無表見云。則陽明以後名爲朱學，而其能實見得而明庶物者，恐無陽明之對手。其謂之無表見亦可矣。若以事

① 如何，此二字據《乾净筆譚》補。

② "諸人皆笑"，此句據《乾净筆譚》補。

功而言,則後世儒者多窮而獨善,雖有才具,將安所施乎?且義理天下之公,人人得而言之,但問其言之是非可也,其人之淺深不必論也。如孔門五尺之童,羞稱五霸,豈其五尺之童,其才與德皆似五霸耶?以《詩》注爲非成於朱子,則此其於詩義之得失姑捨之。其文章辭理明白,渾融如禹之治水,行其所無事者,未知朱子以後有可以爲此者乎?且潛竊師名以售己書,此其惡甚於穿窬。朱門末學大義雖乖,而污不至於穿窬也。且朱子即當世之大儒也。其經書集注,非惟及門者皆知之,天下讀書者家傳而世守之,其昭昭乎有自來矣。設有奸鬼之輩,雖欲忘托而欺世,其可得乎?此則必不然之理也。如果以《詩》注爲非,則直歸之朱子之誤解,豈非光明直截乎?何必掩互苟且,陽扶陰抑,先病我心術耶?馬端臨書未曾見之,不敢爲說。而以朱子廢《小序》爲非尊經,則凡於諸注皆可云然,何獨《小序》耶?且朱子既以舊說爲非,則祇自成一說,思以喻世而傳後而已。則其舊說亦未嘗焚之裂之,以售己說之行乎世,則傳信傳疑之義,於朱子有何所損乎?

《小序》之去古未遠,似有所本。愚見始亦如是,及其得《小序》而讀之,則適見其附會穿鑿,全没意義。然後乃以爲朱子之功於《詩》最大也。此則彼此皆有先入,雖欲捨己從人,不可取必於立談之間也。聲淫非詩淫,昔人之辨亦未曾見,但其俗淫則其聲淫,其聲淫則其詩亦淫矣;此必然之理也。況古所謂詩者皆詞曲也。彼之管弦合奏而齊唱,則聲與詩之分而二之,恐亦未安。若謂夫子删《詩》《詩》不可有淫云,則懲創感發是朱子説也,固不足引以爲説。如《春秋》經世之書,而亦善惡俱存。中有主而善觀之,則何莫非教也?且《國風》十五,淫詩過半,雖如《小序》之强爲之説,終恐説不去也。

伯叔君子與狂童狂且,一例無别云,則恐此益爲淫詩之證。其謔浪笑傲、抑揚調戲之狀,真個有聲畫也。《野有死麕》明是淫辭,愚竊嘗疑《集注》之近於附會,正與尊意不謀而同矣。但鄭風變風也,猶不可以參以淫詩,況此《召南》正風也?尊説乃比之於悄悄冥冥,而斷以淫詩。其爲朱注之誤則得矣，其於夫子删詩之義何哉？

《葛覃》章云云，三句一段，吾東亦如是看。但以黄鳥之鳴於其上而不覺大笑，則豈以"其"字作葛葉看耶？"集於灌木"，經文自在。若以爲鳴於葛葉之上，則童子亦知其非矣。朱子雖有誤解，豈其背經若是之甚乎？鄙見則葛葉施谷而灌木爲高。鳴於灌木，豈非葛葉之上乎？且此詩既以葛爲主，故解之如此。此等處不以辭害義，而活看之可矣。"棗""稻"叶韻，東國字學無傳，愚亦未解，不敢强爲之説。以經中音切多誤，謂之晚年未定之論，則此實不易之言。但决之以門人手筆，則不敢聞命，已有前説矣。

"無一語之敢議"云云。此鄉願之道也，朱子之賊也，過矣。二字亦其太恕矣。但古人云不敢自信而信其師，亦不可遽以己意作爲鐵板，而擯斥其説不少顧藉也。"其多云未詳，略添虚字"云云，鄙見則"多云未詳"乃朱注之不可及處。夫生乎千數百年之後，而解千數百年之書，欲其句句無疑得乎？此雖以周公之才藝、孔子之天縱，必不可及矣。與其强解而附會，曷若傳疑而歸之未詳乎？此則盛見恐誤矣。若以略添虚字爲非，則注中釋興詩，多以"則""矣"二字點綴説去，豈非謂此等處耶？愚則嘗以此爲朱子之善於注釋而仰而嘆之。人見之不同類如是矣。孔子非善於釋經者乎？其於《烝民》詩曰："有物必有則，民之秉彝也，故好是懿德。"試看此釋有何實字乎？添一二虚字，其義亦有不明者乎？《詩》注之疑誤，於鄙見亦不勝其多。且於大旨直斷以爲某人作者，亦不敢信得及矣。但依其言而讀之，於文甚順，於義無害，則亦聊以諷誦之懲感之，要益於己而已，如是則直謂之朱子詩可矣。其於詩人之本義或得或失，則姑置而不論亦可矣。惟於《小序》，則愚誠鄙外之。以爲朱子之釋經何莫非善？而惟《易》之斷以筮占，詩之掃去《小序》，爲其最得意處，而大有功於聖門矣。及聞兄輩之論，不覺爽然而自失矣。看畢，蘭公曰："《小序》原不可廢。若以《詩》注謂非門人手筆，則欲護朱子而反以累朱子也。"余笑而不合①。力闇曰②:"'童子佩鑴',《小序》謂譏衛惠公之詩,朱子非之何也?"又曰:"辨語甚當,惟《小序》事不敢苟同。"余曰:"何可苟同也? 但彼此虚心,更詳之可也。惟尊經學古之義,宜汲汲乎其大同也。至於文義之出入,雖終身不合,亦何傷乎? 言言而求其合,事事而求其同,友道之大病,而交道之不能保其終也。"力闇甚喜。此時酬酢頗多,而皆不能記。起潛在椅上,方草答語。余曰:"日暮道遠,此事卒難歸一,姑捨之,如何?"力闇傳語於起潛,起潛曰:"少待之,當略略奉答。"是時韓生入來而大醉,一手持錢,言自琉璃廠買眼鏡而來,舉止甚鄙悖。見余論《小序》語,往往以手指打圈曰:"好! 好!"實則全無頭緒,諸人顯有苦之之色。韓生謂余曰:"願得尊筆法塵壁寓慕。"余曰:"素是筆拙,無以應命。雖然,先賜尊筆,得以歸誇鄙邦。"韓生笑曰:"素不善書,奈何?"余曰:"弟則善書耶?"韓生大笑,力闇亦笑。韓生即走出。蘭公曰:"快哉! 快哉!"余曰:"話不好,何必爾爾?"力闇曰:"此亦兄之不可及處。"起潛曰:"此非吾徒也,不必與之繾綣。"起潛書畢,示之。余讀之曰:"論陽明先生極是。以朱子《詩》注不必附會出自門人,亦極是。事祇論是非,若朱子可作,使其果有不是,必不力護其説,且無煩强爲解嘲,歸過門人。心術一言尤極正大,心服心服! 至於《詩》注祇就白文增一二字,説詩本有此法。引《孟子》"烝民"云云,亦極確。其《切韻》一段,亦無關理要,不足爲朱子輕重,不辨可也。惟廢《小序》一節,則於心實有不安,不敢聞教。鄙意以"舒而兑兑"等語譬之悄悄冥冥潛潛等等,不過是欲明説《詩》之道不以文害辭之意,原非以此等語爲有涉淫褻也。"狂且""狡童",人皆知其非美名,而"君子"二字則非美惡混稱。出之他國則正,出之鄭人即淫,必無此理。且當日七子賦詩,《鷄鳴》《蔓草》公然施之讌會,不幾於自述其本國之惡俗而宣揚其醜

---

① "余笑而不合",此句據《乾净筆譚》補。

② "力闇曰",《乾净筆譚》作"力闇見蘭公語即曰"。

乎？至於淫詩如《鶉奔》，則伯有來床第之譏。可見淫是有淫，《詩》不可一例也。惟有《小序》，始覺當日所指何人，所指何事？雖不必一一盡確，而傳信傳疑，尚可得一二。如朱子之注鄭詩，一則曰淫者，再則曰淫婦，直可一筆寫去。則古人說詩，其他正《風》亦衹須曰此思臣之詩，此孝子之詩，此好賢之詩，其亦太易矣。總之《小序》不當廢，歷來儒者辨之甚多，正不必爲朱子護也。”余曰：“東國知止[1]有《朱注》，未知其他。弟之所陳，亦豈敢自以爲不易之論耶？至於《小序》一讀而棄之，不復精究，當於歸後更熟看之。如有新得，謹當筆之於書，以俟反覆也。”諸人皆有喜色。起潛曰：“我等亦當再細玩朱《注》。‘淫婦’等語亦不必細玩，恐涉率爾。”余曰：“大抵看書最患先入爲主，所以終身無覺寤之時，此弟之所深以爲戒，願諸兄亦於此加意焉。”起潛問國朝未入關時東方被兵事迹。余别以小紙書前後大概，并及清陰三學士、李士龍事而示之。諸人看畢，皆愀然無語。余即裂去其紙。蘭公以三學士姓名藏之篋中。余問九王及龍、馬二將事，皆全然不知，曰：“距京絶遠，國初事皆不得知。”余笑曰：“反不如吾輩也。”諸人皆笑。蓋真不知也，非諱之也[2]。此時亦多酬酢，而隨書隨裂，故不能記。蓋見余之眷眷明朝，氣色頗以爲難便，此則其勢亦然矣。此時蘭公以小紙書示，隨即吞而嚼之。蓋首尾酬酢，太半蘭公之語，力闇衹傍觀而已。終曰：“好嚼字紙亦一罪過，何如少書此等言之爲妙？”謂余曰：“東國亦講敬惜字紙耶？”余曰：“何物不可惜費，况字紙是物之重者乎？”力闇曰：“此間以狼藉字紙必遭天譴，非愛惜之也。”余謂起潛曰：“老兄草堂閑居，恒有何業？”起潛曰：“筆耕心織。”余曰：“語簡而太奇。”諸人皆笑[3]。起潛曰：“關東一路亦有人至彼處貿易否？”余曰：“衹有鳳城邊門人於交界處，一年兩次貿易，又寧古塔近地人一來東國北邊交易，此外無之。”起潛曰：“除我

① 知止，《乾净筆譚》作“衹知”。

② “諸人皆笑……非諱之也”，此部分據《乾净筆譚》補。

③ “諸人皆笑”，此句據《乾净筆譚》補。

國京師寄書外,尚有别處或客商可寄書否?”余曰:“他處無通商之路,衹有登、萊、蘇、杭、福建商舶或有漂到。早晚如遇杭商,當詳問其居住。或是相近,其人可信,則可以寄書,而何可必也?”此時平仲做出一篇文以贈諸人,大意以“驕”字爲戒。諸人見畢,起潛曰:“不講學人真道學,語語切實精確,當奉作玉律金科。但以我爲德人,大謬,是欲啓我以驕也。”平仲曰:“起潛成德之語,實非大謬。豈有起潛而驕人者哉?然覽此言,亦或不能無助也。”力闇曰:“金兄骯髒豪邁之人,而深心涉世之語復如此周到懇切,賢者真不可測。歸館復書惠三紙,萬勿遺忘。”平仲曰:“既已領會,何必更書?”力闇曰:“一時領會,久亦易忘,不若時時睹手迹之爲佳也。”①蘭公書於力闇語下曰:“成德之語。”即塗抹之。力闇曰:“蘭公多客氣未除,故其語亦廓落者多耳。”蘭公曰:“僕極真率,乃云多客氣,公真不知我者。”力闇曰:“真率人或不無客氣,自古已然。”平仲曰:“人雖至愚,責人則明。弟自顧其身無非爲病,而言人之過則揚眉吐氣,傍若無人。若使知者觀之,極可笑也。兄如知弟之病,亦針砭也②。”蘭公曰:“教弟處真是良藥。至於吾兄,無他可議處。惟是邊幅宜略修耳。”力闇曰:“弟無可效忠於老兄,惟稍静細爲佳。大抵豪爽人多疏忽。”蘭公曰:“驕人乃不敢,然輕忽人誠有之。聞教後當痛改也。”此時陳肴果,又進酒。平仲略辭之,連飲數杯。余頗詰責,諸人雖不解其語,皆會其意而笑。起潛笑曰:“金兄不堪洪兄訶斥,其嫵媚之態極可愛。”起潛又曰:“此所以爲吾兄也。”余曰:“酒實尤物。”起潛曰:“飲食男女,聖人不禁。”余曰:“金兄來時,約以不飲爲期。到此不禁其嗜性,所以謂之尤物。他前日幾至生事,切勿更勸也。”起潛笑曰:“酒是先生饌,女爲君子儒。”時蘭公脱上衣盥濯於前,服飾極其鮮華,澡洗極其修潔。余謂蘭公曰:“兄多婦人嫵媚之態,少丈夫磊落之氣,須另戒

---

① “歸館……爲佳也”,此部分據《乾净筆譚》補。

② “兄如知弟之病,亦針砭也”,此句據《乾净筆譚》補。

之。”蘭公曰：“誠如君言。”余曰：“兄前日多作好色語，頃已奉效，而須深戒之。”[①]蘭公曰：“生平未嘗二色，然寡欲甚難。”余曰：“孰不以爲難？祇用心於寡之又寡而已。”平仲曰：“弟嘗言人情之至樂與至哀，雖明君嚴父難可勸沮。人之好色由中而出，非外人之所可諍而得之矣。祇知好色之必死，獨不知取捨非外人之所可勸沮也。”蘭公大笑曰：“妙論。好色者死且不畏，况其他乎？”平仲曰：“直哉蘭也，善哉蘭也！如是而志固，則可到聖域矣。”蘭公曰：“得二兄之教，如五更之鐘，夢者欲覺也。”平仲曰：“‘月落星微五鼓聲，春風摇蕩門前柳’之時，亦覺得耶？”蘭公大笑，打圈於“春風”之句曰：“奈何？”又曰：“鐘聲殊悶人也，吾將塞耳矣。血氣未定，情欲失宜，此最是病，幸平素未嘗有所遇耳。此後益當戒之，然難自信也。”余曰：“人道無他説，惟喜聞過而能改之者終得之。自是己見，好人佞我，其歸於小人而已。”蘭公曰：“極是。”余曰：“爲此言者，亦其聞過也。其心之喜，終不若聞譽之樂。恐我亦終不免爲小人也。”蘭公曰：“此切實爲己之學之語，兄真不可及也。弟好人譽，而聞過亦凛然，但少頃即弛，此最大病。”余曰：“此真切内省之語矣。”蘭公曰：“弟生平無他過，惡便是慢易人舉動輕忽及好色耳。聞教復當痛自改悔也，好色大難。”余曰：“難則難矣，任之則當作何如人？”蘭公曰：“任則何敢？制則信難。”[②]力闇曰：“弟則有一病，達心而懦。有所惡於人，微諷之而使之自悟也，不悟則懣矣；有所欲於人，微露之而使之自解也，不解則懟矣。我已胸中自生荆棘，而彼方泄泄然處於無事之天也，苦極苦極。以此思君子舉動，固不責於激烈，亦無取於蓄縮也。此將以何術救之？”余曰：“祇易‘懣’‘懟’二字，改以兩‘已’字如何？躬自厚而薄責於人，無往而不自得焉。”力闇即以兩“已”字改書而甚喜，曰：“學必講而後明。安得吾湛軒者朝夕爲之監史哉？今當終古不

① “蘭公曰……而須深戒之”，此部分據《乾净筆譚》補。

② “蘭公曰……制則信難”，此部分據《乾净筆譚》補。

復見之,爲之一慟。"平仲曰:"歸去後局於偏邦,碌碌無開懷處,不如不逢嚴鐵橋。"蘭公笑曰:"不逢潘蘭公如何?"平仲曰:"蘭公襟懷坦蕩真率,超世之士也。獨舉闇兄,無乃年記之居中於陸、潘兩間耶?"蘭公笑曰:"戲之耳。"又曰:"金兄歸後當作何事?"平仲曰:"白首作舉業而已。"蘭公曰:"尚應舉耶? 可以不仕否? 家不貧否?"平仲曰:"不仕者豈作舉業? 不貧者又豈有白首應舉者耶?"力闇曰:"苦極。"蘭公曰:"令郎若干年?"平仲曰:"無矣。"力闇曰:"老嫂年若干?"平仲曰:"叩盆。"力闇曰:"尤苦極。"平仲曰:"有妾。"力闇曰:"然則不貧。"余笑曰:"金兄有兩佳人。"蘭公曰:"致窮之由。"余曰:"非也,欲以免窮而終亦不免。"平仲曰:"苦極之語,於我太高,不敢當。醜極、鄙極、庸極、陋極,集千古可惡之字,都總於吾身矣。"力闇笑曰:"總而言之,通極。"蘭公笑曰:"可笑之極。"又曰:"家貧無子,亦欲應舉,悲哉!"此時客至續續,諸人皆更替應酬①。余謂起潛曰:"《荷風竹露草堂詩》不使見弟,何也?②"起潛曰:"當有奉覽也。"即寫出示之③。其詩曰:"我年未三十,生理常苦艱。始識爲口忙,已屢行路難。老親年七十,無以具盤餐。出愧負米樂,入鮮奉檄歡。空餘旅舍夢,兀兀戀鄉關。貧士爲孤雲,何能栖舊山? 荏苒逾十載,風樹盈悲嘘。几几息短翮,破屋三楹餘。前庭植叢筱,後軒面芙蕖。其旁有隙地,稍足蒔葵蔬。雖稱吾廬幽,但惜非故居。豈不願富貴,蹭蹬命固殊。丁寧屬兒子,且復事詩書。"其下題"荷風竹露草堂圖"。余看畢,曰:"陶、柳詩格,蘇、米筆法。"起潛笑。平仲曰:"陸弟衹與洪友説來説去,置弟於相忘,不無小嫌。"起潛大笑。蘭公曰:"聞奉敕海東皆用滿人,果然耶?"余曰:"聞漢人亦出去,但④令兄輩奉使來東,其會面

① "此時客至續續,諸人皆更替應酬",此句據《乾净筆譚》補。

② "不使見弟,何也",《乾净筆譚》作"尊稿不見,此何也?"

③ "起潛曰……即寫出示之",此部分《乾净筆譚》作"起潛曰:'我寫詩出來。'即書以示"。

④ "聞漢人亦出去,但",此部分據《乾净筆譚》補。

之非便，十倍於今日。從此永別之外，無他策矣。”起潛曰：“如此尊大國耶？抑防閑本國耶？”余曰：“兩意俱存。奉使者留館三四日即歸，無出外閑行之例。吾輩無論，官人與白身，皆非公事不敢進。”此時又客來，起潛出應之。蘭公曰：“如使者欲請見則如何？”余曰：“有通官，必防塞。”蘭公曰：“若正使則如何？”余曰：“奉使之行，權在通官。前見亦多矣，實無奈他何矣。雖然如此，無論遠近，欲班荆於路次，豈無一會期哉？但弟不願此也。”力闇指“不願”云云，曰：“此句未明。”余不答。又曰：“此何意？”余又笑而不言。蘭公曰：“畏國耶？”余曰：“非也。”力闇曰：“空然一見，不如不見之意。”余笑曰：“亦非也。”蘭公曰：“豈見天使必尊禮耶？”余曰：“亦非也。”兩人頗疑之。蘭公曰：“弟輩欲東，亦妄想耶？”蘭公又出應客。力闇又向余問前語何意。余曰：“祇願兄要作好人，不要作好官。”力闇曰：“即昨與陸兄札後語。”余曰：“然。使兄苟容風塵，出没名場，雖因此相逢，祇有見面之慰，而大違期望之意。弟之於吾兄實有此至情。於蘭兄則恐言之無益，不必責之，以所不可從耳。是以贈蘭公語多從出世上説去耳。”力闇曰：“與陸兄札，弟閲之，甚爲感激。方與陸兄對語，約無忘今日之言。兄贈蘭兄前日之語，切中膏肓，恐其病已痼，不受藥耳。”又曰：“弟欲吾兄再寫小紙見贈，作座右銘。非泛話也。好人好話終身對之，可作針砭。不必以爲既贈某人之語，决不可以移贈某人，而以弟爲悠悠泛泛之談而終閟之也。如不寫此語亦可。或有他語，尤感也。弟實肯受教之人，幸勿鄙棄。祇自愧土壤細流，無可仰答高深耳。”余曰：“寫呈有何難事？但吾兄終無真切教誨於我，是以弟爲不虚受者耳。”力闇曰：“此可立誓，弟姿質庸下，其中實無所有，何可虚而爲盈？欲將何語仰酬耶？即有所言，亦常談耳，豈如吾兄之能爲弟輩頂門一針耶？且弟等缺失處甚多，不可不箴規，以見古人風義。而吾兄則但見其粹然無疵，更將何語見規耶？此固不必投桃報李也。”余指“姿質庸下”云云，曰：“弟之才識高於兄耶？”指“虚而爲盈”，曰：“弟則實若虚耶？”指“常談”云云，曰：“弟有何别語耶？”指

"粹然無疵"云云,曰:"此聖人然後能之。且設令聖人,亦豈可無箴規語耶?"又曰:"鄙夷我也,不必多談。"力闇曰:"前日已有言矣,豈戲耶?"弟生平守不妄語戒。雖不能盡然,然亦何至浪發誓語耶?若有誑言,前程不吉,非弟語耶?"余曰:"於弟則恐不守戒者多矣。"蘭公曰:"介而能和,寬則得衆。八字奉贈。"力闇曰:"湛軒如内外不符,言行不顧,則弟亦無從知之矣。"余曰:"弟實非過謙。且金兄在此,謂之惡小人則過矣,但言其實則然矣。"蘭公駭詫,謂平仲曰:"以君子謂惡小人,金兄病心耶?"余曰:"非也。此以金兄立訂之言,非金兄謂我小人也。"皆笑。力闇曰:"然則弟徒觀其表耳,徒聞其言耳。觀其表未窺其内,聞其言未察其行,則以爲粹然無疵也亦宜。"蘭公又曰"吾兄人品實是大儒,弟不但不能知高深,并實於學問"云云。書未畢,余奪而[①]塗抹之,曰:"此等浮實之言,無益於彼此,而徒取笑於人,括囊可也。"蘭公謂余曰:"愛吾廬幽居勝致,恨不一登共賞也。"余笑曰:"兄輩雖欲一登,恐縶海鰲之膝。"蘭公大笑,曰:"妙語。"余又曰:"今將别矣,請有一言。吾輩偶然邂逅,情投氣合,相許以知己。一朝星散,永作生死之别,其離懷之愁絶、相思之斷腸,不須言。衹各相勉戒,遷其善,改其過。他日寄信,彼此察其書意,其用功之勤慢,所得之淺深,雖欲掩之不可得也。勤且深者,爲無負友。淺且慢者,謂之負友。初不用功,無意所得者,非吾徒也,絶之可矣。"蘭公曰:"弟恐作山巨源也。弟實非其徒,絶之如何?"又曰:"入聞道德,出見紛華,爲學甚難。奈何?"力闇曰:"戰勝癯者肥矣。"余謂力闇曰:"兄豈或有狷滯之病也?"力闇曰:"自以爲無之,或他人見以爲有之。"又曰:"胸中亦時有排遣不開處,然能立時悔悟,勉强自克,但未純耳。狷滯自以爲無之。"蘭公笑曰:"嚴兄有所不爲,便是其狷處,立志甚堅是其滯處。"力闇掉頭曰:"此過火語,弟亦不受

① 奪而,此二字據《乾浄筆譚》補。

人,總要蓋棺論定耳,焉知我後日不爲小人乎?”①又曰:“弟所以必要二兄書見贈之語者,爲防閑此身此心之計耳。夫嘉言善行,古今不乏。即師友間亦豈遂無之?然以其近在眉睫,意已忽略。今遇二兄之爲人,又胸中盤結如此別緒。雖使吾兄人品學術不如此之美,已難忘於畢生,而况吾兄之嘉言善行有可師法、俾吾輩終身得以受用者乎?譬之無關緊要之字札,猶思寶之終身,而况諄切告戒、耳提面命之語耶?”余曰:“教意甚善。惟愧吾輩内無實而外爲大言,受此過情之褒,皆是自取也。不以人廢言,於盛德則甚當矣。”余又曰:“承欲惠一書,幸勿復爲此等語。弟之爲人想已知其大略矣,其氣質有病,可以針砭,須盡意規斥,俾觀省於歸後②。若復有過情之褒,則弟於本土不筭中人,持此歸示,不但以兄爲輕於許人,顧此欺人之罪無以自解,幸諒之。此若有毫末飾讓,是如兄所謂前程不吉也。”余又曰:“陸老兄在外待客耶?”蘭公曰:“俗客擾人,陸郎不達時務耳。”力闇曰:“亦不必謂之俗客。渠豈知我輩事乎?人各有所事事,此亦彼之所有事也。語不和平。”蘭公曰:“弟極不耐俗人,胸中殊不和平,此便是慢易處。”力闇曰:“然則何不改之?”蘭公曰:“弟見俗人,即欲求睡,更無他語。若見二兄,恨不能夜話達朝也。”余曰:“祇恐吾兩人亦未免俗。”蘭公笑曰:“此語便佳。”起潛入來。余曰:“八九兩日諸兄俱在寓?”③起潛曰:“不必問我有事無事,如得便,來則來,我或在寓與否,均未可定。但能間一談,即是樂事④。即如今日便大無味。祇一條肚腸爲此,忽斷忽續,便不如一斷不續之爲愈。八九兩日會我可,不會我亦可。此非無情語,情不可奈何耳。弟生平極纏綿,往往到不可解處,便用此法,是天下第一忍心人亦達,論邊不期然而遇近。”又謂平仲曰:“金大人亦有扇耶?”平仲曰:“副大人有扇。

① “余謂力闇曰……不爲小人乎”,此部分據《乾净筆譚》補。

② “承欲惠一書……俾觀省於歸後”,此部分據《乾净筆譚》補。

③ “起潛入來……俱在寓”,此部分據《乾净筆譚》補。

④ “不必問我……即是樂事”,此部分據《乾净筆譚》補。

得筱飲畫,而不敢請矣。”起潛曰:“何也?”平仲曰:“不見面請畫,有害體貌故耳。”起潛曰:“何人體貌? 若我之體貌,不足顧惜也。”平仲曰:“闊達丈夫,真吾弟也。”諸人皆大笑。起潛曰:“觀此光景,李公亦必有扇。”余笑曰:“三位皆有意而不敢請,日間費多少商量矣。”蘭公曰:“三位大人皆洪兄之流也。”平仲曰:“吾方欲受弟畫,而三大人所請萃至,則力或不及,是可係念處也。”蘭公曰:“君特不知起潛之兄能畫耳。君則不能,不足以爲其兄也。”平仲曰:“吾亦起潛之兄也。”蘭公曰:“陸丈以畫世其家者。”平仲曰:“丈夫闊達無碍,當如青天白日,何用洪兄深心涉世、内多城郛乎?”蘭公塗抹之,曰:“大錯。”力闇笑曰:“養虚之所以爲養虚也。”此時又有客至,起潛出去[①]。力闇又曰:“有要語奉聞:洪兄細心之人,不肯以兄道自居,金兄則肯以弟畜我矣。然此後來往書札,於年少者則曰二兄,年長者反曰弟,豈不可笑? 此後望湛軒稱吾二人曰老弟,若金兄之肯稱吾爲老弟,則不必囑矣。”蘭公曰:“弟亦云然。”余笑曰:“老弟恐前無此稱,是陸兄之打乖耳。世間豈有老弟耶?”力闇曰:“不必稱老弟,稱賢弟何如?”又曰:“如前札所稱二兄字樣處,今則曰兩賢弟,此爲平允否? 則筱飲之年長吾十三歲,而金兄則弟之,而吾二人則兄之,豈不悖乎?”又曰:“養虚必自肯以兄道自居,恐湛軒尚存客氣耳。”余曰:“弟則心細,且終有中外之别。爲陸兄之弟則可也,爲兩兄之兄則實不敢也。”力闇低頭不語。平仲曰:“聞王公大人有中外之别,未聞士友之交亦有差等也。然則有府民有縣民,縣民不能序齒於府民,而年多者反居末席耶? 洪友所論,吾不知之矣。”此時蘭公又以應客出去。力闇不樂良久,乃曰:“此不必如此細心。獨不思吾兄前日有‘同胞何間’之語?”余無以對。力闇意益愳,反有隕獲之色。余乃曰:“當如賢弟之言。”力闇喜見於色,曰:“死且不朽。”又曰:“我們南方最多結盟爲弟兄者,然不特面輸背笑而已,有數年之間而道遇不相識者

① “此時又有客至,起潛出去”,此句據《乾净筆譚》補。

矣。此可笑也。若吾輩今日之稱弟兄，可以終身不再見面，而海枯石爛，永遠不渝。不意同胞之外獲此良友，中心之樂，筆亦難盡。樂極樂極。”余曰：“謬愛至此，一感一悲，更有何言？”力闇又漫書曰：“海枯石爛，勿忘今日。”時日已暮矣，僕人促歸不已。筱飲、蘭公應客未歸。余曰：“日晚告退，無論某日，當更來會面而去。”力闇曰：“廿九日大人賜宴，二兄得無事否？”余曰：“吾輩非正官，不參宴。”力闇曰：“八、九二日，暇可再來。”大書“慘極”二字，又無數打點於其下。此時力闇忍淚①嗚咽，慘黯無人色，吾輩亦相顧愴然不自勝。平仲曰：“尚有留期，猶以爲懷。”力闇謂平仲曰：“書三紙之囑，萬勿遺忘，三紙若難，或以一紙，於後書寫‘贈力闇賢弟’，則竟歸弟矣。我實真心，非如蘭猶帶客氣也。”平仲許之②。力闇曰：“千言萬語，終歸一别四字。”謂余曰：“帖已書一半矣，八、九兩日納還耳。”擲筆嗚咽。余曰：“已矣無奈何，莫作凄苦語。”力闇曰：“此雖見道之言③，然奈此情何？”僕人來又言，將有門閉之慮。余與平仲起身曰：“日已晚矣。八、九兩日間當更來。多少説不盡者，都在書尺數幅。”即出，至門。筱飲、蘭公入來，衹相對慘沮而已。蘭公語曰：“念九再來。”余曰：“必定再來會面。”言畢而出，至門内而别。力闇含淚顰蹙，以手指心而示之而已。雇車疾馳而歸④。

正月二十六日，往琉璃廠，尋味經齋書坊。路南果有牌號。問於鋪主，兩生果有約，少間當來。乃與同行數人，坐張經家以待之，聞兩生來即往。周生與彭少年迎於路上，屈身肅揖，辭謝入門。蔣生迎於門内，揖讓就坐。鋪主進茶，設紙筆於卓上。蔣名本，年五十三，亦河南人。周名應文，年二十三，西江人。彭名光廬，年十七。蔣鬚白齒落，形容黧瘁，六十監生，可見窮儒貧相。稱眼昏，問答專

① 忍淚，此二字據《乾净筆譚》補。

② “力闇謂平仲曰……平仲許之”，此部分據《乾净筆譚》補。

③ “謂余曰……此雖見道之言”，此部分據《乾净筆譚》補。

④ “雇車疾馳而歸”，此句據《乾净筆譚》補。

付周生,想其文識,亦如其人也。周玉貌秀眉,聲容温敏,應對如流,詞翰夙成,知非久於布衣者。彭亦俊爽可愛,尚未有室云。余曰:“僉位見工何書?”周曰:“經書、八股文章。”余曰:“出身後,八股文亦有用處乎?”周曰:“用考差。”又曰:“即考試官。皇上親考,取考試官,仍以八股文章。”余曰:“疏章亦用八股文體乎?”周曰:“疏章用漢唐八家文體。八股乃考試士子者,名曰時文。所以代人立言,有破題、破承、開講。以下分八股,以賦體方法。即以四書五經爲題。”余曰:“考文外别習古文乎?”周曰:“詩詞、歌賦、表判、策論,鄉試俱用。”又曰:“貴處飲食與中國同否?”余曰:“飯以稻米,水田所出。”周曰:“前日云貴處井田之法見存,尚通行否?”余曰:“祇有箕子遺迹數百畝地。”周曰:“貴處衣冠可是箕子遺制否?”余曰:“帽子世傳箕子遺制,無明徵。衣服專遵明朝舊制而間有未變俗者。”書明朝,故低一字,以示尊之之意。看畢,蔣即裂去之。漢人之畏慎每如此。周曰:“貴處宫室器用亦與中國同否?”余曰:“大同小异。至若東房西室南爲正寢,中國亦未見其制。”周曰:“宫室太多,所以祇得因地制宜。”問牧齋續集有無。周曰:“未出。”問《讀禮通考》續集。周曰:“此乃本朝徐乾學相公之書,并無續集。”余曰:“《大學》首章《明德》,僉位以爲何物?”周曰:“朱注講解已詳。”余曰:“不明。”周曰:“朱注不明則難以剖析。”余曰:“後學看不明白,願得明教。”周曰:“明德即天命之性。”余曰:“不可謂之心乎?”周曰:“性即注於心。心外無性。”余曰:“心雖包性,終有理氣之大分。”周曰:“亦有兼氣質而言者,亦有主理而言者。明德則專主理而言。”余曰:“虚靈不昧,具之應之,恐不可謂專主理而言。”周曰:“性原是體用兼該,具是體應是用。”又曰:“貴處以爲何如? 願請教。”余曰:“有謂之性者,有謂之心者,有謂之心包性情者。”周曰:“畢竟主何説?”余曰:“鄙無主見,惟善看者不以辭害意,則諸説可通用。”余曰:“婦人小鞋始自何代?”周曰:“此無考據。以小説家言,則始於唐。”又曰:“聞令叔書法甚佳,可得一張否?”余曰:“不難,但吴彭兩老爺不答鄙書,中外之嚴如此。

此等來往亦似不便。”周曰：“二位未聞有通書者，所以不敢。”余曰：“蓍草乃聖世之産，近亦有之否？”周曰：“年年生産。文王陵、孔子陵俱有，别處則無之。”余曰：“京市或有賣者，恐非真的。”周曰：“中國以爲饋送之物，不甚奇异，没有假的。”問三忠祠及柴市，皆不知。余曰：“文丞相廟塑像破傷無餘，無人修理，見甚可悲。”周頷之，甚有愧色。少間曰：“文丞相非有書法名者，而忠義之氣往往溢於楮墨之間。”余曰：“欲一見太學，何以則可？”周曰：“衹可宫墻外一看。”余曰：“願見諸生讀書。”周曰：“二月上丁釋菜，可以去看。但天子太學，外國使臣恐未便。”余曰：“釋菜致齋幾日？”周曰：“三日。”余曰：“學中現在幾人？”周曰：“百餘人。”余曰：“有何官？”周曰：“有祭酒、司業、助教。講學之日進去。”余曰：“當今有山林人入仕者乎？”周曰：“亦必從考試。”余曰：“考試非山林人，如宋朝伊川是山林人。”周曰：“現在無之。”余曰：“遠離家鄉，何時當歸？”周曰：“尚有鄙事羈絆，未定。”余曰：“到京幾年？”周曰：“去年赴京兆試而來，不中尚留。”余曰：“列位既與出身有异，敢請一臨鄙所。”周曰：“館中可許人到，稍暇即當適館奉候。”余曰：“列位俱住彭爺宅上，拘於形迹，不敢進候，請諒之。”周曰：“偶然一遭亦不妨。”又曰：“此處逼仄，不敢久屈。二十八日再晤。”余曰：“休怪坐屈。”皆曰不敢。乃辭出，三人俱揖，送於門外。

石存，名經，石存，其號也，或稱石可。時年三十，見任欽天監博士，居琉璃廠。開鋪賣器玩古董，刻印章，與金譯復瑞素善。（丙戌）正月十一日，與金譯往訪不遇。二十六日，復與金譯及李德星至其家，經延坐進茶，爲人頗精雅，爲筆談，筆法亦妙。余以壯紙一束、别扇三柄爲幣，因請刻水晶印一枚，經許之。鋪内甚窄，器玩亦無奇珍。卓上置印石數枚，刻之未竟，皆圍木爲機，平置而刻之。語少頃，適與周生輩約會於味經齋中，相别而歸。

二十九日，復往。李德星、金復瑞亦偕焉。經，欽天監官，德星略問曆法，皆疏淺無識。問：“時憲書何爲不置臘？”經曰：“臘即冬至。”余曰:“冬至在十一月,臘在十二月,俗稱十二月爲臘月,臘與冬至何可混稱?”經又强辨不已。余曰:“此有韻書,可以立辨。”經即出《康熙字典》,使余考出。余即考臘字而示之,經憮然無以答。又問:“不置寒食?”經曰:“此係介子推故事,不必爲節日,故去之。”問:“越伏之法?”經曰:“此以子正前後爲限。”此答亦未瑩也。余問:“本朝於五行爲何德?”經曰:“爲土德,故禁御服用并尚黄色。”傍有一人,年頗老,經之族叔也。聞之曰:“不然。禁御尚黄,天子宅中之象,歷朝皆然,非爲土德也。前朝火德,故上下服色皆尚赤。本朝水德,故上下服色皆尚黑。”其言近是。卓上有小帖,皆印經手刻。印章下有小跋百餘字,文筆俱佳,禮部尚書董邦達所作。經言邦達仲舒之後,玄宰六代孫,亦以筆翰名於世云。經出示一套書,題云《印史》,皆印歷代名人印章。金譯請買而不聽,以銀三兩二錢買文王鼎二而歸。

二月初六日,隨方物入闕,李德星與張經約買自鳴鐘一部。遂以午後約會,自闕外轉往,李德星尚未來,張經亦有事往欽天監。經弟年十八歲,請少坐待之。有王姓掌買賣者亦欣然迎之。余就坐,請見自鳴鐘,張生出置卓上,方欲抽示。張經入來纔就坐,李德星與金譯踵至。寒暄後,金譯以客煩不可久坐,請張經入後堂,經微笑而許之,遂從金譯出門。西入小胡同,行數十步,東入門,有數株花樹瀟灑可喜。再入門,有堂可四五間,庭砌潔净。經已掀簾迎入,蓋自内堂有捷徑先至也。堂上書畫堆散,多經自作。筆法不甚佳,北壁挂畫障。一老人繁髯皓白,廣顙深目,如老子像也。前設古銅爐盒,爐傍有畫瓶尺餘,插孔雀尾數十莖。西壁挂障子數幅,皆名人書畫。有大刀,柄長丈餘,問其名,爲斬馬劍。有小册,經所自寫,字畫楷妙,細如毫釐,抄集《大清律文》云。東壁有門,内有炕,經所寢處也。炕上鋪畫氈,爲龍文,厚寸許。壁挂小弓,問之爲防穿窬之盜,從門隙發矢云。卓上置銅碗,實以紅氈,插短箭十餘,鐵鏃其尖利。余抽視之,欲摩其鏃,經大驚止之。問其故,經云:“傅以毒藥,觸人必死。”問其藥名,經云:“見血封喉。”經問我國射法,求見角指,余取於囊中而示之。經見畢笑曰："公才兼文武。"余舉斬馬劍，請經一使，經辭不能。王姓適入來，聞之笑曰："我請一試，爲洪老爺獻笑可乎?"遂挺刀下庭，踴躍前却，如有勢法，或瞋目咆喊，見者皆笑，王姓亦笑而止。自鳴鐘聞是議政大臣傅恒家物。略見其制，西洋製作。四圍皆付玻璃，雜施水晶寶石及叵羅，眩耀奪目。下藏羊腸鐵，以引機輪，上有鐘，傍有六小鐘，横串懸之。大鐘以奏時，小鍾以報刻，別施機鍵，傍垂細繩，以爲問時之制，引繩而問之，擊鍾不差其數。蓋自鳴而兼問時，巧而尤巧。問其價，爲銀二百兩。德星欲買納於觀象監，余以爲羊腸鐵不可久用，且諸機已多傷破，挽止之。余問吴湘、彭冠於經，經曰："兩人皆翰林有名望者，與我交好，彭約爲兄弟云。"問皇后事，經曰："尚在冷宫。"余曰："皇后囚廢，朝無諫言，何也?"經曰："皇上威令極嚴，人皆畏死，誰能妄身而爲皇后死乎?"余曰："立身事君，寧容身家之念乎? 朝廷可謂無人矣。"經曰："有數人諫之，被刑幾死，自此無敢言者。"經又曰："邇來政令嚴猛，如刑部尚書某人奉使南方，受賂銀數百兩，過數年事覺，即令革職爲民，加刑幾不免死，今世仕宦亦難矣。"余曰："宰相張廷玉兩朝顧命大臣，名德俱尊，聞亦未免罪死，家産并没入云。信乎?"經曰："廷玉三朝太平宰相，十年前考終於家，與滿洲宰相鄂爾泰配享雍正皇帝廟庭，恩寵終始不替，罪死没入，初無是事。廷玉，我之宗族，我豈不知?"時余饑甚，使僕人買燒餅數枚而來。經見之有愧色曰："我雖貧，寧使客買吃市餅乎?"揮之，使僕人吃之，招其弟出數器餅果而待之，以銀八錢買印朱一盒。經言此以泥金合製，最爲上品云。向夕，相別而歸。

(丙戌)三月初二日，歸到三河，入城門，有人至季父車前，欣然而笑，因隨車行。季父使人請相見於店舍，到店，果尾來。時余適落後，追到，見其人尚立炕下，時諸譯無至者，倉卒無與語，環顧默然。余即前揖之，略叙寒暄。其人大喜，即延坐炕上。問其姓爲鄧，其年與余同庚。問其先有名祖，答云鄧伯道之後。余曰："古云天道無知,使鄧伯道無兒,此言何爲也?”鄧生笑曰:“豈無其侄乎?”余曰:“弟子緦服喪三年,因爲之子乎?”鄧生曰:“然。”余曰:“家在何處?來此何幹?”鄧生曰:“家在山西太原府,入選貢士,爲舉子業。近因病懶而廢,來此探親。且有生意,與數友開鋪賣鹽。”余曰:“君見吾輩衣冠以爲如何?”鄧生曰:“甚好。”余曰:“此中剃頭之法亦好否?”鄧生曰:“自幼習以爲常,頗覺其便。余曰:“髮膚不敢毁,非聖訓乎?”鄧生曰:“威顔咫尺,休爲此言。”請余書四柱,即排行列星辰五行,沈吟良久曰:“貴人也,逢金年運通。”是外説話頗多,皆不能記。鄧生使其從人進三碗茶。及飯至,余分飯共卓而食。鄧生又使其從人持兩書帖來,一與余,一獻於季父。獻季父者,趙孟頫書碑字印本。與余者,趙孟頫書《蘭亭》印本。鄧生曰:“《蘭亭》真迹,晉南渡後失其本。”鄧生爲人頎然長者,發言淳實,虚懷見心。聞余無官,謂季父曰:“先生有此賢侄,尚在布衣,何也?”季父曰:“渠所不願,我亦無奈何。”日暮請退。鄧生含淚曰:“惟願來世同生一國。”余曰:“後會無期,惟憑使便,時通信札,足替萬里顔面。”鄧生大喜曰:“見書無异見面,但我去住無常。我雖不在,托來使傳於弊友。”約明日,歷謝而别。

初三日朝,陪季父歷入鹽鋪,鄧生大喜出迎。就坐有李姓老人、韓姓少年,皆設椅相對。置一椅於季父坐下,請余坐,余辭不敢。季父以紙扇數種饋鄧生,余亦以兩扇兩丸贈之。茶罷,進餅、果十數種,皆香美可食。以纔吃朝飯,且將往見盤山,上、副使已先發矣,行色甚忙,略嘗數種而止,將以餕從者。從者并以賜食於他室,皆飽矣。鄧生以數幅紙包餅果各種付僕人,令路上進於季父及余,其厚意感人。北壁粘孫蓉洲有義書百餘字,余見之稱善。鄧生意余欲之,即就壁解之,將見贈,余挽而止之。出門相别,鄧生又含淚不忍捨焉。

(丙戌三月)初二日,夕送鄧生,陪季父閑步中庭。有兩人入來,向季父及余肅揖致敬。余答揖,問來意,答曰:“要見遠方貴人。”余謝不敢當，即延請就坐。問其姓號，年長者孫有義，字心裁[1]，號蓉洲，居城内，被選孝廉。少者趙煜宗，字繩先，號梅軒，亦貢生也，皆執禮温謹，儒雅可喜。余曰："科場經義主何説？"蓉洲曰："總以朱注。"余曰："聞《詩經》多主《小序》，以朱子廢舊説爲非，此中獨不然乎？"蓉洲曰："當今總以朱子爲歸。"余曰："四禮亦從《家禮》乎？"蓉洲曰："然。"余曰："喪家用樂，此何禮也？"蓉洲曰："此風由來久矣，愚意亦以爲非。"又曰："貴邦文字亦遵朱子乎？"余曰："經與禮一遵朱子，無敢少差。"蓉洲曰："《中庸》云：'書同文。'信不誣矣。"余曰："弊邦慕尚中國，衣冠文物，仿佛華制，自古中國或見稱以'小中華'，惟言語尚不免夷風爲可愧。"蓉洲曰："久仰貴邦人物俊雅、風俗醇厚不減中華，至於土音，又何害焉？且以中國言之，東西南北，語亦不類，而朝廷取士用人，亦并不以此而别。"余曰："初見我們乎？"蓉洲曰："曾見過矣，特未見兩大人之藹然可親耳。"梅軒曰："請問貴邦書法仿效何人筆法？"余曰："各有所尚，鄙則素手拙，亦無效法。"梅軒曰："此所謂金不自金也。細閲筆法，似臨王右軍。"季父曰："兩位書法深得董太史筆意。"蓉洲曰："生等不過學塗鴉耳，貽笑大方多矣。"又曰："大人塗中必多佳咏，可賜教一二。"季父曰："本不嫻詩律，留燕時邂逅南方舉人，臨别有一小詩曰：'東海三千里，南州幾百程。參商今日别，能不愴神情。'真見笑大方，兩位程文之外，如有吟咏，聞願一二。"蓉洲即成一絶曰："夙企文風邁等倫，今朝快睹果堪珍。從今一别何時晤，鴨水歸雲謾愴神。"因曰："素不能詩，勉爲塞責，所謂狗尾續貂，勿笑。"季父曰："片刻成篇，敏妙不下子建。"蓉洲曰："荷蒙意氣殷殷，本欲少爲陪話，但風大天昏，大人鞍馬辛苦，即此拜辭，以圖後會。"余曰："乍接清儀，逢别太忙，不如初不相逢。"蓉洲曰："道途猝遇，莫非天緣，今睹光儀，喜出望外，惜來游之詩方歌而白駒之什旋咏，其將何以爲情耶？"季父曰："别後通信不難，足下其

① 裁，原文誤作"栽"，徑改。

有意否?”蓉洲喜曰:“既蒙不棄,倘過便鴻,當以寸楮問安。”季父以清心兩丸分贈。蓉洲曰:“未達不敢嘗。容即拜謝,倉卒無以回敬,愧甚。”下炕恭揖,致敬而出。余送於門外。

宋家城在薊州東三十里。(丙戌)三月初三日,宿薊州,余將往焉。季父請副使共往,副使曰:“吾聞宋家皇明世臣,明亡獨城守不下,清兵累見敗。康熙時始破降之,憤其負固守義,令剗破其壁,堅不可毁而止,命歲貢銀萬兩以困辱之。其後孫雖因以殘敗,猶世守其城,不復仕進。以我國受明厚恩,首先歸服。因有蓋州之役,爲甚不義。是以我人或有至其家者,皆唾鄙之,求水火亦不與。今吾輩貢行,寧不見笑,吾恐徒取辱焉。”余曰:“此傳之者過也。稼翁亦相往見,其《日録》可考。且令宋家真有此義,豈非我輩之愈益求見者乎?”副使終不聽。

初四日,早發。是日大風,塵沙蔽天。余獨先至宋城,在大路南數里,城方僅百餘步,多傷破。入城,有宋家,門閭甚高大。余猶慮其受侮,不敢直入,佇立門外。有人出問來意,余拱手對曰:“主人宋相公在家否?我,朝鮮人,願見相公白事。”其人不答,因向外走。余心頗疑之,以爲副使之言不虚也。少頃,有人自外至,向余揖,余答之甚恭。因曰:“我朝鮮人,熟聞宋家城大名,且願一見主人,願君爲我導達此意。”其人曰:“我姓宋,此即敝家,請入客堂吸茶。”余曰:“有眼不識泰山,請勿怪。”遂辭謝,入門登堂,堂可十餘間,甚軒敞,椅桌整齊。就坐,宋生曰:“君來此何幹?”余曰:“宋家城有名東國,且願一聽高論。”宋生問余官及三使臣職名,以余初行而能言,亟稱聰明。余試問曰:“我外國人,想君視之如蒙古等輩也。”宋生曰:“不然,吾聞朝鮮禮義之邦,君輩清秀又如此,豈比他外國乎?”觀其色。非謬爲僞辭也。余曰:“尊家并不入本朝仕籍乎?”宋生曰:“我爲進士已九年,尚未入仕。”蓋副使所聞,全是虚傳也。交數語,僕人來言季父從他路將至矣。余語宋生以故。宋生曰:“大人亦能言乎?”余曰:“不能。”宋生亦偕余出迎,還上堂。宋生置筆硯於卓,問季父職名，仍曰："願略聞白簡風采。"余曰："尊府居此幾代?"宋生曰："本江南人，在前朝，從成祖來此，已十四代矣。"余曰："先公是何官? 敢問諱與字。"宋生曰："武功啓家，官是都指揮使，諱峪，字無傳。"余曰："私家何以有城?"宋生曰："前朝邊防甚急，故不禁也。"余曰："然則何獨尊府有此城?"宋生曰："都指揮使領二萬夫屯田，此亦國事也。兼之時有餘財，何可概之他人乎?"余曰："本朝初年，此城亦當被兵，未知歸服在何時?"宋生曰："順治三年，天下大定，此時乃服。"余曰："見城堞多破壞，想亦伊時炮所傷。"宋生曰："不然。雍正年間，地震破壞。"余曰："然則何不修理?"宋生曰："後來財力不及故也。"余曰："聞本朝初令尊府納罰金萬兩，信乎?"宋生曰："將寒家土地已爲官有，至今納租，想來不止萬金耳。"余曰："每年納租幾何?"宋生曰："共計族人約有一千二百餘兩。"余曰："貴族共幾位幾宅?"宋生曰："現分大小十四門，人丁不過三十餘。"余曰："土地共幾畝?"宋生曰："二百四十步之畝，共二百九十餘頃。"余曰："納租如是多，各不患匱乏乎?"宋生曰："以二百九十餘頃出一千二百餘兩，自有所餘以自養。"季父問："本朝以後貴門有入仕者乎?"宋生曰："前朝累代世襲而今不克承家，以故爲聖主所棄耳。"季父謂之曰："此所以克家也。"宋生看畢，色變裂其紙，蓋宋生文筆甚優，應對敏給，語亦質實，了無驕侮色，但舉止太疏率也。宋家北有敵樓臨城，飄出半空，爲守城窺望之所，登眺亦爲偉觀，語罷請見。宋生遽起請入，過四重門，每門内左右有廊，垂錦簾，婦人從簾隙窺視，多盛妝者。階庭間往往設釜鼎烹飪之具，猶有富家象。至樓下，樓凡四層，皆施胡梯，各數三丈。到上頭，四面有窗，軒敞爽塏，惟塵沙漲作，殊敗興。宋生忽問余曰："君看我相，何年當作官?"余笑曰："我未解望氣術。"宋生又固問曰："君試言之。"余戲之曰："昨年當作知縣，當享數十年富貴。"蓋因歸班進士十年爲知縣而戲之也。宋生不知戲之，點頭而喜，可笑。下樓至堂，宋生復進茶。辭歸，送於門，意甚勤摯。到蜂山店，副使聞甚悔之。蓋彼中事，傳言於我國類多譯輩妄想，其不足信如此。

(丙戌)三月初七日,到永平府。夕飯後,陪季父出店門閑行,對門有觀音廟。過數重門,廟内人客擾擾,問之,多遠方賈人。至後門,門外有數人。前置轎子,簾帷華麗,内設椅制。髹漆雕文,香氣薰人,意其爲貴人所乘也。問於其人,答云知縣老爺,將進衙門。蓋京官二品左侍郎以上,始許乘轎,知縣以六七品而亦乘轎,京外之异也。時已昏黑,歸到廟庭,見東廊燈燭熒煌,有笑語聲,余意其爲知縣所在也。掀簾直入,有五六人圍桌而立,把筆書字,見余皆欣然延坐。余曰:"那一位是知縣老爺?"諸人曰:"老爺在别處。"余曰:"列位何官?家在何地?"一人曰:"我們撫寧人,從老爺來,始知向所謂知縣即撫寧知縣,諸人皆撫寧掾吏也。"余曰:"我欲一見老爺,老爺能不以爲怪否?"諸人曰:"不妨。"一人走出,諸人勸烟勸茶,酬酢款洽。桌上有紅帖,余試請一見。諸人知余識字,傾包出十數帖,使惟意披見。蓋書知縣官職、居住,略如我國公狀也。知縣姓賈,名熙,河南漢官也。有頃,人回言老爺請見。時季父在廟庭將還,余出白知縣請見意。請少俟,遂從其人循階而北十餘步,掀簾而入。知縣張燭坐椅上,慌忙下椅,疾走至門,雙執余手,連聲好好,勤摯歡喜,如逢積違之故人也。華人相接,蓋類此也。扶余坐炕下椅上,自以椅對坐於前。見知縣年可三十餘,錦衣貉帽,短少身材,眉目如畫,略叙數語。余使人白於季父,季父即入來。知縣聞爲大人也,尤肅揖致恭。季父使人致意於副使,副使亦來會,請紙硯爲筆談。知縣筆法頗鈍拙,顧語侍者。少間,一人入來,施禮而坐。自云唐姓,河南人,與知縣同鄉。唐姓執筆替語,蓋知縣之記室,文筆亦不甚優。副使問知縣何年進士,賈曰:"曾選貢生而已。"問:"貢生亦爲知縣乎?"賈曰:"援例捐納。"唐曰:"皇上有防河築城等役,許人捐納財貨以補官,此舊例也。"余心竊嘆曰:"以財得官,不可使聞也。外國疏遠,諱之亦可也。乃據實直言,不思秘諱。華俗之真實,真可敬也。"問:"知縣一年俸禄幾何?"賈曰:"銀二千兩。"問:"何事到此?"賈曰:"撫寧,永平屬縣,方會議獄讞。"蓋如我國同推之法也。此外酬酢甚多，皆未記。余見知縣狀貌酷肖彭冠，皆係河南人。余試問："公知翰林彭冠乎？"賈曰："彭我之表兄，公何以知之？"余曰："正朝朝參，見彭先生於端門外，説話甚款。拘於中外，不敢從遊，心不能忘。他時相逢，幸致此意。"賈點頭曰："領教。"時屋内侍立者十餘人亦有年少數人，應對便佞，蓋亦我國知印之類也。夜分而罷。

（丙戌）三月初九日，出山海關，宿八里鋪，昏後有人踵門請見。余出迎之，問來意。其人曰："見大人當有説。"問其姓爲孫，跟來者稱之以老爺。余問其官，孫曰："進士出身，未及補官。"余因引入，禀於季父，延坐炕上。孫問使臣職品，我國科制，詩文所尚。因稱有病，願得清心丸，舉止頗驕倨。安譯世洪問曰："關城扁額'天下第一關'五字，或傳爲李斯筆，然否？"孫曰："此前明蕭顯筆，李斯時豈有楷法？"余曰："長城見在者，即秦皇所築乎？"孫曰："然，但隋煬帝及明萬曆間重修，皆仍舊址。若關城，乃前朝中山王徐達創設。"余曰："望海樓何時所創？"孫曰："望海樓本名知聖樓，亦明時所創。"余曰："關城南數里，城壞百餘步，祇樹紅栅，不更築何也？"孫曰："此南水門也，爲水所壞，樹紅栅以禁人行。"余曰："君豈未聞乎？本朝初入關，吴三桂恐本朝疑之，毁城以納兵，遂破自成，以有天下。本朝以毁城爲得天下之本，不復填築，樹紅栅以識之。"孫曰："豈有是事？長城南北舊有水門，吴王守關觀兵，由北水門出，入於南水門，换衣换馬，以示兵衆。及破自成，自成駐兵於石河西廟堂前，吴王開關先戰，佯敗以誘之。本朝兵張左右翼，由兩水門而入，循關而西急擊之。吴王復還軍力戰，自成不意本朝兵猝至，大敗遁走。此奇門家生門之法，壞城納兵，初無是事。"余曰："然則皇上幸關東，不由關門，必開栅治道，何也？"孫笑曰："亦無是事，皇上幸關東，必由古北口，歸必由關門入。"余曰："城外將臺，本朝攻關時，要瞰城中，一夜築成云，信乎？"孫笑曰："亦非也。此號威遠臺，萬曆間，經略熊廷弼、楊應昌所築，與關城爲掎角之勢。費財巨萬，數年而成。内有地道，以通城内。吴王請兵時，歃盟於其上，今則地道堙塞不可用。"余曰:“水門果如公言,何不填築?”孫曰:“修城非動官項,州縣損修,故無力填築。”余曰:“長城乃皇上所管,以天下之大,豈曰無力乎?”孫曰:“此無人奏聞。”仍笑曰:“君不思甚矣。在前朝,邊塞不靖,修城乃其勢也。今天下一家,關外乃皇上本家,修城將以防誰?”余亦大笑稱善。又問:“中國進士必有錢乃得官,信乎?”孫曰:“不然。進士甚多,十年乃補知縣。”余曰:“以援例捐納,有爲知縣者,豈非以錢補官?”孫曰:“近因舉班擁塞,去冬奉旨,知縣一途,永不許開捐。”夜深,給清心一丸而送之。

(丙戌)三月二十二日,歸到瀋陽,復住拉助教家。門左置學堂,助教兩子及他學生四五人共讀書,皆年幼蒙學。與平仲共至其堂,諸童迸出亂嚷,相謂曰:“他們亦人乎?”平仲就卓上披諸書,諸童又相謂曰:“他能知書乎?”平仲讀《詩經》一章。皆笑曰:“此何聲?”余以漢音讀一章,諸童驚曰:“能會?”一童持《孟子》令讀,余又讀數行。童曰:“貴處亦有此書乎?”余曰:“汝不讀《中庸》乎? 天下書同文。”童點頭而喜。平仲問一童姓,答曰姓吴。平仲書問曰:“吴起之後乎?”童意平仲故辱之,有怒色,書“王八”二字曰:“君知此乎?”余正色曰:“汝輩讀聖賢之書,不知長幼之節可乎?”童變色曰:“不敢。”即塗抹之,固請余坐炕上,待之頗有禮。問其師傅,答云姓周,適歸家,少間當來,余因歸内堂。午後聞周生至堂,即往與相見。施禮而坐,寒暄後,余請紙筆,書問曰:“《易經》有程傳,有朱義,考文主何說?”周生答語不可瞭解,請書示,則不肯也。又問曰:“《詩經》主《集注》乎,主《小序》乎?”亦變色不答。又問:“學生念書、講書不同,何也?”周生曰:“念書者念其文也,講書者講其義也,不解章句,安能知意義? 所以先念而後講也。”其語意大約如此,終不肯書對。余又問:“《孟子》首言仁義,何如? 斯可謂之仁義乎?”周生不答,益有愧色。余曰:“有問而不肯答,豈以鄙夷而不足教耶?”又曰:“豈所謂不屑之教誨耶?”周生益面赤不知所爲。時助教仲子隨至立桌右,亦有悶色。諸童在炕上者皆停讀,仰視相顧無言。始至堂,見周生對桌讀書，見其書，乃程文印本，如我國東人也。余仍請見所著文章及詩律，再三强之，周生始書對曰："關東水土硬，肉食太重，子弟聰明者少而昏魯者多，不以念書爲事。衹以清書滿洲話求取功名，最易又快。"余曰："願聞清書考試之法。"周生曰："在關東，朝廷殿内考，自京中皇上出漢題，其題是外省總督調陳的事一件，以清文翻過來，將軍同五部會合主考，取中的卷子，送京交部，皇上面驗。"余曰："尊亦赴此考乎？"周生曰："然。"余曰："漢人亦爲滿試乎？"周生曰："吾家旗下漢軍也，民家不赴。"余曰："同是漢人，或稱漢軍，何也？"周生曰："明末天下未平，吴王未服。大清一統之前，在先投順有功者，俱爲漢軍，滿語謂之烏金朝，亦算旗人。後順者，仍謂之民。其實同一民也。"余曰："凡旗下皆名載官府乎？"周生曰："三年兩頭清查册檔一變。"余曰："一人屬某旗，則其子若孫，雖至千百，皆世襲其旗乎？"周生曰："然。"余曰："民家不屬旗下，然則民家無兵丁乎？"周生曰："民家亦有六旗兵，一年吃糧不過十二兩銀，此出蠻兵纔用。"余曰："關東亦有民兵乎？"周生曰："没有。"余曰："然則民兵衹南邊有之，北京以東，民家雖有才力者，衹令爲士農工賈，不入兵丁乎？"周生曰："然。亦有武考。"余曰："然則民武爲進士者亦爲將軍乎？"周生曰："總督都統，惟其人是用。"余曰："關東郡邑領兵之官亦有民武乎？"周生曰："時有之。"余曰："知府、知縣管民之官，皆是民家乎？"周生曰："十年以前，皆用民人。自十八年皇上來關東以後，俱用滿洲爲知縣、知州。"余曰："瀋陽有五部八旗，皆屬五部乎？周生曰："五部有五部的官人，不如旗人，不准當兵。"余曰："旗家或有孩兒不離襁褓而受捧銀者，何故？"周生曰："如征策王家，他不盡然。"余曰："征策王爲誰？"周生曰："征策王，韃子也，與清初得關東者，後陣亡，子孫世襲。"蓋周生文筆俱拙，書語往往不成文理，惟壁上書"至聖先師孔子之位"八字，設椅坐其前。學生輩皆整容讀書於其下，惴惴不敢復跳踉也。師道之嚴亦可尚也。一童年十四，極秀美有英氣，周生之子也。桌上粘小紙，列書學生姓名。下各爲井間，每間書"羊"

字各五,傍置朱筆。每學生因事出堂門,就卓前以朱筆加紅於一點或一畫,揖而出。蓋以此記其出而警其頻也,華俗之周密如此。日晚辭歸。

夕飯後,閑步庭中,助教第三子適來與語。問:"方讀何書?"對曰:"《告子》。"余曰:"義猶杯棬也。"且問:"義者,何物也?"對曰:"未講書。"余曰:"試言之。"對曰:"義者,衣裳之衣乎?"余曰:"不然。義者孝於父母,弟於長上,凡日用當行之事,皆義也。"聽罷,點頭而走。蓋讀書而不講義者,皆此類也。

希員外,栅門税官也。使行出栅,仍令互市於栅外。凡東商,紙扇、牛革、綿布、魚網、狐狸之皮,自義州照數入送,定以一萬兩價銀,不許濫入。貿取於栅商者,棉花、咸錫、蘇木、胡椒、龍眼、荔枝、閩薑、橘餅、各種磁器之屬,凡栅貨皆有税,東貨不與焉。使行京貨亦無税,惟持驢騾者,必收三升數匹,以驢騾大小增减焉。不納税,不敢出栅,此皆税官掌之。有博氏甫十口等七八人,甲軍十數人,自税官以下,皆瀋陽將軍所差送也。自(丙戌)四月初一日留栅,以待卜車凡十餘日。

一日,過税官所寓,税官立門外,熟視良久,舉手招之。余進與之揖,問其居住及職名,答云滿洲人,家在京裹,見任瀋陽户部員外郎。希問:"國王何姓?"余對以實。希曰:"在先有姓金姓王,今何姓李?"余曰:"新羅姓金,高麗姓王,本國姓李。"希曰:"然則高麗革世而爲朝鮮乎?"余曰:"然。"希曰:"何以革世?"余曰:"君獨不聞湯武事乎?"希大笑曰:"專對之才也。"因曰:"本朝爲前明滅大賊,天與人歸,無异於堯舜禪讓。貴國亦知之乎?"余笑曰:"舜亦東夷之人,但未聞唐虞之際易服色如今日也。"希笑曰:"世有古今,時義不同,衣冠何嘗有定制?"余唯唯而歸。後數日又過之,希邀入炕内坐定。燒香於爐,勸茶及烟。問我國科制及俗尚,余略對之。至婦人不再嫁,通行三年喪。希舉手稱善曰:"禮義之邦。"又問我國書畫所尚。仍曰:"貴國亦有董其昌書畫乎?"余曰:"東國亦甚珍之,但買於京市,絶無真本。”希曰：“中國極多贋作，真本非百餘兩銀，不可得矣。”余問：“員外一年俸禄幾何？”希曰：“銀三百八十兩，米一百五十斛而公費爲百金云。”話良久，博氏張哥入來，坐炕下椅上。希問余曰：“聞在先門市朝鮮貨物，定價以二萬兩銀，今折其半何也？”余恐妄漏邊情。謬曰：“貨價漸高，故二萬依前而貨物少也。”希問於張，張目余曰：“他散謊，年前已有公移酌定。”余愧謝曰：“身無職事，致此錯認。”希頷之。希問余：“解滿語與否？”即與張語，皆以滿話。蓋語門市收税事及余行止，不欲余聞之也。有間辭出，希揖别於炕下，張替送於門外。

金復瑞嘗獨往張經家，有官人在座，帽頂黯白，是六品職也，風儀俊偉。問其姓，曰：“葛。”問其居，曰：“巴蜀。”復瑞曰：“然則豈非諸葛武侯之後乎？”官人曰：“我武侯三十餘世孫也。武侯之孫，中葉以後，分爲兩派，一爲葛姓。”因問東國風俗，復瑞略對以尊朱子、婦人不改嫁等數事。官人皆稱善。又問：“今見中國比東國何如？”復瑞云：“外國褊小，俗薄文勝，何敢望中國？”官人曰：“朝鮮乃箕子之地，寧自同於外國乎？”復瑞曰：“中國雖大，蒙古回部，雜處輦轂，衣冠淆亂，無復分别，此可惜也。”官人熟視良久，大書“嗚呼”二字，却坐仰天而笑。復瑞歸，語余如此，且曰：“其言貌軒豁，真有孔明遺風。”余驚問其詳，仍令復瑞作書於張經，言：“某平生想望武侯，恨不同時而執鐙也。今聞葛公來往尊座，不勝驚喜，願一見之。幸轉致此意，以圖一會。”經果言於葛官人，爲期而示之，時已臨行矣。余屢往乾净，復瑞又治任無暇，終未一晤，至今以爲恨。

五一、嚴璹《燕行録》

【解題】

《燕行録》不分卷，嚴璹撰。

嚴璹(1716—1786)，初諱璘，改璹，字孺文，號梧西，朝鮮寧越人。歷任左右尹、諸曹參判、大司憲、都承旨、資憲、禮曹判書等職。乾隆三十八年癸巳(朝鮮英祖四十九年，1773)十一月，以朝鮮謝恩兼三節年貢使團副使的身份出使中國。使行於十一月初四日從漢城出發，十一月二十八日渡鴨緑江，十二月二十八日到達北京。次年二月十一日離開北京，四月初五日回到漢城。甲午年(1774)二月初二日，在北京庶常館、朝鮮使館與邱庭瀧、許兆椿、平恕筆談。

《燕行録全集》收入，兹據以輯録資料。

(甲午二月)初二日，陰風，壬申。澹亭南文與庶吉士博明相往來善，以庶常館隔一墻故也。吾輩來後，日派人探問，門閉無人。今日有兩人來會云。伻人往問，則兩人書送名帖曰:“邱庭瀧，清書庶吉士，順天宛平人。許兆椿，清書庶吉士，湖北雲夢人。”遂與書狀步往，兩人傾倒出意外，出門相迎。同入，則三面設炕，炕前置桌，桌上置筆硯之具，左右散置坐椅被褥。請余與書狀先踞坐北炕，兩人坐南炕。兩人□作寒暄語而不可知。進四鍾茶，分置四人前。飲訖，余使鄭譯思玄告以委訪之意，且言欲以筆談酬酢，可惜坐遠。兩人遂起，邱坐東炕，許坐桌南椅上。余從袖中出一簡，先書曰:“昔年我使在館，與諸翰林日夕過從，今年則僉尊今日始來，前後院規或异而然歟?”邱執筆書曰:“向日庶常皆在院居住，近以修書皆在外住。因有公事，方一到館，非院規之异也。”問：“所修書即近來奉敕所修四書之役耶？”答：“即《四庫全書》。”問：“《四庫全書》修於闕中耶，在於外處耶？”答：“有在翰林院衙門者，有在内廷武英殿者，職司不同。”問：“外國人不見《永樂》書，今聞據此書改正云。大抵書例何如？”許答：“書例周詳，難以枚舉。大抵收古今之遺書，搜名山之秘藏，爲曠代未有之盛典。”問：“收聚私藏文字之説亦得聞之，且聞《永樂大典》以韻次第集成，故《易》之蒙卦居先云，即今所修書，亦合經、史、子、集而成之耶？”答：“《永樂大典》以韻統書，多煩瑣，故廢。今分經、史、子、集四部，各自爲書。凡關於民生政治及考證古今□□□，類皆得以次編入。”問：“必是好書，何時可以卒功？卷帙當爲幾何？”忽有一人從外至，兩人起，而我亦起相揖。其人來坐余傍一椅。許指桌上所置座目中平恕之名，又指新到人。其人回顧余輩，略作頑面人。平仍奪許筆以書曰：“《四庫全書》奉旨十年，《永樂大典》今年卒功。”問：“以十年爲期云，即《永樂大典》不入《全書》耶？”答：“入《四庫全書》者不止《永樂大典》一種，此種今年可畢。”問：“邱、許兩翰林居籍，俄纔聞知，平翰林何方人？年幾何？”答：“浙江山陰縣人，年廿七(許年廿八，邱年廿五)。”問：“庶吉士皆必登科而爲之，何年登科？”答：“皆登壬辰科。”平忽問吾輩職、姓名，余以副使某、書狀官某答之。余又問：“適見《搢紳全書》，庶吉士中有登科十年未調者，其故何歟？”答：“告假回籍。”問：“‘雲夢澤’聞名不得見，‘雲’與‘夢’各异，而相去何如？”(以許雲夢人，故問之)平顧許一笑，書答：“雲夢跨江南北，今縣虚有其名。”問：“雲夢今無澤，故云耶？《尚書》‘雲’與‘夢’分而言之，恐是兩地，故敢問。”答：“本是兩地縣名，特存其意，實在雲澤之一隅。大凡縣名均不足爲憑準，相沿之訛。”問：“雲夢澤今在何地？”答：“襄陽、荆州、武昌、岳州四府地。”問：“今縣名借名而已？”兩人點頭。問：“兄是南方人，曾見岳陽否？”答：“南方地廣，不能遍到。”問：“大比科以何年爲定？”答：“子、午、卯、酉爲鄉科，辰、戌、丑、未爲會試，惟有恩科不在此限。”問：“曾聞上國大比科外無别科,近見《搢紳書》有辛卯科恩科,前所無,而近來創行耶?”答:“康熙癸巳特開萬壽恩科,爲古今曠典。已後相因,遇萬壽,則皆有恩科。”問:“康熙癸巳六旬之慶,今辛卯則周甲之慶,此則异例也?”答:“庚寅設科,辛卯則皇太后八旬萬壽。”問:“向年設老人科云,然否?”答:“并非設科,或以特恩賞賜舉人及京官銜者(見上年堂報亦有考試,等第賞賜)。”紙盡,故更抽一簡。平顧許,有言書狀曰:“必是苦也。”余書曰:“主人有厭苦意否?”答:“豈敢?”問:“《古今圖書集成》爲何等書?卷帙幾何?”(見上年堂報有錢文鏡者,恩受此書,至其孫邦直,命還納。邦直受銀五百兩,已賣於某甲。囚邦直,推某甲,某甲又受九百兩轉賣某乙。推書於某乙,推四百兩於某甲,推五百於邦直,故問之)答:“亦以經、史、子、集集成,類分入編,共一萬數千卷。板藏内府,外間不可得見。或奉恩賞,間有流傳。”問:“庶常月課,以何文試之?”答:“漢書,試詩賦;清書,試國書。”問:“聞以翻清取人,而此則爲筆貼式云云,見所示清書亦有登科爲庶常否?”答:“筆貼式,滿洲官,恐漢人不知國書,故選新進士年三十内者,帶使學習。”問:“詩賦優,亦則遷官否?”答:“亦不盡然。清書翰林三年内學清書,散館後仍試詩賦。”問:“散館編修亦職非實職耶?”答:“文學侍從之臣實職。”問:“月課屢次優,亦則似與屢次居下者不同。敢問月課規例。”答:“係私自課試,以文會友之意,無優劣之分。”問:“主考者何人?”答:“不名主考,名爲教習。大教習係奉旨特派大臣,小教習係大教習分派科分最深翰林官。”問:“科分之‘分’字未詳。”答:“讀去聲,係俗語,猶云年分。”問:“今世主文柄者何官何人?”答:“無一定,每逢鄉、會之年,欽派進士出身者。”問:“無元定知貢舉否?”答:“知貢舉,會試時用禮部侍郎,亦係欽派,却不閲文。”問:“當世文章有以第一人推重者否?”平視許而笑語,許亦指平而云云。其語似必君應之之意也。書狀以指書曰:“何不自多。”三人大笑。平遂書曰:“錢香樹、沈歸愚亦頗多。”問:“錢與沈何方人?有官否?”答:“錢名陳群,禮部尚書致仕,浙江人。沈名德潛,禮部尚書致仕,江南人。”

問:"'香樹'、'歸愚'皆其號耶?"答:"然。"問:"兩人皆以老致仕否?年各幾何?"答:"沈百三歲,錢八十九。餘在朝現任者,不便説。"問:"百三歲尚在世否?"答:"今年不在。"問:"如湖北、浙江等地距京師絶遠,或有不應舉讀書隱居之高士否?"答:"登科者無不進,系在家讀書者在在有之,不止湖北、浙江。"問:"求仕不得而在家讀書者,不足論?"答:"聖朝無遺逸,登科後仍在家讀書者有。"問:"黄立世何人? 或知名否?"答:"不知。"問:"來時適得一書,即名《柱山稿》,似是自刻其集者。庚辰間爲保昌知府,即山東人,故欲知之。"答:"此類甚多,不可盡悉。"問:"中國自古多自出文集之人?"答:"有人,多則各種俱有。"問:"覧此語,平翰林似不出文集?"平大笑。平書問:"今年買法帖幾何?"答:"不知書法,故法帖則不求,欲買好書籍,而姑未多得。"問:"見在琉璃廠買?"答:"琉璃廠書册,序班阻搪,俾不得買,必自爲駔儈索多價,所以難買。"平點頭。余又問:"遠方人仕於朝者,將家眷上來,自古爲難,今亦然否?"答:"有難有易。"問:"貧富不同耶?"平點頭。又問:"順天係直隷,未知鄉試時京師人赴直隷試耶?"答:"直隷一省人俱赴順天。"問:"然則順天試或謂之京試否?"答:"即京兆試。"問:"京兆試他方人不得赴耶?"答:"有南監(國子監生)北監,南北生員之分。"問:"名係監生,則雖遠方人,赴京兆云耶?"平點頭。又問:"新登科者雖有才,不許選職云,然否?"答:"無此事。依名次先後選,特用者在此外。"問:"登科則皆入翰苑否?登科者外,由何路入仕?"答:"不皆入翰,現登進之途甚寛,惟此科爲盛。"問:"此會何以則可以再續?"答:"每月初二、十六兩日俱可。"問:"今日乃初二,俺亦旬後當復路,其前可以惠顧否?"答:"可。"問:"指何日以待?"答:"今日即奉拜,初四日再來奉看。"余書其下曰:"幸甚幸甚。"余書曰:"欲聞中國讀書聲。"平答:"先請教東國讀書聲。"余誦《論語》首正文,平亦誦,又書:"馬上逢寒食,途中屬暮春。"平高聲讀。兩人從傍□□□處。平書曰:"各省聲音不同,三人三様讀。"余曰:"東國人初學字音於中國,而東國則文字、言語自别,故言語雖屢變,而字音則於方册上相傳至今,能傳初學之音。中國則字音與言語同變,故人稱字音,則東國音爲古音。”三人相顧點頭。平書曰:“互有得失。”余曰:“如侵、覃、鹽、咸與真、寒、先、删絶异。近來中國或以侵、真通韻,寒、覃通韻,誤矣。”平曰:“本不通。”余曰:“非謂文士之有此失,或見小説中雜詩則有此失,以其字音之俱似而如此。”余遂口辨其各音,三人點頭。余又以入聲之屋、質、葉、緝聲辨其各异。三人默然,若知若不知。掌務官來告:“義州并卜驅人金□有以□感,俄纔死矣。”余遂書示曰:“館中有故,不勉徑去,未卒款款,悵悵。”

……俄而三翰林同至,吾輩下堂而迎入。坐後,余問:“教習來會不罷否?”答:“不曾來。”問:“順天人家必不遠,兩人則家遠,旅宦於何處?”答:“一城之隔。”問:“有居停主人否?”答:“賃房住,無居停主人。”問:“然則可謂冷宦。”平點頭笑。余披《搢紳全書》庶吉士座目,書狀指而問曰:“許翰林名下有秋岩字,邱翰林名下有芷房字,平翰林名下何獨無之?”平曰:“寬夫。”余曰:“‘芷房’‘秋岩’,似是號乎?”曰:“然。”余曰:“此書或字或號。”平曰:“坊刻之書本不能盡一。”平又曰:“今日天晚,初四日再來奉看。”仍欲起。余曰:“豈可無茶禮?”邱曰:“多謝。”俄於庶常館,三人持吾所携答紙皮封私相傳看。余曰:“若荷臨顧,當以此奉呈。還披篋中,而賫已盡,衹以廿幅贈之,不能滿卅,極歉。”書狀以華箋贈之,平曰:“請教尊號?”余曰:“東國必有道學文章然後有號,不敢不敢。”平曰:“過謙。”俄自厨房以三器藥果及脯肉進,三人相顧不吃。余曰:“我俗待尊賓,不敢對餐,勿嫌勿嫌。”平曰:“主人不舉,謹已心領。吾輩亦具一器共嘗。”余曰:“味薄可歉。”邱曰:“佳珍。”三人略入口,即起。余曰:“有再枉之示,深感深感,謹當掃席以待。”三人皆年少,神采精明。邱則似真實,許則和易,平則似輕鋭有才勝之意,均之可惜被服。

(二月)初十日,……許兆春①、平恕來訪,遂迎入,略可筆談。余曰:"清心元,燕京人雖稚小兒猶知求之。僉君在南方,故不知。"平遂問服法。余書盡,平割此紙以去。許從手中出一小紙,書曰:"有子於開元八年從祀,封汴伯。宋大中祥符二年加平陰侯。咸淳三年,升子思配,後議升十哲,衆以有子請不果。明洪武二年,羅恢請升有子而黜宰予,不報。國朝初祀於東廡。乾隆二年丁巳,徐元夢請升有子爲十二哲,皇上特允其請,升祀大成殿,位在東哲之六。"平又書余紙曰:"銅器内塗金,寶樹名靈芝,花相沿。設此不在法器之列。"余曰:"此非聖廟所當設,建白撤之則可爲事業,敢望於僉君。"平曰:"此物去留無關重輕。"余曰:"此等物當在佛前,豈合在夫子廟?"平曰:"此中國所自有,非必因佛家。"余曰:"中國人家廟題主亦以清書并書耶?"平曰:"無清書。"余曰:"我東國亦有所謂諺文以通方言,實與清書一般。此是有音無義之字。如門額印信雙書清漢字無妨,而聖廟位板之并書清漢字亦似未穩。"平曰:"聖朝制度如此。"余曰:"聞中國近諱夫子名。邱氏亦加'阝'而爲'邱',如大丘邑名亦諱之云,然否?"平曰:"地名加'阝',姓名加'阝',係奉旨通行。"平曰:"今年兩使者奉使來否?"余曰:"有正使以宗室貴人,適病不與人接。"平顧許而笑。蓋笑余諸見而失對。許曰:"今冬二君仍能以使命至否?"余曰:"此是遠役,故自前輪差以來,此後如任學士,年猶少或可再來。僕則無望,惟望僉君早致青雲奉敕東來。"平曰:"或貢使來,欲以一簡致候,可寄到否?"余曰:"不難。"平曰:"在本國官但請示知。"余曰:"僕曾經大司憲,即明制都御史之職。以奉使特帶吏曹判書。任學士弘文館校理,侍讀官。"鄭譯思玄適來,以漢語酬酢而起。許曰:"適鄭君何官何名。"余曰:"以我國通言語之人,官今司譯教授,名思玄。"余指玄字曰:"諱之乎?"平又指弘文之弘字。余曰:"二名偏諱過矣。"兩人笑而點頭。平曰:"貴處硯用何等石爲佳?"余

① 按:即許兆椿。